智享京东

京东
店铺装修与设计
从入门到精通

京东大学 著

视频指导版

人民邮电出版社
北京

图书在版编目（CIP）数据

京东店铺装修与设计从入门到精通：视频指导版 /
京东大学著. -- 北京：人民邮电出版社，2019.3
（智享京东电商系列）
ISBN 978-7-115-50256-8

Ⅰ. ①京… Ⅱ. ①京… Ⅲ. ①电子商务－商业经营
Ⅳ. ①F713.365.2

中国版本图书馆CIP数据核字(2018)第266317号

内 容 提 要

京东店铺的装修与设计是在京东平台的视觉呈现形式，其水平优劣在很大程度上代表一个店铺的品质高低。本书从京东店铺装修与设计所需的知识出发，以工作流程为导向，讲解店铺装修者必须掌握的店铺装修与设计的技能。全书共 10 章，主要内容包括京东店铺装修与设计前的准备工作，商品图片的基本处理，商品图片的特殊处理，京东店铺装修基础，电脑端首页设计、详情页设计和其他页面的设计，切片与装修店铺各个板块，以及移动端店铺的装修等知识。本书图文并茂，理论知识与操作技能并重，便于读者快速掌握京东店铺装修与设计的精髓。

本书可作为京东平台上的商家、店主、相关负责人进行店铺装修与设计的参考书，也可作为高等院校、职业院校电子商务专业相关的教材。

◆ 著　　　　　京东大学
策划编辑　武恩玉
责任编辑　孙燕燕
责任印制　焦志炜

◆ 人民邮电出版社出版发行　　北京市丰台区成寿寺路 11 号
邮编　100164　电子邮件　315@ptpress.com.cn
网址　http://www.ptpress.com.cn
北京缤索印刷有限公司印刷

◆ 开本：787×1092　1/16
印张：16　　　　　　　　　　2019 年 3 月第 1 版
字数：334 千字　　　　　　　2019 年 3 月北京第 1 次印刷

定价：69.80 元

读者服务热线：(010)81055256　印装质量热线：(010)81055316
反盗版热线：(010)81055315
广告经营许可证：京东工商广登字 20170147 号

本书编委会

总 策 划　　张立科　李庆欣

执 行 策 划　　戴思俊　武恩玉　施　蕾　郭　静　郝　洁

主　　编　　金宏强　刘新国

编委会成员　　武月红　唐大鑫　郭子华　苗　青　李康荣　贾子龙　荣灌臻

特 别 支 持　　徐诺娅　肖　岳　刘宇夏　杨海霞　赵迅雷　周祉邑　江　军

（以上排名不分先后）

在此诚挚感谢所有为此书付出努力的京东同仁

前　言

　　好的开始是成功的一半。无论是传统的线下渠道还是电商线上渠道，首先都需要一个发生商品交易的载体或入口，通俗地讲就是店铺。网购作为目前人们常用的购物方式，受到大多数消费者的欢迎。但是，由于消费者在网购的过程中无法真实地与商品接触，只能通过视觉对商品的特点和用途进行认知。因此，商品的视觉呈现直接影响着店铺的销售，决定着订单的转化率。京东店铺装修已成为商家在运营中的必修课程。

　　店铺装修是一项审美能力与软件操作能力相配合的工作任务，需要进行长时间的知识学习与实践。

　　近年来，京东网上商城的商品数量不断增多，各项服务不断完善，对京东店铺的装修和设计也有了更高的要求。本书编者采用最新的京东平台信息，讲解了京东店铺装修与设计的相关知识。编者在理论阐述的同时，加入了多个实战训练，案例包括分析店铺装修设计风格、赏析三只松鼠京东自营旗舰店、制作女包店铺首页、制作女包详情页、制作年货节活动页、切片料理机首页图并装修店铺首页、制作毛巾店铺移动端首页等，以此调动读者的积极性，辅以拓展延伸和思考练习，便于读者更深入地体会和实践课堂所学知识。

　　同时，本书采用二维码形式链接微课视频，讲解每章重点、难点知识，实现碎片化学习，以提高读者学习效率。

　　本书由国内顶尖的电子商务理论专家与实战专家联合编写，旨在为广大读者提供完备、实用的电商读物。全书体系结构完整，内容丰富、层次鲜明、深入浅出、图文并茂，紧扣电商人才培养需求，以实践为主，易于教与学。为了保证本书内容的时效性，所有数据截至2018年11月。如有不符，请以京东平台相关规则为准。

京东大学

2018年11月

目　录

01

第1章
京东店铺装修前的准备工作

1.1 京东平台／002
    1.1.1　认识京东POP开放平台／002
    1.1.2　认识京东商家后台／002
1.2 店铺装修／003
    1.2.1　店铺装修的注意事项／003
    1.2.2　店铺装修风格的设计／004
    1.2.3　店铺装修与转化率的关系／005
1.3 店铺装修流程／006
    1.3.1　店铺装修策划／006
    1.3.2　素材收集与商品拍摄／007
    1.3.3　图片设计与制作／008
    1.3.4　图片切片／009
    1.3.5　上传与管理装修图片／010
    1.3.6　京东后台店铺装修操作／011
1.4 实战训练／011
    1.4.1　实训要求／011
    1.4.2　实训分析／011
    1.4.3　操作思路／012
1.5 拓展延伸／013
1.6 思考练习／014

02

第2章
京东店铺设计前的准备工作

2.1 店铺视觉营销设计／016
    2.1.1　视觉营销设计的目的和作用／016
    2.1.2　店铺视觉营销3要素／017
    2.1.3　视觉营销文案策划／018
2.2 色彩的搭配／019
    2.2.1　认识色彩／019
    2.2.2　色彩的搭配方法／022
    2.2.3　主色、辅助色与点缀色／022
2.3 页面的布局／023
    2.3.1　认识点、线、面3大基本构图元素／023
    2.3.2　店铺布局的基本原则／025
    2.3.3　常见构图方式／025

目　录

2.4 字体的选择／027

2.4.1 字体的选择方法／027

2.4.2 字体风格的搭配／028

2.4.3 字体的布局技巧／028

2.5 实战训练／029

2.5.1 实训要求／029

2.5.2 实训分析／029

2.5.3 操作思路／030

2.6 拓展延伸／031

2.7 思考练习／032

03

第3章
商品图片的基本处理

3.1 图片的基础调整／034

3.1.1 店铺常见的图片尺寸／034

3.1.2 裁剪图片中的指定部分／034

3.1.3 固定尺寸裁剪图片／035

3.1.4 调整图片的大小／036

3.1.5 矫正倾斜图片／036

3.2 调整图片的亮度与色彩／037

3.2.1 调整图片亮度／038

3.2.2 调整图片明暗度／038

3.2.3 调整偏色的图片／040

3.3 图片背景的抠取／041

3.3.1 单色背景的抠取／041

3.3.2 轮廓清晰图像的抠取／043

3.3.3 复杂背景图像的抠取／044

3.3.4 毛发的抠取／045

3.4 实战训练／047

3.4.1 调整洁具偏色／047

3.4.2 替换唇膏背景／048

3.5 拓展延伸／049

3.6 思考练习／050

04

第4章
商品图片的特殊处理

4.1 快速还原图片实际效果／052

4.1.1 调整曝光不足的图片／052

4.1.2 调整曝光过度的图片／053

4.1.3 调整有色差的图片／055

4.1.4 调整模糊的图片／056

4.2 图片的瑕疵修复／058

4.2.1 去除图片中多余的图像／058

4.2.2 处理商品图片中的污点／059

4.2.3 消除人物的眼袋与皱纹／060

4.2.4 制作景深效果／061

4.3 水印的制作与图片的合成／063

4.3.1 水印的制作与添加／063

4.3.2 商品图片的合成处理／064

4.4 丰富商品图片内容／067

4.4.1 文字的添加与设置／067

4.4.2 为商品图片添加形状／069

4.5 实战训练／071

4.5.1 恢复玻璃杯真实效果／071

4.5.2 完善与美化水果图片／072

4.6 拓展延伸／073

4.7 思考练习／074

05＿＿

第5章

京东店铺装修基础

5.1 京东店铺装修的分类／076

5.1.1 京东常规店铺／076

5.1.2 1号店／076

5.1.3 小程序／077

5.2 图片管理／079

5.2.1 分类管理／079

5.2.2 上传图片／080

5.2.3 移动图片／081

5.2.4 删除图片／082

5.3 媒体资源管理与分析／083

5.3.1 媒体资源的类型／083

5.3.2 上传媒体资源／084

5.3.3 媒体资源的关联与审核／086

5.3.4 删除媒体资源／087

5.3.5 分析媒体资源情况／088

5.4 认识京东店铺装修页面／089

5.4.1 认识电脑端装修页面／089

5.4.2 认识移动端装修页面／091

5.5 使用模板装修京东店铺／092

5.5.1 使用"京东装修市场"装修京东店铺首页／092

5.5.2 使用"装吧"装修详情页／093

5.6 实战训练／095

目　录

5.6.1　上传图片到图片管理／095

5.6.2　使用模板装修详情页／096

5.7　拓展延伸／097

5.8　思考练习／097

06

第6章
电脑端首页设计

6.1　店铺首页／099

6.1.1　店铺首页设计的注意事项／099

6.1.2　店铺首页布局的要点／099

6.2　店铺店招的设计与制作／100

6.2.1　店招的设计原则／100

6.2.2　确定店招风格／101

6.2.3　制作店铺Logo／101

6.2.4　制作店招／105

6.3　店铺导航条的设计与制作／109

6.3.1　基础导航条的设置方法／109

6.3.2　自定义导航条的设计要点／110

6.3.3　制作导航／110

6.4　商品分类的设计与制作／111

6.4.1　优惠券的设计要点／111

6.4.2　商品分类的设计要点／112

6.4.3　制作商品分类图／112

6.5　图片轮播的设计与制作／117

6.5.1　图片轮播的设计要点／117

6.5.2　制作首张图片轮播图／118

6.5.3　制作第2张图片轮播图／121

6.6　商品推荐的设计与制作／124

6.6.1　商品推荐的设计要点／124

6.6.2　制作商品推荐图／124

6.7　实战训练／127

6.7.1　实训要求／127

6.7.2　实训分析／127

6.7.3　操作思路／127

6.8　拓展延伸／128

6.9　思考练习／128

07

第7章
电脑端详情页设计

7.1　商品详情页／131

7.1.1　商品详情页的设计要点／131

7.1.2　商品详情页的设计思路与准备工作／131

7.1.3　商品详情页应遵循的原则／132

7.2　焦点图的制作／133

7.2.1　焦点图的设计要点／133

7.2.2　制作焦点图／134

7.3　商品卖点图的制作／137

7.3.1　卖点的特征／137

7.3.2　卖点提炼的原则与方法／137

7.3.3　制作卖点图／137

7.4　商品信息展示图的制作／144

7.4.1　商品参数的常用表达方式／144

7.4.2　制作信息展示图／145

7.5　商品细节图的制作／147

7.5.1　细节图的展示方法／148

7.5.2　制作细节图／148

7.6　实战训练／152

7.6.1　实训要求／152

7.6.2　实训分析／152

7.6.3　操作思路／153

7.7　拓展延伸／153

7.8　思考练习／154

08

第8章
电脑端其他页面的设计

8.1　专题页的制作／157

8.1.1　专题页的作用／157

8.1.2　专题页的分类／159

8.1.3　设计与制作专题页／159

8.2　活动页的制作／169

8.2.1　活动页的设计要点／169

8.2.2　设计与制作活动页／171

8.3　品牌介绍页的制作／179

8.4　实战训练／184

8.4.1　实训要求／184

8.4.2　实训分析／184

8.4.3　操作思路／185

8.5　拓展延伸／185

8.6　思考练习／186

目 录

09
第9章
切片与装修店铺各个板块

9.1 Photoshop切片的使用／189

9.1.1 切片的作用／189

9.1.2 切片的技巧／189

9.1.3 切片与保存图片／189

9.2 使用系统模块快速装修店铺／194

9.2.1 认识系统模块的类型／195

9.2.2 使用系统模块装修店招／197

9.2.3 使用系统模块装修店铺轮播图／199

9.2.4 使用系统模块装修店铺其他版面／203

9.3 使用代码自定义装修店铺／207

9.4 实战训练／212

9.4.1 实训要求／212

9.4.2 实训分析／212

9.4.3 操作思路／213

9.5 拓展延伸／214

9.6 思考练习／215

10
第10章
移动端店铺的装修

10.1 移动端店铺装修的基础知识／217

10.1.1 移动端店铺装修的重要性／217

10.1.2 移动端店铺设计的原则／218

10.2 移动端店铺页面的设计与制作／218

10.2.1 移动端店铺首页设计的要点／218

10.2.2 移动端店铺详情页设计的要点／219

10.2.3 移动端店铺首页的设计与制作／219

10.2.4 移动端店铺详情页的设计与制作／227

10.3 装修移动端店铺／232

10.3.1 装修首页／232

10.3.2 装修详情页／238

10.4 实战训练／240

10.4.1 实训要求／240

10.4.2 实训分析／240

10.4.3 操作思路／241

10.5 拓展延伸／242

10.6 思考练习／243

第 1 章

京东店铺装修前
的准备工作

本章导读

　　京东平台是国内知名、专业的综合网上购物商城，各大品牌商家纷纷入驻京东平台，其商品数量数以万计。如何能在琳琅满目的店铺和商品中脱颖而出？非常重要的一环就是"店铺装修"。店铺装修即网络虚拟店铺在消费者眼前的展现形式。本章首先具体讲解京东店铺装修前的准备工作，包括认识京东平台和商家后台，了解店铺装修的基础知识，然后讲解京东店铺的装修流程，让读者在进行京东店铺装修前对其有一个整体的认识。

知识技能

—— **认识京东平台**
—— **认识店铺装修**
—— **掌握店铺装修流程**

1.1　京东平台

京东是一家以"正品行货"为经营理念的网络商城，是我国最大的自营式电商企业。除了自营平台，京东商城另一个重要的组成部分是京东POP开放平台——一个所有商家均可入驻的平台。作为一个平台级的运营系统，京东后台的实用性、易用性、呈现性等在不断提高，使商家更易于操作。下面将介绍京东POP开放平台及京东店铺装修后台的相关知识。

1.1.1　认识京东POP开放平台

京东商城主要有两种运营模式，一种是自营模式，另一种是POP模式。POP模式是一种第三方商家入驻京东商城，进行自我管理和运营的商家合作模式。入驻京东进行电商创业或发展的企业，主要是采用POP模式实现与京东商城的商业合作的。

根据商家需求不同，京东POP开放平台推出了多种商家入驻与合作模式，常见的模式有FBP和SOP两种，下面分别进行介绍。

● **FBP**：Fulfillment by POP，全托管，类似于京东采购模式，与京东自营模式十分相似。商家在京东平台上销售商品，由京东商城提供仓储管理，并完成购物订单配送和收款工作，开具发票给消费者。

● **SOP**：Sale on POP，京东给商家提供一个独立操作的后台，商家在京东平台上销售商品。接到消费者订单后，商家自行对订单进行打包，委托京东快递或者其他合作的快递公司将订单包裹配送给终端消费者。SOP和其他电商平台的模式比较类似，要求订单产生后的24小时内发货（特殊商品或与消费者有特殊约定的除外），48小时内有物流更新，由商家承担所有的服务。

1.1.2　认识京东商家后台

入驻京东POP开放平台后，每个商家都会获得一个独立操作的店铺管理后台。这是一个可供商家进行货品上架、店铺装修、员工管理、仓储管理、营销活动实现的综合管理场所。打开京东商家后台网页，输入登录名称和密码，即可进入京东商家的管理后台，如图1-1所示。

图1-1

在京东商家后台左侧单击"我的店铺"选项卡，在打开的下拉列表中单击"店铺装修"超链接，即可进入店铺装修页面，默认有电脑端、移动端两个相关页面。其中，电脑端的装修页面内容较多，包含基础页（店铺首页、商品列表页、店铺简介页、店内搜索结果页）、自定义页面、活动页；移动端的装修页面内容相对较少，只有移动店铺首页和活动页，如图1-2所示。

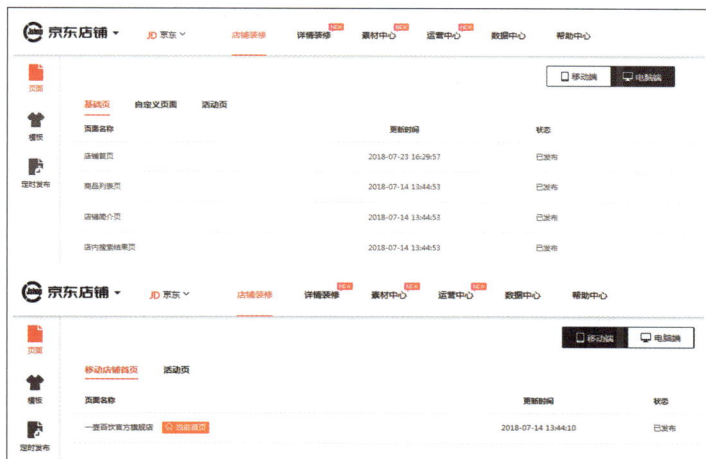

图1-2

京东商家店铺装修后台的设计以灵活、简单为主，方便各入驻商家快速掌握操作并做出优秀的装修。在装修后台找到需装修的页面位置，根据提示即可完成店铺的装修操作。装修后台的具体内容与使用方法将在第5章和第9章详细讲解。在进行店铺装修时，应注意后台的操作虽然重要，但店铺的布局与整体设计才是整个装修的重点。

1.2 店铺装修

店铺装修承载着店铺的风格、形象，是店铺对外展示的第一呈现效果。京东店铺是网络店铺，消费者不能看到实物商品，一般需通过浏览店铺的呈现形式如何来判断是否购买商品，所以店铺装修尤为重要。下面将店铺装修的注意事项、店铺装修风格的设计及店铺装修与转化率的关系进行介绍。

1.2.1 店铺装修的注意事项

店铺装修在店铺运营中起着重要的作用，店铺装修的优劣，直接决定了消费者在店铺的停留时间和下单意愿，进而影响店铺销售。网上店铺的装修类似于实体店铺的装修，商品陈列合理、美观才能吸引消费者购物。对于网店来讲，好的店铺设计至关重要。因为消费者只能通过网上的文字和图片来了解店铺和商品，所以好的店铺装修可以增加消费者的信任感，同时，对店铺品牌形象的树立也能起到关键作用。

那么，该如何对店铺进行装修呢？我们需要注意以下几点。

● **突出行业属性**：每一个行业都有特定的属性，每一种属性都有着独特的表现。虽然没有明确的行业规定，但这些具有特点的属性时时左右着我们对事物的判断与取舍。店铺装修前，一定要明白自己商品的属性及行业特征，在此基础上为装修设计选择相应的色彩和插图。例如，母婴商品可以使用卡通元素树立亲和、温暖的品牌形象，不建议使用太酷炫的表达符号。

● **色彩搭配协调**：店铺主色调与商品的属性密不可分。一旦确定主色调，其他色彩都必须跟主色调高度协调。同一个页面的色调最好不超过3种，辅助色与主色相协调。有些人喜欢把店铺装修得绚丽多彩，到处都是闪烁的动画，看起来十分酷炫，其实这并不能留住消费者，反而会分散消费者的注意力，使其不能专注于商品而失去购买欲望。

● **简洁、时尚、大方**：在店铺装修过程中，简洁是永恒的原则。在这个快节奏的社会中，人们更希望生活相对简单。店铺装修时应把握消费者的这一心理，力求装修风格简洁、时尚、大方。简洁、时尚、大方的装修风格可以让商品在店铺中得到完美呈现，并通过合理的布局，让消费者有继续看下去的欲望。

● **商品分类明确**：合理的布局能让消费者快速查找到需要的商品。在店铺装修中，应将商品按照种类或者价格进行合理的分类。例如，分成10元区、99元区、活动促销区、积分兑换区等。这可让消费者根据明确的分类直奔主题。消费者一看分类列表，就知道目标所在，这对常做活动的店铺来说尤为重要。

1.2.2 店铺装修风格的设计

装修风格是店铺给消费者的直观感受，是消费者在浏览过程中感受到的店铺品位、艺术氛围等。那么，如何让店铺的装修风格更能吸引消费者就成为店铺装修的重点。下面将从3个方面讲解确定店铺装修风格的方法。

● **根据商品定位装修风格**：店铺主营的商品不同，其对应的消费群体就不相同；而消费群体不同，需要体现的风格就不同。首先，商家要根据主营商品和对应的消费群体定位装修风格。例如，经营笔记本电脑和手机的店铺，主要消费群体以男性为主，因此店铺的装修风格就要符合男性的审美习惯，在图片的选择上要时尚、高端、有档次，在色彩的选择上可以选择黑色、灰色等能够突出男性特点的色彩。其次，商品的描述也要和所售的商品风格吻合。店铺海报示例如图1-3所示。

图1-3

● **特色商品突出独特的装修风格**：某些京东店铺经营的是有特点的物品，如当地特产等，那么这种店铺除了可以根据商品定位装修风格，还可以根据商品的产地来突出装修风格。例如，经营土特产的店铺可以将装修风格定位为极具民族特点的风格，在其中加入民族文化元素，突显民族性。这样不仅可以让装修风格独树一帜，而且可以给消费者留下深刻印象，使其在众多的店铺中脱颖而出。图1-4所示为科尔沁牛肉的一款极具当地特色的海报。

图1-4

● **根据品牌主色调定位装修风格**：京东店铺和实体店是一样的，都需要商品和装修风格具有统一性。例如，京东店铺经营小清新服饰，那么装修风格就可以定位为文艺清新风格，在文案的撰写上多一些吟风弄月，在色调的选择上以素色为主，多选择一些自然风光的图案作为背景。若经营创意类商品，则店铺可根据商品的特性将创意融入到装修中。图1-5所示为棉麻类店铺中的一款碎花裙海报，通过碎花裙与自然的结合，店铺的清新风格体现了出来。

图1-5

1.2.3 店铺装修与转化率的关系

影响转化率的因素主要包括商品的价格、销量、评价、促销活动、主图、商品详情、店铺布局等。除了前面3点，其他因素都与店铺装修有着密切的联系。因此，店铺装修的好坏会直接影响转化率的高低。那么，如何通过店铺装修来提高转化率呢？下面将通过以下5点进行介绍。

● **店招，一语点破**：店招是店铺整体文化的浓缩，消费者到店后的第一视觉要点就是店招。所以，好的店招至关重要，既要让新客户印象深刻，又要能增强老客户的新鲜感。那么，要为消费者展示什么内容，哪些内容最重要，就成了设计中的难点。在制作店铺店招时，Logo是必须展示的，除此之外还可展示当前店铺的促销商品或促销活动，以提高转化率。

● **导航与底栏tab，条理清晰**：电脑端店铺的导航和移动端店铺的底栏tab是店铺首页的重要提示，可以突显店铺的装修风格、重点推荐的商品、特惠活动等内容，让消费者快速找到自己需要的商品。同时，在设计自定义分类时加上合理的装修展示效果，可让消费者加深店铺的浏览深度，从而促进成交与转化。

● **商品分类，四通八达**：店铺内分类模块是提高店铺浏览量的重点。通过分类模块可以向消费者展现店铺内销售的各类商品；通过合理排序可以让消费者更便捷地寻找到需要的商品。在优化分类搜索的同时，要更有针对性地向消费者展现商品及其卖点，增强客户黏性。在进行店铺装修时，分类模板一定要花些心思设计，在与整体设计风格协调的同时，突出该部分内容。

● **首页设计，精准吸精**：在店铺的首页黄金位置，建议设置最新店铺活动、热销款、主打商品、快速导航等内容。店铺的合理布局可以促进店铺流量增加，延长消费者店内停留时间，提高页面访问深度，提高商品的关联销售量，增强消费者黏性。

● **视觉文案，潜移默化**：消费者从产生购买心理到发生购买行为，会经过好奇、感兴趣、想买、肯定、购买5个流程。商家应该营造店内促销氛围，消除顾虑，增加消费者信任，从而使之产生购买行为。在这些活动策划中，活动策划的载体——文字描述和促销内容的展示成为冲击的要点，能最大限度地吸引消费者进入店铺。

1.3　店铺装修流程

在进行店铺装修之前，商家应先对店铺装修进行策划。明确店铺装修方向后，开始收集大量的图片素材，包括商品的照片和修饰画面的素材。将素材准备好后，根据店铺装修需要对图片进行设计与制作，然后上传图片，接着对店铺进行整体装修，最终形成吸引消费者眼球的网店装修效果。下面将简单介绍店铺装修的流程，以使商家在具体装修时更加得心应手。

1.3.1　店铺装修策划

店铺装修过程不是京东商家后台装修操作这一步，而是相关的多个操作的集合。在进行店铺装修前，商家首先要进行"策划"。店铺装修策划包括店铺整体装修风格策划和店铺当前装修策划两部分，分别介绍如下。

● **店铺整体装修风格策划**：店铺整体装修风格策划是指在对店铺的定位、品牌等有深刻认识的基础上，对店铺长期运营的视觉呈现进行的整体策划。以女装为例，当前店铺的装修风格定位是自然、森女系，还是时尚风、韩系、民族风？确定之后，以该定位作为店铺装修的基调，以后不管店铺处在什么时期或什么状态，商家在进行店铺设计时都必须考虑该因素。

● **店铺当前装修策划：** 在整体装修风格策划的基础上，店铺在不同时期会进行重新装修。商家在根据当前不同的情况进行店铺装修时，一要考虑当前重新装修的目的，二要考虑店铺的整体装修风格策划。只有在有效考虑两者的需求基础上，才能策划出一个好的装修方案。

1.3.2　素材收集与商品拍摄

当完成店铺装修策划后，商家即可根据装修方案收集素材。在店铺设计过程中，通常会使用多张图片素材。这些图片素材有的用于网页背景的制作；有的用于模块背景的制作；有的为商品图片，有的为模特图片。只有将不同类型的图片素材组合在一起，才能形成最终的效果，如图1-6所示。

图1-6

除了需收集已有的图片，在店铺装修过程中，商家还需拍摄大量的商品图片，用于展现商品效果。由于网上购物具有特殊性，消费者不能接触到商品实物，商品的所有信息都要以图片的形式进行表达。商品的某些物理特性很难被消费者感受到，如重量、材质等，这对照片提出了更高的要求，只有从不同的角度拍摄，力求展示出商品更多不同的细节，才能最终打动消费者，如图1-7所示的细节图片。

图1-7

除了要准备商品细节图，大多数时候为了展示出实物的特性，让消费者直观地感受到商品的实物效果，商家还会拍摄模特使用商品的图片，以增强亲和力，促进消费者购买，如图1-8所示。

图1-8

1.3.3　图片设计与制作

完成图片拍摄后，图片往往会存在色彩偏差、昏暗或曝光过度等情况。此时，还原图片效果成为图片处理的关键，其具体的处理方法将在第3章和第4章中进行讲解。完成图片处理后，商家还可继续使用Photoshop进行设计与制作，在其中添加文字和图像，使画面感更强。图1-9所示为图片处理前后并进行后续设计的效果。

图1-9

在进行图片设计时，除了要进行单个主图的设计，商家还需要对首页和详情页进行设计与制作。在进行首页的设计时要注意画面的统一性和内容的连贯性，如在店招的制作上要体现店铺名称和Logo；在下方的轮播中不但要体现促销信息，还要使商品的画面感符合店铺的主题；在下方的商品图中不但要对处理后的图片进行单个展现，还要输入商品名称、价格，以使整个画面更加符合消费者的需求。而在详情页中，商家可通过图片的设计展现商品的不同侧面以及适用范围、商品参数和售后服务等内容，让商品信息能在详情页中完整展现出来。图1-10所示为首页和详情页的设计效果，该图不但展现了处理后的商品图片，还将多张图片结合了起来，更加完美地展现了商品。

图1-10

1.3.4 图片切片

首页和详情页制作完成后，将会以整体形式进行展现。但是在店铺装修过程中，首页和详情页是要通过不同模块的拼贴进行展现的。此时，商家需要将首页或详情页中的各个板块分割开来，再分别应用到对应部分。切片是Photoshop中的一种图片分割工具，使用它可以将一张大的图片分割成小图，并对这些小图进行单独展示。图1-11所示为切片前后的展现效果。具体的切片方法将在第9章进行讲解。注意：在切片时，建议电脑端单张图片不大于800KB，移动端不大于300KB。

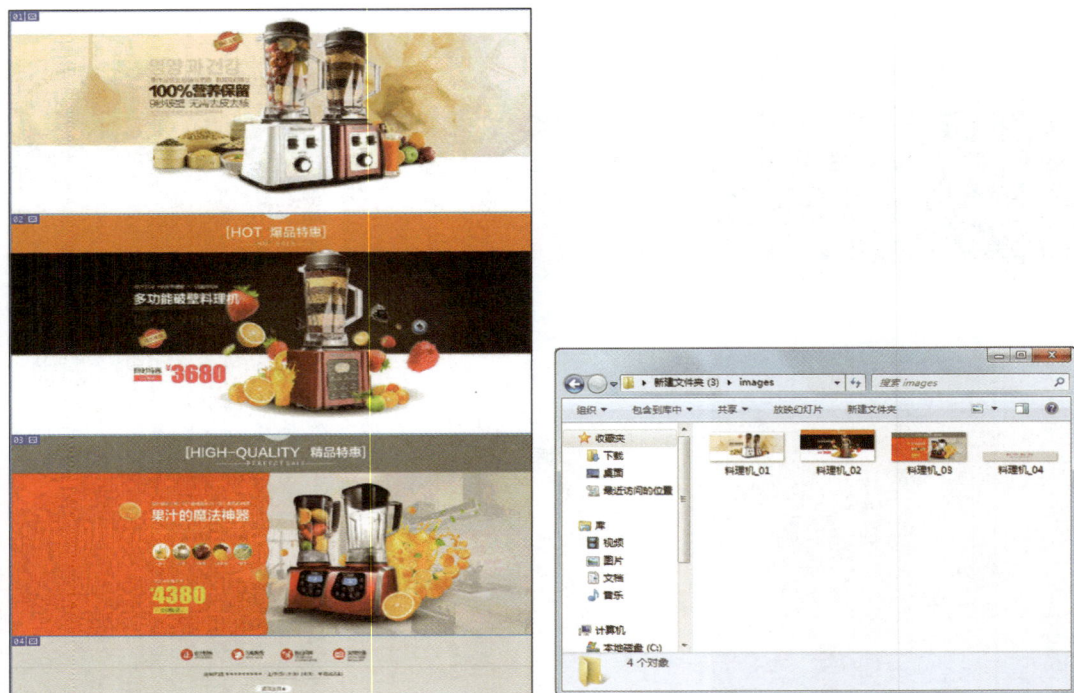

图1-11

1.3.5 上传与管理装修图片

完成切片后的图片需要先上传到"图片管理"中，以方便后期装修。商家只需进入装修后台，单击"素材中心"→"图片"，即可进入图片管理页面，如图1-12所示，在其中可进行图片的上传、编辑、复制链接、复制代码、删除、移动到分类，以及图片文件夹的新建、删除、移动等管理操作。

图1-12

1.3.6 京东后台店铺装修操作

当所有准备工作做好之后，即可进入店铺装修后台，将设计好的图片等放置在相应位置，开始店铺的装修操作。由于现在京东店铺装修包含电脑端和移动端的店铺装修，故除了设计页面时要设计两种不同类型的页面，装修时也需要在电脑端和移动端分别进行装修操作。图1-13所示为在京东装修后台电脑端首页进行装修的页面效果。注意：详细装修操作及教程可参考帮助中心。

图1-13

1.4 实战训练

1.4.1 实训要求

打开锐度（RD）自营旗舰店的网页，结合本章讲解的知识，分析该店铺装修风格，总结并领会设计要点和目的，提高个人的装修设计能力。

1.4.2 实训分析

"锐度"是男士护肤品牌，主要售卖男士护肤品，包括男士洁面乳、男士面膜、男士水乳等。在进行店铺装修时，不但要从色彩搭配上体现男士的性别特征，而且要展现店铺的商品分类。在装修店铺时要简洁、时尚、大方，不要过于烦琐，要突出行业属性。

打开锐度（RD）自营旗舰店的网页，如图1-14所示，查看店铺装修设计风格，并通过页面布局、色彩搭配和商品分类进行分析。

图1-14

1.4.3 操作思路

结合本章的讲解，锐度（RD）自营旗舰店网页的查看与分析可按以下步骤进行。

STEP 01 打开锐度（RD）自营旗舰店的网页。

STEP 02 由于售卖的商品为男士护肤品，因此店铺在颜色的选用上以黑色和白色为主，装修效果简单、大方，体现了男士的简洁。

STEP 03 在海报区域，灰、黑、白结合使用，并结合文字、模特和矩形的使用，突出了商品的风格，对商品及其功能进行了展现。

STEP 04 在海报的下方，采用3个黑色矩形的形式，对优惠信息进行展现，再在其下方对商品进行分类，展现商品的类别。

STEP 05 继续向下滚动页面，可看到商品按照商品分类的模式进行了依次展现，对黑和白的底色进行了转换，展现出了商品的大气特点。

STEP 06 在商品图片的选择上，以黑白带轮廓的图片为主，与背景融合又区别于背景，整体色调更加统一。

STEP 07 整个页面主要采用了4种颜色，以黑白为主色，以灰色和黄色为点缀色，不但能体现出重点，而且突显了男士商品的简洁性。

1.5 拓展延伸

为了帮助读者更好地理解本章所学知识，下面介绍一些与本章内容相关的其他知识。通过这些知识的学习，读者会对店铺装修前的准备工作有更深刻的认识。

1. 开设京东店铺的方法

在进行装修前，商家需要先开设京东店铺，这样才能进行装修操作。其开设方法为：在京东首页顶端单击"免费注册"超链接，注册一个京东个人账号，如图1-15所示；在京东首页底部单击"合作招商"超链接，如图1-16所示，打开京东商家入驻页面；单击 马上入驻 按钮，进入入驻流程；选择入驻商家类型，单击 入驻京东主站 按钮，依次完善入驻主体、营业执照、税务和银行、店铺品牌、店铺类目、店铺命名等信息；最后确认在线服务协议，提交入驻申请，等待京东审核。

图1-15

图1-16

2. 店铺装修的注意事项

在对店铺进行装修时，并不是可以随意装修的，而是需要商家注意一些问题的。下面分别进行介绍。

● **有一个清晰的思路**：明确店铺的特色、主营商品、目标消费者，有一个店铺的整体规划思路，即俗称的"大框架"。

● **寻找合适的装修时机**：装修不能随便地添加图片，需要根据不同的场合进行转换和变化，在变化中寻找合适的机会，促进成交。如"6.18""双11""双12"等都是京东开展的大型购物活动，抓住这样的活动时机，根据需求进行装修，可更好地促进成交。

● **做好文字与图片的前期准备**：在京东平台上，不要等申请了某个活动后才开始准备店铺装修，而要提前1~2个月进行相关准备。因此在活动前期应抓住时机，对活动进行策划，在节日到来之前完成促销信息的整理。

● **突出主次**：在装修中，常常为了漂亮而做过多的美化，从而使商品图片不突出，不能吸引消费者的眼球。在美化图片和店铺装修中，若要突出某一个主题，需要对背景进行虚化操作。

1.6 思考练习

（1）赏析图1-17所示的周黑鸭京东自营旗舰店首页效果，要求对页面的设计元素、装修要点进行分析。

（2）赏析图1-18所示的卫龙京东自营旗舰店首页效果，要求对页面的版式设计、风格和颜色展现进行分析。

图1-17

图1-18

第2章

京东店铺设计前
的准备工作

本章导读

　　京东店铺的装修人员除了需要了解店铺装修基础知识和流程外，还需要了
解设计前的准备工作，使后期的图片处理变得更加得心应手。设计前准备工作
的内容包括店铺视觉营销设计、色彩搭配、排版构图和字体选择。本章将分别
对这些准备工作进行介绍。

知识技能

- 掌握店铺视觉营销设计的相关知识
- 掌握搭配色彩突出主题的方法
- 掌握排版构图的原则和方法
- 掌握字体选择的方法

2.1 店铺视觉营销设计

简单来说，店铺视觉营销主要是通过色彩、图像和文字等内容的添加和处理，实现增强视觉效果、吸引消费者进店消费、提高店铺流量、刺激购物欲望、促进成交的目的。下面先讲解视觉营销设计的目的和作用，再对电商视觉营销3要素和视觉营销文案策划的相关知识进行讲解。

2.1.1 视觉营销设计的目的和作用

视觉营销设计是将商品卖点、商品企划信息、品牌信息通过视觉系统传达给消费者，以增加点击率，提高转化率，并提高店铺品牌形象的整个系统过程。其目的是最大限度地加强商品（或服务）与消费者之间的联系，以促进销售（购买）。增强视觉冲击力是影响品牌文化的手段之一，具有冲击力的效果可增强消费者对商品的记忆，从而使商品在其他众多商品中脱颖而出，最终促使商品卖出。图2-1所示的三只松鼠店庆日促销海报就很好地体现了视觉营销设计这一目的。该海报的背景采用大面积的红色，可第一时间吸引消费者的视觉注意力。促销文字则采用与背景红色形成强烈对比的白色，用大字号展示"满199减120"。强烈的视觉冲击力加上有竞争力的促销信息，可给消费者留下深刻印象，为商品畅销奠定基础。

图2-1

在京东店铺运营与装修过程中，视觉营销的关键在于店铺整体设计和商品详情页的完善。商家要充分利用色彩对比、页面布局、文字设计等方式吸引更多的消费者关注，从而提高店铺的流量，刺激消费者的购物欲望，使目标流量转变为有效流量。

> **提示**
>
> 对"视觉营销"进行文字拆解后可知，"视"即眼睛看到的一切，"觉"即消费者接收的信息，"营"即营造氛围，"销"即促进商品或服务销售。其中"视觉"是前提，"营销"是目的。

2.1.2 店铺视觉营销3要素

在视觉营销中，视觉效果是条件，营销才是目的。只有视觉效果符合需求，营销效果才会令人满意。在制作商品图时，商家需要注意视觉营销的3要素。下面分别对其进行介绍。

● **直击消费者痛点：** 在制作商品图的过程中，不仅要展现商品效果，而且要直击消费者痛点，以使商品或服务更具有吸引力。消费者痛点主要通过消费者购买商品的基础诉求与延伸诉求进行展现。其中，基础诉求是对商品或服务本身的购买需求，延伸诉求则是在实际咨询与购买时产生的新需求。图2-2所示为暖贴的海报效果。该海报通过文字"暖身更暖心"，直击消费者基础诉求的痛点，使该功能的需求者产生购买欲望，而价格优惠则将基础诉求的痛点放大，促成销售。

图2-2

● **突出商品卖点：** 在展现商品或服务过程中需要突出卖点，寻找消费者最关注的功能，再根据消费者关注的功能将该功能点尽可能放大。图2-3所示为一款耳机的海报效果，左侧展现耳机的整体效果，右侧通过黄色的文字"新品上架"突显该商品为新品，通过文字"藏在耳内的低音炮"突出商品的特点，最后通过特点展现卖点。

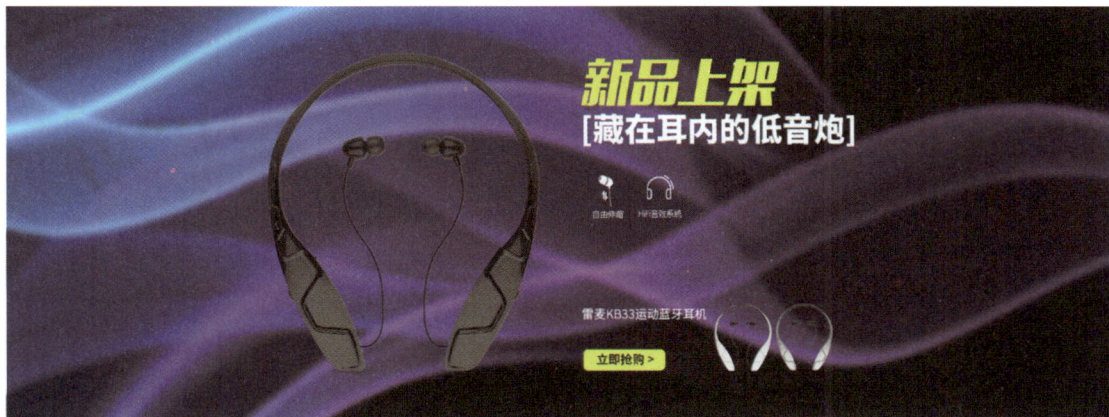

图2-3

● **表达商品或服务功能点**：商品或服务功能点主要在详情页中体现，并通过4种方法进行表达。①体现商品或服务的基本属性，即价值和使用价值；②体现商品或服务的功能特点，如外观、规格、用途、使用方法等；③体现商品或服务的行业优势，即突显卖点，展现商品或服务的特点；④体现商品或服务的对比效果，通过不同商品或服务的对比，体现本商品或服务的优势。图2-4所示为挂烫机的详情页，在其中通过用途及使用方法的展现表达了挂烫机的功能点。

图2-4

> **提示**
>
> 　　使用价值是指商品能够满足人们某种需要的属性；价值是指凝结在商品中的无差别的人类劳动。价值是商品的本质属性，使用价值是商品的自然属性。

2.1.3 视觉营销文案策划

　　在视觉营销中，文案是一个重要组成部分。制作文案不是简单地将文字添加其中，文字的提炼、分析、选择非常重要。每一个京东店铺都由不同类型的板块组成，每一个板块都有对应的文案进行展现。在不同使用场合，对文案的要求也不同。例如，主图文案要求一目了然、简明扼要，让消费者有点击的欲望；详情页文案要求循序渐进、层层递进，逐步攻破消费者的心理防线，能让消费者随着了解的深入越来越喜欢商品或服务；品牌文案则要求以情动人或定位高端，尽量获得消费者的信任。

　　因此，文案不是简单的文字输入，而是以消费者需求或促销目的为前提所进行的策划工作。一般来说，策划者可从文案的受众群体、写作目的、主题和视觉表现的角度进行策划。下面分别进行介绍。

● **文案的受众群体**：编写文案前需掌握商品或服务针对的目标群体，使目标群体与商品方案相结合。策划者可通过分析销售旺季、相关行业行情等相关数据，掌握商品或服务文案的受众群体。

- **文案的写作目的:** 文案不仅要清楚地表达商品或服务的特点,还要达到促进销售、吸引消费者购买的目的。除此之外,文案还可以提高品牌的知名度,加深消费者对品牌的印象。因此,要先明确文案写作的目的,根据需要确定文案的写作方向。
- **文案的主题:** 文案的主题主要有两个方面:一方面是商品或服务的特点,该特点需要使用简单的词汇表达出主题信息,以满足消费者的需求;另一方面是和利益挂钩,通过折扣、满减等促销信息,吸引消费者。
- **文案的视觉表现:** 有了文案写作方向和主题后,还需考虑文案怎样与图片融合,即如何进行视觉表现,常用的方法是通过字体、颜色和粗细来进行表现。

2.2 色彩的搭配

要想做出好的视觉效果,需要先掌握色彩的搭配方法,因为店铺的色彩与风格是消费者进入店铺时首先感受到的东西,色彩是做好店铺装修的基础。有些商家在装修店铺的时候,喜欢将一些酷炫的色块随意堆砌,这样不但不能增强店铺的视觉效果,反而会让整个页面变得杂乱无章,使消费者视觉疲劳。好的色彩搭配不仅能够让页面更具亲和力和感染力,而且能提高浏览量。下面先介绍色彩的基础知识,再对色彩的搭配方法及主色、辅助色与点缀色的相关知识进行介绍。

2.2.1 认识色彩

色彩是一种极具冲击力的传播元素。色彩的作用在店铺的视觉表现上尤为突出。店铺的整体色调、色彩搭配符合店铺的特色,店铺的各个板块能够抓住消费者的眼球,这些都离不开色彩的应用。

现实生活中有很多不同种类的色彩。为了更好地掌握色彩的使用和搭配方法,需要先了解并掌握色彩的原理、色彩的分类、色彩的属性和色彩的对比。下面分别进行介绍。

1. 色彩的原理

现实生活中我们见到的各种色彩是光经过物体反射到人的眼睛,再由视神经传递到大脑而产生的一种视觉体验,是人们对不同频率光的感知。可以这样说,光和色彩是并存的,没有光就没有色彩。色彩既有其客观属性,又与人眼的构造有着密切的联系。自然界中绝大部分的可见光谱可以用红、绿、蓝3种光按照不同比例和强度混合后表示,将它们混合在一起可以搭配出各种各样的色彩,如青、黄、洋红。图2-5所示为色彩的重叠效果。在视觉营销中,通过对不同色彩进行搭配,商家可制作出个性鲜明的页面。

图2-5

2. 色彩的分类

人们睁开眼睛看到的一切都是由不同的色彩组合而成的。一张海报、一张焦点图通过不同的色彩搭配对商品或服务进行展现，可体现出其不同的视觉效果和卖点，从而吸引消费者点击购买。在日常生活中，商家可按照色彩的系别将其分为无色彩和有色彩。下面分别进行介绍。

● **无色彩**：无色彩是指黑色、白色和不同深浅的灰色。无色彩只有明度的变化。这里我们所说的纯灰色可以理解为由黑与白混合而成的各种明暗层次的灰色。把所有无色彩概括起来，可得到按比例变化的9个明度层次的色彩。从明度最亮的白色开始，按逆时针方向依次可命名为：白、亮灰、浅灰、亮中灰、中灰、灰、暗灰、黑灰和黑。在店铺视觉营销中，办公类、家居类页面常常使用无色彩进行黑白页面或灰色页面的制作，使其简单明了，并能和谐过渡，如图2-6所示。

● **有色彩**：有色彩是指带有某一种标准色倾向的色彩。光谱中的全部色彩都属于有色彩。有色彩有无数种，它以红、橙、黄、绿、蓝、紫为基本色。基本色之间不同量的混合，以及基本色与黑、白、灰（无色彩）之间不同量的混合，会产生成千上万种有色彩。店铺中的大部分操作都是有色彩的，如服装、鞋包、珠宝、美妆等类别的店铺几乎都采用丰富的色彩进行装修，如图2-7所示。

图2-6　　　　　　　　　　　　　　　　图2-7

3. 色彩的属性

色相、明度、纯度是色彩最基本的3要素，是人眼能够正常感知色彩的最基本条件，熟悉并灵活应用3要素是设计的基础。下面分别对其进行简单介绍。

● **色相**：色彩是由光的波长长短差别决定的，色相就是指色彩的种类和名称。各种色彩中，红色是波长最长的颜色，紫色是波长最短的颜色，红、橙、黄、绿、蓝、紫和处在它们之间的红橙、黄橙、黄绿、蓝绿、蓝紫、红紫共计12种颜色组成了色相环。在色相环的各种颜色中加入白与灰，可以产生差别细微的多种色彩。

● **明度**：明度可以简单地理解为色彩的亮度。不同的色彩具有不同的明度，如黄色就比蓝色的明度高。在一个画面中，商家可以通过协调不同明度的色彩来表达感情，如天空比地面明度低，则会产生压抑的感觉。任何色彩都存在明暗变化，其中黄色明度最高，紫色明度最低，绿、红、蓝、橙的明度相近，为中间明度。另外，同一色相的明度还存在深浅的变化，如绿色由浅到深有粉绿、淡绿、翠绿等明度变化。

● 纯度：纯度指的是色彩饱和程度。光波波长越单纯，色相纯度越高；相反，色相的纯度越低。不同的色相不但明度不同，纯度也不相同。同一色相中，纯度发生变化会带来色彩性格的变化。有了纯度变化，页面才会变得更加鲜明。

4. 色彩的对比

色彩的对比主要是指色彩的冷暖对比。从色调上，可将红、橙、黄划分为暖调，将青、蓝、紫划分为冷调，绿色为中间色。在设计过程中，商家需掌握对比的基本知识，把握在暖调环境中冷调主体醒目、冷调环境中暖调突出的基本原则。除了色调对比，还有黑白对比、明度对比、色相对比和纯度对比。下面分别进行介绍。

● 黑白对比：黑白两色都属于无色彩，它们在冷暖对比中属于中性色。黑白对比能够体现出视觉的清晰感。当黑白对比出现在强烈的有色彩中时，画面变得稳定。图2-8所示为使用黑白对比后的画面展示效果。

图2-8

● 明度对比：明度对比就是色彩的明暗对比，也被称为色彩的黑白对比。每种颜色都有明度特征，两者间的明度差别所形成的对比即为明度对比。当明度较强时，对比度高，对应的清晰度也高，不易出现误差；当明度较弱时，图像不易看清，效果不好。图2-9所示为明度较强的展示效果。

图2-9

- **色相对比**：色相对比是指色相间的差别所形成的对比。当页面中的主色确定后，需先考虑其他色相与主色是否具有相关性，要表现什么样的内容才能增强表现力。色相对比分为原色对比、补色对比、间隔色对比、邻近色对比4种。

- **纯度对比**：纯度对比中，纯度弱的对比画面视觉效果比较差，清晰度较低，适合长时间及近距离观看。纯度中等的对比最和谐，画面效果丰富，主次分明。纯度强的对比会产生鲜的更鲜、浊的更浊的效果，画面对比明朗、富有生气，色彩认知度也较高。

2.2.2 色彩的搭配方法

在店铺装修中，色彩一般不单独使用，而由多种色彩搭配使用。不同的色彩搭配可直接影响整个设计的基调。下面介绍几种常用的色彩搭配方法，以帮助读者在店铺装修时快速找到可选择的色彩搭配方案。

- **对比色调搭配方法**：把色性完全相反的色彩搭配在同一个空间里，如红与绿、黄与紫、橙与蓝等。这种色彩的搭配可以产生强烈的视觉效果，给人亮丽、鲜艳、喜庆的感觉。当然，使用对比色调时要把握"大调和，小对比"原则，即总体色调应该是统一和谐的，局部可以有一些小的强烈对比。

- **暖色调搭配方法**：把红色、橙色、黄色、赭色等色彩进行搭配。这种色调搭配方法可使页面呈现出温馨、和煦、热情的氛围。

- **冷色调搭配方法**：把青色、绿色、紫色等色彩进行搭配。这种色调搭配方法可使页面呈现出宁静、清凉、高雅的氛围。

2.2.3 主色、辅助色与点缀色

一个页面中的色彩不能胡乱运用，否则会显得画面混乱。一个页面除了使用主色调，还需要其他色调的陪衬，这样才能显得主色调更加贴合主题。在色彩运用过程中，主色、辅助色和点缀色是3种不同功能的色彩。下面分别进行介绍。

- **主色**：主色决定了整个店铺的风格，在页面中，占用面积大、最受瞩目的色彩一般就是主色。主色要比辅助色更清晰、更强烈、更具有代表性。

- **辅助色**：辅助色对页面起着重要的作用，不但能使页面的色彩变得丰富多彩，还能使主色更加突出。辅助色可以是一种色彩，也可以是几种色彩。判断辅助色选用是否正确的标准是：去掉它，页面不完整；有了它，主色更显优势。

- **点缀色**：点缀色可以营造独特的页面风格。该色彩在页面中占据的面积较小，视觉效果比较醒目。点缀色可以是一种色彩，也可以是多种色彩。虽然点缀色在页面中所占面积较小，但也具备影响整个画面的能力。图2-10所示为女包海报，红色为主色，浅蓝色为辅助色，紫色、黑色和大红色为点缀色。

图2-10

2.3 页面的布局

好的排版构图不但能与色彩一样，使表达的内容更加突出，还能抓住中心点，使画面更加紧凑。在进行排版构图前，商家需要先认识点、线、面3大基本构图元素，再学习布局的基本原则和布局方式。

2.3.1 认识点、线、面3大基本构图元素

点、线、面是图像中最基本的3大元素，三者结合使用能够产生丰富的视觉效果。点、线、面具有不同的情感特征。在店铺各板块的设计中，三者进行组合可以制作出很好的页面视觉效果。下面分别对点、线、面进行介绍。

1. 点

点是可见的最小的形式单元，具有凝聚视觉的作用，可以使画面布局显得合理、舒适、灵动且富有冲击力。点的表现形式丰富多样，既包含圆点、方点、三角点等规则的点，又包含锯齿点、雨点、泥点、墨点等不规则的点。

点没有一定的大小和形状，画面中越小的形体越容易给人点的感觉，如漫天的雪花、夜空中的星星、大海中的帆船和草原上的马等。点既可以单独存在于画面之中，又可组合成线或者面。点的大小、形态、位置不同，所产生的视觉效果、心理作用也不同。图2-11所示为"爱国者"的一款海报，它通过不同点的集合将足球的运动感体现了出来。

图2-11

2. 线

线在视觉形态中可以表现出长度、宽度、位置、方向性和性格，具有刚柔并济、优美和简洁的特点，常用于渲染画面、引导、串联或分割画面元素。线分为水平线、垂直线、斜线、曲线。不同形态的线所表达的情感是不同的：直线显得单纯、大气、明确、庄严；曲线显得柔和、流畅、优雅、灵动。图2-12所示为锐度的海报展示，从中可看出斜线具有很强的视觉冲击力，能给人活力四射的感觉。

图2-12

3. 面

将点放大后即为面，通过线的分割产生的各种比例的空间也可称为面。面有长度、宽度、方向、位置、摆放角度等特性。在版面中，面具有组合信息、分割画面、平衡和丰富空间层次、烘托与深化主题的作用。面在设计中的表现形式一般有两种，即几何形、自由形。

● **几何形**：几何形指有规律的、易于人们识别、理解和记忆的图形，包括圆形、矩形、三角形、棱形、多边形等，以及由线条组成的不规则几何元素。不同的几何形具有不同的感情，如矩形给人以稳重、厚实与规矩的感觉，圆形给人以充实、柔和、圆满的感觉，正三角形给人以坚实、稳定的感觉，而不规则几何形状给人以时尚、活力的感觉。背景采用不规则几何形状切割画面，与商品配合，可以为画面营造出前后层次感，避免画面背景过于单调。图2-13所示为几何形拼合后的效果。

图2-13

● **自由形**：自由形来源于自然或灵感，比较洒脱、随意，可以营造出淳朴、生动的视觉效果。自由形可以是表达设计者个人情感的各种手绘形，也可以是由线弯曲形成的各种有机形，还可以是由自然力形成的各种偶然形。图2-14所示为自由形的拼合展现，这种拼合方式可让画面变得鲜活。

图2-14

2.3.2 店铺布局的基本原则

店铺中的页面主要由文字与图片组合而成。合理布局不但能使画面显得饱满，还能使突显的内容更具有独特性。在掌握布局方式前，需要先掌握店铺布局的基本原则。在了解了布局原则的基础上，商家才能更好地将布局方式应用到页面中。

● **主次分明，中心突出**：在店铺的页面中，必须考虑视觉中心。这个中心一般为屏幕的中心点或中心点偏上的部分。因此，店铺中重要的商品可放到中心位置，视觉中心以外的区域则可安排稍次要的内容，这样页面中将有主次之分，可以突出重点。

● **大小搭配，相互呼应**：在展现多个商品时，要有大小区别，错落有致地对商品进行排列。在排列过程中避免重心的偏移，商品要相互呼应，而不能杂乱无章地排列。

● **简洁一致**：保持画面的简洁与一致，对页面适当留白，使页面更具有画面感。形成简洁效果常用的方法是制作醒目的标题，通过字间距以及行间距来制造留白。在色彩的运用上，采用对比的手法，如黑白配、圆形与方形的搭配，在视觉上形成一种鲜明的对比，从而达到简洁一致的效果。

● **图文并茂的方式**：在页面布局过程中，文字与图片的搭配要具备视觉互补性。页面中可以用丰富的图片配以简洁的文字；反之，文字过多会显得整个页面过于沉闷，没有活力。因此，文字与图片的搭配要合理，两者要互相衬托。

2.3.3 常见构图方式

构图也是页面布局的一个要点。好的构图不但能与色彩一样，使表达的内容更加突出，还能抓住中心点，使画面更加紧凑。良好的构图能够让店铺更加出彩，下面对常见的构图方式进行介绍。

● **中心构图**：在画面中心位置安排主元素，如商品图片或促销文案，这种构图方式给人稳定、端庄的感觉，适合对称式布局，可以产生中心透视感。在使用该构图方式时，为了避免画面呆板，通常会使用小面积的形状、线条或其他装饰元素进行灵活搭配，增强画面的灵动感。如图2-15所示，在页面中间添加鞋子和柜子主体物，将说明性文字放于主体物两边，使人一眼望去就能确定中心点。

图2-15

● **九宫格构图**：九宫格构图也叫井字构图，是指将画面分成9块，在4个交叉点处选择一个点或者两个点作为画面主体物的位置，同时其他点处还应适当考虑平衡与对比等。该构图方式富有变化与动感，是常用的构图方式之一。

● **对角线构图**：对角线构图是指将画面主体物安排在画面的斜对角位置，这样做既能有效利用画面对角线的长度，同时能使主体物和副体物产生直接关系，使画面更具有动感，显得活泼，从而吸引人们的视线，还能达到突出主题的目的。图2-16所示为使用对角线构图后的键盘展示效果。

图2-16

● **三角形构图**：三角形构图是指将3个视觉中心作为元素的主要位置，形成一个稳定的三角形。三角形构图具有安定、均衡但不失灵活的特点。

● **黄金分割构图**：黄金分割构图是指将画面一分为二，其中较大部分与较小部分面积之比等于整体与较大部分面积之比，其比值为1：0.618或1.618：1。0.618是公认的最具美学价值的比例，具有很强艺术性与和谐性，如图2-17所示。

图2-17

2.4 字体的选择

色彩能使画面变得生动，文字则能增强图像传达效果，提高作品的诉求力，直接影响信息的展现与传达。下面先讲解字体的选择方法，再讲解字体风格的搭配和字体的布局技巧等知识。

2.4.1 字体的选择方法

字体是设计中不可缺少的部分，与色彩相辅相成。传统的字体可分为正、草、隶、篆和行5种；从视觉感观与应用的角度来讲，字体还可以分为宋体类、黑体类、书法体类和艺术体类4种。下面分别对这些字体的选择和设计方法进行介绍。

● **宋体**：宋体是店铺页面中使用最广泛的字体。宋体笔画比较纤细，看上去较优雅，能够产生很好的文艺效果。宋体的字形方正，笔画横平竖直，末尾有装饰部分，结构严谨、整齐均匀、秀气端庄，还具有极强的笔画韵律性，消费者在观看时会有一种舒适醒目的感觉。图2-18中最右侧的文字即为宋体。

● **黑体**：黑体又称方体或等线体，没有衬线装饰，字形端庄，笔画横平竖直，笔迹一样粗细。黑体商业气息浓厚，其"粗"的特点能够满足商家"大"的要求，常用于商品详情页等大面积使用文字的内容中，如图2-19所示。

图2-18

● **书法体**：书法体指书法风格的字体。书法体包括隶书体、行书体、草书体、篆书体和楷书体5种。书法体自由多变、顿挫有力，具有文化气息，常用于书籍类等具有古典气息的店铺中，如图2-20所示。

● **美术体**：美术体是指一些特殊的印刷用字体，一般在美化版面时采用。美术体的笔画和结构一般进行了一些形象化表达，常用于海报或模板设计中的标题部分。该字体若应用适当会有提高艺术品位的效果。常用的美术体包括娃娃体、新蒂小丸子体、金梅体、汉鼎、文鼎等，如图2-21所示。

图2-19

> **提示**
>
> 输入文字时，内容要清晰、明了，让消费者一看就能明白所要表达的内容。除非需要产生某种模糊的效果，否则避免使用不清晰的字体，以免使消费者产生反感。要恰当选择字号，不要使用过小的字号。注意文字的浏览顺序，一般的浏览顺序为从左至右，因此需要将重点内容放到右边，以方便浏览。

图2-20

图2-21

2.4.2 字体风格的搭配

在店铺装修过程中，还需根据店铺风格和商品或服务所属类目，选择和搭配字体。例如，走可爱路线的女装店铺，店铺中的字体可主要使用圆体、幼圆体等，搭配少女体、童童体和卡通体。走时尚个性路线的店铺则可主要使用汉仪中黑、汉仪中简黑、汉仪细简黑等汉仪字体，搭配大黑、广告体和艺术体，如图2-22所示。

图2-22

提示

若不确定该字体是否适合该页面，可先输入需要添加的文字内容，并确定文字要展现的位置，然后选择文字，对字体进行调整，直至找到符合画面感的字体。最好使用京东字库中的字体，以避免出现版权相关问题。

2.4.3 字体的布局技巧

在店铺装修过程中，文字除了可传达营销信息，还是一种重要的视觉材料，字体的布局不管是在画面空间、结构上，还是韵律上，都占据重要的位置。下面对常用的字体的布局技巧进行介绍。

● **字体的选用与变化**：在对京东店铺的广告文案进行排版时，选择2~3种匹配度高的字体会产生最佳的视觉效果。字体过多会显得零乱而缺乏整体感，容易分散消费者注意力，使消费者产生视觉疲劳。在选择字体的过程中，可考虑将文字加粗、变细、拉长、压扁等来变化文字大小，从而产生丰富多彩的视觉效果。

● **文字格式的统一：** 在进行文字编排时，需要把握文字格式的统一性，即文字的字体、粗细、大小与颜色在搭配组合上要让消费者有一种关联的感觉，这样的文字组合才不会显得松散杂乱。

● **文字的层次布局：** 在京东店铺装修过程中，文案不要简单堆砌，而要有层次，通常按重要程度设置文本的显示级别，引导消费者按顺序浏览文案，首先映入消费者眼帘的是要强调的内容。在进行文字编排时，可利用字体、粗细、大小与颜色的对比来设计文本的显示级别。

2.5 实战训练

2.5.1 实训要求

本例将打开三只松鼠京东自营旗舰店网页，结合本章讲解的知识，分析该店铺网页的颜色搭配方案、字体选用方案及布局方式等，总结并领会设计要点和目的，提高个人的装修设计能力。

2.5.2 实训分析

虽然京东平台上的店铺数量众多，但仔细观察后可发现，销量高、转化率高的店铺的装修及运营都有其独特之处，特别是一些大型品牌自营旗舰店。本实训将对三只松鼠京东自营旗舰店的店铺进行鉴赏，包括其色彩搭配方法、字体选择、版式布局等。

本实训主要从颜色、文字、布局和板块几方面对店铺进行分析，首先从整体色调上对店铺进行分析，然后从整体文字的选择上对店铺进行认识，再从布局上对店铺的页头和页中依次进行分析，最后通过对板块的依次介绍，让读者对三只松鼠的店铺页面有详细认识。图2-23所示为三只松鼠京东自营旗舰店的首页页头，图2-24所示为三只松鼠京东自营旗舰店的页中部分。

图2-23

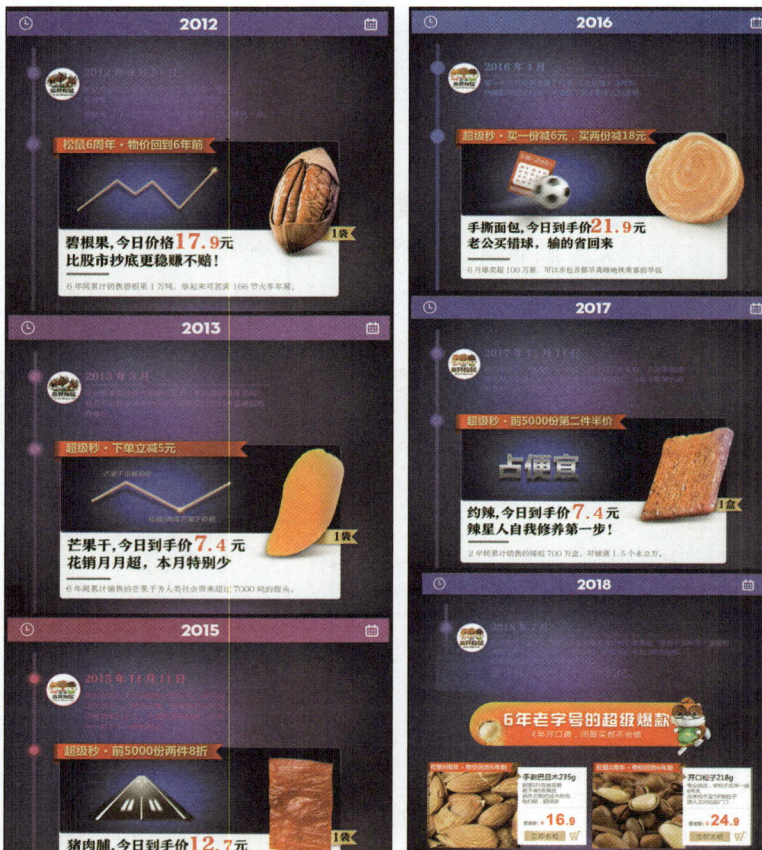

图2-24

2.5.3 操作思路

本例赏析内容如下。

STEP 01 打开三只松鼠京东自营旗舰店首页，经观察，该店铺首页的色相采用紫色到深蓝色渐变，属于较沉稳的颜色。与可爱的三只松鼠Logo进行对比则增添了一丝乐趣，让人产生可爱、活泼、精致和美观的感觉，而且Logo显得更醒目。

STEP 02 文字字体以黑体、宋体和汉仪字体为主，简洁、大方。由于是周年庆广告，广告语不仅要接地气、活泼，还要具有促销作用。图2-23中的"6周年肉食火拼日"既把"周年庆"体现了出来，又与"肉食"相结合，让人感到亲切。在文字颜色上，主要采用了白色和深蓝色渐变，该颜色与背景颜色相符，不会产生突兀的感觉。

STEP 03 页面布局采用页头、页中和页尾的布局形式。页头为促销信息展示，页中为活动商品和时间段的展示，页尾则为店铺信息的总结。整个布局通过色彩的渐变，让画面变得生动起来。

STEP 04 从首页板块进行赏析。首页的页头中包含了店招、导航，下方为店铺活动与促销信息的介绍，消费者只要打开该网页就能马上看到促销信息，从而可促进购买。可爱的画风、接地气的海报都为商品销售加分。

STEP 05 首页的页中为促销活动和优惠券信息，在下方讲解了不同时间段发生的事情，并对主推商品进行逐个罗列，从而帮助消费者快速查找与购买。

STEP 06 继续往下浏览，为热卖商品区。该区域对部分热销商品逐一展现，采用左图右文的排列方式将商品卖点在有限的空间中直观地展现出来。消费者可直接点击购买，体验性非常好。

2.6 拓展延伸

为了帮助读者更好地理解本章所学知识，下面介绍一些与本章内容相关的其他知识。通过这些知识的学习，读者可以对设计前的准备工作有更深刻的认识。

1. 文字图形化展现，增强视觉冲击力

所谓文字图形化展现，是指将文字作为图形元素来表现，在表达出文字信息的同时又增强了视觉冲击力。在图片设计中，我们既可以使用常规方法设计文字，又可以对文字进行艺术化设计，提高其美观度。在进行文字图形化展现时，我们要注意将文字内容展现出来，不要为了美化图形而弱化文字，致使查看时不能准确辨认出文字内容。

2. 常见色系应用场合及搭配方法

色彩搭配是一门技术，灵活运用搭配技巧能让店铺的装修更具有感染力和亲和力。在选择页面色彩时，我们需要选择与店铺类目相符的颜色，因为只有颜色协调才能营造出整体感。下面对不同色系应用的领域和搭配方法进行介绍。

- **白色系：** 白色称为全光色，是光明的象征色。在店铺页面设计中，白色具有高级和科技的感觉，通常需要和其他颜色搭配使用。纯白色会给人寒冷、严峻的感觉，所以在使用白色时，都会掺一些其他色彩，如象牙白、米白、乳白、苹果白等。另外，在同时运用几种色彩的页面中，白色和黑色可以是最显眼的颜色。在店铺页面设计中，当白色与暖色（红色、黄色、橘红色）搭配时会产生华丽的感觉，与冷色（蓝色、紫色）搭配会产生清爽、轻快的感觉。因此，白色常用于让人产生明亮、洁净感觉的商品，如结婚用品、卫生用品、女性用品等。

- **黑色系：** 在店铺页面设计中，黑色具有高贵、稳重、科技的感觉，是许多科技商品的用色，如电视、摄影机、音响等大多采用黑色。在其他方面，黑色具有庄严的感觉，在一些特殊场合的空间设计、生活用品和服饰用品设计中大多利用黑色来塑造高贵的形象，其也是一种永远流行的主要颜色。黑色的色彩搭配适用性非常强，什么颜色与黑色搭配后都能取得鲜明、华丽、赏心悦目的效果。

- **绿色系：** 绿色会让人联想到与健康相关的内容，所以经常被用于将健康作为宣传重点的店铺及某些公司的公关站点或教育站点。当绿色和白色搭配使用时，可以让人产生自然的感觉；当绿色和红色搭配使用时，可以让人产生鲜明且丰富的感

觉。同时，一些色彩专家和医疗专家们提出绿色可以适当缓解眼部疲劳，为耐看色之一。

● **蓝色系：** 高彩度的蓝色会营造出一种整洁、轻快的感觉，低彩度的蓝色会使人产生一种都市化的现代派感觉。蓝色和绿色、白色的搭配在我们的现实生活中随处可见，它的应用范围几乎覆盖了整个世界。主颜色选择明亮的蓝色，配以白色的背景和灰色的辅助色，可以使店铺页面干净而简洁，使人产生庄重、充实的感觉。蓝色、清绿色、白色的搭配可以使页面看起来非常干净、清爽。

● **红色系：** 红色是强有力、喜庆的色彩，具有刺激效果，容易使人产生冲动、热情、活力的感觉。大多数情况下，在店铺页面中采用红色作为主色调，因为鲜明的红色极容易吸引人们的目光。高亮度的红色通过与灰色、黑色等无色彩搭配使用，可以产生现代且激进的感觉。低亮度的红色可使人产生冷静、沉着的感觉，可营造出古典的氛围。在商品促销过程中，红色往往较醒目，可以促进商品的销售。

2.7 思考练习

（1）赏析图2-25所示的珀莱雅京东自营旗舰店首页效果，要求对页面的设计元素、页面的颜色搭配与字体搭配进行分析。

（2）赏析图2-26所示的达利园京东自营旗舰店首页效果，要求对网页颜色、风格、搭配、构图方式、网页元素等进行分析。

图2-25

图2-26

第3章
商品图片的基本处理

本章导读

打开京东店铺后，首先映入人们眼帘的是一张张精美的图片。从某种意义上说，图片是一个店铺呈现的灵魂。一个营销、运营做得好的京东店铺，其图片的视觉效果也必定是很好的，好的图片可以提高商品的交易成功率。商品图片除了受到前期拍摄水平的影响外，后期的调整与美化处理也是相当重要的。本章将对图片的基本处理方法进行简单介绍，让设计人员系统了解图片的多种美化效果，从而在版面设计的过程中更加得心应手。

知识技能

- 掌握图片的基础调整方法
- 掌握调整图片亮度与色彩的方法
- 掌握图片背景抠取的方法

3.1 图片的基础调整

在京东店铺装修中，不同的区域对图片大小和呈现效果的要求是不同的，与用相机直接拍摄的图片往往会存在差异。此时，商家就需要对图片进行裁剪、修改、调整和矫正等操作。本节将对图片的基础调整方法进行介绍，首先介绍店铺不同区域的图片尺寸要求，然后介绍在Photoshop中裁剪图片、调整图片大小和调整图片角度等操作方法。

3.1.1 店铺常见的图片尺寸

在设计和处理图片前，商家必须首先考虑该图片在店铺中的应用区域。应用区域不同，需要的图片尺寸也是不同的。表3-1所示为常见区域的图片尺寸。

表 3-1　常见区域的图片尺寸

区域	尺寸
电脑端店招	宽 1920 像素 × 高 110 像素
电脑端导航	宽 1920 像素 × 高 40 像素
电脑端轮播图	宽 990~4000 像素 × 高 210~1440 像素
电脑端图片区	宽 50~2000 像素 × 高 50~2000 像素
电脑端首页中间部分	宽 1920 像素、1210 像素或 990 像素，高不限
电脑端详情页	宽 750 像素，高不限
移动端店招	新版：宽 750 像素 × 高 500 像素 旧版：宽 640 像素 × 高 200 像素
移动端 Logo	新版：宽 300 像素 × 高 300 像素 旧版：宽 180 像素 × 高 60 像素
移动端店铺搜索广告图	宽 960 像素 × 高 390 像素
移动端轮播图	宽 1125 像素 × 高 210~1440 像素
移动端图片区	宽 1125 像素 × 高 210~1440 像素
移动端详情页	宽 640 像素，高小于等于 960 像素

3.1.2 裁剪图片中的指定部分

裁剪图片中的指定部分主要针对细节图的制作。细节图的好坏在一定程度上决定了转化率的高低，是影响成交的主要因素之一。裁剪图片中的指定部分时可以直接使用拍摄的原图来放大裁剪，但该方法只适用于高质量、高清晰度的商品图片。若图片质量不佳，则建议使用具有微距功能的相机进行细节特写拍摄。裁剪图片中指定部分的方法为：在Photoshop中打开图片，选择"裁剪工具" 🔲，按住【Alt】键并滚动鼠标滚轮放大图片，然后单击并按住鼠标左键拖曳一个裁剪区域，松开鼠标左键确定需要裁剪的细节部分。图3-1所示为裁剪商品细节图的过程。

图3-1

动手一试

选择一张蔬菜原图，放大图片，裁剪图片中的蔬菜纹理部分。

3.1.3 固定尺寸裁剪图片

在制作商品图时，为了让整体效果更加统一，可以将所有需展示的商品图都设置为某个固定尺寸，此时需将商品图按固定大小进行裁剪。下面将"西红柿.jpg"图片文件裁剪为一个固定尺寸，在尺寸统一的同时，使其主体更加明确。具体操作如下。

扫一扫

固定尺寸裁剪图片

STEP 01　打开"西红柿.jpg"素材文件（配套资源:\素材文件\第3章\西红柿.jpg），如图3-2所示。

STEP 02　在工具箱中选择"裁剪工具" ，在工具栏中单击 比例 ，在打开的下拉列表中选择"宽×高×分辨率"选项，如图3-3所示。

STEP 03　此时，在工具栏右侧将显示"宽""高""分辨率"的文本框。在"宽""高"文本框中分别输入"800像素""800像素"，在"设置裁剪图像的分辨率"下拉列表中选择"像素/英寸"选项，然后在"分辨率"文本框中输入"72"，如图3-4所示。

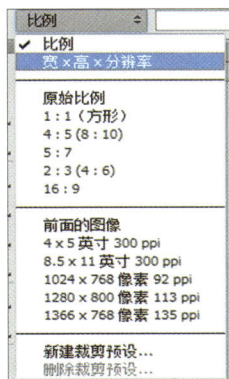

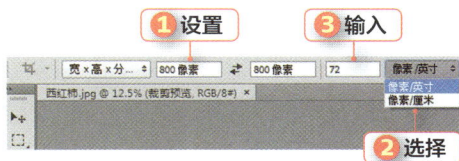

图3-2　　　　　　　　图3-3　　　　　　　　图3-4

STEP 04　返回图像编辑区，可发现图像中已经出现裁剪框，按住鼠标左键并拖动，调整裁剪框在图像中的位置，如图3-5所示。

STEP 05 确定裁剪区域后，选择"移动工具" ，打开"要裁剪图像吗？"提示框，单击 裁剪(C) 按钮，如图3-6所示。

STEP 06 完成裁剪操作并查看完成后的效果，如图3-7所示（配套资源:\效果文件\第3章\西红柿.jpg）。

图3-5

图3-6

图3-7

3.1.4 调整图片的大小

在图片尺寸调整过程中，除了通过裁剪的方式调整图片外，还可直接调整图片大小使其符合需求。调整图片大小时，选择【图像】/【图像大小】命令，打开"图像大小"对话框，在其中可对图像的"宽度""高度"和"分辨率"等进行重新设置，如图3-8所示。需注意默认启动图片大小链接功能，即调整宽度值或高度值后，另一个值也将同时调整，从而可保证图片不会被拉高或压扁。

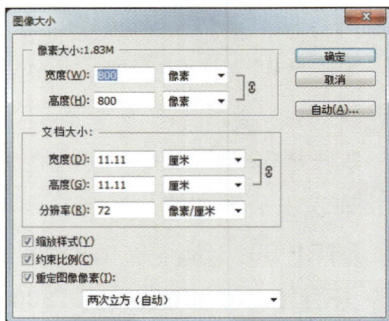
图3-8

3.1.5 矫正倾斜图片

在使用相机拍摄商品的过程中，一般拍摄速度较快，这时可能会忽视一些细节，致使拍摄出的图片出现倾斜现象。使用Photoshop对图片进行后期处理时，商家可通过对倾斜的图片进行透视裁剪来修正倾斜。下面将打开"戒指.jpg"商品图片，使用透视裁剪工具对商品图片进行修正，使其还原真实的展示效果。具体操作如下。

扫一扫

矫正倾斜图片

STEP 01 打开"戒指.jpg"素材文件（配套资源:\素材文件\第3章\戒指.jpg），如图3-9所示。从图3-9中可以看出，拍摄的商品图片存在挤压和变形现象。

STEP 02 选择"透视裁剪工具" ，分别单击图像的四角创建透视网格，根据透视学原理调整裁剪框的控制点，使裁剪框的虚线与物品的边缘平行，如图3-10所示。

STEP 03 确定透视角度后按【Enter】键完成倾斜的矫正操作，效果如图3-11所示。

 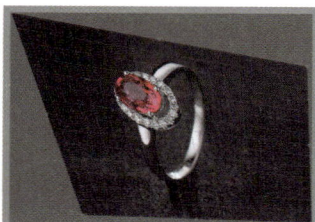 

图3-9　　　　　　　　　　图3-10　　　　　　　　　　图3-11

提示

透视的基本规律为：近大远小、近宽远窄、近高远低、近清晰远模糊、近鲜艳远混浊等。

STEP 04　选择"裁剪工具" ，在工具属性栏的"裁剪方式"下拉列表框中选择"1×1（方形）"选项。此时，画布中将出现正方形裁剪框，拖动四角的控制点调整裁剪框的大小，将鼠标光标移至裁剪框内，按住鼠标左键拖动，调整裁剪框在图像中的位置，效果如图3-12所示。

STEP 05　完成正方形裁剪后，选择"移动工具" ，打开"要裁剪图像吗？"提示框，单击 裁剪(C) 按钮，查看完成后的效果，如图3-13所示。

STEP 06　按【Ctrl+S】组合键，打开"存储为"对话框，保存图片。

图3-12　　　　　　　　　　　　　图3-13

提示

在"裁剪工具"工具属性栏的下拉列表框中可选择固定比例裁剪，如"1×1（方形）""4×5(8×10)""8.5×11""4×3""5×7""2×3(4×6)"和"16×9"等。

3.2 调整图片的亮度与色彩

在图片处理过程中，除了可进行大小调整外，商家还可根据需要对商品图片进行亮度和色彩的调整，以使其更加美观，如调整图片的亮度、明暗度、对比度和偏色等。下面将分别介绍这些调整方法。

3.2.1 调整图片亮度

由于光线和拍摄技术等的影响，拍摄的图片有时会偏暗，此时可以对图片的亮度进行调整，使其恢复正常。下面将对"月饼.jpg"图片的亮度进行调整，使图片整体的亮度变亮。具体操作如下。

STEP 01 在Photoshop中打开"月饼.jpg"素材文件（配套资源:\素材文件\第3章\月饼.jpg），如图3-14所示。从图3-14中可以看出拍摄的商品图片暗淡。

STEP 02 选择【图像】/【调整】/【色阶】命令，打开"色阶"对话框，分别设置色阶值为"0""1.05""160"，单击 确定 按钮，如图3-15所示。

STEP 03 保存图像，查看完成后的效果，如图3-16所示。

> **提示**
>
> "色阶"对话框中"输入色阶"栏的3个文本框中的数值可依次调整黑、灰、白的颜色。也可在该对话框中单击 按钮，返回图像窗口获取黑色；单击 按钮获取图片中的灰色；单击 按钮获取图片中的白色。"输出色阶"色条还可直接调整黑、灰、白的比例，使图片处理更加方便。

 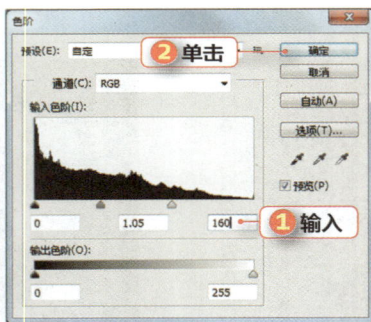 

图3-14   图3-15   图3-16

3.2.2 调整图片明暗度

除了针对亮度进行调整外，若图片中的明暗对比不够强烈，还需要调整图片的明暗度。下面以"人物.jpg"图片为例，对明暗度的调整方法进行介绍。具体操作如下。

STEP 01 打开"人物.jpg"素材文件（配套资源:\素材文件\第3章\人物.jpg），如图3-17所示。从图3-17中可以看出拍摄的商品图片暗淡、对比不明显。

STEP 02 选择【图像】/【调整】/【曲线】命令，打开"曲线"对话框。因为图像中有灰蓝效果，因此在"通道(C):"下拉列表中选择"蓝"选项。将鼠标指针移动到曲线编辑框中的斜线上，单击鼠标创建两个控制点并拖动调整，其中向上拖动为调高亮度，向下拖动为调低亮度，可使整个画面更加有层次，如图3-18所示。

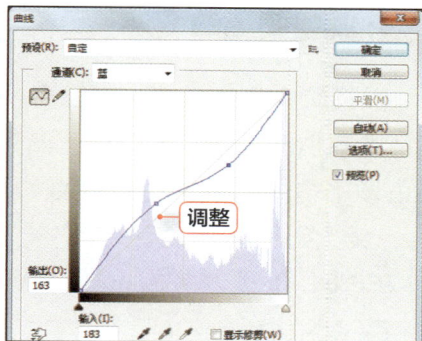

图3-17　　　　　　　　　　　　　　　　图3-18

STEP 03 在"通道(C):"下拉列表中选择"RGB"选项，将鼠标指针移动到曲线编辑框中的斜线上，单击鼠标创建两个控制点并向上、向下拖动调整，增强亮度和暗度的对比，完成后单击 确定 按钮，查看调整后的效果，如图3-19所示。

STEP 04 选择【图像】/【调整】/【亮度/对比度】命令，打开"亮度/对比度"对话框，分别设置亮度和对比度为"40"和"55"，单击 确定 按钮，如图3-20所示。

STEP 05 按【Ctrl+S】组合键，保存图像，查看完成后的效果，如图3-21所示。

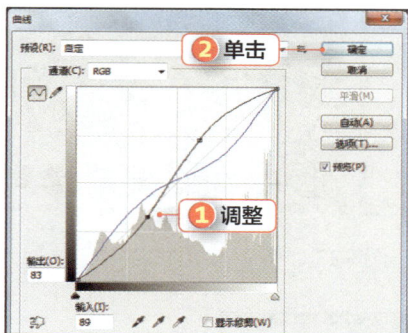

图3-19

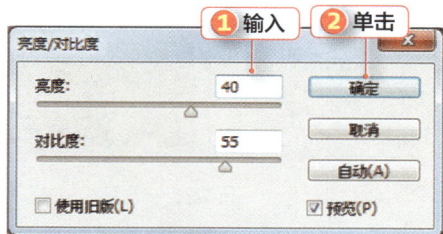

图3-20　　　　　　　　　　　　　　图3-21

> **提示**
>
> 　　在处理图片时，可通过提高对比度、调整饱和度来增强画面的效果。该方法不但可调整图片的明暗度，而且对后期的偏色处理也非常实用。但需要注意的是，对比度不能调太高，否则会导致暗部细节丢失或高光溢出。而饱和度太高，画面过于艳丽，也会显得太假。

3.2.3 调整偏色的图片

对于明显偏色的图片，商家可以通过添加其他颜色或增加偏色的补色来减小偏色度。下面打开偏黄的草莓图片，新建调整图层，调整色彩平衡、可选颜色等参数，使其颜色显示正常。具体操作如下。

STEP 01 打开"草莓.jpg"素材文件（配套资源:\素材文件\第3章\草莓.jpg），如图 3-22所示。

STEP 02 单击按钮，选择"可选颜色"命令，打开"可选颜色"调整面板。观察图像偏黄，因此选择"黄色"选项，将黄色降低到"－80%"，如图3-23所示。

STEP 03 选择颜色为"红色"，将青色值降低到"－10%"，将洋红值增加到"+40%"，如图3-24所示。

STEP 04 单击按钮，选择"色彩平衡"命令，在"色调："下拉列表框中选择"高光"选项，并设置青色-红色、黄色-蓝色分别为"5""20"，如图3-25所示。

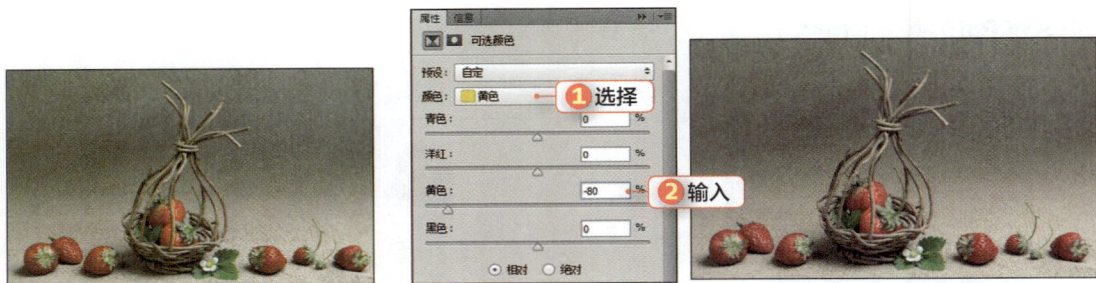

图3-22

图3-23

图3-24

图3-25

STEP 05 打开"亮度/对比度"调整面板，将亮度和对比度分别设置为"10"和"15"，效果如图3-26所示。

STEP 06 打开"色相/饱和度"调整面板，将饱和度设置为"15"，完成后的效果如图3-27所示（配套资源:\效果文件\第3章\草莓.psd）。

图3-26

图3-27

3.3　图片背景的抠取

在店铺中，一张好的商品图片不但要求主体美观，还需要一个合适的背景进行衬托。好的背景不仅可以增强商品图片的观赏性，还能为商品的展示营造良好的氛围，突出商品的特点。在Photoshop中，商家可以通过抠取商品图片为其替换背景的方法来达到这一目的。

3.3.1　单色背景的抠取

要想为商品图片替换背景，需要先将商品图片抠取出来。对于单色背景的商品图片，可使用"魔棒工具" 抠取。本例将打开"女包.jpg"图片，使用魔棒工具抠取女包，并将其应用到其他背景中。具体操作如下。

扫一扫

单色背景的抠取

STEP 01 打开"女包.jpg"素材文件（配套资源:\素材文件\第3章\女包.jpg），按【Ctrl+J】组合键复制图层，如图3-28所示。

STEP 02 在工具箱中选择"魔棒工具" 。在其工具属性栏中单击 按钮，设置容差为"20"，再在白色空白区域处单击鼠标，创建选区，如图3-29所示。

图3-28

图3-29

　　设置容差值是为了扩大颜色的选取区域，容差值为 0，即只能选择与单击鼠标处相同颜色的区域。容差值越大，可选择的区域就越大。但应注意的是，容差值并不是越大越好，因为容差值过大可能会造成图片选择区域不准确。

STEP 03　继续在其他细节部分处单击，使除女包外的其他背景都被选中，如图3-30所示。

STEP 04　完成后按【Ctrl+Shift+I】组合键反选选区，使女包被选中，如图3-31所示。

STEP 05　打开"女包背景.psd"素材文件（配套资源:\素材文件\第3章\女包背景.psd），使用"移动工具" ▶️ 将抠取后的商品图片拖动到背景中，调整位置，按【Ctrl+J】组合键复制图层，选择"图层1"图层，如图3-32所示。

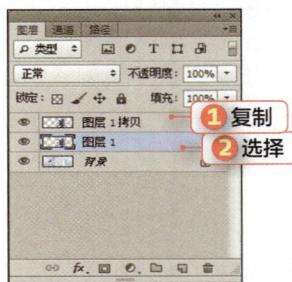

　　　图3-30　　　　　　　　　　图3-31　　　　　　　　　　图3-32

STEP 06　按【Ctrl+T】组合键，使图像呈框选状态，再在其上单击鼠标右键，在弹出的快捷菜单中选择"垂直翻转"命令，如图3-33所示。

STEP 07　在"图层"面板中设置"填充:"为"30%"，完成后将图像向下移动，形成投影效果，如图3-34所示。

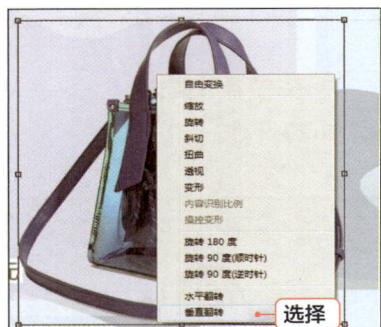
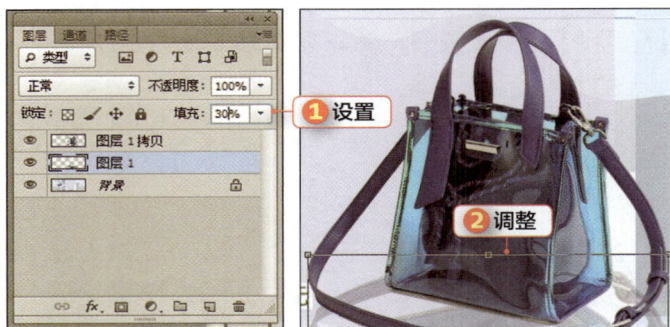

　　　　　图3-33　　　　　　　　　　　　　　图3-34

STEP 08　选择【滤镜】/【模糊】/【表面模糊】命令，打开"表面模糊"对话框。设置半径和阈值分别为"60"和"70"，完成后单击 确定 按钮，模糊阴影部分，以使阴影的展现效果更加真实，如图3-35所示。

STEP 09　保存图像并查看完成后的效果（配套资源:\效果文件\第3章\女包.psd），如图3-36所示。

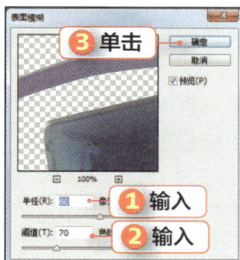

图3-35

图3-36

3.3.2 轮廓清晰图像的抠取

单色背景的图片可使用魔棒工具抠取；若需要抠取的商品图片背景复杂，但商品本身轮廓清晰，可使用"磁性套索工具" ⬚ 进行抠取。下面将打开"计算机.jpg"图片，使用磁性套索工具抠取计算机，并将其应用到其他背景中。具体操作如下。

扫一扫
轮廓清晰图像的抠取

STEP 01 打开"计算机.jpg"素材文件（配套资源:\素材文件\第3章\计算机.jpg），如图3-37所示。

STEP 02 选择"磁性套索工具" ⬚，在工具属性栏中设置羽化为"5像素"（羽化具有平滑边缘的作用。羽化值越大，路径越平滑；羽化值越小，路径轮廓越明显），将鼠标移动到商品边缘即可自动依附，沿着商品边缘移动鼠标即可抠取商品，完成后的效果如图3-38所示。

STEP 03 完成拖动后，可发现绘制的路径以选区形式显示，如图3-39所示。

STEP 04 打开"计算机背景.jpg"素材文件（配套资源:\素材文件\第3章\计算机背景.jpg），将抠取的商品图片拖动到背景中并调整位置，保存图像并查看完成后的效果（配套资源:\效果文件\第3章\计算机.psd），如图3-40所示。

图3-37

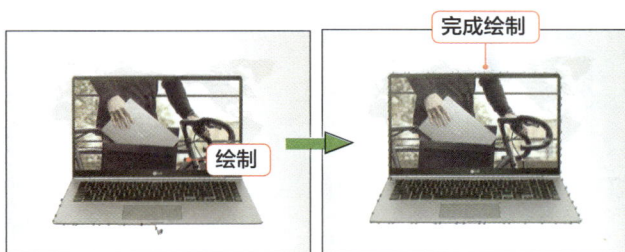

图3-38

图3-39

图3-40

> **提示**
>
> 　　除了使用磁性套索工具外，用户使用"套索工具" ⊘也可根据需要自行绘制选区。其使用方法为：选择"套索工具" ⊘，在工具属性栏中设置羽化值，然后拖动鼠标创建选区即可。需要注意的是，套索工具不具备依附性，需操作者凭手感进行绘制。

3.3.3　复杂背景图像的抠取

　　在处理图片的过程中，当遇到商品的轮廓比较复杂、背景也比较复杂，或背景与商品的分界不明显时，上述两种抠图方法都很难得到良好的抠图效果，此时可使用路径进行抠图。下面将打开"饮料素材.jpg"商品图片，使用钢笔工具进行抠图，然后替换背景，形成具有商业展示效果的图片。具体操作如下。

扫一扫

复杂背景图像的抠取

　　STEP 01　打开"饮料素材.jpg"素材文件（配套资源:\素材文件\第3章\饮料素材.jpg），如图3-41所示。

　　STEP 02　在工具箱中选择"钢笔工具" ⊘，在工具属性栏中设置工具模式为"路径"，按住【Alt】键并向上滚动鼠标滚轮放大图片到合适大小，在饮料杯子的左端单击鼠标左键确定路径起点，如图3-42所示。

　　STEP 03　沿着玻璃杯的边缘移动到与叶子相交处，由于需要改变路径的方向，故再次单击鼠标左键，确定第二个点，如图3-43所示。

图3-41	图3-42	图3-43

　　STEP 04　沿着叶子轮廓继续创建路径。当遇到弧线时按住鼠标左键不放，创建平滑点，沿着叶子的弯曲方向进行拖动，形成弧度效果，如图3-44所示。

　　STEP 05　使用相同的方法绘制图像的其他路径。当路径不够圆润时，可在工具箱中选择"添加锚点工具" ⊘和"删除锚点工具" ⊘对锚点进行调整，以使路径与图像更好地贴合，如图3-45所示。

　　STEP 06　完成路径的绘制后，在其上单击鼠标右键，在弹出的快捷菜单中选择"建立选区..."命令，如图3-46所示。

　　STEP 07　打开"建立选区"对话框，设置羽化半径为1像素，单击 确定 按钮，如图3-47所示。

选择

图3-44   图3-45   图3-46

STEP 08 打开"饮料背景.psd"素材文件（配套资源:\素材文件\第3章\饮料背景.jpg），将抠取的商品图片拖动到该背景中，调整位置，保存图像并查看完成后的效果（配套资源:\效果文件\第3章\饮料.psd），如图3-48所示。

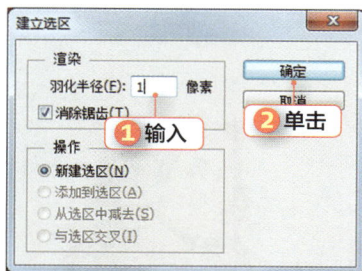

图3-47   图3-48

> **提示**
>
> 在使用钢笔工具抠图时，可通过使用【Ctrl++】组合键或【Ctrl+-】组合键放大或缩小窗口；按【Backspace】键可移动画面，以便更好地观察图片的细节，使抠图效果更精确。

3.3.4 毛发的抠取

熟悉Photoshop的人都知道：人物毛发、透明物体是最难抠取的。在实际拍摄时，一般采用纯色背景，这让抠取变得相对简单。下面打开模特素材，通过"色彩范围"对人物头像进行抠取，然后更换背景。具体操作如下。

扫一扫

毛发的抠取

STEP 01 打开"长发.jpg"素材文件（配套资源:\素材文件\第3章\长发.jpg），如图3-49所示。

STEP 02 选择【选择】/【色彩范围】命令，打开"色彩范围"对话框。单击图像窗口中的背景，取样背景色彩，设置"颜色容差(F):"值为"50"，单击 确定 按钮，如图3-50所示。

STEP 03 返回图像编辑区，即可查看创建颜色选区的效果，如图3-51所示。

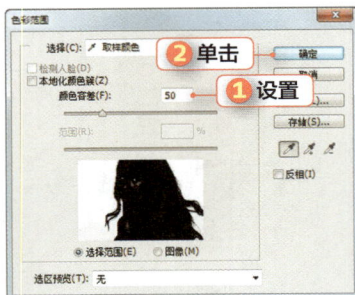

| 图 3-49 | 图 3-50 | 图 3-51 |

STEP 04 按【Ctrl+Shift+I】组合键反选，为人物创建选区，如图3-52所示。

STEP 05 此时发现人物脸部有未选中的区域，选择"矩形选框工具" ⬚ ，按住【Shift】键不放切换到加选选区状态，在人物脸部未选中的区域绘制矩形选区，如图3-53所示。

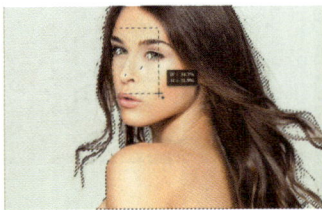

| 图 3-52 | 图 3-53 |

STEP 06 单击"矩形选框工具" ⬚ 工具属性栏的 调整边缘... 按钮，在打开的"调整边缘"对话框中设置"半径(U):"为"2"，设置"羽化(E):"为"1"，设置"对比度(C):"为"10"，设置"移动边缘(S):"为"－15"，设置"输出到"为"新建带有图层蒙版的图层"，如图3-54所示。

STEP 07 不关闭"调整边缘"对话框，在图像编辑区查看头发边缘处的背景并未完全隐藏。在图像编辑区的工具属性栏中设置画笔的"大小:"为"20"，涂抹头发边缘与背景衔接的部分，隐藏头发边缘处的背景，效果如图3-55所示。

| 图 3-54 | 图 3-55 |

STEP 08 单击 [确定] 按钮关闭"调整边缘"对话框，返回图像窗口，查看新建带有涂层蒙版的图层，发现原图层已经被隐藏，选择蒙版缩略图，如图3-56所示。

STEP 09 设置前景色为白色，选择"画笔工具" ✎，将画笔硬度设置为"0"，调整画笔大小，使用画笔涂抹需要显示的部分（在蒙版中白色为原始效果，黑色则是蒙版区域）；将前景色设置为黑色，使用画笔涂抹需要隐藏的部分，如图3-57所示。

STEP 10 打开"人物背景.jpg"素材文件（配套资源:\素材文件\第3章\人物背景.jpg），选择"移动工具" ▸✛，拖动抠图图层到背景中，并调整大小与位置，如图3-58所示。查看更换背景后的图片效果，另存文件为"毛发抠图.psd"素材文件（配套资源:\效果文件\第3章\毛发抠图.psd）。至此，完成本例的制作。

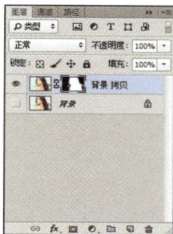
图 3-56

图 3-57

图 3-53

3.4　实战训练

3.4.1　调整洁具偏色

1. 实训要求

本例将对偏蓝色的洁具进行颜色调整，纠正蓝色效果，展现洁具真实的效果。

2. 实训分析

洁具属于不锈钢制品，因为光线的原因，拍摄的图片往往会存在反光或偏色的情况，本实训将对偏色的洁具图片进行调整。

打开需要处理的商品图片，发现商品图片出现偏色，与实物不符，如图3-59所示。在处理前先分析图片的偏色情况，以确定需要调整的通道，然后打开"曲线"对话框，依次进行红色通道、蓝色通道的调整，再针对绿色部分进行绿色通道的调整。处理后的效果如图3-60所示。

图 3-59

图 3-60

3. 操作思路

完成本实训需要进行以下主要操作。

STEP 01　打开"洁具.jpg"素材文件（配套资源:\素材文件\第3章\洁具.jpg）。

STEP 02　选择【图像】/【调整】/【曲线】命令，打开"曲线"对话框。由于洁具偏蓝，需要增加红色效果，故先在"通道"下拉列表中选择"红"选项。将鼠标指针移动到曲线编辑框中的斜线上，单击鼠标创建一个控制点并拖动调整。

STEP 03　根据图像的蓝色效果，在"通道"下拉列表中选择"蓝"选项，在"输出"和"输入"文本框中分别输入"130"和"150"。

STEP 04　使用相同的方法，在"通道"下拉列表中选择"绿"选项，调整绿色的曲线，再创建一个RGB通道的控制点，调整曲线增加图片亮度，单击 确定 按钮。

STEP 05　返回图像显示窗口，查看调整图片曲线后的最终效果（配套资源:\效果文件\第3章\洁具.jpg）。

3.4.2　替换唇膏背景

1. 实训要求

本例需先抠取实拍后的唇膏，然后为抠取的唇膏图像替换背景，使整个画面更加美观。

2. 实训分析

在处理店铺中的商品图片时，其背景往往是不一样的。若拍摄的背景与目标背景不同，需要先将商品抠取出来，然后对背景进行替换。

打开需要抠取商品的图片，发现商品背景不为纯色背景，这时需要使用钢笔工具进行抠取，如图3-61所示。将抠取的商品图片转换为选区，并将其应用到对应的背景中，使整个画面更加美观，如图3-62所示。

3. 操作思路

完成本实训需要进行以下主要操作。

STEP 01　打开"唇膏.jpg"素材文件（配套资源:\素材文件\第3章\唇膏.jpg）。

图3-61

STEP 02　在工具箱中选择"钢笔工具" ，在其工具属性栏的下拉列表中选择"路径"选项，然后在图片中选取一个边缘点，单击鼠标左键，确定所绘路径的起点位置。

STEP 03　沿着唇膏图片的边缘依次单击，为图片添加锚点。添加到起始点时，再次单击起始点锚点，即可闭合路径。在添加锚点时，尽量放大图片，并尽量将锚点添加在边缘靠内的位置。

STEP 04　闭合路径之后，选择"转换点工具" ，单击锚点为其添加控制柄，拖动控制柄

图3-62

调整路径的平滑度。控制柄两端的锚点分别用于调整当前路径两侧线段的平滑度。

STEP 05 使用该方法依次调整所有路径线段的平滑度，绘制完成后按【Ctrl+Enter】组合键或在"路径"面板中单击"将路径作为选区载入"按钮 ，将路径转换为选区。

STEP 06 打开"唇膏背景.jpg"素材文件（配套资源:\素材文件\第3章\唇膏背景.jpg）；使用"移动工具" 将唇膏选区拖动到背景文件中，调整其大小、位置；选择【图层】/【图层样式】/【投影】命令，在打开的对话框中直接单击 确定 按钮，为其添加投影效果（配套资源:\效果文件\第3章\唇膏.psd）。

3.5 拓展延伸

为了帮助读者更好地理解本章所学知识，下面介绍一些与本章内容相关的其他知识。通过这些知识的学习，读者可以对图片的基本处理方法有更深刻的认识。

1. 筛选需要调整的图片

一般来说，由于光线、拍摄器材等客观原因造成商品图片与实际商品间存在色差时，需要对图片颜色进行调整，还原图片本身颜色，以使其更具真实性。使用正规拍摄方法，在布光合理的环境中拍摄出来的商品图片基本不需要调色，但有时候可根据主图背景、详情页风格等进行色调处理，使其与店铺风格相融合。

2. 快速擦除单色背景并应用其他背景

在图像的调整过程中，除了在图像中抠取商品图片外，还可直接擦除背景，再对商品的背景进行替换。其方法为：在工具箱中选择"魔术橡皮擦工具" ，在工具属性栏中设置容差值后，单击图像背景，可发现单击区域的背景已被擦除；打开需要替换的背景，将擦除背景后的商品图片拖动到该背景中，即可快速擦除背景并对背景进行替换，如图3-63所示。

3. 商品抠图前的分析

在进行商品抠图前，我们需要先根据图片的特点分析采取的抠图方式。常见的图片分析方法有以下两种，下面分别进行介绍。

- **分析对象的形状特征**：首先观察需要抠取图像的形状特征，若为几何图形，则可使用选框工具和多边形套索工具进行抠取；若为不规则图形，则可使用钢笔工具进行抠取。选框工具一般使用矩形选框工具和椭圆选框工具，拖动鼠标即可完成选区的选择；多边形套索工具与文中讲解的磁性套索工具属于同一类工具。

- **分析对象的色彩特征**：若需要抠取色差较大的某一色彩区域时，可使用魔棒工具和"色彩范围"命令进行

图3-63

抠取。如果背景与需要抠取图像的颜色反差较大，则即使是毛发类要求精确度很高的图像，也可以通过"色彩范围"命令来实现。

4. 复杂图像的抠取策略

对于一些背景复杂的毛发类图片或透明、半透明的物品图片，使用前面讲解的抠图方法都无法实现比较精确的抠图效果，这时可借用通道这一功能进行图像抠取。通道抠图的原理是通过红、绿、蓝3个通道找出黑白对比强烈的一个通道图像，然后通过创建选区的方法将物品抠出来。图3-64所示为任意一张图片的3个通道的黑白对比效果，从中可发现绿通道的颜色对比最强烈。

图3-64

若在"通道"面板中每个通道的颜色对比都不太明显，那么可通过"计算"对话框加深图片轮廓，生成一张对比强烈的新通道来做选区，以使抠取的图像更加精确。如果读者希望提高Photoshop的抠图技艺，可在学习完本章后再进行通道相关知识的学习。

3.6 思考练习

（1）处理一张曝光不足、色彩暗淡的咖啡杯图片（配套资源:\素材文件\第3章\咖啡杯.jpg），处理后色泽鲜艳、美观，参考效果如图3-65所示（配套资源:\效果文件\第3章\咖啡杯.jpg）。

（2）打开素材文件"杯子.jpg"素材文件（配套资源:\素材文件\第3章\杯子.jpg），使用钢笔工具抠图，将抠取的杯子拖动到详情页中，效果如图3-66所示（配套资源:\素材\第3章\杯子.psd）。

图3-65

图3-66

第4章

商品图片的特殊处理

本章导读

在店铺装修过程中，调整商品图片是店铺装修人员经常需要做的工作。每一张图片素材存在的问题、需要调整的方面都可能是不同的，所以需要店铺装修人员掌握多种调整与修复图片的方法。除了上一章介绍的图片基本处理方法外，还原图片实际效果、处理图片瑕疵、制作水印、图片合成以及文字与形状的添加与设置，都是店铺装修人员必须掌握的技能。合理使用这些技能不仅可以缩小图片与实物之间的差距、减少退货等情况的发生，还可以增强店铺的视觉效果，提高店铺的档次。

知识技能

—— 掌握快速还原图片实际效果的方法
—— 掌握图片瑕疵修复的方法
—— 掌握水印的制作与图片的合成方法
—— 掌握文字与形状的使用方法

4.1 快速还原图片实际效果

在不同场景、不同角度、不同光线条件下拍摄的商品图片可能与商品的实际状况不符。在京东店铺中展现商品时，虽然我们希望每张商品图片都有强烈的视觉冲击力，但真实性是一个诚信商家应该首先考虑的。所以，还原图片实际效果是每个店铺装修人员必须掌握的技能之一。下面将介绍几种常见的图片失真还原方法，包括调整曝光不足、曝光过度、色差和模糊图片的方法。

4.1.1 调整曝光不足的图片

曝光不足一般是在拍摄过程中，因对被拍摄物体亮度估计不足造成的，所以在调整该类图片时首先需要解决亮度问题。本例将打开"猕猴桃.jpg"商品图片，调整明暗度和对比度，使其恢复为实际效果。具体操作如下。

扫一扫

调整曝光不足的图片

STEP 01 打开"猕猴桃.jpg"素材文件（配套资源:\素材文件\第4章\猕猴桃.jpg），如图4-1所示。

STEP 02 选择【图像】/【调整】/【色阶】命令，打开"色阶"对话框，在高光、暗调、中间调中分别输入"0""1.07""220"，单击 确定 按钮，发现图像已经变亮，如图4-2所示。

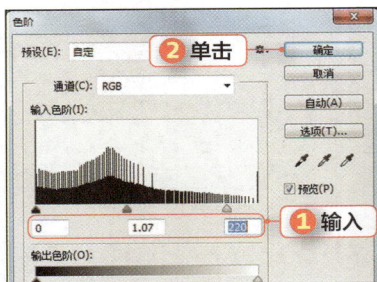

图4-1   图4-2

STEP 03 选择【图像】/【调整】/【亮度/对比度】命令，打开"亮度/对比度"对话框，在"亮度""对比度"右侧的文本框中分别输入"20""25"，单击 确定 按钮，如图4-3所示。

STEP 04 选择【图像】/【调整】/【阴影/高光】命令，打开"阴影/高光"对话框，在"阴影""高光"下方的文本框中分别输入"40""7"，单击 确定 按钮，如图4-4所示。

STEP 05 返回图像编辑区，可发现猕猴桃的明暗度有了明显变化，并且其暗部有了明显变换，保存图像（配套资源:\效果文件\第4章\猕猴桃.jpg），效果如图4-5所示。

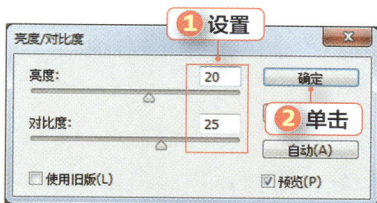

图4-3

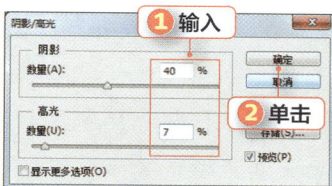

图4-4

图4-5

提示

　　本例因为整体色调偏黄、偏暗，因此在调整前需要先增加亮度。这里除了可使用"色阶"命令外，还可使用"曲线"命令。但需要注意不要过亮，否则会造成曝光过度。当提亮后还需要增加对比度，以使果肉、果皮和地板相区分。由于地板和果皮颜色类似，因此需要使用"阴影／高光"命令将两者分离开来，将整个效果全部提亮。

4.1.2　调整曝光过度的图片

　　与曝光不足相对的是曝光过度。曝光过度的图片过于明亮，呈现发白的效果。在调整该类图片时，需要先降低图片亮度，之后再进行其他调整。本例将调整曝光过度的"糕点.jpg"图片。具体操作如下。

扫一扫

调整曝光过度的图片

STEP 01　打开"糕点.jpg"素材文件（配套资源:\素材文件\第4章\糕点.jpg），按【Ctrl+J】组合键复制图层，如图4-6所示。

STEP 02　选择【图像】/【调整】/【曝光度】命令，打开"曝光度"对话框。在"曝光度(E):""位移(D):"右侧的文本框中，分别输入参数"－0.26""－0.045"，单击 确定 按钮，如图4-7所示。

图4-6

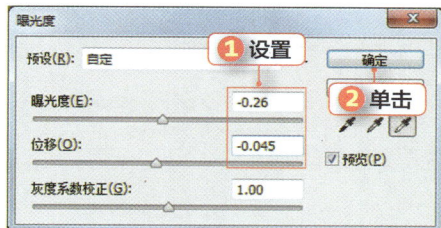

图4-7

STEP 03　选择【图像】/【调整】/【亮度/对比度】命令，打开"亮度/对比度"对话框，在"亮度:""对比度:"右侧的文本框中分别输入"30""5"，单击 确定 按钮，如图4-8所示。

STEP 04 选择【图像】/【调整】/【色阶】命令，打开"色阶"对话框，在高光、暗调、中间调文本框中分别输入参数"44""0.90""255"，单击 确定 按钮，如图4-9所示。

STEP 05 选择【图像】/【调整】/【曲线】命令，打开"曲线"对话框，在"通道(C):"下拉列表中选择"蓝"选项来纠正黄色效果，将鼠标指针移动到曲线编辑框中的斜线上，单击鼠标创建一个控制点并向上拖动，如图4-10所示。

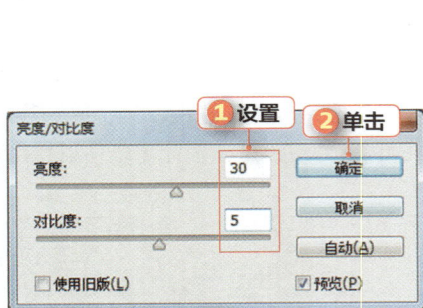

图4-8

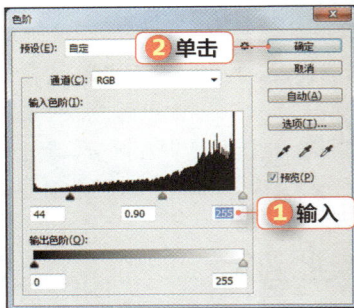

图4-9

STEP 06 在"通道(C):"下拉列表中选择"RGB"选项来调整亮度，将鼠标指针移动到曲线编辑框中的斜线上，单击鼠标创建一个控制点并向上拖动，完成后单击 确定 按钮，如图4-11所示。

STEP 07 返回图像编辑区，可发现糕点颜色更加饱和，不再曝光过度，保存图像并查看完成后的效果（配套资源:\效果文件\第4章\糕点.psd），如图4-12所示。

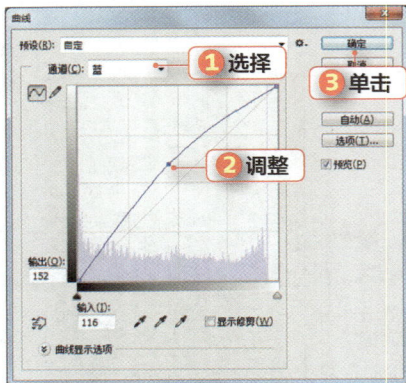

图4-10

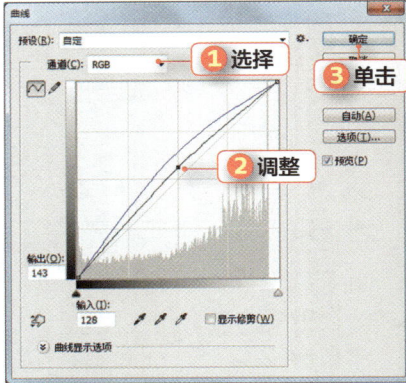

图4-11

图4-12

动手一试

选择一张曝光不足或曝光过度的图片，分别调整亮度和曝光度，使其恢复为实际效果。

4.1.3 调整有色差的图片

　　拍摄的商品图片除了存在曝光问题外，还存在色差问题。商品图片如果存在色差，将不能真实地表达商品原本的颜色，从而造成消费者对商品判断失误，导致退换货的情况出现。下面将对"T恤商品图.jpg"图片进行调整，纠正模特发黄的皮肤颜色，使其恢复红润、白皙，然后使用"替换颜色"命令调整T恤颜色，达到恢复T恤原本颜色的目的。具体操作如下。

扫一扫
调整有色差的图片

　　STEP 01　打开"T恤商品图.jpg"素材文件（配套资源:\素材文件\第4章\T恤商品图.jpg），如图4-13所示，发现图片偏黄，在皮肤颜色上最为明显。

　　STEP 02　选择【图像】/【调整】/【色相/饱和度】命令，打开"色相/饱和度"对话框。在"预设(E):"下的下拉列表中选择"黄色"选项，在色相和饱和度数值框中分别输入"－20"和"－15"，补充红色，减少黄色，单击 确定 按钮，如图4-14所示。

　　STEP 03　返回图像编辑区，查看调整后的颜色效果，发现皮肤发黄的现象得到了改善，如图4-15所示。

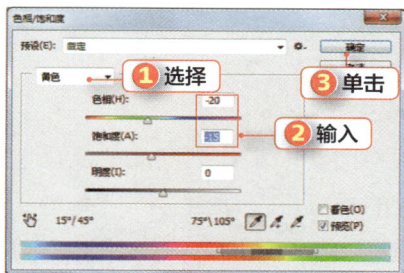

图4-13　　　　　　　　　　图4-14　　　　　　　　　　图4-15

　　STEP 04　选择【图像】/【调整】/【替换颜色】命令，打开"替换颜色"对话框。单击 按钮，在图像编辑区中单击T恤的蓝色条纹吸取颜色，单击选中"选区(C)"单选项，上方的白色区域为颜色替换的范围，在"颜色容差(F):"数值框中输入"100"，然后在"替换"栏设置色相、饱和度、明度分别为"+30""+5""0"，单击 确定 按钮，如图4-16所示。

　　STEP 05　选择【图像】/【调整】/【亮度/对比度】命令，打开"亮度/对比度"对话框，在亮度、对比度右侧的文本框中分别输入"20""10"，单击 确定 按钮，如图4-17所示。

　　STEP 06　返回图像编辑区，发现T恤比之前更加鲜亮，更加接近原本的颜色效果，如图4-18所示。完成后按【Ctrl+S】组合键保存文件（配套资源:\效果文件\第4章\T恤商品图.jpg）。

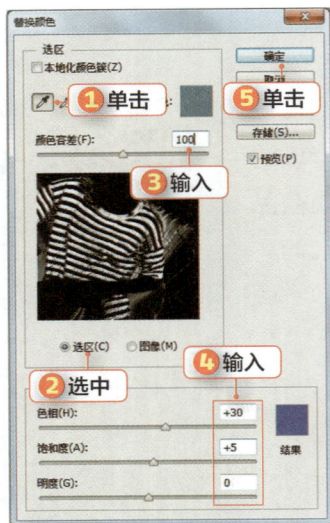

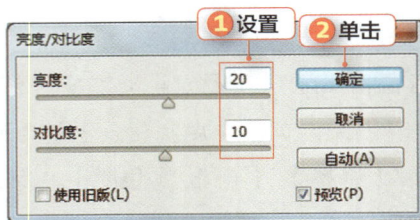

图4-16　　　　　　　　　　　图4-17　　　　　　　　　　　图4-18

> **提示**
>
> 　　为了不影响其他部分的相似颜色，可先就需要调整的区域创建选区，再执行颜色调整命令。
> 此外，使用"可选颜色"命令可以取得相似的效果。

4.1.4　调整模糊的图片

　　当商品图片较为灰暗、模糊时，很难体现商品的质感，此时可通过调整图片清晰度来增强图片的质感。下面将打开"毛拖鞋.jpg"图片，利用USM锐化和高反差保留滤镜进行清晰度处理，使其毛绒感更强。具体操作如下。

扫一扫

调整模糊的图片

　　STEP 01　打开"毛拖鞋.jpg"素材文件（配套资源:\素材文件\第4章\毛拖鞋.jpg），观察图片，发现毛绒感不明显，如图4-19所示。

　　STEP 02　选择"钢笔工具" ，在图像编辑区依次绘制拖鞋的毛绒区域，按【Ctrl+Enter】组合键创建选区，按【Ctrl+J】组合键将创建的选区复制到新的图层上，如图4-20所示。

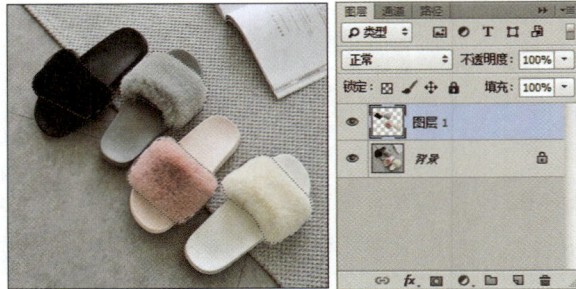

图4-19　　　　　　　　　　　　　　图4-20

STEP 03 选择新建的图层，选择【滤镜】/【锐化】/【USM锐化】命令，打开"USM锐化"对话框，设置数量、半径和阈值分别为"150""6""0"，单击 确定 按钮，如图4-21所示。

STEP 04 选择"图层1"图层，按【Ctrl+J】组合键复制图层1。选择"图层1拷贝"图层，选择【滤镜】/【其他】/【高反差保留】命令，打开"高反差保留"对话框，设置半径为"200"，单击 确定 按钮，如图4-22所示。

STEP 05 打开"图层"面板，设置"图层1拷贝"图层的混合模式为"柔光"，进一步清晰化处理毛拖鞋，如图4-23所示。

STEP 06 选择【图层】/【新建调整图层】/【色阶】命令，在打开的色阶"属性"面板中设置从左到右的滑块值为"19""1.19""241"，此时可发现明暗对比更加明显，保存图片，查看完成后的效果，如图4-24所示（配套资源:\效果文件\第4章\毛拖鞋.psd）。

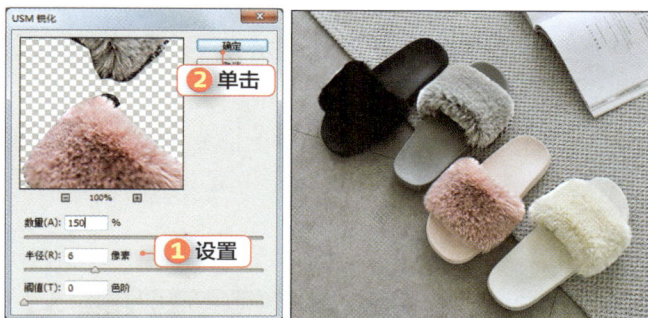

图4-21

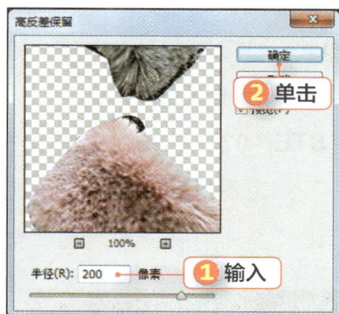

图4-22

图4-23

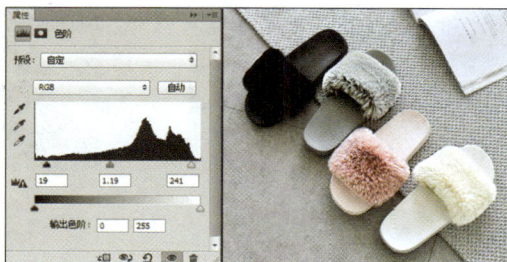

图4-24

提示

对于毛绒商品，若需要进行清晰化处理，首先要突出毛绒质感。当毛绒质感有了明显的对比后，图片清晰度也会提高。但注意不要锐化过度，否则会出现杂点，反而使图片更加模糊。

4.2 图片的瑕疵修复

将商品图片的颜色还原为正常颜色后，可对图片中的瑕疵进行修复处理，使商品图片变得更美观，增加视觉冲击力。常见的瑕疵包括杂点、划痕、破损等。下面讲解瑕疵的修复方法，包括去除图片中多余的图像、处理商品图片中的污点、消除人物的眼袋与皱纹、制作景深效果等。

扫一扫

去除图片中多余的图像

4.2.1 去除图片中多余的图像

在室外拍摄图片时，不可控的因素比室内多，背景中有多余物品出现经常会遇到。此时，商家可通过后期处理，将图片中多余的图像去除。本例将打开"街拍女包.jpg"图片，去除图像中多余的人物，使"女包"更好地展现出来。具体操作如下。

STEP 01 打开"街拍女包.jpg"素材文件（配套资源:\素材文件\第4章\街拍女包.jpg），如图4-25所示。从图4-25中可以看出，在女包的后方有多余的人物图像，整个画面显得有些杂乱。

STEP 02 在工具箱中选择"修补工具" ，在工具属性栏中设置"修补:"为"内容识别"，在图像编辑区，选择后方的红色衣服人物，按住鼠标左键不放，拖动鼠标框选该人物，此时框选处将变为选区，如图4-26所示。

图4-25

图4-26

STEP 03 将鼠标指针移至选区内，单击左键向右拖动，释放鼠标后可看见选择的人物区域已修复为鼠标拖动后目标位置所在的墙面图像，如图4-27所示。

STEP 04 使用相同的方法，选择白色衣服人物，并向右进行拖动，修复图像。修复时注意对齐台阶，使其形成一条直线，如图4-28所示。

STEP 05 由于修复的白色衣服人物与背包距离较近，因而完成人物修复后，背包右侧可能会出现坑洼效果。此时，可再次使用"修补工具" 对坑洼处进行修补。查看完成后的效果，如图4-29所示（配套资源:\效果文件\第4章\街拍女包.jpg）。

图4-27　　　　　　　　　图4-28　　　　　　　　　图4-29

> **提示**
>
> 注意修复物体时，要与后方或前方物体对齐。若是中间涉及直线，应该与直线对齐，否则整个画面将会存在差异，导致效果不够统一。

4.2.2　处理商品图片中的污点

扫一扫　处理商品图片中的污点

在图片修复过程中，除了需要去除多余的图像外，还要处理商品图片中的污点。下面将打开"碗豆.jpg"图片，使用污点修复画笔工具和修补工具对污点进行修复。具体操作如下。

STEP 01　打开"豌豆.jpg"素材文件（配套资源:\素材文件\第4章\豌豆.jpg），发现豆角上有浅浅的污渍，碗的上方有浅色划痕。按【Ctrl+J】组合键复制图像，如图4-30所示。

STEP 02　在工具箱中选择"污点修复画笔工具" ，在工具属性栏中设置画笔大小为70像素，在白色瓷碗上选择浅色划痕，单击并向右拖动，即可对划痕进行处理，如图4-31所示。

STEP 03　使用相同的方法，多拖动几次即可将碗上的划痕去掉，效果如图4-32所示。

图4-30　　　　　　　　　图4-31　　　　　　　　　图4-32

STEP 04　在工具箱中选择"修复画笔工具" ，在工具属性栏中设置画笔大小为70像素。在图像编辑区，按住【Alt】键不放，同时在豆角的中间部分单击，获取取样点。使用鼠标在图像上方拖动涂抹，对图像上方颜色不同的区域进行修复填充，如图4-33所示。

STEP 05　使用相同的方法，在豆子上方获取取样点，并进行涂抹，修复豆子上的污点。完成后的效果如图4-34所示（配套资源:\素材文件\第4章\豌豆.psd）。

图4-33

图4-34

4.2.3　消除人物的眼袋与皱纹

扫一扫

　　进行商品展示时，除了直接展示外，还经常会通过模特展示来还原商品的真实使用场景。模特作为商品图片的重要组成部分，可以起到更好地展现商品、促进交易的作用。在进行商品图片处理时，模特的面部修复是一种常见操作，包括眼袋和皱纹修复等。本例将打开"女包模特.jpg"图片文件，使用仿制图章工具、污点修复画笔工具和修补工具对皱纹和眼袋进行修复。具体操作如下。

消除人物的眼袋与皱纹

STEP 01　打开"女包模特.jpg"素材文件（配套资源:\素材文件\第4章\女包模特.jpg），放大后发现模特皱纹和眼袋明显，如图4-35所示。

STEP 02　按【Ctrl+J】组合键复制图层，放大人物头部，在工具箱中选择"仿制图章工具" ，在工具属性栏中设置画笔大小为20像素，再在人物眼睛的右下角按住【Alt】键的同时单击取样，如图4-36所示。

STEP 03　在鱼尾纹处进行涂抹，将鱼尾纹盖住。若颜色有变化，可在不同区域进行取样后再进行覆盖，如图4-37所示。

图4-35

图4-36

图4-37

STEP 04　使用相同的方法，对左眼和右眼处的其他鱼尾纹进行取样和复制，使眼睛周围变得平滑，完成后的效果如图4-38所示。

STEP 05　在工具箱中选择"修复画笔工具" ，在工具属性栏中设置画笔大小为20像素。在右侧眼袋处，按住【Alt】键不放，同时使用鼠标在眼袋的下方单击，获取取样点，使用鼠标在眼袋上方拖动涂抹，对眼袋进行修复，如图4-39所示。

| 图4-38 | 图4-39 |

STEP 06 继续使用"修复画笔工具" <img>对另一个眼睛的眼袋进行修复，查看修复后的效果，如图4-40所示。

STEP 07 选择"污点修复画笔工具" <img>，在修复后的眼袋处进行涂抹，使修复后的眼袋过渡得更加自然，效果如图4-41所示。

STEP 08 按【Ctrl+S】组合键保存图像，查看完成后的效果，如图4-42所示（配套资源:\效果文件\第4章\女包模特.psd）。

| 图4-40 | 图4-41 | 图4-42 |

> **提示**
>
> 在 Photoshop 中有修补工具和仿制图章工具。其中，修补工具用于修改有明显裂痕或污点等的图片，即选择需要修复的选区，然后拉取需要修复的选区将其拖动到附近完好的区域方可实现修补；仿制图章工具用于修复大面积的皱纹或需要进行细节处理的图片，单击选择取样的图像位置，在目标位置处涂抹，涂抹区域将以选择取样处的图样进行覆盖。

4.2.4 制作景深效果

景深是摄影中惯用的手法，即通过模糊背景来达到突出主体的目的。如果拍摄商品图片时没有调出景深效果，在后期处理时通过Photoshop也可以将其模拟制作出来。下面将打开"街拍.jpg"图片，框选选区对背景进行模糊，再对人物进行羽化。具体操作如下。

扫一扫

制作景深效果

STEP 01 打开"街拍.jpg"素材文件（配套资源:\素材文件\第4章\街拍.jpg），按【Ctrl+J】组合键复制图层，如图4-43所示。

STEP 02 在工具箱中选择"套索工具" ⟅，在图像中沿着人物轮廓拖动鼠标绘制选区，按【Ctrl+Shift+I】组合键反选选区，如图4-44所示。

STEP 03 选择【选择】/【修改】/【羽化】命令，打开"羽化选区"对话框。在"羽化半径(R):"数值框中输入"20"，单击 确定 按钮，如图4-45所示，让选区的边缘更加柔和。

图4-43

图4-44

图4-45

STEP 04 在工具箱中选择"模糊工具" ⟅，在工具属性栏中设置画笔大小为"150"，对背景进行涂抹，使背景模糊，完成后的效果如图4-46所示。

STEP 05 按【Ctrl+Shift+I】组合键反选选区，选择【滤镜】/【锐化】/【USM锐化】命令，打开"USM锐化"对话框，设置数量和半径分别为80%和5像素，单击 确定 按钮，如图4-47所示。

STEP 06 返回图像编辑区，按【Ctrl+D】组合键取消选区。在工具箱中选择"减淡工具" ⟅，在工具属性栏中设置画笔大小为100像素，设置曝光度为50%，沿着整张图片进行涂抹，增强亮度，使其更加美观。完成后按【Ctrl+S】组合键保存图片并查看调整后的效果，如图4-48所示（配套资源:\效果文件\第4章\街拍模特.jpg）。

图4-46

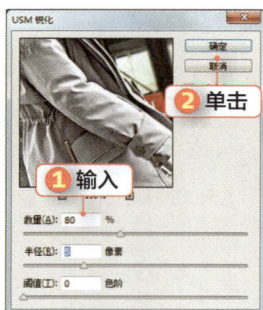
图4-47

图4-48

提示

在为图像创建选区时，最好使选区与图像的边缘间有一定的距离，以避免在绘制选区的过程中出错。锐化可以让整个人物更加清晰，使人物的毛发显得更加质感，使展现的效果更加美观。

4.3 水印的制作与图片的合成

当商品图片处理完成后，为了防止被同类商家盗用，可在商品图片上添加水印，使图片更具有代表性。若觉得处理后的商品图片不够大气，可将多张图片合在一起，以增强展示效果。下面分别对水印和图片合成的方法进行介绍。

4.3.1 水印的制作与添加

添加水印不但能防止盗图，还能增加消费者对品牌的印象。下面打开"梨子.jpg"图片，在其中添加带有店铺名称的水印。具体操作如下。

扫一扫

水印的制作与添加

STEP 01 打开"梨子.jpg"素材文件（配套资源:\素材文件\第4章\梨子.jpg），在"图层"面板中单击 🔲 按钮新建图层，如图4-49所示。

STEP 02 在工具箱中选择"矩形选框工具" 🔲 ，在梨子的右侧绘制矩形选框，并按【Alt+Delete】组合键填充白色背景色，完成后在"图层"面板中设置不透明度为"30%"，如图4-50所示。

图4-49

图4-50

STEP 03 在工具箱中选择"矩形工具" 🔲 ，在工具属性栏中设置描边颜色为"#ffffff"，粗细为"5点"，在矩形中间绘制500像素×3400像素的矩形框，如图4-51所示。

STEP 04 选择"直排文字工具" 🔲 ，在矩形框上方输入图4-52所示的文字。设置中文字体为"文鼎POP-4"，颜色为"#ffffff"，调整文字大小和位置。

图4-51

图4-52

STEP 05 打开"图层"面板，选择"库尔勒香梨"文字图层，单击下方的"添加图层样式"按钮 *fx.*，在打开的下拉列表中选择"描边"选项，打开"图层样式"对话框。在右侧面板中设置"大小(S):"为5像素，颜色为"#302728"，单击 确定 按钮，如图4-53所示。

STEP 06 使用相同的方法为另一个文字图层添加大小为2像素的描边，完成后的效果如图4-54所示。

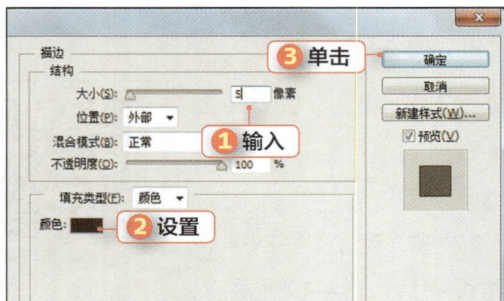

图4-53

图4-54

STEP 07 选择"矩形1"图层，单击下方的"添加矢量蒙版"按钮 ，为图层添加蒙版。设置前景色为"#000000"，选择"画笔工具" ，在文字下方进行涂抹，隐藏文字下方的线条，使文字更加突出，如图4-55所示。

STEP 08 保存并查看完成后的效果（配套资源:\效果文件\第4章\梨子.psd），如图4-56所示。

图4-55

图4-56

4.3.2 商品图片的合成处理

在展现商品效果时，单张图片只能进行简单展示。若需要产生震撼的效果，可以将多个素材进行组合与叠加，使其形成一个完整的画面。下面使用各种素材合成一个摄影包轮播图，并讲解图层和蒙版的各种操作方法。具体操作如下。

扫一扫

商品图片的合成处理

STEP 01 选择【文件】/【新建】命令，打开"新建"对话框，设置名称、宽度、高度和分辨率分别为"摄像包""990像素""420像素""72像素/英寸"，单击 确定 按钮，如图4-57所示。

STEP 02 打开"背景1.jpg""天空1.psd"素材文件（配套资源:\素材文件\第4章\背景1.jpg、天空1.psd），如图4-58所示。

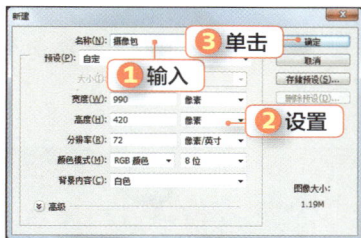

图4-57   图4-58

STEP 03 将其分别拖动到摄像包图中，将背景置于下方，将天空置于上方，调整其放置位置和大小，使其融合在一起，效果如图4-59所示。

STEP 04 打开"背景2.jpg"素材文件（配套资源:\素材文件\第4章\背景2.jpg），将其拖动到摄像包图左侧。调整其大小，完成后在"图层"面板中单击"添加矢量蒙版"按钮 新建蒙版。将前景色转换为黑色，背景色转换为白色，选择"画笔工具" ，在添加的图片上进行涂抹，在涂抹过程中可调整画笔大小和不透明度，使重叠后的效果更加自然，完成后的效果如图4-60所示。

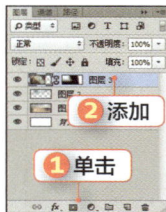

图4-59   图4-60

STEP 05 打开"背景3.jpg"素材文件（配套资源:\素材文件\第4章\背景3.jpg），将其拖动到摄像包图左下角。按【Ctrl+T】组合键，调整其大小，并将其向右旋转，使波浪横向显示，完成后的效果如图4-61所示。

STEP 06 在"图层"面板中，单击"添加矢量蒙版"按钮 新建蒙版，选择"画笔工具" ，在添加的图片上进行涂抹，让波浪与背景融合，如图4-62所示。

图4-61   图4-62

STEP 07 打开"水花.psd"素材文件（配套资源:\素材文件\第4章\水花.psd），将其添加到波浪上面，调整水花和其他添加的图层的位置，完成基础背景的制作，效果如图4-63所示。

STEP 08 使用相同的方法，打开"摄影包.psd"素材文件（配套资源:\素材文件\第4章\摄影包.psd），将其添加到右侧黄沙上，如图4-64所示。

图4-63

图4-64

STEP 09 打开"图层"面板，选择摄像包图层，单击下方的"添加图层样式"按钮 fx.，在打开的下拉列表中选择"投影"选项，打开"图层样式"对话框，在右侧面板中设置不透明度、角度、距离、扩展和大小分别为"64""120""26""0""81"，单击 确定 按钮，如图4-65所示。

STEP 10 打开"灰沙.psd"素材文件（配套资源:\素材文件\第4章\灰沙.psd），将其添加到包的外侧。复制该图层，并将其调整到适当位置。选择灰沙图层，单击"添加矢量蒙版"按钮 新建蒙版，对灰沙进行蒙版涂抹。其完成后的效果如图4-66所示。

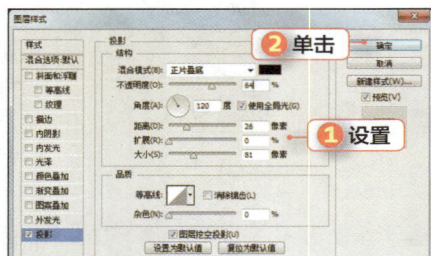

图4-65

图4-66

STEP 11 打开"摄影包文字.psd"素材文件（配套资源:\素材文件\第4章\摄影包文字.psd），将其拖动到海浪的上方，调整文字位置，完成后的最终效果如图4-67所示（配套资源:\效果文件\第4章\摄影包.psd）。

图4-67

提示

　　在合成图片前需要先确定商品有哪些功能，如本例中的摄像包可以防水、防沙和防尘，因此在制作时可将这些特点在商品图中体现出来，不但使画面感更强，而且能将商品的卖点进行全面展现。在合成过程中，先对需要合成的图片进行摆放，查看其是否符合整个画面效果，确定后即可使用图层蒙版进行叠加合成，也可直接使用橡皮擦工具对不需要的部分进行擦除，这样合成后的图片才更加具有冲击力。

4.4 丰富商品图片内容

　　在京东店铺中，除了主图使用白底图片外，其他区域可用文字描述，以使商品图片中的内容更丰富。在添加文字的过程中，常常会用到不同的形状。合理搭配文字和形状能够有效地突出商品的特点或卖点，给消费者专业、美观的感觉，进而提高店铺转化率。本节将为处理后的商品图片添加文字内容和形状，使图片能更明确地表达出主要内容。

4.4.1 文字的添加与设置

扫一扫

文字的添加与设置

　　文字作为商品图片的重要内容，不但能传递商品信息，还能起到促进消费的目的。Photoshop中提供了文字工具，应用其可方便为图片添加文字。添加文字后，还可以根据需要设置文字的字体、字号、颜色、加粗与倾斜等效果。下面通过制作促销广告文字来介绍文字的编辑方法。具体操作如下。

STEP 01 打开"促销海报.jpg"素材文件（配套资源:\素材文件\第4章\促销海报.jpg），选择"横排文字工具" T，单击鼠标定位文字插入点，输入"6周年—第二波"，按【Ctrl+Enter】组合键完成输入。使用相同的方法继续输入其他文字，如图4-68所示。

STEP 02 调整文字的位置，按【Ctrl+T】组合键，拖动四角的控制点设置文字的大小，也可在工具属性栏的"字号"下拉列表框中精确设置文字的字号，效果如图4-69所示。

图4-68

图4-69

STEP 03 选择文字图层，在工具属性栏中设置字体为"文鼎POP-4"，如图4-70所示。

STEP 04 选择"36款"文字，在工具属性栏中单击文字颜色色块，设置文字颜色为"#ff1a00"。使用相同的方法设置其他文字的颜色。其中，"任性"的颜色为"#03eedf"，"坚果全线直降"的颜色为"#310e0a"，其他文字的颜色为"#ffffff"，取消加粗显示，如图4-71所示。

图4-70

图4-71

STEP 05 选择"任性！"图层，按【Ctrl+J】组合键复制图层。选择复制图层，单击鼠标右键，在弹出的快捷菜单中选择"转换为形状"命令，如图4-72所示。

STEP 06 隐藏"任性！"图层，选择"钢笔工具" ，按住【Ctrl】键不放单击文字，即可选择文字上的路径并显示路径上的锚点，通过编辑路径上的锚点更改"任性！"的外观，效果如图4-73所示。

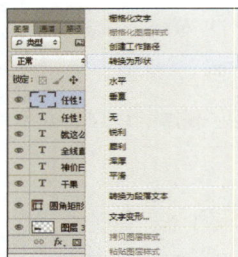

图4-72

图4-73

STEP 07 选择"6周年—第二波"图层下方的背景图层，将前景色设置为"#ff8120"。选择"圆角矩形工具" ，在"6周年—第二波"文字下方绘制圆角矩形，如图4-74所示。

STEP 08 使用相同的方法，在"干果神价日"文字下方绘制颜色为"#fb2f3a"的圆角矩形，如图4-75所示。

图4-74

图4-75

STEP 09 在背景图层上方新建图层，将前景色设置为"#310e0a"。选择"钢笔工具" ，在工具属性栏中设置绘图模式为"形状"，单击并拖动鼠标绘制中间文字的大致轮廓，如图4-76所示。

STEP 10 打开"金币元素.png"素材文件（配套资源:\素材文件\第4章\金币元素.png），拖动金币素材到促销海报中，移动图层到背景图层上方，调整大小与位置，完成本例的制作，效果如图4-77所示（配套资源:\素材文件\第4章\促销海报.psd）。

图4-76

图4-77

4.4.2 为商品图片添加形状

扫一扫

除了文字外，形状也是丰富商品图片内容的一大利器。它不仅可以更好地突显内容，还能对图片中的重点部分进行装饰。本例将为已有的不锈钢炒锅的素材添加文字和形状，使商品图片更加直观。具体操作如下。

为商品图片添加形状

STEP 01 打开"不锈钢炒锅.psd"素材文件（配套资源:\素材文件\第4章\不锈钢炒锅.psd），如图4-78所示。

STEP 02 在二具箱中选择"横排文字工具" ，打开"字符"面板，设置字体为"黑体"，字号为"75号"，在下方的图像编辑区中输入"京东6.18 优惠不止50%"。其中，"京东6.18"的颜色为"#000000"，"优惠不止50%"的颜色为"#de0000"，单击"仿粗体"按钮 ，使该文字加粗显示，如图4-79所示。

STEP 03 继续选择"横排文字工具" ，在工具属性栏中设置字号为"55号"，在文字下方输入"健康无烟 不粘炒锅"并设置文字颜色为"#000000"，如图4-80所示。

图4-78

图4-79

图4-80

STEP 04 在工具箱中选择"直线工具" ✏️，在工具属性栏中设置填充颜色为"#000000"，在"京东6.18"文字的下方绘制一条粗细为5像素的直线，如图4-81所示。

STEP 05 再次使用"横排文字工具" T 在文字的下方输入图4-82所示文字，打开"字符"面板，设置字体、字号、行距、字距分别为"黑体""32点""48点""－24"。

STEP 06 选择"自定形状工具" 🔷，在工具属性栏中单击"形状"栏右侧的按钮，在打开的下拉列表中选择"选中复选框"选项，再在文本右侧绘制3个与文字对齐的复选框，查看绘制后的效果，如图4-83所示。

图4-81

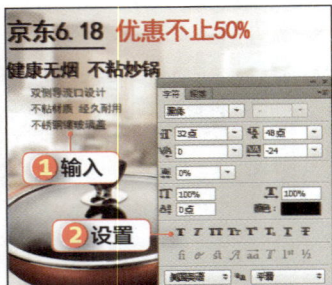

图4-82

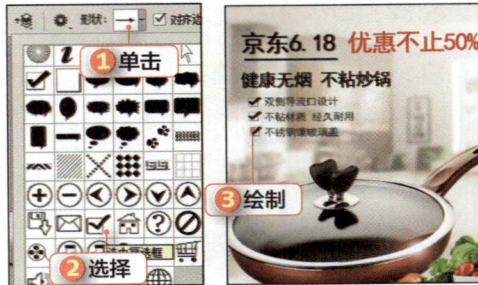

图4-83

提示

在添加形状的过程中，若发现没有需要的形状，可在形状下拉列表中单击按钮，在打开的下拉列表中选择"全部"选项，即可在其中寻找到需要的形状。但需要注意这些形状只是系统中自带的，若需要一些特殊形状，可通过绘制或载入来完成。

STEP 07 使用与前面相同的方法，选择"直线工具" ✏️，在不锈钢炒锅的上方绘制一条粗细为3像素的直线，如图4-84所示。

STEP 08 在直线中间位置输入文字"直径30cm"，设置文字颜色为"#de0000"，字号为"24点"，如图4-85所示。

STEP 09 选择"椭圆工具" ⬭，在工具属性栏中设置填充颜色为"#de0000"。按住【Shift】键不放，绘制直径为214像素的正圆，并在上方输入图4-86所示文字，分别调整文字大小。

图4-84

图4-85

图4-86

STEP 10 选择"钢笔工具" ✎ ，在右侧中间位置绘制图4-87所示形状。按【Ctrl+Enter】组合键创建选区，新建图层，设置前景色为"#de0000"，按【Alt+Delete】组合键填充前景色，如图4-87所示。

STEP 11 按【Ctrl+D】组合键取消选区的选择。使用相同的方法，在形状的上方输入"店庆狂欢"文字，设置字体为"汉仪中黑简"，字号为"50点"，字体颜色为"#fff503"，如图4-88所示。

STEP 12 保存图像，查看完成后的效果（配套资源:\效果文件\第4章\不锈钢炒锅.psd），如图4-89所示。

图4-87

图4-88

图4-89

4.5 实战训练

4.5.1 恢复玻璃杯真实效果

1. 实训要求

本例将打开"夏日饮品.jpg"图片文件，对高光和黑白进行调整，使场景变得明亮剔透，增强展现的视觉效果。

2. 实训分析

玻璃、水晶、冰块等商品因为材质具有特殊性，有时候会因为光线等原因而出现灰暗、不晶莹剔透的情况。此时，可通过后期调整，使其更加晶莹剔透。

首先打开需要调整的商品图片，发现商品灰暗，亮度和对比度不够，需先增加亮度，再叠加使用图层混合模式和锐化增强画面感和轮廓度，完成后的效果如图4-90所示。

图4-90

3. 操作思路

完成本实训需要进行以下主要操作。

STEP 01 打开"夏日饮品.jpg"素材文件（配套资源:\素材文件\第4章\夏日饮品.jpg），发现图片偏暗，视觉效果不强，打开"图层"面板，按【Ctrl+J】组合键复制背景图层。

STEP 02 选择【图像】/【调整】/【阴影/高光】命令，打开"阴影/高光"对话框，设置数量为"20%"，单击 确定 按钮。

STEP 03 打开"图层"面板，在其下方单击"创建新的填充或调整图层"按钮 ，在打开的下拉列表中选择"黑白"选项，打开"黑白"属性面板，设置红色、黄色、绿色、青色、蓝色和洋红的值分别为"43""36""4""0""20""19"。

STEP 04 选择"黑白"调整图层，设置图层混合模式为"叠加"，查看完成后的效果。

STEP 05 复制图层1，选择【滤镜】/【锐化】/【智能锐化】命令，打开"智能锐化"对话框，设置半径为4像素，单击 确定 按钮。

STEP 06 返回图像编辑区，查看完成后的效果，完成后按【Ctrl+S】组合键保存文件（配套资源:\效果文件\第4章\夏日饮品.psd）。

4.5.2 完善与美化水果图片

1. 实训要求

本例将为"樱桃.psd"图像文件输入说明性文字，让其更加直观。

2. 实训分析

对于生鲜类商品，最主要的是要保证其新鲜度，因为保质期不长。在添加文字时，要说明产地，还要对物流情况进行说明。

本实训需要先输入文字，然后对文字的大小进行区分，并添加不同的颜色，完成后根据主次添加投影和底纹。处理前后的效果如图4-91所示。

图4-91

3. 操作思路

完成本实训需要进行以下主要操作。

STEP 01 打开"樱桃.psd"素材文件（配套资源:\素材文件\第4章\樱桃.psd）。

STEP 02 在工具箱中选择"横排文字工具" ，在工具属性栏中设置字体为

"Broadway"，字号为"50号"，字形为"浑厚"，颜色为"#e60012"，在图像编辑区的左侧输入"fresh"。

STEP 03 再次选择"横排文字工具" T，选择【窗口】/【字符】命令，打开"字符"面板，设置字体为"Broadway"，字号为"30号"，行距为"24点"，字距为"−25"，颜色为"#e60012"，在文字的下方输入"super"。

STEP 04 使用相同的方法输入"汶川大樱桃 来了 全程顺丰冷链（航空/陆运）"，设置字体为"汉仪超粗黑简"，在"来了"文字的右侧按【Enter】键分段，设置上方文字的字号为"35号"，下方文字的字号为"23号"。选择整段文字，选择【窗口】/【段落】命令，打开"段落"面板，设置左缩进为"2"，设置段前添加空格为"5"。

STEP 05 选择【图层】/【图层样式】/【投影】命令，打开"图层样式"对话框，设置不透明度为"40"，其他保持默认设置，单击 确定 按钮。

STEP 06 此时可发现对应的文本已经添加了阴影，使用相同的方法输入" ' "和" ' "，分别调整其大小，使其与文字对齐。

STEP 07 使用相同的方法，在下方输入文字"现采现摘 基地直发""无污染 无添加 精心挑选"，设置字体为"思源黑体 CN"，字号分别为"14"和"12"，颜色分别为"#000000"和"#ffffff"。

STEP 08 选择"矩形工具" □，设置矩形的大小为250像素×30像素，在白色文字下方绘制矩形。

STEP 09 选择"椭圆工具" ○，在工具属性栏中设置填充颜色为"#2e7a11"，在白色文字的左侧绘制直径为8像素的圆。

STEP 10 使用相同的方法，在其他白色文字的左侧绘制相同大小的圆，完成后保存图像，查看完成后的效果（配套资源:\效果文件\第4章\樱桃.psd）。

4.6 拓展延伸

为了帮助读者更好地理解本章所学知识，下面介绍一些与本章内容相关的其他知识。通过这些知识的学习，读者可以对图片的特殊处理方法有更深刻的认识。

1. 商品图片处理时需要注意的问题

图片是店铺装修中必不可少的一部分，在处理时不能盲目进行处理，需要注意一些基础问题。下面分别进行介绍。

● **图片的真实度：** 对于商品展示性图片，真实性是需要首先考虑的。过度美化往往会造成商品图片失真，从而让消费者产生质疑。因此，在美化时需要把握一个度，不要让图片失真。当然，也不是所有图片都一定不要过度美化。处理婚纱摄影类的图片时，需要在真实的基础上添加梦幻效果，让主题体现得更加完整。

● **图片色彩的搭配：** 图片色彩搭配一定要符合店铺的整体风格，这样才不会显得太突兀，从而可体现"和谐就是美"。

● **创意是否符合主题：** 不管是文字还是图片，想要做好就离不开创意。一张好的商品图片不仅要漂亮，还要与主题符合，不要将效果图做得天马行空、脱离现实。

2. 图片失真的处理策略

在处理过程中，如果发现商品图片失真，可通过细心调整来解决。在调整过程中要注意把控细节，虽然说调整后的图片肯定会与实物图片有所差别，但是这种差别应该控制在一定限度内。从细节上循序渐进地处理图片，可更好地对图片处理进行控制，从而使商品图片不失真。若是因为商品图片的像素过低，导致放大后失真，可通过调整图片分辨率进行解决，分辨率越高，图像越清晰。

3. 京东商品图片选择与展示的基础要求

除了要满足京东平台对图片尺寸和大小的要求外，还要保证图片中的主体物品清晰干净、大小适中，背景色与主体商品的颜色搭配和谐。在选取图片过程中，要多方面进行商品展现。

4.7 思考练习

（1）打开"羽绒服.jpg"素材文件（配套资源:\素材文件\第4章\羽绒服.jpg），去除羽绒服上的部分褶皱，提高羽绒服亮度并让羽绒服显示效果更清晰，以达到美化羽绒服的目的，参考效果如图4-92所示（配套资源:效果文件\第4章\羽绒服.psd）。

（2）打开"装生菜的盘子.jpg"素材文件（配套资源:\素材文件\第4章\装生菜的盘子.jpg），使用污点修复画笔工具和修补工具对污点进行修复，并进行调色，使其更加鲜嫩，参考效果如图4-93所示（配套资源:\效果文件\第4章\装生菜的盘子.jpg）。

图4-92

图4-93

第**5**章

京东店铺装修基础

本章导读

京东店铺装修是一个系统工程。通常来说，一般的京东商家需要装修店铺的电脑端及移动端，不管什么店铺的装修均包括店铺首页、详情页等的装修。为了更好地装修店铺，在自定义装修店铺之前需对店铺装修有一个简单认识。本章将讲解京东店铺装修的基础知识，包括京东店铺装修分类、素材管理、认识京东店铺装修页面及使用模板装修京东店铺等。

知识技能

- 掌握京东店铺装修分类的相关知识
- 掌握图片管理的相关知识
- 掌握媒体资源管理与分析的方法
- 掌握店铺基本页面的装修方法

5.1 京东店铺装修的分类

店铺装修是店铺能否吸引消费者的重点。好的装修不但能提高消费者的好感度，还能促进成交。进入京东装修页面后，商家可根据店铺营销需要对京东常规店铺、小程序和1号店进行装修。下面分别进行介绍。

5.1.1 京东常规店铺

京东装修页面是店铺装修的主要页面。进入店铺商家后台后，在右侧单击"我的店铺"选项卡，选择"店铺装修"超链接，即可进入店铺装修页面。该页面的上方显示店铺装修、详情装修、素材中心、运营中心、数据中心和帮助中心6个选项卡，用于展现店铺装修中的主要板块。在其下方有移动端和电脑端两个选项，单击其中一个选项，即可进入相应的店铺装修页面。在下方单击相应的页面名称，即可进入对应的装修页面。图5-1所示为京东装修页面的展开效果。作为京东店铺商家，主要装修的也就是电脑端和移动端京东店铺。

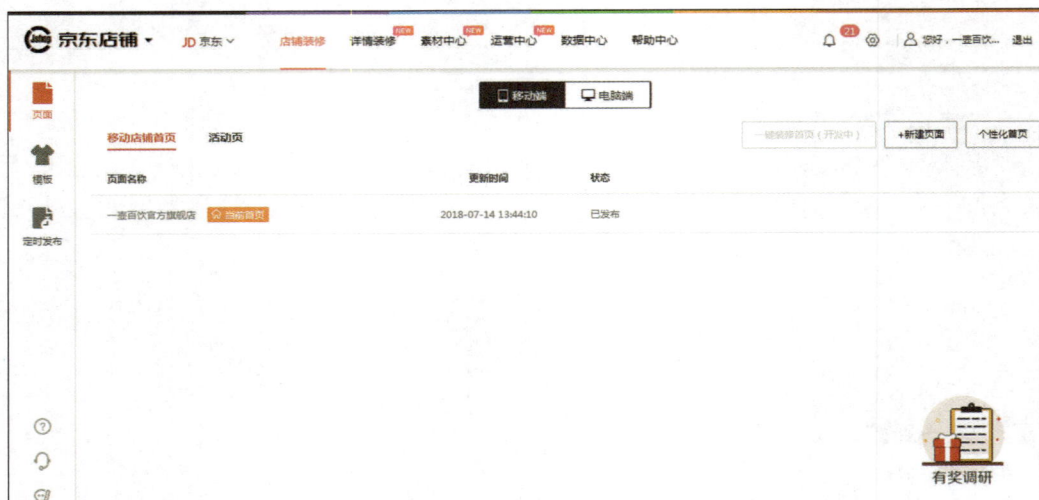

图5-1

5.1.2 1号店

1号店是国内首家网上超市。2016年6月21日，京东与沃尔玛宣布达成深度战略合作，沃尔玛成为京东的战略投资者，而京东则获得1号店第三方平台1号店商城的主要资产。作为京东新兴产业，1号店如何进行装修成为商家需要重点了解的内容。基本操作步骤如下：进入京东装修页面，单击"京东"选项，在打开的下拉列表中选择"1号店"，在打开的页面下方单击显示的链接即可进入"1号店"的装修页面，在其中可进行店铺的装修操作，如图5-2所示。

图5-2

提示

在对移动端1号店进行装修前，需要先创建移动店铺。其方法为：进入1号店装修页面，单击"Mobile"，打开"提示"对话框，单击 确定 按钮，根据提示进行店铺创建即可。

5.1.3 小程序

作为唯一承载京东全平台业务的小程序，"京东购物"小程序连续数月高居网络购物类小程序榜首。其"成长指数"和"阿拉丁指数"都位列第一，位居电商行业前列。"京东购物"小程序依托京东的商品货源、物流资源、购买和支付体验等，打通了京东账号体系与支付体系，让消费者无须登录即可实现一步操作，实现了闭环交易。操作步骤是打开微信，单击"发现"，在打开的页面中选择"小程序"，打开"小程序"页面，在其中罗列了常用的小程序，然后选择"京东购物"，即可打开"京东购物"小程序进行购物，如图5-3所示。

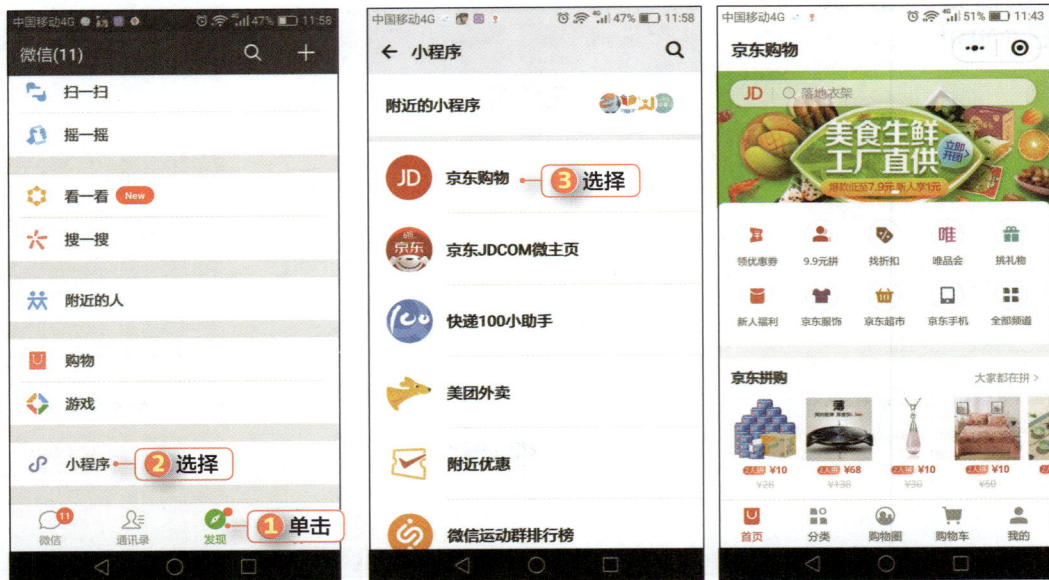

图5-3

如何对小程序中的店铺进行装修呢？只需进入京东装修页面，单击"京东"选项，选择"小程序"，打开"店铺装修–小程序"页面；在左侧页面中选择店铺模板，在弹出的"新建店铺首页"对话框中输入店铺名称，单击 确定 按钮；之后将打开小程序的装修页面，在其中进行装修即可，如图5-4所示。

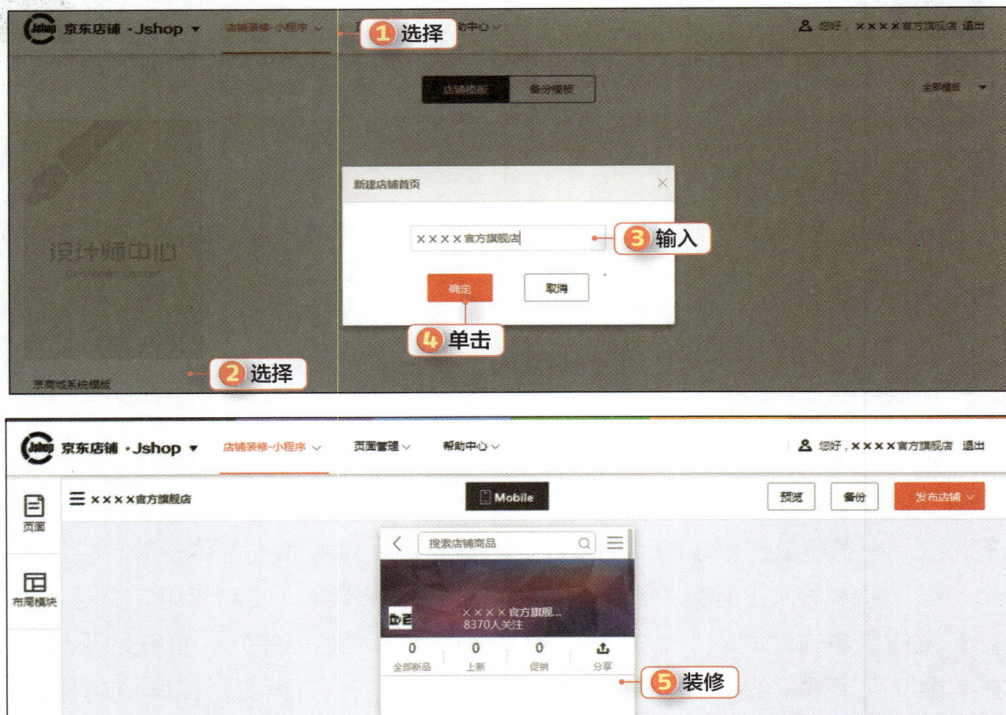

图5-4

5.2 图片管理

在对京东店铺进行装修时，第一步是将图片上传到图片管理中，以方便对店铺进行装修。图片管理是图片的存储区域，下面将介绍在图片管理中的图片操作方法，包括分类管理、上传图片、移动图片和删除图片等。

5.2.1 分类管理

分类管理主要用于对上传后的图片进行分类操作，以便于后期图片的查找。进行分类管理前需要先进入图片管理页面，新建分类。其方法为：进入商家后台，在右侧单击"商品管理"—"图片管理"，进入"图片管理"页面；单击 新建分类 ，打开"新建分类"对话框；在下方的文本框中输入新建的分类名称，单击 确定 按钮，返回页面后即可发现"全部分类"中已有了新建的分类文件夹，左侧的列表中也显示了新建的分类选项，如图5-5所示。

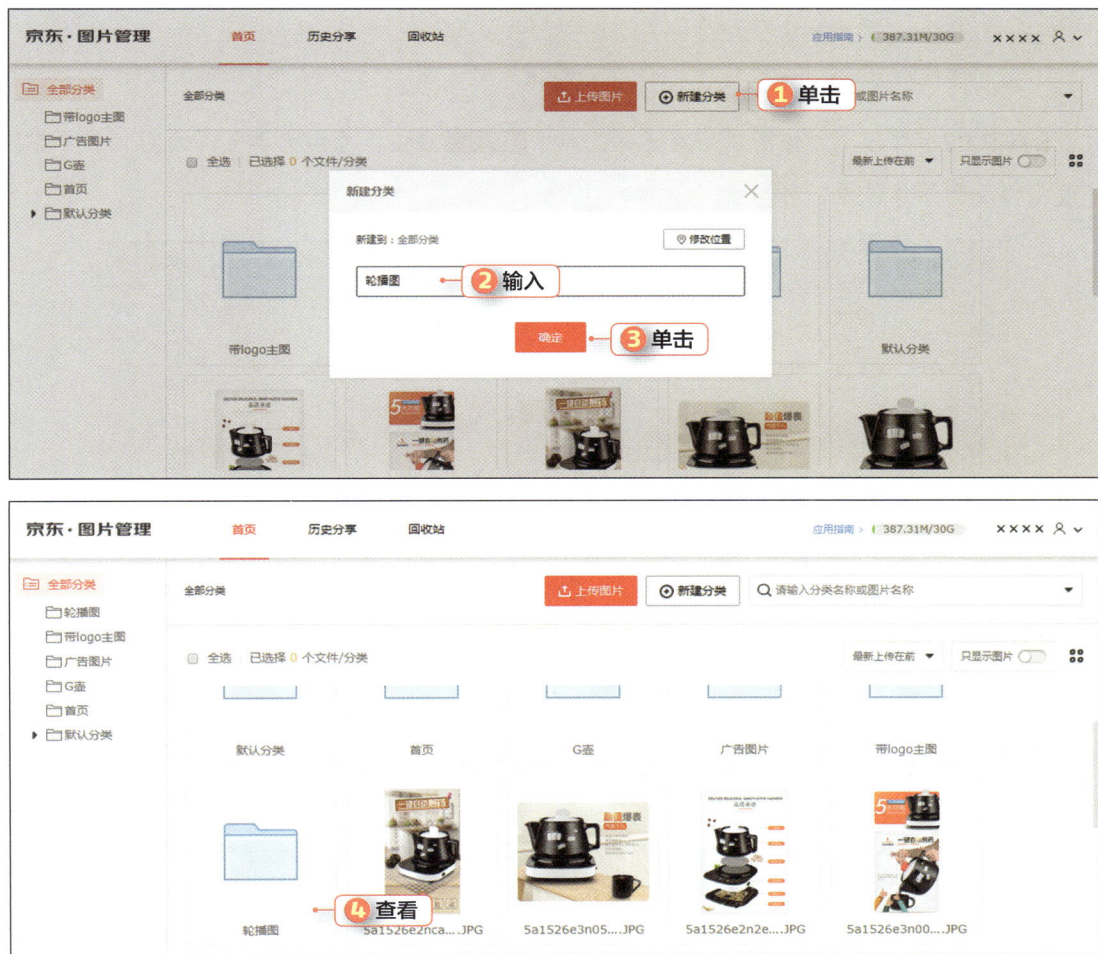

图5-5

5.2.2 上传图片

对图片分类后，可将图片上传到新建的分类中。在后期的装修中，可直接在分类中选择图片。下面将"轮播图.gif"图片上传到图片管理中。具体操作如下。

STEP 01 进入"图片管理"页面，在左侧"全部分类"—"轮播图"中，单击 ⬆上传图片 按钮，准备上传图片，如图5-6所示。

图5-6

STEP 02 打开"上传图片"对话框，单击 ⊙选择图片 按钮，选择需要上传的图片。若需要修改上传后的图片位置，可单击 ⊙修改位置 按钮，对位置进行修改，如图5-7所示。

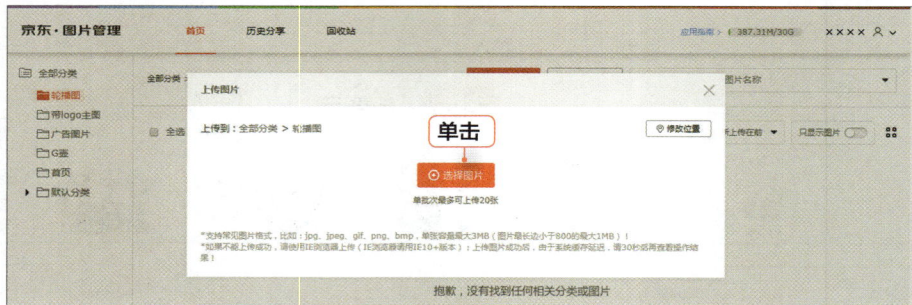

图5-7

STEP 03 打开"打开"对话框，在左侧的列表中选择图片所在的位置，在右侧的面板中选择需要上传的图片，完成后单击 打开(O)，如图5-8所示。

STEP 04 此时会出现上传进度条，当进度条全部被绿色充满时，表示上传完成，如图5-9所示。

提示

在选择图片过程中，需要注意上传的图片大小不能超过 3MB（图片最长边小于 800 像素的最大 1MB），单批次上传不能超过 20 张图片。

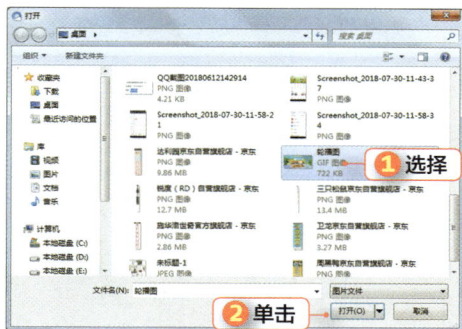

图5-8

图5-9

STEP 05 稍等片刻，即可发现在"轮播图"中已经显示了上传的图片，如图5-10所示。

图5-10

5.2.3 移动图片

若在上传图片时没有选择图片分类，上传的图片会默认存放在"全部分类"下。为了便于区分图片，可对图片进行移动，将图片放到相应分类中。下面讲解移动图片的方法。具体操作如下。

STEP 01 进入"图片管理"页面，选择需要移动的图片，单击"移动到分类" ✛ ，如图5-11所示。

扫一扫

移动图片

图5-11

STEP 02 打开"请选择您要移动到的分类"对话框，选择需要移动到的位置，单击 确定 按钮，如图5-12所示。

图5-12

STEP 03 在左侧列表中选中"广告图片"，在右侧面板中可发现选择的轮播图已经存在于新的分类中，如图5-13所示。

图5-13

5.2.4 删除图片

为了节约图片管理的容量，方便以后上传其他商品图片到图片管理中，可将不需要的图片删除。其方法为：选择需要删除的图片，单击"删除"按钮 🗑 ，在打开的下拉列表中选择删除方式，包括永久删除和放入回收站。永久删除后图片将不能恢复，放入回收站的图片则可在回收站中还原图片。这里选择"永久删除"，在打开的提示框中单击 永久删除 按钮，即可将选择的图片永久删除，如图5-14所示。

> **提示**
>
> 在"图片管理"页面单击"回收站"选项卡，打开"回收站"页面，在其中罗列有删除后的图片。选择需要还原的图片，单击上方的"还原"按钮 ，可还原被删除的图片。若需要永久删除回收站中的图片，可选择需要永久删除的图片，单击"永久删除"按钮 ，即可将图片永久删除。回收站中的图片会保留15天，超时系统将自动清除。

图5-14

5.3 媒体资源管理与分析

　　图片管理主要针对图片，媒体资源管理则针对视频。在媒体资源管理中心，不但能上传主图视频、全景主图、商详视频、店铺视频，还能对各种视频进行管理与分析，以便于后期使用与进行相关操作。下面先认识媒体资源的类型，再对上传媒体资源、删除媒体资源和分析媒体资源情况的方法进行介绍。

5.3.1 媒体资源的类型

　　登录京东商家后台，单击"我的店铺"—"媒体资源管理中心"，打开"媒体资源列表"页面。在该页面中可以看到，京东为商家提供了主图视频、全景主图、商详视频、店铺视频4种不同类型的视频。下面分别对4种类型的视频进行介绍。

- **主图视频**：主图视频是常见的一种视频形式。上传了主图视频的商品，主图视频会优先在主图位置展示，具有十分有利的推广优势，能够给消费者带来良好的视听体验，提高商品的订单转化率。京东主图视频要求时长6~90s，对于视频宽高比例，服饰推荐7∶9，非服饰推荐16∶9，不做强制限制。主图视频只支持MP4格式，大小需控制在50MB以内。

- **全景主图**：上传全景主图并审核通过后，全景主图可在对应商品的单品页面展示，可全方位、多角度展示商品特色。京东全景主图视频要求大小不超过30MB，视频时长3~20s，视频宽、高和画面尺寸不可低于720像素。

- **商详视频**：商详视频就是在商品详情页中展示的视频，一般出现在商品单品页面的图文详情处。京东商详视频的大小不能超过500MB，要求视频时长30~180s。

- **店铺视频**：店铺视频主要在装修店铺的时候使用，用于展示店铺的相关情况。其要求与商详视频类似，不同的是其时长要求为5~180s。

5.3.2 上传媒体资源

认识了媒体资源的类型后，即可根据需求上传视频到对应的类型中，用于后期的使用。下面以上传主图视频为例，介绍上传媒体资源的方法。具体操作如下。

STEP 01 在京东商家后台单击"我的店铺"—"媒体资源管理中心"，打开"媒体资源列表"界面。在该界面中单击 上传视频 按钮，打开"视频上传"，在"媒体类型："中单击选中"主图视频"单选项，接着单击 本地视频上传 按钮，如图5-15所示。

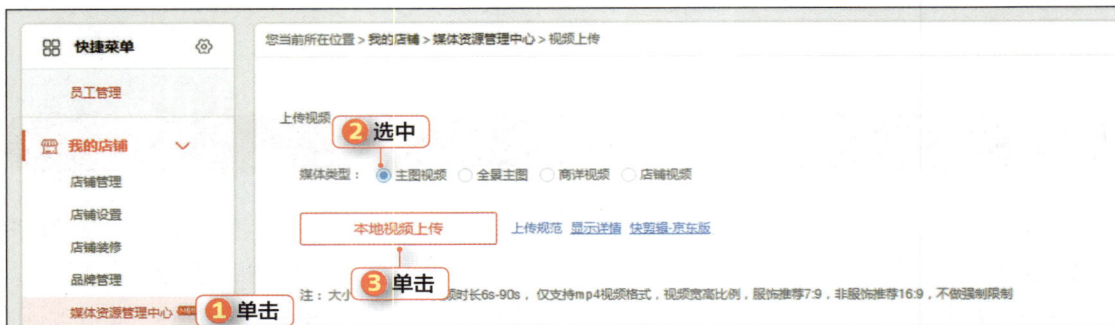

图5-15

STEP 02 打开"打开"对话框，选择需要上传的主图视频文件，单击 打开(O) 按钮，如图5-16所示。

STEP 03 返回"视频上传"界面后，可看到 本地视频上传 按钮已变为视频文件名称按钮，这里为 主图.mp4 按钮。然后在"视频名称："文本框中输入视频的名称，在"视频简介："文本框中输入对视频内容的说明，如图5-17所示。

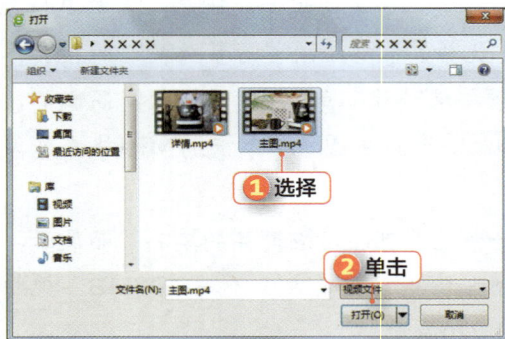

图5-16

图5-17

STEP 04 单击"视频封面："中的"照片"按钮📷，打开"打开"对话框，选择对应的封面图片，单击 打开(O) 按钮上传封面图片。然后单击选中"同意《上传服务协议》"，最后单击 确定上传 按钮，如图5-18所示。

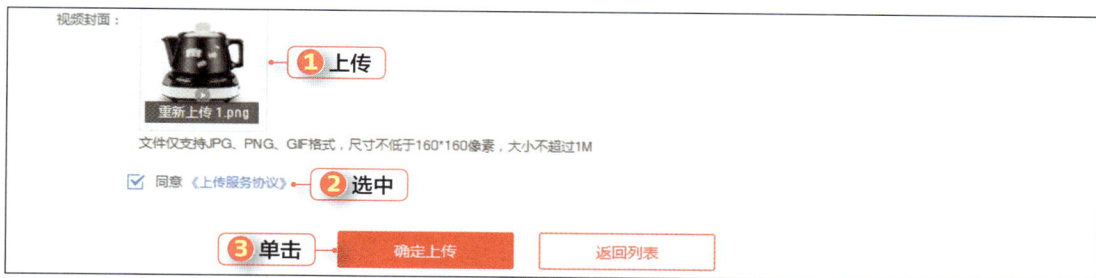

图5-18

提示

主图视频封面图片仅支持 JPG、PNG、GIF 格式，图片尺寸要求不低于 160 像素 ×160 像素，图片大小要求不超过 1MB。

STEP 05 开始上传并会显示上传进度，完成后将出现"上传成功"对话框，如图5-19所示。单击 继续上传 按钮可继续上上传主图视频；单击"返回列表页"按钮可返回"媒体资源列表"界面，在其中可看到刚刚上传的主图视频文件，如图5-20所示。该文件正处于转码状态，转码完成后即可进行关联操作。

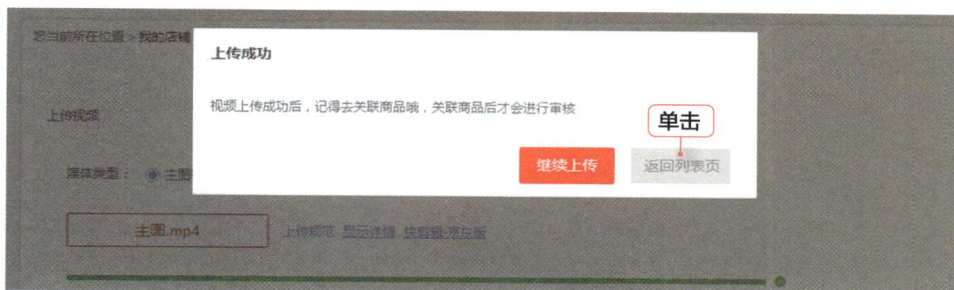

图5-19

图5-20

5.3.3 媒体资源的关联与审核

视频上传完成后的最初状态为转码，转码完成后即可进行商品关联。在"媒体资源列表"页面中可以看到上传并转码成功的视频文件，此时视频文件左上角会显示"转码完成"。将鼠标放在视频文件缩略图上，在打开的工具栏中单击 关联商品 按钮，如图5-21所示，打开"关联商品"界面。在"店内商品"中的"商品编号"或"商品名称"文本框中输入需要查找的商品编号或名称，单击 查询 按钮，将根据输入的内容查询并显示匹配的结果。单击选中需要关联的商品前的复选框，再单击界面下方的 关联 按钮即可进行关联，如图5-22所示。商家可根据需要进行多个商品与视频的关联，只需选中需要关联的多个商品前的复选框即可。

图5-21

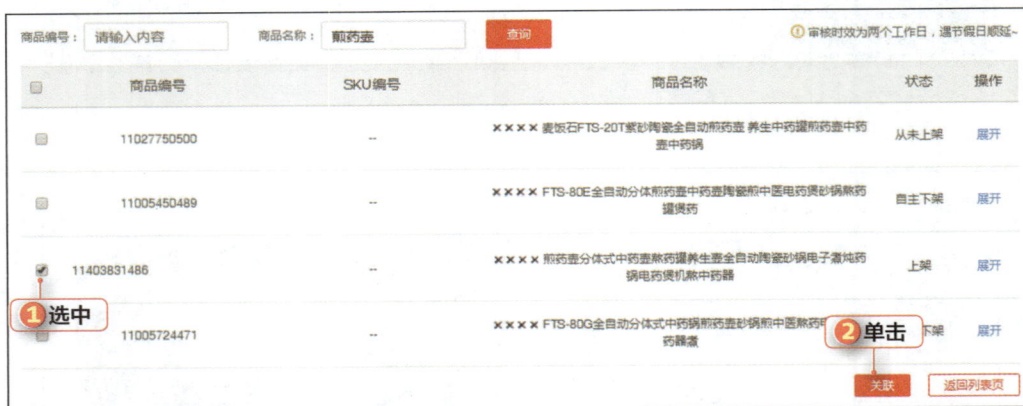

图5-22

关联视频与商品后，在"媒体资源列表"界面中可以看到此视频的状态为"待审核"，此时会进入等待京东审核人员核实视频有效性和关联关系准确性的状态（约一个工作日内完成审核）。审核通过后将显示"审核通过"；审核未通过将显示"审核驳回"，并在视频文件缩略图下方显示审核的结果，如图5-23所示。当审核通过后，对应商品的单品页面即可展示主图视频，且在"媒体资源列表"界面中单击 关联商品 按钮，在打开的"关联商品"界面的"已关联商品"中可看到关联成功的商品信息，如图5-24所示。

图5-23

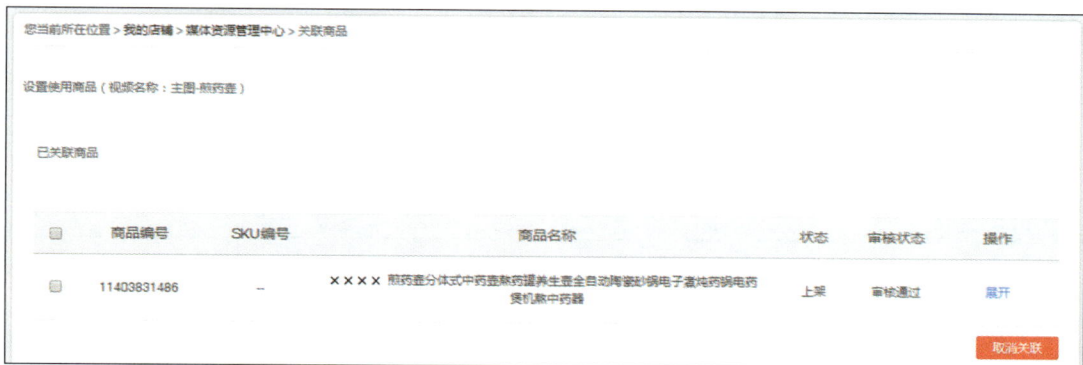

图5-24

5.3.4 删除媒体资源

如果不再需要某个视频，可删除该视频，以节约媒体资源管理空间。其方法为：将鼠标放在视频文件缩略图上，在打开的工具栏中单击"删除"按钮 ，在打开的提示对话框中单击 确定 按钮确认删除即可，如图5-25所示。

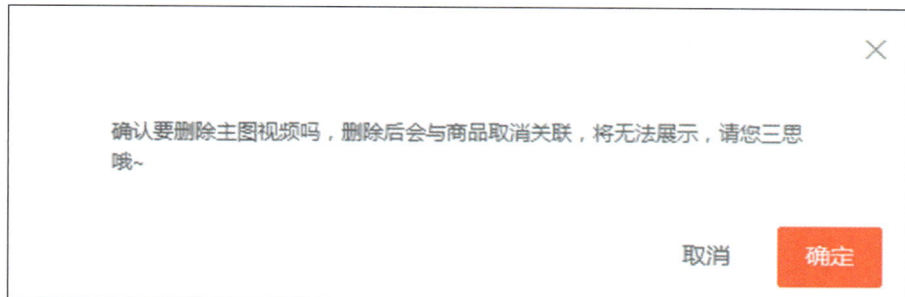

图5-25

5.3.5 分析媒体资源情况

当完成视频的上传后，如何确认该视频是否符合消费者的需求，是否达到了营销目的呢？这时可以通过"媒体数据中心"进行分析。"媒体数据中心"是分析媒体资源情况的常用方式，只需单击"我的店铺"—"媒体数据中心"，即可打开"数据统计"界面。该界面主要分为"整体主图视频"和"单条主图视频"两个板块。其中，"整体主图视频"主要对主图视频整体概况、主图视频曝光次数、主图视频类目明细进行展示，通过数据的展现，商家可了解店铺视频的整体观看情况，如图5-26所示。

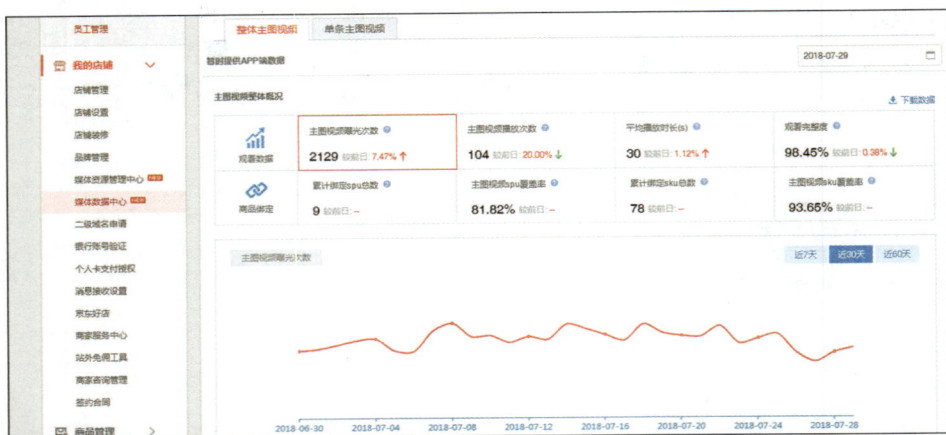

图5-26

"单条主图视频"主要对单个视频的视频质量、视频曝光次数、视频播放次数、观看完整度等情况进行展现，用于分析单个视频的展现情况，以此确定是否需要更换店铺中展现的视频，如图5-27所示。

图5-27

5.4 认识京东店铺装修页面

上传图片到图片管理是店铺装修的前提条件。完成图片的上传后，即可针对图片尺寸和页面布局，选择适合的模块进行装修。常见的装修页面主要分为电脑端和移动端两种，下面分别进行介绍。

5.4.1 认识电脑端装修页面

电脑端装修页面是店铺装修的主要页面。在对电脑端进行装修前，需要认识电脑端常见的3大页面，分别是基础页、自定义页面、活动页。下面分别进行介绍。

1. 基础页

基础页是电脑端的一个页面。打开"店铺装修"页面，在下方单击"电脑端"选项，第一个页面即为基础页。该页面主要由店铺首页、商品列表页、店铺简介页、店内搜索结果页组成，如图5-28所示。下面对基础页的各个选项进行介绍。

● **店铺首页**：店铺首页相当于线下店铺的门面，消费者可以通过店铺首页来了解店铺的风格和商品的价位，从而对店铺有初步的了解。同时，当前店铺的活动、热卖的商品等也可以通过店铺首页来展现，并且可以通过排版将店铺流量导入相应的商品页面中，因此店铺首页是电脑端装修的重点。

● **商品列表页**：设置该页面的主要目的是方便消费者查找店铺正在出售的商品，并对商品进行简单展现。

● **店铺简介页**：店铺简介页侧重于介绍品牌及品牌理念，同时展示商品的制作工艺与工序，体现商家对于商品品质的追求，使消费者在了解店铺的同时可以对店铺产生一定的信任感与认同感，从而产生购买行为。

● **店内搜索结果页**：店内搜索结果页为消费者在店内搜索商品后产生的页面。该页面不要装修得太过花哨，因为消费者产生搜索行为的前提是需要某种或某类商品，只要将搜索结果一目了然地呈现在消费者面前即可。

图5-28

2. 自定义页面

自定义页面是电脑端的第二个页面，是商家普遍使用的一个页面，因为该页面可以自由排版、设计，能够满足商家所需。

在进行自定义页面装修前，需要先新建自定义页面，再根据店铺的需要对自定义页面进行装修。新建自定义页面的方法为：打开"店铺装修"页面，在下方单击"电脑端"选项，在下方的页面中单击"自定义页面"，将打开"自定义页面"面板，在其中单击 **+新建页面** 按钮，打开"新建页面"对话框，依次设置"选择页面类型：""页面名称：""页面关键词（有利于页面SEO优化）""页面描述（有利于页面SEO优化）"等内容后，单击 **确定** 按钮，即可完成自定义页面的创建，如图5-29所示。完成创建后单击 **装修页面** 按钮，即可对自定义页面进行装修。其具体方法将在第8章进行介绍。

图5-29

3. 活动页

装修活动页的方法与装修自定义页面类似。该页面主要是针对店铺活动、官方活动单独制作的页面，用于区分参加活动的商品与不参加活动的商品。在参加官方活动时，可以将参加活动的商品在该页面进行主要展示，并且可以在店铺中的其他商品页面中推广该页面。这样可以给参加活动的商品带来一定的流量，并且让消费者有更多的选择，将消费者留在店铺中，提高店铺的转化率。

在进行活动页的装修前，需要先新建活动页，再根据店铺的需要进行页面装修。新建活动页的方法为：单击 **+新建页面** 按钮，打开"新建页面"对话框，依次设置"选择页面类型：""活动名称：""所属频道：""所属分类：""活动时间：""活动结束后跳转到：""关联App/M活动（查看帮助）：""关联WQ活动（查看帮助）：""活动关键词（有利于活动SEO优化）""活动描述（有利于活动SEO优化）"等内容后，单击 **确定** 按钮，即可完成创建，如图5-30所示。

图5-30

5.4.2 认识移动端装修页面

　　京东商城在2018年"6.18"期间的移动端订单占比高达88%。未来，电商的成交将会更多地发生在移动设备上。移动端的店铺装修直接决定了店铺70%的转化，其重要性可想而知。此时，移动端店铺装修的好坏，直接决定了店铺能否吸引消费者购买。在进行移动端店铺装修时，需要先进入装修页面，选择需要装修的版面。其方法为：打开"店铺装修"页面，在下方单击"移动端"选项，即可进入移动端装修页面，该页面主要由移动店铺首页和活动页两个页面组成。其中，移动店铺首页是移动端店铺的主要页面，也是展现的重点，只需单击 +新建页面 按钮，在打开的对话框中选择页面类型、输入页面名称，单击 确定 按钮，即可完成首页的新建，如图5-31所示。完成新建后单击 装修页面 按钮，即可进入装修页面进行装修，其具体方法将在第10章进行介绍。活动页则根据活动名称、活动时间、活动标题等进行页面的创建，只需单击"活动页"选项后单击 +新建页面 按钮，在打开的对话框中输入活动页的具体内容，完成后单击 确定 按钮，即可完成活动页的创建，如图5-32所示。

图5-31

图5-32

5.5 使用模板装修京东店铺

认识京东店铺装修页面后，即可使用模板装修京东店铺，使装修的效果更加美观。下面将以使用"京东装修市场"装修京东店铺首页和使用"装吧"装修详情页为例，讲解使用模板装修京东店铺的方法。

5.5.1 使用"京东装修市场"装修京东店铺首页

在京东店铺装修过程中，为了使店铺更加美观，可在模板市场中选购符合需要的模板。其购买和使用方法为：单击"店铺装修"—"模板"，在下方的面板中单击"去模板市场选购"超链接，打开"京东装修市场"页面；在左侧选择行业分类，在右侧将显示对应的装修模板，如图5-33所示；选择模板后打开购买页面，选择使用的周期，单击 立即购买 按钮，如图5-34所示，进入支付页面，单击 同意协议并付款 按钮进行模板的购买；完成支付后，在"模板"的右侧区域将显示购买的模板，然后进入电脑端装修页面，在左侧单击"模板"，在右侧将显示购买的模板，应用即可。

图5-33

图5-34

> **提示**
>
> 模板基本上需要购买才能获得，在进入"京东装修市场"页面并选择需要购买的模板后，可单击 预览 按钮，先浏览模板的使用效果，再确定是否需要购买。

5.5.2 使用"装吧"装修详情页

详情页是店铺装修的重点，可展现商品的特点及用途，决定了店铺的成交量。在装修详情页时，除了可在添加新商品过程中进行店铺详情效果的添加，还可购买装修模块，进行快速装修。下面将打开"装吧"选择并购买详情页模块。具体操作如下。

扫一扫

使用"装吧"装修详情页

STEP 01 在京东商家后台单击"我的店铺"—"店铺装修"，打开"店铺装修"界面；在上方单击"详情装修"选项，进入"详情装修"界面；在左侧单击"模板"，在右侧单击"选购更多模板"超链接，如图5-35所示。

图5-35

STEP 02 打开"装吧"装修市场，单击左侧的"模板等级"—"免费模板"，在右侧的面板中将显示免费模板，这里选择"水杯"模板，如图5-36所示。

图5-36

STEP 03 打开购买界面，选择使用的周期，单击 立即购买 按钮进行购买，如图5-37
所示。

STEP 04 返回"详情装修"界面，在左侧单击"商品"，在下方罗列了正在促销的
商品和未发布的商品。选择需要修改详情页的商品，单击右侧的 电脑端 ，进入装修界面，如
图5-38所示。

图5-37

图5-38

STEP 05 在装修界面的左侧，单击"模板"，在"购买的模板"中，单击 [应用模板去装修] 按钮，如图5-39所示。

图5-39

STEP 06 此时，将进入选择商品的模板装修界面。在该界面中可对背景、商品和内容进行替换，完成后单击 [发布] 按钮，即可完成详情页的装修，如图5-40所示。

图5-40

5.6 实战训练

5.6.1 上传图片到图片管理

1. 实训要求

上传商品分类图片到图片管理中，并对图片进行管理。

2. 实训分析

进入"图片管理"页面，选择文件夹，再选择需要上传的商品分类图片，上传时需要注意上传的图片大小不能超过3MB，然后根据上传的步骤依次进行上传操作。

3. 操作思路

完成本实训需要进行以下主要操作。

STEP 01 进入"图片管理"页面，在左侧"全部分类"—"广告图片"中，单击 ⬆上传图片 按钮，准备上传图片。

STEP 02 打开"上传图片"对话框，单击 ⊙选择图片 按钮，选择需要上传的图片。

STEP 03 打开"打开"对话框，在左侧列表中选择图片保存的位置，在右侧面板中选择需要上传的图片，完成后单击 打开(O)▾ 按钮。

STEP 04 此时会出现上传的进度条，当进度条全部被绿色充满时，表示上传完成。

STEP 05 稍等片刻，即可发现在"广告图片"中已经显示了上传后的图片。

5.6.2 使用模板装修详情页

1. 实训要求

在"装吧"中选择一种模板，并将该模板应用到商品中，完成后查看应用后的效果。

2. 实训分析

在"装吧"中可进行详情页模板的购买和选择。进入该页面后，在右侧可根据"模板等级""行业""风格"选择符合店铺需求的模板，完成选择后可先进行试用，再对模板进行购买操作。

3. 操作思路

完成本实训需要进行以下主要操作。

STEP 01 在京东商家后台单击"我的店铺"—"店铺装修"，打开"店铺装修"界面；在上方单击"详情装修"选项，进入"详情装修"界面；在左侧单击"模板"，在右侧单击"选购更多模板"超链接。

STEP 02 打开"装吧"装修市场，单击左侧的"模板等级"—"免费模板"，在右侧的面板中将显示免费模板，在其中选择需要的模板即可。

STEP 03 打开购买界面，选择使用的周期，单击 立即购买 按钮进行购买。

STEP 04 返回"详情装修"界面，在左侧单击"商品"，在下方罗列了正在促销的商品和未发布的商品；选择需要修改详情页的商品，单击右侧的 电脑端 ，进入装修界面。

STEP 05 在装修界面的左侧，单击"模板"，在"购买的模板"中单击 应用模板去装修 按钮。

STEP 06 此时，将进入选择商品的模板装修界面，在该界面中可对背景、商品和内容进行替换，完成后单击 发布 按钮，即可完成详情页的装修。

5.7 拓展延伸

为了帮助读者更好地理解本章所学知识，下面介绍一些与本章内容相关的其他知识。通过这些知识的学习，读者可以对电脑端京东店铺装修有更深刻的认识。

1. 视频被驳回时怎么进行重新申请

如果商家上传的视频被京东审核人员驳回，可在视频缩略图上单击"查看驳回原因"，在打开的界面中查看视频被驳回的原因。单击"重新申请"选项，在打开的"重新申请"对话框中填写申请原因，单击 重发申请 按钮重新进行申请，视频状态会重新变为待审核，如图5-41所示。

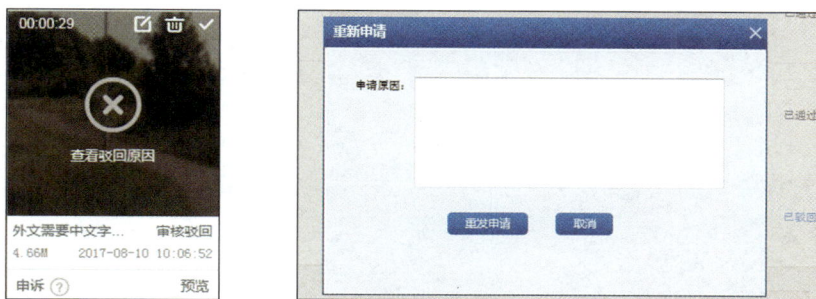

图5-41

2. 自定义页面使用场景假设与建议

自定义页面常见的使用场景包括以下几种。

- **商品上新**：将新商品统一集中在一个页面中可以方便推广，同时可方便消费者查看。
- **单独推广**：即将热卖商品或新商品进行单独推广。商品详情页往往有一定的限制，使用自定义页面着重展示商品可以达到吸引消费者、促进消费者下单的目的。
- **同品类商品**：即将同品类商品集中在一个自定义页面中。因为自定义页面比商品列表页的可塑性强，所以可以在该页面中着重体现商品的卖点，美化整体页面，从而让消费者产生兴趣，促进其下单。

在进行自定义页面装修时，需要考虑装修的目的。在明确目的之后再制作需要的图片，并装修页面。

5.8 思考练习

（1）在图片空间中新建文件夹，并将文件夹命名为"休闲鞋首页"，完成后将图片上传到该文件夹中，查看上传图片的图片信息。

（2）熟悉商品主图视频的上传规范并进行上传操作，完成上传、转码后进行视频与商品的关联。

第6章

电脑端首页设计

本章导读

　　电脑端首页是京东店铺形象的展示窗口，展示了店铺的整体风格，是引导消费者、提高转化率和成交量的重要页面。电脑端首页的美观度和展现量直接影响着店铺品牌宣传的效果和消费者的购买行为。那么，如何进行该页面的设计呢？本章将从店招的设计与制作出发，依次对导航、商品分类、图片轮播、商品推荐等各个板块的设计与制作方法进行介绍，使读者对首页的设计有详细的了解。

知识技能

- 掌握店铺首页的基础知识
- 掌握店铺店招的设计与制作方法
- 掌握店铺导航的设计与制作方法
- 掌握商品分类的设计与制作方法
- 掌握图片轮播的设计与制作方法
- 掌握商品推荐的设计与制作方法

6.1 店铺首页

店铺首页是商品详情页的流量入口，是吸引访客并使其产生点击行为的关键。其不仅可以提高消费者对店铺的好感度，还影响着店铺的成交量和转化率。下面对店铺首页设计的注意事项和店铺首页布局的要点进行讲解。

6.1.1 店铺首页设计的注意事项

店铺首页设计绝不是单纯的商品信息罗列。在首页设计过程中，需要先了解设计的注意事项，再根据这些注意事项对首页进行设计。下面分别进行介绍。

● **店招的设计突显最新信息**：消费者在繁杂的网页中找到店铺的优惠信息有时是很困难的，这时店招就变得尤为重要。在店招中将促销信息体现出来，这样无论消费者跳转到哪个页面，只要还在店铺中就能看到促销信息。

● **导航条设计彰显店铺个性**：导航条主要对商品起导航作用，默认的内容包括"所有商品""首页""店铺动态"等。商家可根据自己店铺的情况添加合适的导航按钮。如店铺刚上新冬装，即可以添加"冬装上新"导航；如店铺最近有新活动，可添加"近期活动"导航等。这样不但可体现商品信息，还能让消费者对店铺有更多的了解。

● **商品分类展现商品种类细分**：商品分类主要对促销或上新商品进行简单分类。其方式与导航条类似，对店铺内的商品进行简单分类介绍，可使消费者对店铺有简单的认识，同时在该区域还可以添加店铺的优惠券信息，使消费者了解店铺的优惠信息并引导消费者领取优惠券。

● **图片轮播设计**：轮播海报多用于传递最新的商品信息、店铺最新优惠活动信息及店铺理念等。一张完美的店铺海报不仅可以彰显店铺的风格，还可以向消费者传递最新的商品信息、最新优惠活动信息等，可谓一个功能齐全的首页配件。

● **商品推荐设计要多角度突显商品信息**：商品陈列展示区的设计可以是多种多样的。需要注意的是，进行商品展示的时候应该尽量避免出现重复的商品，设计人员不能按照自己的喜好多次展示同款商品，需要进行合理展示。

● **页尾与店招承上启下**：页尾属于首页的结尾部分，在页尾部分不但需要对首页进行总结，还可添加分类信息，使其与店招和导航条相对应，这样当需要重新浏览时才会更加方便。

6.1.2 店铺首页布局的要点

进行店铺装修时，并非将所有装修效果直接排放到店铺中，而要根据自己店铺的风格、促销活动，以及消费者的浏览模式、需求及行为来合理布局。合理布局店铺首页需要注意以下6点。

● 店铺风格在一定程度上影响着店铺的布局方式，因此选择合适的店铺风格是进行店铺布局的前提。而店铺风格受品牌文化、商品信息、目标消费者、市场环境和季节等因素的影响，在选择店铺风格时必须考虑这些因素，这样风格才能和商品统一。

- 店铺的活动和优惠信息要放在非常重要的位置，如轮播海报或活动导航。这些板块中的内容要清晰、一目了然，并且可读性要强。

- 在商品推荐模块中推荐的爆款或新款不宜过多，此时可通过商品分类或商品搜索将客户流量引至相应的分类页面中。

- 关注和客服等互动版面是商家与消费者互动的销售利器。这些版面可以提高消费者忠诚度，提高二次购买率，因此是必不可少的。

- 制作搜索或商品分类模块时，需要将商品分门别类，详细地列举出商品类目。这有助于消费者搜索或很快找到喜欢的类目及商品。

- 结构和商品系列要清晰明了，布局要错落有致，列表和图文搭配，以减少消费者的视觉疲劳。

6.2 店铺店招的设计与制作

店招是首页的第一个板块，是店铺的招牌，是店铺品牌展示的窗口，也是影响消费者对店铺第一印象的主要对象。鲜明、有特色的店招对于店铺品牌的树立和商品定位的确定具有不可替代的作用。下面将先讲解店招的设计原则和风格的确定方法，再对店招的制作方法进行介绍。

6.2.1 店招的设计原则

店招设计除了突显最新信息、方便消费者查看外，还应注重店铺商品的推广，给消费者留下深刻印象。因此，店招在设计上应具有新颖别致、易于传播的特点。这就必须遵循两个基本原则：一是植入品牌形象；二是抓住商品定位。

品牌形象可以通过店铺名称、品牌Logo进行展示，商品定位则是指展示店铺卖的是什么商品，精准的商品定位可以快速吸引目标消费群体进入店铺。图6-1中上方的店招通过放大"爱尚正品电器"文案实现了商品的定位，下方店招并未出现"电器"文案，而是通过放置店铺的电视商品来实现商品定位，这样不仅可让消费者直观地看出卖的是什么商品，还能让消费者知道商品的大致样式，从而准确判断是否是自己所需要的。

图6-1

6.2.2 确定店招风格

确定店招设计原则后，还需要确定店招风格。店招风格引导着店铺的风格，而店铺的风格在很大程度上取决于店铺所经营的商品。一般而言，应保证店招、商品、店铺风格的统一。图6-2的上方为"乱在江南"的店招，"乱在江南"是一个具有明显江南水乡特点的女装品牌，因此采用了水乡味的背景，字体和形状等元素也统一采用偏飘逸的风格，既柔美又独特；图6-2的下方为"FILA斐乐服饰"店招，该店招以深蓝色为背景，风格简约。

图6-2

不同行业店铺的店招在用色上需要考究。图6-3所示为某护肤品店铺的店招，为了彰显商品的天然，突出洁净、清透与水嫩的特点，会较多使用绿色、白色等色调，同时也会选择女性钟爱的粉色、紫色等。

图6-3

6.2.3 制作店铺Logo

Logo是店招的一部分，在设计Logo时其造型要美观，要能将店铺信息展现到图像中，让浏览者看见Logo就知道该店铺的名称或售卖的商品。

1. 实训分析

该店铺是一家叫"小狐狸"的零食店铺，在设计该店铺Logo时，主要通过童趣图案展现各类零食商品。店招是店铺的页头部分，是店铺装修的重点。Logo作为店招的一部分，不但可应用于店招中，还能应用到商品图中。针对店铺的受众群体，以小狐狸的卡通形象为店铺Logo，并结合颜色的叠加和文字的表述，将"小狐狸"的形象和店铺进行融合，使消费者看到小狐狸图案就能想起该店铺。

2. 操作思路

完成本例需要进行以下主要操作。

STEP 01 选择【文件】/【新建】命令，打开"新建"对话框，在名称文本框中输入

"Logo"，在宽度和高度文本框中分别输入"300"和"300"，在其右侧的下拉列表中选择"像素"选项，在分辨率文本框中输入"72"，单击 确定 按钮，如图6-4所示。

STEP 02 在工具箱中选择"钢笔工具" ，在白色背景上绘制小狐狸形状。在图层面板中，单击"创建新图层"按钮 新建图层，按【Ctrl+Enter】组合键将形状转换为选区，再将前景色设置为"#f08500"，按【Alt+Delete】组合键填充前景色，完成基础形状的绘制，如图6-5所示。

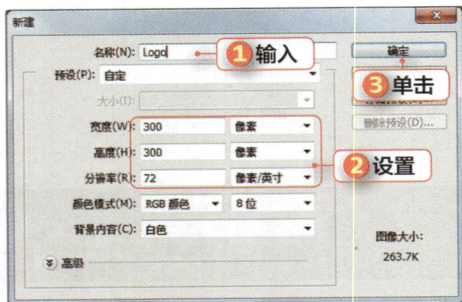

图6-4

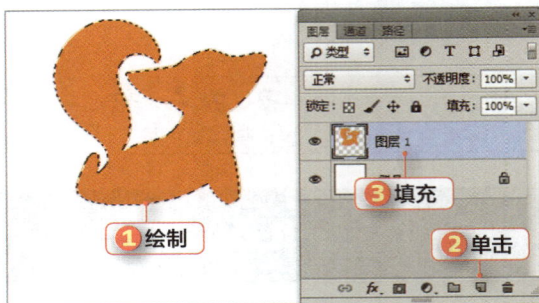

图6-5

STEP 03 选择【编辑】/【描边】命令，打开"描边"对话框，设置宽度为"3像素"，再设置颜色为"#793600"，单击 确定 按钮，如图6-6所示。

STEP 04 新建图层，在工具箱中选择"钢笔工具" ，在狐狸的右上角绘制嘴巴，并填充为"#793600"颜色，如图6-7所示。

STEP 05 再次新建图层，在工具箱中选择"钢笔工具" ，在嘴巴的左侧绘制眼睛轮廓，并设置填充色为"#fff3c1"；打开"描边"对话框，设置宽度为"2像素"，再设置颜色为"#793600"，完成后的效果如图6-8所示。

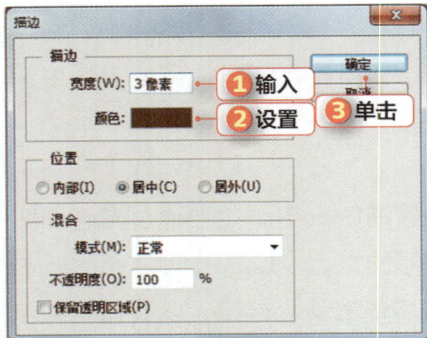

图6-6

图6-7

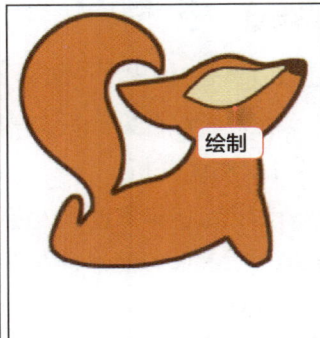

图6-8

STEP 06 再次新建图层，在工具箱中选择"钢笔工具" ，绘制眼睛和耳朵并设置填充色为"#793600"，完成后的效果如图6-9所示。

STEP 07 使用相同的方法，对小狐狸的其他部分进行绘制，并填充为相应的颜色。完成后的效果如图6-10所示。

STEP 08 新建图层，在工具箱中选择"画笔工具" ，在工具属性栏中设置大小为 "3像素"，设置画笔样式为"硬边圆压力大小"，画笔颜色为"#803b00"，在嘴巴的左侧 单击，绘制狐狸的胡子部分，如图6-11所示。

STEP 09 再次选择"画笔工具" ，设置画笔颜色为"#fbcc60"，在狐狸的身体区 域绘制纹理，完成后的效果如图6-12所示。

STEP 10 在工具箱中选择"横排文字工具" ，在小狐狸图像的下方输入"小狐 狸"。打开"字符"面板，设置字体为"汉仪黑咪体简"，字号为"64点"，字体颜色为 "#4f2906"，如图6-13所示。

图6-9

图6-10

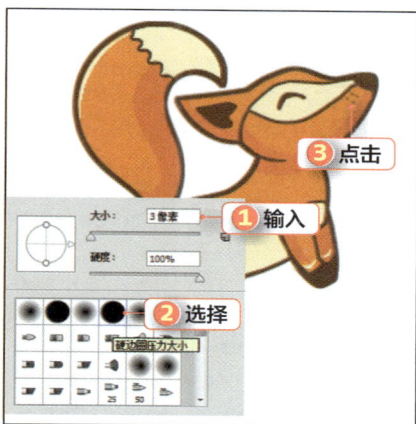

图6-11

图6-12

图6-13

STEP 11 打开"图层"面板，取消选中"小狐狸"和"背景"图层，按【Shift+Ctrl+ Alt+E】组合键盖印图层，如图6-14所示。

STEP 12 完全显示所有图层，选择盖印后的图层，将其移动到文字图层的上方，按 【Ctrl+T】组合键，使其呈可编辑状态，将鼠标指针移动到调整框的右上角，等比例缩小图像，并将其移动到"狐"字的下方，如图6-15所示。

图6-14

图6-15

STEP 13 选择"小狐狸"文字图层，单击鼠标右键，在弹出的快捷菜单中选择"栅格化文字"命令，如图6-16所示。

STEP 14 选择"橡皮擦工具" ，在工具属性栏中，设置橡皮擦大小为"5像素"，设置样式为"硬边圆"，在图像编辑区擦除"狐"字下方小狐狸图案处的文字，使小狐狸图案嵌入到文字中，如图6-17所示。

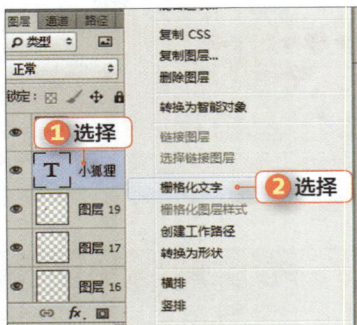

图6-16

图6-17

STEP 15 再次选择"小狐狸"文字图层，单击"添加图层样式"按钮 *fx.*，在弹出的快捷菜单中选择"投影"选项，打开"图层样式"对话框。在右侧的面板中，设置不透明度、距离、扩展、大小分别为"20""4""1""2"，如图6-18所示。

STEP 16 在左侧单击选中"描边"复选框，在右侧的面板中设置大小和颜色分别为1像素和"#fdfdfd"，单击 确定 按钮，如图6-19所示。

STEP 17 返回图像编辑区，可发现文字已经有了描边和投影，此时的文字更具有层次感，效果如图6-20所示。

STEP 18 在"图层"面板中选择所有图层，在其下单击"链接图层"按钮 ⊖ 链接图层，保存图像，查看完成后的效果，如图6-21所示（配套资源:\效果文件\第6章\logo.psd）。

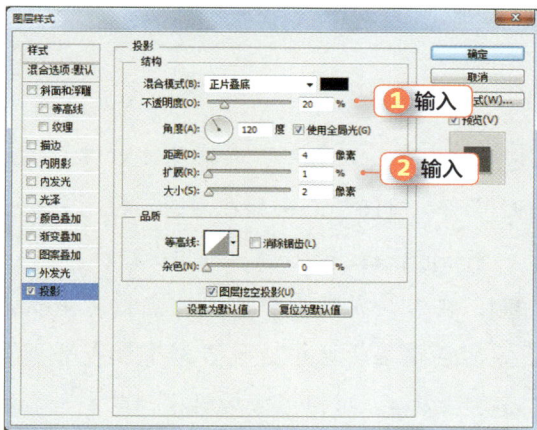

图6-18

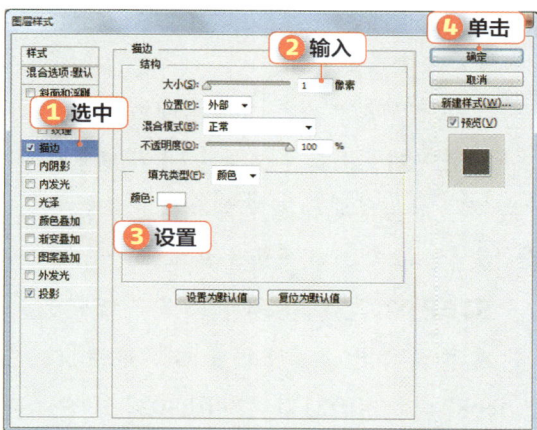

图6-19

图6-20

图6-21

> **提示**
>
> 　　在对 Logo 进行设计时，可根据店铺名称进行设计，也可针对店铺经营的商品进行设计，还可直接使用店铺的名称或其大小写字母当作 Logo 素材。本例主要是为后面店招的制作做准备，因此 Logo 以小狐狸形象为主，而没有进行过多的文字展现。

6.2.4　制作店招

　　店招是店铺的招牌，是店铺品牌展示的窗口，也是消费者对店铺第一印象的主要来源。在日常店铺装修过程中，大多采用自定义店招。本书以自定义店招为例进行讲解。店招的尺寸为1920像素×110像素，因为每台计算机的分辨率不同，所以可将主要内容在中间显示。

　　1.　实训分析

　　在制作店招时，先添加两条分别距左右两边465像素的参考线，用于确定中间位置，避免因为分辨率的不同而不能使内容完全显示。确定后添加Logo，并添加"关注""热销商品""搜索"等栏目，使店铺中的主要信息均在店招中进行展示。在颜色的选择上采用黄色渐变效果，用以烘托零食商品的香甜感。

2. 操作思路

完成本例需要进行以下主要操作。

STEP 01 选择【文件】/【新建】命令，打开"新建"对话框，在名称文本框中输入"店招"，在宽度和高度文本框中分别输入"1920"和"110"，在其右侧的下拉列表中选择"像素"选项，在分辨率文本框中输入"72"，单击 确定 按钮，如图6-22所示。

STEP 02 在工具箱中选择"渐变工具" ，在工具属性栏中单击"点按可编辑渐变"色块，打开"渐变编辑器"对话框；在下方的色块编辑区中，设置渐变颜色分别为"#feb80a""#fff217""#ffb802"，单击 确定 按钮，返回图像编辑区，从左至右拖动，对其添加渐变效果，如图6-23所示。

STEP 03 按【Ctrl+R】组合键打开标尺，在工具箱中选择"矩形选框工具" ，在工具属性栏中的"样式"下拉列表框中选择"固定比例"选项，在右侧的宽度和高度数字框中分别输入"465""110"，在图像编辑区的左侧绘制矩形选框，拖动标尺到矩形框右侧，添加参考线，如图6-24所示。

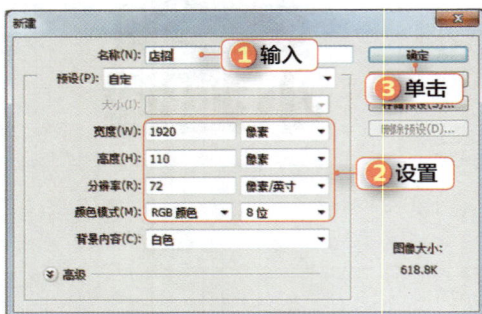

图6-22

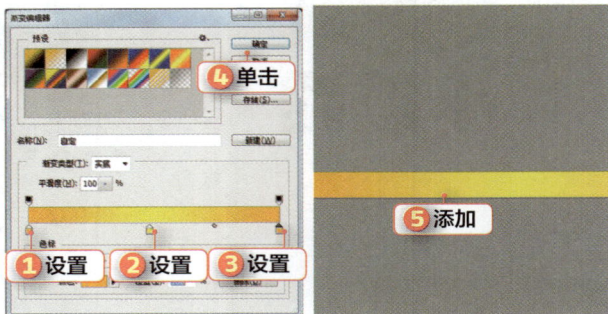

图6-23

STEP 04 使用相同的方法，在右侧区域添加参考线，如图6-25所示。

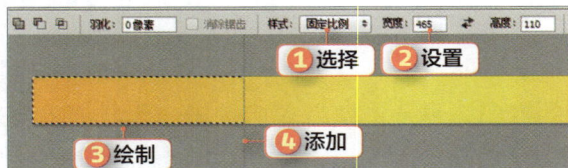

图6-24

图6-25

STEP 05 打开"店招背景素材.psd"素材文件（配套资源:\素材文件\第6章\店招背景素材.psd），将其中的素材依次拖动到图像中，调整各个素材的位置。

STEP 06 选择"图层1"图层，设置不透明度为"30"，查看设置后的效果，如图6-26所示。

图6-26

STEP 07 打开"Logo.psd"素材文件（配套资源:\素材文件\第6章\Logo.psd），将Logo拖动到左侧参考线上，调整各个素材的位置。

STEP 08 在工具箱中选择"直线工具" ✏️，在工具属性栏中设置描边颜色为"#ffffff"，粗细为"2像素"，再在"设置形状描边类型"下拉列表中选择第二个虚线选项，最后在Logo的右侧绘制一条虚线，如图6-27所示。

STEP 09 选择"横排文字工具" T，在虚线的右侧输入"用烘焙赞美生活！"文字，打开"字符"面板，设置字体、字号和颜色分别为"汉仪南宫体简""50点""#420f0e"，如图6-28所示。

图6-27

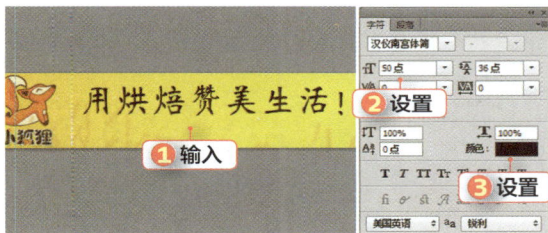

图6-28

STEP 10 选择"圆角矩形工具" ▭，在工具属性栏中设置填充颜色为"#e60012"，在文字的下方绘制126像素×25像素的圆角矩形，如图6-29所示。

STEP 11 选择圆角矩形图层，单击"添加图层样式"按钮 *fx*，在弹出的快捷菜单中选择"内发光"选项，打开"图层样式"对话框；在右侧的面板中，设置不透明度为"70%"，如图6-30所示。

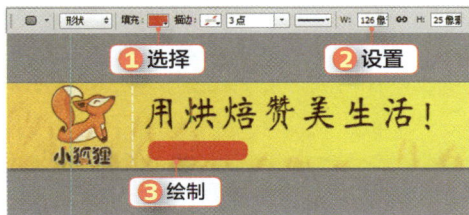

图6-29

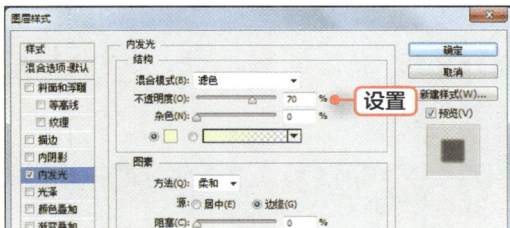

图6-30

STEP 12 单击选中"投影"复选框，在右侧的面板中，设置不透明度、距离、扩展、大小分别为"24""3""0""1"，单击 确定 按钮，如图6-31所示。

STEP 13 选择"横排文字工具" T，在工具属性栏中，设置字体、字号和颜色分别为"汉仪醒示体简""15点""#ffffff"，在圆角矩形中输入"收藏小狐狸有奖"，如图6-32所示。

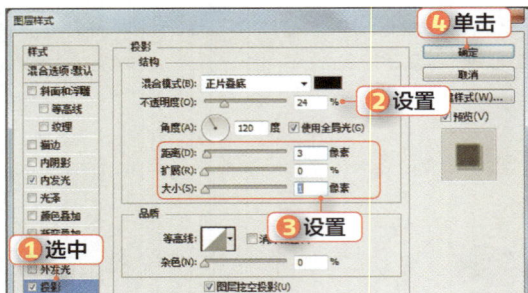

图6-31

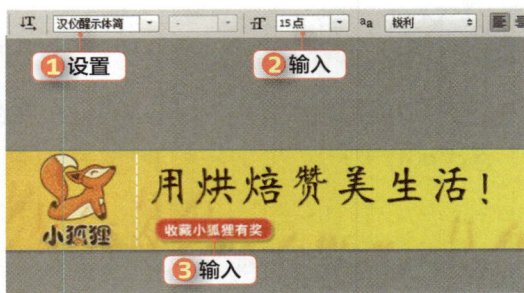

图6-32

STEP 14 选择"横排文字工具" T ，在工具属性栏中，设置字体、字号和颜色分别为"迷你简粗圆""20点""#7c5e10"，在圆角矩形的右侧输入"小狐狸京东自营旗舰店"，如图6-33所示。

STEP 15 打开"店招素材.psd"素材文件（配套资源:\素材文件\第6章\店招素材.psd），将素材拖动到文字右侧，如图6-34所示。

图6-33

图6-34

STEP 16 选择"横排文字工具" T ，输入图6-35中的文字，设置红色字体为"汉仪菱心体简"，其他字体为"汉仪中圆简"，调整文字大小、位置和颜色。

STEP 17 选择"直线工具" ，在"热销爆款"文字的下方绘制颜色为"#ff0000"的直线。再次选择"圆角矩形工具" ，在"抢购"文字下方绘制颜色为"#ff0000"的圆角矩形。

STEP 18 使用相同的方法，在"猫耳朵"图像的右侧输入文字，查看完成后的效果，如图6-36所示。

图6-35

图6-36

STEP 19 按【Ctrl+；】组合键隐藏参考线，按【Ctrl+S】组合键保存图像，查看完成后的效果，如图6-37所示（配套资源:\效果文件\第6章\店招.psd）。

图6-37

6.3 店铺导航条的设计与制作

导航条位于店招的下方，主要为了方便消费者从一个页面跳转到另一个页面，以便查看店铺各类商品及其信息。导航条主要分为基础和自定义两种形式，下面先讲解基础导航条的设置方法，再讲解自定义导航条的设计要点和制作方法。

6.3.1 基础导航条的设置方法

优秀的京东店铺导航条可以让消费者方便找到他们需要的商品，可减少消费者的挑选时间，增强其购物的目的性，促进交易完成。基础导航条不需要进行过多设计，只需要在打开的面板中选择导航条的主体颜色，并填写名称和链接位置就可以自动生成。其展现的样式是相同的，不需要进行过多的设计，该导航条在日常生活中较为常用。其设置方法为：单击"店铺装修"—"导航条"，打开"店铺导航"面板，单击 基础 ，在下方的面板中设置"背景颜色"和"字体颜色"，单击 添加分类(4/8) ，在弹出的店内分类和自定义分类两种样式中选择一种样式后，将在"导航分类"栏中新建导航栏，在其中的"分类名称"栏中输入导航条的名称，再在下方的"链接"栏中输入链接地址即可，如图6-38所示。

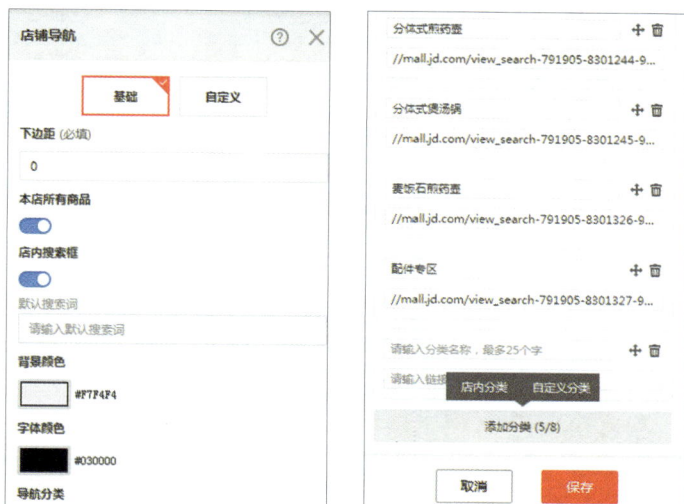

图6-38

6.3.2 自定义导航条的设计要点

应用基础导航条可直接对店铺的内容进行添加，自定义导航条可让画面感更强，体现的内容更加突出。下面将介绍自定义导航条的设计要点。

- **保持连贯性和一致性**：导航条的风格和内容要与店招和图片轮播等保持一致，不要对其色彩进行明显的差异化处理，否则会产生突兀的感觉。导航内容要与店铺中的商品保持连贯，不能随意删减。
- **设计清晰易懂的展现**：导航条的内容要清晰易懂，而不是简单商品类别的罗列。商品类别要直击要点，而不要过多分类，在其中要对促销内容或活动详情进行展现。

6.3.3 制作导航

制作导航主要是为了方便消费者从一个页面跳转到另一个页面，以便查看店铺各类商品及其信息。下面讲解制作导航的方法。

1. 实训分析

本导航将对小狐狸店铺中的各类商品进行分类，通过隔断的方式进行展现，并将新品上线添加到导航分类中。在设计时先确定导航颜色，本例沿用店招中的黄色，并将该黄色加深，以与店招相区分，完成后输入分类名称。

2. 操作思路

完成本例需要进行以下主要操作。

STEP 01 新建名为"导航"的1920像素×40像素的文件，并在两侧依次添加距离两侧465像素的参考线。

STEP 02 将前景色设置为"#f6bf00"，按【Alt+Delete】组合键填充前景色，用作导航背景，如图6-39所示。

图6-39

STEP 03 选择"横排文字工具" T，沿着参考线输入图6-40所示文字，在工具属性栏中设置字体、字号和颜色分别为"汉仪黑咪体简""20点""#ffffff"。

图6-40

STEP 04 设置前景色为"#ff0500"，选择"背景"图层，单击"创建新图层"按钮 ，在工具箱中选择"矩形选框工具" ，在"满199减100"文字的下方绘制矩形框，按【Alt+Delete】组合键对矩形框填充颜色，如图6-41所示，完成后删除两边的竖线。

图6-41

STEP 05 选择"横排文字工具" ，输入"～～～～～～～～"，并将其移动到"新品抢鲜"文字下方，如图6-42所示。保存图像，查看完成后的效果（配套资源:\效果文件\第6章\导航.psd）。

图6-42

6.4 商品分类的设计与制作

商品分类是引导消费者购买的重要模块，常常位于导航条的下方或促销海报的下方，常常与优惠券信息共同显示。本节先对优惠券的设计要点和商品分类的设计要点进行讲解，再对商品分类图的制作方法进行介绍。

6.4.1 优惠券的设计要点

优惠券一般位于首页，但其展示的信息有限。一张完整的优惠券除了优惠面额，还需要显示很多信息。这些信息一般需要消费者点击领用后才会显示，在设计优惠券时需要注意优惠券的设计要点，如使用范围、使用条件、有效时间、张数、发行店铺等信息。下面分别进行介绍。

● **优惠券的使用范围：**明确使用的店铺，以及使用的方式是全店通用还是店内的单款、新品或者某系列商品使用，以此限定消费对象，从而起到引导店铺流量走向的作用。

● **优惠券的使用条件：**如全场购物满168元可以使用10元优惠券、满288元可以使用20元优惠券。限制优惠券的使用条件，在刺激消费者消费的同时可以最大限度地保证利润空间。

● **优惠券的使用时间限制：**一般情况下，如果店铺进行短期推广，应当限定使用时间，一般将优惠券的到期时间设置为接近消费周期为佳，该周期一般为1个月。但是若做促销活动，那么优惠券的使用周期也将是对应的促销天数。限制使用时间可以让消费者产生过期浪费的心理，从而提高消费者的使用率。

● **设置使用张数限制：**如"每笔订单限用一张优惠券"，可以限制折上折的情况出现。

6.4.2 商品分类的设计要点

在制作分类模块时，为了将分类的作用发挥到极致，需要从店铺的装修风格、分类图像的大小和分类方式等方面入手。下面分别对其进行介绍。

- 若店铺已经有装修风格，则进行商品分类模块设计时必须从该店铺的风格出发。
- 商品分类中，分类名称必不可少，可以是中文，也可以是英文。可以根据需要添加分类图标，因为添加分类图标后易于消费者查看。
- 横向商品分类的图片宽度尺寸应控制在950像素以内；纵向商品分类的图片宽度尺寸不宜超过160像素，若超过该宽度尺寸，当显示器分辨率小于或等于1024像素×768像素时，将导致商品分类栏右边的商品列表下沉，从而影响店铺的美观。
- 商品分类不宜太长，可根据商品分类添加子分类，以便消费者浏览。

6.4.3 制作商品分类图

商品分类中应包括热卖商品分类和促销商品分类，本例将根据促销信息对商品分类图进行制作。

1. 实训分析

本例中的商品分类主要包括优惠券和分类两部分内容。由于要同"小狐狸"店铺的主体风格一致，因此在颜色的选择上以黄色为主。在颜色的上方添加框线式图案，可增强画面感。在画面上方通过云朵式叠加效果，使整个画面更加美观；在云朵中输入促销文字，最大化体现促销信息。在云朵的下方分别展现优惠券和商品促销分类信息，为后期的图片轮播效果增强视觉亮点。

2. 操作思路

完成本例需要进行以下主要操作。

STEP 01 选择【文件】/【新建】命令，打开"新建"对话框，在名称文本框中输入"商品分类"，在宽度和高度文本框中分别输入"1920"和"950"，在其右侧的下拉列表中选择"像素"选项，在分辨率文本框中输入"72"，单击 确定 按钮，如图6-43所示。

STEP 02 将前景色设置为"#fed149"，新建图层，按【Alt+Delete】组合键填充前景色，如图6-44所示。

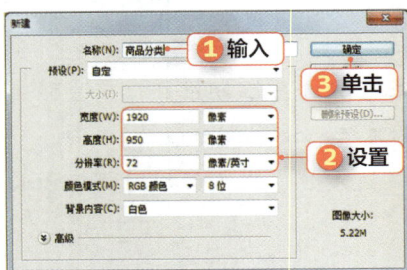

图6-43

图6-44

STEP 03　双击新建图层右侧的空白区域，打开"图层样式"对话框，单击选中"图案叠加"复选框，在右侧面板中的"图案"下拉列表中选择"拼贴-平滑"选项，设置不透明度和缩放分别为"10%""45%"，单击　确定　按钮，如图6-45所示。

STEP 04　返回图像编辑区，可发现画面中有矩形边框效果，再在图像的左右两侧添加距离左右两侧465像素的参考线，如图6-46所示。

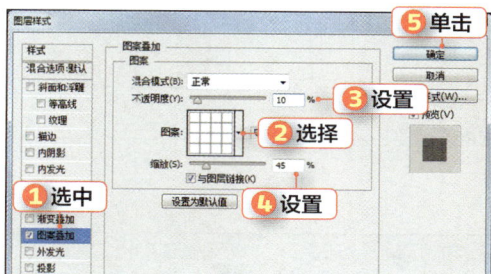

图6-45

图6-46

STEP 05　新建图层，选择"钢笔工具"　，在图像顶部绘制云朵形状，按【Ctrl+Enter】组合键，将形状转换为选区，将前景色设置为"#ffffff"，按【Alt+Delete】组合键填充前景色，如图6-47所示。

STEP 06　打开"云朵.psd"素材文件（配套资源:\素材文件\第6章\云朵.psd），将其拖动到白色云朵的上方。复制云朵，将其移动到编辑区下方，如图6-48所示。

STEP 07　选择"横排文字工具"　，输入"190立减100"文字；打开"字符"面板，设置字体、字号和颜色分别为"汉仪清韵体简""165点""#ffffff"，单击"加粗"按钮　，如图6-49所示。

图6-47

图6-48

STEP 08　双击"190立减100"右侧的空白区域，打开"图层样式"对话框，单击选中"投影"复选框，在右侧面板中设置颜色、不透明度、距离、扩展、大小分别"#da9b00""60""8""12""9"，单击　确定　按钮，如图6-50所示。

STEP 09　新建图层，选择"椭圆选框工具"　，按住【Shift】键不放在文字的下方绘制正圆，设置前景色为"#ff0500"，按【Alt+Delete】组合键填充前景色，如图6-51所示。

STEP 10　选择圆所在的图层，打开"图层样式"对话框，单击选中"描边"复选框，在右侧的面板中设置大小和颜色分别为"8"和"#ffffff"，单击 确定 按钮，如图6-52所示。

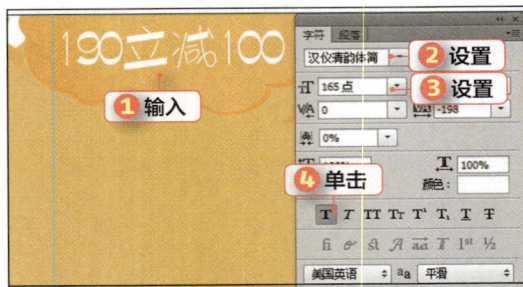

图6-49

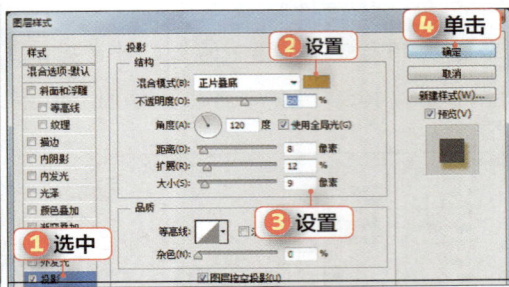

图6-50

图6-51

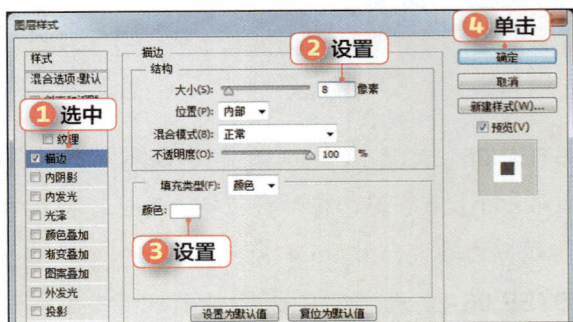

图6-52

STEP 11　使用相同的方法，在圆的右侧依次绘制两个相同大小的圆，并分别设置颜色为"#6fcaa9""#4798f3"，完成后分别对其添加描边效果，如图6-53所示。

STEP 12　选择"横排文字工具" T，在红色圆的上方输入"满199元使用"文字，并设置字体为"汉仪雅酷黑W"，字号为"23点"，完成后设置"199"的颜色为"#6e0705"，之后在文字的下方绘制一条直线，如图6-54所示。

图6-53

图6-54

STEP 13　继续选择"横排文字工具" T，在直线的下方输入文字"10"和"券"，调整文字大小和位置；打开"图层"面板，单击"添加矢量蒙版"按钮 ，为"10"图层和"券"图层添加图层蒙版。

STEP 14 选择"多边形套索工具" ，在文字"10"和"券"的下方创建选区，设置前景色为"#000000"；选择"画笔工具" ，在选区中进行涂抹，隐藏涂抹区域，如图6-55所示。

STEP 15 再次输入"券"文字，并设置颜色为"#6e0705"。选择该图层，单击鼠标右键，在弹出的快捷菜单中选择"栅格化文字"命令，如图6-56所示。

STEP 16 使用"多边形套索工具" ，框选"券"文字的上方，按【Delete】键删除框选选区，并使用"横排文字工具" 在"10"文字中输入"元"，效果如图6-57所示。

图6-55

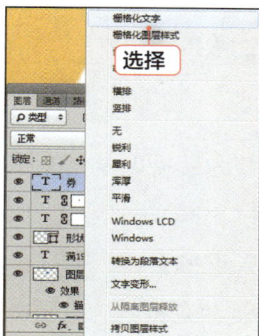
图6-56

图6-57

STEP 17 选择"10"所在图层，打开"图层样式"对话框。单击选中"投影"复选框，在右侧面板中设置颜色、不透明度、距离、扩展、大小分别为"#715e05""40""4""0""1"，单击 确定 按钮，如图6-58所示。

STEP 18 选择添加投影后的图层，单击鼠标右键，在弹出的快捷菜单中选择"拷贝图层样式"命令；选择其他文字图层，单击鼠标右键，在弹出的快捷菜单中选择"粘贴图层样式"命令，对其他图层的样式进行设置，如图6-59所示。

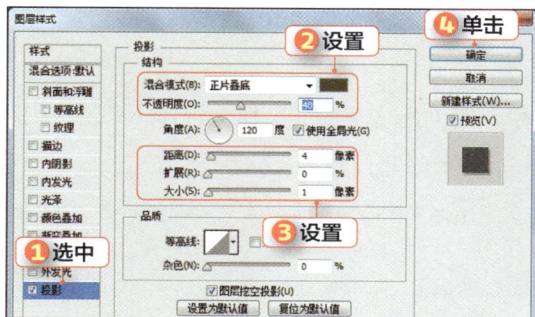
图6-58

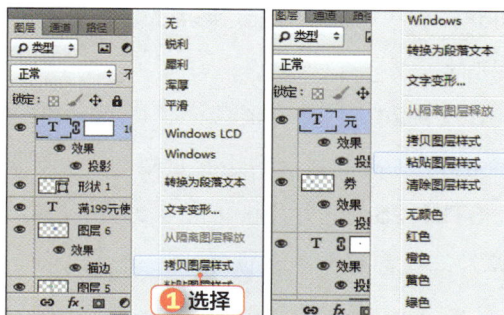
图6-59

STEP 19 新建图层，选择"圆角矩形工具" ，在文字下方绘制颜色为"#ffffff"的圆角矩形，并使该图层栅格化显示。打开"图层样式"对话框，在右侧单击选中"内阴影"复选框，设置不透明度、角度、距离、阻塞、大小分别为"40""90""1""0""1"，

单击 确定 按钮，如图6-60所示。

STEP 20 使用"横排文字工具" T，在矩形框上输入"点击领取"文字，调整文字大小和位置，完成单个优惠券的绘制，如图6-61所示。

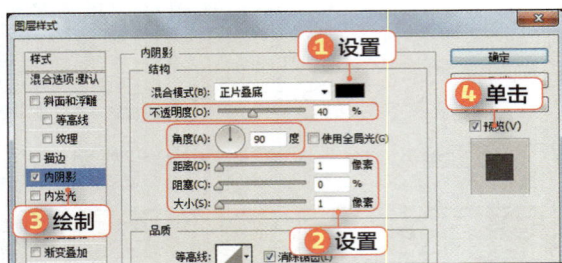

图6-60

图6-61

STEP 21 使用相同的方法输入其他两个优惠券的内容，打开"优惠券图标.psd"素材文件（配套资源:\素材文件\第6章\优惠券图标.psd），将其拖动到圆右侧，如图6-62所示。

STEP 22 选择"圆角矩形工具" ，在优惠券的下方绘制4个大小为460像素×180像素的圆角矩形，并设置描边颜色分别为"#ff00ff""#e60012""#009944""#f39700"，设置描边粗细为"3点"，效果如图6-63所示。

图6-62

图6-63

STEP 23 再次使用"圆角矩形工具" ，在矩形右侧绘制4个颜色分别为"#ff33ea""#fd850d""#fe3255""#34fdd9"的圆角矩形，并设置其大小为205像素×140像素，如图6-64所示。

STEP 24 打开"商品分类图标.psd"素材文件（配套资源:\素材文件\第6章\商品分类图标.psd），将其拖动到小圆角矩形中，调整其大小和位置，如图6-64所示。

STEP 25 选择"横排文字工具" T，输入图6-65所示文字，设置字体为"汉仪雅酷黑W"，调整其大小、位置。

图6-64

图6-65

STEP 26 再次使用"圆角矩形工具" ，在图标的右侧绘制相同颜色的圆角矩形，并在上方输入"点击进入"文字。

STEP 27 保存图像，查看完成后的效果（配套资源:\效果文件\第6章\商品分类.psd），如图6-66所示。

图6-66

6.5　图片轮播的设计与制作

图片轮播位于商品分类或导航条的下方，可以覆盖整个屏幕，轮流播放海报图片，具有高端、大气的特点，因此常用于店铺首页设计。图片轮播是店铺的重要组成部分，商家不仅可以通过轮播图缩短页面内容占据的空间长度，还可以重点强调主推商品，起到促销的作用。下面介绍图片轮播的设计要点和轮播图的制作方法。

6.5.1　图片轮播的设计要点

图片轮播是多张全屏海报循环播放形成的效果。要想使轮播图片形成美观、吸引消费者注意力的效果，就要在制作时对每张全屏海报的主题、构图和配色等进行综合考虑。下面分别进行介绍。

● **主题**：无论是新品上市还是活动促销，海报都需要确定一个主题，并确定对应的轮播图效果。一般情况下，海报主题通过商品图片和文字描述来体现，将描述提炼成简洁的文字，并将主题放在海报的第一视觉点，能够让消费者直观地看到出售的商品。然后，根据商品和活动选择合适的背景。在编辑文案时，文案的字体不要超过3种，建议用稍大的字号和个性化的字体突出主题和商品的特征，如图6-67所示。

● **构图**：构图的好坏直接影响着海报的效果，构图主要分为左右构图、左中右三分式构图、上下构图、底面构图和斜切图6种，图6-68所示为左右构图。

图6-67

图6-68

● **配色**：海报不但需要选择主题和进行构图，还需要统一色调。在配色时，重要的文字信息用突出、醒目的颜色进行强调，通过明暗对比以及不同颜色的搭配来确定对应的风格。其背景颜色应该统一，不要使用太多的颜色，以免页面杂乱。图6-69所示为比较漂亮的配色效果。

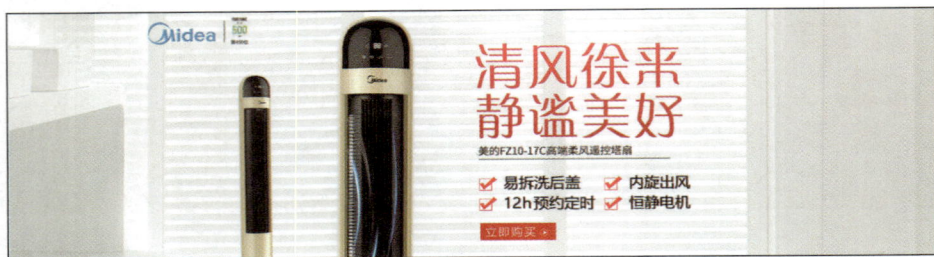

图6-69

提示

设计店铺首页时需要注意：主要内容的宽度建议不超过990像素，轮播图数量以3～4个为佳。

6.5.2 制作首张图片轮播图

首张图片轮播图是轮播图的第一张图片，该图片主要展现店铺内的促销商品。

1. 实训分析

本例在商品分类的下方，以丰收的黄色秋景来展现店铺的促销商品，在其中添加"小狐狸"图像，让Logo在轮播中得到体现。在制作过程中，先通过蒙版的形式创建秋景效果，再添加商品和Logo图片及文字，使整个画面显得自然、美观。

2. 操作思路

完成本例需要进行以下主要操作。

STEP 01 选择【文件】/【新建】命令，打开"新建"对话框，在名称文本框中输入"首张图片轮播图"，在宽度和高度文本框中分别输入"1920"和"950"，在其右侧的下拉列表中选择"像素"选项，在分辨率文本框中输入"72"，单击 确定 按钮，如图6-70所示。

扫一扫

制作首张图片轮播图

STEP 02 打开"田园.psd"素材文件（配套资源:\素材文件\第6章\田园.psd），将其拖动到图像右上角，如图6-71所示。

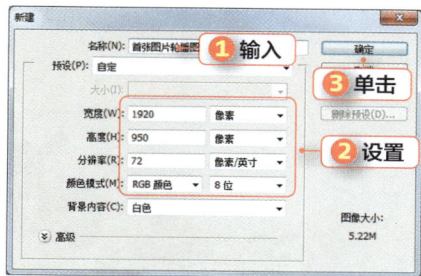

图6-70

图6-71

STEP 03 按两次【Ctrl+J】组合键复制图像，并调整图像位置。打开"图层"面板，选择"田园 拷贝"图层，单击"添加矢量蒙版"按钮 ，为"田园 拷贝"图层添加图层蒙版。设置前景色为"#000000"，选择"画笔工具" ，对右侧的风车区域进行涂抹，隐藏涂抹区域，使其与右侧田园效果叠加融合。

STEP 04 使用相同的方法，为"田园 拷贝 3"图层创建蒙版，查看完成后的效果，如图6-72所示。

图6-72

STEP 05 选择"背景"图层，单击"创建新图层"按钮 新建图层；选择"矩形选框工具" ，在草地的下方绘制矩形框，并填充为 "#e3d342"颜色，如图6-73所示。

图6-73

STEP 06 打开"草坪效果.psd"素材文件（配套资源:\素材文件\第6章\草坪效果.psd），将其拖动到图像下方，调整各个图像的位置，如图6-74所示。

STEP 07 打开"坚果.psd"素材文件（配套资源:\素材文件\第6章\坚果.psd），将其拖动到图像中间位置，并将小狐狸拖动到左侧坚果上方，如图6-75所示。

图6-74

图6-75

STEP 08 在坚果图层的下方新建图层，设置前景色为"#b87e3d"，选择"画笔工具"，在工具属性栏中设置画笔大小为"34"，画笔样式为"柔边圆"，在坚果的下方进行涂抹，使其形成阴影效果，如图6-76所示。

图6-76

STEP 09 选择"横排文字工具"，输入"为爱吃狂"文字。打开"字符"面板，设置字体、字号和颜色分别为"汉仪小麦体简""248.43点""#ffc000"，单击"加粗"按钮，如图6-77所示。

STEP 10 按3次【Ctrl+J】组合键复制文字，并使其叠加显示，选择最上层的文字，将其颜色修改为"#651e00"，查看完成后的效果，如图6-78所示。

图6-77

图6-78

STEP 11 在打开的"坚果.psd"素材文件中，将热气球和点依次拖动到文字上方，保存图像，查看完成后的效果，如图6-79所示（配套资源:\效果文件\第6章\首张图片轮播图.psd）。

图6-79

6.5.3 制作第2张图片轮播图

首张轮播图主要展现秋日画面，本例将对夏日画面进行展现，从而在轮播中体现夏日气息。

1. 实训分析

本例通过海浪、沙滩、椰子树、游艇等图像来体现夏日气息；并在中间部分输入文本内容，让轮播图文本内容得到展现；最后添加素材，使整个画面更具有层次感和夏日感。

扫一扫

制作第2张图片轮播图

2. 操作思路

完成本例需要进行以下主要操作。

STEP 01 新建大小为1920像素×950像素，分辨率为72像素/英寸，名为"第2张图片轮播图"的文件，打开"海浪.psd"素材文件（配套资源:\素材文件\第6章\海浪.psd），将其拖动到图像中，如图6-80所示。

STEP 02 选择"图层2"图层，打开"图层样式"对话框，单击选中"投影"复选框，设置不透明度、距离、扩展和大小分别为"30""36""0""25"，单击 **确定** 按钮，如图6-81所示。

图6-80

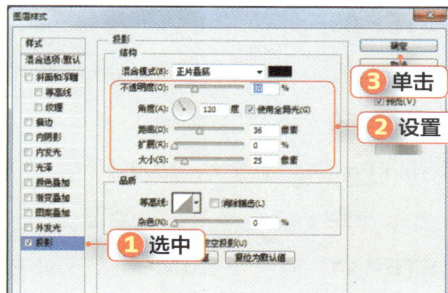

图6-81

STEP 03 打开"海浪纹理图.psd"素材文件（配套资源:\素材文件\第6章\海浪纹理图.psd），将其拖动到图像中间，如图6-82所示。

STEP 04 新建图层，设置前景色为"#ffca44"，选择"钢笔工具" ，绘制波纹形状，按【Ctrl+Enter】组合键建立选区，按【Alt+Delete】组合键填充前景色，如图6-83所示。

图6-82

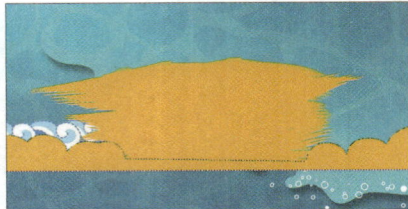

图6-83

STEP 05 新建图层，设置前景色为"#ffffff"，选择"钢笔工具" ，绘制条纹形状，按【Ctrl+Enter】组合键建立选区，按【Alt+Delete】组合键填充前景色，如图6-84所示。

STEP 06 打开"条纹图.psd"素材文件（配套资源:\素材文件\第6章\条纹图.psd），将其拖动到图像中间，选择纹理图层，单击鼠标右键，在弹出的快捷菜单中选择"创建剪贴蒙版"命令，如图6-85所示。

STEP 07 选择"椭圆工具" ，在图像左下角绘制颜色为"#8aafff"的椭圆，并使椭圆倾斜显示。

STEP 08 使用相同的方法在右侧绘制椭圆，并将其颜色设置为"#97d6f5"，完成后的效果如图6-86所示。

图6-84

图6-85

STEP 09 打开"游泳圈图像.psd"素材文件（配套资源:\素材文件\第6章\游泳圈图像.psd），将其拖动到图像中，并调整大小和位置，如图6-87所示。

STEP 10 选择"横排文字工具" ，输入"SUMMER SALE"，并设置字体为"Myriad Pro"，字号为"290点"。单击"创建文字变形"按钮 ，打开"变形文字"对话框，选择样式为"扇形"，设置弯曲为"+11"，单击 确定 按钮，如图6-88所示。

STEP 11 选择"SUMMER SALE"文字图层，打开"图层样式"对话框，单击选中"描边"复选框，设置大小和描边颜色分别为"3像素""#ffca44"，如图6-89所示。

图6-86

图6-87

图6-88

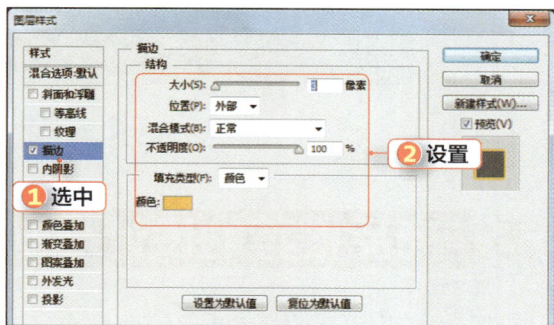

图6-89

STEP 12 单击选中"投影"复选框，设置颜色、距离、扩展和大小分别"#fdcb44""12""0""0"，单击 ▭确定 按钮，如图6-90所示。

STEP 13 选择"横排文字工具" **T**，输入"夏日大促"文字，并设置字体为"华康海报体w12（P）"，调整字体大小和位置。

STEP 14 新建图层，并设置前景色为"#00a3e4"，选择"钢笔工具" ✐，沿着文字的轮廓绘制形状，按【Ctrl+Enter】组合键建立选区，按【Alt+Delete】组合键填充前景色，并将其移动到文字下方，如图6-91所示。

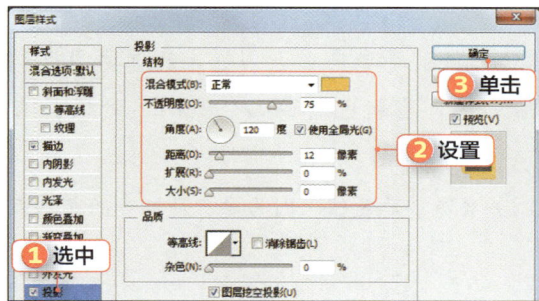

图6-90

图6-91

STEP 15 选择"矩形工具" ▭，在文字下方绘制颜色为"#e60012"的矩形，再在矩形上方输入"买180送100 夏日大抢购"，调整文字大小和位置。复制游泳圈图像，调整大小并移动至"夏日大促"文字上方，保存图像，查看完成后的效果，如图6-92所示（配套资源:\效果文件\第6章\第2张图片轮播图.psd）。

图6-92

6.6 商品推荐的设计与制作

轮播图主要用于展现店铺促销商品或店铺主打商品，商品推荐则用于展现不同类型的商品，其中罗列了绝大多数的商品。下面对商品推荐的设计要点和制作方法分别进行介绍。

6.6.1 商品推荐的设计要点

在制作商品推荐时，为了吸引消费者的眼球，通常需要先制作简单的分类海报，再配合商品名称、价格等信息对商品推荐进行制作。为了对商品推荐的功能进行优化，设计过程中需要注意以下3点。

● 商品推荐中每一种商品的名称要准确，不能过于复杂或过于简单，以能体现商品特点的名称为佳。

● 商品促销展示区中的每一个单品都可作为促使消费者产生点击行为的重要图片，除了选择店铺中的热销商品外，还可以选择部分新品、有特色的商品，进而达到吸引消费者产生点击的目的。

● 在设计过程中要保留商品拍摄中的真实性，并且商品要足够，因为要有足够多的商品来支持上架和推荐，同时也便于进行模块设计。

6.6.2 制作商品推荐图

商品推荐主要用于展现不同类型的商品，该模块是首页中商品数量最多的模块，商家可向消费者直接推荐店铺中的单品，以引导消费。

1. 实训分析

商品推荐部分是店铺的主推商品区，建议重点设计，推荐数量不宜

扫一扫

制作商品推荐图

过多，8个以内为佳。本例中的商品推荐是首页中的一个板块，主要用于介绍坚果类商品。在设计时，先通过大型的单品展示进行单个商品促销，再在下方通过多栏式商品展示来展现各个坚果类商品。

　2. 操作思路

完成本例需要进行以下主要操作。

STEP 01 新建大小为1920像素×1210像素、分辨率为72像素/英寸、名为"商品推荐图"的文件；将前景色设置为"#fed149"，新建图层，按【Alt+Delete】组合键填充前景色；打开"图层样式"对话框，单击选中"图案叠加"复选框，在右侧面板中的"图案："下拉列表中选择"拼贴-平滑"选项，设置不透明度和缩放分别为"10""45"，单击 确定 按钮，如图6-93所示。

STEP 02 打开"商品推荐背景.psd"素材文件（配套资源:\素材文件\第6章\商品推荐背景.psd），将背景图像添加到图像中，再在图像的左右两侧添加距离左右两侧465像素的参考线，如图6-94所示。

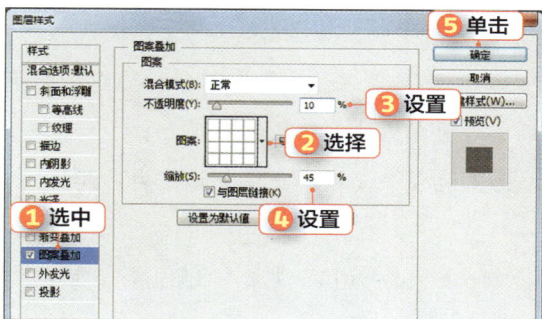

图6-93

图6-94

STEP 03 选择"圆角矩形工具" ，在工具属性栏中设置填充颜色为"#ffcc00"，在图像的顶部绘制670像素×75像素的圆角矩形，如图6-95所示。

STEP 04 打开"图层样式"对话框，单击选中"斜面和浮雕"复选框，再单击选中"描边"复选框，在右侧的面板中设置大小和颜色分别为"10""#ffffff"，单击 确定 按钮，如图6-96所示。

图6-95

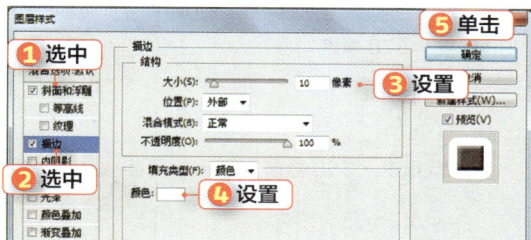

图6-96

STEP 05 选择"横排文字工具" T，在圆角矩形中输入"暑期狂欢季·全场包邮购"文字，在工具属性栏中设置字体为"汉仪润圆"，字号为"46点"，字体颜色为"#ffffff"，如图6-97所示。

STEP 06 打开"图层样式"对话框，单击选中"描边"复选框，在右侧的面板中设置大小和颜色分别为"3""#f89a00"，单击 确定 按钮，如图6-98所示。

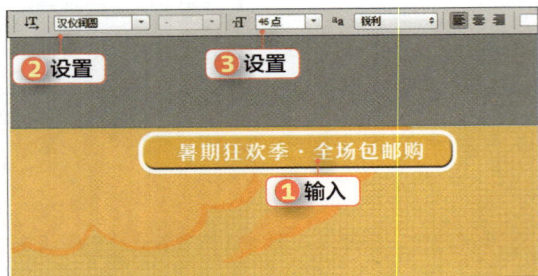

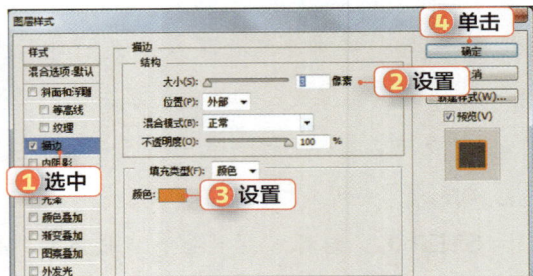

图6-97　　　　　　　　　　　　　　图6-98

STEP 07 选择"圆角矩形工具" ▢，在工具属性栏中设置填充颜色为"#ffffff"，在图像中绘制990像素×370像素和325像素×350像素的圆角矩形，如图6-99所示。

STEP 08 打开"商品推荐素材.psd"素材文件（配套资源:\素材文件\第6章\商品推荐素材.psd），将其中的图像素材拖动到图像中，调整位置和大小，如图6-100所示。

STEP 09 选择"圆角矩形工具" ▢，在工具属性栏中设置填充颜色为"#f39800"，在图像中绘制6个325像素×66像素的圆角矩形。

STEP 10 使用相同的方法，继续在下方绘制6个大小为115像素×35像素、颜色为"#ffffff"的圆角矩形，如图6-101所示。

STEP 11 选择"横排文字工具" T，输入图6-102所示文字，并设置"果实饱满 原香酥脆"和"28.8"的字体为"汉仪方叠体简"，其他字体为"汉仪蝶语体简"，调整文字大小、位置和颜色，保存图像，查看完成后的效果（配套资源:\效果文件\第6章\商品推荐图.psd）。

图6-99　　　　　　　　　图6-100　　　　　　　　　图6-101

图6-102

6.7 实战训练

6.7.1 实训要求

本例将制作女包店铺首页，在制作时先制作店招，再对轮播图和商品推荐进行设计，使整个画面简约、美观。

6.7.2 实训分析

本店铺的主营商品为时尚女包，页面主要采用时尚、简约的方式进行展现，并通过各模特对商品进行展现，以体现女包的时尚感。完成后通过错落有致的排序与布局，增强店铺的时尚感，完成后的效果如图6-103所示。

6.7.3 操作思路

完成本实训需要进行以下主要操作。

STEP 01 Logo是制作店招的第一步，制作带有眼睛图像的店招，以突出店铺的时尚感。

STEP 02 店招是查看店铺的重点，本例主要采用左、中、右布局形式，将制作好的Logo放到店招中，在中间输入店铺的名称，在右侧输入

图6-103

互动内容，以使店招效果更加美观。

STEP 03 在店招的下方制作导航，本导航的底色为深灰色，通过输入文字的方式，将店铺中的女包样式罗列出来。

STEP 04 在海报的制作上，先插入需要体现的女包图像，再在右侧输入说明性文字，整个画面时尚、简单。

STEP 05 海报的下方为商品推荐模块。该模块主要分为3部分，最上方的部分为商品的海报展示区，该区域不但包含了商品展现效果，还罗列了说明性文字，整个画面简洁、明快。中间为单个商品的展示，并在左侧添加文字，使简单的展示具有时尚感。最下方的部分为单个商品的展示，不仅有说明性文字，而且对商品进行了展现。

6.8 拓展延伸

为了帮助读者更好地理解本章所学知识，下面介绍一些与本章内容相关的其他知识。通过这些知识的学习，读者可以对电脑端首页的制作方法有更深刻的认识。

1. 怎么选择Logo素材

在选择Logo素材时可先对店铺进行定位，确定店铺的类型和名称。确定店铺的基本信息后，可根据这些要求进行Logo素材的收集。收集一定量的素材后，可对素材中的优点进行罗列，再根据需要进行Logo的设计与制作。

2. 京东店铺首页的设计技巧

在设计首页时，应转换角度，将自己当作消费者设身处地地进行思考。在浏览一个店铺时，精致的画面更容易引起消费者的注意，从而对商品产生购买欲望。此外，页面中的新品推荐、店铺热销和左侧分类等栏目都要充分利用起来，从每一个细节出发，创造最大的展示价值。

6.9 思考练习

（1）制作洗衣机店铺的海报。洗衣机店铺的商品海报应该展示不同洗衣机的性能，通过性价比吸引消费者。在制作时为了体现简约性和实用性，不用添加过多的装饰（配套资源:\素材文件\第6章\洗衣机海报素材.jpg），完成后的效果如图6-104所示（配套资源:\效果文件\第6章\洗衣机海报.psd）。

（2）制作商品促销展示模块。商品促销展示模块是首页中的一个板块，主要用于介绍12月新品。在制作该板块时，先要制作横幅海报，再在海报的下方分别展示新品洗衣机，完成后的效果如图6-105所示（配套资源:\效果文件\第6章\洗衣机店铺商品促销模块.psd）。

图6-104

图6-105

第7章

电脑端详情页
设计

本章导读

　　如果说首页是电脑端的门面，那么详情页就是店铺内部的展现。消费者在首页搜索并单击商品主图后，会直接进入商品详情页。据统计，大多数消费者是在查看详情页后生成订单的，其好坏直接决定了订单量的大小。由此可知，详情页在店铺装修设计中至关重要，只有做好详情页，才能提高成交量与转化率。本章将对详情页各个模块的设计方法分别进行介绍。

知识技能

— 掌握商品详情页的基础知识

— 掌握焦点图的制作方法

— 掌握商品卖点图的制作方法

— 掌握商品细节图的制作方法

7.1 商品详情页

商品详情页不仅能向消费者展示商品的规格、颜色、细节、材质等具体信息，还能向消费者展示商品的优势。消费者是否喜欢该商品，往往取决于商品详情页是否深入人心、打动消费者。下面将对商品详情页的尺寸、设计要点、设计思路与准备工作及应遵循的原则分别进行介绍。

7.1.1 商品详情页的设计要点

商品详情页需要根据商品进行策划。例如，对于数码商品等标准化商品，消费者大多基于理性购买，关注的重点是功能，此时需要涉及细节展示、商品参数、功能展示等模块；对于非标准化商品，如女装、手包、珠宝饰品等，消费者大多基于冲动购买，此时商品的展示、场景的烘托等就显得尤为重要。总之，详情页的内容要引发消费者的兴趣，在策划时需要把握以下3点。

● **引发兴趣、激发潜在需求**：商品详情页可以利用创意性的焦点图来吸引消费者眼球，兴趣点可以是商品的销量优势、商品解决的消费者痛点、商品的功能特点、商品的目标消费群等，以激发消费者的潜在需求。

● **赢得消费者信任**：赢得消费者信任可从商品细节的完善、消费者痛点和商品卖点的挖掘、同类商品对比、第三方评价、品牌附加值、消费者情感、塑造拥有后的感觉等方面入手。

● **替消费者做决定**：通过数量有限、库存紧张等宣传用语号召犹豫不决的消费者快速下单。若消费者浏览整个详情页后仍然没有下单，可通过相关推荐模块进行商品推荐。

7.1.2 商品详情页的设计思路与准备工作

商品详情页是商品展示的重中之重。在设计时要注意，详情页的内容不是要告诉消费者该商品如何使用，而是要说明该商品在什么情况下使用会产生怎样的效果。商品详情页是提高转化率的关键性因素，好的描述性内容不但能激发消费者的消费欲望，树立消费者对店铺的信任感；还能打消消费者的疑虑，促使消费者下单。下面通过6个步骤帮助读者更好地理解商品详情页的设计思路与准备工作。

● **设计商品详情页遵循的原则**：商品详情页主要用于进行商品细节和显示效果的展示。需要与商品标题和主图契合，从真实性中体现商品信息。在设计时，不能只在乎图片效果而忽略商品本身的价值。

● **设计前的调查**：市场调查是掌握商品行情的基础。设计前需分别进行市场调查、同行业调查、规避同款和消费者调查等。从调查的结果中，可分析出消费者的消费能力、喜好及消费者购买在意的问题等。

● **调查结果及商品分析**：当完成简单的市场调查后，可根据商品市场调查结果对商品进行系统总结，并记录消费者在意的问题、同行的优缺点以及自身商品的定位，挖掘自身商品与众不同的卖点。

- **关于商品定位**：不同商品有不同的定位，可根据商品定位设计需要表现的内容。例如，卖皮草的店铺需将皮草的质感、大气、优雅表现出来，不能只进行拍照，因为皮草属于高端商品。

- **商品卖点的挖掘**：所谓商品卖点，即商品拥有的独一无二的特点和特色。每一种商品的功能不同，需要展现的卖点也有所不同。商品卖点越清晰诱人，越能够提高成交率。例如，某个卖键盘膜的商家，针对键盘膜"薄"的特点，挖掘其为商品的最大卖点，并通过"轻薄防水的键盘膜"文案，让商品从众多同类型商品中脱颖而出，从而使销量和评分大增。

- **开始准备设计元素**：根据消费者分析以及商品自身卖点的提炼，根据商品风格的定位，开始准备所用的设计素材及商品描述所用的文案，并确立商品描述的用色、字体、排版等。最后，还要烘托出符合商品特性的氛围，如羽绒服的背景可以采用冬天的冰山等。

7.1.3 商品详情页应遵循的原则

消费者看完商品详情页后是否会下单，需要看详情页的内容是否深入人心，描述内容的好坏直接决定了销量。通常，详情页的前半部分主要说明商品的价值，后半部分主要用于培养消费者的消费信任感。下面对商品详情页需要遵循的7大原则分别进行介绍。

- **逻辑**：在制作商品详情页时应遵循一定的顺序：①店铺活动和场景效果图；②商品图和材质工艺细节图；③尺寸说明和质检合格证展示；④关联推荐、品牌展示和防损包装、品牌形象。由于每个店铺的情况不同，因而商家可根据自己店铺的具体要求添加一些其他内容，以达到层层递进的效果。

- **亲切**：在现实生活中，跟人相处的第一印象很重要。有人会给人亲切的感觉，有人会给人难以接近的感觉。毋庸置疑，我们更喜欢跟亲切的人做朋友。制作商品详情页也一样，在制作前，首先要了解商品针对人群的特性，然后根据目标消费者特性制定文案风格，如儿童用品常采用活泼可爱的风格。

- **真实**：网上购物最重要的是得到消费者的信任，该信任需建立在消费者对店铺商品的了解上，所以要在强调商品真实性的前提下，尽量多角度、全方位地展现商品原貌，以减少客服人员的工作量，提高消费者自主购物的概率。

- **氛围**：并不是所有消费者浏览商品时都目的明确，部分消费者可能只是逛逛，没有真正需要购买的商品。这部分消费者比较喜欢购物的氛围。即当消费者进入商品详情页后，商品描述设计中具有吸引力的焦点图、完整的商品展示图、优惠促销信息等都会使消费者有一种心动的感觉，从而促进其购买。

- **专业**：商家在制作商品详情页时，必须体现出专业性，可从侧面烘托商品的优势，并给予最专业、最有利的市场行情对比。因为消费者更相信专业信息，专业的详情页描述可以更好地指引消费者购物，如卖羊毛衫的店铺可以从羊毛的角度切入，从真羊毛和假羊毛在质感、形状、颜色上的区别来进行专业叙述，这样可让消费者在选购时通过对比确定哪家卖的才是真正的羊毛。

● **品牌：**随着生活水平的不断提高，消费者对商品品质的要求变得越来越高，对品牌的认知程度逐渐加深。所以，商家在打造详情页的时候，要通过品牌文化做出商品保证，并通过品牌文化竖立商品信心。

● **图片质量：**商品详情页中的图片质量是非常重要的，要尽量用优质大图以及少量文字进行搭配。在制作商品详情页时，手机端和电脑端的图片不能共用，需要分别进行设计与制作。

7.2 焦点图的制作

详情页的焦点图一般位于商品基础信息的下方，是为推广该款商品而设计的海报，由商品、主题与卖点3个部分组成，目的在于吸引消费者购买该商品。详情页焦点图的尺寸为：宽990像素，高600~900像素。其设计方法与首页轮播图的设计方法相似。下面先讲解焦点图的设计要点，再对其设计方法进行介绍。

7.2.1 焦点图的设计要点

设置详情页焦点图一般有两个目的：一是明确商品主体，突出商品优势；二是承上启下，做好商品信息的过渡。如何点出自己商品的优势？在文案与图片的设计上要讲究创意，通过突出商品的特色以及放大商品的优势，或通过优劣商品的对比，将商品的优势展现出来。众所周知，详情页一般通过主图引入，因此商品卖点、特点等要相互衔接。图7-1所示为一个京东店铺的商品主图、详情页焦点图以及焦点图的延伸，可以看出详情页对主图的信息进行了延伸。

图7-1

7.2.2 制作焦点图

焦点图是展现单个商品的海报，在该图中不但可以展现促销信息，还可展现商品的亮点和特征。

1. 实训分析

POP平台详情页的宽度目前支持750像素和990像素，本例将制作990像素大小的详情页。由于本店铺是零食店铺，故在制作焦点图时，将沿用首页中的主色，通过白色、黄色和绿色的拼贴，使整个画面变得可爱、灵动。再在其中添加"为爱吃狂"文字，使焦点图与首页轮播图中的文字结合，起到前后呼应的效果，使整个焦点图更加和谐、自然。最后添加商品效果，可起到展现商品的目的。

2. 操作思路

完成本例需要进行以下主要操作。

STEP 01 选择【文件】/【新建】命令，打开"新建"对话框，在名称文本框中输入"焦点图"，在宽度和高度文本框中分别输入"990"和"990"，在其右侧的下拉列表中选择"像素"选项，在分辨率文本框中输入"72"，单击 确定 按钮，如图7-2所示。

STEP 02 将前景色设置为"#fed454"，新建图层，按【Alt+Delete】组合键，填充前景色。

STEP 03 双击新建图层右侧的空白区域，打开"图层样式"对话框，单击选中"图案叠加"复选框，在右侧面板中的"图案："下拉列表中选择"拼贴-平滑"选项，设置不透明度和缩放分别为"10""35"，单击 确定 按钮，如图7-3所示。

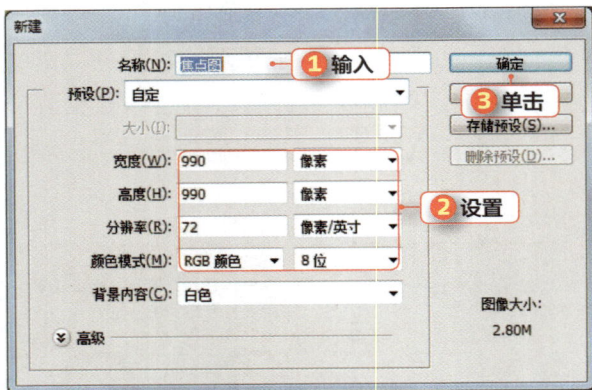

图7-2

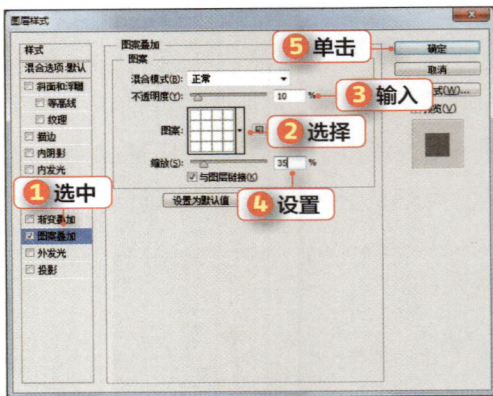

图7-3

STEP 04 返回图像编辑区，可发现画面中已有拼贴的网格效果，如图7-4所示。

STEP 05 新建图层，选择"钢笔工具" ，在图像的顶部绘制云朵形状，按【Ctrl+Enter】组合键，将形状转换为选区，将前景色设置为"#ffffff"，按【Alt+Delete】组合键填充前景色，如图7-5所示。

STEP 06 再次新建图层，选择"钢笔工具" ，在图像的下方绘制草地，按

【Ctrl+Enter】组合键将形状转换为选区，将前景色设置为"#add63c"，按【Alt+Delete】组合键填充前景色，如图7-6所示。

图7-4

图7-5

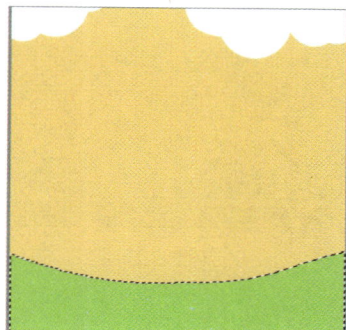
图7-6

STEP 07 在工具箱中选择"椭圆工具"， ，在白云的下方绘制颜色为"#fcf190"、大小为775像素×455像素的椭圆，如图7-7所示。

STEP 08 新建两个图层，在工具箱中选择"钢笔工具"， ，在椭圆中绘制图7-8所示的两个形状，并填充为"#29a0b6"颜色。

STEP 09 选择椭圆上方绘制形状所在的图层，打开"图层样式"对话框，在左侧单击选中"投影"复选框，在右侧面板中设置颜色、距离、扩展、大小分别为"#c2bc79""7""0""7"，单击 确定 按钮，如图7-9所示。

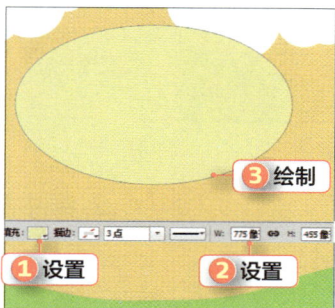
图7-7

图7-8

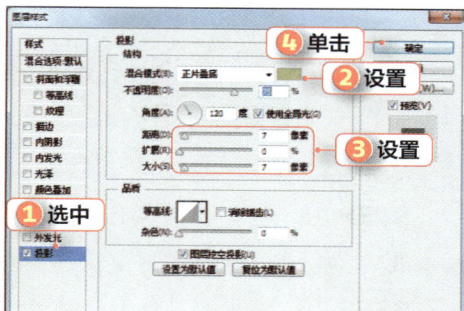
图7-9

STEP 10 查看添加投影后的效果，并将椭圆上方图形所在图层移动到椭圆下方，如图7-10所示。

STEP 11 选择绘制的椭圆，按【Ctrl+J】组合键复制椭圆；选择"椭圆工具"， ，在工具属性栏中取消填充色，并设置描边颜色为"#38d5f3"，设置描边粗细为"27点"，调整该图层到"图层"面板的最上方，如图7-11所示。

STEP 12 在"椭圆2 拷贝图层"的下方新建图层，设置前景色为"#beb668"；选择"画笔工具"， ，在工具属性栏中设置大小为"25像素"，画笔样式为"柔边圆"，在椭圆的下方绘制投影，并设置其不透明度为"60%"，如图7-12所示。

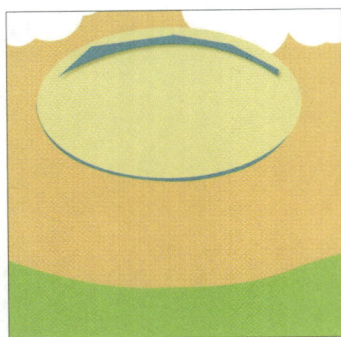
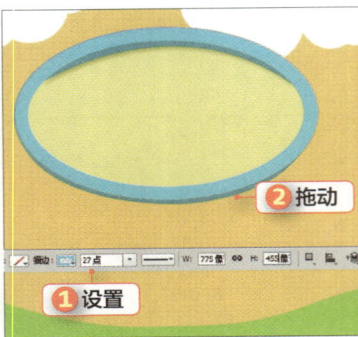

图7-10　　　　　　　　　图7-11　　　　　　　　　图7-12

STEP 13　选择"横排文字工具"![T]，输入"为爱吃狂"文字；打开"字符"面板，设置字体、字号和颜色分别为"汉仪小麦体简""209.68 点""#ffc000"，单击"加粗"按钮![T]，如图7-13所示。

STEP 14　按3次【Ctrl+J】组合键复制文字，并将其叠加显示，选择最上层的文字，将其颜色修改为"#651e00"，查看完成后的效果，如图7-14所示。

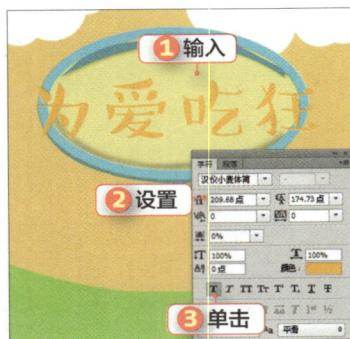

图7-13　　　　　　　　　　　　　　图7-14

STEP 15　打开"焦点图素材.psd"素材文件（配套资源:\素材文件\第7章\焦点图素材.psd），将素材拖动到图像中，调整各个素材的位置，如图7-15所示。

STEP 16　设置前景色为"#534e50"，在坚果图像的下方新建图层，再次使用"画笔工具"![画笔]绘制坚果图像的投影，效果如图7-16所示（配套资源:\效果文件\第7章\焦点图.psd）。

图7-15　　　　　　　　　　　　　　图7-16

7.3　商品卖点图的制作

焦点图主要用于展现商品，卖点图则主要用于展现商品的特点。卖点图可使消费者对商品有基本的了解，并通过展示效果让消费者产生继续看下去的兴趣。下面分别对卖点的特征、卖点提炼的原则与方法以及制作商品卖点图的方法进行介绍。

7.3.1　卖点的特征

商品卖点是吸引消费者购买商品的理由，一般具有以下3个特点。

● 卖点独特。共性的商品特性，商家首先说出来就能影响购买，如农夫山泉的"有点甜"。

● 有足够的说服力，能打动消费者购买。这就要求卖点与消费者核心利益息息相关，如空调的"变频"与"回流"，面膜抗衰、美白、补水的功效。

● 长期传播的价值及品牌辨识度。

7.3.2　卖点提炼的原则与方法

卖点的提炼方法很多，可以从商品概念、市场地位、商品线、服务、价格、时间、售后、品质和风格等方面入手。下面介绍卖点提炼的原则与方法。

● **FAB法则**：F指属性（Feature），即商品的属性；A指优点或优势（Advantage），即与竞争对手的不同之处；B指消费者利益与价值（Benefit），指这一属性或优点带给消费者的利益。例如，在购买减肥商品时，商品的卖点图中标明1个月无效退货，既可说明商品的卖点，又能体现消费者的利益。

● 从商品概念中提炼：一个完整的商品概念是立体的，包括核心商品、形式商品、延伸商品3个层次。核心商品是指商品的使用价值；形式商品是指商品的外在表现，如原料、技术、外形、品质、重量、体积、手感、包装等；延伸商品是指商品的附加价值，如服务、承诺、身份、荣誉等。

● 从更高层次的需求中提炼：商家可从情感、时尚、热点、公益、梦想等更高层次的需求中提炼卖点。以情感为诉求，可以适当加深人们对商品的好感，如雕牌洗衣粉的"妈妈，我可以帮你干活了"，以孩子对母亲的理解和支持来突出卖点。

7.3.3　制作卖点图

如果说焦点图是首页效果的展示窗口，卖点图则是商品内容的展现。本例将根据坚果的种类分别对其品质进行展现，让消费者对其产生好感。

1. 实训分析

在制作卖点图前，首先需要明确商品有什么。在第一张图片中通过下午茶的场景体现坚果的用途，使人们心生向往。再在下方添加地图，体现各个商品的产地，使其与下方单个商品形成呼应。完成后，依次对商品进行介绍，以让卖点得到很好体现。

2. 操作思路

完成本例需要进行以下主要操作。

STEP 01 选择【文件】/【新建】命令，打开"新建"对话框，在名称文本框中输入"卖点图"，在宽度和高度文本框中分别输入"990"和"10000"，在其右侧的下拉列表中选择"像素"选项，在分辨率文本框中输入"72"，单击 确定 按钮，如图7-17所示。

STEP 02 打开"卖点图素材.psd"素材文件（配套资源:\素材文件\第7章\卖点图素材.psd），将其中的下午茶图片拖动到图像上方，调整图像大小和位置，如图7-18所示。

STEP 03 选择"横排文字工具" T，输入图7-19所示的文字，设置字体颜色为"#480606"，设置"酥香坚果+酸甜果干"的字体为"汉仪雅酷黑W"，其他字体为"汉仪中等线简"，完成后调整文字大小和位置。

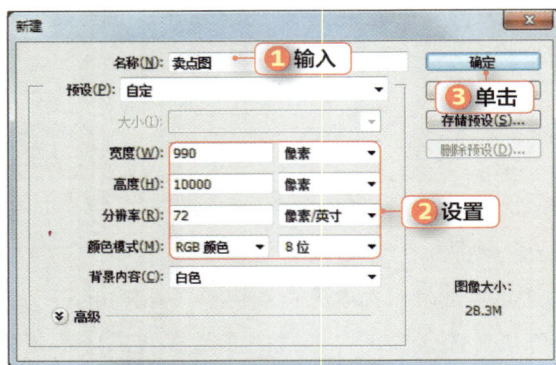

图7-17

图7-18

STEP 04 选择"直线工具" ，在"停不下来的味蕾体验"文字下方绘制一条颜色为"#ffffff"的直线，并设置直线高度为"4像素"，如图7-20所示。

图7-19

图7-20

STEP 05 在打开的"卖点图素材.psd"素材文件中，将"全球"图片拖动到图像下方，调整图像大小和位置，如图7-21所示。

STEP 06 继续使用"横排文字工具" T,，输入图7-22所示的文字，设置字体为"汉仪雅酷黑W"，颜色为"#480606"，调整文字大小和位置。完成后在文字的左侧绘制一条直线。

图7-21   图7-22

STEP 07 选择"矩形工具" □，在图像的下方绘制845像素×90像素的矩形，并设置填充颜色为"#fac218"，如图7-23所示。

STEP 08 继续选择"矩形工具" □，在图像的下方绘制810像素×85像素的矩形，并设置填充颜色为"#fed454"，描边颜色为"#ffffff"，描边粗细为"3点"，如图7-24所示。

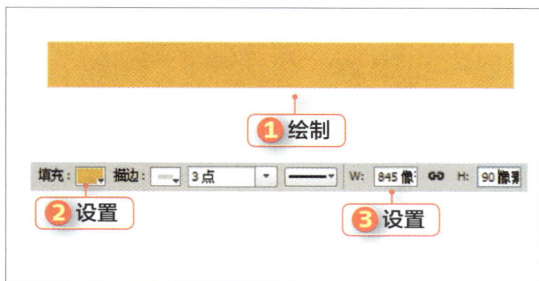 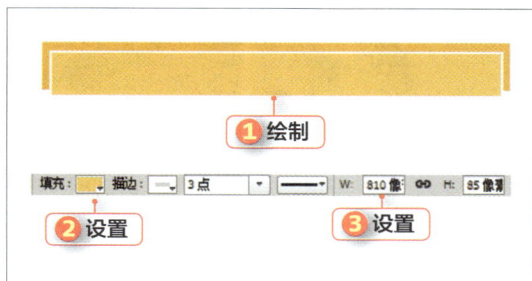

图7-23   图7-24

STEP 09 选择绘制的矩形图层，打开"图层样式"对话框，在左侧单击选中"投影"复选框，在右侧面板中设置颜色、不透明度、距离、扩展、大小分别为"#c49810""70""9""0""9"，单击 确定 按钮，如图7-25所示。

STEP 10 选择"横排文字工具" T，输入"走进天然果园"文字。打开"字符"面板，设置字体、字号和颜色分别为"汉仪小麦体简""63.52点""#ffffff"，单击"加粗"按钮 T；按【Ctrl+J】组合键复制图层，并将字体颜色修改为"#651e00"，调整文字位置，使其形成稍微重叠的效果，如图7-26所示。

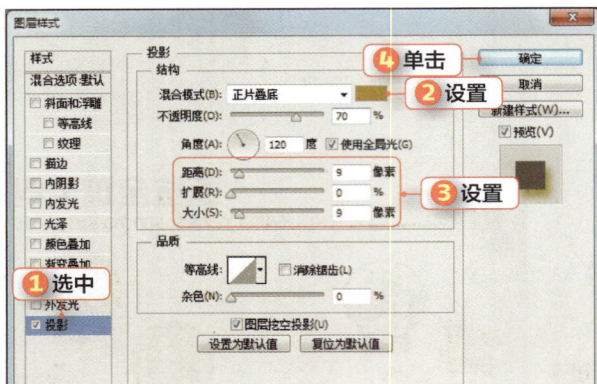

图7-25

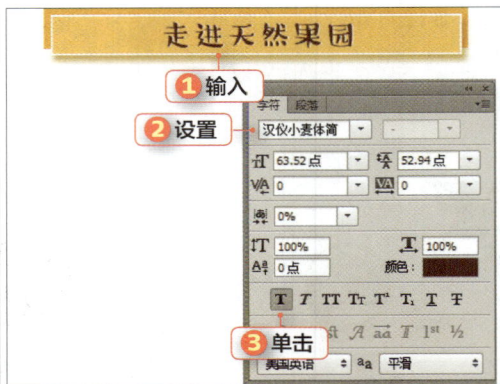

图7-26

STEP 11 打开"卖点图素材.psd"素材文件，将其中的坚果拖动到图像下方，调整图像大小和位置。

STEP 12 新建图层，选择"钢笔工具"，在图像的下方绘制图7-27所示形状，按【Ctrl+Enter】组合键将形状转换为选区，将前景色设置为"#fed454"，按【Alt+Delete】组合键填充前景色。

STEP 13 打开"卖点图素材.psd"素材文件，将其中的腰果实体图拖动到绘制图像的上方，调整图像大小和位置；打开"图层"面板，选择添加图片所在的图层，单击鼠标右键，在弹出的快捷菜单中选择"创建剪贴蒙版"命令，此时可发现添加的图片已经置入到绘制的图像中，如图7-28所示。

图7-27

图7-28

STEP 14 打开"卖点图素材.psd"素材文件，将其中的腰果图像拖动到下方图像中，调整位置和大小。

STEP 15　新建图层，选择"钢笔工具"，在图像的下方绘制图7-29所示的半圆形状，按【Ctrl+Enter】组合键，将形状转换为选区。

STEP 16　在工具箱中选择"渐变工具"，在工具属性栏中单击"点按可编辑渐变"按钮，打开"渐变编辑器"对话框，设置渐变颜色为"#fe771b"～"#fee2ce"渐变，单击　确定　按钮，如图7-30所示。

图7-29

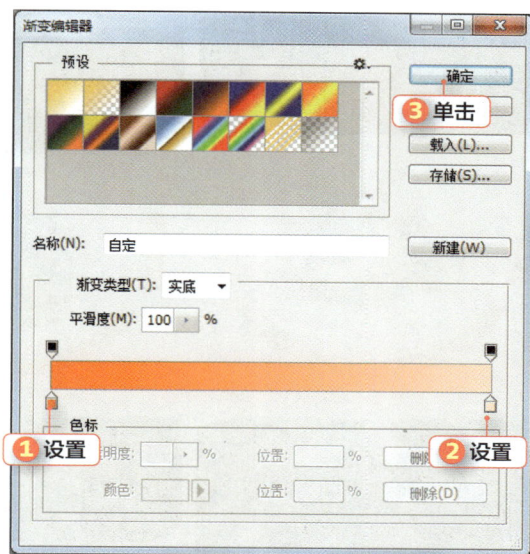

图7-30

STEP 17　在选区中从左到右拖动，创建渐变效果，完成后按【Ctrl+D】组合键取消选区，如图7-31所示。

STEP 18　选择"矩形选框工具"，在渐变效果的左上角绘制67像素×67像素的矩形框，如图7-32所示。然后按【Delete】键删除选区。

STEP 19　使用相同的方法，在右侧绘制矩形框，将其删除，完成后的效果如图7-33所示。

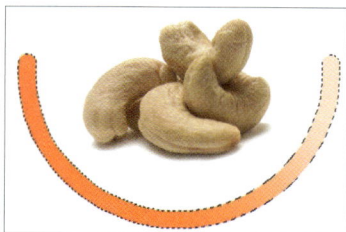

图7-31

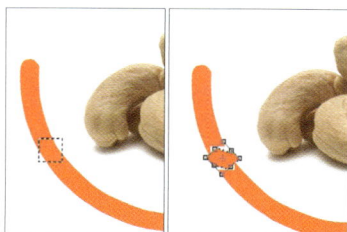

图7-32

图7-33

STEP 20　选择"直排文字工具"，输入"腰果"和"Cashew"文字，设置字体为"汉仪小麦体简"，调整文字大小和位置。

STEP 21　使用相同的方法，为其他商品插入图片、绘制形状和添加文字，其效果如

图7-34所示。

STEP 22 新建图层，选择"钢笔工具" ✏️，在图像的下方绘制图7-35所示形状，按【Ctrl+Enter】组合键将形状转换为选区。选择"渐变工具" ▣，打开"渐变编辑器"对话框，设置渐变颜色为"#ff8023"~"#fcbf7e"渐变，单击 [确定] 按钮，并对图像填充渐变。

图7-34   图7-35

STEP 23 选择"椭圆工具" ⬭，在渐变区域中绘制850像素×850像素的正圆，在工具属性栏中设置填充颜色为"#ffffff"，描边颜色为"#fee2ca"，描边粗细为"25点"，如图7-36所示。

STEP 24 在打开的"卖点图素材.psd"素材文件中，将蔓越莓图片拖动到正圆的上方，并为其创建剪切蒙版，再将蔓越莓其他图片拖动到正圆的下方，如图7-37所示。

STEP 25 选择"横排文字工具" T，输入"脆爽可口——蔓越莓"文字，设置字体为"汉仪小麦体简"，文字颜色为"#4a4b47"，调整文字大小和位置，再在下方输入"坚守原味——蔓越莓"，并设置字体为"汉仪大黑简"，文字颜色为"#ffffff"，调整文字大小。

STEP 26 选择"圆角矩形工具" ▢，绘制大小为595像素×60像素的圆角矩形，并设置填充色为"#ff8023"，如图7-38所示。

图7-36 图7-37 图7-38

STEP 27 打开"树叶.psd"素材文件（配套资源:\素材文件\第7章\树叶.psd），将其中的树叶拖动到图像中，调整图像大小和位置，如图7-39所示。

STEP 28 在下方使用"钢笔工具"  绘制形状，并置入图片中，完成后在图片左侧输入文字，如图7-40所示。

STEP 29 使用相同的方法，在图片的下方绘制形状，并插入蓝莓坚果图片，如图7-41所示。

图7-39 图7-40 图7-41

STEP 30 保存图像，查看完成后的效果，如图7-42所示（配套资源:\效果文件\第7章\卖点图.psd）。

图7-42

7.4 商品信息展示图的制作

卖点图主要用于吸引消费者眼球，商品信息展示图则用于展现商品详情。在信息展示图中，需展现商品的参数，让消费者对商品有更客观的了解。下面对商品参数的常用表达方式、信息展示图的制作方法进行介绍。

7.4.1 商品参数的常用表达方式

在京东店铺装修中，商品参数的表达方式多种多样。我们可以根据商品参数的多少与商品的特征进行灵活设计。常用的商品参数表达方式有以下4种。

● **商品参数的直接输入**：自由排列输入的商品参数一般需要使用文本框来统一文本的行间距。

● **通栏排参数**：使用文本框直接输入参数，添加形状或线条来修饰参数模块；使用商品参数表输入参数，商品参数表可以比较全面地反映商品的特性、功能和规格等，在尺码方面应用得尤为广泛。图7-43所示为男装的尺码参数表。在使用商品参数表时，可以通过设置表格行高、列宽、边框、底纹、文本格式来美化表格，以匹配店铺的风格。

● **商品参数与商品图片的自由组合**：可以直接将商品参数表现在商品图片上，也可以将商品参数细化到不同的商品图片中显示。

● **参数与商品两栏排**：当商品参数比较少时，可通过左表右图或左图右表的方式排列商品参数。对于有尺寸规格的商品，还可在商品图上添加尺寸标注，如图7-44所示。

图7-43　　　　　　　　　　　　　　　　图7-44

7.4.2　制作信息展示图

信息展示图用于展现商品详情，是消费者快速获取商品主要信息的重要渠道。下面将讲解信息展示图的制作方法。

1. 实训分析

本例将对每日坚果店铺的商品信息展示图进行制作，通过商品参数的输入以及商品参数与商品图片的自由组合，让消费者对商品有更客观的了解。在设计时先确定背景主色，本例沿用店招中的黄色，再输入商品参数并使其与商品图片组合，通过调整文字颜色、位置、大小等，完成最终制作。

扫一扫

制作信息展示图

2. 操作思路

完成本例需要进行以下主要操作。

STEP 01　选择【文件】/【新建】命令，打开"新建"对话框，在名称文本框中输入"信息展示图"，在宽度和高度文本框中分别输入"990"和"1050"，在其右侧的下拉列表中选择"像素"选项，在分辨率文本框中输入"72"，单击 确定 按钮，如图7-45所示。

STEP 02　新建图层，选择"钢笔工具" ✐ ，在图像的下方绘制图7-46所示形状，按【Ctrl+Enter】组合键，将形状转换为选区，将前景色设置为"#fac218"，按【Alt+Delete】组合键填充前景色。

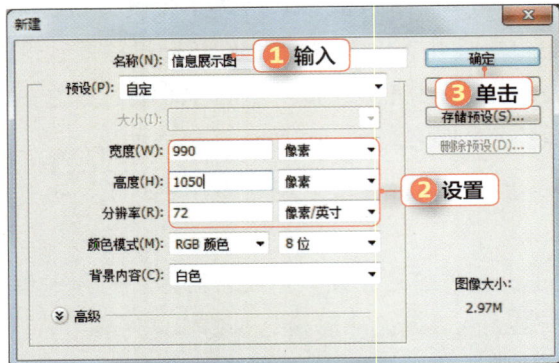

图7-45　　　　　　　　　　　　　　图7-46

STEP 03　选择"矩形工具"　，在图像的上方绘制810像素×83像素的矩形，并设置填充颜色为"#fed454"，设置描边颜色为"#ffffff"，描边粗细为"3点"。选择绘制的矩形图层，打开"图层样式"对话框，在左侧单击选中"投影"复选框，在右侧面板中设置颜色、不透明度、距离、扩展、大小分别为"#c49810""70""9""0""9"，单击　确定　按钮，如图7-47所示。

STEP 04　选择"横排文字工具"　，输入"产品信息·让你更放心"文字；打开"字符"面板，设置字体、字号和颜色分别为"汉仪小麦体简""59.46点""#ffffff"，单击"加粗"按钮　；按【Ctrl+J】组合键复制图层，并将字体颜色修改为"#651e00"，调整文字位置，使其形成稍微重叠的效果，如图7-48所示。

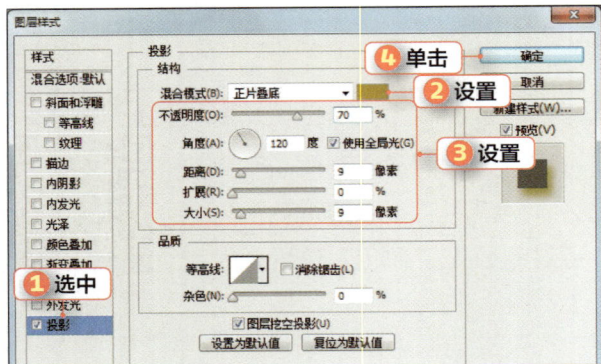

图7-47　　　　　　　　　　　　　　图7-48

STEP 05　打开"信息展示图素材.psd"素材文件（配套资源:\素材文件\第7章\信息展示图素材.psd），将其中的坚果零食拖动到图像左侧。

STEP 06　选择"直线工具"　，在坚果零食的右侧绘制一条竖线，在工具属性栏中设置描边颜色为"#fac218"，粗细为"3点"，描边类型为第二种样式，如图7-49所示。

STEP 07　选择"横排文字工具"　，输入图7-50所示文字；打开"字符"面板，设置字体为"汉仪蝶语体简",完成后调整文字大小、颜色和位置。

STEP 08 选择"矩形工具" ▣,在图像的下方绘制990像素×340像素的矩形,并设置填充颜色为"#fac218"。

STEP 09 在打开的"信息展示图素材.psd"素材文件中,将坚果栏拖动到图像下方,调整位置和大小,如图7-51所示。

图7-49

图7-50

STEP 10 选择"横排文字工具" T,输入图7-52下方所示文字,并设置字体为"汉仪中圆简",文字颜色为"#421404",字号为"24点",调整文字位置,保存图像,查看完成后的效果(配套资源:\效果文件\第7章\信息展示图.psd)。

图7-51

图7-52

7.5 商品细节图的制作

若前面的努力还不能吸引消费者购买,那么细节图就成了制胜的关键。细节图能够展现近距离观察的细腻真实效果,让消费者对商品产生距离的触摸感。下面分别对细节图的展示方法和制作方法进行介绍。

7.5.1 细节图的展示方法

在制作细节图时，细节照片的选择十分重要。细节照片一定要清晰、明了，尽量避免偏色。此外，细节照片还要逻辑性强，才能让消费者按照商家的思路，完整地浏览一遍商品详情。细节图的样式一般分为两种：一种是同时放置商品图和细节图，将细节图指向商品的具体位置；还有一种是单独进行细节展示，在排列布局上，可根据个人喜好与店铺的整体风格进行设计。

不同类目商品的细节图内容有所不同，商家可根据商品本身的特点、卖点和优势进行细节展示。下面以服装、箱包、鞋、灯具、家具类目为例，对细节展示的内容进行介绍。

● **服装类目细节图：**服装类目细节一般包括款式细节（领口、门襟、袖口、裙摆、褶皱、腰带、帽子等）、做工细节（走线、针距、线粗、内衬锁边、褶皱、裁剪方式、熨烫平整等）、面料细节（面料材质、颜色、面料纹路、面料花纹等）、辅料细节（里料、拉链、纽扣、订珠、蕾丝等）。

● **箱包类目细节图：**箱包类目细节一般包括款式细节（袋口、包扣、拉链、肩带、褶皱等）、做工细节（滚边、走线、铆钉等）、材质细节（微距拍摄面料、颜色、花纹、厚薄，以及里料的展示）、配件细节（拉链、包扣、肩带、质感五金等）。

● **鞋类目细节图：**鞋类目细节一般包括款式细节（全貌、帮面、鞋跟、鞋底等）、材质细节（材质、纹路、花色等）、辅料细节（拉链、配件、流行元素等）。

● **灯具类目细节图：**灯具类目细节一般包括工艺细节（材质、工艺、透光度、着色度）、光源细节（灯泡材质、开关方便度、替换灯泡的方便度、灯泡寿命等）。

● **家具类目细节图：**家具类目细节一般包括建材细节（木料、纹理、防腐性、耐热性、防潮性等）、油漆细节（打磨、底色、擦色、磨砂、面油等）、工艺细节（手工打磨、纹理清晰、弧度、拼贴等）。

7.5.2 制作细节图

细节图也是详情页中必不可少的页面，在该页面中不但可展现商品的细节内容，还可展现商品使用场景。下面将以坚果为例，制作坚果的细节图。

扫一扫

制作细节图

1. 实训分析

对于零食类商品，其坚果品质和种类在前面已经进行了展现。为了丰富场景效果，本例中将对应用场景、近距离观看效果等进行展现。在展现中不但要保证画面的美感，还要让人有想吃的欲望。在最后要对包装进行展现，以让消费者对整个商品有更真实的感觉。

2. 操作思路

完成本例需要进行以下主要操作。

STEP 01 选择【文件】/【新建】命令，打开"新建"对话框，在名称文本框中输入"细节图"，在宽度和高度文本框中分别输入"990"和"4150"，在其右侧的下拉列表中选择"像素"选项，在分辨率文本框中输入"72"，单击 [确定] 按钮，如图7-53所示。

STEP 02 新建图层，选择"钢笔工具" ![钢笔工具图标]，在图像下方绘制图7-54所示形状，按【Ctrl+Enter】组合键，将形状转换为选区。选择"渐变工具" ![渐变工具图标]，打开"渐变编辑器"对话框，设置渐变颜色为"#ff8023"～"#fcbf7e"渐变，单击 [确定] 按钮，对图像填充渐变。

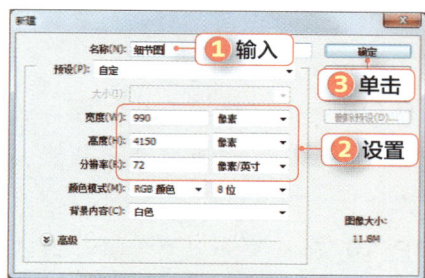

图7-53

图7-54

STEP 03 打开"细节图素材.psd"素材文件（配套资源:\素材文件\第7章\细节图素材.psd），将其中的图像拖动到渐变中，如图7-55所示。

STEP 04 选择"横排文字工具" ![横排文字工具图标]，输入图7-56所示文字，设置字体为"汉仪蝶语体简"，文字颜色为"#ffffff"，调整文字大小和位置。完成后将"美味百搭——"的颜色修改为"#571505"。

STEP 05 打开"树叶.psd"素材文件（配套资源:\素材文件\第7章\树叶.psd），将其中的图像拖动到图像中，并将其图层移动到坚果的下方，调整图像大小和位置，如图7-57所示。

图7-55

图7-56

图7-57

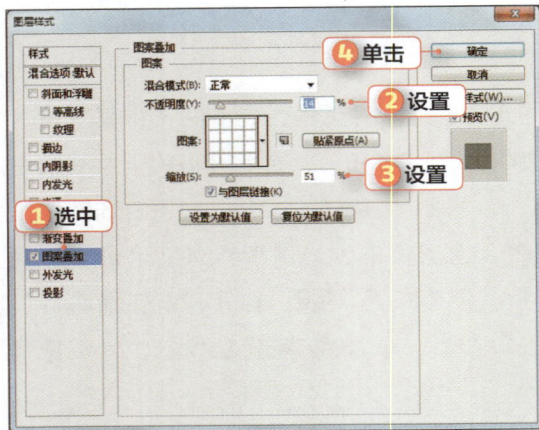

图7-58

STEP 06 选择"矩形工具" ▭，在图像的下方绘制990像素×1930像素的矩形，并设置填充颜色为"#eeeeee"。

STEP 07 双击图层右侧的空白区域，打开"图层样式"对话框；单击选中"图案叠加"复选框，在右侧面板中的"图案："下拉列表中选择"拼贴-平滑"选项，设置不透明度和缩放分别为"14""51"，单击 确定 按钮，如图7-58所示。

STEP 08 打开"细节图素材.psd"素材文件，将其中的餐桌图像拖动到灰色框格上方，调整图片位置，如图7-59所示。

STEP 09 选择"矩形工具" ▭，在图像的下方绘制495像素×920像素的矩形，并设置填充颜色为"#ff8227"。

STEP 10 在右侧再次绘制495像素×920像素的矩形，并设置填充颜色为"#22256a"，如图7-60所示。

STEP 11 打开"坚果.psd"素材文件（配套资源:\素材文件\第7章\坚果.psd），将其中的图像拖动到上一图像下方，如图7-61所示。

图7-59

图7-60

STEP 12 选择"横排文字工具" T，输入图7-62所示文字，并设置字体为"汉仪蝶语体简"，文字颜色为"#ffffff"，调整文字大小和位置。

STEP 13 选择"定义形状工具"，在工具属性栏中设置填充颜色为"#ffffff"，在形状下拉列表中选择"新月形边框"选项，如图7-63所示。

图7-61

图7-62

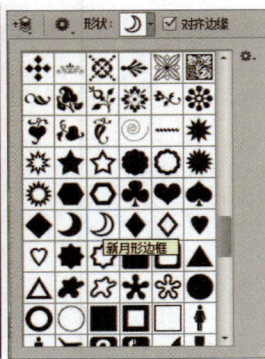

图7-63

STEP 14 在"陪你夜归"文字的右侧绘制月牙形状，如图7-64所示。

STEP 15 使用相同的方法，选择"十角星"形状并在左侧绘制，完成后的效果如图7-65所示。

STEP 16 打开"树叶.psd"素材文件，将其中的图像拖动到细节图中，并将其图层移动到菜板的下方，调整图像大小和位置，如图7-66所示。

STEP 17 保存图像，查看完成后的效果，如图7-67所示（配套资源:\效果文件\第7章\细节图.psd）。

图7-64

图7-65

图7-66

图7-67

7.6 实战训练

7.6.1 实训要求

　　本例将制作女包详情页，在制作时先制作焦点图，再对商品参数、色彩选择、商品亮点以及细节图进行设计，使整个画面简约、美观。

7.6.2 实训分析

　　时尚小包是女士夏天必备商品。在制作该详情页时，可将其分为5个部分，分别是焦点图、商品参数、色彩选择、商品亮点以及细节图。在制作时，应该将小包的百搭体现出来。这里通过不同的人物穿戴搭配，将时尚和百搭体现出来，并通过细节展示让商品品质得到展现，完成后的效果如图7-68所示。

图7-68

7.6.3 操作思路

完成本实训需要进行以下主要操作。

STEP 01 焦点图为女包详情页的第一个页面。在制作该页面时，需要从商品形状出发进行构图，以商品的颜色来搭配背景的颜色，并以"时尚百搭小包"文案打动消费者。

STEP 02 产品参数主要用于展现女包的商品信息。在展现过程中，先制作灰色底纹，再在上方输入参数文字，并采用左右对齐的方式进行文字排版。

STEP 03 色彩选择主要用于展现女包的不同颜色，本例中有3种颜色，分别是灰色、黑色和焦糖色。在制作时，先添加素材，再在素材下方输入与女包色彩对应的文字。

STEP 04 商品亮点主要通过模特的展现来表现商品的效果。本例中主要通过3张图片进行展现，其中左侧、中间图片为大图展现，右侧图片为小图展现，在其上方通过文字说明体现女包的时尚感。

STEP 05 在制作细节图时，先对整体效果进行展现，再通过将包的细节放大来展示包的制作工艺、材质、五金件等内容，完成后再添加文案来增加说服力。

7.7 拓展延伸

为了帮助读者更好地理解本章所学知识，下面介绍一些与本章内容相关的其他知识。通过这些知识的学习，读者可以对电脑端详情页的制作方法有更深刻的认识。

1. 抓住详情页设计的重点

在设计详情页时，商家往往会通过各种方式来加强消费者的购买欲望，如宣传品牌、优化服务，提高性价比，展示差异化优势、热销盛况，展示好评等。然而针对不同的商品，在详情页中需要呈现的重点也是有所不同的。下面将根据运营状况，将店铺中的商品划分为新品、热卖单品、促销商品、常规商品，并对这4种不同商品的详情页设计重点进行阐述。

● **新品详情页设计重点**：首先，在传达设计理念的同时强调品牌、款式与品质，将新品介绍给消费者；其次，将商品的某一特点做到极致，以突出商品的差异化优势；最后，对销量低的新品可以通过新品打折、满减等营销方式积累一定的基础销量。

● **热卖单品详情页设计重点**：这类商品具有良好的销量，可在详情页中突出展示热销盛况、好评，在编写过程中可以暗示消费者商品已被大众认同，以打消消费者的疑虑，然后通过展示商品优势来佐证其热销的原因，让消费者相信选择该款商品是正确的选择，进一步赢得消费者的信任。

● **促销商品详情页设计重点**：在设计这类商品的详情页时，首先需要突出活动力度，让消费者关注并对其产生兴趣，再通过性价比的优势与功能的介绍吸引消费者下单。

● **常规商品详情页设计重点**：在设计这类商品的详情页时，首先需要给出足够的购买理由，通常是展示其优势、功能、性价比，或通过营销活动让消费者产生购买的兴趣。

2. 分析消费者流失原因

当消费者进入详情页后，只是简单浏览而没有达成购买的意愿时，就需要商家反省消费者流失的原因。消费者流失说明详情页的制作或是商品本身的展现存在问题，下面将对存在的原因分别进行介绍。

● **不是消费者需要的商品**：若该商品不是消费者需要的商品，那么就需要进行关联营销，在这个商品页面里推荐其他商品，促进消费者二次购买的可能性，以提高每笔订单的成交单价。

● **对店铺的整体服务没有概念**：当消费者觉得商品还可以的时候，下一步就会考虑商品的品质。看品质不能只看详情页，还需要对店铺总体实力有一个比较明确的把握。这时最能体现店铺实力的就是店铺首页，所以首页的制作也至关重要。

● **价格不合适**：通常这个时候消费者对商品已产生认同，已经想买，就是觉得价格偏高。这时使该详情页和活动页面相联系，传递活动信息，就能将消费者的注意力集中到活动上。

7.8 思考练习

（1）利用收集的素材（配套资源:\素材文件\第7章\旅行包详情页.psd）制作登山包的详情页。根据登山包的风格，将橄榄色和深绿色作为店铺的颜色，给人以户外登山的清新感，在设计上主要体现旅行包的功能性和实用性。完成后的效果如图7-69所示（配套资源:\效果文件\第7章\旅行包详情页.psd）。

（2）利用收集的素材（配套资源:\素材文件\第7章\灯具详情页.psd）制作灯具详情页。根据灯具的风格，将咖啡色和白色作为店铺的颜色，给人以简约、时尚感。在制作上，采用了焦点图、场景展示、商品情景、适用风格、信息展示、细节展示等展现方法。

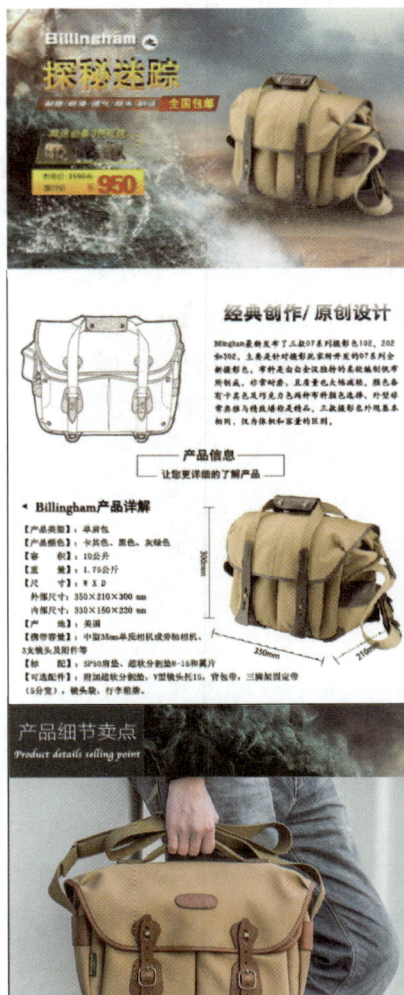

图7-69

完成后的效果如图7-70所示（配套资源:\效果文件\第7章\灯具详情页.psd）。

图7-70

第8章

电脑端其他页面的设计

本章导读

　　当完成首页和详情页的设计后，还要根据当前店铺的需要创建专题页、活动页或品牌介绍页。商家可将这些页面直接运用到首页，或以单独页面的形式进行展示。随着电商竞争的白炽化，店铺装修不再千篇一律，而是更加追求个性化，这些自定义页面的设计和应用对于提高店铺的品质与转化率起着重要作用。下面分别针对这些页面的独特性，对其设计与制作方法进行介绍。

知识技能

— 掌握专题页的设计与制作方法

— 掌握活动页的制作方法

— 掌握品牌介绍页的制作方法

8.1 专题页的制作

专题页是利用一件事、一个主题来策划的页面，如开学季专题页即利用要开学这件事而策划的页面，从而对商品进行集中营销。该页面中不但包含了主题内容，还可展现商品内容，使其不但能吸引消费者的注意力，还能给店铺带来流量，提高店铺被搜索的概率。下面将先讲解专题页的作用，再对专题页的分类和制作方法进行介绍。

8.1.1 专题页的作用

专题页可以集中输出要传达的信息，提高消费者的关注度，给消费者提供与主题相关的信息，进而促使消费者做出购买决策，继而完成营销。下面将从以下6个方面对专题页的作用进行详解。

● **可以补充、整合大量信息，吸引消费者注意力**：专题页可以根据消费者个性化的需求来补充和整合信息，并将其分模块地展现给消费者，引起消费者对商品的兴趣，吸引消费者的注意力，从而促进购买。图8-1所示为联想针对新品制作的专题页面，在其中不但有"8·27联想京东超级新品日"文字，还进行了笔记本电脑图片的展示，以此吸引消费者的注意力，从而将整个信息完整体现出来，以吸引消费者注意。

图8-1

● **可以对大型或多个促销活动进行集中展示**：设计制作专题页常常是为了配合京东举行的大型活动，其展现量比较大，点击率也比较高，对营销可以起到推进和引导作用。图8-2所示为家装节的一个促销型专题页，在其中不但罗列了参加促销的冰箱和洗衣机，还对满减等促销内容进行了展现。

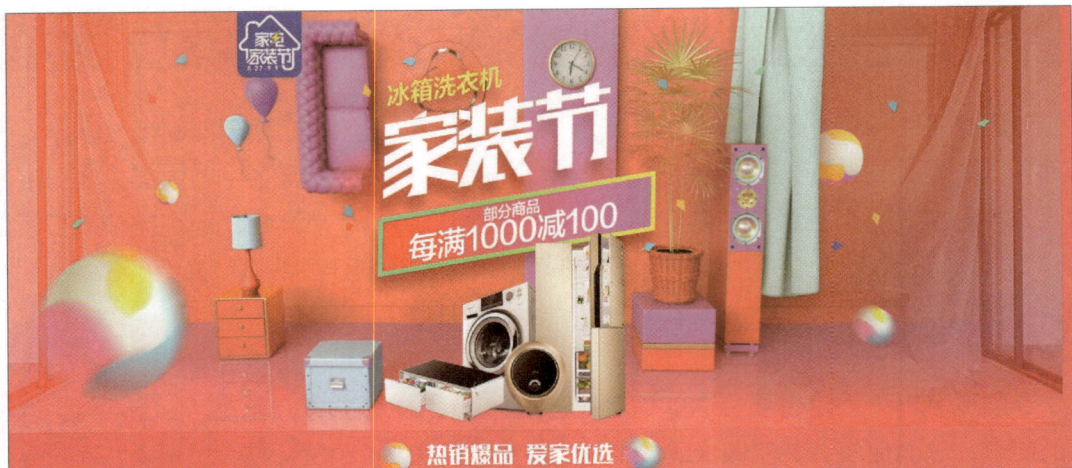

图8-2

● **是对外展示店铺、品牌形象、实力的工具**：不是所有店铺都能参与京东平台的专题活动，若是店铺自己创建的专题页，在制作时需要对商品信息进行精细化处理。好的专题页设计可以让消费者体会到商家的用心良苦，产生更多的信任感，这也是店铺品牌的延伸。

● **给店铺带来流量，吸引部分消费者**：好的专题页能起到促进店铺营销的作用。通过专题页展示的商品可为店铺带来流量，从而吸引消费者对其他商品进行浏览与购买，该作用与活动页相同。图8-3所示专题页为店铺"新学期"活动专题页，可体现出满减等活动，以引起更多消费者的关注。

图8-3

8.1.2　专题页的分类

专题页主要分为两种类型，下面分别进行介绍。

● **陈述型**：该类型的专题页一般针对安全要求或价值较高的商品，如药品、护肤品、奢侈品等。专题页展示的内容要能打消消费者对商品的顾虑，同时可以适当传递商品信息，加深消费者对店铺的好感。图8-4所示的专题页通过陈述性文字来表现商品和整个专题活动，从而促进店铺营销。

● **促销型**：促销型专题页主要通过促销活动来拉近消费者和商品的距离，增加消费者的购买概率。该类型专题页与后面讲解的活动页类似，只是其针对的主体更大，体现的内容要更加具有代表性，不能自由设置活动内容。专题页可能是多个店铺联合举行活动的展现，可使整个促销内容更具有多样性和完整性。图8-5所示为京东平台制作的一个专题页，用于企业采购，通过将企业常用家电进行集合来促进商品的销售。

图8-4

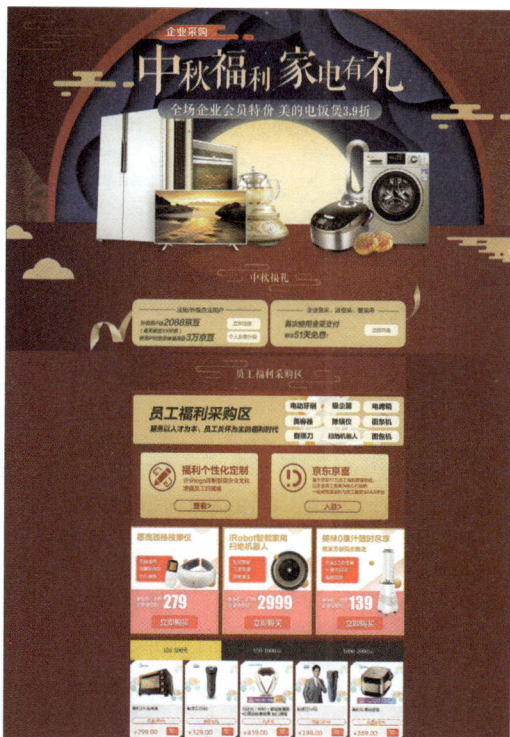

图8-5

8.1.3　设计与制作专题页

专题页是店铺装修过程中经常需要设计和制作的页面。它可以结合活动和运营直接在首页中展示，也可以单独制作页面进行展示。制作与商品销售相关的专题页时，需要先了解京东发布的专题活动，再进行专题页的制作，将专题内容、销售、活动结合在一起。本例将制作护肤品店铺七夕专题页，在制作时先制作专题海报，并对促销商品进行展现。

1. 实训分析

制作七夕专题页时需要先确定主题，这里使用嫦娥奔月的童话素材来体现七夕主题，并使用赏月的背景与主题相契合，使整个海报更具有视觉美感，再在下方添加商品信息，使促销信息在专题内容中得到体现。

2. 操作思路

完成本例需要进行以下主要操作。

STEP 01 制作商品背景与海报。在制作海报时需要先制作七夕背景，再对商品图片和文字进行添加。只需选择【文件】/【新建】命令，打开"新建"对话框，在名称文本框中输入"七夕专题页"，在宽度和高度文本框中分别输入"1920"和"5600"，在其右侧的下拉列表中选择"像素"选项，在分辨率文本框中输入"72"，单击 确定 按钮，如图8-6所示。

STEP 02 将前景色设置为"#111145"，新建图层，按【Alt+Delete】组合键填充前景色。打开"图层"面板，选择"图层1"图层，单击"锁定全部"按钮 🔒 锁定图层，如图8-7所示。

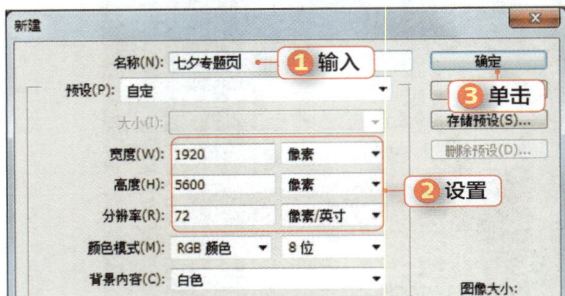

图8-6

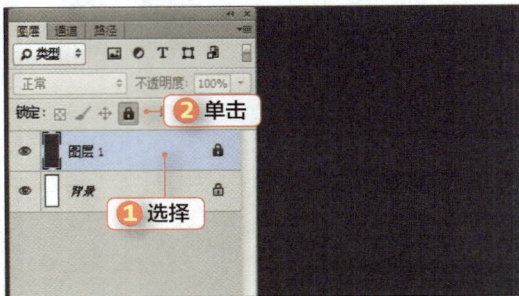

图8-7

STEP 03 打开"星空.psd"素材文件（配套资源:\素材文件\第8章\星空.psd），将素材拖动到图像中，调整各个图像的位置；打开"图层"面板，设置图层混合模式为"颜色减淡"，单击"锁定透明像素"按钮 ⊠，如图8-8所示。

STEP 04 打开"莲花.psd"素材文件（配套资源:\素材文件\第8章\莲花.psd），将素材拖动到图像中，调整各个图像的位置，如图8-9所示。

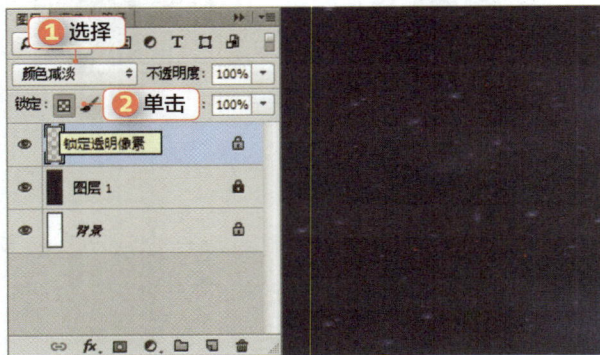

图8-8

图8-9

STEP 05 在"图层"面板中，单击"添加矢量蒙版"按钮 ▣，为莲花图像添加图层蒙版。完成后在工具箱中选择"画笔工具" ✐，对莲花的上下部分进行涂抹，使其图像更加融合，效果如图8-10所示。

STEP 06 打开"专题页素材.psd"素材文件（配套资源:\素材文件\第8章\专题页素材.psd），将其中的水拖动到莲花图像下方，使其有波光粼粼的效果，如图8-11所示。

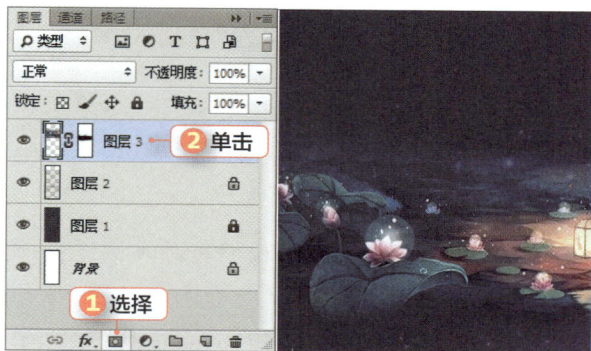

图8-10   图8-11

STEP 07 打开"专题页素材.psd"素材文件，将其中的云朵拖动到图像的右上角；打开"图层"面板，设置不透明度为"20%"，如图8-12所示。

STEP 08 在工具箱中选择"椭圆工具" ◯，在右上角绘制大小为550像素×550像素的正圆。在工具属性栏中，单击"填充"按钮 ▢，在打开的下拉列表中单击"渐变"，设置渐变颜色为"#ffffff"～"#cdceec"渐变。完成后设置路径为"径向"，缩放为"140"，如图8-13所示。

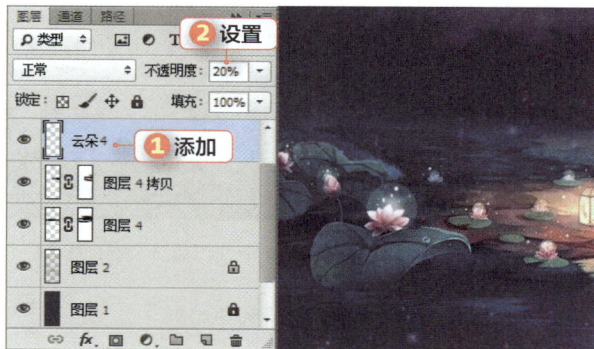

图8-12   图8-13

STEP 09 选择绘制的椭圆图层，打开"图层样式"对话框，在左侧单击选中"内发光"复选框，在右侧面板中设置不透明度、杂色分别为"80""40"，如图8-14所示。

STEP 10 在左侧单击选中"投影"复选框，在右侧面板中设置颜色、不透明度、距离、扩展、大小分别为"#fffdfd""80""10""5""10"，单击 确定 按钮，如图8-15所示。

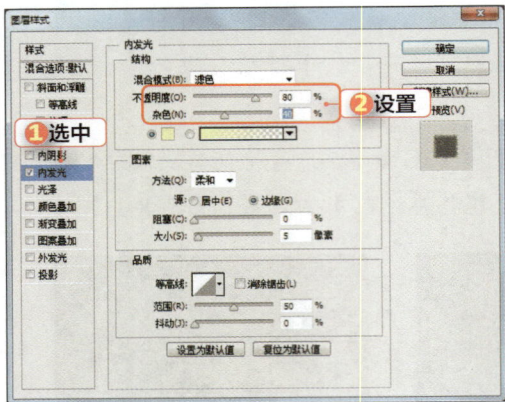

图8-14

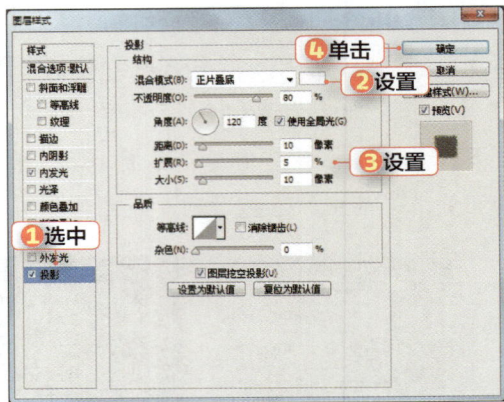

图8-15

STEP 11 打开"专题页素材.psd"素材文件，将其中的嫦娥奔月和蝴蝶拖动到图像中，调整图像大小和位置，如图8-16所示。

STEP 12 再次打开"专题页素材.psd"素材文件，将其中的小船拖动到图像中，调整图像大小和位置，如图8-17所示。

STEP 13 将其中的白色商品拖动到小船的上方，调整图像大小和位置，完成后将商品所在图层调整到小船所在图层下方，如图8-18所示。

图8-16

图8-17

图8-18

STEP 14 在商品图层的下方新建图层，设置前景色为"#000000"，在工具箱中选择"画笔工具" ，在商品的下方进行涂抹，绘制商品的投影，效果如图8-19所示。

STEP 15 再次打开"专题页素材.psd"素材文件，将其中的祥云拖动到图像左右两侧，调整图像大小和位置，如图8-20所示。

STEP 16 选择"横排文字工具" ，输入文字"爱在七夕"。打开"字符"面板，设置字体和颜色分别为"汉仪行楷简""#ffffff"，调整文字大小和位置，如图8-21所示。

STEP 17 在工具箱中选择"矩形工具" ，在"在"字的右侧绘制大小为440像素×100像素的矩形，并设置填充色为"#9d020e"。

图8-19

图8-20

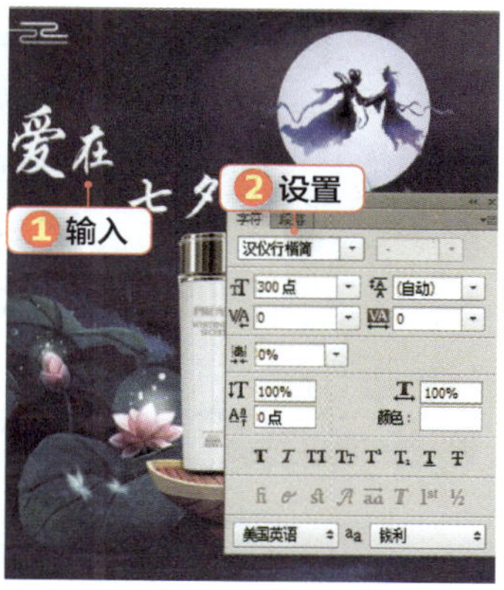

图8-21

STEP 18 选择"横排文字工具" ，输入"浪漫7折起"文字。在工具属性栏中，设置字体和颜色分别为"汉仪尚巍手书W""#ffffff"，调整文字大小和位置，如图8-22所示。

STEP 19 选择"浪漫7折起"文字图层，打开"图层样式"对话框，单击选中"投影"复选框，在右侧面板中设置颜色、距离、扩展、大小分别为"#040000""7""0""7"，单击 确定 按钮，如图8-23所示。

图8-22

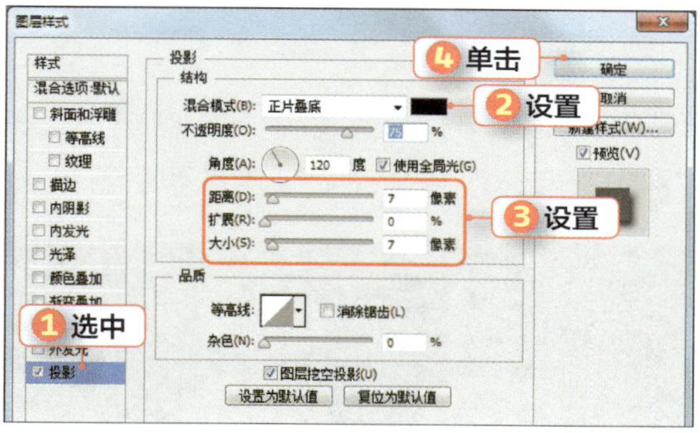

图8-23

STEP 20 选择"横排文字工具" ，输入"这个七夕 浪漫约会"文字。在工具属性栏中，设置字体和颜色分别为"思源黑体 CN""#ffffff"，调整文字大小和位置，如图8-24所示。

STEP 21 打开"图层"面板，单击"创建新组"按钮 ，将组名称修改为"海报"，完成后将图层依次拖动到组中，如图8-25所示，即可完成海报的制作。

STEP 22 下面将制作专题页的3张优惠券。在制作前再次打开"专题页素材.psd"素材文件，将其中的莲花和金鱼拖动到图像中，调整图像大小和位置，如图8-26所示。

STEP 23 选择"横排文字工具" ，输入图8-27所示文字。在工具属性栏中，设置中文字体为"思源黑体 CN"，英文字体为"Impact"，调整文字大小和位置。

STEP 24 打开"图层"面板，单击"创建新组"按钮 ，将组名称修改为"优惠券1"，完成后将图层依次拖动到组中，如图8-28所示。

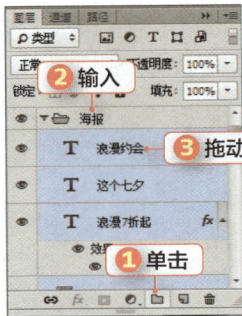

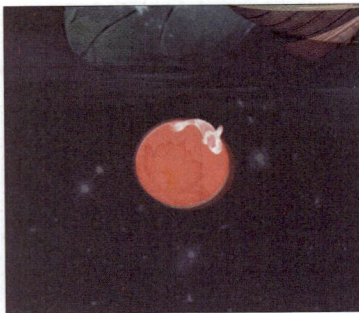

图8-24　　　　　　　　　　图8-25　　　　　　　　　　图8-26

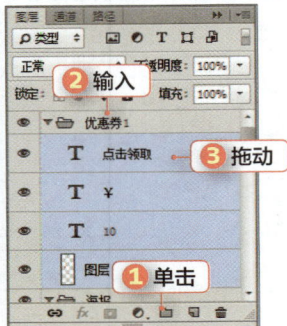

图8-27　　　　　　　　　　　　　　图8-28

STEP 25　复制绘制的优惠券并向右拖动，完成后修改优惠券的内容，并添加工作组，如图8-29所示，即可完成三张优惠券的制作。

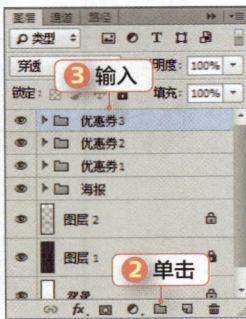

图8-29

STEP 26　制作第一个专题栏"爱在七夕浪漫约惠"的标题效果。在制作前，设置前景色为"#4c9be4"，新建图层，选择"钢笔工具" ，在优惠券的下方绘制图8-30所示的形状，按【Ctrl+Enter】组合键将路径转换为选区，再按【Alt+Delete】组合键填充颜色。

STEP 27　选择形状所在图层，打开"图层样式"对话框，单击选中"渐变叠加"复选框，在右侧面板中设置渐变颜色为"#365aae"～"#4ea2ea"，单击 确定 按钮，如图8-31所示。

STEP 28　再次打开"专题页素材.psd"素材文件，将其中的莲花拖动到图像中，调整大小和位置，如图8-32所示。

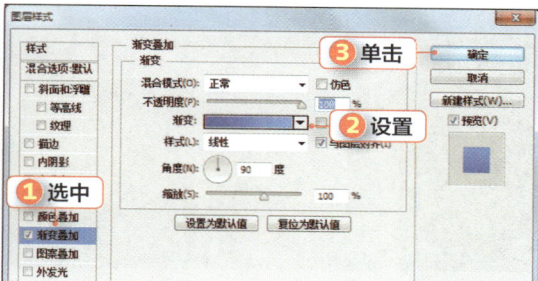

图8-30   图8-31

STEP 29 选择"横排文字工具" T ，输入图8-33所示文字。在工具属性栏中，设置字体和颜色分别为"迷你简粗圆""#ffffff"，调整文字大小和位置。

图8-32   图8-33

STEP 30 选择"爱在七夕浪漫约惠"文字图层，打开"图层样式"对话框，单击选中"投影"复选框，在右侧面板中设置颜色、不透明度、距离、扩展、大小分别为"#a53536""50""5""0""13"，单击 确定 按钮，如图8-34所示。

STEP 31 返回图像编辑区，发现文字已经添加了投影，完成第一个专题栏"爱在七夕浪漫约惠"的标题制作，查看完成后的效果，如图8-35所示。

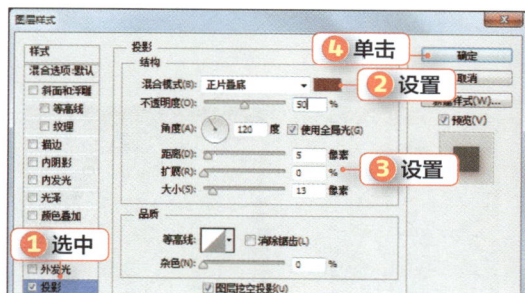

图8-34   图8-35

STEP 32 制作专题栏的促销内容。在制作前，先在工具箱中选择"圆角矩形工具" ，在文字的下方绘制大小为1150像素×530像素的圆角矩形，并设置填充色为"#304f9f"，描边颜色为"#84aae8"，描边粗细为"2点"，如图8-36所示。

STEP 33 再次打开"专题页素材.psd"素材文件，将其中的护肤品拖动到图像中，调整图像大小和位置，如图8-37所示。

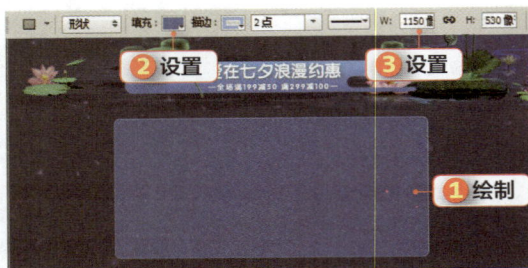

图8-36

图8-37

STEP 34 选择"横排文字工具" T，输入图8-38所示文字。在工具属性栏中，设置中文字体为"汉仪粗圆简"，英文字体为"Bodoni Bd BT"，调整文字大小和位置。

STEP 35 再次选择"横排文字工具" T，输入图8-39所示文字。在工具属性栏中，设置中文字体为"文鼎POP-4"，调整文字大小和位置。

图8-38

图8-39

STEP 36 选择"499"文字图层，打开"图层样式"对话框，单击选中"渐变叠加"复选框，在右侧面板中设置渐变颜色为"#ff597d"~"#fbaebb"，单击 确定 按钮，如图8-40所示。

STEP 37 在工具箱中选择"圆角矩形工具" ，在"立即购买≫"文字下方绘制圆角矩形，并设置填充色为"#ff688a"，如图8-41所示。

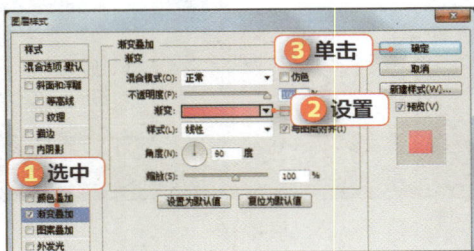

图8-40

图8-41

STEP 38 复制制作好的第一个商品展示，然后添加护肤品图片，输入文字，完成第二个商品展示的制作，完成后的效果如图8-42所示。

STEP 39 制作第二个专题栏"七夕单件浪漫约惠"的标题效果。复制制作好的第一个专题栏，然后修改其中的文字内容，完成第二个专题栏的制作，其效果如图8-43所示。

图8-42

图8-43

STEP 40 制作促销内容的单个展示效果。在制作前，先在工具箱中选择"圆角矩形工具" ，在文字的下方绘制4个大小为550像素×650像素的圆角矩形，并设置填充色为"#304f9f"，描边颜色为"#84aae8"，描边粗细为"2点"，如图8-44所示。

STEP 41 再次打开"专题页素材.psd"素材文件，将其中的护肤品素材拖动到图像中，调整图像大小和位置，如图8-45所示。

图8-44

图8-45

STEP 42 选择"横排文字工具" ，输入图8-46所示文字。在工具属性栏中，设置中文字体为"文鼎POP-4"，调整文字大小和位置。

STEP 43 选择"直击肌底 水动力套装"文字图层，打开"图层样式"对话框，单击选中"投影"复选框，在右侧面板中设置颜色、不透明度、距离、扩展、大小分别为"#040000""100""5""0""2"，单击 确定 按钮，如图8-47所示。

STEP 44 选择"129"文字图层，打开"图层样式"对话框，单击选中"渐变叠加"复选框，在右侧面板中设置渐变颜色为"#ff597d"~"#fbaebb"，单击 确定 按钮，如图8-48所示。

STEP 45 在工具箱中选择"圆角矩形工具" ，在"立即购买 ≫"文字下方绘制圆角矩形，并设置填充色为"#ff688a"，如图8-49所示。

STEP 46 使用相同的方法，对其他文字添加渐变叠加，并在"立即购买 ≫"文字下方绘制圆角矩形，完成后的效果如图8-50所示。

图8-46

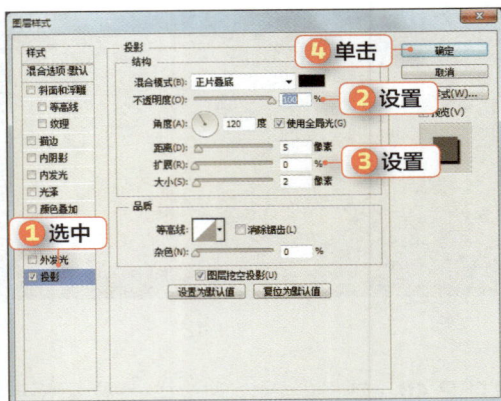

图8-47

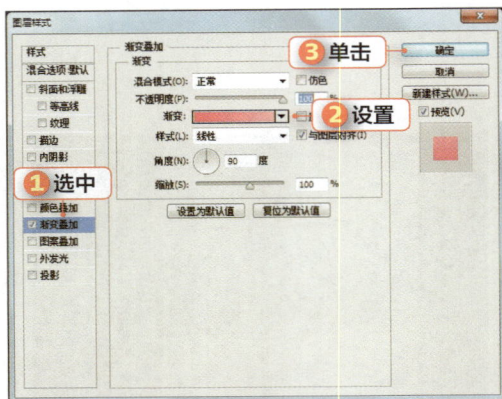

图8-48

图8-49

STEP 47 完成整个制作后，再次打开"专题页素材.psd"素材文件，将其中的兔子和荷花拖动到图像中，调整图像大小和位置，如图8-51所示。

图8-50

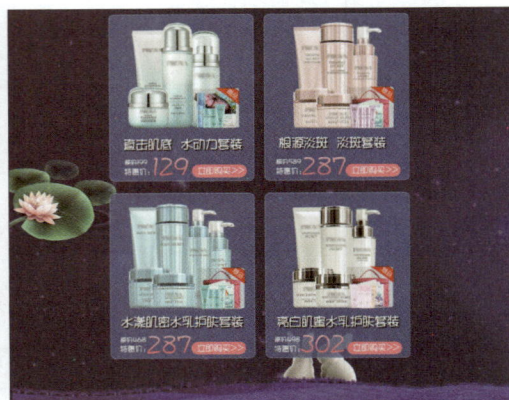

图8-51

STEP 48 保存图像，查看完成后的效果，如图8-52所示（配套资源:\效果文件\第8章\七夕专题页.psd）。

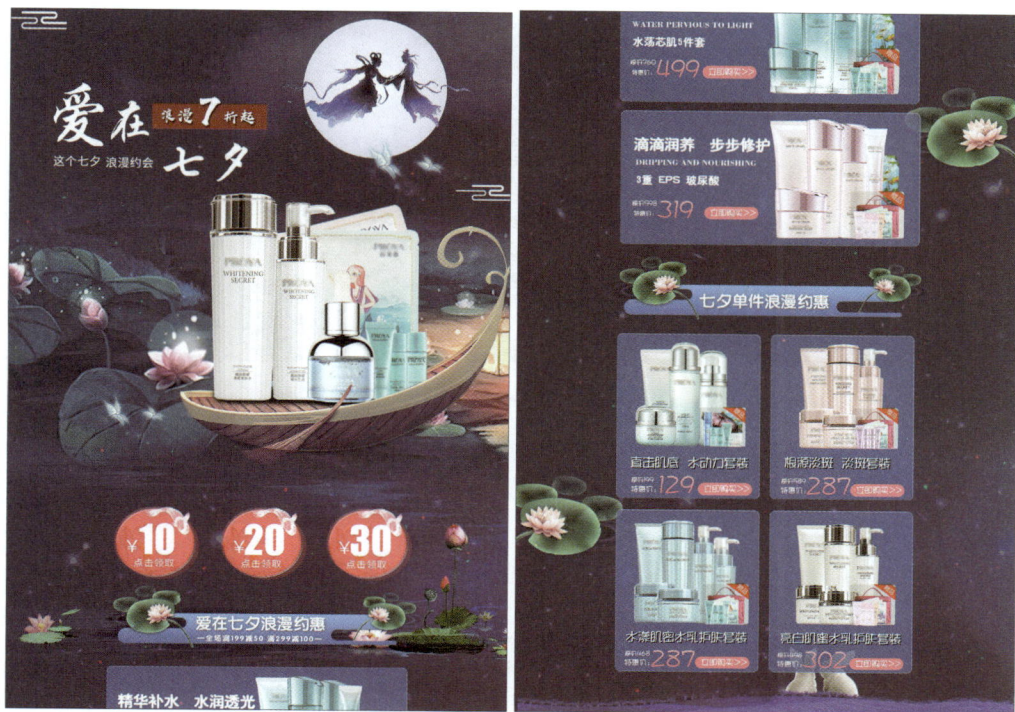

图8-52

8.2 活动页的制作

活动页与促销型专题页类似，是针对店铺活动、官方活动制作的单独页面，用于区分参加活动的商品与不参加活动的商品。但需要注意活动页可以是店铺活动，也可以是京东官方活动，相比于专题页更具有普遍性。下面分别对活动页的设计要点和设计方法进行介绍。

8.2.1 活动页的设计要点

活动页是以各种视觉表现形式展现节日促销、品牌宣传推广等活动主题的页面。下面对其设计要点进行介绍。

● **标题出彩**：活动标题常是整个页面的主题，文字要精确细致、简明扼要。如果活动页中的标题吸引人，并且够明确，往往能吸引消费者继续看下去。活动页中的主标题和副标题都是为了最大化地展现活动的价值。主标题一定要精辟简短，要概括整个活动的吸引点。副标题则起到解释说明以及补充的作用，用于突出描述活动的优点和利益点。因此，好的标题能在第一屏产生视觉冲击力，吸引消费者的关注，起到画龙点睛的作用。图8-53中的标题即为好标题，其中"品质拍拍 开机盛典"为主标题，"华为P10低至1439"则为副标题。

图8-53

● **色彩出彩**：色彩出彩不是单纯指色彩艳丽或色彩突出，而是指页面色彩具有独特性、合适性和联想性。其中，色彩的合适性是指色彩与活动气氛相融合。如图8-54所示，通过蓝色的夜空、红色的小船可展现牛郎织女的团圆，使整个色彩与童话联系起来，更好地烘托活动氛围。

图8-54

● **细节出彩**：对于活动页来说，各个细节都决定了店铺能否吸引消费者。在活动页中，各装修元素，如抽象的纹理、符号和线条等，都能使整个画面显得更有活力与个性。如图8-55所示的鲜花、娃娃等，不仅丰富了画面的内容，而且增加了与消费者的视觉互动感，图文并茂间引导了消费者参与七夕活动。

图8-55

8.2.2 设计与制作活动页

下面将设计、制作活动页。在制作时，先制作活动标题，再在下方展现活动信息和活动商品，将整个活动页面展现完整。

1. 实训分析

该活动页主要是某店铺为迎接"双11"而设计的。在制作时，先将带有神秘气息的紫色作为主色，加上线条感的展现，让画面更加具有时尚感，再在上方添加说明性文字，让活动主题得到体现。完成后，在下方依次添加活动内容和活动商品，让整个画面变得时尚、完整。

2. 操作思路

完成本例需要进行以下主要操作。

STEP 01 制作活动页的整个背景，并对海报进行制作。选择【文件】/【新建】命令，打开"新建"对话框，在名称文本框中输入"活动页"，在宽度和高度文本框中分别输入"1920"和"3500"，在其右侧的下拉列表中选择"像素"选项，在分辨率文本框中输入"72"，单击 确定 按钮，如图8-56所示。

STEP 02 将前景色设置为"#0f002a"，按【Alt+Delete】组合键填充前景色。

STEP 03 打开"活动页背景.jpg"素材文件（配套资源:\素材文件\第8章\活动页背景.jpg），将其拖动到图像中，调整图像大小和位置。打开"图层"面板，设置图层混合模式为"滤色"，如图8-57所示。

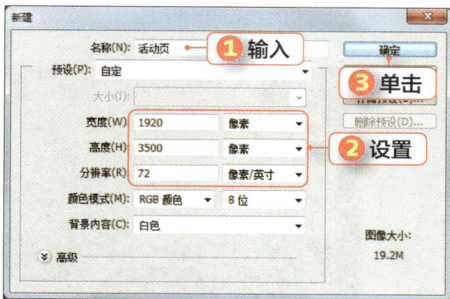

图8-56

图8-57

STEP 04 打开"活动页图片.jpg"素材文件（配套资源:\素材文件\第8章\活动页图片.jpg），将其拖动到图像中，调整图像大小和位置，如图8-58所示。

STEP 05 在"图层"面板中单击"添加矢量蒙版"按钮 ▣ ，为活动页图片添加图层蒙版，完成后在工具箱中选择"画笔工具" ✎ ，在图片下方进行涂抹，使其更加融合，效果如图8-59所示。

STEP 06 按【Ctrl+J】组合键复制图层，打开"图层"面板，设置图层混合模式为"正片叠底"，如图8-60所示。

STEP 07 打开"线条.psd"素材文件（配套资源:\素材文件\第8章\线条.psd），将其拖动到图像中，调整图像大小和位置，如图8-61所示。

图8-58   图8-59

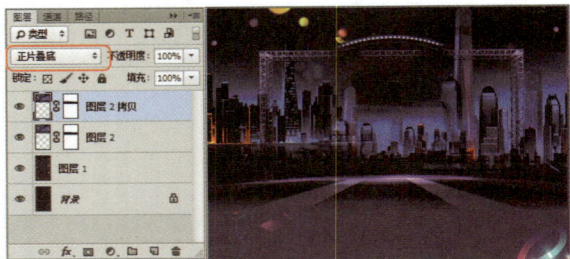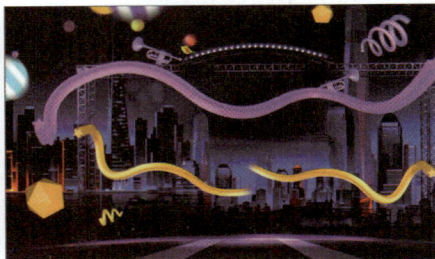

图8-60   图8-61

STEP 08　打开"色彩.psd"素材文件（配套资源:\素材文件\第8章\色彩.psd），将其中的两种色彩拖动到图像中，调整图像大小和位置。

STEP 09　选择灰色的色彩图层，设置图层混合模式为"颜色减淡"，如图8-62所示。

STEP 10　选择紫色的色彩图层，设置图层混合模式为"滤色"，再设置不透明度为"50%"，设置后的效果如图8-63所示。

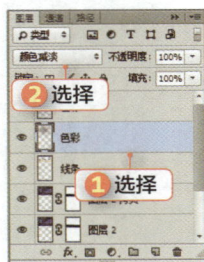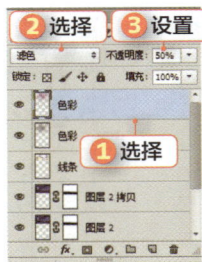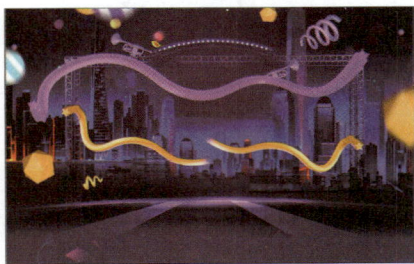

图8-62   图8-63

STEP 11　选择"圆角矩形工具" ，在图像的中间区域绘制1070像素×330像素的圆角矩形。在工具属性栏中，单击"填充"按钮 ，在打开的下拉列表中，单击"渐变"，在下方设置渐变颜色为"#430962"～"#960b8b"渐变，设置渐变后的效果如图8-64所示。

STEP 12　打开"图层样式"对话框，单击选中"描边"复选框，在右侧面板中设置大小、位置、渐变、角度分别为"30""外部""#ffc601~#f03e08""-35"，如图8-65所示。

STEP 13　单击选中"内阴影"复选框，在右侧面板中设置角度、距离、阻塞、大小分别为"45""5""0""24"，单击 确定 按钮，如图8-66所示。

图8-64

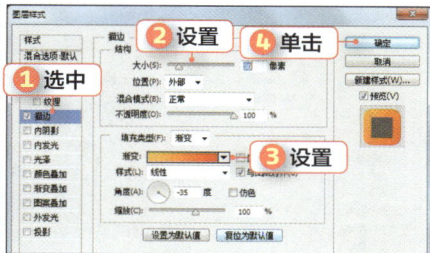

图8-65

STEP 14 打开"灯光.psd"素材文件（配套资源:\素材文件\第8章\灯光.psd），将其拖动到图像中，调整图像大小和位置，如图8-67所示。

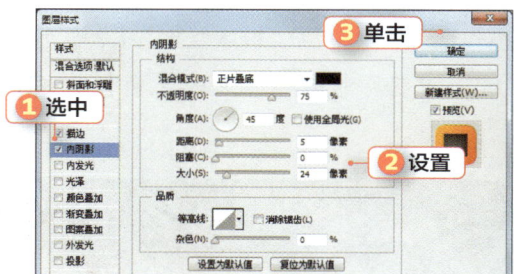

图8-66

图8-67

STEP 15 选择"圆角矩形工具" ▢，在图像的中间区域绘制1050像素×315像素的圆角矩形。在工具属性栏中，单击"填充"按钮▣，在打开的下拉列表中，单击"渐变"，在下方设置渐变颜色为"#430962"～"#bb06ac"渐变，设置渐变后的效果如图8-68所示。

STEP 16 打开"图层样式"对话框，单击选中"描边"复选框，在右侧面板中设置大小、位置、渐变、角度分别为"10""外部""#eb39e9~#7e0ef0""-38"，如图8-69所示。

图8-68

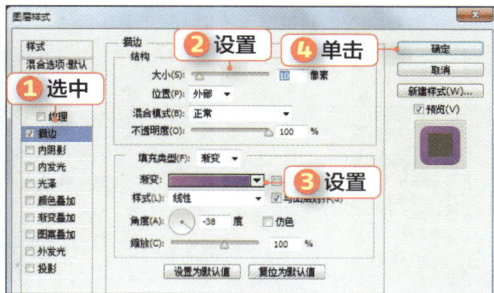

图8-69

STEP 17 单击选中"内阴影"复选框，在右侧面板中设置角度、距离、阻塞、大小分别为"45""5""0""24"，如图8-70所示。

STEP 18 单击选中"投影"复选框，在右侧面板中设置距离、扩展、大小分别为"10""0""10"，单击 确定 按钮，如图8-71所示。

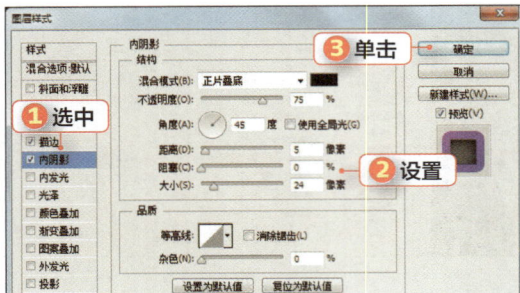

图8-70

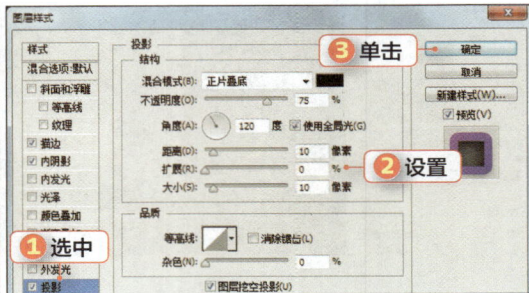

图8-71

STEP 19 打开"圆球素材.psd"素材文件，将其中的圆球素材拖动到图像中，调整图像大小和位置，如图8-72所示。

STEP 20 设置前景色为"#0f002a"，新建图层，选择"钢笔工具" ，在图像的下方绘制图8-73所示文字，按【Ctrl+Enter】组合键将形状转换为选区，按【Alt+Delete】组合键填充前景色。

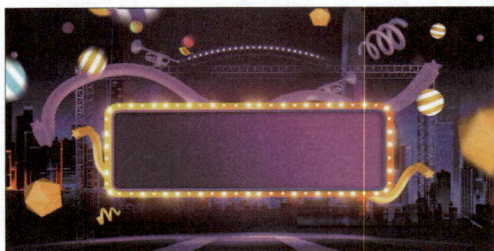

图8-72

图8-73

STEP 21 打开"图层样式"对话框，单击选中"投影"复选框，再在上方单击选中"颜色叠加"复选框，在右侧面板中设置颜色为"#750b0d"，单击 确定 按钮，如图8-74所示。

STEP 22 按【Ctrl+J】组合键复制该图层，并清除图层样式；按住【Ctrl】键不放，单击"拒绝拥堵 拷贝"图层前的缩略图载入选区；单击"渐变工具" ，打开"渐变编辑器"对话框，设置渐变颜色为"#f7f7ef"~"#cfa155"，单击 确定 按钮，如图8-75所示。

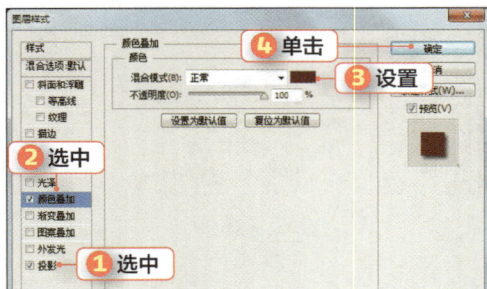

图8-74

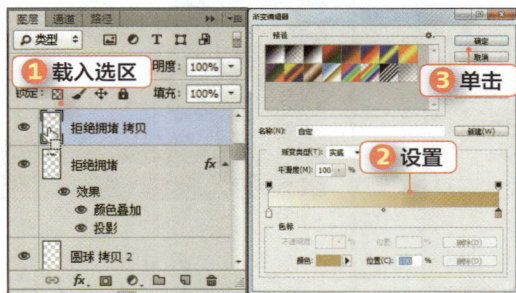

图8-75

STEP 23 自下而上拖动鼠标添加渐变效果，完成后打开"图层样式"对话框，单击选中"投影"复选框，在右侧面板中设置距离、扩展、大小分别为"1""0""3"，单击⬚ 确定 ⬚按钮，如图8-76所示，调整位置使其形成错位。

STEP 24 打开"斜纹.psd"素材文件（配套资源\素材文件\第8章\斜纹.psd），将其拖动到文字上方，调整图像大小和位置，并将其置入文字中为其添加剪贴蒙版，效果如图8-77所示。

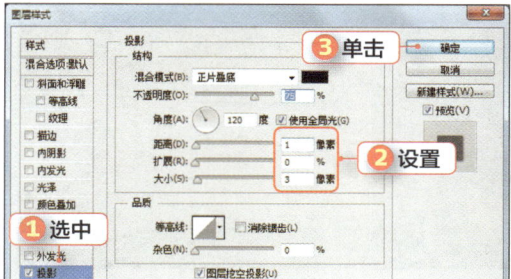

图8-76

图8-77

STEP 25 打开"灯光.psd"素材文件，将其中的灯光拖动到图像中，调整图像大小和位置，如图8-78所示。

STEP 26 选择"圆角矩形工具" ⬚，在矩形的上方绘制590像素×170像素的圆角矩形，并设置填充色为"#401358"。

STEP 27 再次打开"灯光.psd"素材文件，将其中的灯光拖动到圆角矩形上方，调整图像大小和位置，如图8-79所示。

图8-78

图8-79

STEP 28 选择"横排文字工具" ⬚，输入"11.11提前购"文字，设置字体为"思源黑体 CN"，文字颜色为"#ff9600"，调整文字大小和位置，如图8-80所示。

STEP 29 打开"图层样式"对话框，单击选中"外发光"复选框，在右侧面板中设置外发光颜色为"#e70c06"，单击⬚ 确定 ⬚按钮，如图8-81所示。

图8-80

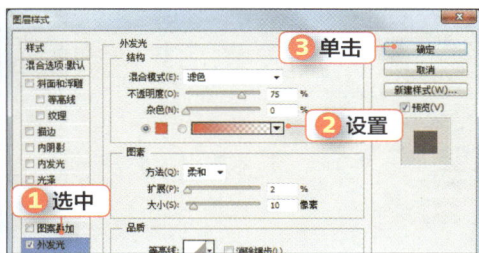

图8-81

STEP 30 按【Ctrl+J】组合键复制文字图层，将文字颜色修改为"#ffffff"，打开"图层样式"对话框，撤销选中"外发光"复选框，单击选中"斜面和浮雕"复选框，在右侧面板中设置样式、深度、高度分别为"内斜面""400""30"，单击[确定]按钮，如图8-82所示。

STEP 31 返回图像编辑区，查看设置斜面和浮雕后的效果，如图8-83所示。

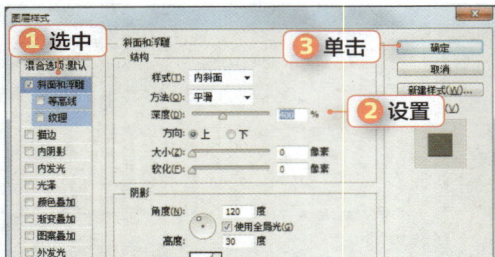

图8-82

图8-83

STEP 32 选择"矩形工具" ，在大矩形的下方绘制715像素×224像素的矩形，并设置填充色为"#40145d"，描边颜色为"#c705c3"，描边大小为"15点"，如图8-84所示。

STEP 33 选择"横排文字工具" ，输入图8-85所示文字，设置字体为"思源黑体CN"，字体颜色为"#ffffff"，调整文字大小和位置。

图8-84

图8-85

STEP 34 选择"一次让到底 买贵退差价"文字图层，打开"图层样式"对话框，单击选中"描边"复选框，在右侧面板中设置大小、颜色分别为"4""#8c0b91"，如图8-86所示。

STEP 35 单击选中"外发光"复选框，在右侧面板中设置不透明度、杂色、扩展、大小分别为"85""51""40""6"，单击[确定]按钮，如图8-87所示，完成整个海报的制作。

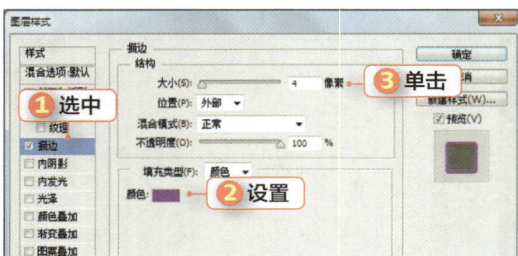

图8-86

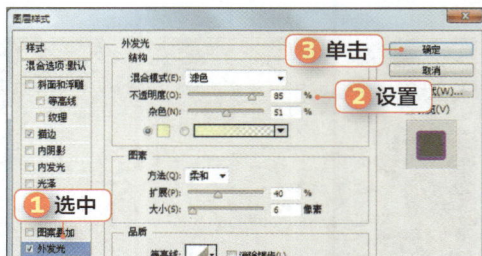

图8-87

STEP 36 制作三大特权栏，用于展现店铺的优惠力度。在制作前先选择"矩形工具" 🔲，在矩形的下方绘制1920像素×120像素的矩形，并设置填充色为"#060116"，再打开"图层"面板，设置不透明度为"40%"。

STEP 37 新建图层，选择"钢笔工具" ✏️，绘制形状并填充颜色为"#c705c3"。

STEP 38 选择"横排文字工具" T，输入图8-88所示文字，设置字体为"思源黑体CN"，设置"三大特权"字体颜色为"#40145d"，其他文字颜色为"#c705c3"，调整文字大小和位置。

STEP 39 选择"自定义形状工具" ⬚，在工具属性栏中设置填充颜色和描边颜色均为"#c705c3"，在"形状"下拉列表中依次选择"后退""前进""向下"形状，在文字的左侧进行绘制，为文字添加符号，如图8-89所示，完成特权栏的制作。

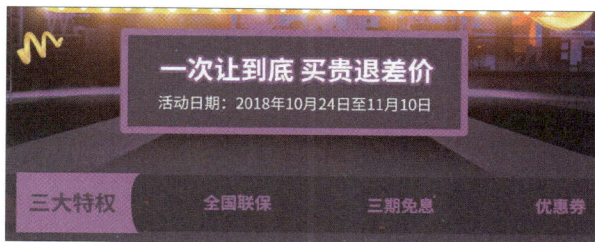

图8-88

STEP 40 在特权栏的下方制作三张优惠券。选择"圆角矩形工具" 🔲，绘制大小为1050像素×160像素的圆角矩形，并设置填充色为"#2302c6"。

图8-89

STEP 41 选择"椭圆工具" ⬭，在绘制的圆角矩形左侧绘制两个252像素×252像素的正圆，在工具属性栏中设置填充颜色为"#00a0e9"和"#051199"，完成后置入圆角矩形中，效果如图8-90所示。

STEP 42 选择"矩形工具" 🔲，在矩形的下方绘制3个250像素×125像素的矩形，并设置填充色为"#9b00fc""#ebb916""#fb2445"，如图8-91所示。

图8-90

STEP 43 选择"横排文字工具" T，输入图8-92所示文字，设置字体为"思源黑体 CN"，设置"立即购买"文字颜色为"#9b00fc"，其他文字颜色为"#ffffff"，调整文字大小和位置。

STEP 44 选择"矩形工具" 🔲，在"立即购买"文字下方绘制220像素×25像素

图8-91

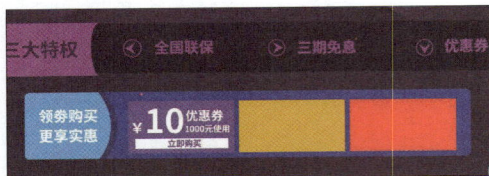

图8-92

图8-93

的矩形，并设置填充色为"#ffffff"。

STEP 45 使用相同的方法，在其他矩形中输入文字，并在"立即购买"文字下方绘制矩形，如图8-93所示，完成优惠券的制作。

STEP 46 制作商品促销图。选择"矩形工具" ，在优惠券下方绘制1200像素×1050像素的矩形，并设置填充色为"#9b00fc"。再次选择"矩形工具" ，在矩形中绘制两个1150像素×450像素的矩形，设置填充色为"#ffffff"，调整矩形在图像中的位置，如图8-94所示。

STEP 47 打开"活动页素材.psd"素材文件（配套资源:\素材文件\第8章\活动页素材.psd），将其中的主机图片添加到矩形中，调整图像的位置和大小，如图8-95所示。

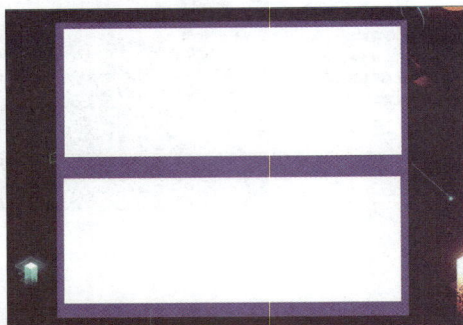

图8-94

图8-95

STEP 48 选择"横排文字工具" ，输入图8-96所示文字，设置字体为"思源黑体CN"，文字颜色为"#9b00fc"，调整文字大小和位置，在打开的"活动页素材.psd"素材文件中将"快速抢购"图标拖动到图像中，调整大小和位置。

STEP 49 继续选择"矩形工具" ，在刚才制作好的图形下方绘制几个大小不等的矩形，并设置相应颜色，矩形的大小颜色和位置如图8-97所示。

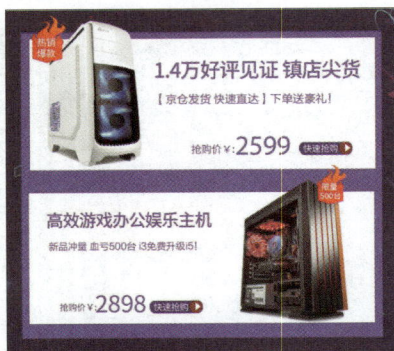

图8-96

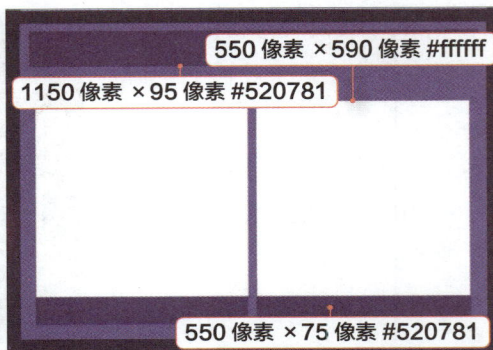

图8-97

STEP 50 在打开的"活动页素材.psd"素材文件中，将显示屏素材拖动到图像中，调整大小和位置，如图8-98所示。

STEP 51 选择"横排文字工具" T，输入图8-99所示文字，设置字体为"思源黑体CN"，调整文字大小、颜色和位置，在打开的"活动页素材.psd"素材文件中，将"快速抢购"图标拖动到图像中，调整大小和位置，完成促销图的制作。

图8-98

图8-99

STEP 52 保存图像，查看完成后的效果，如图8-100所示（配套资源:\效果文件\第8章\活动页.psd）。

图8-100

8.3 品牌介绍页的制作

一个完整的店铺除了根据活动更换活动页外，还需要制作带有品牌介绍的页面，用于对店铺品牌进行介绍。品牌介绍页常是单独的页面，常在导航条中通过选项卡进行展现，单击导航条中的"品牌介绍"选项卡即可进入品牌介绍页，其中包括店铺品牌信息、活动内容、物流信息等。下面将介绍品牌介绍页的制作方法。

1．实训分析

本例将制作家居店铺品牌介绍页，先通过海报的形式展现家居商品，然后在下方进行品牌介绍，让消费者了解店铺的详细信息，再在下方通过家居的制作过程展现家居的工艺，最后通过品牌历程介绍店铺的发展史，让消费者对店铺有更多的了解。

2．操作思路

完成本例需要进行以下主要操作。

STEP 01 制作品牌介绍页海报，用于展现商品效果。在制作前先选择【文件】/【新建】命令，打开"新建"对话框，在名称文本框中输入"品牌介绍页"，在宽度和高度文本框中分别输入"1920"和"3200"，在其右侧的下拉列表中选择"像素"选项，在分辨率文本框中输入"72"，单击 确定 按钮，如图8-101所示。

STEP 02 打开"品牌介绍页素材.psd"素材文件（配套资源:\素材文件\第8章\品牌介绍页素材.psd），将其中的海报素材拖动到图像上方，调整图像大小和位置，如图8-102所示。

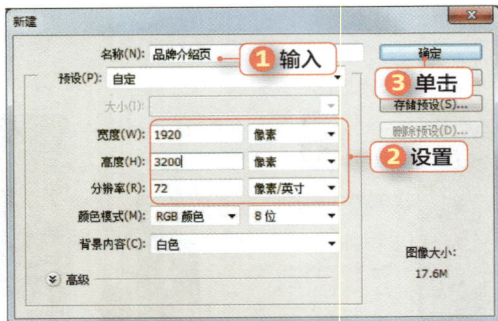

图8-101

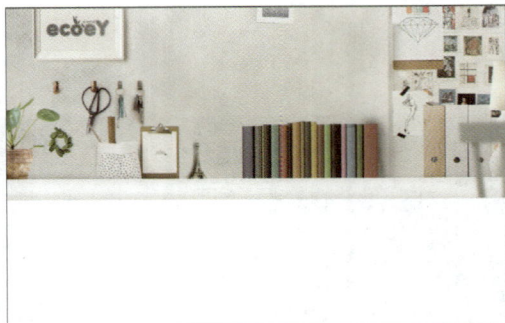

图8-102

STEP 03 选择"横排文字工具" T，输入图8-103所示文字，设置"《生态E园的诞生》"的字体为"汉仪粗黑简"，设置其他文字字体为"汉仪大宋简"，设置文字颜色为"#282828"，完成后调整文字大小和位置。

图8-103

STEP 04 制作品牌简介图。在制作时先介绍品牌，再对发展目标和使命进行介绍。选择"椭圆工具" ⬭，设置描边大小为"3点"，在海报的下方绘制215像素×215像素的正圆。打开"图层"面板，单击"添加图层蒙版"按钮 ▣，设置前景色为"#000000"，选择"画笔工具" ✎，在圆的右侧进行涂抹，制作缺口效果，如图8-104所示。

STEP 05 选择"椭圆工具" ⬭，设置填充色为"#282828"，在圆的左上方绘制65像素×65像素的正圆，如图8-105所示。

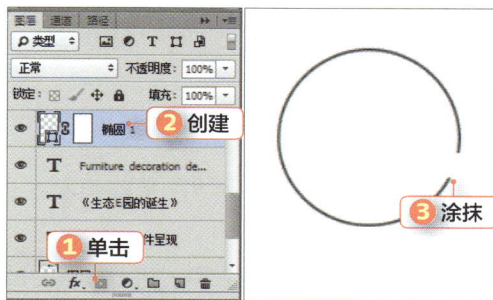

图8-104

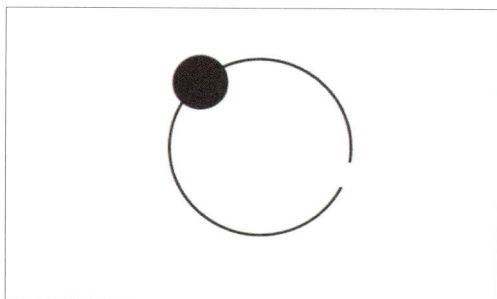

图8-105

STEP 06 选择"横排文字工具" T，输入图8-106所示文字，设置"品牌简介"字体为"汉仪粗黑简"，设置其他文字字体为"汉仪大宋简"，设置文字颜色为"#282828"，完成后调整文字大小和位置。

STEP 07 再次选择"横排文字工具" T，输入图8-107所示文字，设置字体为"Adobe 黑体 Std"，文字颜色为"#282828"，调整文字大小和位置。

图8-106

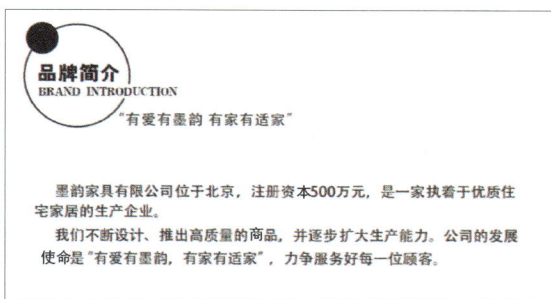

图8-107

STEP 08 选择"直线工具" ✎，在工具属性栏中，设置描边颜色为"#0f002a"，描边大小为"3点"，描边类型为第二种样式，在"品牌简介"的下方绘制一条虚线，如图8-108所示。

STEP 09 选择"圆角矩形工具" ▢，绘制大小为1920像素×750像素的圆角矩形，并设置填充色为"#ffffff"。

STEP 10 打开"品牌介绍页素材.psd"素材文件，将其中的家居图片拖动到矩形上方，并置入矩形中，为其创建剪切蒙版，完成后设置不透明度为"20%"，如图8-109所示。

STEP 11 选择"矩形工具" ▢，在矩形中绘制两个300像素×375像素的矩形，并设置填充色为"#000000"。

STEP 12 打开"品牌介绍页素材.psd"素材文件，将其中的施工图拖动到矩形上方，并置入矩形中，为其创建剪切蒙版，完成后的效果如图8-110所示。

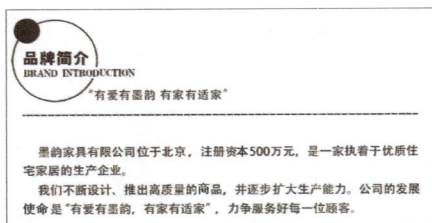

图8-108

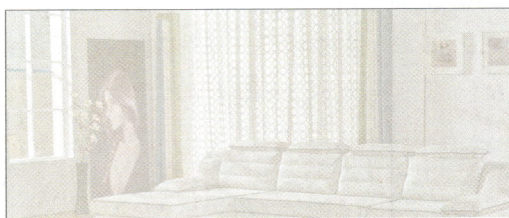

图8-109

STEP 13 选择"矩形工具" ▢，在矩形中绘制两个270像素×310像素的矩形，并设置填充色为"#000000"，完成后调整矩形的位置。

STEP 14 选择"横排文字工具" T，输入图8-111所示文字，设置字体为"Adobe 黑体 Std"，文字颜色为"#ffffff"，完成后调整文字大小和位置。

图8-110

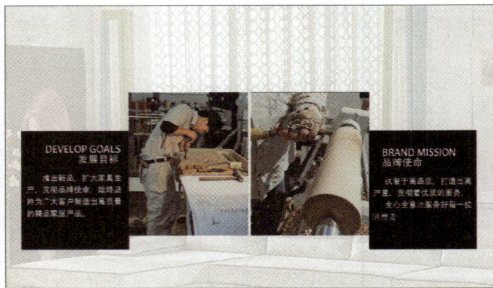

图8-111

STEP 15 选择"横排文字工具" T，输入图8-112所示文字，设置"现代型简约经济/精品家具制造者"的字体为"汉仪粗圆简"，文字颜色为"#444444"和"e56100"，完成后调整文字大小和位置。

STEP 16 再次选择"横排文字工具" T，输入文字，设置字体为"思源黑体 CN"，文字颜色为"#000000"，调整文字大小和位置。

图8-112

STEP 17 制作品牌历程/品牌风格图，在其中可展现品牌的发展历程。选择"横排文字工具" T，输入图8-113所示文字，设置"品牌历程/品牌风格"字体为"Adobe 黑体 Std"，颜色为"#e56100"，再设置其他文字的字体为"思源黑体 CN"，颜色为"#000000"，完成后调整文字大小和位置。

STEP 18 打开"品牌介绍页素材.psd"素材文件，将其中的竖向点拖动到文字下方。

STEP 19 再次选择"横排文字工具" T，输入图8-114所示文字，设置字体为"Adobe 黑体 Std"，颜色为"#000000"，调整文字大小和位置。选择"2010年""2014年""2016年""2017年"图层，将其中的文字字体设置为"微软雅黑"。

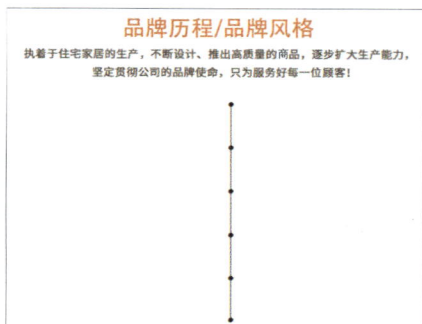

图8-113

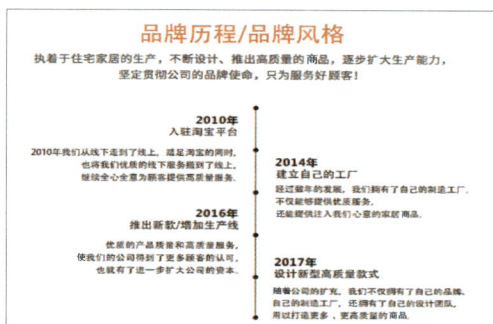

图8-114

STEP 20 打开"品牌介绍页素材.psd"素材文件，将其中的结尾部分拖动到图像下方，调整位置和大小，完成后使用"直线工具" ⁄在上方绘制一条直线，如图8-115所示。

图8-115

STEP 21 保存图像，查看完成后的效果，如图8-116所示（配套资源:\效果文件\第8章\活动页.psd）。

图8-116

8.4 实战训练

8.4.1 实训要求

本例将制作年货节活动页，首先制作年货节促销海报，然后对优惠券、爆款商品等进行设计制作。

8.4.2 实训分析

春节是一个喜庆的节日，因此在活动页颜色的选择上应以红色为主，用以表现红红火火；在素材的选择上应以剪纸、鞭炮、灯笼、雪花、礼花等为主，用以烘托主题。完成后，将商品素材添加到对应位置，使整个活动效果变得丰满，如图8-117所示。

图8-117

8.4.3 操作思路

完成本实训需要进行以下主要操作。

STEP 01 新建1920像素×3400像素的图像文件，制作年货节海报。在该海报中，通过带有中国节日气息的鞭炮、灯笼、剪纸等素材来体现年味。活动主题文字通过扇面效果展现。添加商品内容，让素材内容和节日感融为一体。

STEP 02 在海报的下方添加祥云效果的优惠券，再次表现红火效果，并在下方添加赠送内容，让活动促销内容得到展现。

STEP 03 在下方添加带有黄色纹理的背景效果，添加促销商品，并对商品添加说明性文字，注意在展示的底部矩形中添加纹理。

STEP 04 在商品的底部绘制纹理，并添加最下方的文字内容。

8.5 拓展延伸

为了帮助读者更好地理解本章所学知识，下面介绍一些与本章内容相关的其他知识。通过这些知识的学习，读者可以对电脑端其他页面的制作方法有更深刻的认识。

1. 确定活动目的

对于京东平台，常见的活动可分成两种形式——店铺内部活动和店铺外部活动。店铺外部活动又包括大促活动和平台活动。大促活动包括"6.18"大促、"双11"大促、黑色星期五大促等。平台活动又可分为类目和分类两种形式：以类目为主的活动，如3月女性蝴蝶节、9月沙漠风暴、一年两次的家装节等；以分类为主的活动如品牌秒杀、预售、众筹等。

无论何种性质和形式的活动，都要想清楚目的：是上新、宣传品牌还是清仓等？确定目的之后，设计师可针对具体情况进行针对性设计。

● **活动是拉新的重要手段之一：**尤其对于新店铺而言，举行促销活动可以吸引新客户进入店铺；而对于老店铺，活动不仅可以带来新客户，还可以通过活动维护老客户，通过与老客户的互动，可增加店铺活力与曝光率，挖掘更多潜在客户，促进店铺的销售并形成良性循环，从而取得一种良好的营销效果。

● **扩大品牌知名度：**通过开展活动可扩大品牌知名度，其主要目的也是吸引更多的消费者。此类活动不以卖货或者展示商品为主要目的，主要是对品牌调性、品牌故事进行设计性展示，或者发布新品、新品牌等。优秀的页面呈现不仅能够完整地展示商品，还能够提升品牌形象，激发消费者的购买欲望，让消费者留下深刻印象；糟糕的页面呈现则会让消费者毫不客气地关闭页面，造成消费者流失。

● **保持店铺动态更新**：店铺不定期做活动，保持店铺动态更新，有利于消费者对店铺保持兴趣与新鲜感。在节假日、品牌日、会员日或者店庆日，店铺都可以策划一场活动，为店铺增添活力，增强营销效果。

● **清理库存**：一些应季的商品如果在当季没有清仓，可以在适当的时候进行清仓处理，如夏季卖羽绒服。

2. 确定活动风格

在确定活动风格时，可以将活动风格根据性质分为故事性、娱乐性和利益性3个方向。其中，故事性、利益性主题风格常用于大促活动和店铺活动。下面分别进行介绍。

● **故事性**：以一个故事或者一个贯穿始终的引子（如宝宝的一天、寻宝故事或男神养成记等）为中心，结合店铺活动性质进行设计和策划。

● **娱乐性**：结合热点事件。在这方面，卫龙辣条和歪瓜出品可谓抓热点的行业排头兵。他们将页面内容和热点事件结合起来，使整个页面深入人心。

● **利益性**：利益性即简单明了地利用页面渲染促销打折内容。这类页面中的利益点通常会放在显眼的位置，整个页面以烘托促销利益氛围为主。整体颜色会偏向红、黄色这种具有明显促销感的颜色，以突出促销感，增加视觉冲击力。有些店铺无须用红、黄这种大促色就可以做出利益性很明确的页面，无须太过用力，也可以体现出满满的活动感。

8.6 思考练习

利用收集的素材（配套资源:\素材文件\第8章\旅行箱上新页素材.psd）制作旅行箱上新页面。在制作时，先制作上新海报，再根据商品内容制作上新页面。完成后的效果如图8-118所示（配套资源:\效果文件\第8章\旅行箱上新页.psd）。

图8-118

图8-118（续）

第9章

切片与装修店铺
各个板块

本章导读

　　在制作首页或详情页时，常常是在Photoshop中制作一张完整的图片，再将完整的图片切割成几部分，分成不同的板块进行保存和上传。完成后使用Dreamweaver生成代码，再上传到图片管理中进行店铺的装修。在装修时需要选择适合的模块，并在其中添加图片和热点，以使装修效果更加美观。本章主要讲解切片和装修的方法。

知识技能

- 掌握Photoshop切片的方法
- 掌握使用系统模块快速装修店铺的方法
- 掌握使用代码自定义装修店铺的方法

9.1 Photoshop切片的使用

切片是装修店铺过程中必不可少的环节。所谓切片，是指将大的图片切开，分割成多个部分，并对各个部分进行保存和运用。下面对切片的作用、切片技巧、切片与保存图片分别进行介绍。

9.1.1 切片的作用

切片在店铺装修中起着非常重要的作用，具体表现如下。

● 浏览京东店铺时，图片的大小对页面的打开速度影响很大。将一张大图切割成多张小图，可以加快页面的打开速度，提高消费者体验。

● 进行京东店铺装修时，方便替换单一商品。

● 切片后，方便对首页与详情页中的商品进行链接。

9.1.2 切片的技巧

进行切片时，为了保证切片合理、位置精确，需要掌握一定的技巧。

● 依靠参考线：借助标尺拖动鼠标，为图像创建切片的辅助线。在切片时，可沿着该辅助线拖动鼠标创建切片。

● 切片位置：切片时不能将一个完整的图像区域断开，应尽量使其完整，以避免在网速很慢时图片被断开，不能完整地呈现出来。

● 切片储存的颜色：在储存切片时，需要保存为Web所用格式。由于Web格式是用来放到网页上的网页安全色，而网页安全色是各种浏览器、各种机器都可以无损失、无偏差输出的色彩集合，因此在店铺的配色上尽量使用网页安全色，以避免消费者看到的效果与设计的效果不符。

● 切片储存的格式：在储存切片时，可单独为各个切片设置储存格式。切片储存的格式不同，其大小与效果也会有所不同。一般情况下，色彩丰富、尺寸较大的切片，选择JPG格式；尺寸较小、色彩单一和背景透明的切片，选择GIF或PNG-8格式；半透明、不规则以及圆角的切片，选择PNG-24格式。

9.1.3 切片与保存图片

切片是Photoshop中的一种图片分割工具，使用它可以将一张大的图片分割成几张小图，并对这些小图进行单独展示。本例将对一张首页图进行切片处理，读者应在切片处理过程中掌握不同尺寸图片的切片方法，以及切片后对切片图片进行命名的方法。完成后对切片后的效果进行保存。具体操作如下。

扫一扫

切片与保存图片

STEP 01 打开"坚果首页.jpg"素材文件（配套资源:\素材文件\第9章\坚果首页.jpg），如图9-1所示。

STEP 02 选择【视图】/【标尺】命令，或按【Ctrl+R】组合键打开标尺，从左侧和顶端拖动参考线，设置切片区域，如图9-2所示。

图9-1

图9-2

STEP 03 在工具箱中选择"切片工具" ，移动鼠标，在店招的左上角处单击鼠标，然后按住鼠标不放，沿着参考线拖动。当拖到右侧的目标位置后，释放鼠标，完成后的切片将以黄色线框显示，并在左上角显示蓝色的切片序号，如图9-3所示。

图9-3

STEP 04 完成切片后，若切片区域不是想要的区域，可将图片放大，并将鼠标移动到需要修改切片一边的中点上。当鼠标变为 形状后，按住鼠标不放进行拖动，拖动到适当的位置后释放鼠标即可。由于店招等具有固定长度，因此需要注意切片框的准确性，如图9-4所示。

图9-4

STEP 05 在切片区域上单击鼠标右键，在弹出的快捷菜单中选择"编辑切片选项"命令，如图9-5所示，注意只有选择"切片工具" 后再单击鼠标右键，才会弹出"编辑切片选项..."命令，从而进行以下操作。

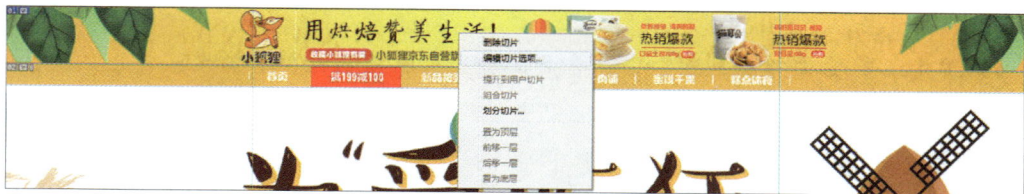

图9-5

STEP 06 打开"切片选项"对话框，在"名称"文本框中设置切片名称，这里输入"店招"，在"尺寸"中可查看切片的尺寸，单击 确定 按钮，如图9-6所示。

STEP 07 对下方的导航条进行切片，切片完成后调整切片的位置，并将其"名称"命名为"导航"，如图9-7所示。

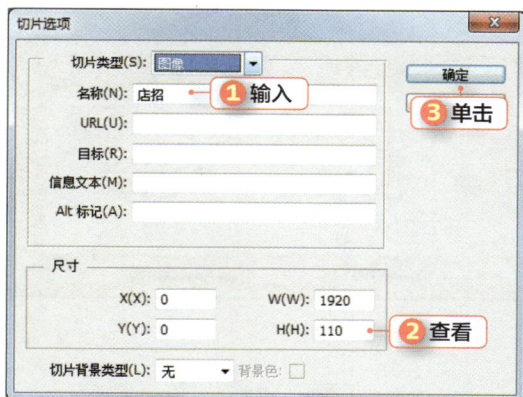

图9-6

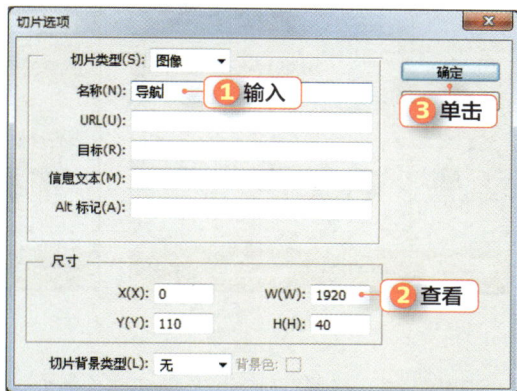

图9-7

STEP 08 对海报进行切片，并命名为"海报"。注意切片时应尽可能保证图像的完整性，而不要为了切片而使图像断开，这样不能完全呈现图像的状况，如图9-8所示。

STEP 09 使用"切片工具" 沿着参考线对其他区域进行切片，如图9-9所示。

图9-8

图9-9

提示

　　对图像进行切片后，切片成功的图片将以蓝色的框显示，每个框的左上角都标注了切片的数字号。若切片为灰色，则表示该切片不能储存起来，需要重新切割。

STEP 10 将页面拖动到最下方，在商品展示栏上单击鼠标右键，在弹出的快捷菜单中选择"划分切片"命令。打开"划分切片"对话框，单击选中"水平划分为"和"垂直划分为"复选框，在其下方的文本框中输入"2"和"3"，单击 确定 按钮，如图9-10所示。

STEP 11 返回图像编辑区，可发现切片的区域被平均分为了6份。其效果如图9-11所示。

图9-10

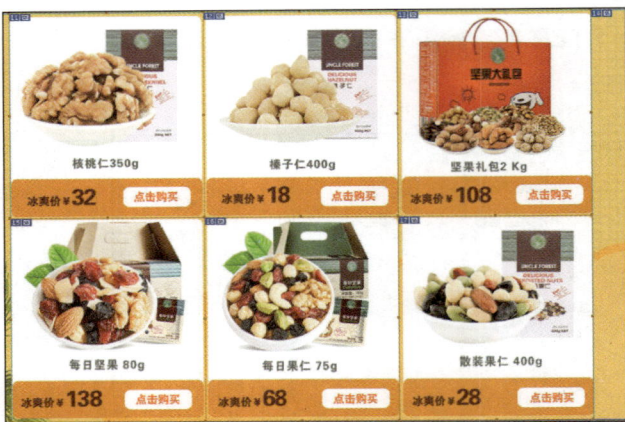

图9-11

STEP 12 选择"切片选择工具" ，在工具栏中单击 隐藏自动切片 按钮，隐藏自动切片的显示，再按【Ctrl+;】组合键隐藏参考线，此时图片中只显示了蓝色和黄色的切片线。查看切片是否对齐，若没对齐，则拖动切片边框线进行对齐，查看完成后的效果，如图9-12所示。

图9-12

STEP 13 选择【文件】/【存储为Web所有格式】命令，打开"存储为Web所有格式"对话框。在其中显示准备优化的图像效果，单击"双联"选项卡，使效果"原稿"和"GIF"对比显示，并在左侧单击 按钮拖动图像，调整显示的位置，如图9-13所示。

STEP 14 在右侧的"预设"中单击 按钮，在打开的下拉列表中选择"优化文件大小…"选项，如图9-14所示。

图9-13

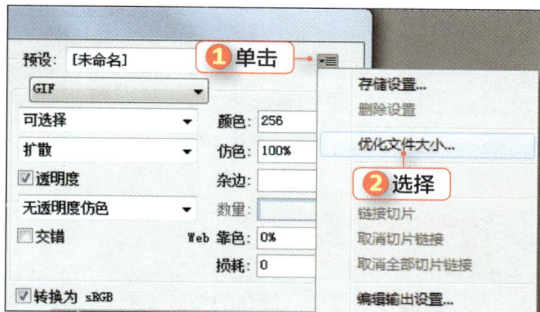

图9-14

STEP 15 打开"优化文件大小"对话框，在"所需文件大小："右侧的文本框中输入"32"，单击选中"自动选择GIF/JPEG"，单击 确定 按钮，如图9-15所示。

STEP 16 返回"存储为Web所有格式"对话框，在"预设"下方的"优化的文件格式"下拉列表中选择优化格式为"GIF"，并设置减低颜色深度算法为"随样性"，颜色为"256"。完成后设置指定仿色算法为"扩散"，仿色为"80%"，单击选中"透明度"和"交错"复选框，如图9-16所示。

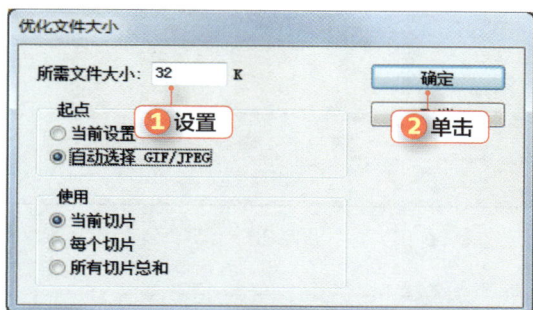

图9-15

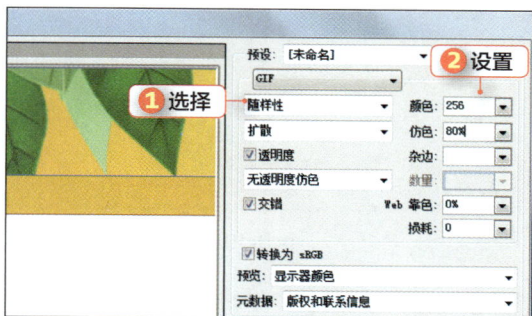

图9-16

STEP 17 在下方的"颜色表"中选择需要添加的颜色，并在下方的"品质："中设置品质为"两次立方"，增加品质效果，完成后单击 预览… 按钮，如图9-17所示。

STEP 18 单击 存储… 按钮，打开"将优化结果存储为"对话框，选择文件的存储位置，并在"格式："下拉列表中选择"HTML和图像"选项，单击 保存(S) 按钮，如图9-18所示。

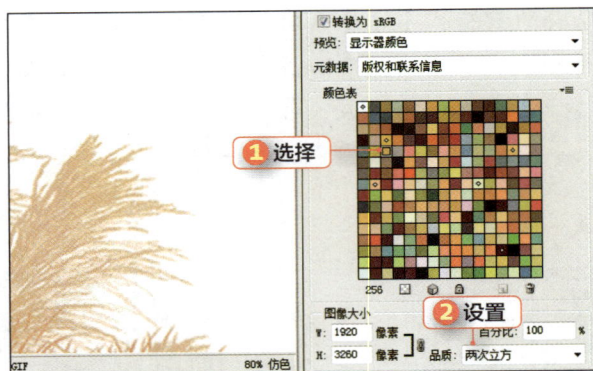

图9-17

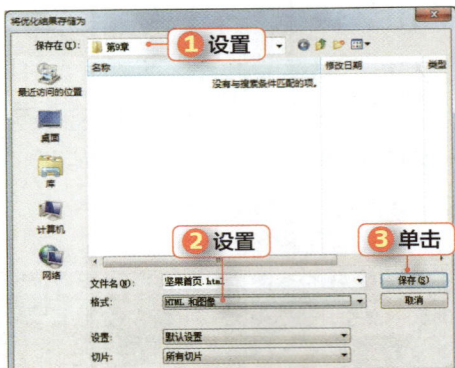

图9-18

提示

在储存过程中，储存的格式主要分为"HTML 和图像""仅限图像""仅限 HTML" 3 种类型。其中，"HTML 和图像"指保存的图像包含网页和切片的图片文件；"仅限图像"指保存的图像仅包含图片文件；"仅限 HTML"指保存的图像仅包含网页。

STEP 19 在保存的路径中选择"images"文件夹，在其中可查看切片文件以及"坚果首页.html"网页（配套资源:\效果文件\第9章\images、坚果首页.html），如图9-19所示。

STEP 20 双击"images"文件夹，在打开的页面中可查看切片后的效果，如图9-20所示。

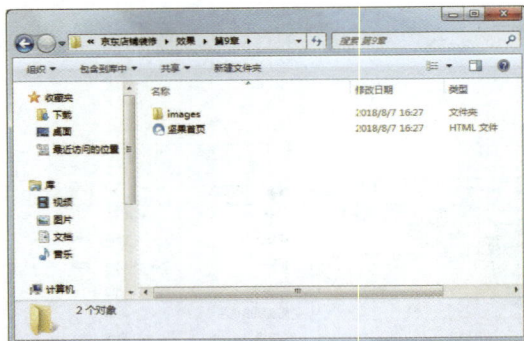

图9-19

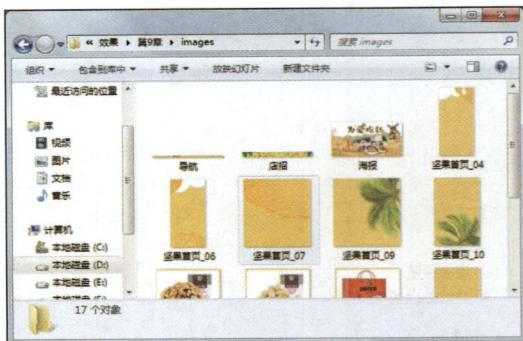

图9-20

提示

对于比较规则的图片切片，可创建辅助线，然后直接单击 `基于参考线的切片` 按钮进行快速切片。

9.2 使用系统模块快速装修店铺

对图片进行切片并上传到图片管理后，即可进行店铺的装修操作。在操作时，需先认识店铺装修模块，再根据店铺的需要选择适合的板块进行装修，或以自定义的方法使用代码进行装修。下面先了解系统模块，再对其装修方法分别进行介绍。

9.2.1 认识系统模块的类型

进行店铺装修前，需要了解店铺装修的基础模块。除了前面介绍的店招、导航与页面背景外，还可根据用途的不同，在不同的装修栏中选择对应类目的模块。常见类目包括商品类、图文类、营销类、创意代码类等。进入店铺装修界面，单击"电脑端"选项，在打开界面的下方选择需要装修的界面并单击 装修页面 按钮，进入装修界面，在其中单击"装修"，即可看到所有的系统模块，如图9-21所示。

图9-21

下面对各个模块的作用分别进行介绍。

● **智能商品：** 智能商品模块用于展示店铺商品、关联商品组等。该模块支持分期展示，且电脑端支持使用样式编辑器。

● **主从商品：** 主从商品模块用于将店铺的所有商品按照单个SPU展示。

● **分页显示商品：** 分页显示商品模块用于将店铺的所有商品按照单个SKU展示，展示时可以选择不同的展示维度，如销量、价格、好评度、上架时间。

● **商品推荐：** 商品推荐模块是根据商家的经营策略来做商品展示的一个模块，可以灵活地输入SKU进行商品展示，也可以根据商家后台的分类进行推荐，可满足商家的不同需求。

● **全部商品展示：** 全部商品展示模块类似于主从商品模块与分页显示商品模块的集合，可以选择以SKU或者SPU的形式展示商品，同样支持不同纬度的排序方式，还提供店内搜索功能。

● **店内分类：** 店内分类模块用于展示店内商品分类。为了使页面美观，其一般搭配商品展示类模块使用，如主从商品模块。店内分类模块更方便消费者选择自己想要的分类商品，可让选择商品更便捷。

● **智能选品**：智能选品模块能够根据消费者的特征和需求在店铺内为每个人提供个性化的商品展示，目的是提高店铺访客转化率。对每一个店铺访客，系统都会根据其个人特征以及其在平台上的实时搜索、浏览、加购等行为，在商品库（商品库可以由商家手动设置，也可以由系统根据热销或新品的场景自动生成）中筛选出当前访客最可能购买的商品（商家可以自己设置展示数量）展示在模块中，所以每个访客看到的商品是不一样的，由此可实现千人千面，从而提高访客转化率。

● **销售排行**：销售排行模块可根据指定的数据算法对店铺内的商品进行热销排行推荐。此模块同样常在页面内搭配商品展示类模块使用，如主从商品模块。销售排行有利于对部分商品进行展示。

● **侧边栏&导航**：侧边栏&导航模块多用于页面楼层较长需快速定位到某个楼层，或多个活动、不同页面需跳转切换的场景，可实现本页模块间的快速导航或页面间的相互引流。

● **轮播图**：轮播图模块通过运营中心建立广告组，通过广告组实现多张图片轮播展现，广告组素材可用于多个页面复用并支持自动排期展示。

● **图片热区**：图片热区模块可通过配置跳转链接、锚点等定位到本页面的任意一个地方或者跳转到其他页面。

● **倒计时**：倒计时模块通常用于活动页面，用于营造促销紧迫感，以增加消费者兴趣和关注度，提高转化率。

● **Tab分类**：Tab分类模块一般应用于阶段性活动展示和商品定向展示，大致分为文字类型、图片类型和时间类型3种，分别应用于不同的店铺装修目的和场景。

● **主题特效**：主题特效模块用于装饰页面、营造节日氛围等。

● **图片轮播**：图片轮播模块用于店铺海报图的展示，实现图片轮播效果。

● **优惠券**：优惠券模块用于店内优惠券的展示，可自定义上传优惠券展示图片。设置优惠券可增加店内营销氛围，促进购买和转化。

● **单品促销**：单品促销模块可实现秒杀商品的展示，支持录入商品组，自动切换分期展示，支持BI智能排序，突出促销氛围。

● **预售**：预售模块可实现预售商品的展示，支持录入商品组，自动切换分期展示，支持BI智能排序，突出促销氛围。

● **拼购**：拼购模块用于设置拼购商品，在其中可设置展示数量和展示商品的拼购信息。

● **浮层**：浮层模块可用于向用户反馈或提示一些信息，如一些重大的活动信息，也可用于用户页面间相互引流、渲染活动氛围等。除浮层icon以外，弹出浮层和动效浮层出现一段时间后会自动消失，对消费者的打扰少。

● **视频推荐**：视频推荐模块常用于店铺首页及活动页，可在店铺首页及活动页展示视频。

● **自定义内容区**：自定义内容区模块可通过编写HTML代码、CSS代码等实现图、文、动画并行的自定义效果，满足商家天马行空的装修想法。

9.2.2 使用系统模块装修店招

店招作为店铺装修中的第一个装修项，不但能在各个页面中展现，还能展现促销信息、店铺Logo等内容。下面讲解使用系统模块装修店招的方法。具体操作如下。

STEP 01 在京东商家后台单击"我的店铺"——"店铺装修"，打开"店铺装修"界面；在下方单击"电脑端"选项，单击"店铺首页"后的 装修页面 按钮，即可进入首页的装修界面，如图9-22所示。

图9-22

STEP 02 打开店铺装修界面，选择"新版店招"模块，在右侧打开"店招"面板，在上方单击"热区"，在下方的"图片"中单击 从本地上传 按钮，如图9-23所示。

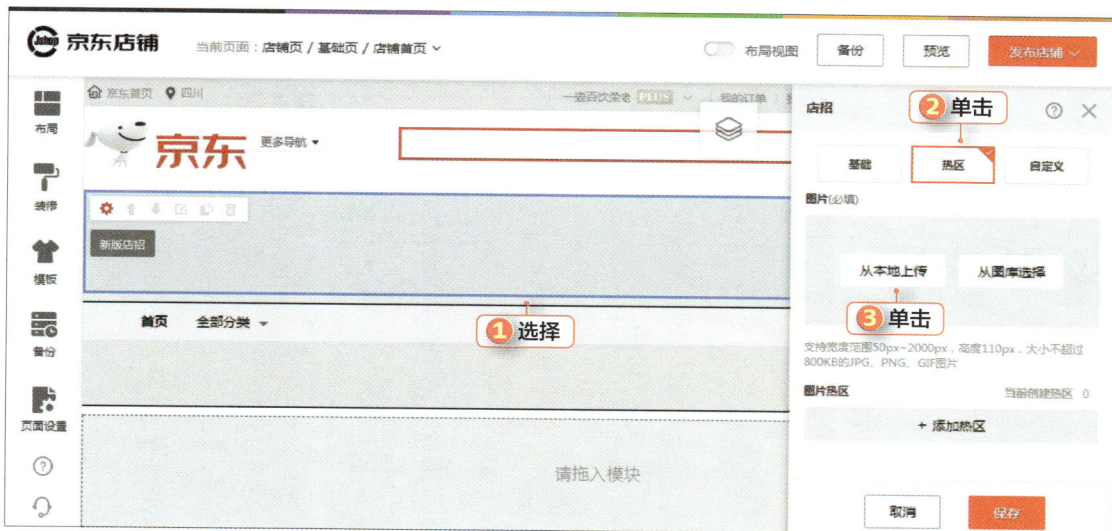

图9-23

STEP 03 打开"打开"对话框，在其中选择需要上传的店招图片，单击 打开(O) 按钮，如图9-24所示。

STEP 04 返回店铺装修界面，可发现图片已经上传到右侧面板中，单击下方的"添加热区"按钮 + ，如图9-25所示。

图9-24

在装修店招时，除了可使用热区方式进行装修外，还有基础和自定义两种方式。其中，基础展现的效果过于简单，不能完全展现需要展现的信息，因此很少使用；自定义方式则多使用代码进行编辑，其具体方法将在下一节进行介绍。

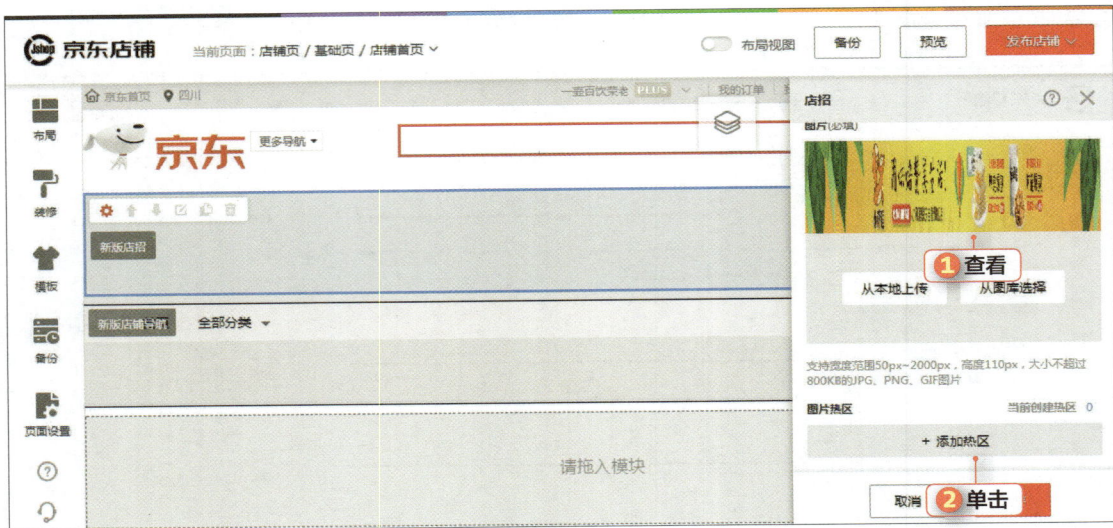

图9-25

STEP 05 打开"图片热区"对话框，在左侧的店招图片中绘制需要添加热区的区域，在右侧的"热区管理"栏中单击 🔗 按钮。打开"链接小工具"对话框，单击"自定义链接"，在下方的文本框中输入链接地址，完成后单击 确定 按钮，如图9-26所示。

STEP 06 使用相同的方法为其他区域添加链接，完成后单击 确定 按钮，如图9-27所示。

STEP 07 返回装修界面，单击 保存 按钮，完成店招的装修，如图9-28所示。

图9-26

图9-27

图9-28

9.2.3 使用系统模块装修店铺轮播图

轮播图位于导航条的下方（导航条的编辑方法在第6章已经进行了简单介绍，这里不再讲述），主要用于展现店铺的促销信息和热卖商品。下面将使用系统模板装修轮播图。具体操作如下。

扫一扫

使用系统模块装修
店铺轮播图

STEP 01 在首页装修界面的左侧单击"装修"—"图片轮播"，如图9-29所示。

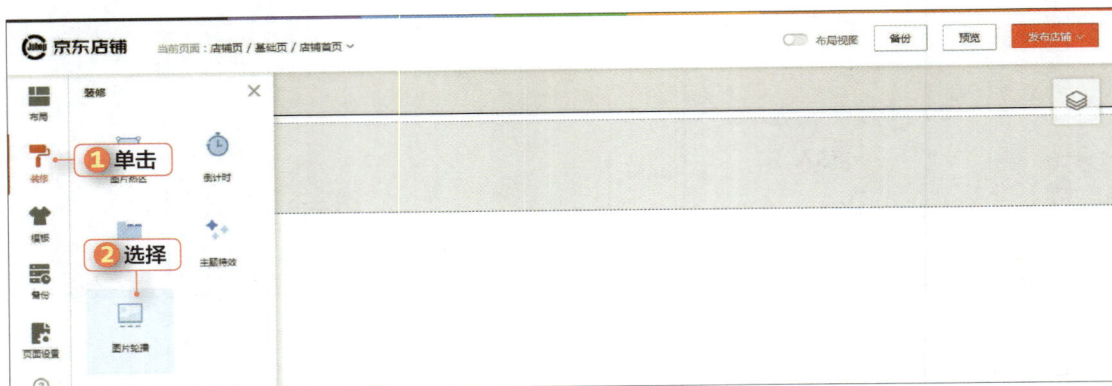

图9-29

STEP 02 按住鼠标左键不放，向右进行拖动，将模块添加到右侧编辑区的空白区域，完成图片轮播模块的添加，如图9-30所示。

STEP 03 在右侧打开"图片轮播"面板，在图片宽度和图片高度下的文本框中分别输入"1920"和"950"，单击"上传图片"按钮，如图9-31所示。

图9-30

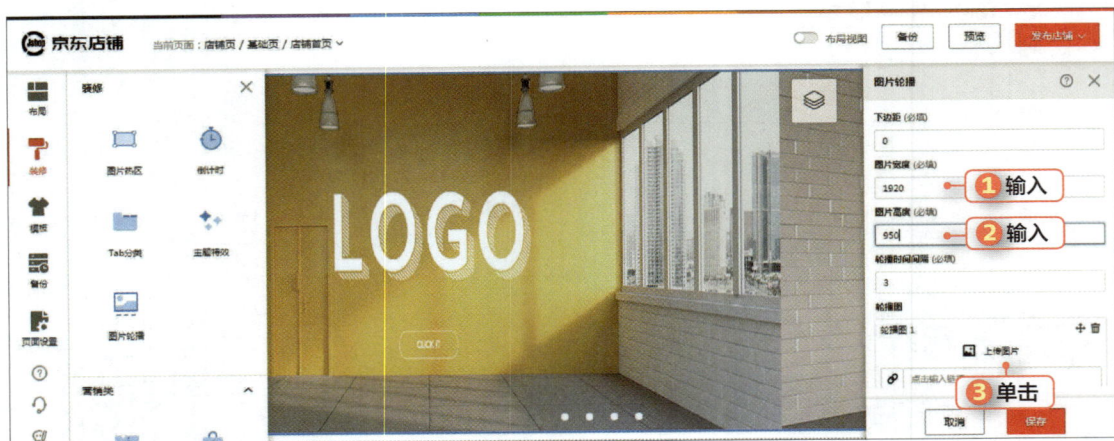

图9-31

提示

　　图片宽度和高度主要根据需要展现海报的尺寸进行填写，在填写时需注意宽度不能超过"5000"，高度不应该超过"1000"。在插入轮播海报时，需要注意添加的海报尺寸要一致，大小不能有差别，否则将会出现展现问题。

STEP 04 打开"图片选择器"对话框，单击 上传图片 按钮，进行图片的上传操作，如图9-32所示。

图9-32

STEP 05 打开"打开"对话框，在左侧的列表中选择图片的保存位置，在右侧的面板中选择需要上传的图片，完成后单击 打开(O) 按钮，如图9-33所示。

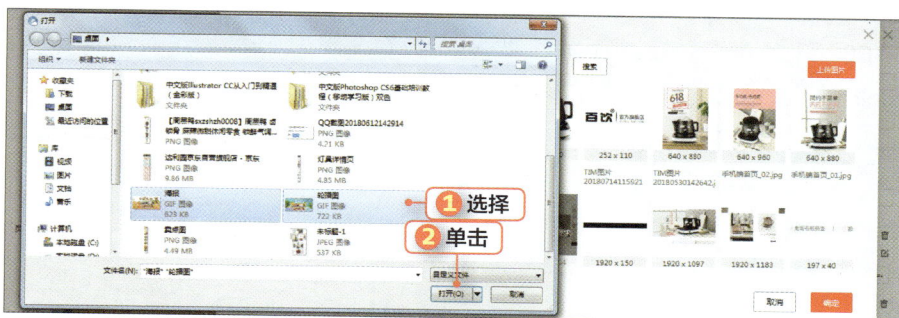

图9-33

STEP 06 返回"图片选择器"对话框，选择一张上传的图片，单击 确定 按钮，完成第一张轮播图的添加，如图9-34所示。

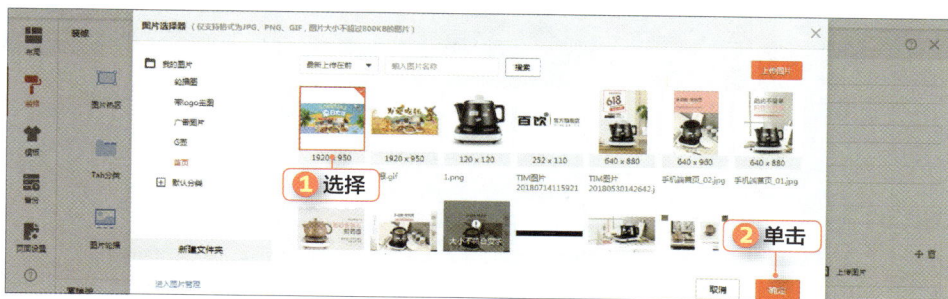

图9-34

STEP 07 在图片下方单击"链接"按钮 ⌀ ，打开"链接小工具"对话框，在下方文本框中输入对应的链接地址，单击 确定 按钮，如图9-35所示。

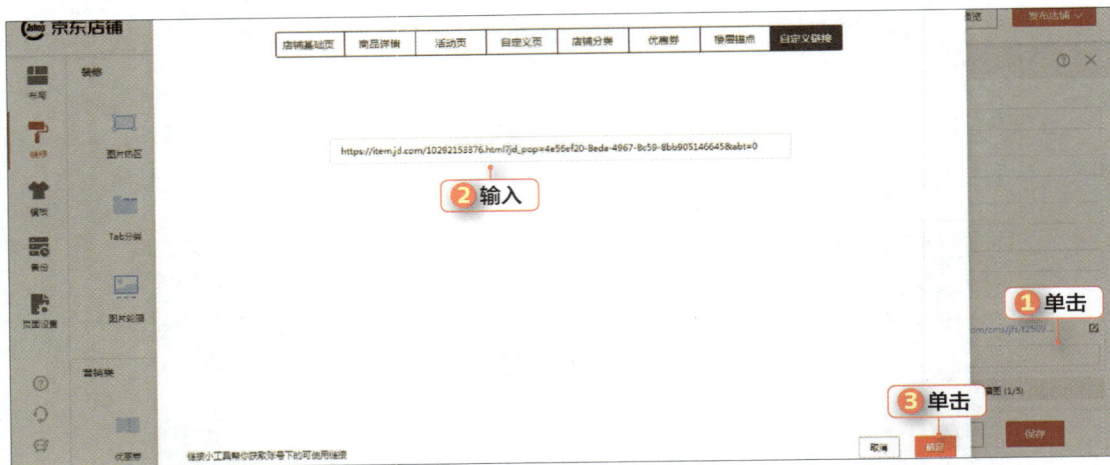

图9-35

提示

除了通过输入链接的方式添加链接地址外，还可单击"商品详情"选项卡，在打开的面板中罗列的正在热卖的商品中单击需要添加商品前的单选按钮，即可快速添加对应的商品链接地址。

STEP 08 返回装修界面，可发现"轮播图1"下方已经输入了对应的链接，完成后单击 添加轮播图(1/5) 按钮继续进行轮播图的添加，如图9-36所示。

图9-36

STEP 09 使用与前面相同的方法添加另一张轮播图，其效果如图9-37所示，完成后单击 保存 按钮。

图9-37

STEP 10 关闭左右两侧的面板，可发现添加的轮播图已经进行了展现，单击 预览 按钮可预览装修后的效果，如图9-38所示。

图9-38

9.2.4 使用系统模块装修店铺其他版面

除了装修店招和轮播图外，还可对其他版面使用系统模块进行装修。下面使用"图片热区"模块对商品分类和商品推荐进行装修，并结合前几节的内容，让读者对使用系统模块装修有一个整体的认识，并能使用系统模块装修店铺的任意区域。具体操作如下。

STEP 01 在首页装修界面的左侧，单击"装修"—"图片热区"，在轮播图的下方将自动添加图片热区模块，在右侧将打开"图片热区"面板，单击 从本地上传 按钮，如图9-39所示。

扫一扫

使用系统模块
装修店铺其他版面

203

图9-39

STEP 02 打开"打开"对话框，在左侧的列表中选择图片的保存位置，在右侧的面板中选择需要上传的图片，完成后单击 打开(O) 按钮，如图9-40所示。

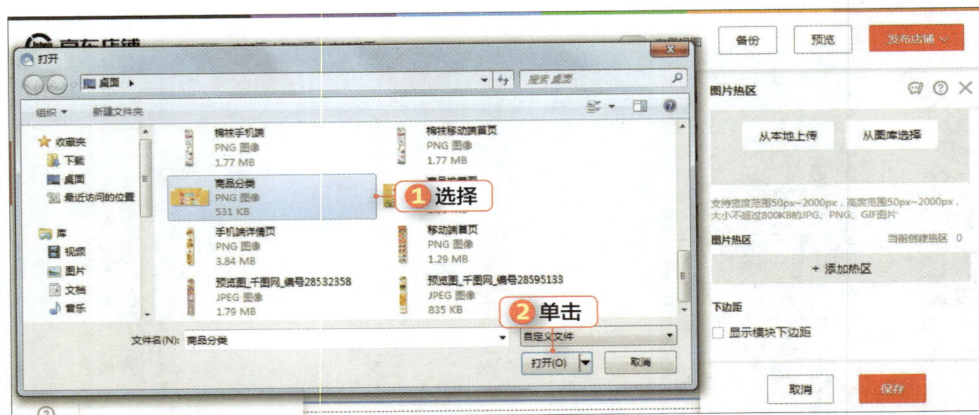

图9-40

STEP 03 返回装修界面，可发现面板上方已经添加了图片，单击下方的"添加热区"按钮 + ，如图9-41所示。

图9-41

提示

这里支持的图片宽度为 50~2000 像素，高度为 50~2000 像素，大小不得超过 800KB，其图片格式为 JPG、PNG、GIF。

STEP 04 打开"图片热区"对话框，在左侧的图片中绘制需要添加热区的区域，在右侧的"热区管理"中单击 ⊘ 按钮，打开"链接小工具"对话框。单击"自定义链接"，在下方的文本框中输入链接地址，完成后单击 确定 按钮，如图9-42所示。

STEP 05 使用相同的方法，绘制其他热区，并为其添加链接，完成后单击 确定 按钮，如图9-43所示。

STEP 06 返回装修界面，单击 保存 按钮，完成商品分类的装修，如图9-44所示。

图9-42

图9-43

图9-44

STEP 07 使用相同的方法打开商品推荐图片，打开"图片热区"对话框，在右侧绘制热点，并为其添加链接，完成后单击 确定 按钮，如图9-45所示。

图9-45

STEP 08 返回装修界面，单击 保存 按钮，完成商品推荐图片的装修，如图9-46所示。

图9-46

9.3 使用代码自定义装修店铺

在店铺装修中，除了使用模块进行装修外，还可使用代码进行装修。该装修方式能使装修效果更加完美，可实现任意自己希望实现的效果。下面将在自定义页面中新建页面，并使用自定义内容区模块进行自定义装修，其代码将使用Dreamweaver生成。具体操作如下。

STEP 01 在京东商家后台单击"我的店铺"—"店铺装修"，打开"店铺装修"界面；在下方单击"电脑端"选项，再在下方单击"自定义页面"，在打开的面板中单击 +新建页面 按钮，打开"新建页面"对话框；设置页面名称为"活动页面"，单击 确定 按钮，如图9-47所示。

图9-47

STEP 02 此时可发现自定义页面中已经存在了新建的活动页面，单击其后的 装修页面 按钮，即可进入装修界面，如图9-48所示。

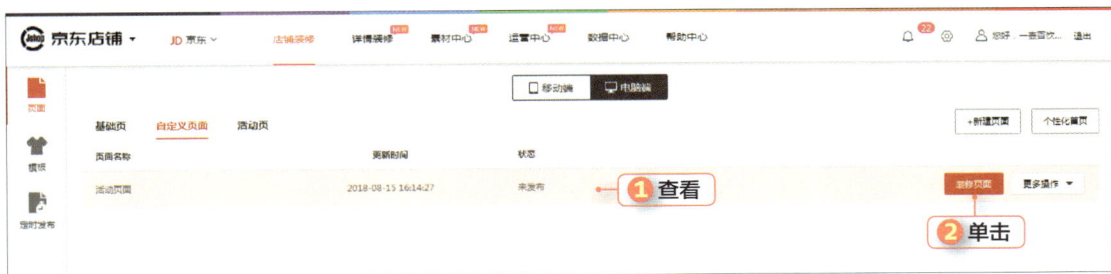

图9-48

STEP 03 在活动页面的左侧，单击"布局"。在打开的面板中，单击"100%通栏"布局样式，在上方添加该布局，如图9-49所示。

STEP 04 在活动页面的左侧单击"装修"，在打开的面板中选择"自定义内容区"模块，如图9-50所示。

图9-49

图9-50

STEP 05 按住鼠标左键不放，向右进行拖动，将模块添加到右侧编辑区的空白区域，完成自定义内容区的添加。完成后在右侧面板中单击 编辑代码 按钮，如图9-51所示。

图9-51

STEP 06 打开"自定义内容区"对话框，单击"HTML代码"按钮 ，如图9-52所示。

STEP 07 返回"商家后台"界面，单击"商品管理"——"图片管理"，如图9-53所示。

STEP 08 进入"图片管理"页面，选择图片并单击"复制链接"按钮 ，如图9-54所示。

图9-52

图9-53

图9-54

STEP 09 启动Dreamweaver，在"新建"栏下选择"HTML"选项，新建HTML文档，如图9-55所示。

STEP 10 选择【插入】/【图像】命令，打开"选择图像源文件"对话框。选择上传的图片文件，这里选择"壶.gif"素材文件，单击 确定 按钮，如图9-56所示。

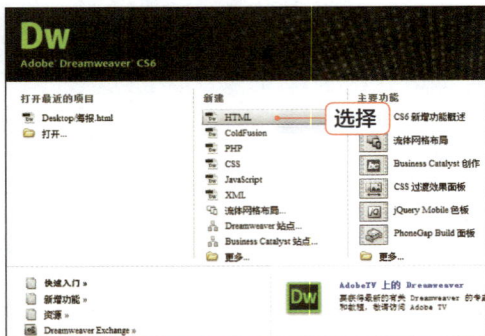

图9-55

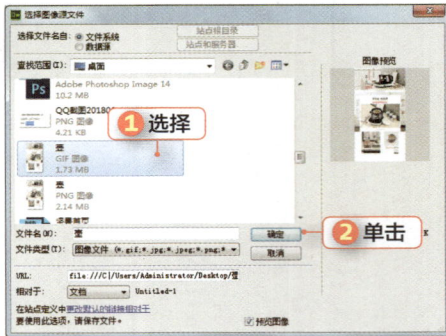

图9-56

STEP 11 依次在打开的提示框中单击 确定 按钮，打开"壶"编辑界面。在"源文件(S)"右侧的文本框中，按【Ctrl+V】组合键粘贴复制的链接，如图9-57所示。注意复制时需要保留"http://"样式，否则图片错误。

图9-57

STEP 12 在"属性"面板的下方单击 □ 按钮使用矩形热点工具，在图像上方单击并拖动，绘制矩形热点框。再在"属性"面板中的"链接"栏中输入商品图片的链接地址，即可为矩形热点框单独创建热点，如图9-58所示。

图9-58

STEP 13 使用相同的方法，为其他区域创建热点，完成后单击"代码"，按【Ctrl+C】组合键复制图9-59所示的代码区域。

> **提示**
>
> 在代码中，<body>表示文档的内容，因此复制代码时只需复制<body>代码下方的内容即可。

图9-59

STEP 14 返回装修界面，在"自定义内容区"对话框下方的文本框中按【Ctrl+V】组合键粘贴复制的代码，再次单击"HTML代码"按钮 </>，取消代码的编辑状态，如图9-60所示。

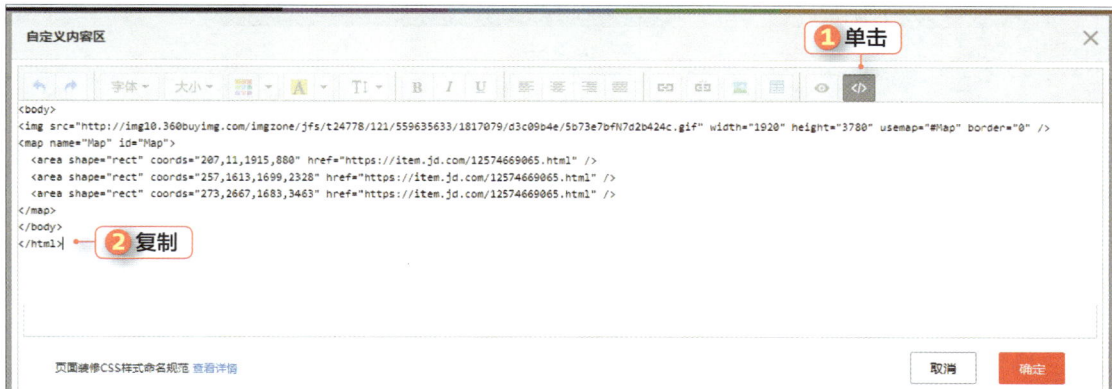

图9-60

STEP 15 此时可发现图像已在自定义内容区中得到展现，完成后单击 确定 按钮，如图9-61所示。

STEP 16 返回装修界面，可发现图片已经在添加的模块中显示，如图9-62所示。

图9-61

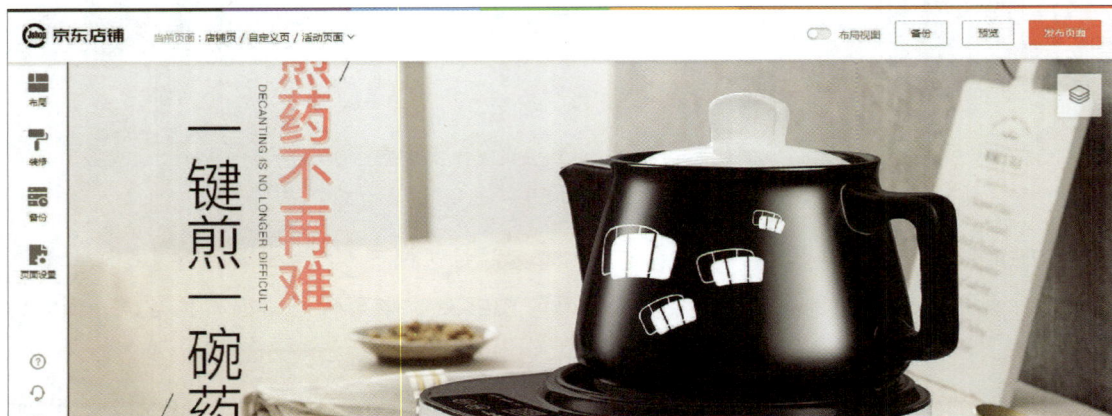

图9-62

9.4 实战训练

9.4.1 实训要求

切片料理机首页图，使其以海报的方式显示。完成后，将其装修到店铺首页中进行查看。

9.4.2 实训分析

由于料理机首页图是以海报的形式展现，因此在切片时可直接进行横向切片，以保证每张图片都是完整的整体。完成后使用模块装修的方式进行单张海报的装修，使整个画面以海报的形式展现，如图9-63所示。

图9-63

9.4.3 操作思路

完成本实训需要进行以下主要操作。

STEP 01 打开"料理机.gif"素材文件（配套资源:\素材文件\第9章\料理机.gif）。

STEP 02 选择【视图】/【标尺】命令，或按【Ctrl+R】组合键打开标尺，从左侧和顶端拖动参考线，设置切片区域。

STEP 03 在工具箱中选择"切片工具" ，在属性栏中单击 基于参考线的切片 按钮，图像会基于参考线等分成多个小块。

STEP 04 选择【文件】/【存储为Web所用格式】命令，打开"存储为Web所用格式"对话框。单击 存储... 按钮，在打开的对话框中选择保存格式为"图像"，然后设置保存位置与保存名称。

STEP 05 单击 保存(S) 按钮，完成切片的储存，在保存路径下查看保存效果（配套资源:\效果文件\第9章\料理机）。

STEP 06 在京东商家后台单击"我的店铺"——"店铺装修"，打开"店铺装修"界面；在下方单击"电脑端"选项，单击"店铺首页"后的 装修页面 按钮，即可进行首页的装修。

STEP 07 在首页装修界面的左侧单击"装修"选项卡，在打开的面板中选择"图片热区"模块。

STEP 08 按住鼠标左键不放向右进行拖动，将模块添加到右侧编辑区的空白区域，完成图片热区模块的添加。

STEP 09 在右侧打开"图片热区"面板，单击 从本地上传 按钮，打开"打开"对话框，在左侧列表中选择图片的保存位置，在右侧面板中选择需要上传的图片，完成后单击 打开(O) 按钮。

STEP 10 返回"图片热区"对话框，可看到图片已经被添加，单击下方的 +添加热区 按钮。

STEP 11 打开"图片热区"对话框，在其中绘制热点区域，并在右侧的文本框中输入热点链接，单击 确定 按钮。

STEP 12 返回"图片热区"面板，单击 保存 按钮，可发现图片已在编辑区中得到展现。

STEP 13 使用相同的方法添加其他图片热区，使整个画面得到体现，完成后单击 发布页面 按钮。

9.5 拓展延伸

为了帮助读者更好地理解本章所学知识，下面介绍一些与本章内容相关的其他知识。通过这些知识的学习，读者可以对使用Photoshop切片与装修店铺各个板块的方法有更深刻的认识。

1. 备份装修效果

当完成图片的创建与编辑后，可对装修效果进行备份，以便下次使用时直接调用。其方法为：单击 备份 按钮，打开"店铺备份"对话框，设置备份名称和备份描述，单击 确定 按钮。此时，装修效果将被备份，如图9-64所示。

图9-64

2. 使用备份图像

备份完成后，下次需要使用该备份时可恢复备份。其方法为：打开店铺装修界面，单击左侧的"备份"，在打开的界面中会显示所有备份页面；选择相关页面，单击 恢复备份 按钮可恢复备份，单击 删除 按钮可删除备份，如图9-65所示。

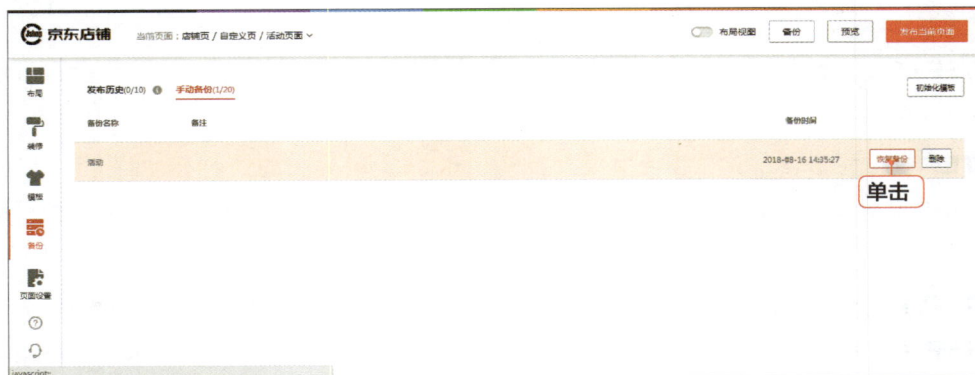

图9-65

3. 店铺中常见的链接代码

在店铺中，可根据常见的链接代码快速进行代码编辑。下面分别对这些常见的链接代码进行介绍。

- **店铺音乐代码**：音乐网址"loop="-1">。
- **图片制作代码**：<img src="这里放图片地址">。
- **公告图片代码**：<img border="0" src="这里放图片地址" />或<img src="这里放图片地址"/>。
- **悬浮挂饰代码**：<img src="这里放图片地址" style="left:20px; position: relative; top:0px" />。
- **商品分类代码**：<img src="这里放图片地址"/>。
- **字体大小代码**：<font size="2">这里放要处理的文字，可用3、4、5等设置大小</font>。
- **字体颜色代码**：<font color="red">这里放要处理的文字，可以换成blue、yellow等</font>。
- **文字链接代码**：<a href="网页地址">链接的文字，在分类栏里使用时链接的网页地址必须缩短</a>。
- **移动文字代码**：<marquee>从右到左移动的文字</marquee>。
- **背景音乐代码**：<bgsound loop="-1" src="这里放音乐地址"></bgsound>。
- **图片附加音乐代码**：<img border=0 src="这里放图片地址" dynsrc="这里放音乐地址">。
- **浮动图片代码**：<img alt="1" height="150" src="这里放图片地址"/>。

9.6 思考练习

（1）打开"休闲鞋.psd"素材文件（配套资源:\素材文件\第9章\思考练习\休闲鞋.psd），对其中的图片进行切片，查看切片后的效果，并保存为"HTML和图像"格式（配套资源:\效果文件\第9章\思考练习\休闲鞋\.psd）。

（2）在图片空间中新建文件夹，并将其命名为"休闲鞋首页"。完成后将图片上传到该文件夹，打开店铺装修页面，利用切片后的图片进行店铺装修。

第10章

移动端店铺的装修

本章导读

随着移动网络的发展，越来越多的人喜欢用手机上网购物，手机上网购物已经成为当前的购物趋势。因此，在对京东店铺进行装修时，除了对电脑端进行装修外，移动端也是不容忽略的一部分。在装修前，需要先学习移动端的基础知识，以对店铺装修有更多的了解，然后再学习移动端装修的后台操作。

知识技能

— 掌握移动端店铺装修的基础知识

— 掌握移动端店铺页面的设计与制作方法

— 掌握移动端店铺装修的后台操作

10.1 移动端店铺装修的基础知识

随着手机的普及、移动端的发展，手机购物已经成为网购的主流。为了使网购变得更加便利，京东移动端店铺应运而生。让移动端店铺变得更具有吸引力成为移动端店铺装修的主要目的。下面对移动端店铺装修的基础知识进行介绍。

10.1.1 移动端店铺装修的重要性

京东商城在2017年"6.18"期间，移动端订单占比高达88%。未来，电商的成交将会更多地发生在移动设备上。因此，可以说移动端的店铺装修直接决定了店铺70%左右的转化，其重要性可想而知。

与电脑屏幕不同，移动设备的屏幕更小，分辨率更低。因此，商家在装修移动端店铺时，应该考虑图片和文字的实际展示效果，不宜太过复杂，避免图片模糊不清。对于文字，建议商家保证文字字号在20以上。

除此之外，传统电脑端的网络连接单一、稳定，而移动端设备接入网络的方式多样，信号传输量小、稳定性较差。常见的移动端接入网络的方式有Wi-Fi和使用移动通信运营商提供的流量服务（3G、4G等）。后者按KB付费，因此商家必须考虑图片传输的稳定性和有效性。例如，当消费者使用移动4G网络访问商品页面时，应使用更小的图片，以为其节省流量；商家应在最短的时间内传递重点信息，精简页面内容，建议图片大小小于300KB。简而言之，在保证清晰度的情况下，图片越小越好。

在设计上，好的移动端设计能使消费者感到眼前一亮，从而加深其对店铺的印象，促进商品的销售。因此，移动端店铺应该如电脑端一样，不但要从商品上吸引消费者，还要从整体设计上吸引消费者。图10-1所示为移动端粉丝数量较多的店铺装修效果。

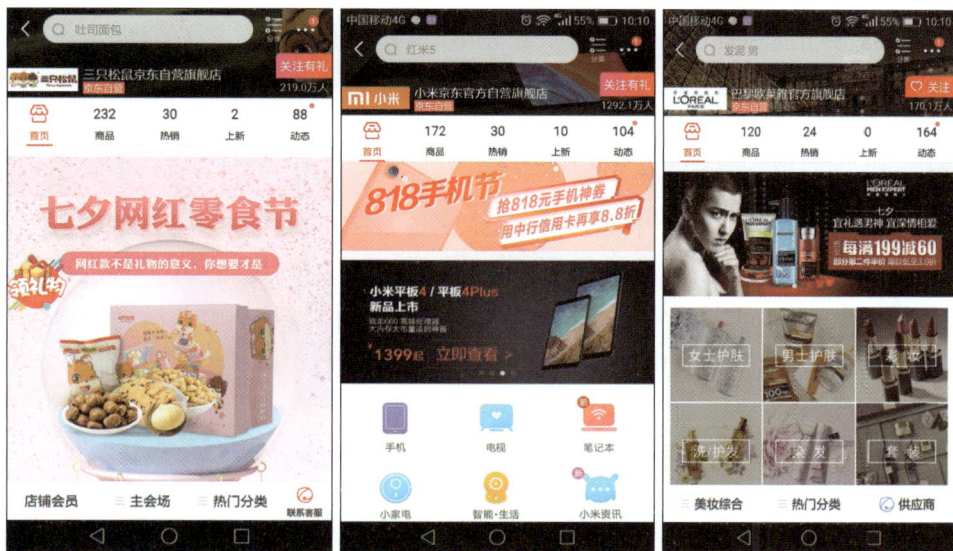

图10-1

10.1.2 移动端店铺设计的原则

移动端店铺虽然应用起来很方便、快捷，但移动设备面积有限，且受到操作系统、储存空间等软硬件的限制，所以装修起来并不那么容易。如何才能装修出一个具有吸引力的移动端店铺呢？我们在实际装修与设计过程中，应首先把握好以下5点。

● **目标明确，内容简洁**：移动设备的屏幕面积有限，若页面中放置的内容太多，将显得烦琐、杂乱，进而影响消费者的浏览体验。这就要求内容精简，并且能突出重点。

● **图片不要太大**：为了获得顺利、快速浏览页面的体验，应在确保图片清晰的前提下用一些压缩工具对图片进行压缩。

● **页面色调简洁而统一**：手机App界面设计中，色彩是很重要的一个UI设计元素。合理、舒适的色彩搭配可以为店铺加分。由于移动设备屏幕大小有限，简洁整齐、条理清晰的页面容易让消费者一目了然，避免视觉疲劳，因此页面色调要简洁而统一，建议使用纯色或者浅色图片来做背景，尽量少使用类别不同的颜色，以免造成整个页面混乱；要杜绝使用对比强烈、让人产生憎恶感的颜色。

● **颜色不宜太暗淡**：尽量调高图片的亮度和纯度，增强商品图片的通透性，确保消费者可以在各种条件下（省电模式、光线过强等）都能清晰地查看页面。

● **部分模块重点展示**：店铺的商品分类、促销活动和优惠信息等消费者重点关注的信息要重点展示。

10.2 移动端店铺页面的设计与制作

进行电脑端店铺装修时要求进行商品的多样展示，移动端店铺则要求快速吸引消费者进行浏览与购买。在设计时，商家可根据移动端店铺的设计原则，并针对电脑端店铺的整体风格对移动端店铺进行设计。下面先讲解移动端店铺首页和详情页的设计要点，再对其制作方法进行介绍。

10.2.1 移动端店铺首页设计的要点

目前，大多数的流量及订单都来自于移动端，因此商家都很重视移动端的运营，尤其是店铺首页的优化。在设计移动端店铺首页时，通常需注意以下4个方面内容。

● **注重感官的习惯性与舒适性**：从消费者的购物习惯出发，图片的清晰度和大小都要适应移动设备的尺寸，以大图为主，分类清晰明确；搭配舒适的店铺颜色；商品的细节清晰、美观，使人产生舒适的体验。

● **合理控制页面的长度**：消费者在移动设备上浏览时一般自上而下浏览，这就要求信息不必太多，一般以在6英寸大小屏幕以内为佳。

● **页面整体内容的把握**：店铺的主营商品与定位理念突出，要充分考虑互动性、趣味性、专业性与基调定位，能够精准定位消费者，并快速吸引其眼球。

● **与电脑端的视觉统一**：移动端的内容与电脑端的内容要相互呼应，具有相通的视觉符号，以增强店铺品牌的关联性。

10.2.2 移动端店铺详情页设计的要点

基于移动端店铺详情页的特征，在设计详情页时需要注意以下3点。

● **图片设计要点**：图片不能太大，否则会加载缓慢，影响购物体验，应在保证图片清晰度的前提下压缩图片。细节图不能太小，尽量保证清晰度，以让消费者看清细节，产生购买欲望。

● **文字设计要点**：图片文字、商品信息和商品描述文字都不能太小。

● **商品重点设计**：商品重点要突出，这就要求合理控制页面展示的信息量，省略一些无关紧要的内容，优化购物体验。

> **提示**
>
> 在竖屏时代，消费者的消费场所从电脑端转向移动端，因此移动端店铺的设计更为重要。移动端店铺设计追求一屏一主题。一般而言，移动端店铺首页除去页头和页尾，其一屏图片的比例可为 16：9（宽度和高度之比），内容部分比较合适的比例为 12：9，

10.2.3 移动端店铺首页的设计与制作

移动端店铺首页在一定程度上决定了店铺的品质，在制作时可从海报、优惠券、商品展示3个方面进行展现。

1. 实训分析

本例将制作以"吃货节"为主题的店铺首页。由于进行一般店铺设计时，除第一次需要对店招进行设计外，此后店招部分可沿用，故本例中将不制作店招部分，由上至下依次制作海报、优惠券、店铺活动以及商品分类展示等。整个店铺以黄色和红色为主色调，颜色明亮的同时会使人产生较强的食欲。海报部分的卡通形象增加了亲和力，将"吃货"形象展现得淋漓尽致，其余各部分的设计与制作也与此相呼应，搭配相得益彰。

2. 操作思路

完成本例需要进行以下主要操作。

STEP 01 选择【文件】/【新建】命令，打开"新建"对话框，在名称文本框中输入"移动端首页"，在宽度和高度文本框中分别输入"640"和"3000"，在其右侧的下拉列表中选择"像素"选项，在分辨率文本框中输入"72"，单击 确定 按钮，如图10-2所示。

STEP 02 选择"矩形工具" □ ，在工具属性栏中设置填充色为"#d8383a"，在图像编辑区的上方绘制640像素×570像素的矩形，如图10-3所示。

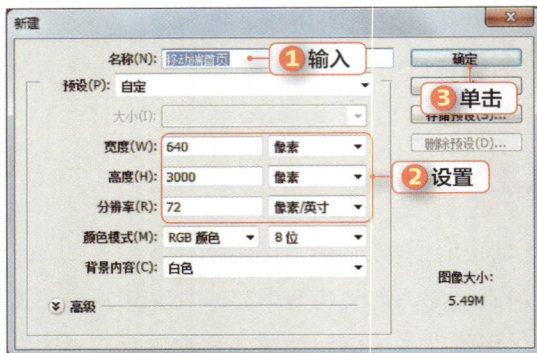

图10-2

图10-3

STEP 03 新建图层，使用"钢笔工具" ✐绘制图10-4所示形状，然后将其转换为选区，并设置填充色为"#e83f46"。

STEP 04 打开"移动端首页素材.psd"素材文件（配套资源:\素材文件\第10章\移动端首页素材.psd），将其中的卡通人物拖动到图像上方，调整位置和大小，如图10-5所示。

图10-4

图10-5

STEP 05 新建图层，使用"钢笔工具" ✐绘制图10-6所示云朵形状，然后将其转换为选区，并设置填充色为"#f4a064"，完成后将该图层移动到卡通人物图层的下方，如图10-6所示。

STEP 06 在最上方新建图层，使用"钢笔工具" ✐绘制图10-7所示云朵形状，然后将其转换为选区，并设置填充色为"#f0cb92"。

STEP 07 在打开的"移动端首页素材.psd"素材文件中，将其中的坚果和云朵拖动到卡通人物的上方，调整大小和位置，如图10-8所示。

STEP 08 新建图层，使用"钢笔工具" ✐绘制图10-9所示形状，然后将其转换为选区，并设置填充色为"#ff8817"。

STEP 09 打开"图层样式"对话框，单击选中"描边"复选框，在右侧设置大小为"3"，颜色为"#ffffff"，完成后单击 确定 按钮，如图10-10所示。

图10-6

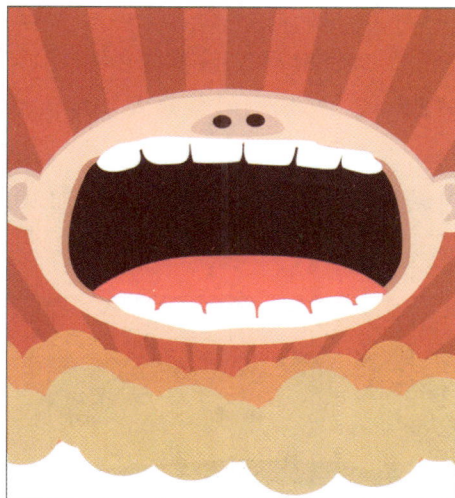

图10-7

图10-8

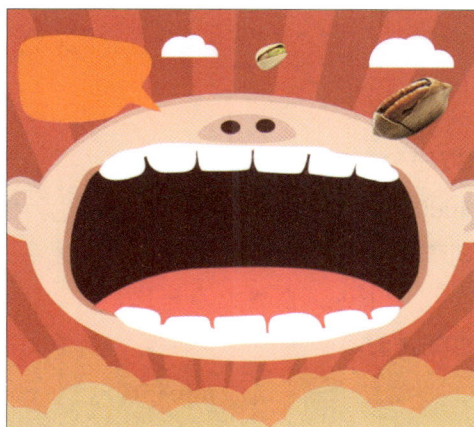

图10-9

STEP 10 选择"横排文字工具" T ，在工具属性栏中设置字体为"汉仪丫丫体简"，文字颜色为"#310703"，输入图10-11所示文字，调整文字大小和位置。

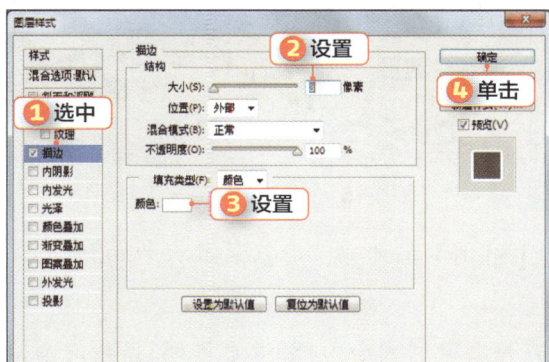

图10-10

图10-11

STEP 11 选择"横排文字工具" T ，在工具属性栏中设置字体为"汉仪黑咪体简"，文字颜色为"#ff8817"，输入"吃货节"文字，调整文字大小和位置，如图10-12所示。

STEP 12 打开"图层样式"对话框，单击选中"斜面和浮雕"复选框，在右侧设置样式、深度、大小、软化、角度、高度、高光颜色、阴影模式颜色、不透明度分别为"内斜面""297""8""2""120""30""#ffffff""#e14703""44"，单击 确定 按钮，如图10-13所示。

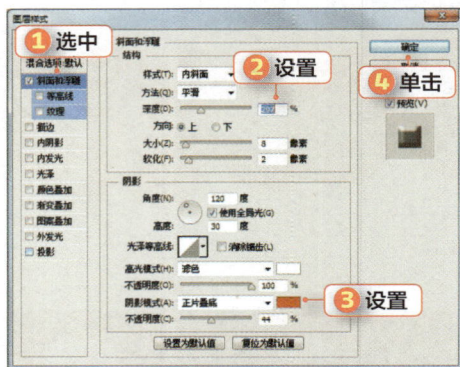

图10-12   图10-13

STEP 13 单击选中"描边"复选框，在右侧设置大小为"8"，颜色为"#540d07"，完成后单击 确定 按钮，如图10-14所示。

STEP 14 在打开的"移动端首页素材.psd"素材文件中，将其中的坚果礼包拖动到吃货节文字下方，调整大小和位置，如图10-15所示。

STEP 15 新建图层，使用"钢笔工具" 绘制图10-16所示形状，然后将其转换为选区，并设置填充色为"#ffc85f"。

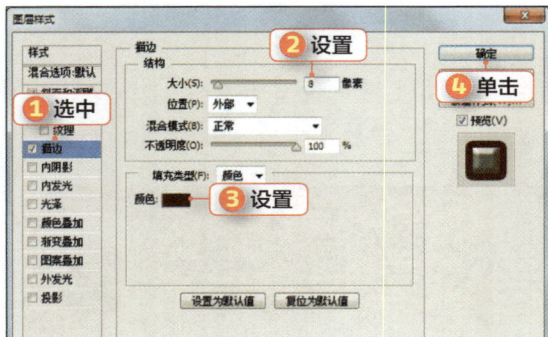

图10-14   图10-15   图10-16

STEP 16 选择"椭圆工具" ，按住【Shift】键不放，绘制颜色为"#9d2704"、大小为185像素×185像素的圆。

STEP 17 使用相同的方法，在圆的上方再次绘制大小为185像素×185像素的圆，并设置填充色为"#eb4311"，如图10-17所示。

STEP 18 再次选择"椭圆工具" ，在工具属性栏中，设置描边颜色为"#ffffff"，描边大小为"2点"，在圆的上方绘制160像素×160像素的圆环，如图10-18所示。

STEP 19 新建图层，选择"钢笔工具" ，在圆环的上方绘制三角形形状，然后将其转换为选区，并设置填充色为"#ffffff"，如图10-19所示。

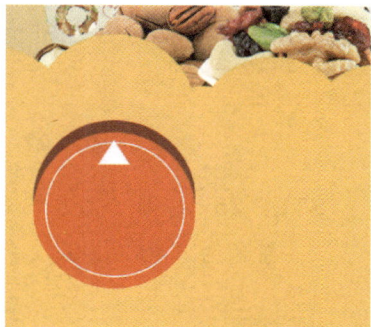

图10-17　　　　　　　图10-18　　　　　　　图10-19

STEP 20 选择圆环所在图层，单击"添加矢量蒙版"按钮 为图层添加图层蒙版。设置前景色为"#000000"，选择"画笔工具" ，在三角形的上方进行涂抹，留出三角形的缺口，如图10-20所示。

STEP 21 选择"横排文字工具" T，在工具属性栏中设置中文字体为"Adobe 黑体 Std"，英文字体为"LettrGoth12 BT"，文字颜色为"#fefefe"，输入图10-21所示文字，调整文字大小和位置，完成单个优惠券的绘制。

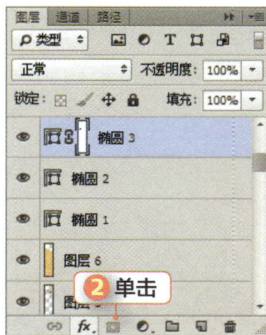

图10-20　　　　　　　　　　　图10-21

STEP 22 复制制作好的优惠券，将其移动到右侧，分别修改为20元和30元的优惠券，具体颜色参数如图10-22所示。

STEP 23 新建图层，选择"钢笔工具" ，在优惠券所在图层的下方绘制形状，然后将其转换为选区，并设置填充色为"#ffffff"，如图10-23所示。

STEP 24 新建图层，选择"钢笔工具" ，在优惠券的下方绘制形状，然后将其转换为选区，并设置填充色为"#eb4311"，如图10-24所示。

图10-22

图10-23

STEP 25 打开"图层样式"对话框，单击选中"描边"复选框，在右侧设置大小为"3"，颜色为"#000000"，如图10-25所示。

图10-24

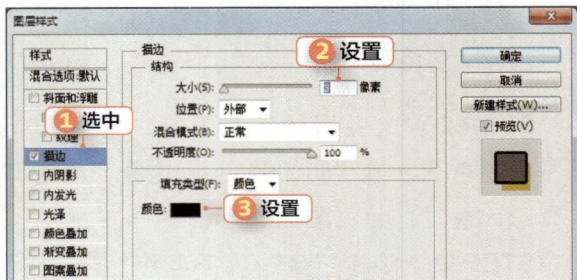

图10-25

STEP 26 单击选中"投影"复选框，在右侧设置颜色、不透明度、距离、扩展、大小分别为"#ffcf00""100""12""0""0"，单击 ⬚ 确定 ⬚ 按钮，如图10-26所示。

STEP 27 选择"横排文字工具" T ，在工具属性栏中设置字体为"苏新诗卵石体"，文字颜色为"#ffffff"，输入"吃货看这里"文字，调整文字大小和位置。完成后为文字添加描边，并设置描边大小为"2"，颜色为"#000000"。完成后的效果如图10-27所示。

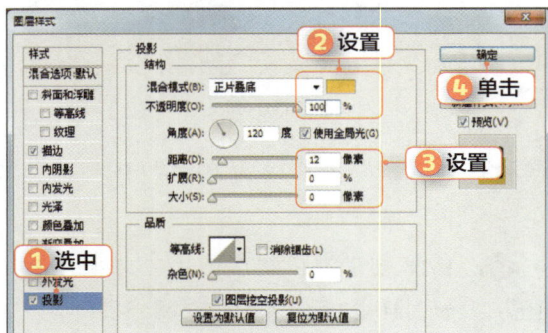

图10-26

图10-27

STEP 28 在打开的"移动端首页素材.psd"素材文件中，将其中的转盘图像拖动到标题栏的下方，调整大小和位置，如图10-28所示。

STEP 29 将标题栏"吃货看这里"复制到该栏的下方，修改文本为"肉类零食集合"，并设置形状颜色为"#fe5568"，投影颜色为"#ffa302"。

STEP 30 选择"矩形工具" ，在标题栏的下方绘制颜色为"#ffffff"，大小为305像素×305像素的4个矩形，如图10-29所示。

图10-28

图10-29

STEP 31 在打开的"移动端首页素材.psd"素材文件中，将其中的食品图像拖动到矩形中，调整大小和位置，如图10-30所示。

STEP 32 新建图层，选择"钢笔工具" ，在食品的下方绘制锯齿形状，然后将其转换为选区，并设置填充色为"#fe5568"。将制作好的锯齿形状复制到其他3种食品的下方，如图10-31所示。

STEP 33 选择"横排文字工具" ，在工具属性栏中设置字体为"思源黑体 CN"，输入图10-32所示文字，调整文字大小和位置。完成后在"立即购买"文字下方绘制矩形。

图10-30

图10-31

STEP 34 复制制作好的"肉类零食集合"栏的所有内容，并粘贴到该栏下方，删除其中的具体内容，留下框架部分。修改文字为"水果干集合"，并设置主体颜色为"#00b6ef"，完成后的效果如图10-33所示。

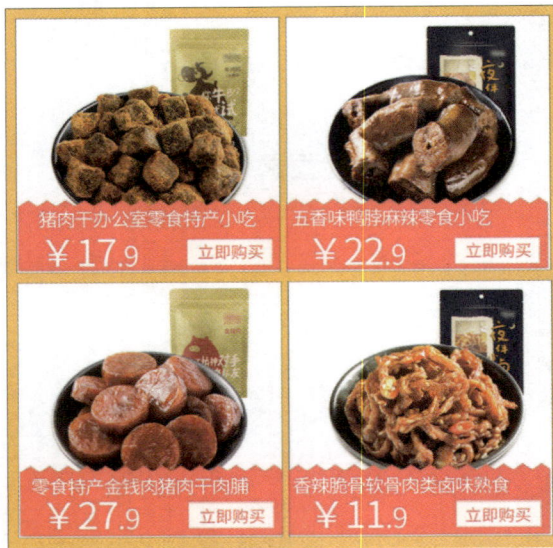

图10-32   图10-33

STEP 35 在打开的"移动端首页素材.psd"素材文件中，将其中的水果干素材拖动到矩形中，调整大小和位置，如图10-34所示。

STEP 36 选择"横排文字工具" T ，在工具属性栏中设置字体为"思源黑体CN"，输入图10-35所示文字，调整文字大小和位置。完成后在"立即购买"文字下方绘制矩形。

STEP 37 保存图像，查看完成后的效果（配套资源:\素材文件\第10章\移动端首页.psd），如图10-36所示。

图10-34   图10-35

图10-36

10.2.4 移动端店铺详情页的设计与制作

移动端详情页的设计与制作方法与电脑端类似，都可分为焦点图、信息展示图、卖点图等内容，但其文字较少，图片展现较多。

1. 实训分析

本例将制作坚果详情页。在制作时先制作焦点图，并用黄色与坚果相搭配，以让坚果得到更好展示。在制作时，需要注意文字要简洁、图片要美观。

2. 操作思路

完成本例需要进行以下主要操作。

扫一扫

移动端店铺详情页的
设计与制作

STEP 01　新建大小为640像素×4770像素、分辨率为72像素/英寸、名为"移动端详情页"的文件。打开"详情页焦点图背景.jpg"素材文件（配套资源:\素材文件\第10章\详情页焦点图背景.jpg），将其拖动到新建的文件中，调整位置和大小，如图10-37所示。

STEP 02　选择"横排文字工具" T ，在工具属性栏中设置字体为"文鼎POP-4"，文字颜色为"#784f31"，输入图10-38所示文字，调整文字大小和位置。

STEP 03　选择"直线工具" ✐ ，在小字的上下方绘制两条粗细为2像素的虚线，并设置描边颜色为"#6a3906"，如图10-39所示。

图10-37　　　　　　　　　　图10-38　　　　　　　　　　图10-39

STEP 04　选择"圆角矩形工具" ▢ ，在工具属性栏中设置半径为"15像素"，颜色为"#fcbe07"，在图片的下方绘制两个560像素×45像素的圆角矩形。

STEP 05　打开"坚果素材1.jpg"素材文件（配套资源:\素材文件\第10章\坚果素材1.jpg），将其拖动到圆角矩形的下方，调整位置和大小，如图10-40所示。

STEP 06　选择"横排文字工具" T ，在工具属性栏中设置字体为"黑体"，设置参数字体颜色为"#604002"，其他字体颜色为"#9e816c"，输入图10-41所示文字，调整文字大小和位置。

STEP 07　选择"直线工具" ✐ ，在"商品参数"和"个大壳薄品质佳"的上下方绘制两条粗细为1像素的虚线，并设置描边颜色为"#fcbe07"，如图10-42所示。

STEP 08　选择"矩形工具" ▢ ，在工具属性栏中设置填充颜色为"#fcbe07"，在图像下方绘制640像素×770像素的矩形。打开"坚果素材2.jpg"素材文件（配套资源:\素材文件\第10章\坚果素材2.jpg），将其拖动到矩形中，调整位置和大小，并设置描边大小为"10像素"，颜色为"#ffffff"，如图10-43所示。

STEP 09　选择"横排文字工具" T ，在工具属性栏中设置字体为"黑体"，设置文字颜色为"#ffffff"，输入图10-44所示文字，调整文字大小和位置。

STEP 10 打开"坚果小素材.psd"素材文件（配套资源:\素材文件\第10章\坚果小素材.psd），将一个小坚果拖动到上方文字的左侧，如图10-45所示。

图10-40

图10-41

图10-42

图10-43

图10-44

图10-45

STEP 11 打开"坚果素材3.jpg"素材文件（配套资源:\素材文件\第10章\坚果素材3.jpg），将其拖动到黄色矩形下方，调整位置和大小，如图10-46所示。

STEP 12 选择"横排文字工具" T ，输入图10-47所示文字，然后在工具属性栏中设置字体为"黑体"，设置"轻轻一捏就奶香四溢"的颜色为"#854c23"，其他文字颜色为"#9e816c"，调整文字大小和位置。

STEP 13 打开"坚果小素材.psd"素材文件（配套资源:\素材文件\第10章\坚果小素材.psd），将一个小坚果拖动到上方文字的右侧，再选择"直线工具" ╱ ，在文字的下方绘制两条粗细为2像素的虚线，并设置描边颜色为"#fcbe07"，如图10-48所示。

| 图10-46 | 图10-47 | 图10-48 |

STEP 14 新建图层，选择"钢笔工具" 绘制形状，然后将其转换为选区，并设置填充色为"#fcbe07"。打开"坚果素材4.psd"素材文件（配套资源:\素材文件\第10章\坚果素材4.psd），将其中的图像依次拖动到矩形中，调整位置和大小，如图10-49所示。

STEP 15 选择"横排文字工具" T，在工具属性栏中设置字体为"黑体"，在上方的白色区域输入"实物拍摄"文字，完成后调整文字颜色和大小，并在其上下位置绘制虚线，如图10-50所示。

STEP 16 在素材的中间空白区域输入其他文字，字体为"黑体"，文字颜色为"#ffffff"，如图10-51所示。

| 图10-49 | 图10-50 | 图10-51 |

STEP 17 完成后保存图像，查看完成后的效果（配套资源:\效果文件\第10章\移动端详情页.psd），如图10-52所示。

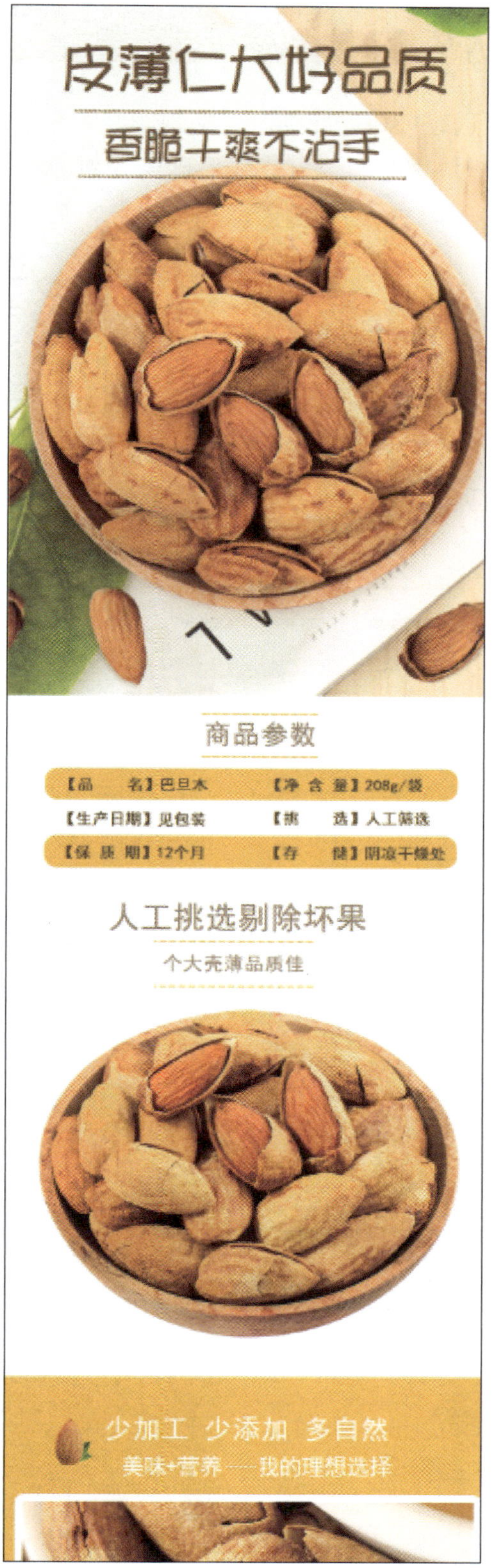

皮薄仁大好品质

香脆干爽不沾手

商品参数

【品　　名】巴旦木　　【净含量】208g/装
【生产日期】见包装　　【精　选】人工筛选
【保质期】12个月　　【存　储】阴凉干燥处

人工挑选剔除坏果

个大壳薄品质佳

少加工　少添加　多自然

美味+营养——我的理想选择

人工精心筛选 慢火烘焙 自然浓香

感受香甜浓郁

轻轻一捏就奶香四溢

果仁好吃不腻
营养健康美味

实物拍摄

个大壳薄，自然色泽，香脆可口，好吃不沾手
乐享馈赠"仁"

与家人 爱人 朋友分享美味 分享快乐
爱分享爱快乐

图10-52

10.3 装修移动端店铺

移动端店铺的装修与电脑端相似，都是通过模块完成的。先将制作好的店铺图片上传到图片管理中，再根据需要选择合适的模块进行装修，完成后即可查看装修后的效果。下面讲解移动端店铺的装修方法。

10.3.1 装修首页

下面把制作好的首页效果装修到店铺中，展现整个店铺的效果。在装修前，先新建移动端首页，并将切片后的图片上传到图片管理中，为装修做准备。具体操作如下。

扫一扫

装修首页

STEP 01 进入"商家后台"页面，单击"我的店铺"—"店铺装修"，如图10-53所示。

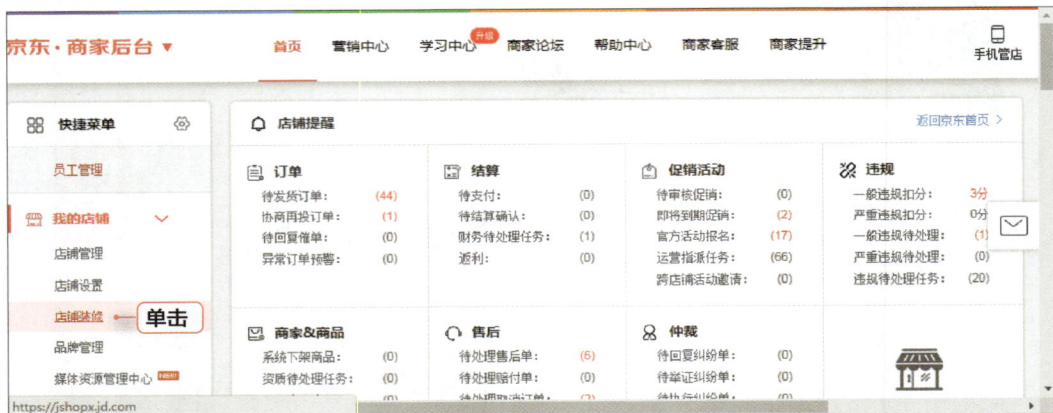

图10-53

STEP 02 进入"店铺装修"界面，单击 +新建页面 按钮，打开"新建页面"对话框。在"选择页面类型："中选中"移动店铺首页"单选项，在"页面名称："文本框中输入"店铺活动首页"，单击 确定 按钮，如图10-54所示。

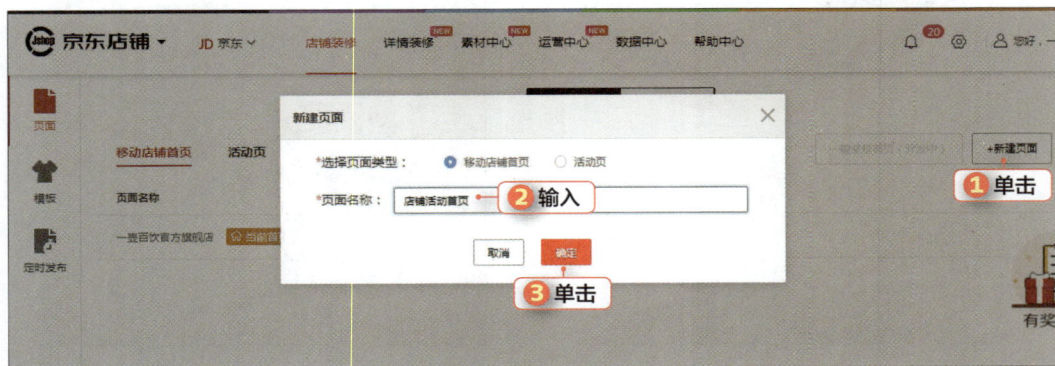

图10-54

STEP 03 返回"店铺装修"界面，在新建的界面右侧单击 装修页面 按钮，进入移动端装修页面。从中可发现左侧为模块，中间则显示了自带的内容，如图10-55所示。

图10-55

STEP 04 在中间区域选择要删除的模块，在右侧打开的浮动选项栏中单击"删除"按钮，可删除选择的模块。使用相同的方法，删除除店招以外的所有模块，如图10-56所示。

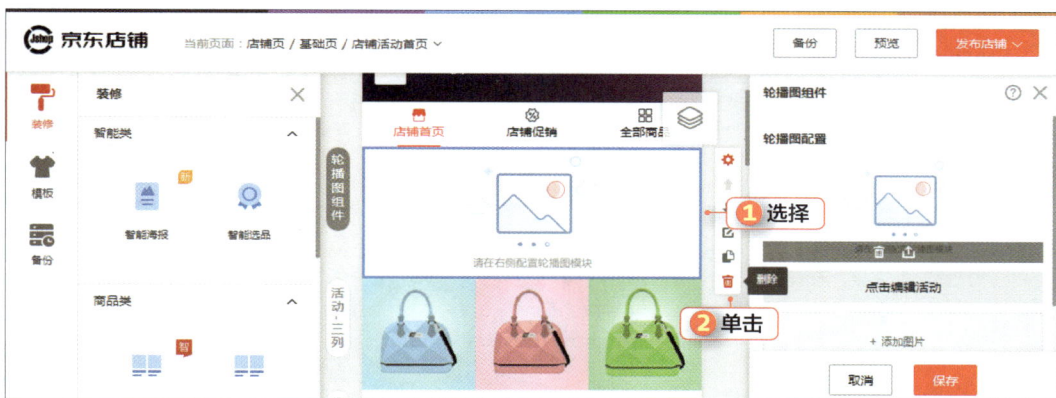

图10-56

STEP 05 在左侧单击"装修"选项卡，在打开的面板中选择"热区组件"模块，向右拖动，将其添加到店招下方，如图10-57所示。

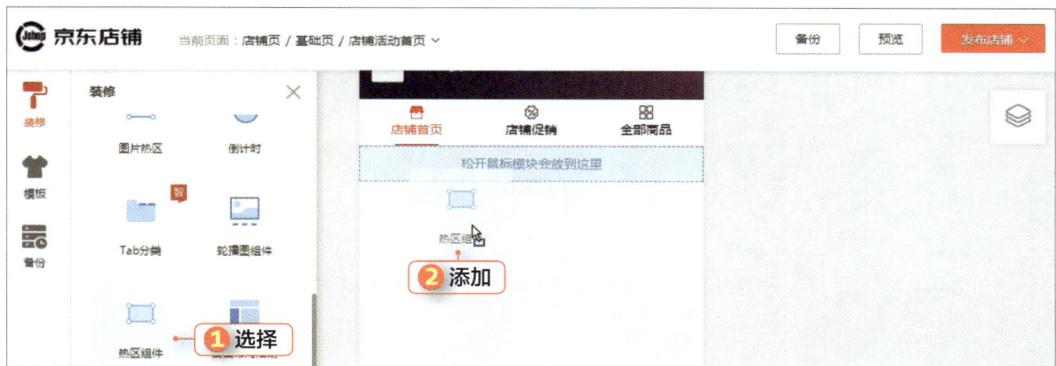

图10-57

STEP 06 在右侧打开的面板中，单击保存 ![icon] 按钮打开"图片选择器"对话框，如图10-58所示。

图10-58

STEP 07 单击右上角的 ![上传图片] 按钮，打开"打开"对话框，在其中选择需要上传的图片，单击 ![打开(O)] 按钮，如图10-59所示。

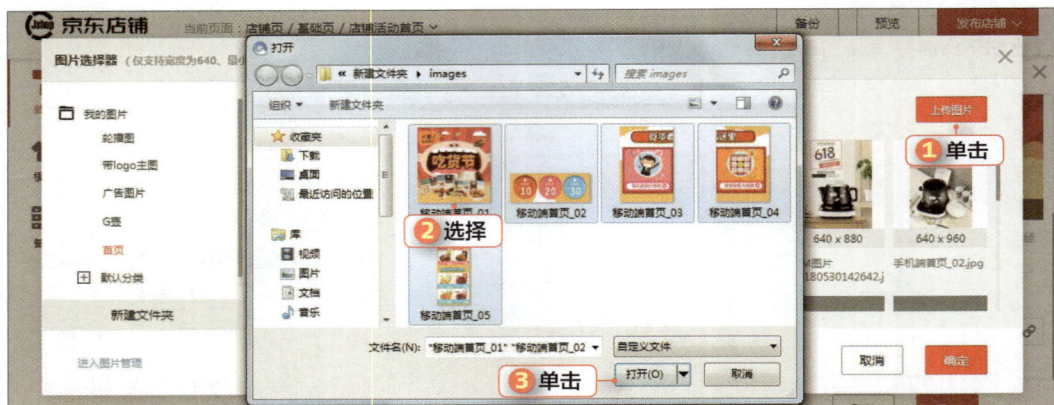

图10-59

STEP 08 返回"图片选择器"对话框，选择要上传的图片，单击 ![确定] 按钮，如图10-60所示。

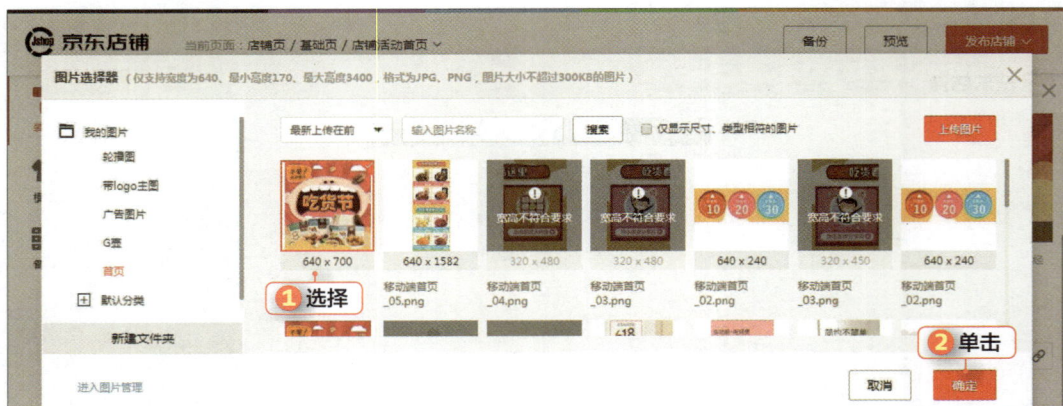

图10-60

STEP 09 在中间图片中，绘制需要添加的热区区域，然后在"热区区域设置："中单击![按钮]按钮，如图10-61所示。

图10-61

STEP 10 打开"活动配置"对话框，在左侧单击"自定义链接"，在右侧文本框中输入链接地址，依次单击![保存]按钮，如图10-62所示。

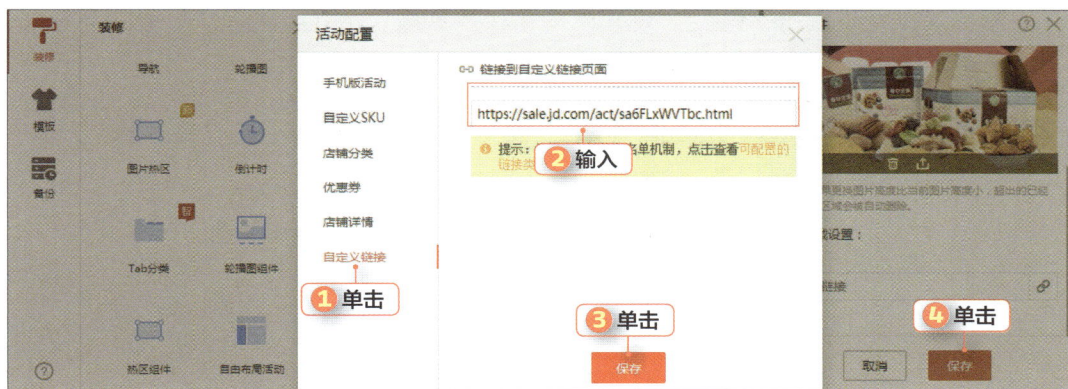

图10-62

STEP 11 使用相同的方法，在海报的下方添加优惠券图片，并添加对应的热区与内容，如图10-63所示。

图10-63

STEP 12 在左侧单击"装修"选项卡，在打开的面板中选择"自由布局活动"模块，向右拖动，将其添加到优惠券的下方，如图10-64所示。

图10-64

STEP 13 此时添加的布局将以框格的形式显示，每个框格的大小为80像素×80像素，拖动控制点将选区移动到320像素×480像素处，双击鼠标左键。在打开的右侧面板中，单击"添加图片"按钮 + ，如图10-65所示。

图10-65

STEP 14 打开"图片选择器"对话框，选择要添加的图片，单击 确定 按钮，如图10-66所示。

图10-66

STEP 15 返回装修界面，单击 单击编辑活动 按钮，打开"活动配置"对话框。在左侧单击"自定义链接"选项卡，在右侧的文本框中输入链接地址，依次单击 保存 按钮，如图10-67所示。

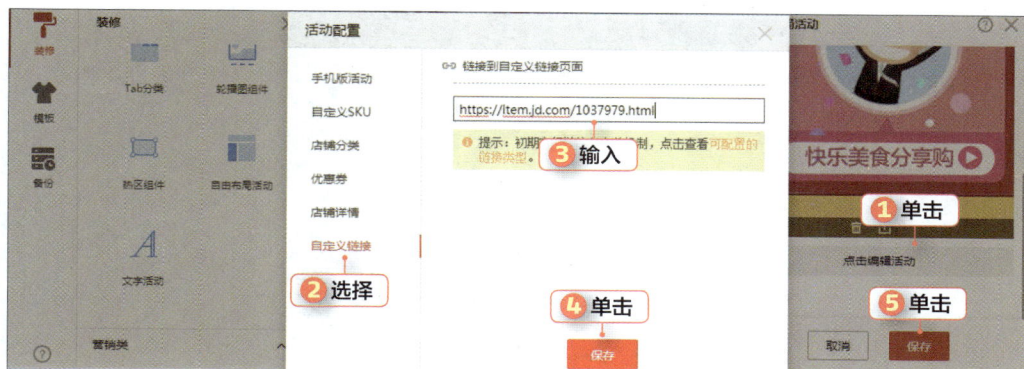

图10-67

STEP 16 使用相同的方法，在右侧添加大转盘图片，并为其添加自定义链接，如图10-68所示。

图10-68

STEP 17 使用相同的方法，在大转盘图片的下方添加"热区组件"模块，并为其添加热区和链接，完成后单击 保存 按钮，如图10-69所示。

图10-69

STEP 18 完成后单击 预览 按钮，可预览插入各种图片后的效果，单击 发布店铺 ︿ 按钮，可发布制作好的移动端店铺效果，如图10-70所示。

图10-70

10.3.2 装修详情页

首页装修是在专门的页面中进行的，详情页装修则是在商品发布过程中，通过添加图片的方式进行的，是商品发布过程中必不可少的一步。具体操作如下。

STEP 01 进入"商家后台"页面，单击"商品管理"，在打开的下拉列表中，选择"添加新商品"选项，如图10-71所示。打开"添加新商品"界面，选择需要添加商品的类型，并单击 下一步,填写商品信息 按钮。

图10-71

STEP 02 进入"填写信息"界面，填写基本信息后，将其往下拖动，在"手机版商品详情"下单击"插入图片"按钮，如图10-72所示。注意：每张图片的宽度建议为640像素，所有图片宽度要一致；每张图片的高度应小于等于960像素，每张图片的大小应小于等于3000KB，图片总张数建议大于5张，但不应超过30张。

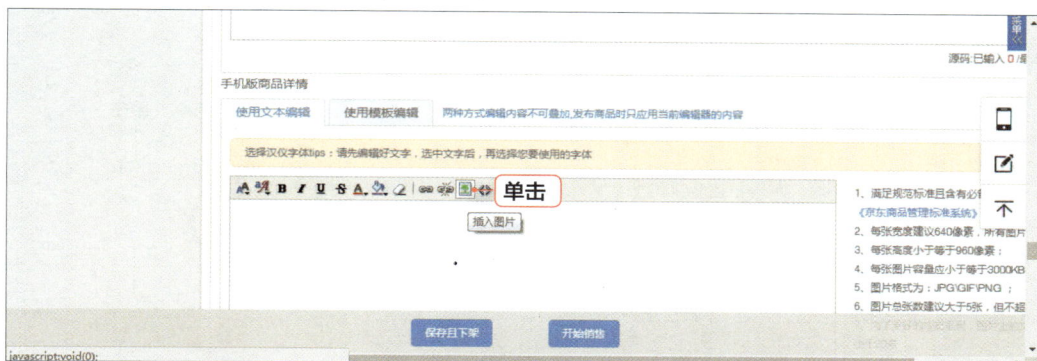

图10-72

STEP 03 继续往下拖动，单击 上传文件 按钮，打开"打开"对话框，在其中选择需要上传的图片，单击 打开(O) ▼ 按钮，如图10-73所示。

图10-73

STEP 04 此时在"图片"界面中将显示图片的上传进度，如图10-74所示。完成上传后在其右侧将显示"预览""插入""删除"超链接。单击"预览"超链接，可查看插入的图片，如图10-75所示。

图10-74

图10-75

STEP 05 单击"插入"超链接，可发现上方的列表框中显示了插入的图片。依次对上传的图片进行插入，完成后单击 开始销售 按钮，即可完成商品的发布和详情页的装修，如图10-76所示。

图10-76

10.4 实战训练

10.4.1 实训要求

根据坚果店铺移动端首页的制作方法，制作毛巾店铺移动端首页。在制作时，要注意各个板块的设计方法。

10.4.2 实训分析

在制作时，按照商品分类→优惠券→海报→商品列表的步骤依次进行首页制作。先确定整个店铺的色调，这里选用冷灰色系，然后根据促销内容进行逐步展现。其最终效果如图10-77所示。

图10-77

10.4.3 操作思路

完成本实训需要进行以下主要操作。

STEP 01 打开素材图片，将其拖动到新建文件中，调整位置和大小，并在右侧输入文字内容。

STEP 02 根据各个板块的情况绘制矩形框，并在其中分别插入图片，完成后添加优惠券信息。

前　言

　　心理学是一门探索心灵奥秘、揭示人类自身心理活动规律的科学，它的研究及应用范围涉及与人类相关的各个领域，如教育、医疗、军事、司法等，对人的生活有着深远的影响。对于个体而言，企业管理、工作学习、人际关系、恋爱婚姻等都需要了解人的心理，都离不开心理学。可以说，心理学与我们的生存乃至发展息息相关。

　　生存要懂心理学。随着心理学的逐步发展，人们逐渐认识到心理学的应用范围越来越广，对人类生活所起的作用越来越大。首先，人类的健康与心理学密切相关。随着经济的飞速发展，社会的不断进步，人们的物质生活越来越丰富，但随之而来的是人们精神层面的匮乏。人们所面临的心理问题越来越多，诸如人际关系、夫妻关系、父母与子女之间的关系以及抑郁、焦虑、恐慌、嫉妒、自私、自卑、自闭等心理问题日益凸显，因心理问题厌世、自杀的比率日渐升高，人们的心理健康受到前所未有的挑战。此外，在医疗康复过程中，心理学也发挥着重要的引导和促进作用。

　　发展要懂心理学。中国古代兵法强调："用兵之道，攻心为上，攻城为下，心战为上，兵战为下。"若想在竞争激烈复杂的社会中占有一席之地，除了必备的基本技能，掌握并利用人的心理达到目的，也是成功的必备要素之一。掌握了心理学知识，就能更好地了解自己、读懂他人、认识社会，生活中的各种疑难问题也会迎刃而解；学好心理学，可以让自己在社交、爱情、职场、生活等诸多方面占尽优势，游刃有余。

　　心理学被确立为一门学科，还只是 100 多年以前的事情。但这门年轻的学科如今已枝繁叶茂，目前，心理学已经在许多领域形成了分支学科，如基础研究领域包括发展心理学、认知心理学、变态心理学等；应用研究领域包括健康心理学、教育心理学等。面对体系如此庞大复杂的学科,想要系统地对其进行了解将是一项耗时耗力的浩大工程。为了让读者以最轻松、最高效、最简明的方式快速读懂心理学,我们推出了这本《心理学一本通》。

全书秉承"一本通"的编写思路,将科学知识与实际应用结合起来,内容全面,系统性强,语言精炼,化繁复为简约,化晦涩为明了,化深奥为通俗,集科学性、知识性与实用性为一体,让你一本书读通心理学。

《心理学一本通》分为上、中、下三篇,分别为"心理学的产生与发展"、"生活中的心理学"和"心理障碍与心理治疗"。全书内容全面,实用性强。上篇从心理学的基本知识讲起,全面介绍了心理学的历史,心理学的主要流派、代表人物及其重要理论和思想观点,再现了心理学的发展历程;中篇着眼于生活中的心理学,介绍了心理学在生活中方方面面的实际应用技巧,涉及教育心理学、学习心理学、人际关系心理学、职场心理学、谈判心理学、管理心理学、消费心理学、投资心理学、婚姻心理学等方面,同时还对各种经典心理学效应进行了解读;下篇以心理健康为主,介绍了心理健康的基本知识,教你了解并认识心理咨询和心理治疗,学会应对常见的嫉妒心理、猜疑心理、自闭心理等心理问题,了解常见的人格障碍和异常行为,及如何正确调适儿童期、青少年期、中年期和老年期所面对的各种心理问题。

阅读本书,你将可以轻松掌握心理学,系统而全面地了解和应用心理学知识及技巧,轻松解决生活中出现的各种问题,从而拥有健康的身体、和谐的家庭、满意的工作、圆满的人际关系、完美的心态和幸福的生活,让你充满智慧,成就梦想,改变生活。

目 录

□ 上篇　心理学的产生与发展

第一章
心理学的主要流派及其代表人物

构造主义心理学派 ·························· 3

机能主义心理学派 ·························· 6

行为主义心理学派 ·························· 7

精神分析学派 ···························· 10

格式塔心理学派 ·························· 13

人本主义心理学派 ·························· 15

日内瓦学派 ····························· 18

第二章
认知心理学

注意与信息加工 ·························· 21

表征信息 ····························· 29

储存信息 ····························· 39

语言加工 ····························· 52

1

第三章

发展心理学

婴儿的认知 ·· 64

发展的阶段 ·· 72

记忆的发展 ·· 86

情感发展 ·· 97

第四章

神经心理学

心智 ·· 105

感知 ·· 114

情感与动机 ·· 128

意识 ·· 136

第五章

社会心理学

人：社会性动物 ·· 155

人际关系 ·· 163

社会影响 ·· 175

沟通 ·· 184

第六章

变态心理学

什么是变态 ·· 196

精神障碍 ⋯⋯⋯⋯⋯⋯⋯⋯⋯⋯⋯⋯⋯⋯⋯⋯⋯⋯⋯ 204

发育过程中的变态 ⋯⋯⋯⋯⋯⋯⋯⋯⋯⋯⋯⋯⋯⋯ 222

物理疗法 ⋯⋯⋯⋯⋯⋯⋯⋯⋯⋯⋯⋯⋯⋯⋯⋯⋯⋯⋯ 234

□中篇 生活中的心理学

第一章

教育心理学

宽容比惩罚更有力量 ⋯⋯⋯⋯⋯⋯⋯⋯⋯⋯⋯⋯⋯ 251

每个孩子都可能是天才 ⋯⋯⋯⋯⋯⋯⋯⋯⋯⋯⋯ 253

配套效应的妙用 ⋯⋯⋯⋯⋯⋯⋯⋯⋯⋯⋯⋯⋯⋯ 256

学会赞美你的孩子 ⋯⋯⋯⋯⋯⋯⋯⋯⋯⋯⋯⋯⋯ 258

奖励要讲究策略 ⋯⋯⋯⋯⋯⋯⋯⋯⋯⋯⋯⋯⋯⋯ 259

拯救孩子的习得性无助 ⋯⋯⋯⋯⋯⋯⋯⋯⋯⋯⋯ 261

第二章

人际关系心理学

距离产生美 ⋯⋯⋯⋯⋯⋯⋯⋯⋯⋯⋯⋯⋯⋯⋯⋯⋯ 266

人不可貌相 ⋯⋯⋯⋯⋯⋯⋯⋯⋯⋯⋯⋯⋯⋯⋯⋯⋯ 268

战胜交往中的"约拿情结" ⋯⋯⋯⋯⋯⋯⋯⋯⋯ 269

将心比心出奇效 ⋯⋯⋯⋯⋯⋯⋯⋯⋯⋯⋯⋯⋯⋯ 272

适当的"自我暴露"有助于加深亲密程度 ⋯⋯⋯ 274

人与人之间的跷跷板 ⋯⋯⋯⋯⋯⋯⋯⋯⋯⋯⋯⋯ 275

第三章

职场心理学

初涉职场的心理准备和角色转换 ················· 277

初入职场走好第一步 ························· 278

大学生与上班恐惧症 ························· 280

办公室心理换位的应用 ······················· 282

当心办公室心理污染 ························· 283

谨防成功后的抑郁症 ························· 284

第四章

消费心理学

物以稀为贵 ······························· 287

越贵越好卖 ······························· 288

价格的心理效应 ··························· 291

神奇的进门槛技术 ························· 292

包装设计的心理技巧 ······················· 294

情感广告的心理作用 ······················· 297

第五章

投资心理学

了解自己的风险承受能力 ···················· 300

摆脱情绪的困扰 ··························· 302

投资中的"阿 Q 精神" ······················ 304

投资中的错位效应 ························· 305

"赌场的钱"效应 ························· 306

风险厌恶效应 ····························· 307

尽量返本效应 ………………………………………… 307

第六章

恋爱心理学

恋爱中的审美错觉 …………………………………… 309

恋爱中的心理差异 …………………………………… 311

恋爱中的自惑心理 …………………………………… 313

恋爱中的嫉妒心理 …………………………………… 314

驶出单相思的心理孤港 ……………………………… 316

失恋后的心理调节 …………………………………… 318

第七章

婚姻心理学

新婚心理调适 ………………………………………… 321

当心婚后"爱情沉默症" ……………………………… 323

婚姻的"头号杀手"——婚外恋 …………………… 326

如何面对婚外恋 ……………………………………… 328

离婚后的不良心理调适 ……………………………… 330

再婚后的心理调适 …………………………………… 333

□下篇 心理障碍与心理治疗

第一章
认识心理治疗

心理治疗的原则 ································ 339

行为疗法 ······································ 342

认知疗法 ······································ 347

精神分析疗法 ·································· 351

森田疗法 ······································ 354

催眠疗法 ······································ 357

第二章
常见的心理问题及应对策略

贪婪心理 ······································ 362

虚荣心理 ······································ 364

嫉妒心理 ······································ 366

猜疑心理 ······································ 369

自私心理 ······································ 372

自闭心理 ······································ 374

第三章
儿童期的主要心理问题及调适

儿童孤独症 ···································· 377

儿童恐惧症 ···································· 379

儿童多动症 …………………………………………… 381

遗尿症 ………………………………………………… 384

厌食 …………………………………………………… 386

偏食 …………………………………………………… 388

睡眠障碍 ……………………………………………… 390

第四章

青少年期的主要心理问题及调适

恋爱心理 ……………………………………………… 393

逆反心理 ……………………………………………… 396

青春期焦虑症 ………………………………………… 399

神经衰弱症 …………………………………………… 401

自杀心理 ……………………………………………… 404

第五章

中年期的主要心理问题及调适

心理疲劳 ……………………………………………… 408

更年期神经症 ………………………………………… 411

婚姻适应不良 ………………………………………… 414

职业适应问题 ………………………………………… 417

失业综合征 …………………………………………… 418

第六章

老年期的主要心理问题及调适

老年焦虑症 …………………………………………… 422

离退休综合征 ···················· 424

记忆障碍 ·························· 426

睡眠障碍 ·························· 428

老年痴呆症 ······················ 431

上篇

心理学的产生与发展

第一章　心理学的主要流派及其代表人物

构造主义心理学派

　　构造主义心理学派产生于19世纪末叶的德国。这一时期欧洲自然科学的发展促进了心理学以一门独立的学科从哲学的体系中分离出来，同时物理学、化学、生理学的发展从不同的方向上推动了心理学向更深的层次发展。人们把物理学的概念和研究方法运用到心理学中，把心理活动视为力的活动，视物理规律为心理规律的根源，用物理实验的方法去进行心理学实验，产生了心理物理学。19世纪中叶的德国，生理学也达到了很高的水平，由于生理学与心理学的密切关系，导致了心理学的发展。化学在当时是注重分析法的一门科学，一些早年曾从事化学研究工作的心理学家把化学研究中的分析方法应用于心理学研究中，形成了心理化学的观点。所谓构造主义心理学，就是要求应用化学分析方法去分析研究各种心理现象的构造及其有关的基本规律。因此，构造主义心理学也被称为元素主义心理学。构造主义心理学家们首创了用实验的方法系统地研究人的心理问题，并且建立了心理实验室，使用和创造了各种实验的设备、仪器和手段，为现代心理学的建立做出了突出的贡献。其中杰出的代表人物是冯特和铁钦纳。

　　冯特是构造主义心理学的奠基人，其主要观点包括以下方面：

　　1. 心理学的研究对象是人的直接经验

　　冯特认为心理学与物理学等其他科学一样，研究的对象是经验。心理学与物理学的区别，在于心理学研究的是直接经验（即人可以直接经验到的感觉和情感心理过程），这是一种主客观不分、浑然一体的东西。而自然科学（如物理学的

3

分子、原子等物质现象）则属于人的间接经验。间接经验是由概念通过人的推论得到的。在这里，经验成了统一的心理学和自然科学的基础，而经验毕竟是主观的。这种心理学在哲学上的倾向是显而易见的。

2. 元素分析与创造性综合

冯特认为心理是可以而且必须加以分析的。如果把心理分析到最终不可再分的成分，这些成分就被称为心理元素。这种分析的方法就叫元素分析。这些心理元素是构成复杂心理的基本单元，通过联想、统觉进行创造性的综合来达到心理的复合体。

冯特认为心理元素有感情之分，而元素的结合叫作心理的复合，感觉元素的复合形成人们的各种不同的情绪状态。同时感觉元素与感情元素又相互影响、相互补充。所谓创造性的综合，即是通过联想和统觉两种形式形成心理复合体的过程，冯特尤其看重统觉的作用。统觉的作用就是把各种感觉联结起来的主动过程（而联想则是一种被动的不受意志支配的过程）。统觉在冯特的心理学体系中占有一定的位置，他认为心理元素综合为复合体的过程是由统觉完成的，统觉包括关联、比较、分析和综合等各种组合的过程。

3. 心理学的研究方法是实验内省法

冯特研究心理学的方法是实验内省法，即把"自我观察"的内省同实验结合起来。传统的内省心理学方法是一种古典式的、思辨性的经验式内省方法，而实验方法可以使自我观察在可控制的条件下进行精确而严格的测量，这种方法使内省心理学向前发展了一大步，为实验心理学的建立和发展打下了良好的基础。但是，由于他对经验的唯心主义认识，他只注意个人的心理经验，全然不顾客观条件对被试者的意义，主观性很大，使之失去了客观基础，失去了研究的现实意义，因而难以发现心理活动的规律。

总而言之，冯特的心理学是有贡献的，他的心理学体系内容十分丰富，不仅发展了传统的心理学，而且为后代心理学研究开拓了新的领域。

铁钦纳认为一切科学的对象都是经验。铁钦纳的主要观点如下。

1. 心理学的研究对象

铁钦纳主张心理学的对象是经验，但他又不同意冯特的直接经验与间接经验的区分。物理学是研究不依赖于经验者的经验，而心理学是研究依赖于经验者的经验。他同时又认为"心理不是脑的功能"，而"身体只是心理的条件"。这样铁钦纳又把神经系统与心理割裂开来了，从而复归到早期冯特的心身平行论观点。

铁钦纳还进一步说明了经验、心理、心理过程和意识之间的区别与联系。在他看来，经验、心理、心理过程和意识都是心理学研究对象的表现形式，但它们还是有区别的。所以他指出："虽然心理学的对象是心理，但心理学研究的直接对象却往往是意识。"

铁钦纳主张，心理学应该研究心理或意识内容的本身，不应该研究其意义或功用。他坚持心理学是一门纯科学。

2. 心理学的研究方法

对心理学研究对象的观察依赖于经验者的经验，因而是一种内部观察，即内省。具体地说，内省是对意识经验的自我观察。

铁钦纳为内省法规定了种种限制。第一，铁钦纳坚持只有训练有素的观察者才能进行内省，坚持反对使用未受过训练的观察者。第二，对于初学者来说，最好是根据记忆来进行内省描述，这样内省就变成了回忆，内省考察变成了事后考察。而老练的观察者则会养成一种内省态度，因而他在观察进程中不仅可以在心里默记而不干扰他的意识，甚至还可以做笔记。第三，自我观察包括注意和记录两部分。注意必须最高度的保持、最高度的集中，记录必须像照相一样精确。第四，内省者必须在情绪良好、精神饱满和身体健康时，在周围环境安适、摆脱外界干扰时，才能进行观察。第五，内省必须是公正而无私地描述意识状态自身，而不是描述刺激本身。最后，铁钦纳赞同冯特把内省与实验结合起来的做法。总之，铁钦纳在心理学研究方法上对冯特的实验内省法加以改造。

3. 心理学的任务和内容

像冯特一样，铁钦纳也把意识经验分析成基本元素，但又在冯特的感觉元素与情感元素之间增添了一个新的意识元素，即意象。这样，人的一切意识经验或心理过程都是由感觉、意象和情感三种基本元素构成的。在这三种意识元素中，铁钦纳研究最多的是感觉，其次是情感，最少的是意象。感觉是知觉的基本元素，包括声音、光线、味道等经验，它们是由当时环境的物理对象引起的。意象是观念的元素，可以在想象或当时实际不存在的经验中找到。情感是情绪的元素，表现在爱、恨、忧愁等经验之中。

铁钦纳的构造主义提供了一个相当强有力的正统体系，充当了批评的靶子。但铁钦纳却坚持心理学的实验研究方向，为推动心理科学的发展做出了不懈的努力。

20 世纪 20 年代，构造主义心理学在铁钦纳之后逐渐衰落。

机能主义心理学派

机能派心理学是与构造主义心理学相对立的心理学派别。这个心理学派与实用主义哲学紧密联系在一起。它产生于 19 世纪末叶的美国。公认的几个代表人物是詹姆斯、安吉尔、杜威等。他们吸收了英国贝克莱主教的主观唯心主义和边沁的功利主义，又借鉴了阿芬那留斯的经验批判主义，还接受了达尔文进化论的学说，他们创立的实用主义哲学非常适合当时美国垄断资产阶级的需要。当他们把它用于心理学的研究时，就创立了机能主义心理学。他们的心理学有一些共同的特点：例如他们都反对构造主义把意识分析为元素，他们关注心理的作用而不十分注重心理的内容，他们重视心理学的应用而不同意把它当作一门纯理论科学。他们还主张心理学的任务不仅要研究一般成人的心理，还应把动物心理、儿童心理、变态心理等纳入心理学研究的范围。一句话，机能派强调意识的机能，研究心理现象适应环境的机能和效用。它是一个极端生物学化的派别，把人和动物的心理都看作是有机体对环境的顺应。

威廉·詹姆斯（1842～1910）是美国著名哲学家和心理学家，生于纽约，曾在哈佛大学学习医学，获医学博士学位，并且曾在哈佛大学任生理学讲师、心理学与哲学教授。他耗费 12 年时间与精力，于 1890 年完成了鸿篇巨制《心理学原理》，该书将当时的心理学知识组织为系统性的学科，所阐述的主题包括感觉、知觉、大脑功能、习惯、意识、自我、注意、记忆、思考、情绪等。此外他与同时代的一位丹麦生理学家郎格提出了心理学史上最早的情绪理论——詹姆斯－郎格情绪理论。他于 1894 年和 1904 年两度担任美国心理学会主席。

詹姆斯强调对心理机能和功用的要求，主张心理意识的功用就是要指引有机体达到生存所必需的目的。这是他继承了达尔文生物进化论生存竞争观点的结果。他强调心理的非理性方面，认为个人的情绪、需要和欲望决定了人的理性中表现的信仰、概念和推理。这些都反映了他的实用主义倾向。

他同意心理学研究的对象是意识，是意识状态的描述和解释，而意识状态是一种川流不息的状态，是思想流、意识流或主观生活流。他反对把意识分解为基本元素的做法，认为这种做法容易导致破坏心理的整体，而误解为意识是由片段和元素集合而成的。詹姆斯认为意识有四种状态。

1. 每一种意识都是个人意识的一部分

意思是说：每一种意识都存在于具体的个人之中。他从个人的经验出发，认为没有任何意识是不属于任何人的纯粹思想，因此，人们在一般条件下处理的意识都应该从个人出发。

2. 意识是经常变化的

就是说，没有任何人的经验可以是不变的，因此，一个人的心理状态只能出现一次，即使下一次再出现，也不可能与以前的情况完全相同。如果从意识是常新的角度看，应该说他对于反对意识孤立不变有可取之处，但是他借此而否定人们的意识中也有相对稳定的东西，进而又反对洛克式的反映论则是其不可取的地方。

3. 每个人的意识都可以感到是连续不断的，每个人的意识状态都是意识流的一部分

尽管意识流也有隔断（如在睡觉时），但是，两个隔断的意识流总是可以取得联系的。一个人的意识不可能把自己的思想与另一个人的思想加以联结。

4. 意识的选择性

每个人的意识之所以不同，是因为每个人都有他注意的方面，这些注意的方面才可以进入经验，这就是意识的选择性。对同一对象、同一经历，由于人们注意的方面的不同而有不同的意识，这本来可以从唯物主义反映论的角度加以解释，但是詹姆斯却完全把它看成是纯主观的东西，这就难免陷入主观唯心主义哲学之中。

詹姆斯批评构造主义心理学忽视了意识的最主要特征，只静态地研究意识的结构，而忽略了意识的连续性。意识是像水流一样的，他称之为"意识流"。詹姆斯认为心理学的研究工作不应该只局限在实验室内，还要考虑人是如何调整行为以适应环境不断提出的要求的。后来他的一些追随者走向了心理测量、儿童发展、教育实践的有效性等各种应用心理学方面的研究。

机能主义心理学和构造主义心理学两个学派争论的焦点在于探讨心理学作为一门新兴科学的定义及研究方向，然而基于唯心主义的思想基础，它们都未能很好地解决方法学问题。为此，在相持了几十年之后，当另一个新的学派——行为主义心理学派出现后，这两个学派就日渐衰落了。

行为主义心理学派

19 世纪末 20 世纪初，正当构造主义和机能主义在一系列问题上发生激烈争

论的时候，美国心理学界出现了另一种思潮：行为主义的思潮。1913 年，美国心理学家华生发表了《从一个行为主义者眼光中所看的心理学》，宣告了行为主义的诞生。

行为主义有两个重要的特点：反对研究意识，主张心理学研究行为；反对内省，主张用实验方法。在华生看来，意识是看不见、摸不着的，因而无法对它进行客观的研究。心理学的对象不应该是意识，而应该是可以观察的事件，即行为。行为主义产生后，在世界各国心理学界产生了很大的反响。行为主义锐意研究可以观察的行为，这对心理学走上客观研究的道路有积极的作用。但是由于它的主张过于极端，不研究心理的内部结构和过程，否定研究意识的重要性，因而限制了心理学的健康发展。

约翰·华生（1878～1958）是行为主义心理学的创始人，他的行为主义又被称作"S－R 心理学"，即刺激—反应心理学。在华生看来，心理学应该成为"一门纯粹客观的自然科学"，而且必须成为一门纯生物学或纯生理学的自然科学。

1878 年，华生出生于南卡罗来纳州的格林维尔。还在孩提时代，他就显示出了日后成名立业所需具备的两个特点：喜欢攻击，又富有建设性。他曾坦言，在上小学时他最喜欢的活动就是和同学打架，"直到有一个人流血为止"。另一方面，12 岁时他就已经是一个不错的木匠了。在他成名之后，他甚至为自己盖了一幢有十几个房间的别墅。

在获得了硕士学位后，华生进入芝加哥大学哲学系攻读博士学位，曾就学于杜威。后来他转到了心理系，在 1903 年取得了芝加哥大学第一个心理学博士学位。在读书的时候他便与众不同，喜欢用老鼠而不是用人来做被试。毕业后华生先是在芝加哥大学教书，后来又到约翰·霍普金斯大学心理系任职。在此期间，他开始探索用行为主义的方法来取代当时的心理学，他的观点很快受到了学术界的欢迎。1913 年，他发表了影响巨大的《行为主义者眼中的心理学》。此后不久，行为主义开始风行心理学界。

华生继承和发展了机能主义心理学贬低意识的思想传统，吸收动物心理学的客观模式，以可观察行为的研究取代了意识和心理的研究，创立了行为主义心理学。华生的主要观点包括以下方面：

1. 心理学的研究对象为人的活动或行为

华生认为心理学是一门自然科学，是研究人的活动和行为的（自然科学的）一个部门。他认为以往心理学把意识作为心理学的对象来蒙骗自己，因为意识是不可捉摸的和不可接近的。他要求心理学必须放弃与意识的一切关系。为了把心理学真正纳入自然科学而与自然科学接轨，必须明确以下几点：第一，心理学与其他自然科学的差异只是一些分工上的差异，打开自然科学结构之门的钥匙也应该能够打开心理学之门。第二，必须放弃心理学中那些不能被科学普遍术语加以说明的一些概念，如意识、心理状态、心理、意志、意象，等等，代之以刺激和反应的字眼。这样心理学与自然科学之间的障碍被消除了，那么心理学的研究成果就可以用物理、化学的字眼加以解释了。

2. 以客观方法为研究方法

华生把以往心理学缺乏效用的原因归咎于内省法。因此，他极力要求用行为主义的客观法去反对和代替内省法。他认为内省陈述的真假无法确定，因为一个人除了能对自己进行内省观察外，绝不能对任何别人进行内省观察。只有客观地观察初始的刺激和终了的反应，才能得出互相验证的结果，才符合一切自然科学要求的真实性的原则。

华生认为客观方法有四种。第一种是不借助仪器的观察法和借助于仪器的实验观察法。第二种是言语报告法。即由于人类是首先借助于语言去从事反应的动物，而且往往人类可观察的反应就是语言，因此，观察自我身体内部所发生的变化，并对这些变化进行口头报告，不失为一种研究方法。第三种方法是条件反射法。对于动物心理，对于聋哑、婴儿及一些病态心理的人进行研究，可以用条件反射法，它还可以校正口头报告的不精确性。第四种方法是测验法。这是一种特殊的研究方法，即借助于语言行为的心理方法。他认为为了避免完全依赖于个人的说话能力，应该更多地重视不一定需要语言的行为测验。

从华生的整个行为主义心理学体系看，他虽然极力主张研究行为，否定心理意识，但是他又无法回避客观存在的心理现象，因此，他在方法论上又难以坚持行为主义的成见，有时不免陷入自相矛盾。正因为如此，他的观点不可能不被后来者加以修正。

从 1930 年起，早期以华生为代表的行为主义被新的行为主义所代替。新行为主义一方面要求克服华生旧行为主义中的缺陷，另一方面还接受了 20 世纪 30 年代以后在美国流行的操作主义的观点。一般说来，新行为主义心理学仍然坚持刺激反应的行为公式，仍然坚持"反应"在心理学定义中的中心地位的观点。但在一定程度上摒弃了华生的偏激观点，承认意识的存在，甚至于并不忌讳传统心理学中的一些概念（而这在华生行为主义心理学中是坚决排斥的），然而却不同意那种简单的机械的刺激—反应公式。例如托尔曼（1886～1959）为了克服早期行为主义忽视有机体内部条件的研究，提出了"中介变量"的概念，试图用在刺激（情境）反应之间的有机体内部发生的变化来解释早期简单的刺激—反应公式所不能解释的事实，新行为主义的心理学家除了托尔曼外，还有赫尔和斯金纳等人。

精神分析学派

精神分析学派是 20 世纪最重要的学术思潮之一。其创始人是奥地利心理学家弗洛伊德。作为西方心理学的主要流派之一，精神分析与其他心理学流派有着明显的不同：首先，西方心理学的其他流派要么是研究意识经验，要么是研究行为，对于人意识不到的心理事实，即无意识或潜意识是不予重视的。而精神分析研究的恰恰是无意识或潜意识。其次，其他的心理学流派都是学院派的，即都产生于大学的心理学实验室，体现了经验主义或联想主义的传统。精神分析则不同，它起源于精神病的临床实践。精神分析的创建者们从不关心心理或行为的实验设计，他们所关心的是心理疾病产生的原因，以及采用什么技术去帮助心理上不健全的病人。但是，精神分析同医学又有着明显的区别。医学对于精神病因的理解是生理学的，即认为精神病因是生理病变的结果，如把变态行为解释为脑损伤的结果。所以，精神分析既区别于学院派的心理学，又区别于临床医学。但是精神分析的影响却超出了心理学和医学的范围：它不仅对心理学和精神病学，而且对文学艺术、绘画、戏剧、电影、宗教、哲学、社会学、人类学乃至人们的日常生活，都产生了广泛而深远的影响。

弗洛伊德

西格蒙德·弗洛伊德（1856～1939），奥地利心理学家、精神病学家，精神分析学派的创始人。有人将他和马克思、爱因斯坦合称为改变现代思想的三个犹太人，他的学说、治疗技术，以及对人类心灵世界的理解，开创了一个全新的心理学研究领域。

1856 年，弗洛伊德出生于摩拉维亚，他的父亲是一个开明而严格的人，母亲是一位典型的犹太家庭妇女。1860 年弗洛伊德举家迁往维也纳，并在那里生活和工作，直至生命的最后两年。在学生时代，弗洛伊德就对整个人生产生了兴趣。

当他进入维也纳大学读医科时，一开始并没有集中精力攻读医学，而是对生物学产生了兴趣。他在德国著名科学家布吕克的实验室里花了 6 年的时间进行生理学研究。1882 年他订了婚，需要一个有可靠收入的职业，为此他不得不开始在维也纳总医院当医生。1886 年他同玛莎结婚，并建立了自己的"神经症"私人诊所。他一直维持着这个诊所，直至生命的最后一刻。

弗洛伊德的主要理论

潜意识学说

精神分析是西方心理学的主要流派之一，但是它在研究对象方面同其他心理学流派又有着显著的不同。虽然像构造主义和机能主义心理学那样，它也关心人们的心理生活，但是精神分析对心理生活的理解却与学院派的心理学有着本质的区别。构造心理学关心意识的元素与结构，机能心理学关心意识的功能与作用，但是两者所探讨的都是人在清醒时能意识到的心理事件和事实。那些没有意识到的心理事件和事实要么被认为是不存在的，要么被认为是不重要的。然而对于弗洛伊德的精神分析而言，那些传统上被忽视的恰恰是它所要关心和探讨的。精神分析也研究那些能意识到的心理事实，但是研究这些意识层面的心理事实的目的是为了了解潜意识过程，即那些实际存在，但却意识不到的心理事实。弗洛伊德把人的心灵比作大海中的冰山，冰山的主体部分隐匿在海水下面，是看不到的，露出水面的部分仅仅是冰山很小的一块。所以，若以这个形象化的比喻看待心灵，则露出水面的部分是意识，即那些在某一时刻我们能意识到的心理事件，它在我们的心灵中仅仅是很小的一部分，不占重要地位，海水下面的冰山主体则类似于我们的潜意识。所以，潜意识的心理过程占据了心灵的绝大部分，这是精神分析所要探讨的主要领域。

释梦理论

释梦理论是弗洛伊德精神分析学说的一个重要组成部分，是探索无意识心理过程的一个基本途径。"梦是欲望的满足"，这是他释梦理论的哲学出发点。他认为梦中以视像为代替物来满足的那个欲望，并不是现实实现的欲望，而是未实现或压抑的欲望。梦中实现的欲望，属于无意识，而最后的推动力是本能的冲动。弗洛伊德按照精神分析的观点把梦的内容意义分为两个层次：一个表层意义是梦的"显意"，指梦者可以回忆起来的梦的情景及其意义；一个是深层意义，是梦的"隐意"，是指梦者联想可以知道的隐藏在显意背后的意义。

弗洛伊德用凝缩、转移、象征作为释梦工作的基本方法，他探讨了梦的材料的来源，如生活的残迹、躯体内外感知觉的刺激、压抑的欲望、已经遗忘的童年体验，等等。1900年发表的《梦的释义》一书是他一生中最伟大的著作之一。

在弗洛伊德的观点中，"性"的理论也占有重要的位置。如果说无意识学说是精神分析学说的基础，那么性理论则是无意识学说的核心。在《梦的释义》之后他又发表了《性学三论》一书，其中他研究了性变态、性欲发展过程和性动力理论，界定了性本能和性冲突两个概念和范围，最终揭开了（通过性变态和梦及过失的研究）隐藏在无意识领域中的最原始的冲动。

最后他依据无意识理论的心理划分，建构了他的人格理论。他把人格结构分为三个部分，从低级到高级排列为本我、自我、超我。本我是人格的原始部分，包括一切与生俱来的本能冲动。自我是本我的表层部分，是由本我与现实的接触中划分出来的一部分，是有意识的。超我是道德化了的自我，是自我的典范，主要是指人性中的高级本性，如良心和自我批判能力等。

精神分析学派的其他代表人物及观点

在精神分析界中，影响力几乎可以和弗洛伊德相当的是荣格。他提出意识、个体无意识、集体无意识、原型等精神系统的结合概念，主张在治疗中采取宣泄、分析、教育、个体化治疗阶段和广泛的创造性技术，他的贡献还有对心理类型学的发展工作。

而阿德勒发展的个体心理学在某种程度上可以说是脱离了精神分析学派的一些基本假设，因为他更多的理论是一种社会性的理论，他假设了优越情结、自卑情结、家庭次序等关系，并在社会心理学的意义上采取更接近教育的方式治疗，这使他和精神分析之间具有更大的区别。

后期的精神分析学派最大的发展源于两位杰出的女性分析家，那就是安娜·弗洛伊德和克兰茵。安娜·弗洛伊德和艾里克森发展出了精神分析自我学派，其中最经典的观点是艾里克森的自我同一性的阶段性理论。而远在英国的分析家克兰茵则创造性地建立了客体关系心理学理论，客体关系理论是当今精神分析学派中最强盛的理论之一。

1970年以后，曾任美国精神分析学会主席的科胡特在客体关系理论和对于自恋性人格障碍治疗的基础上，建立了精神分析的自体心理学派。这一学派从人格的自恋问题着手来治疗来访者，其中最有特点的是对于自恋性人格障碍的治疗。

格式塔心理学派

格式塔心理学派是 20 世纪初期在德国兴起的心理学派，也称完形心理学派。其创始人魏特曼、考夫卡和柯勒自 1910 年起密切合作，成为格式塔学派的核心。他们于 1921 年创立了该学派的刊物《心理学研究》。在 20 年代和 30 年代，他们先后移居美国并吸引了许多支持者。

1912 年，魏特曼发表了一篇题为《似动的实验研究》的论文，标志着格式塔心理学的开始。在格式塔学派创始以前，构造主义心理学派主张对意识经验进行分析，将经验分解为单元或元素。经验元素的相加构成复杂的经验。格式塔学派则主张，人的每一种经验都是一个整体，不能简单地用其组成部分来说明。似动现象是一个整体经验，单个刺激的相加并不能说明似动现象的发生。格式塔学派认为整体大于部分之和。德语中 Gestalt（格式塔）的意思是整体或完整的图形。

格式塔学派认为知觉经验服从于某些图形组织的规律。这些规律也叫作格式塔原则，主要有图形和背景原则、接近性原则、相似性原则、连续性原则、完美图形原则等。客观刺激容易按以上的规律被知觉成有意义的图。

魏特曼及其主要观点

德国格式塔派心理学的产生是从魏特曼所主持的"似动现象"的视觉知觉问题的实验研究开始的。所谓"似动现象"的研究就是要解决活动电影所造成的视知觉运动问题。电影拷贝是不动的，但是在什么条件下会把本来不动的东西看成是动的呢？他通过实验证明，当两条直线（把电影的情况简化为一些先后出现的线条）投放到黑色的背景上时，它们先后出现的时间间隔如果是 1/5 秒，被试者就只能看到先后出现的两条静止直线。如果两条直线呈现的时间距离缩短为约 1/15 秒，被试者就会明显地看到似动现象。如果继续缩短两直线呈现的时间间隔为约 1/30 秒时，被试者就看到两条静止的直线同时出现。由此魏特曼得出结论：运动与视觉有关。两条静止的直线，在一定的条件下（呈现的时间间隔长短）表现出似动现象。由此可以看出：如果按照构造派心理学的观点，把心理现象只分解为元素，并且以为似动现象只是若干不动的感觉元素的相加，是绝对说不通的。魏特曼认为似动现象就是一个格式塔（整体），在心理现象上整体不等于部分之和，整体的性质不存在于它的部分之中，而存在于整体之中。即是说，似动现象绝不是孤立的两条直线所能解释的，他的研究似动现象的论文发表于 1912 年，于是一般人认为格式塔心理学的创立也从这一年开始。

考夫卡及其主要观点

考夫卡（1886～1941），美籍德裔心理学家，于 1909 年获得哲学博士学位，1912 年参加了韦特海默进行的似动现象实验，并成为格式塔学派的主要发言人。

考夫卡最早向美国心理学界介绍了格式塔心理学，对格式塔心理学的对象、方法等问题作了详尽的阐述，使格式塔心理学系统化。考夫卡认为心理学是一个最不能使人满意的科学，因为心理学与其他学科，如物理学、生物学等相比，缺乏强有力的理论原则去面对实际的问题。他认为心理学尚没有建立起一个知识系统的基础，它不能说明一个人类个体的行为以及种种的社会行为，如音乐、艺术、文学、风俗以及时尚，等等。然而，考夫卡又认为正是心理学不合人意的状况，值得人们费许多时间和精力去求索。考夫卡认为心理学是讨论生物的行为，它和其他的生物科学一样，要解决精神与非精神的关系问题。

考夫卡利用物理学"场"的概念来解释人的行为，认为行为就是一种"场"。这种场分为两大系统，一部分是环境，一部分是自我，二者不可分离，环境是自我的环境，自我是环境里的自我。他又把行为分为细微的行为（在机体内部的活动，受许多环境因素的刺激而激动）和明显的行为（大多数都是发生于外在的范围中，是一种环境中的活动）。环境分为地理的环境与行为的环境，并以此为基础用来说明心理、行为和环境之间的关系。

另外在研究方法上，考夫卡同其他格式塔心理学者一样，认为内省法和客观观察法都是心理学的基本研究方法。但是他们反对构造主义者排斥意义、对象和事物的整体，用人的方法破坏自然的经验的内省法，也反对行为主义者排斥意识或直接经验，只强调刺激—反应的观察。考夫卡强调自然而然的观察法，即能够保留直接经验的完整的现象的直接观察法。

在格式塔学派建立后的数十年里，其理论被应用到学习、问题解决、思维等其他领域。格式塔学派认为，条件化的重复性学习是最低级的学习方法，学习是对关系的掌握。在柯勒看来，关系的掌握即是理解过程。一旦学习者知觉到特定情境中各要素间的相互关系，产生出新的经验，就会出现创造性的结果。这种突然贯通的解决问题过程称为顿悟。

20 世纪 50 年代前后，格式塔理论被推广到人格、社会及临床心理学领域里。20 世纪 60 年代，新兴的认知心理学吸取了格式塔心理学的某些观点，特别是格式塔心理学对思维研究的成果。目前，格式塔学派在个别领域中仍相当有影响。例如，在知觉研究中，格式塔观点仍占主导地位。但是在当代心理学中，格式塔心理学已经不作为一个独立的学派进行活动了。

人本主义心理学派

20 世纪 50～60 年代，人本主义心理学在美国兴起，成为美国当代心理学的主要流派之一。人本主义心理学以马斯洛、罗杰斯等人为代表。

在人本主义之前，心理学领域中占主导的人性理论有两种：一种是弗洛伊德的观点，他认为人主要受性本能和攻击本能控制；另一种观点来源于行为主义，走向另一个极端，把人看作较大、较复杂的老鼠。就像老鼠对实验室的刺激做出反应一样，人也对环境中的刺激做出反应，其中没有任何主观的控制。我们以目前的方式做出行为反应，只是因为现在或以前所处的环境，而不是因为个体的选择。这两种理论都忽略了人性中的一些重要方面，例如自由意志和人的价值等。

人本主义的理论与上面两种观点不同，它假设人应该对自己的行为负主要责任。我们有时会对环境中的刺激自动地做出反应，有时会受制于无意识冲动，但我们有自由意志，有能力决定自己的命运和行动方向。

人本主义被称为心理学的第三势力。20 世纪 60 年代强调个人主义和个人言论自由的时代背景为人本主义心理学的成长提供了沃土。1967 年人本主义心理学的重要人物亚伯拉罕·马斯洛当选为美国心理学会主席，这标志着心理学中的人本主义思想已被广为接受。

马斯洛及其自我实现论

马斯洛（1908～1970），美国社会心理学家、人格理论家和比较心理学家，也是人本主义心理学的主要创建者之一，心理学第三势力的领导人。

马斯洛出生于纽约市布鲁克林区，1926 年入康乃尔大学，3 年后转至威斯康星大学攻读心理学，在著名心理学家哈洛（1905～1981）的指导下，1934 年获得博士学位，之后，留校任教。1935 年马斯洛在哥伦比亚大学任桑代克学习心理研究工作助理，1937 年任纽约布鲁克林学院副教授，1951 年被聘为布兰戴斯大学心理学教授兼系主任，1969 年离任，成为加利福尼亚劳格林慈善基金会第一任常驻评议员，曾任美国人格与社会心理学会主席。

马斯洛认为人类行为的心理驱力不是性本能，而是人的需要，他将其分为两大类，共 7 个层次，好像一座金字塔，由下而上依次是生理需要、安全需要、归属与爱的需要、尊重需要、认识需要、审美需要、自我实现需要。人在满足高一层次的需要之前，至少必须先部分满足低一层次的需要。第一类需要属于缺失需要，可产生匮乏性动机，为人与动物所共有，一旦得到满足，紧张消除，兴奋降低，便会失去动机。第二类需要属于生长需要，可产生成长性动机，为人类所特有，是一种超越了生存满足之后，发自内心的渴求发展和实现自身潜能的需要。满足了这种需要，个体才能进入心理的自由状态，体现人的本质和价值，产生深刻的幸福感，马斯洛称之为"顶峰体验"。马斯洛认为人类共有真、善、美、正义、欢乐等内在本性，具有共同的价值观和道德标准，达到人的自我实现关键在于改善人的"自知"或自我意识，使人认识到自我的内在潜能或价值，人本主义心理学就是促进人的自我实现。

罗杰斯及其患者中心论

卡尔·罗杰斯（1902～1987），美国著名的心理治疗家，人本主义心理学的创始人之一，来访者中心疗法的创始人。

1902 年 1 月罗杰斯出生于芝加哥郊区的橡树园。1919 年罗杰斯进入威斯康星大学学习农业，但很快就放弃了，因为他觉得学习农业缺乏挑战性。在选修了一门"乏味"的心理学课程后，他决定改学宗教。1924 年他取得了一个历史学学位后，就前往纽约的"联合神学院"，准备当个牧师。最后他毅然离开了教堂，去哥伦比亚大学继续学习心理学，从事临床及教育心理学的研究。

自 1928 年起，罗杰斯就在纽约罗切斯特的儿童指导诊所工作，主要是为犯罪和贫困儿童提供咨询和指导。后来他曾在几所大学任教。在此期间，罗杰斯一直和流行于心理治疗中的精神分析理论及当时风头正健的行为主义理论做斗争，推行自己的"来访者中心疗法"并小有成就。1956 年他获得了美国心理学会第一次颁发的特殊科学贡献奖。

患者中心论是人本心理学关于医疗方面的学说。他们针对现代人由于对生存的空虚和压抑之感引起反抗，失去生存意义并威胁人的空虚的状态，认为可以借助于集体主义，设计和安排一种情境，由培养精神文化得到部分解决。用意向性和意志，使个体去体验自己以及环境的统一性，发现自己的生活意义并使之达到主客观的统一，从而治疗或防止神经官能症等病变的存在和发生。在这样一种心理治疗方法上，人本主义心理学反对传统上以医生对患者做出频繁的指示，拟定医疗方案，使患者按要求接受治疗的方法，反对医生对患者强迫命令。医生要做到对患者亲切关怀、真诚相待，以获得患者的信赖。罗杰斯的治疗方法抓住对患者的无条件的关注，使患者在无拘无束、无顾忌又被充分肯定的气氛中，把医生对他的关注，内化为对自我的关注。也就是说，靠着本有的自我导向去自由选择，使得变态心理不治而愈。

人本主义心理学派在心理学发展中的贡献和局限

在现代心理学领域，人本主义与行为主义、精神分析一同被认为是最有影响力的三大理论体系，它们也是心理治疗领域最为重要的三大流派。然而三者基本理论思想迥异，人本主义批评精神分析论是"伤残心理学"，因为它是建立在心理病理学基础上的，认为"人性本恶"。此外，人本主义也批评行为主义是"幼稚心理学"，因为它着重研究的是儿童与动物的行为。

人本主义心理学派的基本主张是"以人为本"，认为心理学应该研究人类区别于动物的那些心理特征，诸如价值、需要、幽默、情感、生活责任等。它对人性持乐观的态度，认为"人性本善"。该学派的主要观点是，人的本性中蕴含着积极向上、自我成长、自身完善的潜力。每个人都具有一种基本需求，就是要将其自身潜力充分挖掘、完全发挥，要不断超越现在的我，这是人类行为的主要动机力量。人是自由的，完全能够自由选择自己的生活方式，决定自己的命运前途，而且完全能够对自己所作的选择承担责任。在社会环境中会存在各种障碍，阻止人的自我实现，然而充分发挥自身潜力是人的自然倾向或天性，两者的矛盾是导致各种心理问题的根源，因此人本主义心理学者十分关注如何营造一个适合于人自我成长的良好环境，这也是他们在治疗心理疾病过程中所遵循的重要原则。

人本主义心理学派反对仅仅以病态人作为研究对象、把人看为本能牺牲品的精神分析学派，也反对把人看作是物理的、化学的客体的行为主义学派。人本主义心理学主张研究对人类进步富有意义的问题，关心人的价值和尊严。但是，人本主义心理学忽视了时代条件和社会环境对人的先天潜能的制约和影响。

日内瓦学派

日内瓦学派产生于 20 世纪 20 年代的瑞士，代表人物是皮亚杰。该学派主要研究儿童的认知活动、探索智慧的结构和机能及其形成发展的规律。他们认为，人类智慧的本质就是适应，而适应主要是因为有机体内的同化和异化两种机能的协调，从而才使得有机体与环境取得平衡的结果。

在皮亚杰的理论研究活动中，首先，对他研究影响较大的是生物学。他的认知心理学的许多概念都来源于生物学，并且以此出发，认为生物发展就是个体组织与环境相互作用、同化或顺应的过程。其次，皮亚杰认为心理学研究不仅不能离开生物学，而且不能离开逻辑学，他用符号逻辑研究儿童智力的发展，在他的认知心理学中引进了数理逻辑的概念，并把源于布尔代数的符号逻辑作为一种工具。再次，发端于 20 世纪中叶的维纳控制论，也给皮亚杰心理学的研究提供了一种工具。控制论中输入、输出、反馈等概念对认识机制的了解有着不可轻视的帮助作用，这与他的同化顺应的心理学概念是同一的。

另外，在皮亚杰的理论研究活动中，对其发生重要影响的还有康德、索绪尔等人的哲学。皮亚杰认为发生认识论就是在全面审查康德范畴的基础上形成的，例如他的"图式"说，发源于康德的"先验图式"。至于他的心理学结构发生法，则渊源于索绪尔等人的结构主义哲学。

皮亚杰心理学的产生与其他心理学各派也存在着批判继承关系，例如他对儿童心理的研究曾受益于格式塔派的影响，而同化、顺应的平衡理论则是对刺激—反应关系（行为主义、联想主义心理学的观点）的创造性继承。

皮亚杰最擅长和卓著的方面是他对儿童心理的研究，他对儿童心理发展的因素进行了分析，提出了心理发展四因素：

1. 机体的成熟因素

儿童机体的成长，特别是儿童的内在和生理因素的成长，如内分泌系统、神经系统的成熟，成为儿童心理发展的必要条件。以后随着儿童年龄的增长，自然及社会环境的作用不断丰富，机体的机能的学习机会不断增加，使心理不断发展。

2. 包括物理经验和逻辑数理经验在内的物理环境

当个体作用于物体时，儿童获得物理对象的物理知识，如物体的大小、重量、体积等物理特性；而当个体作用于物体时，儿童排除物体间的（如位置、距离、顺序等）物理知识，而获得各种逻辑数理知识。这两种知识前者被称为物理经验，后者被称为逻辑经验。

3. 社会环境，指社会的生活、文化教育、语言等外界环境

皮亚杰只看重儿童的认识结构的建立，认为社会环境与教育文化等因素只能促进和延缓儿童心理的发展，但不对儿童心理发展起决定作用。儿童必须建立适当的认识结构并能够发挥主动的同化作用，心理就能发展，否则儿童缺乏主动的同化作用，即使在学校的环境中，学校教育也是无效的。

4. 对心理起决定作用的平衡过程

所谓平衡过程就是指不断成熟的内部组织在与外界物理和社会的环境的相互作用中不断调整认识结构，因而也就是心理不断发展的过程。

皮亚杰不仅探讨人的认识发展的四个基本因素，而且还研究了儿童心理的发展，将其分为四个阶段：

1. 感知运动阶段

儿童只能协调感知和动作，在接触外界事物时能利用或形成某些低级行为模式。

2. 前运算阶段

表象或内化了的感知或动作在儿童心理上起重要作用，词的功能开始出现，从而儿童能用表象和语言作为中介来描述外部世界，这就扩大了儿童生活和心理的范围。但在这一时期，他还没有所谓"守恒"和"可逆性"，只能从自我考虑问题，不能从多方面考虑问题（如只能依据自己身体的标准辨别左右，而不能正确辨别对面人的左右），这就限制了他掌握逻辑概念的能力。

3. 具体运算阶段

儿童开始出现"守恒"，开始能独立组织各种方法进行正确的逻辑运算（如分类等），但还离不开具体事物或形象的帮助。这一时期的运算，主要属于群集运算阶段（即分类和序列）。

4. 形式运算阶段

这时儿童根据假设对各种命题进行逻辑推理的能力在不断发展，开始接近成人的思维水平。关于皮亚杰的这些研究，国际上很多人在做重复验证的工作，有的证实了他的一些结论，也有的得出不同的结论。例如，儿童什么年龄才能出现"守恒"和"可逆性"，就有各种各样的争论性的意见。

日内瓦学派的研究以皮亚杰的发生认识论为理论基础。他们所考察的"认识"一般指科学思想所必需的范畴，如时间、因果性、必然性、整体、部分、类等的"概念发展史"以及它们所属的概念网络，这反映了康德哲学对发生认识论的影响。从心理学角度来看，发生认识论又是欧洲机能主义的发展。皮亚杰认为，适应是建立在有机体与环境相互作用不断取得平衡的基础上的。

发生认识论从心理分析出发，关心概念与运算在心理上的发展，也就是概念与运算的心理发生。发生认识论的基本观点是：由于科学知识处于不断演化之中，因而不能静止地看待认识论问题；人类知识的形成，既不是外物的基本复本（经验论），也不是主体内部预成结构的独立显现（预成论），而是包括主体和外部世界在连续不断地相互作用中逐渐建立起来的一系列结构。客观知识从属于这些结构，认知结构的发展标志着儿童智力水平的提高和逻辑范畴与科学概念的深化。

在日内瓦学派以前的各个学派，都是停留在成人正常的意识或病态的意识以及行为横断面的研究上，而从未由儿童到老年纵向地、全面地发展地去考察、去研究人类智慧的发生、发展规律。因此，日内瓦学派对心理的研究，不能不说是心理史上的一个空前创举，它丰富和发展了科学的认识论，拓展了心理学研究的领域，促进了儿童心理学和认知心理学的发展。同时，对其他一些学科如认识论、逻辑学、语言学和教育学等的产生，有很大的影响。

第二章　认知心理学

注意与信息加工

考察一下交通高峰时的十字交叉路口，我们会发现当交叉路口无法处理交通流量时，它很快就会形成堵塞。当只有一辆汽车行驶时，交通就非常畅通。你的心理情况同此相似。现在选择关注这一页的语句，你的大脑也很容易加工这一单个的信息源，因此很容易理解文章。如果你试图思考感官收集到的其他信息时，情况就变得更加复杂，大脑的加工能力有限，你无法同时加工所有的信息，就像交叉路口一样。

经常乘汽车的人常常会谈到交叉路口的瓶颈问题。心理学家也用这一词汇来描述大脑有意识地加工信息能力的有限性。我们怎样来对付这一局限性呢？

你也许会认为，当你阅读这一章时，周围的事物都是无关的，甚至是分散你注意的事物，你就干脆忽略它们。也就是说，你使用注意从一大堆构成注意瓶颈的信息中仅仅选择相关的信息，同时忽略其他一切信息。

美国著名哲学家威廉·詹姆斯（1842～1910）将注意描述为"利用心理占据几个可能思路中的一个"。但我们怎样选择哪些该注意，哪些该忽略呢？我们有足够的资源来分散注意吗？或者说，如果采用迫使我们仅选择一种事物的模式，我们的注意是不是很有限呢？

想象一下你正在观赏你最喜爱的电视节目。此时，有人试图与你聊他（她）当天的见闻。你选择聚精会神看银屏上表演的内容，尽管你假装在倾听，甚至也听懂了一部分，但你不能完全集中精力于这个人所说的内容。

关注某件事而忽略周围的其他事涉及到选择性注意。选择性注意能够让你选择某一件事来占据你的心理。但如果你的注意偏离电视节目去关注他人突然所说的让你感兴趣的事情（如付钱），你的注意又会怎样呢？你也许会发现自己处于相似的境地，并因选择性耳聋而受到指责。这表明，心理在某些境况下能够关注不止一个的信息源，但有时它又选择不这样做。

听觉注意

选择性听觉的研究成果已经解答了我们对如何集中注意的诸多疑问。我们的生活充满着各种声音，如果没有选择性注意，要弄懂并利用任何一种声音都是不可能的。

为了对此进一步做出解释，大多数研究人员使用了双耳分听任务的方法。即被试者戴上两个耳机，并且每只耳朵同时分别听不同的信息。只需要被试者对其中的一个信息做出反应，同时忽略其他信息。柯林·切利的遮蔽实验是双耳分听任务的典型例子。

切利的实验结果回答了有关集中注意这一重要问题。大脑是在什么时候选择其注意的信息呢？大脑是在集中注意之前就加工了所有信息，还是首先对信息做出选择，把其他信息留在数据瓶颈里不做加工呢？

双耳分听研究表明，大脑在做大量信息加工之前就选择了信息。在切利的实验中，被试者对未注意的信息知之甚少。这表明大脑在信息加工早期就对信息进行了选择。

1958 年，英国心理学家唐纳德·布罗德本特在这一证据的基础上发展了一种早期注意选择的理论。他把这一理论叫作过滤论。这一理论的基本观点是：当感官信息到达瓶颈时，大脑就必须选择对哪个信息进行加工。到这一点之前，大脑未对任何信息进行加工。

布罗德本特认为，感官过滤器会基于信息的物理特征来选择该信息以对其进行进一步的加工，如声调和位置。正如通过过滤器的咖啡会留下沉淀物一样，被选择的信息也会通过过滤器，把不需要的东西留在瓶颈里。在瓶颈里，信息无法得到进一步的加工。布罗德本特的过滤理论解释了双耳分听任务实验的发现。例如，在遮蔽任务中，两个信息都会到达感官过滤器，然而只有目标信息在位置的基础上被选择。这一理论也解释了切利关于集中注意于众多谈话中某一个谈话的实验。

核查姓名

现在想象你在参加一个酒会，而且精力完全集中于你参与的对话中。突然，有人提到你的名字，你的注意会立即发生转移，就像上文中出现的在你看电视时突然有人提到钱的例子一样。你改变注意的原因不是因为你听到信息的方式，而是你听到信息的内容。布罗德本特认为，信息在到达感官过滤器之前未经过任何处理。如果真是这样的话，那么，我们为什么会对另一个随之而来的信息的意思做出反应，进而改变注意呢？

布罗德本特的观点是建立在这一观察的基础之上的，即被试者没有有意识地觉察到未被注意信息的意义。那么，意义是否在有意识的觉察之外得到处理了呢？1975 年，心理学家埃尔沙·万·莱特、鲍尔·安德森和埃瓦尔德·斯迪曼呈现了一组单词给被试者，在呈现其中一些单词时伴随着轻微的电击。结果发现，即使面对遮蔽实验中未被注意的信息，被试者对伴随着电击的单词也能做出下意识的生理反应。这一实验的推论很清楚：尽管被试者没有意识到听到了这些单词，但他们在大脑的某个地方理解了单词的意义。

布罗德本特理论的核心是：只有经过过滤器选择的信息得到了处理，其他信息才都会被忽视。然而，我们可能会在意义的基础上改变注意，例如，我们听到自己的名字或者是有人提到钱。莱特和其他人的实验也表明，大脑一定在某种程度上处理了未被布罗德本特注意的信息，尽管人们没有有意识地觉察到这一处理的发生。

认知联系

布罗德本特的过滤理论在认知心理学的发展中具有巨大的影响。然而这一理论也有问题（它不够灵活）。我们可以依赖信息的意义转移注意，也可以对意识之外的信息进行加工。尽管这一理论有很多的优点，但它不能解释这些事实。

衰减理论

为了克服种种局限性，普林斯顿大学的心理学教授安妮·特雷斯曼发展了一种新的关于选择注意的衰减理论。特雷斯曼保留了在注意瓶颈上有感官过滤器的观点。然而她解释道，这一过滤器更加灵活，对信息的物理特性和意义都有依赖。而且，她放弃了布罗德本特关于未被注意的信息会被简单地忽略的观点。相反地，她认为，这些未被注意的信息是衰减了，或者说减弱了，因此，被加工的程度也减弱了。然而，这一加工衰减得是如此之弱，以致实验参与者没有意识到，除非信息的意思非同寻常。

特雷斯曼的理论不仅可以解释莱特和其他人的发现，而且解释了我们基于信息意思而转移注意的能力。

布罗德本特和特雷斯曼的理论都认为，感官信息一进入大脑，记忆力瓶颈就会在大脑对信息加工之前出现。另一个假说认为，大脑对信息做出选择之前就对接收的所有信息进行了处理。心理学家 J. 多伊奇和 D. 多伊奇在 1963 年提出了一个观点，即所有信息只有经过大脑完全处理后，我们才能意识到该选择哪条信息。

这一选择注意的"后期理论"也能解释莱特的发现和我们转移注意的能力，但却与特雷斯曼的理论相对立。后来的研究表明，早期和后期选择注意理论之间的差异也许需要彻底改变。因为注意运行的方法是可变动的，信息选择的方法也取决于具体环境。例如，当输入的信息都相似，输入速度较慢，而且无需对信息加工的本质或者方向做决定时，后期选择理论也许更正确。相反，没有以上因素影响时，更正确的也许是早期选择理论。

特征整合理论

到目前为止，我们对集中注意的讨论已经探讨了利用大脑有限的信息加工资源从感官不断接收的大量信息中选择何种信息的方法。但是如果你要搜索某个具体的事物又会怎样呢？在某个环境下搜索一个你并不清楚在哪里的事物，如在繁忙的机场寻找你要迎接的亲戚或在拥挤的酒会上寻找你想相聚的朋友。你怎样才能从眼睛所看到的人群和信息中筛选出你要找的亲戚或朋友呢？你要克服哪些困难呢？

对诸如此类的问题，有人认为目标会自动"跳"出来。这一用来解释视觉搜索和其他发现的主要理论是由安妮·特雷斯曼在 1986 年提出的，被称为特征整合理论。

特雷斯曼的理论认为，当你看见一个视觉情景时，你就会创造出描绘此种情景的一系列"地图"。特雷斯曼为支持她的理论，提出了一个叫作错觉关联的现象。根据特征整合理论，如果你向大街上望去，你就会创造出许多心理地图，一个地图描述横线在哪里，另一个描述所有的红色物体在哪里，等等。你于是需要整合这些地图，以致你看见的是一辆红色的汽车，而不是个别的特征。这需要注意，在繁忙的情景下还需要足够的注意资源才可以整合这一部分内的特征。在这部分之外，整合显得很随意，有时甚至特征被错误地整合起来。例如，你用余光看见的一辆（非白色的）经过白色商店的汽车会被错误地看成是白色的汽车。特雷斯曼的理论已经激发了人们的研究热情，例如，研究者们仍然在做有关结构或形状特征的感知实验。

相似性理论

特雷斯曼的理论遭到了更为简单的相似性理论的挑战。这一理论是由约翰·邓肯和格利姆·汉弗莱斯在 1992 年提出的。特雷斯曼的理论无法解释汉弗莱斯和 P. T. 昆兰在 1987 年的研究结果。他们认为，识别某个特征所需的时间取决于识别该特征所需的信息量。相似性理论认为，视觉搜索的难易度是由目标图像和其他吸引注意的图像（即分散注意的图像）的相似程度决定的。

相似性理论也认为，分散注意的图像之间越相似，视觉搜索就会越困难。在小写字母中找到 b 比在大写字母中找到 B 要容易，因为大写字母之间有更多的相似性。搜索效果与分散注意图像之间的相似度有函数关系。根据这一理论，视觉搜索仅仅是个相似性的问题，不存在任何特征整合过程。对这一理论的主要批评是：相似性是一个模糊的概念，对什么是相似性没有统一的标准。

有时我们想要同时做一件以上的事情是容易的，如边开车边聊天。然而，要在做复杂数学题的同时背诵诗歌简直就不可能做到。

我们试图同时完成一件以上的任务时，我们就把大脑有限的信息加工资源分配给了不同的工作任务。有的任务容易，有的任务难。这取决于两个方面：一是这两个任务的相似程度；二是我们对任务的熟练程度。尽管大脑的容量有限，只要两个任务都没有超过大脑一般和特殊资源的限度，大脑可以同时完成它们。

分散注意和集中注意

在探讨任务相似性对分散注意的重要性之前，我们首先考察一下大脑信息加工资源及其分配情况。执行所有任务占据的注意都一样吗？执行不同的任务是不是使用不同的心理资源呢？如果执行所有任务涉及的仅仅是同样普遍适用的心理资源，那么任务的性质不再重要，所有的任务将平等竞争现有的心理资源。只要提供的注意允许，我们将能做尽量多的事情。然而，如果信息加工资源因任务不同有所差异的话，执行不同任务时，我们很容易同时完成它们（如边开车边聊天），使用相似的心理资源时（如边看书边聊天），就不易同时完成。

许多研究表明，任务相似时，分散注意就比较困难。看看第33页方框中所描述的实验，没有哪个任务是完全直截了当的，但你肯定会发现，边听收音机或电视上的谈话边找元音比较困难，因为两项任务都涉及语言处理。在1972年《实验心理学季刊》发表的一个实验中，D. A. 奥尔伯特、B. 安东尼斯和P. 雷诺德要求被试者复述一篇文章的一个小节。同时要求被试者通过耳机听一组单词或者记住一组图片。被试者的单词记得很差，但却很好地复述了文章和记住了图片。这是因为执行相似的任务需要争取我们的注意，因而会相互干扰。

两个相似的任务很难同时执行的事实支持了这一观点，即大脑信息加工资源因任务不同而相异。这就是我们为什么能边开车边聊天，边听音乐边写作的原因。然而，当汽车行驶到繁忙的交叉路口又会怎样呢？我们在进行重要谈话的同时还能处理安全通过交叉路口的信息吗？即使任务不同，我们也不能同时完成复杂的任务。这表明，我们大脑的有些信息加工资源对所有任务是普遍适用的。这就涉及边开车边打电话的情况。这时，普遍适用的注意资源就会从执行开车任务转向打电话任务。

如果你演奏乐器、学跳舞、进行体育运动和从事诸如此类的技巧性活动时，也许有人会告诉你：熟能生巧。我们知道练习某种技巧时，我们会做得更好。但这与分散注意有关吗？

我们已经谈到边开车边聊天很容易做到。但这是对有经验的驾驶者而言的，新手一般发现边开车边聊天几乎是不可能的。因此，在两个我们熟练的任务中分散注意比较容易。要想明白为什么会这样，我们必须仔细地考察一下要执行像边开车边聊天这样的任务时会涉及什么。

到目前为止，我们把开车这样的任务看成是一项任务。真的如此简单吗？驾驶任务涉及必须注意速度、路线、方向、前后的车辆、潜在危险（如走在人行道上的小孩），等等。能说这是单一的任务吗？也许驾驶本身就是注意分散的一个例子。聊天也一样，必须控制嘴唇的运动，处理耳朵接收到的信息，还要决定该说些什么。实际上，任何任务都可以看成是小型子任务的集合。

学习驾驶确实像分散注意。学习驾驶时，所有的子任务都是分开的。你必须思考道路的弯曲情况，思考怎样用后视镜相应地调整方向盘，思考怎样控制速度等。当新手正在注意复杂路况（如交叉路口）时，他们也许忘了该用多大的力量踩刹车以减缓车速。思考这么多的子任务会用尽他们的注意资源。一旦掌握驾驶技术后，开车就变成了一项单一、有组织的任务。有经验的驾驶者能让子任务在互不干扰的情况下处理好它们。

每学习一项新任务时，你都会或多或少有意识地在子任务之间分散注意。那需要大量的信息加工资源。如学习拉小提琴，演奏 C 调时会涉及：

（1）从乐谱上阅读正确的音符；

（2）使用正确的琴弦；

（3）手指正确地放在琴颈上；

（4）用琴弓拉动琴弦。

小提琴新手必须考虑到每一步。经过大量的实践后，经验丰富的小提琴手只需简单地看看音符 C，在没有注意到相关子任务的情况下就会拉出声音。这只需要一小部分注意，就有足够的注意用来执行其他任务。小提琴家利伯雷斯在表演时经常一边拉小提琴一边和听众聊天。

看来，对某项任务进行大量训练后，我们就擅长了，再执行这项任务时就不需要用光注意资源。这项任务就不再是有意识的控制行为，相反地，会成为自动行为。例如，我们小时候也许要思考走路或骑自行车所涉及的每一个子任务，现在都变成自动行为了，根本无须思考。实际上，一旦成为自动行为后，想要阻止它都很难。这就是"斯特鲁普效应"的核心。"斯特鲁普效应"是用来研究自动化的任务。

认知神经科学

大脑记录和成像不仅能使我们用不同于行为心理学实验的方法来探讨注意，还能解答不同的问题。这种研究叫作"认知神经心理学"。例如，大脑中有控制我们注意资源的单一中心吗？或者说大脑中有不同的任务相关资源分配中心吗？身体或者是心理失调会影响我们的注意力吗？如果是，我们会了解到注意的什么呢？这些探索生物失调对认知影响的研究都是认知神经心理学的例子。通过对认知神经科学和认知神经心理学的研究，我们又能得到注意的哪些教训呢？

我们能通过加强对周围目标的感知来集中注意吗？我们能仅仅压制感知目标吗？选择性注意是加强目标信息加工和压制其竞争者的结果吗？

1994 年，俄勒冈大学的教授米歇尔·波斯纳和斯达尼·斯拉德哈纳回答了上面的问题：视情况而定！三种可能性的发生因任务的性质和涉及大脑的区域而定。任务决定哪个注意加工发生在大脑的哪个区域。

认知神经科学使这种研究成为可能。1993年，密苏里州圣·路易斯市的华盛顿大学的莫利兹·科贝塔和同事们使用正电子发射断层显像扫描发现，与感知有关的物理性质相联系的大脑区域在视觉搜索任务中被激活。例如，当任务涉及运动时，大脑的运动相关感知区域就被激活；当任务涉及颜色时，大脑的颜色相关区域就被激活。

除此之外，科贝塔和同事们发现，大脑的不同区域与选择性注意、分散注意和搜索相联系。这种发现支持了波斯纳和德哈纳有关注意机制因任务的特殊需求不同而不同的观点。

疾病感缺失

拒绝承认自己有病是疾病感缺失的症状，意味着根本不知道自己有病。视觉忽视综合征是一种注意紊乱，它的鲜明特征是疾病感缺失。

波斯纳和同事们研究了视觉忽视综合征患者的注意。经研究发现，在注意任务中，不能指令这些人去注意他们忽略的那一边。根据研究，他们提出了三阶段注意模式。要注意某个刺激，我们必须：

（1）偏离目前的注意焦点；

（2）将注意转向新的地方；

（3）注意新的任务。

视觉忽视综合征患者对第一阶段的任务存在问题，例如，他们无法偏离视阈中的右边以集中注意于左边。

注意缺陷障碍

视觉忽视综合征患者无法偏离右边以注意左边的刺激。然而注意缺陷障碍与波斯纳第三阶段模型有关。视觉忽视综合征患者发现很难将注意集中于任何一个任务。

美国大概有4％～6％的儿童患有注意缺陷障碍。这是由于信息加工的注意控制不成熟或功能失调导致的。很多情况下，不成熟会随着时间的推移有所改善，但大约仍有一半人在成人时仍会有问题。注意缺陷障碍的特征是集中注意于某项任务或刺激有困难。这就使得注意缺陷障碍患者很容易分心、冲动和亢奋。他们的注意问题也导致他们无法将生活、思考、情感与行为联系起来，进而导致行为碎片化。患有注意缺陷障碍的孩子上学时很难集中注意力，而且行为的问题也会造成社会问题和家庭困难。有人认为，当大脑控制和指示注意的区域不成熟或者不完全"在线"时，注意缺陷障碍就会出现。正电子发射断层显像研究表明，注意缺陷障碍患者的左脑活动有所减少，尤其是前扣带皮层的活动，因为大脑的这部分与注意集中有联系。经观察，前脑叶（该部位与意识有关联）和上听觉皮层（该部位将思维和知觉整合起来）的活动都有所减少。这些模式导致了注意缺陷障碍的注意和行为特征。许多思想、感情和信息都会竞争注意资源，而且处理它们的机制也出现了问题。

为控制注意缺陷障碍的症状，医生给许多孩子开了像哌甲酯这样的药物。这与苯丙胺基本相似。20 世纪 90 年代末，美国使用哌甲酯儿童的数量增加了150％。目前，美国哌甲酯的用量是其他国家使用总量的 5 倍多。哌甲酯是通过提高大脑皮质神经传递素，尤其是多巴胺的数量来起作用的。神经传递素的不断作用刺激了注意缺陷障碍患者的大脑皮质，包括大脑不活跃部位的活动。这就使得大脑能够集中注意，并且将感觉信息、思维和行动拼合起来，从而产生更加集中的行为和更好的注意力。

表征信息

当今社会，各种各样的物件都能表征信息，有些物件（如图书、地图）已经存在了几千年。万维网直到 1993 年才出现，尽管这时互联网已经存在了多年。然而与大脑相比，即使是最古老的图书也是新来者，人类大脑表征信息已达数百万年了。

几千年来，哲学家们一直试图弄清楚大脑是怎样储存和表征信息的。大约在100 年以前，心理学家们开始通过实验来回答这一问题。实验前，你要对实验的结果有所认识。科学家们称之为假说。在实验中，心理学家们找到了一些恰当的用以表达大脑如何表征信息的假说。记忆的过程是否像在你大脑中绘画一样呢？人们所熟知的故事是储存在"心灵之书"上的吗？大脑对不同词汇的含义的表征就像字典一样吗？

人们以各种方式分享信息。书是写出来的，图片是画出来的，地图是绘出来的。然而，书、图片和地图与它们代表的许多事物并不一样。例如，纽约地图并不就是纽约。书、图片和地图只是表征（表征就是给我们提供有效信息的物体）

信息，它们会省略无效的信息。例如，纽约市的地图没有标出下水道井盖的位置（旅游者无须知道下水道井盖在哪里）。若将不必要的信息绘入地图中，将会使地图更难读。

心理学家将书、图片和地图描述为外部表征，它们与内部表征不同。内部表征是指大脑储存和表征潜在有用信息的方式。

大脑中的图片

人们构建内部表征的理论已有几个世纪了。古希腊哲学家亚里士多德认为，记忆就像在大脑中储存图片。哲学家们从那时开始就争论这一问题，但直到大约120年前，科学家才加入这一争论的行列。1883 年，英国的科学家弗朗西斯·加尔顿（1822～1911）通过让被试者想象餐桌的样子来研究大脑的意象。许多被试者都说他们对餐桌没有心理印象，他们只记得吃过的东西。

心理学家们经过研究认为，人能产生心理意象。描绘大脑功能的技术，如功能性磁共振成像能显示人脑的哪个部位最活跃。当人们看图片时，大脑初级视皮层就开始努力运行。当拿走图片时，初级视皮层就会松弛下来。当人们回想刚才看到的图片时，初级视皮层会再次开始运行。实际上，初级视皮层几乎在图片呈现的同时运行。这一研究表明，不管我们是看图片还是想象图片，大脑的同一区域都很活跃。

如果想象我们刚刚看过的图片就像现在正在看一样，我们从未看过的图片又怎样呢？人们擅长形成心理意象。想象一下在对面的地上有只跳跃的知更鸟，在它后面有一头母牛，母牛弯着脖子看着知更鸟。当被试者想象这些图片时，许多人都会经历相同的事件序列。首先，他们看到了一只知更鸟。知更鸟在他们心理意象中体型较大，也许占据半张图片。当他们想把母牛包含进来时，他们就从知更鸟那儿"放大"，或者把知更鸟"缩小"，以便在意象中为母牛留下足够的空间。

1975 年，美国心理学家斯蒂芬·考斯林让人们想象某个动物站在另一个动物旁边。例如，让一个人想象一只兔子蹲在大象旁边。他询问了有关兔子的一个问题，如"兔子的鼻子是尖的吗？"考斯林又让另一个人想象一只兔子，但这次旁边是只苍蝇。当他问第二个人相同的问题时，考斯林发现，若兔子站在大象旁边，人们就要用更长的时间回答有关兔子的问题。

当实验对象构成心理图像时，他们必须"放大"或"缩小"以将动物包含进来。兔子在苍蝇附近的图像要比它在大象附近要大。考斯林表示，回答有关心理图像问题所需的时间与呈现细节所需的"缩放"量关系紧密。如果被试者面前有一大一小两张同一兔子的图片，他们观察较大图像时会更快地看出兔子的鼻子是否是尖的。考斯林认为心理意象也是相同的道理。就像照片，我们在头脑中构成图像的大小也有限，要弄清小的细节也许需要从较近的视角来观察。

将心理意象描绘成大脑中的照片颇具诱惑力。然而，心理意象并不能表征我们所看到的事物；相反地，它们表征了我们对该事物的解释。1985 年，德博拉·钱伯斯和丹尼尔·莱斯贝格在一个精彩而又简单的实验中证明了这一点。

心理意象有固定解释的倾向，而外部世界的图片和照片则不会。头脑中呈现的意象不能简单地描述成内部照片。这些图片是内部表征，其意义是表征的重要部分。心理图片存在的时间也短。默顿·杰恩斯巴切尔的实验很好地证明了这一点。杰恩斯巴切尔向被试者出示了一对图片中的其中一个。10 秒钟后再同时出示两张图片，并询问被试者先前看到的是哪张。

经过 10 秒的间隔后，大多数人得出了正确的答案。经过 10 分钟后，得出正确答案的人数和猜谜差不多（正确率为 50％）。若被试者在此之前不知道将要被问的问题，实验的效果会最好。经实验证明，从长期来看，被试者不会在头脑中储存像照片一样的意象。他们开始也许会储存，但细节很快会丢失。一些实验表明，心理意象在大约 2 秒钟内就会丢失一些信息。

只要被试者选择的图片代表不同的场景或者事件，他们就很容易说出以前是否看过某张图片。后来的研究表明，看过 1 万张图片的被试者后来只能正确地识别出 8300 张。

心理地图

地图和照片在很多方面存在差异。主要差异是地图不是很真实，地图有表征用户所需的最少信息的倾向。正如我们所知，心理意象也同样缺乏细节。而且，地图有时还用错误的颜色来帮助解释。例如，宽马路和窄马路通常都是灰色的，但在交通图上通常是蓝色和绿色。

正如我们所知，心理意象和照片的准确性一样都与解释有关。因此，如果我们的大脑像地图一样表征照片，那么，大脑也用相似的方法表征外部地图提供的信息吗？正常情况下，人们都知道怎样从 A 地到 B 地。例如，你也许知道，要想从家到地铁站，你必须下山，在拐角处左拐，地铁站就在右边。你也许知道怎样从游泳池到家，你得经过一座桥，爬上山，走完一条街，在拐角处右拐即可。人们每天都记忆和使用着这种信息。

认为大脑拥有表示一系列心理地图的记忆集的观点颇具诱惑力。然而，与方向和地标集相比，地图包含更多的信息。你若在朋友家，你能在地图的指引下去往杂货店；你若在图书馆，你能找到朋友的家。然而，你若在图书馆，你能弄清杂货店的方向吗？除非你有地图，否则，答案也许是"不能"。大多数情况下，有丰富城镇生活经验的人和以前研究过地图的人对这些信息都记得很牢靠。

1982 年，佩里·桑代克和巴巴拉·哈耶斯·罗斯证明了人们心理地图的不准确性。他们访谈了在特大综合写字楼里工作的秘书。他们发现，刚来的秘书能准确地描述怎样从 A 地到 B 地。例如，他们对辨认从咖啡厅到计算机中心的方向没有什么困难。

然而，这些新来的秘书经常分不清从咖啡厅到计算机中心的直线方向。一般来说，只有在这个楼里工作过多年的秘书才能做到这一点。

即使对外部地图有多年经验的人也会犯错，除非地图就在他们面前。若你住在美国或者加拿大，问问自己蒙特利尔是否在西雅图的北边。若你在欧洲，问问自己伦敦是否在柏林的北方。两个问题的答案都是"不是"，但大多数人都回答"是"。加拿大在美国以北，但加拿大在美国东部的边境还在其西部边境以南。英国的大部分地方在德国的北边，但英格兰南部与德国的北部在同一纬度上。

人们经常会犯这类错误，这表明，大脑不能像地图一样真实地表征位置。人们会从包含这些城市的更大区域的位置来推断这些城市在哪里。这经常会犯错误。

大脑中的词典

词典里储存着物体特性的信息。他们也会储存动作（动词）和抽象概念（如民主）的信息。人们也在大脑中储存一些这样的信息。大脑也像词典一样表征这些信息吗？心理学家经常关注像猫、鞋或锤子这样的事物，他们也会关注定义不清的事物，如"心理障碍患者"。词典条目编写者旨在呈现定义属性或者特征序列。

例如，《剑桥英语辞典》将大象定义为："有能够卷起东西的长鼻（象鼻）的大型灰色哺乳动物。"戈特勒布·弗雷格（1848～1925）是第一个认为所有的概念都可以用定义属性集来描述的人。"定义属性"理论最好通过举例来说明。以

"单身汉"这个词为例，这一概念的定义属性有"男性""未婚"和"成人"。每个属性都是"必需的"。若缺少任何一个属性，这人就不是单身汉。这3个属性组合在一起就"足够了"。若你知道某人是成年的单身男性，你可以肯定他是单身汉——再也不需要更多的信息。很长时间以来，认为所有的可见物体和概念都可以用定义属性来表征的观点在哲学和心理学界占统治地位，但却遭到卢德维格·维特根斯坦的强烈反对。

心理学家将具有相同定义性特征的物体群称为"类别"。将构成类别的物体称为"成员"。弗雷格的观点导致了这样一个结论，即所有的物体要么归为类别的成员，要么归为类别的非成员。

例如，所有的物体要么是类别"家具"的成员，要么不是。类别的成员关系是"全或无的"，没有中间成员。然而，人们做出物体归类决定时并没有遵循这一规则。心理学家麦克尔·麦克罗斯基和山姆·戈拉克伯格问被试者某些物体是否属于"家具"类别。被试者都认为椅子是家具，黄瓜不是。然而，当问到压书具时，有人认为应归为家具类别，有人不这样认为。而且，被试者对物体的定义前后不一致。研究人员在不同的场合询问了被试者像压书具这样的物体应归为哪个类别。有些人在第一次被问时说是家具，但第二次被问时却说不是；或者第一次被问时说不是家具，但第二次被问时却说是。

如果人们的心理词典含有定义属性清单的话，实验结果应当是：人们在压书具是否属于家具类别这个问题的回答上保持完全一致的意见。我们期待着人们对普通类别的看法一直保持前后一致。

依莲娜·罗许的研究对定义属性的观点提出了进一步的问题。若心理词典仅仅是定义属性清单，任何东西就没有好的或者坏的实例。所有的物体要么是鸟，要么就不是鸟。罗许让人们对类别的典型性进行评级。人们通常对典型性成员和非典型性成员的观点保持一致。例如，人们都认为知更鸟是典型性鸟，但对企鹅却有不同的观点。如果人们的心理词典像弗雷格说的那样，就没有所谓的典型性鸟。这一问题应该没多大意义，但迫使人们去猜测。当人们猜测时，观点又不一致。人们观点不一致的事实表明，对于概念，除了系列定义属性外，还应当有更多的东西来定义。

罗许想让人们明白，典型性是人们思考类别的核心。她将这样的句子出示给被试者看：

（1）知更鸟是鸟。

（2）鸡是鸟。

被试者必须尽快地判断每个句子是对的还是错的。当物体是其类别的典型性实例时，他们就能较快地判断。例如，被试者判断"知更鸟是鸟"所花的时间比判断"鸡是鸟"所花的时间要少。很明显，这两个问题都容易回答。经测试，被试者回答第二个问题所需的时间要长一些（尽管时间差是以几分之一秒来计算）。

罗许认为，当被试者被要求思考类别时，他们不会想到定义属性清单。相反，他们想到的是那一类别的典型性成员。若有人让你思考"鸟"，你会倾向于思考一些典型的鸟。也许知更鸟会跃然脑际。如果有人问你知更鸟是否是鸟时，答案很简单，因为"鸟"这个词就会让你想起知更鸟。如果有人问你海豚是否是哺乳动物时，回答这个问题需要较长的时间，因为"哺乳动物"这个词很可能会让你想起其他更典型的哺乳动物。

即使属性很容易界定类别，人们仍然会受典型性影响。我们知道，"单身汉"可以由"男性""未婚"和"成人"等属性来定义。然而，人们倾向于认为，有些单身汉比其他单身汉更典型。例如，他赞就不是典型的单身汉，因为他住在丛林中，没有机会结婚。即使像数字这样的概念在典型性上也有差别。

层级

我们都知道，词典将大象定义为"大型灰色哺乳动物"。在词典定义中，像哺乳动物这样的词很普遍。词典编写者试图将物体定义为"层级"的一部分。层级的顶部是词汇"动物"。鸟和鱼都是动物的一种，因此在层级中，它们位于"动物"的下一个层次。知更鸟和企鹅都是鸟，它们与"鸟"相连。同样，"鳟鱼"和"鲨鱼"都是"鱼"，与"鱼"相连。词典编写者使用层级的目的是缩短定义。若词典陈述说"知更鸟是鸟"，读者就知道知更鸟有羽毛和翅膀，而且雌性知更鸟下蛋。词典在定义中无须包含"雌性知更鸟下蛋"的陈述，因为"知更鸟是鸟"这一陈述已经告诉了读者。大脑也会使用同样的技巧来减少信息的储存量吗？

艾伦·柯林斯和罗斯·奎利恩认为，答案是"肯定的"。他们将一系列这样的句子呈现给被试者：

（1）金丝雀会唱歌。

（2）金丝雀有羽毛。

被试者很快就能肯定金丝雀会唱歌，但却要更长的时间肯定金丝雀有羽毛。如果大脑像词典一样组织的话，这就是你需要的结果。想象你对鸟一无所知，你就需要词典去查"金丝雀是否会唱歌"，词典将会告诉你"金丝雀会唱歌"。那是因为不是所有的鸟都会唱歌，唱歌就成为定义的必要成分。然而，词典并未提到羽毛。词典告诉你金丝雀是鸟。如果你查"鸟"，词典会告诉你它有羽毛。你只有在查完词典的两个地方后才知道答案，这就需要很长的时间。

科学家认为，人类大脑是像词典那样去组织信息的。许多心理学家赞同这一观点，这个观点也曾风靡一时。但这个观点很快就被证明是错误的。另一群心理学家，包括爱德华·史密斯、爱德华·索本和朗斯·利布斯，给被试者一系列稍有差别的句子。下面是研究人员使用的其中两个句子：

（1）鸡是鸟。

（2）鸡是动物。

如果大脑像词典，查第二个句子所需的时间应该比查第一个句子要长。要查鸡是鸟，你只需查"鸡"的定义。要查鸡是动物，你还需查"鸟"的定义。研究表明，结果恰恰相反。人们肯定"鸡是鸟"所需的时间比肯定鸡是动物所需的时间长。为什么会这样呢？

还记得依莲娜·罗许是怎样告诉我们一些类别成员比其他成员更具典型性吗？根据她的研究，知更鸟是典型的鸟，鸡不是。当让被试者想一想鸟时，他们通常想不到鸡。结果，要查"鸡是鸟"这样的句子需要更长的时间。

现在再来看第二个句子：鸡是动物。当有人让你想动物时，鸡有时还会出现在脑际。因此，查找和肯定"鸡是动物"需要的时间较少。同样的论据也可以应用到柯林斯和奎利恩的最初成果。当你想金丝雀时，也许歌唱是你最初想到的。拥有羽毛也是构成金丝雀定义的一部分，但这也许不是你最先想到的。人们确信金丝雀会唱歌比确信金丝雀有羽毛更快，因为与羽毛相比，唱歌是金丝雀更"典型"的特征。

心理词典

我们不能肯定大脑是怎样储存信息的。一个流行的观点是，大脑词典的组织相当杂乱无章。我们的心理词典并没有整洁而又长长的定义清单，相反，我们的知识储存在小信息模块之间的大量联结中。心理学家将信息模块叫作特征。狗的有些特征可以是"有皮毛的""四条腿"和"有一条会摇的尾巴"。我们小时候就是像认识狗这样来认事物的。我们的大脑是通过构建特征（如"摇尾巴"）和标签（如"狗"）之间的联系来储存信息的。心理学家将这类联系称为特征联系网络。

怎样来"阅读"这类心理词典呢？最简单的方法就是将脑中的信息标签想象成灯。你如果想知道狗是否是有皮毛的，你就点亮"狗"。由于"狗"和"有皮毛的"之间有联系，"有皮毛的"这个"灯"也会亮起来。于是，你就会得出答案——狗是有皮毛的。

心理词典的另一个流行的观点是，心理词典充满实例。根据这一理论，心理词典中"狗"的词条是你碰到的特定狗的集合。该集合也许包含对你的宠物狗、邻居家的狗和你在工厂见过的看门狗的描述。你的心理词典中"猫"的词条也相似。它也许包含对你祖母家的猫、朋友家的猫和你在电视上看到的猫的描述。

想象你正在街上散步，刚好看到一个四条腿的动物向你走来，它是猫还是狗呢？你很快就把面前的动物与心理词典中的猫和狗进行比较。结果它更像猫而不是狗，于是你断定是猫。这一观点的问题是，你每次见到什么东西，都要翻查很多实例。你不仅要查找猫的实例（因为你还不知道它是否是猫），还需要查找所有的类别，将这一物体与狗、汽车、黄瓜、冰箱等一一进行比较。这样我们才在几分之一秒时间内断定该物体是否是猫。如果大脑每次都需要进行这么多的比较，那么，做出决定将要花更长的时间。我们知道，大脑非常擅长同时做很多事。如果方便做比较的话，认为心理词典仅仅是实例的集合就有可能。对这一领域的研究目前主要集中在判断这些观点哪个是正确的。

编写心理词典

词典原本不存在，需要进行编写。我们的心理词典也是如此。人不是天生就存有周围物体的信息，信息是通过学习获知的。我们已经探讨了心理词典的信息组织方式，那么，这些信息一开始是怎么来的呢？

研究这个问题的一个方法是教给成人新的类别。为了确保这些类别对每个人都是全新的，心理学家经常使用人造类别。人造类别能够让我们用真正的类别回答很难回答的问题。1981 年，唐纳德·霍马、沙龙·施特林、劳伦斯·特雷佩尔所做的实验就是很好的例子。研究人员编造了一些涂鸦类别。制造每个涂鸦类别需要两步。第一步，编造一个原型涂鸦（原型就是类别的最典型成员）。第二步，通过对原型涂鸦稍加变化来编造该类别的其他成员。它们也是原型涂鸦类别的一部分，但没有原型涂鸦那么典型。心理学家这样就编写了 3 种不同的涂鸦类别。霍马和他的同事将他们编造的一些涂鸦放在一边，然后将剩余的涂鸦出示给被试者看，并教他们每个涂鸦属于哪一类别。这些涂鸦被称之为"老"涂鸦。

当被试者掌握"老"涂鸦后，心理学家们将刚才放在一边的涂鸦出示给被试者看，并问他们每个"新"涂鸦属于哪个类别。相对"老"涂鸦而言，被试者对"新"涂鸦进行的分类没有对"老"涂鸦分类得好。

被试者发现"老"涂鸦更容易处理，因为在他们的心理词典里存有"老"涂鸦的信息。被试者以前没见过"新"涂鸦，因此，"新"涂鸦还未进入他们的心理词典。许多心理学家认为，这些实验结果很好地证明了心理词典是特定实例的集合。另外，有的心理学家认为，特征联系网络也能解释这些结果。正确答案还不清楚，但这一领域的研究进展很快。

脚本和主题

词典告诉人们鸡蛋和面粉是什么，但不会告诉人们怎样烤蛋糕。要想知道怎样烤蛋糕，你得查食谱。食谱只不过是人们依赖的众多操作工序说明书中的一个范本。家庭维护书籍和汽车修理手册是另外两个普通的范本。操作工序说明书告诉我们完成一项任务的步骤。当我们熟悉某项任务后，我们就无须使用操作工序说明书——我们可以依赖记忆来完成任务。例如，几乎没有人每天早上穿衣服需要操作工序说明书。

大脑像操作工序说明书一样储存日常事件信息的吗？罗格·尚克和罗伯特·埃贝森认为，人们使用心理脚本表示情境，如去餐馆。脚本是在特定情境下发生的典型事件的序列。例如，去餐馆的脚本可以是：

走进餐馆、选择餐桌、坐下、拿菜单、点菜、边等边聊、服务员上菜、边吃边聊、收单、买单、离开。

很明显，并非所有的餐馆都是这样的。有的餐馆会要求你先付钱再吃饭。脚本并不肯定地告诉你会发生什么事，但肯定会告诉你在大多数情况下很可能会发生什么事。

脚本也能帮助人们更有效地交流。你如果问某人昨晚干了什么，而且他的回答是"我去了餐馆"的话，你的餐馆脚本将会让你知道那人经历的一些事件。例如，如果你去过医院，你也许就有"看医生"的脚本，通过脚本你就大体知道看医生会发生些什么事。你如果从未看过牙医，你就没有"看牙医"的脚本，也就不知道看牙医会发生什么事。"看医生"的脚本也许没什么帮助，因为你现在是在看牙医。

然而，我们对事件的期待很可能比脚本更广泛。我们看任何保健专家时，我们期待的步骤会有很多。这些步骤包括预约、描述症状和接受治疗。如果我们看过医生，即使没看过牙医，在去牙医办公室的路上，也许我们能猜测出将会发生的事情。当然，人们对一些事件具有共同的知识，如去餐馆。

心理学家戈登·鲍尔、约翰·布莱克和特伦斯·特纳让被试者列举去餐馆时经常会发生的 20 件事情。几乎 3/4 人认为包括 5 个关键事件。这些事件是：看菜单、点菜、吃饭、付账和离开。几乎被问的一半人认为包含 7 个事件。包括：点饮料、商量菜单、聊天、喝汤、点点心、吃点心和离开。

人们对特殊事件的记忆会受到心理脚本的影响。鲍尔的研究团队让被试者阅读一些故事。故事是以脚本（如去餐馆）为基础的，但心理学家们弄乱了一些事件的顺序。例如，某个故事可能会涉及去餐馆、付账、坐下、点菜，然后是吃饭、看菜单，最后离开。

当让被试者回忆这些故事时，他们经常描述去餐馆通常发生的事情，而不是故事中实际发生的事。这样，这个故事被典型记忆为：去餐馆、坐下、看菜单、点菜、付账、离开。脚本有助于我们对特定情境下会发生的事有所预期，同时还会对我们回忆实际发生的事情加以润色。

瓦莱里·霍尔斯特和凯西·佩兹德克认为，犯罪目击者也会有相同的问题。研究表明，当人们试图回忆他们所目击的犯罪时，他们有时会参考心理脚本，回忆典型情况下发生的事。在另一个实验中，戈登·鲍尔和他的同事让被试者阅读几个不同的故事。随后，又让他们阅读另外一些故事。有些故事是重复出现的，有些是新的。之后让被试者判断哪些是新故事，被试者一般回答得较好，但对某些类型的新故事会存在问题。

如果某个故事是新的，但描述的是与老故事相似的事件，有的被试者就会认为他们以前阅读过。被试者混淆了具有相同脚本的故事，而且也对虽然不同但有联系的脚本的故事有疑惑。例如，原来的故事说的是去看牙医。后来，被试者阅读了一篇去看医生的故事。被试者经常认为他们以前阅读过这个故事，而实际上没有读过，只是故事的主题相似而已。这表明，人们是按一般主题来记故事的。这些组织化的主题没有脚本与特殊情境的联系紧密，而且会被一般化。例如，大多数人认为，20 世纪的《西区故事》与莎士比亚的《罗密欧与朱丽叶》相似，尽管这两个故事发生在不同的国家、不同的世纪。

《西区故事》是音乐剧，而《罗密欧与朱丽叶》是 1595 年写的戏剧（实际上，《西区故事》是建立在《罗密欧与朱丽叶》基础之上的）。

罗格·尚克认为，这两个故事有共同的主题，即"追求共同目标，抗争外来反对"。罗密欧和朱丽叶互爱对方，因而在一起就是他们共同的追求。双方父母反对他们的恋爱的关系，因此，罗密欧和朱丽叶为了追求这一目标就同外来反对相抗争。《西区故事》的主题完全一样。

心理学家柯林·塞弗特和她的同事将许多细节不同但主题相同的故事给被试者看。当被试者读完这些故事后，研究人员让被试者写出相似的故事。大多数被试者写出的故事许多细节不同，但一般主题相同。塞弗特的研究团队接着让被试者按照自己的意愿对一组故事进行分类，但结果是大多数人都按故事的（共同）主题进行了分类。

信息和大脑

在 20 世纪的大部分时间，心理学家靠暗喻来解释大脑怎样储存信息。在文学上，暗喻是指将某事物比拟成和它有相似关系的另一事物。如"城市是丛林"就是暗喻。

心理学家用暗喻物来描述大脑——大脑被等同于相册、词典和戏剧脚本（大脑最终并不是这些，大脑就是大脑）。

许多心理学家经研究得出结论，认为应当考察大脑本身是什么。这一研究方向的第一步就是人们所说的"连接主义革命"。连接主义不是什么具体的理论，而是心理学的一种思维方式。连接主义者认为，心理理论应当考虑大脑本身是怎样运行的。大脑并不包含词典、地图、图片和操作工序说明书。它有通过电波信号（神经脉冲）传播信息的神经细胞——神经元。我们对神经元的相互作用知之甚多，但对神经元怎样储存信息了解不够。例如，与现代计算机相比，神经元的运行速度很慢。

我们知道神经元是"大规模并行"运行的。当你看图时，一些神经元探测横线，一些神经元探测竖线，还有一些神经元寻找对角线。它们在进行这些工作的同时，还要执行许多其他的功能。连接主义理论加入了大脑的生物学特征。这些理论通常也包括描述神经元之间怎样传播信息和如何互相学习的数学原理。其中一些理论就有使大脑和计算机运行之间建立某种关系的原理。

储存信息

记忆使我们回忆起生日、假期和其他有意义的事情。这些事情可能发生在几小时、几天、几个月甚至是很多年以前。正如达特茅斯大学著名的认知神经科学家迈克尔·加扎尼加所述："除了此时此刻，生活中的每一件事都是记忆。"没有记忆，我们不能进行对话，不能辨认出朋友的脸，不能记住约会，不能理解新思想，不能学习和工作，甚至不能学会走路。英国小说家简·奥斯汀（1775～1817）恰当地总结了记忆的这种神秘特性："记忆的功能、失效与不均衡，似乎比我们智力的其他部分更加难以言传。"

古希腊哲学家柏拉图（约公元前428～前348）是最先提出记忆理论的思想家之一。他认为，记忆就像一块蜡制便笺薄。印象在便笺薄上被编码，进而储存在那，这样我们便可以在一段时间后返回或者提取它们。另一些古代哲学家把记忆比做大型鸟笼中的鸟或图书馆里的书。他们指出，提取已经被存储的信息是有困难的，就像在大型鸟笼中抓住那只鸟或者在图书馆里找到那本书那样难。现代理论家如乌尔里克·内塞尔、史蒂夫·切奇、伊丽莎白·若甫图斯和艾拉·海曼开始认识到，记忆是一个选择和解读的过程，涉及大量的加工（如感知），而不仅仅是消极的信息存储。这些心理学家所做的实验表明，记忆可以重组、整合先前的编码时的观念、期待和信息（包括误导性信息）。例如，切奇向从没去过医院急诊室的孩子反复询问在他们生活中有没有发生过类似的事件。开始，孩子们准确地报告他们没有去过急诊室，但在第三次实验后（自从其中一个小孩说他的手被捕鼠器夹着并被送往医院后），孩子们开始说他们去过，还能提供详细的故事。这一实验被称为捕鼠器实验。这些孩子并没有被给予错误的信息，但被反复提问，这导致他们开始用想象创造记忆。

作家兼哲学家 C. S. 路易斯的论述表明，我们的记忆远不够完善。这是因为它不可能记住我们所经历过的每一件事。为了在这个世界有效地生存，我们需要记住其中一些事情，当然还有一些事情无须记住。我们能记住的那些事情似乎是取决于它们在功能上的重要性。在人类进化的进程中，人们可能通过记住那些发出威胁信号（如一个潜在食肉动物的出现）或奖励信号（如一个可能食物来源的发现）的信息而得以生存下来的。我们的记忆就像筛子或过滤器这样的装置一样工作，这些装置保证我们记住的不是每一件事。我们也能利用所学到和记住的信息来选择、解释，并将一件事与另一件事联系起来。记忆的这一特质使很多当代研究者把它看作一项积极而不是消极的东西。

记忆的逻辑

任何一套有效的记忆系统（无论它是合成器，还是声音混合器、录像机、电脑中的硬盘，甚至简单文具柜）都需要做好 3 件事。它必须能够：

（1）编码（接收）信息；

（2）在长期记忆的情况下，经过较长的时间后能够很好地储存或保留信息；

（3）提取（能够存取）已被储存的信息。

继续以文件柜为例，你把文件放在某一个文件夹里，它就一直保存在那。当你需要它的时候，你会很容易找到这个文件。但是如果你没有一个好的查找系统，你就可能不容易找到想要的文件。因此，记忆包括提取信息的能力，也包括接收和储存信息的能力。如果我们的记忆要有效地运行，那么编码、储存和提取这 3 个组成部分就必须共同运行好。

如果当信息呈现给我们时却没有注意到它们，我们可能不能对它们进行有效的编码，甚至根本就不能编码。如果我们没有有效地编码信息，就只能说我们把它们忘记了。对提取信息而言，可利用性和可存取性之间，常常会有一个重要的差别。例如，有时我们不能很快地想起某个人的名字，但感觉到它好像就在嘴边，呼之即出。我们可能知道这个名字的第一个字，但是我们无法说出完整的名字。这就是"舌尖现象"。我们知道我们已经把信息储存在某个地方。在理论上，我们也可能使信息之为信息的那部分知识潜在地具有可利用性，但它目前却不可存取——我们无法想起它。

记忆失败可归因于编码、储存和存取这 3 个要素中一个或更多部分出现障碍。在"舌尖现象"例子中，就是恢复部分的功能趋于失效。因此，对于有效记忆来说，这 3 个要素都是必要的，只有一个要素是不够的。

记忆的程序

柏拉图和他的同时代人把对大脑的思考建立在他们自己个人的印象基础之上。然而，当代的研究者通过操作严格、高度控制的实验研究，搜集到关于人们记忆工作方式的客观信息。实验结果往往与过去所推崇的"常识"相抵触。

过去 100 年的主要发现之一，是记忆有不同的类型。我们现在知道，记忆有不同的种类：感观储存、短期（工作或者初始）记忆和长期（次级）记忆。长期记忆也有不同的类型，如外显记忆与内隐记忆、情景记忆、语义记忆和程序记忆。

感官储存看上去是在潜意识层面上运行。它从感官中获取信息，并保持 1 秒钟，在这一刻我们决定如何处理。例如，如果你在鸡尾酒会上听到另一个地方有人谈话提到你的名字，你的注意力会自动地转向那个谈话。在感觉记忆中，我们所忽略的东西会很快被丢失，不能恢复：就如光的消失或声音的逝去。当你没有注意某个人说话时，你有时能听见那些话的某个回音，但 1 秒钟后，它就会消失。

注意某件事，就会将之转换成工作记忆。工作记忆有一个有限的容量，大概是在 7 个项目加或减 2 个项目的范围内。例如，当你拨一个新的电话号码时，这个储存就被使用。你的工作记忆一旦饱和，旧的信息就会被新输入的信息所取代。不太重要的信息条目（比如你不得不拨打一次的电话号码）保存在工作记忆中，被使用，再被丢弃。这个过程被使用于有意识处理的每件事——即你当前所思考的。继续处理信息就意味着将之转换成好似无限量的长期记忆。更重要的信息，就如你离开时不得不记住的新电话号码，（长期记忆）被放置在长期记忆库。

以前人们相信工作记忆是一个消极的过程。但是我们现在知道，它不仅仅只是保存信息。根据工作记忆的模态模型，人们可以在 4～5 个记忆槽中同时储存信息的同时进行并行信息处理，这一点已被心理学家普遍接受。此外，工作记忆还能进行其他的认知活动。

工作记忆

有一个证据表明，短期记忆至少由 3 个部分组成。1986 年，心理学家艾伦·巴德利公布了一个短期记忆模式，它由发音回路、视觉空间初步加工系统和中枢执行系统 3 个部分组成。

发音回路由两部分组成：内声和内耳。内声重复被储存的信息（隐蔽语音），直到你已经注意到它，而内耳收到听觉表达。随后，该回路退出，中枢执行系统重新启动它（像一个交通指挥员）。大脑成像表明，当人们在用工作记忆储存信息时，通常大脑处理语音或听觉信号的两个区域是积极活跃的。如果外部的噪音干扰了你的耳朵，或者妨碍了你的语音系统（因说话或者咀嚼而占用发音所需的肌肉），它就无法被用作隐蔽语音，你的记忆性能就会下降，因为发音回路被妨碍了。

视觉空间初步加工系统为短暂储存和处理图像提供了一个媒介。从一些研究中我们可以推断出它的存在，而这些研究表明在同一空间并发的任务会互相干扰。如果你试图同时进行两个非语言的任务（比如，拍拍你的头和摸摸你的肚子），视觉空间初步加工系统可能会因延伸过长而不能有效运行。中枢执行系统的一项功能就是将视觉空间初步加工系统与发音回路联结起来。

中枢执行系统也被认为是用来控制工作记忆的注意和策略。它可能也与发音回路和视觉空间初步加工系统的协调有关，如果后两者同时保持活跃状态的话。在大脑的额叶受到损害后，病人经常很难做出计划和决定。他们能够进行机械的常规的运动，但不能被中断或修正。巴德利将这称为执行失调综合征，因为中枢执行系统受到了损害。

工作记忆可能相当于电脑中的随机存取内存，电脑当前执行的工作（根据它的处理来源）占据着内存。硬盘就像长期记忆，当电脑被关闭时，你输入的那些信息仍存储下来，并可能被无限期地保留下来。关闭电源就像进入睡眠。当你在良好的晚间睡眠后醒来时，你仍然可以获得储存在长期记忆中的信息，比如你是谁，在你过去生涯中的一个特别事件的日子里发生了什么事。然而，你通常无法记起入睡前在工作记忆中最后的想法，因为那些信息常常没有被转换成长期记忆。

电脑硬盘的例子也有利于解释关于记忆的编码、储存和提取之间的区别。互联网上庞大的信息可以被看作一个规模宏大的长期记忆系统。然而，如果你没有找到从互联网上搜寻并恢复信息的有效工具，那么，那些信息就是无用的。虽然这些信息在理论上是可以获得的，但当你需要它时它却无法得到。

长期记忆

存储在长期记忆中的重要信息可以分为两类：外显记忆（能被有意识存取的记忆，也被称为陈述性记忆）和内隐记忆（或非陈述性记忆）。外显记忆通常又分为更小的两类。心理学家恩德尔·托尔文将它们命名为情景记忆（记住人生某个特别事件或具体情景）和语义记忆（关注我们习得的关于世界的一般知识）。

外显记忆（语义与情景记忆）的这两个方面是否准确地代表了记忆系统的两个分支，还是同一系统的两个不同部分，仍然是不确定的。然而，这一区别在表述临床记忆紊乱特征时是有效的，临床记忆紊乱似乎对记忆某个系统或区域比其他系统或区域影响更大。例如，研究者已经发现，大脑的某种紊乱（如语义性痴呆）会影响语义记忆。相反地，托尔文认为尚有争议，"失忆综合征"仅对情景记忆而不是语义记忆有选择性损伤。

内隐（程序性）记忆包括我们知道但不能描述的技能，如骑自行车、打篮球或打字。心理学家似乎普遍认为内隐记忆是独立于外显记忆（能有意识地存取的记忆）。

遗忘

遗忘被定义为信息的丢失、干扰（冲突）或其他（记忆）提取障碍。遗忘的产生很可能不是因为储量有限，而是因为当我们努力提取（记忆）信息时，相似信息变得混淆并相互干扰。为了更好地理解记忆是如何工作的，我们需要理解一些影响信息遗忘的因素。

关于遗忘，有两种传统的观点：一种观点认为，记忆消失或衰退就像物体也会随着时间的流逝而消失、侵蚀或失去光泽。另一种观点把遗忘看成积极活跃的过程。它暗示没有强有力的证据表明记忆中信息的消失或侵蚀。遗忘的发生是因为记忆痕迹被其他记忆混淆、模糊或覆盖了。换句话说，遗忘是因为其他信息的干扰而发生的。

大家一致认为，这两个过程都发生了。但是，很难将时间（时间造成了记忆的消退或侵蚀）的重要性与新事件的干扰二者区别开来，因为它们通常同时发生。努力想起 2001 年温布尔登男子网球决赛中发生的事情，你想起的东西可能不完整。因为时间的流逝或者后来的温布尔登男子网球决赛干扰了你关于 2001 年决赛的记忆，或者二者兼而有之。然而，有些证据表明，干扰可能是遗忘的更重要原因。如果在这场网球赛之后，你没有观看其他网球比赛，你可能要比那些看过其他比赛的人记得更牢。

毫无疑问，在我们的记忆中，我们的经验相互作用，并趋向彼此碰撞。结果，一种经验的记忆常常与另一种经验的记忆相互牵连。两种经验越相似，它们在我们记忆中相互作用的可能性就越大。这可能是有益处的，因为新的学习可以建立在过去的学习基础上。但如果区别不同场合下两种记忆很重要的话，那么干扰就意味着，我们事实上记住的没有我们所希望的那么精确。比如，对两个不同生日的记忆可能变得彼此混淆。

艾宾浩斯

德国实验心理学家赫尔曼·艾宾浩斯（1850～1909）以研究遗忘著称。在一个实验中，艾宾浩斯用 13 个无意义的音节排列成 169 个单独列表。每个音节由一个辅音、一个元音或一个辅音组成（例如，PEL 或 KEM）。艾宾浩斯在一段间隔之后重新学习每一个列表，时间间隔从 21 分钟到 31 天不等。为了测试他忘了多少，他使用一种叫节省分数的方法（复习列表需要花费他多长时间）。

艾宾浩斯注意到，他的遗忘率大致是呈指数状的。这意味着开始遗忘的速度非常快。他的观察建立在时间测试基础之上，也表明适用于不同（记忆）材料和学习条件。例如，当你离开学校停止学习法语后，你的词汇在紧接着的 12 个月内会迅速减少。然而，你的词汇遗忘率通常会逐渐下降。最终，你将达到一个知识保持不变的高度。如果你在 5 至 10 年之后重新学习法语，你可能会惊讶于你还保留了如此之多的词汇。同样，虽然你忘记了一些法语词汇，但学习起来会比那些从来没有学过法语的人快。因此，虽然你对这些词汇的知识没有意识，但你一定在无意识中保留着对它们记忆的记录。

心理学家斯金纳提出了一个与此紧密相连的观点。他认为："教育能使我们所学的东西在被遗忘时幸存下来。"我们可能会做出调整以适应明显的遗忘。艾宾浩斯把他随机选择的无意义音节描述成"始终没有发生联系"，并把这看作他的方法的力量。事实上，像艾宾浩斯类似实验的巨大优点是他排除了一些非相关因素。然而，一些人认为他把记忆过分简单化，将记忆的微妙之处简化成一系列人工的、数学的构成。虽然艾宾浩斯的方法具有科学严密性，但有消除人们记忆中某些方面的危险，而这些方面对于人们的现实生活是必不可少的。做出上述批评的研究者认为，运用有意义的记忆材料（如故事或购物清单）将对全面研究人类的记忆运行方式更为关键。

巴特雷特

心理学家弗雷德里克·巴特雷特（1886~1969）举例论证了记忆研究的第二大传统。在他的《记忆》（1932 年）一书中，巴特雷特攻击了艾宾浩斯的观点。他认为，无意义音节的研究并不会告诉我多少关于真实世界中人们记忆的运作方式。艾宾浩斯使用无意义音节并努力排除他的测试材料的意义，而巴特雷特关注那些在相对自然的环境下被记下来的有意义的材料（或者那些我们试图赋予意义的材料）。

在巴特雷特的一些研究中，要求被试者读一个故事。然后，要求被试者回忆那个故事。巴特雷特发现被试者是以他们自己的方法回忆的，同时也发现了一些普遍的倾向：

（1）故事趋向更短。

（2）故事变得清晰紧凑。因为被试者会通过改变不熟悉的材料以适应他们的先验理念和文化期待来使这些材料变得有意义。

（3）被试者做出的改变与他们初次听到故事时的反应和情感是相匹配的。

巴特雷特认为，从某种程度上讲，人们所记住的东西是由他们对原始事件的情感和个人努力（投资）所驱动的。记忆系统保留了"一些突出的细节"，而剩余部分则是对原始事件的精细化或重构。巴特雷特把这些看作是记忆本质"重构"，而不是"再现"。换句话说，我们不是再现原始事件或故事，而是基于我们现存的精神状况进行重构。例如，假想两个支持不同国家（如加拿大和美国）的人，会如何报道他们刚刚看过的这两个国家之间的体育赛事（如曲棍球或网球）。对于在赛场上发生的客观事实，加拿大支持者将很可能以美国支持者根本不同的方式报道赛事。

巴特雷特观点的核心（即人们试图赋予自己对世界观察以意义，并且这将影响到他们对事件的记忆）对在实验室中运用抽象而无意义的材料进行的实验可能并不那么重要。然而，根据巴特雷特的观点，这种"理解意义后的努力"是人们在现实世界中记忆或遗忘方式的最突出的特征之一。

组织和误差

20世纪六七十年代，研究者们对象棋手记忆棋盘上棋子位置的能力进行研究。研究表明，优秀的象棋手只需要瞥上5秒，就能记住棋盘上95％的棋子位置。而较差的象棋手只能记住40％的棋子位置，他需要经过8次努力才能达到95％的准确率。这些发现表明：优秀的象棋手享有的优势应归因于他们能够把棋盘看作一个有组织的整体，而不是单个棋子的集合。

有些实验要求专业桥牌手回忆手中的桥牌，要求电子专家回忆电路图，这些实验产生了相似的结果。在每个实验中，专家都能把材料组成一套有条理、有意义的模式，这导致了他们记忆能力的显著提高。经研究发现，在提取（记忆）时（以提供线索的方式），经过组织的信息能够帮助回忆，而这些研究也揭示出学习时组织信息的好处。在实验室里，研究者将学习相对无结构化材料的记忆与学习时将材料赋予某种结构后的回忆进行对比。例如，当你努力记住一个无规则的单词列表时，你将发现如果你把正在学习的单词表归类，如蔬菜或家具，你会发现记住它们更加容易。

学习时赋予信息以有意义的结构能够提高被试者的记忆效果，但它也会带来信息歪曲。我们知道记忆绝对不是确实可靠的。大多数人对日常生活和环境方面的记忆不够好。如果一条信息在日常生活中是无用的，那么，我们可能不会很成功地记住它。例如，你知道你口袋中纸币上的头像是面向左还是面向右吗？一般来说，尽管人们几乎每天都在用它们，但许多人不能正确地回答这个问题。一些人可能认为，我们不必要为了每天有效地使用钱而记住头像是面向哪个方向。但是，我们应该正确观察和记住不同寻常的事件（如犯罪）。

（记忆）误差可能是由许多因素引起的。如漫不经心，它将造成编码不完全；最初的误解，它将造成误差的侵入。它们是那些使你最初理解的部分，而不是你正努力记住的部分。这些误差经常是不易察觉到的，因为这些重构就像准确的记忆一样会被详细生动和自信地回忆起来。催眠术或者产生记忆的药物也不会产生更加准确的记忆。

影响记忆的因素

20 世纪 70 年代中叶，伊丽莎白·若甫图斯在实验中发现，人们对主导性或者误导性提问的反应与对无偏差提问的反应同样迅速和自信。即使是被试者注意到引入了新的信息，该信息仍然会成为他们对事故记忆的一部分。因此，记忆偏差会在回忆时出现。在 1974 年的一个实验中，若甫图斯和她的同事约翰·巴尔马让几组学生观看了一系列有关交通事故的电影，之后，学生们要回答影片中发生的有关问题。其中一个问题是："他们时，车速是多少？"。每组学生对空格所填的词都不一样，这些词有"猛撞""碰撞""撞击""相碰"和"接触"等。

研究人员发现，学生们对车速的估计受到所提问题中所选动词的影响。若甫图斯和巴尔马最后得出结论，学生们对事故的记忆被所提问题中暗含的信息改变了。

若甫图斯和巴尔马又让学生们观看涉及多辆汽车的交通事故 4 秒钟。这一次向学生们提问车速时，一组学生用动词"猛撞"，另一组用"相碰"，没有向第三组学生提出这一特殊问题。

一周后让学生们回答更多的问题时，其中一个提问是"你看到玻璃碎了吗？"若甫图斯和巴尔马发现，不仅有关对速度提问的动词会影响学生们对速度的估计，该动词还会影响对玻璃破碎提问的回答。尽管当时并没有播放有关玻璃破碎的内容，但那些对车速估计较高的学生在记忆中看到玻璃破碎的可能性较大。那些没有被问到车速问题的学生在记忆中看到玻璃破碎的可能性非常小。一年以后，若甫图斯又开始了另一个实验，她让被试者观看一起交通事故的电影。这次她向一些被试者提出的问题是："跑车在乡村公路行驶时，它经过谷仓时的速度是多少？"实际上电影中根本没有谷仓。一星期后，那些被问这一问题的被试者声称看到谷仓的可能性较大。即使是简单地问被试者："看到谷仓了吗?"他们在一星期后回答见到谷仓的可能性仍很大。

若甫图斯得出结论,人们的实际记忆会因引入误导性信息而发生改变。实验的批评者认为,就像儿童会按照人们所期待的去回答问题一样,被试者也仅仅是按照人们所期待的那样去回答问题。若甫图斯认为情况并非是这样的,并且继续寻找了更令人信服的证据证明她对记忆和误导信息所下的结论。1978 年,若甫图斯、米勒和伯恩斯再一次给被试者呈现了一起交通事故,不过这次是通过幻灯片放映的。事故是一辆达特桑牌汽车在十字路口撞上了行人。一组被试者看见汽车首先是在停车标志处停下来的,另一组被试者看见汽车首先是在让行标志处停下来的。这次的提问是:"当红色的达特桑牌汽车在停车(让行)标志处停下来时,有另一辆车经过吗?"每组都有一半被试用到"停车"这个词,每组的另一半用的是"让行"这个词。这意味着,每组一半人被问到的问题与他们所看见的事情一致,另一组被问的问题是误导性的。

20 分钟后,所有的被试者都被出示几对幻灯片。每对幻灯片中的其中一张显示这组被试者看过的事情,另一张稍有不同。其中一对显示的是汽车停在停车处,另一张显示的是停在让行处。被试者必须选择每对中最准确的幻灯片。研究人员发现,那些被问到的问题与其看到的事情相符的被试者选择正确的幻灯片的可能性较大,而那些被问到误导性问题的被试者选择错误的幻灯片的可能性较大。

研究表明,一些被试者记住了事件发生后引入的信息,而不是事件本身。研究人员成功地误导被试者错误地描述了事故。这些发现对警察的询问技巧和处理有争议的虐待儿童事件都有非常重要的意义。接受治疗的人们是在回忆他们儿时真正发生的事情,还是被治疗者诱导或者误导回忆那些根本不存在的事情呢?

记忆法

位置法是在公元前 500 年发生的一件事情的基础上发展而来的。古希腊诗人西莫尼季斯在一次庆祝会上做了一次歌功颂德的演说。演说结束后,有人将他叫走了。他刚离开,宴会大厅的地板就发生了坍塌,很多宾客或伤或死。许多人面目全非,亲属都无法辨认。按雄辩家西塞罗的说法——西莫尼季斯发现,他很容易就记住了离开时大多数宾客的位置,因而就很容易辨认尸体。

有人说西莫尼季斯就是在这一经历的基础上设计了一种技术——将房间或建

筑物的细节具体化，然后想象在各个特殊位置上需要记住物体的信息。无论西莫尼季斯需要在什么时候记住这些物体是什么，他就可以想象自己走进了这个房间或建筑物，提取那些物体的信息。这一技术对具体名词（如物体的名字）的应用效果尤其好。如果你能想象出抽象概念的表征形象并且将之恰当地定位，对抽象名词（如真理、希望等）也有效。

"字钩法"有助于记忆项目表类的内容。每个单词编一个数字：一是小面包、二是鞋、三是树、四是小门（屋门）、五是蜂巢、六是棍子、七是天堂、八是大门、九是酒、十是母鸡。如果项目表中的第一个单词是猫，你就可以将猫的形象与数字一（小面包）联系起来。因此，你就可以创造一个猫吃小面包的视觉形象。如果第二个单词是狗，你可以想象狗咬鞋的形象或者狗穿鞋的形象。一般来说，形象越奇特，记忆的效果就越好。

经典记忆术主要依赖视觉形象，后来语言记忆术也发展了起来。这种使用语言材料的记忆术分为两类，即减除编码和精细编码。减除编码指的是减少信息量，如要记住三角法规则，学生们被要求使用 SOHCAHTOA 这个无意义词。相反，精细编码要求增加信息量。另一个学习同样三角法关系的记忆法是使用下面的表达法，即 Some Old Horses Chew Apples Heartily Throughout Old Age（有些老马在整个晚年生活中热衷于咀嚼苹果）——SOHCAHTOA。无论采取哪种编码方法，其产生的信息都容易记忆，因为与原始的信息相比，新编的信息对方法使用者更有意义。

对数字感兴趣的人有时发现，数字串有丰富的个人联系。这些联系储存在长期记忆中，人们将很容易记住大块数字组中的长的数字串，而不是记住单个的数字。一些对数字或数学感兴趣的人也许都记住了圆周率的前 4 个数字是 3.141。他们就会使用这些信息帮助他们对其他需要记住的数字进行编码。

衰老与记忆

每个人都有记忆差错、记忆失败和记忆错误的经历，但对老年人而言，这些经历就自然地归因于他们的衰老，而不是归因于个人之间的正常变化（在这种情况下，衰老仅仅是偶然因素）。几个世纪以前，著名的学者和智者塞缪尔·约翰逊（1709～1784）就注意到了这一点，他写道："大多数人不公正地认为老年人的智力下降了。如果年轻人或中年人离开公司时记不起将帽子放在什么地方了，这似乎无关紧要；一旦这种不留意发生在老年人身上，人们就会耸耸肩说'他很健忘'。"

考虑到大多数国家的人群发生记忆变化的平均年龄不断提高，于是，弄清楚到底哪些记忆变化是真正由衰老引起的显得很重要。然而，仍然有一些重要因素要考虑。如果我们把 20 岁年轻人的记忆与 70 岁老年人的记忆进行比较的话，将有很多不同因素对年龄相差 50 岁人的记忆表现差异进行解释。例如，70 岁老年人获得的教育和保健要比 20 岁年轻人差得多。像这样的因素很容易扭曲研究结果，进而也被认为是老化对记忆的影响。

将 20 岁年轻人的记忆与 70 岁老年人的记忆进行比较是横向实验研究的例子。在纵向研究中，人们也需要跟踪同一个人从 20 岁到 70 岁记忆变化。这种纵向研究方法有其优势，因为研究人员是对同一个人的记忆变化进行研究。然而，人们也注意到，纵向研究中高功能人群有增多的趋势。换句话说，那些参与纵向研究的人得到积极反馈后会继续参加实验，当然，还有个问题是要寻找一个能够活得够长能在 50 年里持续开展研究和分析的研究人员。

然而，对记忆和衰老的研究也产生了一些发现。这些年来对工作记忆的研究效果仍然非常好，但执行需要工作记忆的任务变得较为困难。如果向人们出示数字串并让他们以相反的顺序复述，老年参与者经常比年轻参与者表现差。但如果让他们以出示数字相同的顺序复述时，他们的表现却同样好。

随着年龄的增长，长期记忆的表现会有惊人的下降，尤其在需要自由回忆的时候更是如此。识别保持得还好，但是建立在熟悉的基础之上。当识别需要背景记忆（这是更具回忆性的因素）时，随着年龄的增长，确实会出现问题。这意味着，老年人更容易受到其记忆暗示和偏差的影响。

内隐记忆通常是通过评价行为而不是回忆记忆经历来测试的。结果表明，内隐记忆不但在幼时成熟得早，而且在年老时仍保持得较好。

衰老对语义记忆影响甚微，语义记忆在人的一生中都在不断地改善。例如，人们的词汇会随着年龄的增长而增加。前脑叶成熟得相对较慢，这一点可以与儿童对记忆的意识联系起来。有证据表明，出现与年龄有关的记忆丧失的很大一部分原因是因为前脑叶衰退较早。前瞻记忆（记得将要做的事情）与前大脑功能有紧密的联系。

大脑损伤

研究人员非常感兴趣的一个研究领域是研究由正常衰老引起的记忆变化是否

真的是大脑损伤的征兆。例如，"轻度认知损伤"被归为介于正常衰老和完全性老年痴呆症之间的一类。很多被诊断为轻度认知损伤的人在 5 年内就演变成完全性老年痴呆症。

记忆功能障碍是老年痴呆症的早期典型特征。最为常见的老年痴呆症——阿尔茨海默病就是如此。在该病的患病初期，仅仅只有记忆受到影响，很快其他功能也会受到损伤，如感知、语言和执行（前脑叶）功能。与其他患有更具选择性健忘症的人不同，阿尔茨海默病患者在进行外显记忆和内隐记忆的测试时，都具有痴呆的表现。

"遗忘综合征"是记忆损伤最为纯粹的例子，其也关涉到某种形式的具体脑损伤。这些损伤通常会牵涉到前脑的两个关键区域——海马和间脑。这些患者表现出严重的顺行性遗忘和一定程度的逆行性遗忘。顺行性遗忘是指记忆信息丧失发生在大脑损伤之后，而逆行性遗忘是指记忆信息丧失发生在大脑损伤之前。

一般来说，健忘症患者拥有正常的智力、语言能力和瞬时记忆广度，他们只是长期记忆受到损害。对这种损害本质的理解目前仍有争论，有些理论家认为是对情境记忆的选择性丧失，其他人则认为丧失了包括陈述性记忆在内的范围广泛的记忆。外显记忆指的是对事实、事件或者能够回忆并有意识表达的陈述的记忆。比较而言，健忘症对现存的内隐记忆（程序性记忆）的影响甚微。患者也可以形成新的程序性记忆（即以前没学会的技巧或者习惯），如杂耍或者骑独轮车。换句话说，健忘症患者能正常地（或者非常接近正常地）执行广泛的内隐记忆任务，无论这些任务是否需要新的或是老的技巧。

健忘症患者也许学不会新信息（经过一段时间就会忘记），尽管他们能够背诵他们注意范围内的信息；他们也许能够保留儿时的记忆，但却几乎无法获取新记忆；他们也许能够报时，却不知是哪一年；他们也许很快就能学会像打字这样的新技巧，却否认使用了键盘。不同层级健忘症的表现特征不同，这取决于大脑损伤的具体部位。看起来，是健忘症患者长期记忆的"出版社"（位于大脑的海马或者间脑）而不是其"图书馆"（位于大脑皮质）受到了损伤，因为记忆（书籍）保存在图书馆里。不同类型的健忘症表现特征不同，这取决于大脑损伤的位置。

记忆在日常生活中发挥着非常重要的作用，丧失记忆后非常碍事，也会对照顾者形成巨大的压力。

记忆损伤很少单独发生，因而通过临床实践和研究对患者的记忆障碍进行系统评估尤为重要。一种最为常见的记忆损伤叫作科萨科夫综合征，该病通常还会影响除记忆之外的其他心理机能。因此，建议要对记忆丧失患者的其他心理能力（如感知、注意、智力及语言和脑前叶功能）进行评估。

语言加工

众所周知，与分辨脚步声、区分图片上的苹果和香蕉相比较，识别语言或者阅读文字要复杂得多。语言的不同之处在于它是人类所拥有的最有力的交流工具。通过语言，人类不仅能交流思想感情，还能进行文化、生活方式和世界观的交流。所有的民族都有语言能力，但语言又彼此有别，比如，我们有不同的语言、方言，甚至口音也不同。语言具有使我们与其他动物明显区别开来的功能。尽管动物也有交流体系，但其复杂程度与人类语言相去甚远。

语言的结构

句子在语言中起到关键性作用，因为句子能使我们表达完整的想法和观点。句子能够传达有意义的资料或语义信息。句子（本书全部以英语为例）是由按照句法规则来组织的一组词。但词是由语素构成的，语素是传达意义的最小语言单位，例如，单词"blueish"是由"blue"和"ish"两个语素组成，许多单词只由一个语素组成（如"tree"，"person"）。我们按照规则将语素组合成词汇，例如，如果将"un—"放在动词之前，则表明不做，或指该动词的反义词，如"untie"（解开）、"unleash"（解除）。

音素是词汇组成中的语音。每一个音素由一个常用符号表示，例如，单词"bat"由 3 个音素组成，"bat"和"pat"唯一的不同是第一个音素（［b］和［p］）。每种语言都有一套不同的音素，其中一些为许多语言所共有（如［b］，［p］，［t］），而其他的则是一些语言所特有的（如滴答音是南非克瓦桑语所独有）。音素少的只有 11 个（如 Rotokas，一种印度洋—太平洋地区语言），多的可达 141 个（如 in、Xu 是克瓦桑语的音素）。

英语大约有 40 个音素。单词中音素前后排序的规则，被称为音素结构规则。

语言不仅包括音素、音节、词和句子，而且包括韵律、语调和语速。语言的这些特征称为超切分，超切分的含义丰富。在句子"我喜欢凝胶物"中，把重音放在"我"（我比别人更喜欢凝胶物）或"喜欢"（我喜欢凝胶物，而不是不喜欢）上，其含义有别；在句末提高句子的语调，则句子含义又有不同，因为这样表示的是疑问句（一个问题）。语言的一个重要特征是韵律学。在外语学习中，发错重音常留下笑柄，甚至引起误解。

语言可分解为句子、词、音节、音素和分析特征（如重音和语调）。语言分解非常有用，因为这有助于组构我们的知识。更重要的是，它反映了语言加工体系的重要特征。事实上，语言层次不同，需要的语言感知和加工机制可能不同（如理解音素和切分音节），需要的记忆库也不同（如音素表征、心理词汇、句法知识）。不同的语言层次可能由大脑的不同区域所控制。

语言和大脑

每个人的知觉、心理和运动机能都要由大脑来处理。语言加工是分布于全脑，还是局限于脑的一个特定区域呢？如果大脑损伤，损伤脑的某一部位就会影响全部的语言功能吗？如果大脑严重损伤，只要不损伤大脑的特定部位就能保留语言能力吗？

语言和大脑关系的科学知识有两个来源：神经心理学研究（研究有语言障碍的脑损伤患者）和脑成像研究（此研究监控正常人语言加工时的大脑活动）。弗朗兹·戈尔是第一位把大脑特定区域和一些特殊功能相联系的科学家，他的设想已经被证实，只是他寻找不同认知功能对应的大脑区域时找错了地方。

脑损伤最常见的语言障碍是失语症。病理学家保罗·布洛卡发现了第一例失语症。有一种失语症叫运动性失语，其特征为说话慢、不流畅。运动性失语是典型的大脑特定区域损伤（如因脑血管意外损伤、肿瘤、脑出血和刺入伤所致的脑损伤）导致的失语症。导致运动性失语的大脑区域被称作布洛卡氏区，位于大脑左侧额叶运动皮层。刺入性脑损伤的发生概率大约为 1/200，其中男性居多，大约 1/4 的刺入性脑损伤会出现失语症，1/4 的患者 3 个月左右能恢复，1/4 的患者将终身带病。

损伤布洛卡氏区的后部则对语言有不同的影响。大脑左侧颞前叶和颞中叶联合区的损伤通常会导致感觉性失语，也称为威尔尼克氏失语，它是以德国神经病学家卡尔·威尔尼克（1848～1904）的名字来命名的。这种病的特点是言语理解十分困难，不过语言很流畅。因此，与运动性失语者相比，感觉性失语者不能理解口语，回答也文不对题，但是说话很流畅。

当前，科学家还发现了许多与大脑特定区域损伤相关的语言障碍。例如，传导性失语能较好地理解语言，但不能复述单词。它通常是连接布洛卡氏区和威尔尼克氏区的弓状束受损所致。

经研究，一些失语症患者伴有语法缺失症。患此病的人构造句子能力很差，他们会遗漏功能性词汇（如"彼得来……晚上"），还会颠倒词序。也有患者患有新语症，它是威尔尼克氏区受损所致。患者很难想起要说的词，于是会用自造词汇来代替，不过，句法结构通常正确。

语言区域的损伤并不都会导致语言障碍，同时，非语言区域的损伤也可能导致语言障碍。总的来说，语言心理学的研究有力地证明了语言能力位于大脑的特定区域，而不是遍布整个大脑。此外，选择性语言障碍的存在（如语法缺乏失语症和新语症是因大脑局部损伤所致）表明，特定的语言功能在大脑有对应的区域。当今科学家已基本接受了这一观点。

神经影像学研究

神经影像（脑影像）使我们能够看到活体脑的图片。神经影像学研究显示左侧大脑半球比右侧大脑半球更多地参与语言任务，这和神经心理学研究结果相同；此外，神经影像学研究还显示，在进行发音、韵律、造句和语义分析加工时，大脑的兴奋部位不同。然而，研究神经影像学时却存在一个问题：在不同的研究中，同一个语言加工过程，大脑的兴奋部位不同。这可能是因为研究所用的刺激方法不同，所要完成的任务不同。科学家们倾向于认为：在特定的条件下，不同的研究侧重于语言加工的不同方面。因此，"全景"必须通过对全体大样本的调查才能得到，不过目前还没有进行这样的调查。

总之，假如大脑中有像语言机制这样的事物的话，这个事物肯定为人类所独有，且很可能在左侧大脑半球。然而，大脑某个特定区域不太可能独立控制某种语言能力，也不太可能只完成一个独立任务。在语言过程中，大脑兴奋区域有很多重叠，且这些重叠因人、因刺激不同而异。

语言的理解

理解口语是一个迅速而又自动的行为。我们每天都会听到数以千计的词和句子，理解起来也很快。然而，理解语言看起来简单不费力，却包含丰富的声音、词汇、语法规则、听力以及语言加工技巧知识。语言加工可分为 4 个阶段：感知阶段、词汇阶段、句子阶段和语篇阶段。句子的加工包括句法（语言的构造）和语义（赋予语素以意义）。尽管这几个阶段很快地相互反馈，相互加工，但最好还是将它们分开来描述。

语音感知

理解语言以感知气压变化（声音信号）开始，以完全整合信息结束。语言加工开始时，我们的感知系统必须把声音信号转换为一连串的音素。

声音信号与音素的差别迫使我们的感知系统把每一个音素与和它相近的因素作区别，也就是说，在确定我们听到的是哪个音素前需要考虑音素是如何协同发音的。正因为我们能识别声音信号的这些差别，许多科学家认为我们感知语音和感知其他声音（如音乐）的方式肯定有差别。人类拥有特殊的解决语音感知问题的结构，从而可以快速推算出声音是如何协同发声的。我们能感知语音是因为我们知道如何发音，这个大胆的假说是阿尔文·利伯曼和他的同事们在语音感知的运动理论中提出来的。从 20 世纪 50 年代开始，阿尔文·利伯曼和他的同事们在纽约和纽黑文的哈金斯实验室里，经过 50 年的研究提出了此理论。

词汇通达

一旦语音信号转换成一系列的音素，词汇通达就开始了。词汇通达是把一系列音素与各种可能有关的词汇相联系的过程。不足之处是，在实际说话中，很少在单词间有清楚的停顿，说话的声音连成一片。

此外，听者要联系句子的前后来理解词的含义。理解句子的重要一步是剖析，剖析包括理解词序以及其他信息以确定句子中谁是主语谁是宾语等，以及词在句子中的词性（即名词、动词、形容系、副词）。这可以使我们理解"The dog chases the cat"（狗追逐猫）和"The cat chases the dog"（猫追逐狗）的差异，这一步我们一般用所学的语法知识就能做到。但是，有些句子即使语序已经分析清楚了，但剖析起来仍不清晰。比如说，"妄自尊大的父亲和孩子一起来唱歌了"这句话，就不知道是父亲还是父亲和孩子都妄自尊大。此时，韵律学内容（如语调、重读以及时间安排）可能会有帮助。如果只有父亲妄自尊大，则在说到"父亲"后会有一个停顿，说"父亲"语速较缓，开始说"孩子"时音调上提。

我们一开始听到一句话，一般不知道接下来会说些什么，在句子快说完时，又不能回头去听最开始说的话。语言的连贯性对我们如何理解语句的时间过程影响很大，听到句子："The horse raced past the barn fell"，直到听到 fell 时，我们才清楚我们原先构建的句式结构有错误（应把"raced"理解为动词而不是名词性短语）。此时，必须重新理解这个句子，把"raced"看成被动分词，句子分解为

"The horse，raced past the barn，fell"（那匹跑着经过谷仓的马摔倒了）。对所谓的花园幽径句进行剖析，有时还需要多花一些时间。

语篇加工

当句子组合成语篇（即事件顺序合乎逻辑），则其中包含丰富的信息和几个主要观点。我们的记忆不能记住语篇里所有的词，然而，我们可以只提取关键的词和观点。研究语篇加工的专家主要研究我们是怎样做到这一点。

有一种过时的观点认为信息加工完全是自下而上的。按照此观点，我们倾听每一个词汇、花同样精力理解每一个含义。这种假说的问题在于它不能解释为什么我们有时能预测句子中的词汇。例如，当听到"在英国，交通很差，而真正困扰那些美国游客的是要驾驶在……"时，我们可能会推测接下来的词是"左侧"而不是"右侧"或者"人行横道"。语篇加工有一种很强的自上而下的成分，在加工中，我们拥有的有关语言、世界和话题的知识有助于填补空白。

20 世纪 90 年代，心理学家沃尔特·金西提出了语篇加工理论。此理论第一次提出语篇加工过程中一个故事会精简为几个陈述，如"现在是六点钟""那位女士需要面包""她去了面包店"，"面包店在繁华街区"，"那位女士和面包师争论"等等，这些陈述在人脑中是短期记忆，经过自上而下的过程变成长期记忆。比如说，我们知道繁华街道上的面包店很晚才关门，还知道那个女士有些生气，因此这个女士和面包师争论就不足为奇等。最后，对陈述的整合（是自下而上的）和来自长期记忆的推论（是自上而下的）两者一起形成了对整个语篇的记流水账式的陈述，而语篇中的大部分细节被遗漏了。

阅读

正如语言的理解一样，阅读包括一系列很好的相互配合的步骤。阅读者必须认识书面语，将它们组合成词汇，在心理词汇里回想这些词汇，进而理解其含义。阅读的深层次的步骤包括利用句法规则理解句子的含义，以及从长期记忆中提炼出结论来理解全文的主题思想。在口语和书面语的识别过程中，许多高层次识别过程是一样的（如句法），但是两者在两个重要方面有差别。

两者最大的不同在于摄取信息的方式不同。声音信号稍纵即逝，听者不能掌控，而书本上的字词只要需要就总能看到。这种差异对阅读中的感知机制的类型有影响作用，例如，在阅读时，如果需要则可以随时回头看看已经看过的词汇。

另一个重要区别是语言至少伴随我们有 3 万年，而最古老的字只有 6000 年。

同样，初学者很自然就能理解和使用口语，而阅读和写作需要长时间正规有效的训练。此外，书面语有明确的词界，这一点它和口语不同。书面语的词汇由上文可知，口语的词汇常因为连读而切分不明。因此，词汇切分问题在口语中是非常重要的问题，但是在阅读中根本不存在这个问题。

书面语的识别

很多对阅读的研究是在一个单词（如英语）单独出现的情况下进行的。单词的识别有 3 个层次：字形层次（字母简单的物质属性，如"k"是由一竖线和两斜线组成），字母层次和词汇层次。尽管有人认为识别字母特征应当先于识别字母，而识别字母比识别词汇要早，但是事实往往并非如此。如果让一串字符在电脑显示屏上一闪而过，然后询问这串字符是以两个字母中的哪一个结尾（比如说是"d"还是"k"），当这串字符是一个词时（如"work"）读者表达更准确，而当不是词（如"owrk"）时则没有那么准确。这个结果被称为单词的优先效应：词汇知识使得识别变得容易。因此，书面语识别的 3 个层次之间有自下而上和自上而下两种联系方式，这就是所谓的互动激发。

很多书面语识别模式中可以看到 3 个层次（字母特征、字母和词汇）的互动激活。1981 年，詹姆斯·麦克莱兰和戴维·鲁梅尔哈特提出的词汇识别模式包括自下而上的联系（从字形到字母，再到单词）和自上而下（由单词到字母到字母特征）的联系。自上而下的联系对解释单词的优先效应至关重要。我们在粗略看到单词"work"时，就清楚了它的词汇层次，随后再运用自下而上联结就清楚了其字母层次是由"w""o""r""k"组成，从而对结尾字母"k"的印象很深。与自下而上联系一样，自上而下联系在日常生活中常被用到，如在破译不熟悉的手稿、开车在街上快速驶过时看路边指示牌时就要用到自上而下的联系。

语言的获得

在世界上的任何地方，不管小孩的天分、动机或个性怎样，他们都将学会语言。说英语的双亲培育的孩子学习英语的速度和说西班牙语的双亲培育的孩子说西班牙语的速度一样快、一样自然。他们出生后只要 4～5 年，就能学会语言的语音、词汇、句法规则，以及在环境中的交流技巧。

一个最令人感兴趣的问题是为什么孩子学习语言这么容易。如果就小孩学语言的速度和规律性而言，人们常会认为人类必然天生有学习语言的能力，但是同时，让孩子通过双亲或兄弟姐妹来接触语言也是必需的。的确，和在正常的语言环境中培养的孩子比，幼年没有语言接触的孩子很少能像他们一样好地掌握语言。心理学家试图弄清语言习得有多少是先天的（即语言是生来就有的能力），有多少是后天习得的（即语言是环境培育的结果）。语言获得发生于人生不同的时间段，这些时间段有典型的时间进度，它们自人一出生就开始了，甚至可能还在子宫时就已经开始了。

最初的 12 个月

尽管婴儿要到 8 个月才开始说话，但在那之前他们已经开始了熟悉语音之旅。比如说，把出生不久的婴儿分别放在英语和法语环境中，美国婴儿听英语的时间更长，法国婴儿则听法语的时间更长，这表明婴儿在出生前几个月听到母亲的语言使得他们熟悉了自己的母语。但是，婴儿此时还不能区别有相似重音和节律的语言，如英语和芬兰语，区分这些更加细致的东西要在出生几个月后才能出现。

在音素方面，婴儿也表现出令人震惊的感知能力。例如，他们可以区分重要音素的差别（如 [ba] 和 [pa]），尽管这在成人来说一点儿都不复杂，但是对婴儿来说，能区分非常相似的音素的确是一大成就。婴儿还能区分一些非本地语音（他的母语所没有的语音），比如，在日语中 [l] 和 [r] 没有差别，日本人区别这两个音有困难（比如，他们不区分"late"和"rate"），但是日本婴儿却不存在这个困难，反过来也一样：学英语的婴儿能区分他们父母不能觉察的外国语音的差别。

不管婴儿多么善于感知语音的差别，多么善于记忆，但是，不到 6 个月的婴儿一般不能理解词义。婴儿的语言体系在词义方面相对不成熟，他们只能理解几个常用的词汇（如自己的乳名、"妈妈""爸爸"）。

尽管大部分婴儿要在 1～2 岁时才开始真正地说话，但他们通常不到 1 岁就开始咿呀学语。婴儿甚至在 8 个月时就开始说出字来，这些字都只有一个音节长，也只有他们的父母能听懂。婴儿早期学会的词除了"不"以外，基本上都是一些具体的能动的东西（如球、车），而不是不能动的物体（如天花板）或表达内在情感的词。

一岁及一岁以上

婴儿在 1～2 岁时语言系统迅速成长，变得复杂而高效。其语言感知能力也能更好地切分语言，发现语言中的新词。婴儿在开始掌握重要的概念时就开始掌握句法。

这个阶段最引人注目的是幼儿正在增多的语言活动，他们造的大部分句子只有一个词。他们可能会用一个词来解释不同事物，所以这种单字词的意思常模棱两可。例如，他们可能会用"球"表示任何圆的东西、任何卷的东西，或者任何玩具；他们也可能会用一个词特指为这个词的某个特殊含义，如"球"只指邻居家后院的那个球。当幼儿接触不同情景下词汇的多种实例时，这种句法问题就能很快消失。

幼儿的第二个生日常常伴随着语言获得方面的戏剧性的加速。从这时开始，小孩的词汇量迅猛增长，这种快速增长，被称作"词汇爆炸"，词汇量从 18 个月时的几十个增长到 5 岁时的几千个，平均每天增加 10 个词汇量。同时，双字词阶段（电报式言语，在真正的句子之前出现）取代了单字词阶段。儿童在两岁半时就可以造出第一个真正意义上的句子。这个阶段对语言的获得至关重要，因为这意味着儿童开始掌握句法规则。事实上，他们对某些句法规则掌握得非常好，以至于有时不恰当地使用它们。因此，儿童由对词义的过渡概括，变成了对句法规则的过渡概括。

在不同的语言环境中长大的孩子，句法过渡概括的问题却惊人地相似，只有当他们逐渐意识到句法规则也有例外时，这种问题才开始逐渐消失。儿童到 4～5 岁时，语言知识在质量上常常认为可以和成年人相媲美。

语言如此复杂，儿童学得却很快，所以说先天因素必然在语言获得中起作用。来自世界不同地方的儿童，无论其接触的语言有多少（只要有最低限度），都将经历同样的语言发展次序，哪怕是失去了听力或视力的儿童亦是如此。这意味着不论环境有多么不同，语言获得中都有一种先天的机制在发挥作用。

然而，这种语言获得的先天机制也有局限，如语言学习似乎有关键时期。关键时期在生命之初期，那时语言获得很容易。在此之后，语言获得变得困难得多，甚至变得不可能。美国心理语言学家埃里克·雷纳伯格（1921～1975）认为，在生命的一个特定时间点之后，大脑的一些特征会发生变化，神经细胞的连接因此不能再更改。目前所知的一个与语音的学习能力有关的关键时期大约在 1 岁时结束，这意味着如果一个人到 1 岁时也没有接触某些音节，那他要掌握这些音节间微妙的差别就相当困难。

语言获得中另外的一个关键时期一直要延续到青春期（在 12～14 岁）。在这个语言发育阶段，各种语言能力必定会重新分配到大脑的不同区域，这种特征被称为神经元的可塑性。在青春期之前学习外语必然比较容易——晚于这个年龄段才开始学习外语，可能会有方言干扰，或会降低流利度。在此期，影响到语言区域的脑损伤所导致的语言障碍可以克服，但是，如果脑损伤发生在此期之后则没有这么容易克服。

通过观察接受很少或不全面语言的婴儿的语言输入，科学家们证明了一个观点，即人类有学习语言的先天素质，这个观点被称为输入贫乏假说。有很多语言输入贫乏现象，例如，婴儿听到的语言有口吃、错误的开头、未完成的句子、含糊的词汇，甚至不合文法的体裁；儿童没有正常地接触到足够的用来推断正确文法的合乎文法结构的实例；与这些相类似的是，父母更注意纠正孩子早期造句的含义错误（如，是"喝"水而不是"吃"水），而较少赞赏孩子语法上的正确性（尽管有语言输入贫乏），但人类仍然能在几年内学到语言的精妙，特别是能学会句法。因此，按照输入贫乏假说的观点，人类肯定天生就有语言获得的机制。

然而在语言获得过程中，并不是每件事都是预编好程序的，我们所说的语言必然要取决于我们成长的环境。因此，如果真有一个像语言获得机制这样的东西的话，它肯定非常灵活，能适合于所有的语言，而不是某种语言。

在句法获得方面，一些人认为，婴儿和儿童所学到的句法规则不只是像简单的意义和语音之间的关联一样的一套规则。规则和关联的区别是：句法规则是有目的地习得的，且固定不变地运用于所有语境中，而意义和语音的关联是被动（无意识）习得的，主要用于与原型相似的语境中。因为通过含义和语音的关联来学习的方法在许多非语言学的活动中显得非常有用，因此，有人据此认为句法可以"学"来，而不是与生俱来的语言机制。

"野生"儿童

生命的第一年里完全没有社会交往的案例最能说明语言获得中社会因素的重要性。被抛弃在森林里许多年之后仍然活着的"野生"儿童的情况，证明了处于正常的社会活动中是多么重要。鲁玛是 1976 年在印度发现的一个男孩，他是由狼养大的。他的身体变了形，很可能是因为躺在洞穴中狭窄的地方所致。他不能走路，他最喜欢的食物是生肉。鲁玛在 1985 年 2 月死去，死时大约 10 岁。他学会了洗澡、自己穿衣服，但是没学会说话。在其他大约 30 个报道的"野生"儿童中，他们的行为方式都非常相似——具有动物特性。尽管他们中的一些最终能说一些词汇，但终究没有一个学习语言达到正常的水平，并且大部分没有达到对语言的理解。

被孤立的儿童和"野生"儿童不同，他们是由人类抚育大，但是却生活在极端恶劣的社会环境以及自然环境中。热尼在 1970 年被发现，当时她 14 岁。她大约从 20 个月开始就被拴在一个椅子上，不许正常地适应社会生活。她在被发现时没有语言能力，在她的复原过程中人们所做的最大的努力是教她说话。她学到了一些语言（如"不再需要蜡"，"另一间房间里有狗"），但是不能使用许多虚词（如连词"如果"，介词如"除……之外"），也不能造精美的句子。

"野生"儿童和被孤立的儿童的例子清楚地表明在生命早期正常的社会交互作用的重要性。假如说语言的获得真的完全是天生的话，那么在没有正常地适应社会生活的情况下，语言也会出现，或者语言的复原会很容易；并且，如果说语言的获得完全是天生的话，那么热尼与世隔绝之前的 20 个月的时间"应当"足够"激发"她的与生俱来的获得语言的机制。然而，热尼没有成为一个正常使用语言者。

也可能有人会说，热尼之所以没有达到语言成熟水平，主要是因为她到青春期之后才接触到语言，也就是说，已经过了第二个关键时期。接触语言的时间（与是否接触语言相对）的重要性，从另一个被隔绝的孩子身上得到例证。她叫艾莎贝尔，在幼年时被藏起来，在 6 岁时被找到。在一年内这个孩子学会了说话，她的语言和那些接触语言 7 年之久的同班孩子的语言相比，几乎没有区别。因为艾莎贝尔在她青春期之前接触到语言，所以她的复原几乎是完美的，就好像她已经突破了先天的语言成熟的最后期限一样。先天和后天，两者似乎都影响了语言获得的进程，但两者都不是以"全有全无"的方式起作用的。因此，最好是把语言获得理解为先天与后天两种力量相互作用的结果——在这两种力量作用下，语言在我们大脑中宽松地"预编好程序"。

语言和思维

我们所思考的许多东西（解决一个问题、计划一件事情、分析一个决定的利与弊）都伴随有一个听不见的内在声音，它把我们的想法转换成词汇。如果没有内在声音将会发生什么呢？也就是说，如果我们没有语言，我们的思维会发生什么呢？我们可能会停止思考吗？或者说我们的思考方式会发生变化吗？如果思考不依赖于语言而存在，这将无关紧要吗？

语言假说着重强调语言在认知力方面的影响。偏激一点儿可以说，"我说话，因此我思考"，这种观点用萨丕尔—沃尔夫假说能很好地证明。在 20 世纪的头几年，爱德华·萨丕尔和他的学生本杰明·李·沃尔夫声称语言决定我们思考的方式。因为我们有一个词表示爱，所以，我们知道爱的感觉是什么样。这就是语言决定论：语言决定我们的思维结构。

语言决定论的一个直接结果是语言相对论。因为语言塑造思维，所以人们语言的不同导致他们的思考方式也不同。按照这种理论，极端一点儿可以说，如果一种语言中没有表示爱的词，那说话者就不能经历爱的感觉。更合理的说法是，具有不同语言的社会所形成的文化不同，因为他们会给事物、观念、情感贴上不同的标签。

《论语言、思维和现实》在 1956 年出版，此书中沃尔夫引用了许多语言实例来论证这个观点，特别是引用 hopi 语（一种美洲土著语）的例子。沃尔夫断言，因为 hopi 语中没有词或句法结构表达时间概念，因此说 hopi 语的人必然在时间上与我们有不同的理解。这个例子后来被证实是错误的。尽管如此，沃尔夫的理论仍然是语言与文化差异之间关系的重要例证。还有几个假说（关于语言是如何把自己的"世界观"强加给使用者）在过去受到很多的关注，并且很多研究者发现了引人注目的证据。

然而，早期心理学家和人类学家们用来评估语言结构和思维过程的一些方法，现在证实是不可靠的，学者们批评调查者们的主观性。最初的萨丕尔—沃尔夫假说如今不再有很多拥护者。来自不同语言背景的人能够有效地进行交流，甚至当他们没有共同语言时亦是如此。一种语言可能没有一个词来描述一种事物，但是，把几个其他的词结合起来用一般能表达相同的意思（如"小孩鸟"表示"雏鸟"）。同样，尽管澳洲土著语中没有词汇表示数字，但是说那些语言的人能和使用别的语言的人一样去计算和推理。

如今，人们倾向于接受萨丕尔—沃尔夫假说较为温和的版本，这种观点认为，语言只影响一些观念和记忆。例如，如果一种语言很少有颜色名，则使用这种语言的人可能不能准确确定两种颜色的异与同。实验也表明，如果事情和我们已经熟悉的词有关，则我们更容易回忆起来。词汇影响我们的感知和记忆体系对待外界的方式，而不是影响我们怎么去思考世界。

萨丕尔—沃尔夫假说是在大家都普遍对文化差异和语言理论感兴趣的时候提出来的，它很可能不是对语言和思维如何相互作用的准确描述。对婴儿思维的深入研究表明，没有语言，思维仍存在。语言和思维在人生的初期很可能是共存的，两者之间很少相互作用，后来在不断变化的文化、社会和语言环境中，两者融合成为更复杂的能力。

总结

语言不仅仅是一系列有含义的声音或图片。它按照有限的语法规则和有限的词组织起来，却能创造出无限的句子和含义。尽管有些非人的生物使用精妙的交流体系，但是他们没有如此有力的生成机制。即使人们按照语言的组合规则来教黑猩猩使用语言符号，但是和人相比，它们的造句仍然很差，很不灵活。

无论是书面语还是口语，都有积木式结构。声音或视觉特征合成音素或字形，音素和字形合成词，词又合成词汇。语法规则规定了大家可以接受的组织词汇的方式。

来自大脑损伤的病人以及神经成像研究的证据使我们洞悉了语言加工和大脑之间的关系。语言功能主要集中在左侧大脑半球的颞叶和额叶，特殊的语言损伤（如失语症）常与大脑的不同分区的损伤有关。

与阅读和书写相反，言语的理解和生成是本能习得的。幼儿生命第一年里语言特殊的语音感知策略发育为第二年里的第一个词的出现打好了基础。尽管人看起来很容易学会语言，其实必须接受大量的语言刺激才能完全掌握（特别是在青春期之前语言发育的关键时期）。

20 世纪上半叶，研究人员支持语言决定论（认为语言决定思维方式）。然而，经研究证实，其论据不足以令人信服。今天，我们认可此理论的修正版，即语言有时影响我们的感知和记忆，但无法决定我们思维的方式。

第三章 **发展心理学**

婴儿的认知

从出生的那一刻起，婴儿似乎就能辨认出外部刺激，甚至能在这些刺激之间做出区分。怎样测量如此小的婴儿的认知（智力的）能力？如果是成年人，可以通过提问的方式，因为他们能说出或写出答案，但是婴儿不能。如果有科学家能设计出一套方法克服这种困难，将会取得一系列具有启发意义的成果。

一般认为，婴儿一出生就具备一些与生俱来的学习机理，出生后，这些机理通过不同的发展阶段继续进步。一开始，他们对外部刺激做出反应，接下来他们通过模仿别人发展概念。

反射

一般认为，出生不满1月的婴儿就像一张没有写过任何东西的白纸。但是现代的研究表明，这些未满月的婴儿从离开子宫开始，就已经具备了一些在外面生活的技能，甚至当他们还在子宫时，就已经具备了一些认知能力。发展心理学也逐步在研究他们在生命的最初期是怎样去学会一些知识的。

未满月的婴儿和他们周围的世界有着非常简单的互动，一个新生儿所进行的最早期的行为就是反射。反射是对外部刺激的一个自动反应，反射对身体的发展和知识的获得都有帮助。

婴儿一出生就具备一些反射能力，例如维持一生的呼吸反射。然而其他一些反射能力随着大脑皮质的发育，在出生后的前几个月就消失了。比如莫洛反射，又称为拥抱反射、吃惊反射，当有巨大的声音或是突然失去身体支撑点，婴儿会迅速将手臂向外张开，以便能抓住并且抱住父母。这种反射对于新生儿的生存非常关键，但是后来这些反射就变得多余了，并且逐渐被抛弃。

一些反射不但预示着运动神经的发育（自由运用四肢的能力），而且也是运动神经发育的基础。如果婴儿被抱着赤脚踩在一个平面上的话，他们就会试图举步走路。这种反射会在婴儿2个月大的时候消失，但是这种反射和以后孩子开始走路所表现出的神经学机制是相同的。

模仿

人一出生时就具备一种普遍的机能帮助人获取、保存信息。人的这种学习机能最重要的一个部分就是模仿的能力。在《孩童的游戏、梦境和模仿》一书中，让·皮亚杰宣称模仿能力是在孩子生命的头2年里逐渐出现的。但是20世纪70年代，安德鲁·迈尔佐夫发现即使是幼婴也能模仿一些面部表情，并且能够模仿一些相当复杂的表情，比如欢喜和难过。1990年，迈尔佐夫在做了进一步研究后指出，仅出生2天的孩子就能模仿成人转动头部。如果大人吐舌头的话，2周大的婴儿也会模仿。婴儿通过模仿来学习新的动作和行为。

2周大的婴儿就能够模仿，这一事实实在是非常有趣，但是更有意义的是1个月之后他们会对以前看到的动作做出模仿。这被称为延迟模仿，皮亚杰认为，婴儿只有在18个月左右大的时候才能做出延迟模仿，并且直到儿童期才能发展出大脑的再现能力。1994年，皮亚杰的这一说法遭到了迈尔佐夫和M.基斯·莫尔的质疑。他们在6个星期大的婴儿中做了一个实验：参与实验的婴儿看到大人们吐舌头或者张嘴闭嘴。所有的婴儿都能吐舌头或张嘴闭嘴。这些看到大人们行为的婴儿，在24小时之后就会模仿这些动作，而且要比那些没有看到大人们这些行为的婴儿模仿得更频繁。在相关测试中，那些只看到大人吐舌头，没有看到张嘴闭嘴的婴儿要比其他婴儿更频繁的重复吐舌头，而那些只看到大人们张嘴闭嘴的婴儿也只模仿张嘴闭嘴这个动作，并没有吐舌头。

为了能够表现延迟模仿，一个婴儿必须具备大脑的再现能力——也就是一个意象或者一个念头被存储在记忆之中，并且能够随时获取。大脑再现能力的发育，意味着婴儿必须通过简单地思考来记住行动或者物体，并且能以记取的知识进行模仿。

在婴儿大约9个月大的时候，就能够模仿许多复杂的动作，比如按动玩具的按钮以使玩具出声。到 14 个月大的时候，婴儿就能够记住他们看到的动作，并且能够持续模仿 4 周或者更长的时间。

面对刺激

新生儿不能说话和书写，但是从一出生他们就能控制眼睛的运动。研究者通过这一行为来测试婴儿所能感知到的。婴儿的生理反应也可以测量，比如当他们看到一个移动的物体时，大脑所产生的活动量就可以被测量。新生儿会以一种简单的方式移动他们的眼睛，比如移动脸，如果脸移动到他们视野中线的一侧，眼睛也会随之移动。这种反应就是跟踪，研究者通过检测婴儿对不同刺激的不同跟踪反应（眼睛的移动方式）来记录婴儿视觉的变化。

尽管这项技术证明即使是最小的婴儿也能够看到，但是却不能用来说明婴儿是否真的理解他们所看到的东西。这是通过反应减弱的研究而发现的，在反应减弱研究中，婴儿被不断地施以同样的刺激。最开始时，婴儿表现出了很高的兴趣并且注视着物体，但是当熟悉了刺激之后，他们做出的回应就越来越少，当婴儿基本上不看这些刺激时，就被称作是"适应"。

一旦婴儿适应了刺激，就给他们新的刺激。婴儿对新的刺激和旧的刺激的反应是可以测量的，例如，当幼婴听到巨大的声响之后，就会产生莫洛反射。在多次听到巨响之后，他们就不会再有什么反应了。当他们听到另外一种响声时，又会产生莫洛反射。这表明他们能够区分熟悉的和不熟悉的事物。

但是，适应技术也有多种缺陷，这主要是因为婴儿的反应很慢，也很容易疲倦。每一个实验大概都要进行 1 个小时左右，这项技术通常用来测量婴儿强制优先选择所看到的事物的方式，通过这一方式能发现婴儿更喜欢看哪些东西，而另外一些东西根本就不能引起他们的注意。

强制优先选择所看到事物的过程包括两个部分。在第 1 个部分的实验里（考验阶段），会在固定的时间里（一般是 20 秒钟）给婴儿以集中刺激（不同妇女的脸），直到他们熟悉这些刺激。在第 2 部分的实验里（测试阶段）会给婴儿两个新的刺激：一个新的刺激是熟悉的种类（比如一个妇女的脸），另一个新的刺激则是一个新种类（比如一个男人的脸）。研究者需要记录婴儿看新的刺激种类的时间是否要比看熟悉刺激的种类时间更长。如果婴儿对新的种类，也就是男人的形象更关注的话，这就说明婴儿已经能对某种熟悉的刺激形成再现，并且不再对其做长时间的注视。

另外一个广泛使用的研究婴儿认知的方法，是关联事件潜在技术。这项技术包括在婴儿头皮的不同部位安置电极以测量婴儿大脑对刺激的各种反应。

概念是指为了再次看到某一事物时能够辨识出该物体而对不同的物体做出分类的方法。概念可能是某事的大脑表象，可能是一个具体的表象（比如某种动物），也可能是一个抽象的表象（比如高兴）。我们可以从不同的事件、物体，看似不同、实则相关的形势当中形成概念。比如，我们知道丹尼尔、卡莱尔和苏珊这3人，而且丹尼尔是卡莱尔的父亲，苏珊是卡莱尔的姐姐。所以我们很可能就认为丹尼尔也是苏珊的父亲。

关于世界的知识被我们分割成各种概念，这些概念再现了各类事物和思想。换言之，我们的概念对世界做出分类，比如"朋友"或"家庭"，"动物"或"鱼"。为了得到"灶是能够被烧"的这一概念，我们的大脑必须有两幅图景：一个灶，以及什么是燃烧。这和我们是否见过灶或者灶是否被我们烧这一现象是没有联系的。

进而言之，一个概念也是一个分类的大脑表象。人必须要将大量有关物体、外部世界的知识做出易于掌控的分类。这样有利于让人记住那些必须要了解的信息，也使得人把新的刺激划入已经熟悉的分类。例如，如果我们有"花"这一概念，我们就会认出一种新品种的玫瑰花，即使以前根本没有见过这个新品种。如果没有概念的话，当我们遇到新的事物时，大脑必须要出现一个新的表征来描述它。

概念的另一个功能是使得我们能够超越一些似是而非的东西。当我们第一次看到某种狗时，我们仅有的知识使我们知道它看起来是什么样子。但是，我们会用之前就存在的"狗"的概念来超越它表现的含义。比如狗摇尾巴通常被认为是友好的表现，如果关于狗的概念告诉我们狗摇尾巴有时候是表示狗很凶恶，甚至很危险的话，我们就会把关于狗看起来是怎么样的知识和我们之前知道的狗应该是怎样的知识联系起来。

语言

学习说话对于孩子在发育过程中形成概念和辨别事物的分类是极其重要的。只要孩子学会了口头表达，他们就会用语言对所看到的事物进行定义和分类。思维的发展和语言有着极其复杂的关系。

当我们使用语言时，所有的语言似乎都非常简单。以英语为母语的国家为例，快速地说"手提包"（handbag）这个词，发音经常会被听成是"hambag"。认知心理学家认为，我们运用语言的能力为实现达到交流这一目的而不断进化：我们是否把"手提包"（handbag）说成"hambag"并不重要，只要在说话的过程中能明白其所表达的意思就行。

许多科学家相信运用语言的能力使得人类在进化过程中远远超出其他物种。我们自一出生就有掌握语言的能力。在婴儿刚刚出生的几天里，他们就能对在妈妈的肚子里听到的语言和与此不同的语言做出区分。比如，如果母亲在怀孕期间经常说日语，那么在孩子出生之后，较之其他语言，他更加偏爱日语。如果婴儿在出生之前也经常听到其他的语言，比如意大利语，那么他会同时偏爱这两种语言。

婴儿在7～10个月大的时候开始牙牙学语，发出"吧，吧，吧"和"哒，哒，哒"的声音。这样的发声并不是随意的，而是音素。音素是语言最小的单位，所有的词都由音素组成。改变了音素就改变了词的意义：例如，音素"S"和"K"是没有意义的，但是他们可以组成词，如"sit"（坐）和"kit"（工具箱），这就有了意义。

12个月大的孩子几乎能够使用所有的音素来发声。这点具有重要的意义，因为这意味着智力正常的婴儿能够学习任何他所听到的语言。所以如果一个英国的婴儿被带到了印度，如果他主要听到的是印地语，那么他说印地语的流利程度就会如同印度的婴儿被带到了英国说英语一样。在婴儿快1岁时，他们通常会说简单的几个词，如"妈妈""大大"等。他们所掌握的字词数量会在几年内迅速增长。等他们6岁的时候，大概就能掌握6000～9000个词。事实上，在这一阶段所学会的词超过了人生的任何阶段。在这一阶段没有和大人交流学习机会的孩子，他们的学习能力会受到严重的影响：他们仅能知道一些词，但是对于掌握语言的结构却存有困难。

词语和意义

仅仅会说一些词和能够用语言交流是不同的。语言包含单独对词语的理解和对词语关联之间的理解。孩子是如何说并且理解他们所听到的语言的？当孩子指着一个东西说"呐呐"（nana）时，意思是"香蕉"（banana），他们是怎么知道用那个词就是指代那个物体的正确词语呢？他们怎样知道词语"香蕉"就是指那种水果？研究者对于孩子是如何学习词语的意义提出了多种理论。

20世纪80年代早期，杰罗姆·S.布鲁诺指出，当父母和小孩说话的时候，他们往往会指着他们所说的东西。但是这并不总是可能的，孩子有可能在看别的东西。例如，母亲指着一篮子水果说"香蕉"，孩子怎么知道她说的是哪种水果呢？研究者发现，如果在说词语和拿出词语所指代的东西中间有一个短暂的时间间隔的话，孩子就更可能学习这个词语。但是即使婴儿能把词语和东西联系在一起，仍然存在着问题：他们怎么去继续理解这个词语的意思是什么？

限定

1988 年，埃伦·马克曼和格温·瓦赫特尔提出就学习词语的意思而言，婴儿天生就有一种限制：当婴儿听到一个新词时，只能凭本能对其意思做大致的猜想。

第一个类似的假设被确定成词语后，整个物体的假设就被限定了。当婴儿听到一个新词指一个东西时，他们就会猜想这是指整个物体。他们不可能想到是指整个物体的一部分或者物体是用什么构成的。例如，如果指着狗说"尾巴"，婴儿就会认为是在说狗这个整体，而不仅仅是会晃动的尾巴。

另外一个限定是分类学的，也就是和分类相关的。如，婴儿可能认为"猫"和"狗"是同一类的，因为它们都是动物，但是在"门"和"钥匙"之间就很难建立起联系，尽管它们是有联系的，但是它们并没有明显的视觉上的相似性。婴儿认为指代物体的标签是同一类的，但是这些物体却并不总是相同的，它们可能是不同的种类。

最重要的一个限定是相互的排斥，这使得婴儿不认为一个标签是指代所有的物体的。"狗"和"宠物"这两个词在他们的思想里是不能共存的。这种相互排斥的限定也表现在 18 个月大的孩子身上，但是并没有可循的线索。在 4 岁左右的时候，孩子学着区分指代物体某一部分的词语（如"尾巴"）和那些指代物体本身的词语（如"狗"）。马克曼和瓦赫特尔关于婴儿是如何学习新词语的研究指出，他们认为新词语是指整个物体的。他们不能分辨同时指代一个物体的两个词语。如，他们可能知道"公共汽车"的意思，但是他们不能理解公共汽车被说成是"交通工具"。当他们听到一个熟悉的新词时，他们会认为是指物体的某一个部分。

一些心理学家认为婴儿可能天生就没有限定。或者，他们天生就对某些假定偏爱有加，这种偏爱并没有限定那么强烈。根据这个说法，如果环境变了，孩子也会做出调整，以新的方式学习新词语。这个说法的推论是，如果我们能够以不同的方式学习的话，就不能以某种特定的方式来指导行为。但是这也是存有疑问的，婴儿在刚出生后的几个小时就喜欢看人的脸，而在这之前他们是没有机会学着看人的脸的——这显然是一个天生的行为。

组合智力

多年以来，就孩子的思维是如何发展的这一问题，两派发展心理学家观点迥异。一方面，构成主义者（让·皮亚杰）相信婴儿的认知过程是在出生之后"被建构"的，而不是天生的。另一方面，自然主义者（诺姆·乔姆斯基）认为在学习的问题上，婴儿与生俱来具有这些知识或者基因倾向。

或许有人认为综合这两方面的观点就能有一种关于发展的新理论，事实上，将这两种看似矛盾的观点结合在一起对于认识人类的认知具有重要意义。1985年，美国哲学家佩里·福多宣称，可以认为思维是由2个完全不同的思考系统构成的：输入系统和中央系统。输入系统的工作是理解感觉的输入，比如通过眼睛和耳朵到达大脑的信息。一旦输入系统使得引入的信息具有了意义，就会进入中央思考系统。

福多认为，这些输入系统是组合的（也就是自我包含的），并且是相互独立的。一个组件如果被破坏了，那么其他的组件也就不能运作了。直到一个组件的内部运行处理完成之后才能抵达大脑，比如视觉组件。福多指出，我们天生就具有发展这一机制的结构。同时他指出，这些机制必须迅速且自动的运转，例如，一个人用我们懂的语言说话，我们就情不自禁地听他说话时使用的句子。根据福多的看法，这些输入系统的进化是和从环境中获取的信息相关的。

天生的模块

和输入系统不同的是，中央系统的处理过程是缓慢的、高层次的，它从认知系统内获取信息。福多理论的核心是婴儿天生就具有这些模块。英国伦敦大学的安妮特·卡米洛夫·史密斯教授（她是让·皮亚杰的学生，并和他一起工作）在解释婴儿的认知发展时，提出了一个修订的版本。她将天生模块和模块化做出了明确的区分，通过模块化的处理，大脑变得非常特别，这是发展变化的结果。婴儿天生就具有某些倾向。但是，如果没有特定的输入，这些倾向永远不会被发现。外在环境并不只是引发这种天生的倾向，它还影响着大脑的最终结构。根据卡米洛夫·史密斯的说法，一个模块思维是被认知发展形塑的结果。

重新描述知识

卡米洛夫·史密斯理论的第二部分是对表征的重新描述。她认为，为了增加的知识，我们可以运用储藏在记忆（先天的或者后天的）里的任何信息来修改心理表征。这种知识的再组合自然是新的模块发展的结果，这种模块的特点就是接受各种感觉信息。

但是，卡米洛夫·史密斯认为不同种类知识的发展并不是同步的，而是依赖于个人自身，例如，有些孩子的数学知识就要比他们对语法规则的理解慢得多。心理学家和其他学者发现，当孩子学习一种新的知识时总是能完成任务，尽管他们并不知道所运用的相关知识。例如，一个 4 岁大的孩子能用平滑的和不平滑的木块让一个横木的两端保持平衡。这之后，他们形成了一种心理表征，即这个任务是怎么完成的。在这一阶段，他们没有注意外界的任何刺激，但是却发展了如何达到自己目标的看法。在 6 岁时，通过深层次思考程序，他们却只能用平滑的木块让横木保持平衡——他们看起来是退步了，忘记了以前曾掌握的技能。在最后一个阶段，当他们趋于成熟时，孩子再一次注意外在的信息，只有这一次他们努力使外在的信息和之前知道的统一起来。随后，在他们八九岁的时候，他们又能用平滑的和不平滑的木块保持横木的平衡。通过这种方法，他们发展了一种新的、更为完整的某一知识领域的表征。

在完成木块的任务时，孩子的行为呈现出一个 U 型曲线。尽管在他们很小的时候就能够处理一个看似很复杂的问题，1 年之后他们却不能解决同样的问题。但是再过一两年之后，他们又能重新解决这个问题。这看起来像是一个 U 型曲线，因为最初的行为看起来是好的，接着变坏，后来又逐渐恢复到最初的水平。但是，内在思考的根本性变化对于理解孩子认知的发展是非常关键的。这种内在思考的修正被叫作表征的变化——在木块测试中，最关键的变化是孩子发展并理解了平衡。

未来研究

摆在认知心理学家面前的一个主要任务是，确定婴儿能观察到什么以及他们的认知是如何发展的。目前在心理学家之间存在有巨大的分歧，比如蕾妮·巴亚热昂和伊丽莎白·斯佩尔克。伊丽莎白·斯佩尔克认为婴儿在早期就具备了认知能力，如概念和推理。但是理查德·博格茨则认为孩子在更大一点之后才具有认知的能力。认知心理学家还在争论 12 个月以下的孩子对概念是否具有明确的想法。那些宣称年幼的婴儿缺乏认知能力的学者的研究方法，被反对他们的批评者认为是不敏感的，以至于不能测量年幼婴儿的认知系统。

婴儿在生命的头几年里所能学到的东西，在以后再也不会发生。尽管对于认知发展的过程仍然没有定论，但毫无疑问的是，随着对婴儿行为的深入研究和研究方法的改进，认知心理学家能够对人类的本质有越来越多的认识和发现。

发展的阶段

研究心智的心理学家一致认为就心智发展应该提出两个基本问题："什么"得到发展，它又是"怎样"发展的。"什么"在发展当然是至关重要的，但弄清楚"怎样"发展对于充分了解心理发展来说也同样重要。

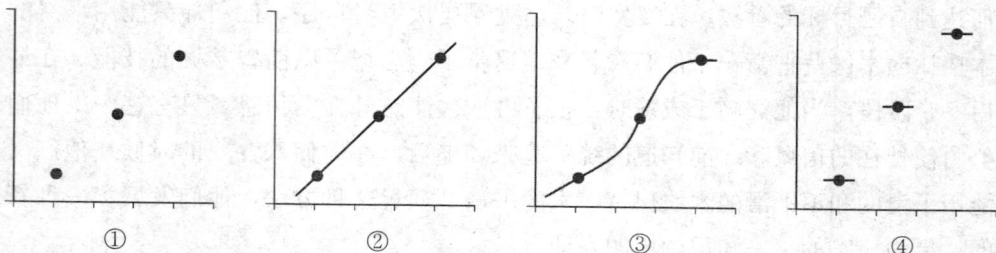

①一个儿童在几年当中不同时间点上的测试成绩：横轴表示儿童年龄，纵轴表示孩子在完成一系列任务上的得分。②连续的线性变化：发展是一个线性过程，即随时间推移，经验得到积累，儿童完成任务的测试成绩会越来越好，得分也越来越高。③连续的非线性变化：因为儿童积累的不同经验之间相互作用，所以在达到稳定状态之前，会出现一段加速发展期。④间断的发展：儿童心智在长时间内会保持稳定状态，但每一时段内都会发生突变，从而提高完成任务的测试成绩。

图中显示出儿童心智发展的几种可能途径。第 1 幅图中，横轴表示从 0～10 岁的儿童年龄，纵轴表示孩子们在任务当中的测试成绩（比如解决一个问题），其取值为从 0（非常差）到 100（非常好）。3 个点表示儿童在 2 岁、5 岁、8 岁时的测试成绩。2 岁时儿童在完成任务中的成绩比较差。5 岁时，儿童的成绩要比 2 岁时好些，但不如 8 岁时，8 岁儿童的成绩已经相当好了。很明显，这其中有一个发展的过程，但它是怎样发生的呢？你会用什么样的假设去预测孩子们在 3 岁和 7 岁时的测试成绩，你会用什么样的曲线连接 3 个点呢？

你可能会假设发展仅仅是在时间上的经验积累。如此你会画一条通过 3 点的直线，如第 2 幅图所示。这是连续线性变化的范例，说它是线性的是因为它是直线，说它是连续的是因为线没有中断。你的发展理论表明，经验是累加的，所以随着时间的推进，儿童在完成任务时的测试成绩会越来越好。

如果你假设发展是积累起来的，而且这些经验之间相互作用创造出新的知识，那你可能会像图 3 那样画出曲线填补 3 个点之间的距离。这是连续非线性变化的范例。说它是连续的是因为它没有间断，而说它非线性则是因为其方向发生了变化，并非直线。在这个例子中，开始的变化很小，然后在 5 岁时急剧增长，最后，在 8 岁时趋于稳定发展。如此，你的发展理论表明，经验累加且相互作用着，因此在某个关键年龄，当经验达到相当高水平时，儿童的变化非常之大。一旦过了这个水平，新增的经验将不会引起非常大的变化。

与连续性理论迥然不同的想法认为，发展是间断性的变化。最后一幅图是间断性发展的范例，因为它不是一条连续的线，好几条所谓"稳定期"的水平线段弥补了各点之间的空隙。这种解释的逻辑是儿童心智在相当长的时间段内会保持相对稳定。但在每一时间段内都会发生突变，从而提高完成任务的测试成绩。尽管随时间推移而积累的经验可能引起了这些变化，但经验本身在测试成绩的测量中并没有反映出来。

发展心理学中两个最重要的理论都假设发展如最后一图所示是间断性的。它们分别是俄国心理学家列夫·维果茨基（1896～1934）和瑞士心理学家让·皮亚杰（1896～1980）提出的理论。两人都认为认知发展是间断性的，是在明确的阶段内发展起来的。然而他们的前提有所不同，所以每个人关于心智成长的故事也各不相同。

维果茨基的发展理论

在维果茨基年轻时，俄国经受了一场革命，那场革命应用了马克思主义理论。马克思主义是由德国哲学家卡尔·马克思（1818～1883）和弗雷德里希·恩格斯（1820～1895）提出的，这一政治学说强调 3 个要点：行动产生思想，辩证的交换促进发展（这种交流迫使个人思考他们的思想），发展是在某种文化中的历史进程。作为一个学者，维果茨基试图把马克思主义的思维方式应用到心理学中。

维果茨基的理论可以被描述为是马克思主义政治理论在心理学理论中的贯彻，或者说以心理学术语翻译的马克思主义政治理论。

维果茨基的阶段模型

维果茨基提出，任何心智功能（如思维或语言）在发展过程中都会出现两次。一种心智功能首先出现在儿童的外界，即人们把言语、解决问题的方法等文化工具呈现在孩子们面前的时候。他们刚开始适用一种功能时，这种功能还不是他们的，而是"借用的"。但是过了一段时间后，他们会反复使用这种工具。通过程序化的练习，他们逐渐内化了这些工具，使之成为自己的东西。作为一种指导原则，内化是指将某物纳入自身，而不论其有意还是无意。

维果茨基提出的阶段模型详细地描述了内化（即将某种文化工具纳入己身）的进程。维果茨基认为语言和思维这两种心智行为相互独立、分别生发，所以他对此提出了不同的阶段。

语言的发展

维果茨基认为语言经过了 4 个发展阶段。从出生到 2 岁，儿童处在语言的原始阶段。原始语言阶段的基本特征是没有智力活动（即不动脑子）。语言开始于情感的释放，例如哭喊或发出咕咕的叫声。接下来发生的是能产生社会反应的声音，譬如笑声。原始阶段最早出现的词汇是对某些物体或需求的替代品。譬如，当儿童看到他们的父亲走进房间时会说"爸爸"，而当他们饥饿时看到牛奶就会说"牛奶"。这些词仅仅是条件反射。儿童记住了他们喝的白色液体与"牛奶"这个声音有关的事实，但这个词在他们脑中还没有什么意义——如果不先看到牛奶，他们就不知道牛奶是什么。

语言发展的第 2 个阶段大约开始于 2 岁，叫作朴素心理学。这一时期的儿童在词汇量上的增长很快，这主要是因为他们主动要求大人告诉他们事物的名称。词汇不再是条件反射的产物，儿童开始理解言语的象征性含义以及这些言语所代表的事物。这一阶段之所以被称为朴素阶段，是因为儿童虽然会造语法正确的句子，但他们还不理解语言的深层结构。

语言发展的第 3 个阶段叫作自我中心语言阶段，出现于 4 岁左右。人们所以称之为自我中心阶段，是因为这个阶段的儿童大都不是在跟别人说话。相反，他们是在自言自语，尤其是在游戏中。游戏中的孩子在"表演"不同的想法时，常常会使用不同的语气。

对维果茨基而言，这种说话的形式标志着一种新的重要心智工具出现了：语言影响儿童的思维，思维又反过来影响儿童的语言。语言和思维之间的互动，标志着语言思维的出现。语言思维的优势在于，它能使儿童在解决问题的过程中设计出解决这一问题的方案。儿童在做一些需要技巧的事情时，譬如在系鞋带时，你会听到他们使用语言思维。甚至成年人在面临棘手的问题时有时也会回到"大声思考"的阶段。

第 4 个也是最后一个语言阶段叫作内部成长阶段。在这个阶段，儿童逐渐形成了自我中心语言的内化形式。脑中的符号代替了说话的声音，这些符号在语言思维和问题解决上发挥着类似的作用。与此同时，语言和思维功能变得不分彼此了。思维变成内部的语言同时内部的语言成为一种思维形式。

思维的发展

维果茨基认为思维的发展要经历 3 个不同阶段。在第 1 阶段，儿童用于思考的分类范畴还是无组织的。儿童最初形成的表征是通过试错法分类得到的，物体和事件是随意结合起来的。渐渐的，儿童开始注意到某些事情是与另外一些事情同时发生的，开始把父母的出现和被人拥抱联系起来。但到这一阶段快结束时，儿童的分类范畴仍然是没有组织的。与最初所不同的是，这一阶段快结束时，儿童会对他们的分类范畴感到不满。这种不满使儿童产生挫败感，促使他们进入下一个阶段。

思维的第 2 阶段被称为"综合思考"。对维果茨基而言，综合体是发现物体或事件之间的联系、进行归类的依据。开始时，儿童发现的事物之间的任何关系都会成为综合体建立的基础，例如颜色或形状。儿童会根据综合体之间的差异而不是共同点将其归为不同类别。譬如，如果让儿童把餐具进行归类，他们会把 1 个叉子、1 把刀、1 个勺子归为一套餐具放在桌上，而不是把所有的叉子放一起，再把所有的刀子放一起。

在思维发展的第 2 个阶段，综合体虽然变得更为复杂，但其基础仍然建立在事物可感知的特征之上。只有在第 3 阶段，儿童才能概念化地思考，即用抽象属性代表物体和事件。譬如，能在一连串点里识别出某种轮廓或图案，或者在毕加索的油画里识别出一张脸。在第 3 阶段，儿童以更复杂的方式分析综合信息，语言在其中发挥了重要作用。儿童在第 1 阶段已经学会把语言和思维结合起来，在第 2 阶段语言和思维被紧密地连接起来，语言可以引导并形成思维，思维的结果可以通过语言来交流和表达。

游戏和导师的作用

维果茨基认为，游戏是刺激儿童发展的两种重要途径之一。正如我们前面解释过的那样，儿童在游戏中运用自我中心语言。语言使儿童能够引导自己的行为，还能帮助儿童内化自己的语言，使之成为一种复杂的心智工具。对维果茨基而言，游戏发生在最近发展区，包括那些超过儿童现有发展水平、向潜在发展水平前进的行为。文化提供了其他工具，使儿童体验了新鲜的经验。儿童在游戏中学着使用那些尚未内化的工具。这种学习促进了发展。

促进发展还有另一种重要的形式，它是通过跟发展水平更高的人（如年长的儿童或跟成年人）一起行动来实现的。处在同样发展水平的儿童不能通过最近发展区互相刺激对方的发展。即使他们在一起玩耍可以促进发展，这也是一个试错的过程，因为首先他们必须掌握能提高他们现有发展水平的工具。

年长的儿童或者成人已经掌握和内化了处在年幼儿童最近发展区中的工具。这样他们就能更容易地为年幼儿童提供某种刺激，帮助他们超过现在的发展水平，掌握并最终内化更多新的技能。

想想那些牙牙学语的孩子，他们发出含糊不清的声音，别人说话时他们都会做出反应。他们已经做好了说出第一句话的准备。处在相同语言发展水平的孩子帮不了他们，因为这些工具也超出了他们目前的语言发展水平。已经会说话的大孩子可以给小孩子们提供适当的刺激，通过刺激年幼儿童最近发展区内的语言能力，他们能帮助这些小孩说出第一句话。

对维果茨基著作的评价

维果茨基引起人们对心智发展两个因素的注意。他的理论强调文化对发展的影响。儿童并不是在真空中抚养长大的，他们生活于其中的社会环境会施加某些特有的压力，并提供一系列认知工具，其中最重要的是语言。

维果茨基还对实际发展水平和潜在发展水平做出了重要的区分，其中实际发展水平以测验成绩来衡量，而潜在发展水平则是以别人帮助下的测验成绩来衡量。根据这个区分，维果茨基提出了"最近发展区"的概念。迄今为止，最近发展区仍然是一个非常有用的概念，尤其是在教育学界。芭芭拉·洛各夫等研究人员大大扩展了维果茨基的研究成果，提出了"学徒"的发展理论。

尽管维果茨基的理论条理清楚、内部一致，但它仍然存在一些重要的缺陷。首先，它能解释的数据范围有限。维果茨基的理论主要关注语言和分类技能。他的发展技能如何应用于其他思维形式（如问题解决、逻辑等）还不十分清楚。第二，他也没有详细说明儿童从一个阶段发展到另一个阶段的机制——在他的理论中，描述比解释更多。

维果茨基不到 40 岁就与世长辞了。如果他能活得更久一些，也许他就能提出一套更广泛、更丰富的发展心理学理论来。

皮亚杰的发展理论

让·皮亚杰出生于 1896 年，与维果茨基同岁，但皮亚杰比他同时代的俄国人多活了大约 46 岁。在漫长的职业生涯中，皮亚杰提出了历史上最重要的心智发展理论。皮亚杰最初受到的是生物学方面的教育，很快他对知识的来源以及儿童怎样学会解释他们周围的世界产生了兴趣。在著作中，他提出了一个重要问题："儿童是怎样开始认识世界的？"

皮亚杰的阶段模型

皮亚杰的认知发展理论经过了 4 个不同的阶段。每一个阶段都代表某种特定的组织形式，每个组织形式都把所有的观念放在一个一元心智结构中，而且每个阶段都适用于所有可能的心智活动——思考、理解等。因此，儿童在任何时间点的作为都能反映他们当时的发展水平。

新生儿开始与周围环境互动是在皮亚杰所谓的感觉运动期，这一阶段包括从出生到 2 岁这段时间。接下来一个阶段是前运思期，大约从 2 岁开始，到 7 岁结束。处在这一阶段的儿童学会了用符号表示物体或事件的本领，但他们还不会逻辑思维，他们会在下一个阶段——具体运思期学会这种本领。在具体运思期，儿童可以使用逻辑思维表征外部世界，但他们只能表征可以直接观察到的实物，这个阶段从 7 岁开始到 11 岁结束。在最后一个阶段，即形式运思期，儿童能够以逻辑思维表征观念，而不仅仅限于实物。这促进了抽象表征（譬如正义）的产生。形式运思期大概从 11 岁开始，到成年时确立。

与各个阶段相应的年龄仅仅为发展时间提供了大致的参考。每个儿童都是有差别的，他们将会以自己的速度经历不同的阶段。在这 4 个主要的发展阶段中，皮亚杰还建立了不同的亚阶段。

感觉运动期

这一阶段从出生开始，持续到 2 岁。皮亚杰认为儿童刚出生时只有一些与生俱来的本能反应，这些本能反应提供了心智发展的砖石。感觉运动期的儿童用这些本能反应感知周围环境（环境包括自己和别人），并把这些本能反应变成一种体验事物的官能。尽管感觉运动期是 4 个阶段中最短的一个，但皮亚杰还是把它划分为 6 个亚阶段。这并不奇怪，从出生到 2 岁，人的大脑发生了一生中最大幅度的变化。因为认知的能力与大脑的变化有关，所以儿童在最早的 2 年一定有很多改变。

儿童在感觉运动期获得了两种最重要的东西：物体恒存性和表征。表征是任何可以用来代表其他事物的东西。譬如，一个孩子骑着一根棍子，他把这根棍子当作是匹马，那么这根棍就象征着马的概念，而"马"这个词也是以同样的方式象征着马这种真实的动物。思考不在场的物体，以其他事物或言语来代表某种事物，这些能力对后来的发展都是至关重要的。感觉运动期可以进一步划分为 6 个亚阶段。

第 1 亚阶：即本能反应的改进，一般是从出生到 1 个月大。新生儿来到这个世界时只会一些简单的本能反应。如果大人拿某个东西碰到他们的嘴唇或者放进他们的嘴里，他们就会吮吸这个东西（吮吸反射）。如果有东西触到面颊，他们会把头转向触到的那一侧（觅食反射）。如果有东西碰到手掌，他们会用手指环住这个东西（抓握反射）。这些反射都很有用，对婴儿们的存活都很重要。譬如，母亲把乳头塞进婴儿的嘴里，婴儿会转向乳头的方向，从中吸吮乳汁，这有益于婴儿的成长。

最初这些反射并不复杂。新生儿不加区别地吮吸很多物体，乳头和指尖会引起他们同样的反应。但出生 1 个月后，他们对自己在吮吸什么东西的辨别能力会越来越强。新生儿通过触摸感觉到不同的物体，他们的抓握反射也发生了与吮吸反射类似的变化。

新生儿通过尝试接触周围环境逐渐形成了越来越适应不同刺激的行为。尽管人生中这一阶段最不活跃（1 个月大的孩子做的事情并没有多少，而且他们睡觉的时间很长），但婴儿与环境之间主动的互动还是促进了他们对环境的适应，使他们进入到下一个亚阶段。

第 2 亚阶：原发循环反应阶段发生在婴儿 1～4 个月大的时间段。"循环反应"一词指该亚阶段中行为的重复特征。婴儿把早期充分体验过的反射结合为更复杂的行为，而当婴儿发现这种行为会带来某种好处时就会不断地重复它。譬如，婴儿要是抓住一个玩具并成功地把它放进自己的嘴里，而且如果吮吸这个玩具的感觉很好，他就会试着再来一次。

因为把不同反射结合起来的行为要比单个的反射更为复杂，所以这种行为大多都是偶尔发生。这也许就是为什么婴儿总会试图按照严格的顺序去重复能带来好处的行为。大多数简单反射组合而成的行为都不会带来什么好处，那些能带来好处的行为就得到了精确的重复，这限制了婴儿本可能尝试的多种行为的范围。另外，婴儿只会重复与自己身体有关的行为。他们对能影响周围环境的行为并不感兴趣，这种兴趣出现在下一个亚阶段。

第 3 亚阶：二级循环反应发生在 4～8 个月的婴儿身上。婴儿在上一个阶段常常重复有意思的行为，但是，这一亚阶的行为不仅涉及婴儿自己的身体，而且还涉及这些行为的后果。譬如，婴儿可能会觉得往地上扔玩具非常有趣。大人把玩具还到婴儿手中，婴儿就一次又一次地扔。与上一个阶段不同的是，环境中的物体成了婴儿的兴趣所在。

皮亚杰不认为处在这个亚阶的婴儿已经形成了真正的目的。尽管婴儿在不断重复有趣的行为，皮亚杰还是认为这些行为并不是真正自主的，婴儿仅仅是在做有可能完成的（譬如拣起玩具再丢开）、条件允许的事情。这与婴儿希望别人给他们玩具再丢掉是不同的——他们还没有计划。

第 4 亚阶：第 4 亚阶发生在 8~12 个月之间的婴儿身上，这时的婴儿已经协调并扩展了二级循环反应。为了达成某个目标，处在第 4 亚阶的婴儿会把两个或更多的动作合成越来越复杂的行为。举一个简单的例子，婴儿会把障碍物移开以找回某个东西。这一行为的两个连续动作（移开障碍物和拿回想得到的物体）在一个有效的动作链条中协同发生。对皮亚杰来说，这标志着目标导向行为的发生。婴儿已经能够做一些基本的动作来达到期望中的目标，并逐渐产生了计划的能力。

婴儿的另一个重要发展成果是物体永恒性。在处于第 4 亚阶的婴儿面前有个小玩具，如果你用手把这个玩具包住，婴儿不会以为玩具从世界上消失了。相反，他们相信玩具还在那，并期待地看着你的手，希望它再次出现。

但这还不是完全的物体永存性。处在第 4 亚阶的婴儿在寻找那些被藏起来的东西时仍会犯错。一个经典的例子是 A 非 B 的错误。假设你有 1 个玩具、2 个盒子，你可以把玩具藏在盒子里。当玩具从视线中消失时，处在第 4 亚阶前的婴儿不会去找这个玩具。你可以两三次都把玩具藏在同一个盒子（A 盒）里，第 4 亚阶的婴儿总能在这个盒子里找到玩具。给婴儿几次成功的尝试后，你再把玩具放到另一个盒子（B 盒）里。即使婴儿已经看到你把玩具藏在 B 盒里，他们仍会在 A 盒里找玩具。

皮亚杰对此的解释是，婴儿仍然把物体跟他们的动作紧密联系在一起。因为他们好几次都从 A 盒里成功地找到玩具，所以他们仍会试图去曾经成功的地方寻找，即使他们看见物体被藏到了另外一个地方。A 是成功的，婴儿从中能找回物体，所以婴儿会再次尝试同一个动作，期望得到同样的结果。他们知道物体仍然存在，但还不明白物体的存在独立于他们的动作。

第 5 亚阶：第 5 亚阶发生在大约 12~18 个月大的婴儿身上，这时的婴儿开始了三级循环反应。像二级循环反应一样，三级循环反应也包括重复的行为，但它还包括体验物体以发现物体的特征。譬如，婴儿不仅扔玩具，还会观察不同的玩具被扔时会有什么不同的反应。或者婴儿会以不同方式摇一个会发声的玩具娃娃，让娃娃发出不同的声音。婴儿们不再重复同样的动作，而是重复做类似的动作，略微改变他们的动作以得到不同的结果。对这个亚阶的婴儿来说，重要的是新奇的因素。

从初级到二级，再到三级重复反应的进程，说明在婴儿身上发生了重要的变化。最初，婴儿关注的是与他们身体有关的行为（初级反应）。渐渐地，他们开始对行为对环境造成的结果发生了兴趣（二级反应）。在第 5 亚阶，他们意识到可以改变自己的动作，从而得到不同的结果。为了理解这个世界，婴儿必须试着改变自己的动作。这种新发现的与世界互动的方法将会给婴儿提供进一步发展所需的刺激。

第 6 亚阶：心智组合和表征的出现发生在 18～24 个月的婴儿身上。第 6 个亚阶标志着感觉运动期的结束。皮亚杰认为，2 岁前的婴儿所想到的仅仅是动作。尽管婴儿在 1 周岁时已经开始学说话了，但此时的语言还不是思维的工具。但在第 6 亚阶，婴儿开始内化他们的动作。皮亚杰把一条小项链放进了火柴盒里，他把火柴盒微微打开，以便他的女儿露西安娜能轻易地找回这条项链。只要她把火柴盒颠倒过来，项链就会掉出来。露西安娜反复做了几次之后，皮亚杰把项链藏进火柴盒里，并且在还给露西安娜之前把盒子完全关上了。露西安娜把火柴盒翻过来后，但项链并没有掉出来，她非常专注地看着火柴盒。然后她张开嘴，又合上嘴——起初是微微的，后来张得更大些。这似乎表明露西安娜想打开盒子，但她又打不开，于是她用自己嘴巴的动作代表自己的思维。露西安娜张嘴表示她希望别人给她盒子时盒子应该已经被打开了，而不是她应该打开盒子。重要的是，露西安娜将她期望周围环境应该产生的结果内化到自己的脑中。

在第 6 亚阶，婴儿渐渐地以表征的形式把动作和感觉进行内化。他们不再通过动作而是通过动作的表征进行思考。这为儿童发展到下一个阶段即前运思期提供了基础。

前运思期

尽管儿童 2 岁前已经得到极大发展，但前运思期儿童仍然处在刚开始理解这个世界的阶段。从 2～7 岁的前运思期，在儿童持续的发展中，最重要的就是表征能力（即以符号和记号表征事物的能力）增强了。

皮亚杰强调，符号和记号是不同的。儿童把符号当作个人表征来使用。符号仅仅对这个孩子有意义，对其他孩子和大人则是无意义的。比如，有个玩耍中的儿童用某块特定的木头来代表一匹马。通常，儿童会挑选类似表征物的东西作为符号。比如，儿童不会用一个球来代表马，而把球看作是代表苹果的恰当符号。符号的个人特征限制了符号的用途。要不是孩子清清楚楚地告诉你，你决不能肯定一块特别的木头或一个球究竟代表什么东西。

记号是被许多人所共享的。言语是皮亚杰所谓记号的一个恰当的例子。记号通常并不与它们所代表的物体类似。比如，"房屋"这个词与那些我们称之为房屋的东西并不相似。它仅仅是一些流字，人们同意使用"房屋"来代表他们居住在其中的建筑物。尽管记号和它们所指的事物之间缺乏相似性，但记号比符号要有用得多，因为人们以记号进行的交流又快又有效。

从符号到记号的转变增强了儿童从别人那里获得有用信息的能力。但皮亚杰的自我中心交流概念说明，这一转变缓慢且艰难。皮亚杰认为学龄前儿童是自我中心主义的，这是因为他们很难理解别人的观点，而不是因为他们只关心自己。尽管学龄前儿童可以使用语言等符号，但这并不意味着他们使用的语言对别人来说是有意义的。下面的"对话"就是2个学龄前儿童使用语言的典型案例。

儿童1："我的房子是砖做的。"

儿童2："我有一只猫。"

儿童1："我的房子有很多窗户。"

儿童2："我的猫喜欢吃鱼。"

儿童1："我的房子有扇门。"

每个儿童都说出有意义的句子，且每句话都是按一定顺序说的，但他们并不是在对话。他们都在自言自语：一个在说房子，另一个在说猫。

自我中心主义还可以从下面的三山测验得到说明。桌子上摆放着3座纸制的山的模型，其大小、形状、颜色、地貌各不相同。等受试的儿童看过模型后，让儿童坐在模型的一侧，在模型另一侧摆一个玩具娃娃。然后实验者给儿童看不同角度的山景图片，让儿童挑出娃娃看到的山景图片。

处于前运思期早期（2~4岁）的儿童都不能识别出正确的图片，他们总是选出从他们自身角度能看到的图片。6岁大的儿童情况要好些，只有7岁或8岁的儿童才能"置己身"于娃娃的位置上。

儿童在整个前运思期过程中都在学习从别人的角度看问题，大约7岁时会确实学会这个本领。这带来了很多好处，其中之一就是儿童可以跟其他人进行有意义的对话。

前运思期儿童的另一个缺陷是不能理解变形——物体在物理格局上的变化。如果把液体从低而宽的玻璃杯倒入高而细的玻璃杯，前运思期的儿童都会认为高杯里的液体比较多，这是前运思期儿童的典型想法。这是因为他们只关注一个维度——高度，而忽视了另一个相关维度——宽度。物体虽然以不同方式放置，但其数量、体积、面积保持不变，人们对这一点的理解就称为守恒。守恒需要儿童具备皮亚杰所谓的补偿能力。具有补偿能力的人会这样说："液体是高了，但它更窄了。"这是发生在具体运思期的运思特征。

具体运思期

这一阶段发生在 7～11 岁。"运思"指以逻辑方式掌握信息的心智程序。前一个阶段因缺少运思而得名前运思期。在这一阶段，运思可以形成心智表征，以表现事物是如何运行的，但只限于表现能观察到的现象，因此我们称之为具体运思期而不是抽象运思期。

守恒问题说明了具体运思是如何发挥作用的。实验者拿来两个完全一样的杯子，里面装着液体，问受试的儿童两个杯子是否装着同样多的液体。儿童如果说不一样多，实验者就会适当地添加液体，直到儿童认为两个容器装着同样多的液体。然后实验者把这两个杯子里的液体倒进另外两个形状不同的容器中。一个高而细，另一个低而宽。前运思期的儿童只关注一个维度（通常是高度，但有时是宽度），并说其中一个容器比另一个装的液体更多。但具体运思期的儿童会说两个容器装着同样多的液体。为了评判儿童是否真的理解了这一问题，儿童必须对他们的回答做出解释。有一种典型的解释涉及液体的特征："这是同一种液体，你没有加也没有减。"这个解释表明，儿童明白形状的改变（高而细对低而宽）并不影响液体的数量。另一个回答则涉及变形的可逆性："如果你把液体倒回去，他们会一样多。"这一回答表明儿童懂得了变形的动力学原理。我们可以逆转让液体变得高而细的动作，说明液体的量保持不变。最后，儿童有可能使用补偿机制解释他们的答案："液体是变短了，可是它也变宽了，所以它跟从前还是一样的。"这个回答也说明儿童懂得了变形的动力学原理。这些儿童知道，我们不能把物体在一个维度上的变化与它在另一个同等重要维度上的变化分离开来进行考虑。

具体运思扩大了儿童可能学习到的事物，儿童可以同时探索同一物体的不同属性，而不是仅仅探索该物体的某个属性。这一认知机能虽然更为丰富，但仍有其局限性。首先，运思的对象仅仅是可以观察到的属性。抽象概念如重力、正义和真理对儿童们来说仍然难以理解。儿童们的计划能力也有限。当儿童碰到更复杂的问题时，他们没有应对的规划；他们处理问题的程序仍存在相当多的试错成分，所以他们常常会重复前面已经做过的步骤。这些局限性将在最后一个阶段消失，这时儿童开始思考他们的思考行为。换句话说，即儿童开始运思他们自己的运思或形式上的运思。这是最复杂的思维方式。

形式运思期

也许人类心智最明确的特征是人具有思考自己的能力。对法国哲学家勒内·笛卡尔（1596～1650）来说，所有的真理都来源于人对自己处在思考状态的认识。他的名言"我思故我在"指出，人意识到人在思考——我知道我在思考，因此我知道我在。

人们通常把思考自己思考的能力称为元认知，意即对认知的认知。元认知是最复杂的思维方式，它标志着皮亚杰发展理论最后一个阶段的到来。11岁以上的儿童和成年人可以用形式运思去思考那些可能存在的事物，而且不像具体运思期的儿童那样只能思考具体的事物。这是一个重大的变化。如果你能想到解决一个问题的各种可能方法，那么制定出完成一项任务的计划对你来说就比较容易。如果你没有束缚在那些可直接观察的事物上，你就可以考虑一些抽象的概念，如正义、自由等。

科学是形式运思可以发挥作用的一个领域。皮亚杰及其同事使用不同的科学实验来评价形式思维，化合作用是其中一个典型的问题。实验者先给受试儿童展示4个容器，每个容器都装有不同的物质。实验者再拿出第5个容器，这个容器里装着一种未知化合物，它由前4种物质中的其中几种化合而成。实验者在该化合物中添加了某种化学品，得到一种黄色物质。儿童要解答的问题是：怎样化合4种物质中的其中几种或全部4种物质，才能最后制造出黄色物质。实验者允许儿童想怎样混合就怎样混合，想做几次就做几次。在添加那种化学品时，儿童可以随时检测化合物。

具体运思期的儿童在解答问题时并没有设计出一套逻辑的、有效的方案。他们只做其中一些化合反应，放着其他几种不做，他们常常会重复已经做过的化合反应，只要能得到黄色的化合物他们会就此停住。但是，形式运思期的儿童会事先列出所有可能的化合反应，据此制定试验计划。他们有条不紊地操作所有的化合反应，黄色化合物第一次出现时他们并不立即停止试验。这么做带来了丰富的成果，因为在皮亚杰的实验里能得到黄色化合物的方法有 2 种。这样一来，我们就不可能辨认出实验者最初拿出的是哪种黄色化合物。具体运思期的儿童确定他们找到了问题的答案（因为他们在黄色化合物第一次出现时就停止试验了），形式运思期的儿童与前者不同，他们把解决问题的可能方法增加到两种。

尽管形式运思期标志着皮亚杰理论中发展的结束，但这并不意味着思维的结束。相反，发展永不结束——因为儿童和成年人都不再局限于可直接观察到的事物，所以他们可以思考无限多的想法。从不到 2 岁时的感觉运动期开始，儿童已经走过了漫漫长路。还记得把红球看作是自己动作延伸的婴儿吗？之所以那样，是因为他们"认为"自己想看到球。这些极为简单的思维方式受到儿童动作的制约，成年人运用想象和某种精巧的思维形式可以从中推测婴儿的想法。

变化的机制

皮亚杰跟维果茨基不同，他认为发展过程中所有的变化都是由一小套机制控制的。他的"机制"并不是指机器，而是能达到某种特定结果的程序。根据皮亚杰的理论，能改变儿童认知结构的基本机制是同化、调适、平衡和抽象。皮亚杰称前 3 种机制（同化、调适、平衡）为功能常数，因为它们在整个发展过程中都发挥同样的功能，而且不会随着儿童经验的增加而改变。

同化机制

儿童接受新知识时，会改变新知识的形态以符合其既有的认知结构——这就是皮亚杰所谓的同化过程。让我们做个类推，想象你把水倒进杯子里会怎样。液体呈现杯子的形状，杯子却没有变化，同化就是这样发生的。信息进入人脑时，被迫采用儿童当前思维结构的形式。在此过程中，信息被扭曲了。举个例子，有个儿童家里养着条狗叫飞度。有一天这个儿童在公园里看见另一条狗，就叫它飞度。儿童用家中宠物狗的表征同化了这条狗。然后儿童又看到一只猫，他也把猫叫作飞度，儿童把信息全都同化到他的思维结构中，在这个结构中，飞度一词代表所有的猫和狗，也许还代表许多其他四条腿的、长毛的小动物。儿童需要修正自己的表征结构以区分不同的狗之间、猫和狗以及其他动物之间的差异。调适机制就能起到这样的作用。

调适机制

假如你把水注入气球中，水会抻开气球，改变气球的形状，同时水也会变成气球的形状，水和气球不断塑造着对方的形态。这其实就是调适机制，这种机制

"抻开"思维结构使其适应新的信息。过分调适与过分同化一样不好。譬如，要儿童知道他碰到的每个动物的名字是无意义的。儿童最好知道几个大致的范畴，如猫、狗，再知道几个动物的名字，如家里的宠物叫飞度、街那头咆哮的猎犬叫布鲁特思、隔壁的猫叫汤姆等。

平衡机制

每个既定阶段发生的变化都是为达到平衡状态而做出的努力。当儿童当前的思维结构能处理大多数新经验时就处在平衡状态。平衡机制协调着同化机制和协调机制之间的关系，使思维结构达到平衡状态。它对同化产生的扭曲进行评估，并进行适当的调适，把扭曲降至最小，从而提高儿童的认知能力。经过一段时间后，认知结构在某个理想水平保持稳定，这标志着一个阶段的结束。

年幼儿童的理想状态不一定与年长儿童的一样。前运思期的儿童做了液体守恒的测试，他们说高杯里的液体更多。当成年人指出高杯更细，而低杯更宽时，他们说："对，但那个杯子更高，所以它里面的液体也更多。"他们不理解高度和宽度之间的关系，也不懂成年人的解释，所以他们很满意自己的解释。但是过了一段时间后，他们思维结构的缺陷使他们不能解决大量的类似问题。失败的积累产生了皮亚杰所谓的失衡。失衡将促使结构变化，使儿童进入新的阶段。

抽象机制

抽象机制使从一个阶段到另一个阶段的发展成为可能。抽象机制对新的认知结构的创造是建立在前一个认知结构的基础上的，但在此过程中，抽象机制试图修正造成前一个认知结构失衡的缺陷。旧结构同化入新结构中，新结构对旧结构进行调适以修正其不足。平衡机制能够确保同化和调适机制在这个复杂过程中保持平衡。

对皮亚杰理论的评价

皮亚杰对儿童发展研究做出了巨大贡献。在对儿童进行测验这个问题上，他认为应该给儿童解释自己行为的机会。他跟维果茨基一样，认为测试分数能提供的信息是很有限的。皮亚杰关注的是儿童犯的错误，因为通过错误才能更清楚地透视深层的思维程序。皮亚杰设计出许多天才的实验，以此来研究儿童的推理错误。他的物体永存性实验和守恒实验成为经典实验，并且可以重复进行。如果你拿液体守恒实验测试一个 4 岁的儿童，你会得到与皮亚杰同样的结论。他的大多实验设计仍在产生重要的研究成果。

尽管皮亚杰的理论影响很大，但也受到心理学家们严厉地批评。这并不令人惊奇，因为皮亚杰的理论是如此的宏大。很多研究人员都认为皮亚杰对变化机制的描述太过模糊，很难应用于实际。另外，很多心理学家都不清楚同化和调适机制的具体含义，平衡和抽象机制则更令人迷惑不解。

同一阶段中的不同能力并不以相同速度发展，这一发现对皮亚杰的理论造成更大的打击。皮亚杰认为思维受一元心智结构支配。如果真是这样的话，那么所有的儿童应该在同样的年龄解决所有的"守恒"问题。但有些守恒问题 6 岁儿童就能解决，而另外一些问题则要等到儿童 10 岁左右才能解决。

很多研究人员部分或全部否定了皮亚杰的理论。其他一些发展理论也对皮亚杰的某些观点（譬如一元认知结构观念）提出挑战。尽管这些批评都有理有据，但就儿童思维如何发展这一问题而言，皮亚杰的理论仍然做出了最有力的回答。

记忆的发展

如果你读到一个句子的结尾时已经不记得开头是什么，那么所有的句子都会失去意义。非但如此，我们还得记住句子中词语的意思。阅读无疑需仰仗记忆，而且几乎人类所有的官能和知觉都要依赖记忆才得以进行。

内隐记忆和外显记忆

我们每天都会说话，记忆在其中意味着两件互相关联的事物：把信息存储起来并能够检索到这些信息。但是，正如心理学家托尔文（1927 年～　）所指出的那样，你并不总是能找到某个你知道你有的东西。有一则不幸蜈蚣的寓言很好地说明了这一点：有个科学家请蜈蚣解释它何以有那么多条腿却能走得那么优雅。蜈蚣试图解释每一条腿的走法，但却说不明白自己到底是怎么走的。最后，蜈蚣绝望了，糊涂了，它的腿胡乱缠起来，打成了节，那情形非常可怕。尽管蜈蚣清楚地知道该怎样行走，或者说它对怎样行走有内隐知识，但它不能把这些知识外显出来，也就是说，它不能对别人说明这些知识。

婴儿的记忆类似蜈蚣关于行走的知识：是内隐的而非外显的。婴儿不会有意识地检索并用语言表达信息。从定义上说，还没有获得语言能力的儿童不会用语言表述任何事情。这给研究婴儿发展的心理学家提出了一些问题，但正如我们在下文看到的那样，依然会有很多巧妙的办法可以考察内隐型的婴儿记忆。

成年人的记忆也有内隐的。这并不是因为我们没学会用语言表达这些知识，而是对有些记忆来说，没有可以表达它们的语言。举个骑自行车的例子，别人告诉你怎么骑并不能让你学会骑车，而你也不能把自己刚学会的骑车知识传授给别人。归根结底，骑自行车的知识内隐于你的身体，而不能外显出来。

记忆的类别

心理学家认为，记忆的贮存方式主要有 3 种：感觉记忆、短期记忆（也称工作记忆）和长期记忆。

感觉记忆指刺激物对视觉、听觉、触觉、味觉、嗅觉等感觉器官的影响。研究表明，即使我们不注意，或者在刺激物消失后，这种记忆都能发生。也有研究人员称这种记忆为回声。

当你注意某种刺激物时，也就是说当你意识到某刺激物时，该刺激物就进入了你的短期记忆。短期记忆是我们在任何特定时间都能立即意识到的记忆。在短暂时间内记住某事物对思考和理解来说都很必要，这就是短期记忆为什么也被称为工作记忆的原因。像前面所说，理解这句话要求你在读到句子末尾的时候还能记住句子开头，这就有赖工作记忆发挥作用了。短期记忆非常有限：它只能持续数秒（通常不超过 20 秒），且成年人所记项目不超过 7 个。

"这条蜥蜴叫作阿道费斯。"假使这个句子对你来说很重要，而且你拼命想记住这个句子，你就会反复读这个句子。这个过程就是所谓的复述。或者，你会在心里把这条蜥蜴和某个叫阿道费斯的人联系起来，我们称这个过程为阐释。或者你会通过其他赋予句子意义的方式记住句子，即把这句话和你已经掌握的其他信息项目组织起来。复述、阐释和组织，是把短期记忆转变为长期记忆的最重要的 3 种策略。心理学家用编码一词来描述人们如何加工信息使之成为长期记忆的过程。

长期记忆是我们对周围世界相对持久的知识。它既包括我们对自己的认识，也包括对别人和事物的认识，代表着我们人生经历所引起的对事物相对持久或长期的印象。其中有些知识是外显的，即我们可以用语言对它进行表述。而有些知识则是内隐的，即我们不能把它用语言表述出来。内隐记忆也被称为非陈述性记忆，这是因为内隐记忆不能用语言进行表达，例如，走路、系鞋带就不可言传。外显记忆有两种类型，二者似乎对应着大脑的不同部位。语义记忆由抽象知识组成，譬如在学校学到的加法、减法都属此列。情景记忆则是个人经验的集合。

我们是谁？长期记忆对于这一点的确认是非常重要的。我们所有的技巧、习惯、能力和自己的身份，全都存在于长期记忆中。丧失记忆的病人，如阿尔茨海默病患者，最终可能连最基本的日常生活的能力都没有。

幼儿的记忆

因为年幼的儿童不能用语言描述他们的记忆，所以研究人员设计了一些方案，以考察周围事物如何影响幼儿以及幼儿都记住了什么东西，其中最重要的测量方法是定位反应。人的定位反应类似打瞌睡的狗。狗似乎睡着了，但一听到它感兴趣的声音（路过的汽车或鸟），狗的耳朵就会抽动起来。定位反应能够使动物明白刺激源是什么并对其做出反应。从某种意义上说，定位反应是使动物确定方向的一种反应。人在受到新的刺激物刺激时也会产生定向反应。尽管我们的耳朵不能直竖起来，但我们身上还是会产生其他变化：我们的心跳慢下来了、瞳孔放大了、皮肤也因为排汗的微量增多而更富传导性。这些变化虽然微弱，但都可以用适当的工具进行测量。

婴儿也有定位反应。新的刺激会引起婴儿心跳速度改变，这种改变是可以测量的，刺激还可能使婴儿的身体动起来，如婴儿可能会转动自己的脑袋。当刺激物不再新奇时，换句话说，当婴儿已经学会并记住刺激物时，定向反应将不再发生，这一事实对研究婴儿记忆的心理学家来说非常有意义。

有一项实验是对出生不到 24 小时的婴儿说一个词。开始时，婴儿每次听到这个词都会把头转向发出声音的方向。但过了一会，婴儿就不转头了——他们已经习惯（适应）了这个词，对这个词不再感到新鲜了。但第二天实验者又对婴儿说这个词时，婴儿会再次把头转向词的方向。但是，比起那些同样年龄但从来没听过这个词的婴儿，他们这一次的适应要快得多。这证明新生婴儿是可以学习并记忆的。

模仿

婴儿的模仿能力为我们提供了另外一种研究记忆的方法。人们认为，如果婴儿模仿某个动作，这就表明婴儿能记住这个动作。在很多项研究中，研究人员在婴儿床前弯下腰，他们对着婴儿噘嘴、吐舌头、眨眼睛。有研究人员报告说，刚出生不到 1 个小时的婴儿就有对噘嘴、吐舌头、眨眼睛做出反应的。但我们并不十分清楚，在这些关于新生儿模仿的研究中，婴儿是否真的在模仿，是否有可能仅仅是实验者离婴儿太近而引起婴儿反射（机械）式地吐舌头、噘嘴等行为。这一想法为以下事实所证实：新生儿并不能对更复杂的行为做出回应，当实验者离开时，新生儿也不再模仿，但 9～12 个月的婴儿在实验者离开时仍然会继续模仿。皮亚杰认为，后者的模仿清楚地说明，婴儿能够记忆，或者说婴儿能够以心智表征事物。

控制行为

稍微大一些的婴儿可以控制自己的某些行为，因而我们就能对这些行为进行研究。在一项早期的研究中，皮亚杰对自己的儿子进行了实验：儿子当时还是婴儿，他的婴儿床上悬着一个风铃，皮亚杰拿出一根绳子，一头系在儿子的脚趾上，一头系在风铃上，儿子的脚一动，风铃就动起来。皮亚杰解释说，婴儿刚开始动脚不过是一般性的动作，与风铃无关，但婴儿很快就发现脚动和风铃动之间的关系，于是婴儿开始兴致勃勃地踢脚，让风铃也动起来。

现在假设你想检测一只猴子的记忆，你会怎样检测呢？猴子和幼婴都没有语言能力，他们适用同样的检测程序吗？研究表明该问题的答案是肯定的。检测猴子记忆最常用的方法被称为"延宕不匹配样本程序"。实验者先拿某个样本物体（如一个小盒子）给幼猴（或人类的婴儿）看，他们要是抓盒子就给予奖励。然后，实验者拿走盒子，过一会再把盒子跟另外一个新物体（如泰迪熊）一起拿给幼猴看，只有幼猴去抓新物体时才能得到奖励。实验者继续进行实验，拿很多不同的新物体跟原先的样本物体一起给幼猴看。幼猴去抓新的物体而不是原先的物体时才能得到奖励。

延宕不匹配样本任务并不容易完成。要完成该任务，幼猴至少得具备 3 种能力：发现并记住规则（总是新物体得到奖励）、为辨认出新物体而记住总是能看到的那个物体、能有意识地伸手去抓物体。通常，幼猴至少要 4 个月大才能掌握这 3 种能力。人类的婴儿比猿猴的发展速度更慢些，不到 1 岁的婴儿几乎不能很好地完成这项任务。1 岁大的人类婴儿经过多次尝试才能掌握这些能力。

A 非 B

A 非 B 实验给我们指出了婴儿产生短期记忆的年龄。假如你拿一个物体（比如一个指环）给成年人看，然后把指环藏在一个枕头（枕头 A）下面，成年人一直观看着你的动作，对他来说伸手找到指环一点也不困难，但四五个月大的婴儿就做不到这一点。

现在，假设你已经把指环藏到了枕头 A 下面，你又把它从枕头 A 下面拿出来，塞到它旁边的另一个枕头（枕头 B）下面，这次成年人和婴儿都看着你的动作。成年人立即伸手去枕头 B 下面找到指环，而婴儿即使看到同样的事件发生过程，却向枕头 A 而不是 B 伸出手去（这个实验因此而得名）。婴儿到 8 个月左右大的时候，才能比较稳定地向枕头 B 伸手——而且只能是在物体刚被藏起来时才行。如果从藏物体到找物体之间有段间隔，即使只有 8 秒或 10 秒钟时间，不到 1 岁大的婴儿中也很少有能把手伸向正确的方向去（枕头 B 下面）去寻找的。

A 非 B 问题为我们提供了一个用来检测记忆的有用实验。婴儿要想找到物体，就必须先记住物体被藏到了什么地方。该实验不仅能检测婴儿的短期记忆，而且还证明记忆的发展与大脑的改变有关。

脑的早期发育

出生后最初几个月里，人的脑部发生了非常重要的变化。出生前几个月，人的脑部发育很快，新生儿的头部大约是身体其他部分的 1/4；而成年人的头部与身体其他部分的比例约是 1：10。婴儿的脑部在出生头两年持续增长，这就是我们曾经说过的脑细胞增殖现象。脑细胞增殖不仅是脑细胞数量的增多，覆盖脑细胞的保护膜也随之生长，在既存的神经细胞中还产生了大量的相互联系。实际上，2 岁时大脑的潜在联系比人生任何时候都要多。因为许许多多我们后来没有用过的联系最终消失了，这就是我们所知道的神经系统（即神经细胞）修剪。

婴儿的脑相对较大，主要包括 3 个部分（像成年人一样）：脑干（位于颅后窝，像是脊髓的延伸）、小脑（也在颅后窝，在脑干的背后）和大脑（皱巴巴的、灰色的物质，打开头盖骨就可以看到）。

脑干和其他下半部分脑部在胎儿期、婴儿期的发育都比大脑发育快得多。这是因为脑干与呼吸、心跳、消化等生理运动有密切的关系，所以说脑干对人在物理上的生存是至关重要的。而大脑则跟感觉器官的活动、运动和平衡有更密切的关系。大脑最重要的功能是思考和语言。

我们关于脑部和记忆之间关系的知识来自以下 3 种资源：技术进步使我们可以得到脑部活动的实时图片，而且还是电脑放大的；对动物尤其是灵长类动物的脑部进行实验，人们记录了外科手术对动物脑部产生的影响；心理学家对脑部受损的人进行研究。这些研究取得了很多成果，其中一点即证明脑的不同部分分别对应着不同种类的记忆。

不必惊讶于人的记忆似乎与脑的不同部分的发展和功能密切相关。明尼苏达大学发展心理学教授查尔斯·纳尔逊认为，婴儿最初的记忆不能用语言表达，因而被称为内隐记忆，这种记忆主要是靠脑干和小脑等下半部分脑部进行的。正如我们前面看到的那样，脑的下半部分在人出生时的发育程度最高。婴儿快 1 岁时产生了外显记忆，它主要是靠大脑来进行的。

年幼儿童的记忆

婴儿出生后没几天就能辨别出妈妈的声音和气味，这一点已经在相关研究中得到证明。婴儿听到妈妈的声音时会迅速地把头转向妈妈声音的方向，其速度要比听到其他人的声音时要快。同样，比起其他味道，婴儿一般都会对妈妈身上的味道做出更为积极的反应。尽管这是关于记忆的明证，可是这些记忆有可能是婴儿出生前而不是出生后产生的。我们知道，在出生前几个月，胎儿的耳朵就已经得到充分的发育并开始发挥作用了。

即使是刚出生还不到一天的婴儿也能学习并记住新事物。让我们回忆前文讲过的适应性研究，实验者不断对出生不到一天的婴儿重复一个词，直到婴儿不再对这个词做出反应为止。第二天，当这些婴儿又听到这个词的时候，他们适应该词的速度要比第一天快得多。这项研究证明人有内隐记忆——不能表述为语言但能影响行为的记忆。

婴儿最初的内隐记忆都很短暂，婴儿不能长时间地记住事物——除非有什么东西能予以提醒。例如，婴儿能很快掌握一股气流和一段音乐之间的关系。一股气流要是吹进了婴儿的眼睛，婴儿会眯起眼睛。如果有很多次气流吹进婴儿的眼睛，而且每一次气流之前都给出某一段音符，那婴儿很快就学会在刚听到音符声时眯起眼睛，即使不再有气流吹向眼睛，他们仍然会以这样的方式对音符声做出反应。这种简单的学习方式就是条件反射。

有趣的是，在这种最初的学习方式中婴儿已经有了记住事物的迹象。这个例子中的婴儿在实验后继续以眯眼对音符声做出反应，这段时间可能有 6 天，或者更长一些。但是，如果后来没有了提醒物，即音符后不再伴随气流出现，婴儿会很快停止这种反应。

新泽西罗格斯大学的卡罗林·罗伊柯利尔和她的同事们一起开展的研究，也证明了婴儿能够学习并记住事物。他们的研究以皮亚杰对 3 个月婴儿和风铃的实验为蓝本。婴儿学会用脚踢动风铃之后 1 星期，实验者把婴儿放回到婴儿床上，婴儿们很快又开始踢脚了——他们还清楚地记得自己学到的东西。但在跟眯眼反射研究中的表现一样，他们的记忆是很短暂的。如果婴儿学会踢动风铃之后 2 周才被放回到悬挂风铃的婴儿床上，他们的表现会跟从没做过风铃实验的婴儿一样——好像已经不记得自己曾经学到的东西了。

另外一系列实验使用了提醒物，其结果表明婴儿实际上记得踢脚跟风铃动之间的关系。婴儿接受最初训练的 2 周后，实验者把婴儿放回到婴儿床上，但并不把风铃跟婴儿的脚绑起来。与之相反，当婴儿躺在床上时，实验者会轻轻地抖动风铃。1 天后，实验者又把婴儿放回到婴儿床上，这次把婴儿的脚跟风铃系在一起。这次，婴儿踢动风铃的劲头跟 2 周前一样足，这说明婴儿确实记得他们曾学过的东西。

儿童记忆的变化

儿童心理学家马里恩·帕尔马特认为，婴儿记忆的发展会经历 3 个阶段。第 1 个阶段是从出生到 3 个月大。正如我们在前面看到的那样，这个阶段的婴儿记忆多由重复出现的成对事物所引发，如妈妈的声音或气味、风铃和踢脚。这些记忆代表一种简单的学习。这一阶段最引人注意的特点是幼婴的记忆通常都很短暂，转瞬即逝，不能像成年人那样记得长久。这一阶段的记忆似乎是神经细胞对新刺激物的反应，一旦熟悉了刺激物就会停止反应。

婴儿记忆发展的第 2 个阶段大约从 3 个月大开始。其标志有二：能辨识出熟悉的事物，以及开始有意识的行为。随着婴儿年龄的增长，他们逐渐熟悉了周围的事物。这样，他们适应（熟悉事物、对事物不再感兴趣的过程）这些熟悉事物的时间就不断缩短。这说明婴儿在学习并记住事物，因此他们可以辨认出比较熟悉的事物。不久，婴儿开始主动去观看、寻找周围的物和人。这表明，不仅婴儿的记忆变得更为持久，婴儿的行为也更多地受到某种目的的指引。反复寻找他们认识的物或人表明这是一种有目的或者说有指向的行为，而不是起初那种偶然的、无目的的行为。

帕尔马特所说的第 3 个阶段从婴儿 8 个月大开始。这一阶段的婴儿记忆变得更像成年人，更加抽象了，也更加符号化。当然，不久之后婴儿就会学着用言语表征事物。这时的婴儿能对事物加以注意，并努力记住事物。1 星期大的儿童仅有对声音、味道进行短暂记忆，这种记忆跟 1 岁的婴儿记忆有天壤之别。1 岁大的婴儿不仅能记住妈妈、爸爸，甚至家庭宠物等家庭成员，他还能把家庭成员及许多其他事物跟一整套记忆中的感觉、印象甚至词语联系起来。所有这些东西都在婴儿 1 岁时学得。不过，1 岁婴儿的记忆和正常成年人的记忆还是有很大的不同。

儿童的世界

心理学先驱威廉·詹姆士（1842～1910）曾把婴儿的世界描绘为"纷繁错

杂、嗡嗡作响的混沌状态"。他认为婴儿在出生后的几周、几月之内，感觉器官还没有充分发育，因此婴儿既看不清也听不清，任何东西都是模糊的、混乱的。詹姆士至少在某种程度上犯了错误：我们现在清楚地了解了婴儿出生及以后的感觉器官发育情况。但詹姆士在某种程度上又是正确的——婴儿的世界是混乱的，不确定的。比詹姆士稍后的皮亚杰就指出，婴儿似乎意识不到物体的永恒性和真实性。婴儿似乎不明白，即使他们不看着物体、不尝着物体，这些物体还会继续存在下去。皮亚杰说，婴儿的世界是"一个现在的世界"。因此一个 5 个月大的婴儿会伸手去抓他前面桌子上的物体，但这个物体要是被毯子盖住，婴儿就不会去抓它了。

"眼不见，心不想。"皮亚杰以此来解释婴儿物体概念的缺失。所谓物体概念指的是能意识到物体是真实的、持续存在的；即使婴儿感觉不到，这些物体依然存在。皮亚杰认为，幼婴无法想象他们不能直接感觉到的物体，就好像婴儿不记得那些不在身边的物体一样。

其他研究人员并不同意这一观点。他们认为，幼婴不去找被藏起来的物体并不能证明婴儿不懂物体的永恒性，有可能仅仅是因为婴儿没有形成抓住物体的目标。或者，即使他们有抓住物体的意图，但他们还不能很好地协调所有必要的动作——看着物体、向正确的方向伸出手、抓住物体。甚至只是婴儿当时太累或没有抓住物体的动机。

记忆和行为

婴儿能向被藏起来的物体伸出手去，这最起码从某种程度上说明记忆引导着婴儿的行为——婴儿得记住物体在哪里才能伸手去找。

婴儿完成 A 非 B 任务的表现跟两个因素密切相关。一是婴儿的年龄。6 个月大的婴儿很少有做对的，而 8 个月大的婴儿很少有出错的，年龄增长伴随着明显的进步。另一个因素是时间间隔。藏物体和找物体之间的间隔时间越长，婴儿就越容易犯错，他们向枕头 A 而不是枕头 B 伸出手去。例如，9 个月大的婴儿在 3 秒或更短的时间间隔内很少会犯 A 非 B 的错误，但时间间隔为 7 秒或更久时，这些婴儿大多都会出错。

正如发展心理学家阿黛尔·戴梦德指出的那样，婴儿在 A 非 B 任务中的表现改进，表明婴儿用目的而非习惯引导自己行为的能力增强了。A 非 B 任务还表明短期记忆的进步，尤其是从把物体藏到 B 处到让婴儿去找物体之间存在时间间隔时更为明显。实验者不断延长间隔时间，直到婴儿犯错，其中年龄较大的婴儿能够坚持较长的时间间隔而不犯错，这有力地证明了这些婴儿的短期记忆要更为持久。同时还证明婴儿的大脑发育得更加成熟了。

我们看到，年幼的婴儿很快就学会辨认妈妈的声音和面容。尽管刚开始时婴儿对新事物的记忆是很短暂的，有时不超过几小时或几天，但他们很快就能学会辨认熟悉的地方和事物。到2岁时，他们将学会按类别区分事物：人们和动物们的身份，很多重要东西的位置，成百上千的词语以及各种各样对事物进行分类的复杂规则。

偶然的记忆术

学龄前（2～6岁）儿童的学习速度非常惊人，语言学习尤其明显，他们的词汇量得到巨幅增长。这种猛增的势头开始于1岁半，并在整个学龄前阶段继续保持。儿童们通常只要学一两遍就能记住一个词，而且这个时期学会的词儿童将终生牢记和使用。

然而，学龄前儿童的记忆和更大儿童、成年人的记忆之间仍然存在很大的差异。其中最明显的差异是，学龄前儿童不能像年长儿童或成年人那样有意识地、系统性地利用有效的记忆策略——组织、复述和阐释。他们似乎对记忆这回事还所知不多。他们还没有产生要学习、要记忆的念头，也没有领会到某些方法能使记忆变得更容易。

密歇根大学的亨利·威尔曼认为，学龄前儿童使用的策略与其说是有意识的，不如说是偶然的，他称之为偶然的记忆术。记忆术是帮助记忆的原则或诀窍，偶然的记忆术并不是有意识的，所以还称不上真正的策略。学龄前儿童最常用的偶然记忆术之一大概是对事物倾注更多的注意。

尽管很多学龄前儿童似乎能够运用策略去记忆，但很少有人是出于自发的。例如，威尔曼曾让3岁的儿童把玩具埋进一个大沙盒里，即使实验者问过儿童在走之前还想做点别的什么事，也只有大约1/5的儿童想到做个记号，以便还能找回玩具。实验者对第二组同龄儿童给出尽量记住把玩具藏在哪里的指示，但做记号的儿童只有一半。很显然，即使这组儿童知道自己应该记住玩具地点，也有一半儿童没有使用明显的记忆策略，而且不论有没有记忆指示，这部分儿童的记忆情况都一样。

记忆的可靠性

想象一下，一群3～5岁的儿童正在教室里玩耍，忽然有个陌生人闯进教室，他个子很高、红头发、长着胡子、穿着绿色的大外套，陌生人当着孩子们的面偷了老师的包。你把同样的事情分别跟一组 11 岁的儿童、一组处于青春期的少年和一组成年人演练一次。然后你让每一组证人都描述这个贼的样子，并且让所有的证人在排列好的一队人里指认盗贼。

你觉得学龄前儿童会有怎样的表现？有多少人能记住盗贼头发的颜色、穿在身上的绿色大外套、他的高个子和胡子？有多少人能自信地指认盗贼？

假如你改变一下程序，队列里没有盗贼，学龄前儿童会摇摇头说"不对，坏蛋不在这"，或者他们会把手指向一个无罪的可怜人。年龄大点的儿童和成年人会做得好些吗？

这些问题很重要，因为学龄前儿童经常目睹犯罪，有时还会不幸地成为被害人。法庭经常让他们回忆什么人在何时、何地做过什么。他们的回忆可靠吗？

有很多研究对这一问题进行了考察，他们大都使用了类似前面胡子男人的实验。结论似乎是明确的：学龄前儿童不如较大儿童和成年人记得准确，也不如他们记得详细。而且他们非常信任警察、法官、律师和政客。他们急于对问题进行令人满意的回答，他们希望跟从别人问题的指引，所以别人经常能让他们"回忆"起从没有发生过的事情。虽然有些孩子明显在抵制误导。在回答一个敏锐的、中立的警察记者提出的问题时，很多儿童都能清楚地回忆起一些重要的事情，但法庭并不总能确定儿童证词的可靠程度。

较大儿童的记忆

我们在前文看到，年幼的学龄前儿童通常不会有意识地使用记忆策略来提高记忆能力。有趣的是，当研究人员让 4 岁儿童的母亲帮助他们的孩子学习并记住不同事物（如动画片里的人物或动物园里动物的位置）时，大多数母亲会自然而然使用记忆策略帮助自己的孩子。最常见的策略是简单的复述——对儿童重复然后反过来让儿童对自己重复。不过母亲们也使用别的策略：如果书里的狗叫"斑点"，母亲会指指狗身上的斑点；要是有个洋娃娃叫"麻秆"，母亲会指指洋娃娃像细树枝一样的四肢。

儿童的部分记忆策略可能是从这种社会互动，尤其是跟父母或哥哥姐姐的互动中学到的。随着儿童年龄的增长，他们的记忆能力越来越好，这至少部分是因为他们能越来越多地运用记忆策略。例如，分别给 4 岁、7 岁、11 岁儿童组看图片，给他们的指令是"看这些图片"或"记住这些图片"。4 岁儿童在两种指令下的做法是一样的。但 7 岁和 11 岁儿童在被告知要记住图片时会有意识地使用记忆策略以改进记忆。

这一事实表明，从婴儿到学龄前直到 7 岁，人的记忆是稳步增长的。以后这种增长就没有那么明显了。但在所有年龄点上，不同的儿童的记忆会有不同的表现，他们的分数反映了个人之间的差异。

记忆力的提高明显与儿童使用组织、复述等技巧的增多有关。记忆力水平还与儿童对事物的熟悉程度有密切的关系。给儿童看描绘不同场景的照片实验证明，儿童对照片中的场景越熟悉，他们就越能清楚地记得照片中的细节。例如，在某个实验中，实验者给八九岁的儿童看各式各样的足球照片，然后就这些照片对儿童提问。踢球儿童的回答明显比不踢足球儿童的回答要好。同样地，许多国际象棋大师在比赛进行到一半时，只需要观察棋盘片刻就能将所有的棋子易位，和大师比起来，新手们仅能勉强在规定时间内正确地将几个棋子易位。

增进记忆

我们看到，记忆是随着更多地使用策略和扩充知识而增进的。因此，举例来说，儿童对历史越了解，就越容易掌握新的历史性事件。

研究表明，提高记忆能力还可以通过教授特殊记忆策略来实现，有时仅仅让孩子意识到这些策略既重要又有效即可。因此，某些学校会设置课程，教授组织材料的一般方法（如怎样阐释心理意象，或是简单一些的如怎样复述信息），以便能牢牢地记住这些知识。

记忆的策略

还有好些特殊的记忆策略，如押韵诗和谚语，有时我们称之为记忆术。例如，诗句"三十天的是九月（Thirty days hath September）"可用来记每个月的天数，"my very earthy mother just served us nine pizzas"则是用来记太阳系 9 大行星（现在认为是 8 大行星）首字母的记忆术（"我们朴实的母亲拿出 9 个比萨给我们吃"）。句子中每个单词的第一个字母分别与太阳系 9 大行星（现在认为是 8 大行星）单词的第一个字母相同：水星 Mercury、金星 Venus、地球 Earth、火星 Mars、木星 Jupiter、土星 Saturn、天王星 Uranus、海王星 Neptune 和冥王星 Pluto，冥王星被降级为"矮行星"）。

另有一些有效的记忆策略则广泛使用了视觉表象。这类记忆术要求记忆者形成非常生动的心理图像，这样的图像往往比词语或观念更容易回忆。视觉表象的一个例子是轨迹法，这种记忆术要求人们把列表中的各项跟一系列熟悉的地方联系起来。例如，为了把参加一次露营所需要的东西都塞进背包，你可能会想象不同的东西放在家中不同的房间里：厨房桌子上放着一管驱虫剂、浴室镜子前悬挂着短柄小斧、卧室里有妈妈包好的午饭。

另一种有效的记忆策略是链接法，这种记忆术要求记忆者在列表中的第一项跟一些熟悉的、容易记忆的项目之间建立形象的联系。这样，形象的联系就建立在相邻的两个项目之间，如第 1 个和第 2 个之间，第 2 个和第 3 个之间，如此类推。举个例子，人们可以用链接法来记住如下的食物清单：面包、狗粮、调味番茄酱、香肠、椰菜。如果你愿意，你可以这样想：一块面包悬在购物篮边上，篮子里挨着面包的是条狗，狗嘴里咬着一大块覆盖着调味番茄酱的香肠，狗的左耳长出一丛形状奇怪的椰菜来。事实上，你还可以使用更多技巧来提高你的记忆能力。

未来的挑战

心理学家们设计出一系列实验技巧来测量还没有掌握语言能力的儿童的记忆。下一个挑战是继续完善这些技巧，以回答"婴儿们知道自己是谁吗"以及"记忆是怎样发展的"这类问题。

研究人员曾经指出，婴儿记忆的发展与脑的发育有密切关系；婴儿的记忆从短暂的记忆和印象（3 个月大之前）开始，逐渐发展到可以辨认熟悉的事物（3～8 个月），以更抽象的记忆（8 个月之后）告终，一共经历了 3 个发展阶段。年长的儿童获得了更多的知识，掌握了更多提高记忆的策略，他们的记忆也随之增进了。

情感发展

关于导致情感发展原因的理论颇为丰富。但是问题在于，情感发展的某一个阶段刚刚到达，随后的一个发展阶段就接踵而来。

从出生到 4 个月：

婴儿通过哭来表达他们大部分的情感——这是他们唯一交流的方法。他们至少会使用 3 种不同的哭喊方式，以使照顾他们的人能够区分出他们的需要。哭声最经常用来表达饥饿，另外两种哭则是发出生气和疼痛的信号。如果婴儿的照料者和父母能够对 1 周岁以内的婴儿的哭声立即做出回应，将培养他们强烈的依赖感的发展。这个年龄阶段的其他情感还有悲痛和厌恶，友善的微笑、惊讶和悲伤也在这个时期产生。

4～8 个月：

这个时期婴儿开始表达更多的情感。欢快、快乐、恐惧和挫折的情绪会通过诸如咯咯声、咕咕声、号哭、哭喊以及身体的运动（如踢、手臂挥动、摇动和微笑）来表达。

18 个月：

在这个年龄阶段，刚学会走路的孩子开始发展出一种自我的观念。他们能认出镜子中的形象就是自己，并且开始独立于母亲和照料者。在这个年龄阶段，刚学会走路的婴儿情感变化迅速而广泛，1 分钟前他们也许玩得很开心，1 分钟后可能又躺在地板上哭。这种表现被广泛地看作是婴儿发展出自我观念的正常功能。

2 岁后：

从这个年龄开始，大多数孩子有能力通过话语来表达他们的思想和感受。这既是一种简化，又是一种复杂的因素——在他们能够通过准确的言词来使自己更容易被理解的时候，就需要引一些其他的因素。比如他们会说别人想听到的话，但其实这并不是他们真正所想的。二者选其一，他们使用的言辞不能够正确地传达他们真正的意思，因而没有言辞上的技巧，而且自相矛盾的说法也会经常发生。逐渐地，情感可以被控制或压抑，有时候也能用心境来代替。不同于情感是取决于天性而且是自发的、短暂的，心境比感受更能反映心情的状况，并且可能持续相当长的时间。儿童能够很快地学习控制或调整他们的情感。这种调整发生在与其他人的社会性作用中，特别是在童年期早期与父母、兄弟和同辈的沟通中。许多动物中，母亲与幼儿间都有很强的亲密关系。人类也不例外，父母对他们的孩子的爱和接受程度与对别人是有区别的，对孩子的行为所表现出的控制程度也是有区别的。父母的行事方式对儿童的发展有着重要的影响。虽然这 4 个时期被普遍认为是事实存在的，但是关于情感发展理论的确实存在性却几乎没有一致的看法。许多研究者都把兴趣放在情绪发展的复杂性上，心理学学生为了能够组织他们自己的想法以及系统地陈述新观点，更需要了解关于复杂性的问题。

情感发展

情感发展是幼儿和儿童时期个性的一个重要方面，已经成为许多研究的焦点。情感是个体进行一些行动动机的感情状态。它不仅仅是我们运用到感情状态的语言标签，也包含生物和生理上的成分——例如：生气和恐惧会与心跳加速和血压升高有关。思考和感觉也与情感有联系。要确认恐惧和生气是某些事件导致的结果，我们首先要注意它，然后决定对它做些什么，最后做出反应。例如：如果在孩子吵闹地玩耍时，把他们放在一个由碰撞而发出突然巨响的环境里，他们会丢下玩具，开始哭喊，因为他们受到了惊吓。他们是否在出生时就出现了这些情感？如果是这样，什么方法使他们发生后来的改变？关于这些问题的研究，依靠通过将幼儿安放在已知的、能唤醒成人特别情感的一些刺激下，来观察他们面部表情的变化。保罗·克曼和其他一些人对此问题进行了跨文化研究，研究证明世界上所有的儿童和成人对于同样的情感有着同样的面部表情。只要假设幼儿用面部表情来反映情感的方式相同，我们就可以认为这些情感在儿童早期就出现了。在这些研究中，幼儿被放置在一个事先知道的、能引起年长儿童和成人特别情感反应的目标下，比如一个突然响亮的声音能使成人惊吓或者一个柔和的声音会使他们微笑并感到快乐。如果儿童反应相似，那么就可以接受他们对刺激的反应是出于感情的这一观点。

主要情感

6 个月大的幼儿显示出我们已知的主要情感的迹象——兴趣、快乐或喜悦、惊讶、悲伤、生气、恐惧和厌恶。有些人相信随着满足和悲痛这些基本的情感，其他情感会慢慢出现。其他一些人则持这样的观点：随着生活的开始，这些情感就出现了，但是它们不是很容易就被区分的，因为幼儿的身体还没完全发展出普遍的、能够识别的外在特征。研究者仅仅依靠情感的脸部表达（一个 5 个月大的婴儿无法说出他为什么哭），不可能对每一个他们所表达的情感和他们所体验到的情感做出正确的区分。这是很关键的，因为虽然儿童出生时就有基本的能力去体验广泛的情感，但是他们在展示情感、情感反应的程度和他们控制情感的能力上有显著的不同。

次要情感

越来越多的综合性情感在出生的第二年中出现，儿童发展出"自我"的意识，其他人所期望的领悟力也在增长。羞耻、内疚、困窘等情感出现在婴儿身上，它们作为次要的（社会）情感被认识到了。婴儿此时开始展现出清晰的自我意识，他们的评议能力也开始成长。个体差异在这一时期也是非常重要的。一些刚学会走路的儿童非常顺从，是因为他们社交情感非常敏感，另一些儿童则会走得很快，对其他人所期望的恰当行为一点也不关心。在恐惧、喜悦和羞耻中的不同表现，正是我们不同个性的来源。

情感调整

体验一种情感仅仅是难题的一部分。一旦开始体验一种情感，我们需要有能力去控制它——或者通过利用内在思想，或者通过改变外在形势来引起它。情感调整是一个种类非常宽泛的行为，只有当强烈的情感反应出现时，才能认识到它对神经质系统的控制。

情感发生是我们适应不断变化的环境的一部分。当受惊吓的时候，我们也许会体验到快速的心脏跳动和腹部的痉挛。但是这些肉体上的感受仅仅是暂时的——如果这种程度的恐惧一次持续几天或几星期，那是无法忍受的。为了继续生存，我们需要这些强烈信号的消失，但同时仍然需要一种调整这些情感的方式，以便于我们不用总是消极地回应每一件发生在周围的事。没有情感调整我们将没有能力做任何事。

情感调整是了解情感和社会的方法之一，并且能够认识幼儿期和童年期的发展。如果我们的情感被很好地调整，那么我们将能够享有与其他人学习新的和重要技能时所产生的乐趣。我们也将能够学习评议和技巧，并使其在这个复杂的社会中起作用。如果我们的情感缺乏调整，那么将会很难在与目标的相互作用中进行参与和学习。缺乏情感调整也将导致儿童期和少年期甚至成年期出现行为上和情感上的问题。

情感的相互调整

幼儿虽然具有一些基本的技巧，但是他还是几乎没有调整情感的技巧。例如：幼儿通过闭上眼睛、吮吸拇指、握紧拳头而表达兴趣，一些幼儿还有能力抚慰自己。但是，拥有这些基本技巧的儿童仍然需要父母的帮助来调整他们的情感反应，例如父母可以抱住并抚慰受惊吓的幼儿。当幼儿显示出对某一目标的强烈兴趣时，父母可以抱着他们接近目标。这种对情感控制的分担对于整个幼儿期和童年期来说，是父母和儿童关系的一个最主要的成分。在这一发展过程之后，父母也能够更好地调整儿童的情感。当儿童获得语言技巧，越来越多的情感调整将通过说话来发生。例如，一个受陌生人惊吓的 8 个月大的幼儿，需要被父母抱在怀里，摇晃着来安慰。在同样情况下，对 2 岁的儿童，父母更有可能摇动他们的小手说："这是我工作中的伙伴莎丽，她非常友好，你想要和她问好吗？"儿童开始上学后，虽然他们仍然还需要一些帮助（这些帮助也许由父母、老师或者同辈来提供），但是他已经有能力对大多数的情感反应做出自我调整。就算是成年人，当一个特别的想法或者情况使其感到愤怒、悲痛或恐惧时，绝大多数人偶尔也需要和父母、兄弟或朋友交流，因为像家庭成员这样的密友能帮助我们重新控制那些情感反应。

个人气质

虽然儿童显现出典型的发展样式，但是儿童在不同的情况下，感受到的行为和情感变化类型却不尽相同。就像青年人和成年人的人格不同一样，幼儿和儿童对令人感兴趣或受惊吓的事件、情景（包括其他人）以及对环境变化的敏感性也是不同的。这些情感注意和反应上的个性不同有很强的生物学基础。纽约大学所从事的纵向研究确定了9种描述儿童气质的不同归因，对气质的研究做出了重要的贡献。尽管如此，现在对气质的研究和理论并不强调儿童的这9种特质，但是为了替代对生物和脑力系统的描述，对在幼儿期、儿童期、青年期和成年期可以转换注意力、情感和身体运动的不同方面达成一致。许多研究者在评估儿童对反应进行控制或自我调整的能力时，更有兴趣检测儿童是如何进行反应的。

儿童间的亲密关系

大多数发展心理学家发现，相伴是为了正常的生存和发展，所有的儿童都必须形成一种与父母和照顾者之间情感上的持久亲密关系。幼儿与母亲间的亲密关系的构思，心理学家借鉴了性格学的研究成果，即科学观察不同的动物（包括人）在其所在环境中的行为表现。最有影响的性格学研究者康莱德·洛化兹（1903～1989）对动物间的自然印象（关系）的研究，在发展心理学上产生了很重要的影响。他最有名的研究之一就是对毛孩行为的调查。像其他鸟类一样，刚出生的鹅会与它第一个看到的移动的东西建立强烈的亲密关系，大多时候是与母鹅建立关系。这种关系是毛孩继续生存的基础，因为为了避免被掠食者吃掉，他们必须待在母亲身边以便得到保护。

洛化兹发现如果他是刚出生的毛孩第一个看到的、移动的东西，毛孩就会对他有很深刻的印象，会跟在他身边并把他当成自己的母亲。这种天生的建立亲密关系的能力，随时间的流逝变得越来越不明显，并且没有影响力。这就意味着在鹅的发展过程中，一个有危机的敏感时期出现了。其他研究者在哺乳动物中（如山羊）也发现了类似的情况。这个调查提出了一个新问题——人类的幼儿是否也和母亲建立这种亲密关系？如果是，那么刚出生的几个小时和几天有多重要呢？

在一项著名的研究中，约翰·H. 卡耐尔和马歇尔·H. 卡洛斯通过一个实验来寻找答案。他们让母亲不时地接触刚出生婴儿的身体，而另一些母亲则不管婴儿，结果证明在刚出生的几天，母亲和婴儿间身体上的接触对于建立强烈的情感关系是很重要的。然而，这种影响并不是很强烈，其他的研究者并不能重复同样的实验结果。因此，幼儿情感发展时建立关系的重要性至今不是很清楚。

依恋的理论

就像洛化兹处理他的调查一样，大约在同一时期，英国伦敦的临床心理学家约翰·波拜开始系统地论述附属理论，这个理论在 20 世纪后半叶对发展心理学产生了重要的影响。波拜相信这种在幼儿和父母间出现的亲密关系太复杂，以至于不能用一个简单的形式印象过程来解释。波拜观察了许多与父母分隔开的或被遗弃的幼儿。他从临床观察中注意到许多缺乏亲密个人关系的儿童会感到痛苦。由此他提出，一个天生的依恋系统能够将幼儿紧紧地和母亲联系起来。当这种依恋系统适当地起作用时，能很好地保护幼儿，因为他们能够待在保护他们远离危险的母亲身边。

另外波拜还提出，母亲或其他人（与幼儿形成依恋关系的成人）也能使幼儿在探索世界的时候不被卷入危险，从而在不同类型的体验和刺激下健康发展。上述这种对世界的探索使婴儿的大脑快速发展。这种依恋系统由幼儿对安全的需要所驱动。当受惊吓的时候，幼儿会哭喊，如果有能力，他们会爬向自己的母亲，他们对母亲的期待是抚慰和使他们平静下来。一旦幼儿恢复平静，他会继续探索周围世界，因为他们知道，如果受到惊吓，母亲会提供保护。根据波拜的理论，由于婴儿需要安全感（使他们不用一直害怕）和探索周围环境的能力，一个健康的依恋关系是必须的。如果在探索世界时没有过度保护，婴儿很难感受到安全。在不熟悉的环境中，有一个安全的依恋关系使幼儿能够把他们的照顾者当作安全的基础。他们可以探索新目标和陌生人，当事物变得令人恐惧时，他们可以回到照顾者身边并得到抚慰，直到他们感到安全并可以进行更多的探索。波拜相信，这些与母亲和照顾者关系的体验将变成一种内在的关系模型，"道路地图"代表着幼儿和其他人的依赖。波拜的理论中最重要的一点是这种幼儿的依恋为他以后的生命设立了发展的舞台，因为这将影响儿童与其他人社会关系发展的质量，以及他如何进行社会的和情感的发展。

儿童的依恋

美国的心理学专家玛丽·安斯沃思（1913～1999）是波拜的同事。她到世界各地旅行并且在实践中观测波拜的理论。安斯沃思推断，几乎所有的幼儿都依恋他们的父母，这些依恋的能量是巨大的。她认为考虑为什么一些幼儿和母亲发展出安全的依恋关系而与其他人没有是非常重要的。为了了解这个，安斯沃思广泛而详细地观察母亲和幼儿的关系发展。安斯沃思研究大一点的幼儿（不同于母亲和新生儿早期亲密关系的研究），因为波拜的理论强调有一个时期幼儿的大部分表现都是依恋行为。在这项研究中，安斯沃思注意到，当一些母亲对于她们的幼儿的哭喊和悲痛立即做出反应时，其他母亲没有这样做。在确信这些不同的反应非常重要后，安斯沃思发展出一种至今仍在使用的、容易理解的实验步骤，以测量孩子们的依恋关系——婴儿对与他们的母亲的分离和团聚的反应，这提供了关于婴儿对依恋的确切信息。它包含一系列的步骤，每一个持续大约 3 分钟。其中包括：

（1）母亲和幼儿一起在一个有一些玩具的房间里；

（2）陌生人进入房间并且渐渐地开始与幼儿一起玩，母亲离开；

（3）陌生人和幼儿一起待在房间里；

（4）第一次团聚，母亲返回，陌生人离开；

（5）母亲离开房间，婴儿一个人待着；

（6）陌生人返回房间与婴儿待在一起；

（7）第二次团聚，母亲返回，陌生人离开。

婴儿依恋的类型

安斯沃思的研究强调了 4 种类型的婴儿依恋关系。在调查中安心的婴儿是数量最大的群体，当他们悲痛的时候，他们信任和依赖自己的照顾者。在陌生人的实验步骤中，这些安心的婴儿在母亲离开房间时变得很不安，当她返回时又很快变得轻松。父母抱住婴儿并通过讲话来抚慰他们，一两分钟内他们会变得平静，并能够再一次探索。与那些安心的婴儿相对照的是两组无安全感婴儿。对焦虑摇摆不安或抵抗的无安全感婴儿，像安心的婴儿一样，当母亲离开时，会显示出清晰的忧虑信号，但是当他们父母回来后却依然不能获得安慰。这些婴儿经常显示出需要被帮助和安慰的信号，但是父母尝试这样做的时候又会抵抗——这些婴儿无法恢复平静。对焦虑回避的安全感的婴儿，他们在父母离开或返回时显示出极少的或没有明显忧虑信号，即使在父母离开时变得不安，他们似乎也忽略父母的返回。

安心和无安全感儿童的不同点似乎是在与他们的父母的分离和团圆时显示出

的一些行为，如突然变得冷淡。大多数研究已经证明，安心的婴儿很有可能在他们的社交和感情技巧上发展正常。他们有更多的来自朋友和同体的支持关系，并且能够很好地应付家里和学校的困难。由此可知，能否成为一个安心依恋的儿童，在很大程度上依赖父母。就像波拜提出的，安心的幼儿很有可能有这样的父母：他们非常敏感并且能够积极回应孩子的需要。

成人的依恋

近来，依恋理论家（比如玛利梅）已经开始关注青年期和成人期的依恋。他们发现成人依恋和儿童期的依恋内部工作模型十分相似。就像在儿童期一样，那些相信其他人是可以依赖和依靠的成年人，很可能拥有令人满意的关系，并且能健康发展。

安心的、自立的成年人拥有他们儿童期清晰的记忆，不管是快乐的还是不快乐的。这些成年人与朋友和浪漫的伙伴之间拥有很亲近、有意义的关系，并且有能力从这些重要的个体中获得他们需要的社会性支持。这种分类与幼儿期发现的安心依恋分类相一致。这些成年人感觉最快乐，与其他人拥有最令人满意的关系，并且心理最健康。

当回忆过去的记忆以及与父母现在的关系时，一些人似乎更自主、独立，并且能够将这种与父母和其他人的关系的重要性最小化。这与幼儿期的焦虑回避依恋分类相一致。

另外，还有一类与幼儿期关于焦虑矛盾或抵触不安依恋的分类相一致：他们没有对过去的清晰记忆，并且无法讲述连贯的、关于自己和父母及其他人关系的故事。这和幼儿期紊乱的依恋分类相一致；这样的成年人，就像他们在幼儿期一样，在形成关系上有困难，并且在心理健康上和幸福上有更多的问题。

第四章 神经心理学

心智

对心智的性质以及它与大脑和躯体关系的考察如同历史本身一样古老。在 19 世纪末心理学发展成为一个独立学科之前，对这个问题的解释仅限于哲学领域。希腊哲学家柏拉图认为心智是非物理实体，他可能是将精神性质理论向前推进的第一人。他使用希腊词 psyche（意即灵魂）来描述心智的不可见性。柏拉图进一步推论精神和物质因为没有自然关联，所以可以分离。哲学家们把柏拉图的理论称为精神躯体分离的"二元论"。

另一位希腊哲学家亚里士多德不同意柏拉图的二元论。亚里士多德认为精神物质（亚里士多德称之为"形式"）和身体（或者说质料）是有联系的。亚里士多德相信每个生命体都是质料与形式的联合——相互依赖。多年之后，柏拉图和亚里士多德的观点曾一度被经院学派的神学家和哲学家所采纳。此外，经院派哲学家还认为我们形成思想的能力来自上帝的赐予。经院派哲学家相信，我们能够形成思想的能力是上帝赐予我们的礼物。基督教的哲学家圣奥古斯丁，则将这一礼物命名为"光照（或启迪）"，"就像眼睛需要太阳的光照才能看得见物体一样，同样，人们的智力也需要上帝的光照才能了解这个仅能用智力了解的世界。"经院派对于精神的本质的信仰一直流传至中世纪。

笛卡尔模式

将心智二元论表述得最清楚的是法国数学家和哲学家勒内·笛卡尔。数学的精确性对笛卡尔具有吸引力，但他反对古希腊和经院哲学家前辈们在哲学上制造的不确定。因此，笛卡尔决定在更为坚固的基础上建立一个全新的哲学体系。笛卡尔决意从怀疑一切出发——怀疑他以前所被教导的一切以及他所认识的周围的一切。他绝望地寻找着一些不可置疑的东西，当笛卡尔最终意识到只有一件事实他不能否认时启示来临了：那就是他正在怀疑的这件事实。只有一件事不能被质疑——怀疑本身。他的发现被总结成一句哲学经典命题：我思故我在。

一旦笛卡尔对自身存在感到确定，他便知道也因此可以断定周围世界的存在性。笛卡尔继而开始寻找自身和自然世界之间的区别。如同他心爱的数学一样，笛卡尔认为物质世界也由物质规律所支配，然而不能将相同的理论运用于精神领域。因此，与柏拉图一样，笛卡尔相信二元论。他认为心智，或者说是精神存在与身体等物质存在是完全不同的。

与柏拉图的二元论稍有不同，笛卡尔的二元论被称为存在二元论。尽管笛卡尔认为精神和身体不同且相互分离，但它们之间并非毫无关联。笛卡尔相信意识和身体可以相互作用，形成联合，最终构成人。

笛卡尔的哲学思想引发了一个重要问题：像意识和身体这样两个完全不同的东西是怎样相互作用的呢？笛卡尔认为这两者在大脑中央的松果体部位相互接触。毫无疑问，当人们感觉到像温度升高或者强烈的光线这类现象时，会引起诸如出汗或闭眼之类的反应。笛卡尔的理论没有进一步解释意识和身体之间的这种接触究竟是怎样一种机理。这个"意识—身体"问题开启了哲学历史上最重要也是最具有争议的论题。

后笛卡尔时代的观点

笛卡尔的工作促使许多哲学家企图解决"意识—身体"问题。与同时代那些在处理意识身体问题上非此即彼的哲学家不同，英国经验主义哲学家约翰·洛克将这一问题引入心理学的范畴——经验。洛克不认为物质和意识真的就是问题的根本所在，真相应该存在于它们中间的某个位置。在一本名为《关于人类理解的论文》中，洛克把意识描述为一块白板，并解释说所有人都是通过经验获得知识的。根据洛克的理论，感觉提供了一种类型的经验。另一种被洛克称为反应，也就是意识组合并比较各种感知。洛克断言人类不能从物质世界直接获得知识，而只能通过感觉和反应。

洛克继续论证了当我们不能证实物质世界的存在时，我们的感觉为我们所必需的一切确定性提供了证据。然而，洛克的立场从根本上说仍然是二元论的：意识和身体依然各自独立。洛克甚至认为从理论上说人类不可能理解意识和身体之间的关系，人类关于自身身体的一切理解，像其余物质世界一样，都是意识里的观念。

另一位伟大的经验主义哲学家斯科特曼·大卫·休谟（1711～1776）十分推崇英国科学家伊萨克·牛顿爵士（1643～1727）的科学方法。在他的《关于人类理解的哲学论文》（1748 年）中，休谟在科学原则的基础上发展了知识理论。同洛克一样，休谟认为意识不能产生观点，但是观点可以通过感觉形成。休谟因此将知识分为"事物的联系"和"事实"两类。观点只是与意义有关，比如，运动由空间和时间的关系组成。事实则以其本来面目被接受，例如，玻璃是绿色的，火是烫的。

因果关系（在任何关系中的起因和结果）困扰着休谟。他认为事件之间关系的知识，譬如火（起因）是烫的（后果），来自"火"和"烫"两个观念之间的内在联系。因果关系的知识来自主观经验的积累。我们不仅想到火是烫的，还接受并相信它就是烫的。这个观点暗示因果关系建立在主观基础之上。科学家们企图保持客观，但他们却依赖于对因果关系的观察，因此科学自身就是以主观为基础的。因而关于我们是怎样积累知识这一点，不存在任何所谓理性的、科学的理论。

康德的哥白尼式的革命

18 世纪德国哲学家伊曼纽尔·康德（1724～1804）试图将洛克和休谟的经验主义和笛卡尔以及其他理性主义哲学家的理论进行融合。不同于经验主义者宣称的所有知识均来自感知经验积累，理性主义者认为知识还可以通过思考和推理获得。康德则相信两者都是知识形成所依赖的基础。

如康德所认为的，知识的问题就是怎样把感知经验和先天知识（也就是人一生下来就具备的知识）联系起来。他的出发点是区别分析和综合两种判断。分析判断可以通过对命题的分析获得真相，综合判断中所陈述的事实不能经由分析命题而获取。

康德还对人们积累知识的两种途径进行了区分。一种是先天的，不能通过感知经验获得或者被感知经验探测到；一种是后天的，可以被感知经验探测到或者通过经验获得。康德之前的哲学家认为分析判断属于先天，而综合判断是后天形成的。不错，分析乃先天判断——但这一点仅局限于字词含义和字词之间的关系上，而不能延及世界的意义和关系。另一方面，后天的判断——综合判断虽关乎世界，但是却建立在或然性基础上。照此推断，我们不可能获得有关经验的任何确切知识。康德对此有不同看法。他认为经验提供内容（综合的元素），头脑提供了结构（先天因素），这决定了内容被理解的方式。

康德称头脑提供的先天的东西为"分类"，并列举出 4 种不同的组织经验内容的分类。那就是数量（事物的多少）、性质（事物的类型）、关系（事物怎样相互作用）和属性（是什么）。我们将这些分类运用于日常经验从而感知整个世界。例如，空间是存在于头脑中的结构，它把一个个物体联系起来。头脑先天提供的东西赋予经验意义。不是我们的经验世界形成了意识，而是意识设定的模式形成了经验世界。

事物是否就是它们呈现给我们的样子呢？这一点我们永远不得而知，因为我们的知识都被精神预构的。这也是康德对不可知的本体（事物本身的样子）和现象（事物所呈现的样子）所做的著名区分。康德称他的理论为哲学界哥白尼式的革命。就像波兰科学家尼古拉斯·哥白尼（1473～1543）改变了科学家对地球和太阳之间的关系的认识方式一样，康德也改变了哲学家对经验世界和精神世界之间关系的认知方式。

精神的科学

直到 19 世纪末，精神研究仍然只是哲学家们辩论的领域。此后，三大发展为精神的科学研究奠定了基础。

第一个发展由德国哲学家和心理学家弗朗兹·布朗塔诺（1838～1917）完成。1874 年布朗塔诺出版《从经验起点出发的心理学》，在这本书中他试图创建心理学的系统研究，从而为精神科学建立基础。布朗塔诺复兴了经院哲学家的"意识"理论。意识的概念帮助哲学家们处理大脑中所呈现出的事物和客体事物之间的二元问题。一些二元论的哲学家认为体验过的和记忆中的同一个事物，例如一个人对花的印象，即便真正的事物从我们的视线中消失，它也能保留在我们的意识中。布朗塔诺的意识理论回避了意识是否存在的问题——当我们注视一朵花时，我们看到了花这一点是确定的。我们把我们的意识放在花上并识别了它。布朗塔诺面临的唯一的问题就是花怎样对我们的意识产生了意义，我们的意识又是怎样和花联系起来的。

第二个突破是心理学在 19 世纪作为一门独立学科的建立。1879 年，德国生理学家和心理学家威海姆·伍德特在德国莱比锡大学开设了第 1 所心理学实验室。伍德特和他的同事通过一种叫作"自省"的方式研究精神活动——人们观察并分析他们自己的思想、感觉和精神图像，记录他们在控制条件下的自省。伍德特每次实验都在同样的物理环境下进行，并运用相同的刺激。尽管哲学家花了千百年的时间试图理解精神，但是这还是第 1 次把科学的方法运用到精神活动的研究中。

第三个大的突破来自美国哲学家和心理学家威廉·詹姆士（1842～1910）。1890 年詹姆士出版了《心理学原理》——一部两卷本的里程碑式著作。《心理学原理》把精神科学消解为纯粹的生理学规则，把思考和知识当作生存的工具。与此同时，詹姆士把精神物理学（研究某一器官的精神活动的物理程序效果）运用到极致。

疑惑的种子

以美国心理学家约翰·布洛杜斯·沃特森为代表的行为主义者认为，心理学家可以借助研究可观察的刺激和行为反应之间的关系对大脑的工作机理进行更深入的研究。极端行为主义走得太远，甚至完全否认思维的存在。大多数行为主义者认为自省作为一种分析方法是无效的。这首先是因为人们在自省之后复述他们经验的这一方法依赖于记忆，而实验表明记忆在某些时候是不可靠的。其二，人们发现除了自己的意识经验之外，很难对任何其他的议题进行观察。他们不能进入精神活动的内在工作机理（例如识别），更不用说对之进行解释了。最后，科学的基础是客观性，而自省产生主观性的结论——独断的想法正好与无偏见的客观信息根本对立。这样，关于意识的研究依然与几个世纪之前的哲学争辩一样不能算是一门科学。

新哲学

极少有现代哲学家通过实验或借助电脑创建思维模型的方式阐释理论，然而哲学和新的认知心理学之间仍然保持着很紧密的联系。思维哲学没有特殊的方法——哲学家们处理类似意识与身体关系这样的一般概念，并试图解释那些源自认知科学家的概念。认知科学家的工作反过来又会帮助哲学家们改进方法。

根据神经科学最近取得的一些重大突破，很少再有哲学家同意笛卡尔二元主义的观点。哲学家们论证如果这个世界所有的物质都突然消失，很难相信像精神这类的"生命力"会继续存在。因此意识应该被看成物质世界的一部分。最近的很多哲学争论都试图确立支配意识的规律，唯物主义就是一支由一定理论构建的大的哲学流派。

同一理论

唯物主义的理论之一——同一律，也就是还原唯物主义，是一个简单的概念。它的支持者认为对大脑内部神经中枢路径来说，精神状态是同一的或者是相关的。当更多的神经中枢途径绘制出来，我们就可以指认如"想望"这样的意识过程与大脑中某一特殊区域的神经元活动之间的关系。

同一律并不能说服大多数哲学家和心理学家。它的主要问题在于把各种不同的精神活动与大脑的特定神经元（神经细胞）挂钩。而且，没有理论证明每个器官的同一神经过程都意味着某一特定的精神行为。所以同一律只适用于某精神活动的单一反应，例如，任何器官都以同样的方式感受疼痛。

功能主义

批评者对同一理论的批判导致被称为功能主义的一种新理论的发展。功能主义者认为行为是由一定的精神活动综合形成的，并试图用被他们称为功能的因果关系来解释精神活动。他们还认为不同的精神活动有多重意义，因此他们不相信行为能精确定位于神经活动的某一特定区域。

取消唯物主义

取消唯物主义（取消主义）最极端的观点是取消心理学范畴（例如注意和记忆）有利于对神经生物学标准的解释。这一理论以其取消主义闻名，认为神经科学可以为任何精神活动提供解释，因此心理学可以简化为神经科学并最终成为化学和物理学。许多该观点的支持者相信像记忆这类的心理学范畴在描述精神活动时很有效，但只限于它们的字面意义，这些词不能用于神经元层面发生的事情。例如，当研究揭示出在不同睡眠阶段大脑表现出很大不同时，睡眠理念因此已经获得修正。

圣地亚哥大学加利福尼亚分校的哲学家帕垂克·彻奇兰德进一步发展了该理论。她认为需要从分子的、细胞的、功能的、行为的、系统的、大脑的不同的角度同时研究精神，彻奇兰德称之为共同演化。这种研究精神的方法优势在于即便所有的问题都与理解大脑与意识之关系相连，但它们所得出的结论都各不相同。彻奇兰德认为每种方法得出的结论都应该相互支撑，从整体上提升我们对于精神的全面认识。

生物本能主义

约翰·塞尔（1932 年～　　）是伯克利州加利福尼亚大学哲学教授，他对削减主义者发掘潜藏于精神活动背后的神经生物机理的目标感兴趣。塞尔的生物本能主义理论认为意识活动可以通过大脑的某些活动的物理因素（例如一个神经元）来解释，只是这些因素不会独自完成这些过程。例如，大脑是有意识的，意识则由大脑的神经元形成，即便单一神经元是无意识的。因此研究大脑解剖学无助于我们进一步理解意识。塞尔建议心理学家采用与化学或物理实验室里相同的系统观察和分析的方法，尽可能地研究意识本身。

丹尼尔·丹尼特

讨论意识哲学如果不提及美国图弗茨大学认知研究中心主任丹尼尔·C. 丹尼特（1942 年～　　），是不完全的。丹尼特在试图理解意识时推动了神经科学议题的思索。他认为当代的仪器已经可以证实意识能力，那么将来它们也可能发展出自己的意识。这把唯物主义运用到了极致。丹尼特没有宣称大脑和意识都是生物现象，而是认为由计算机硬件组成的大脑也可以拥有意识。他撰写了许多这方面的书籍。在《意识的阐释》（1991 年）一书中，丹尼特认为意识不可能是发生在某一特定区域的某一单一的大脑功能，而是大脑功能的许多连续变化合成的。

后指向性假设

旧金山加利福尼亚大学哲学教授本杰明·利伯特研究意识和大脑的联系将近30 年。在 20 世纪 90 年代，在一系列富有争议的实验之后，他得出结论：我们生活在过去。不是遥远的过去，而是过去的半秒，我们需要这么长的时间去自觉感知我们的感知。在这段时间内，我们感知到刺激并在意识当中决定怎样回应，此时，我们的大脑往往已经激起某一可能反应。这些实验构成了"后指向性假设"的基础。好在后指向不能延迟我们一些不需要思考的行动。知觉发生得非常快，但我们还有时间去抑制那些不恰当的应激反应。利伯特认为探知并纠正本能的错误判断是自由意志的基础。

精神功能

当我们思考精神活动时，还需要考虑精神活动的载体，例如语言、记忆，甚至知觉本身。首先让我们看看大脑是如何从外界的刺激中获得信息，从而使我们可以与世界互动的——换句话就是如何感知和理解的。

大脑是怎样从客观世界获得信息并转化为感知的？我们是怎样从收音机里听到歌曲，从电视机里看到足球赛，理解朋友在电话里说什么——而且我们往往同时进行上述的多个活动。这些活动过程是多么复杂，可我们却能接受这么多信息，真是让人惊奇。内耳的细绒毛感受到空气中的压力从而使我们拥有听力；眼睛后面的感光细胞作用于影像从而使我们拥有视力；大脑的特殊区域控制声带从而使我们可以说话。我们综合这些表面上相异的信息形成统一的感知，从而使我们得以行动、反应、在这个充满信息的世界生存。

我们重视这些知觉功能是为了理解它们是如何进行工作的，一个有效的做法是将正常情况与有问题的情况相比较。举一个著名的 P. T. 的例子。P. T. 在一次大脑受伤后无法辨认事物。作为拥有一大群牛和许多田地的农民，他需要知道自己在哪里，周围有些什么，但大脑受伤让他的生活变得很困难。当他在农庄里较远的地方修葺篱笆，抬头一看不知道自己在哪里的事情经常发生。更糟糕的是，有一次挤奶的时间到了，他却发现自己在挤一头公牛的奶。最可怕的是，P. T. 无法辨认周围的人。那个每天早上服侍自己早餐的女人变成了陌生人。他能看见她站在炉子旁，为他煎鸡蛋，当她穿过厨房带给他碟子，他甚至可以描述她的整个动作，但就是不认识她——直到这个女人张口说话。听到她的声音，迷雾才消失，他突然意识到那原来是他的妻子。

折磨 P. T. 的病叫作视觉辨识不能。英国神经医生奥利弗·塞克斯（1933 年~　）曾提过一个相似的案例——一个除非听到声音，否则说不出妻子的脸和自己的头有什么区别的男人。

这两个案例的共同之处在于病患都有正常视力。眼镜商和眼科医师发现他们的眼睛工作正常——光线作用于眼睛后面的感光细胞后被正确转化为神经冲动送到大脑。但是大脑却完全不能感知到，这不是感觉紊乱，而是理解紊乱。视觉辨识不能的病人，单个视觉刺激不足以引起认知，但视觉刺激和其他刺激如声音、碰触、嗅闻，甚至尝味结合在一起，可以使患者认识先前不能完整认知的事物。

其他的认识不能，如听力（不能辨认相似的声音）和触觉（通过触摸不能认识相似的事物）等，可以通过视觉提供的信息减轻患者的痛苦。

注意力和大脑

为了行为、反应、在这个世界生存，我们需要知道怎样选择鉴别感知到的东西。完成这些事情的能力就被称作"注意力"。这个词出现在许多语境之下，但它到底是什么呢？

威廉·詹姆士在《心理学原理》一书中说："每个人都知道注意力是什么。注意力就是占据大脑，以一种清楚生动的形式，把一种东西从可能同时存在于大脑里的事物或者诸多思绪中挑出来。聚焦和意识集中是其精髓。它意味着从一些事情中挣脱出来，有效处理其他事情，它是与困惑、迷惘、注意力不集中相反的情况。"

这究竟意味着什么呢？当然是我们可以选择注意什么。我们必须这样做，否则我们会被信息所淹没。注意力自主的经典解释被称为"鸡尾酒会效应"。在这样一个喧闹、混乱的社交场合，人们是怎样进行私人交谈的呢？我们可能都经历过这一环境的变化——不是在鸡尾酒会就可能是在图书馆学习。你可能把注意力放在某一特别令人困惑的文本上，读了一遍又一遍，试图找出一点意义。也许你在挣扎，因为你同时听见附近的凉亭里你的朋友们在讨论当天的球赛。一方面你想工作，一方面你又想知道你支持的那支球队表现如何，你在两者之间挣扎。但是你得选择把注意力放在其中一个上面，你不能两条思路同时进行。

你可以决定不听棒球比赛的讨论而专心于面前的课本。毕竟，事后你可以从报纸上读到球赛，你选择专注于课本忽视球赛。但这是不是就表示你已经完全与朋友们的讨论隔绝了呢？研究结果显示你没有。你只是决定选择不让各种信息通过耳朵进入大脑而已。尽管你选择故意不接收，它们依然存在。这一现象的经典案例是人们能在本来毫不在意的谈话中听到自己的名字。同样的原理在棒球赛中也有效，即使你仍然在工作，如果其他人突然谈起你特别想知道的事情——例如棒球比赛中的比分——你就会立刻丢掉课本加入谈话。

自觉和反射注意

我们并不能总是控制自己的注意力。前文所提到的棒球问题只是自觉注意力的一个例证。另外一种注意力被称为反射注意力——当我们正在工作时，电话铃响了，我们会立刻而不是自觉地从我们的工作中抽身出来去接电话。反射和自觉注意力有关联，许多心理学家认为这是连续统一体的一部分。基本上我们都能选择注意对象，但是注意力也可能被一些有意义的事件自主吸引过去。这表明注意力是由大脑的特殊区域激活的。当我们决定把注意力集中在某一介入的特殊刺激时，我们操纵注意力；当我们想停止或者转移注意力时，我们就脱离。临床研究显示丘脑（大脑中央区域，传送视觉和听觉信息到大脑的其余部分）的"运作功能"很重要，顶叶（大脑顶端区域，对空间过程十分重要）在脱离中发挥作用。另外，上丘脑（脑干部位一串拇指盖大小的神经元，控制着眼球转动）控制注意力转移。最后，人们认为大脑前环部位主宰着注意力控制。这一部位靠近大脑中央前叶部位，也就是在侧脑室前上方，是一个重要的脑回（其中一个凸起折在大脑皮质，也叫作回旋）。这些区域的任何一部分遭到破坏都会导致自觉和反射聚焦注意力的重大缺陷。

错误记忆综合征

清楚记忆和模糊记忆的区分清楚地证明了记忆在大脑里不是孤立的、单一的系统。我们有关于知识的记忆，也有没有知识的记忆。更复杂的是，我们还有错误记忆。

每个犯罪起诉人都知道在法庭上目击者的证词是确立罪行最有效的证据之一，但是目击者的证词都可信吗？华盛顿大学心理学家伊丽莎白·洛夫图斯1978年发表的一份研究资料显示出很难依赖目击者证词做出判断。她给被试者看一组车祸的彩色幻灯片，并在随后的模拟法庭中问他们看到了什么。一半人看到的幻灯片上步行者被撞的地方有一个红色停止标志，另外一半人看到的则是一个红色让步标志。随即，在回答关于标志的问题时，一半人被问到的是正确问题，另一半被问的则是误导的、不正确的问题。例如问他们："当车开到红色停止标志时，司机停车了吗？"这是一个关于停止标志的问题，但是对那些一开始看见的是让步标志的人来说却是个误导问话。在随后的辨认测试中，许多被误导的让步组被试坚持认为看见了停止标志。当被问及红色停止标志时，他们改变了记忆转而相信他们看到的是红色停止标志。因此我们不能总是相信自己的心理证据。

感知

这个世界充满了各种我们能感知的事物，即各种各样的能量或结构皆能转变为感觉。感觉是眼睛、耳朵、鼻子、舌头和其他感官的活动，这些特定的器官可以对热、冷和压力做出反应。没有大脑，感觉自身没有什么特别的意义，因为它不过是把震动、光线、有气味的分子这些物理刺激转变为神经冲动。大脑对神经冲动的解释，使我们能够感觉到我们生存的这个世界中的各种颜色、形状、声音和感情。

试验心理学家詹姆斯·J. 吉布森认为，那种认为感觉和知觉一起构成了我们各种各样的知觉体系的观点非常有用。那些知觉体系不仅包括感觉及与其相连的大脑，而且还包括了各种肌肉和腺体。例如，我们的视觉系统不仅包括眼睛和感光细胞，而且还包括神经网络。这个神经网络把视觉冲动传递给大脑，以及各种控制眼睛、头部甚至身体运动的肌肉组织。吉布森把感知视为天生的，并相信对这一领域的研究应该在现实生活的各种场景中进行。

我们的感觉

古希腊哲学家亚里士多德把人类的 5 种感觉——听觉、味觉、触觉、味觉和视觉比为我们大脑进行感知的 5 个窗口。这些窗口只能接收信息而不能对信息进行分析。感觉不像普通的窗口，因为它要把所有外部世界发生的事情（比如一声喊叫或温度下降）转变为大脑能够解读的电子神经冲动。这些神经冲动允许大脑进行感知。此外我们的感觉也不像普通的窗户那样，能够允许各种事物通过。所有的刺激中只有一小部分能够产生大脑可以解释的神经冲动。

如果不是这样，我们就会被时刻环绕在我们周围的各种声音、图像、气味及其他感觉弄懵。事实上，我们仅注意到许多潜在信息中的一小部分，其他的都被忽略，就像我们忽略无线电广播中的背景噪音一样。

在无线电传输中，信号与噪音的区别很明显：信号是一段信息，噪音是无序的或者可能是一段无关的信息碰巧用同样的频率播出。同样，在我们的神经系统中，信号是我们正在注意的神经活动，其他的是噪音。例如，当你读这段文字时，文字是信号；其他人的谈话声或你饿了的感觉，都可以看成为"噪音"。

数据消减系统

通过过滤外界的噪音，我们的大脑使我们免于被信息淹没。感觉吸收信息，然后大脑进行过滤，只保留它可以做出反应的信息量。鸡尾酒会现象对大脑扮演的这种数据消减系统角色做了很好的说明。在酒会上与他人交谈时，我们通常不会注意到我们自身周围其他话题，但我们可以瞬间转换话题。如果某个人在我们的听力范围内叫我们的名字，或提到我们感兴趣的话题，我们的注意力可能会马上转移。猛然听到谈话中的一部分，我们会促使自己倾听他们的谈话。我们在任意时间感知到的事物都会立刻引起我们有意识的关注，这就是注意力。从大脑活动层面来看，注意力和感知是不能简单地进行分割的。

信号入口

我们的感觉过滤我们许多潜在的信号。一些潜在的信号，比如一名警察鞋子的颜色是一个不会引起别人注意的信号。另外一些信号，像你鼻梁上眼镜的重量，是一种持续的信号，你很快对它们做出反应。还有一些信号，比如远处乌鸦扇动翅膀的声音，你根本无法接收到。早期的心理学家古斯塔·费克纳、威廉·冯特、爱德华·布拉德福·撒切尔对于引起刺激的阈限非常感兴趣。他们会问：人眼所能感知的最弱光亮是多少？耳朵所能听到的最轻微的声音是多少？手能感觉到的最轻的触摸是多少？

为了回答这些问题，研究人员测量了物理刺激量和它们产生的效果，此举为精神物理学奠定了基础。

起初，精神物理学家认为他们能够测量出引起感觉的最小刺激量。但是不久他们发现这行不通，因为一些人比其他人更加敏感，而且一个人的阈限也是随着时间而改变的。你可以非常容易地证明你自己的阈限如何变化。拿一只走动的闹钟，把它放在你房间的一端，然后走远一点，直到你听不见闹钟发出的滴答声。现在往回慢慢走，直到你能再次听到闹钟声为止。这一点就是你受刺激的阈限。但是如果你静静地站在那里几秒钟，闹钟声有可能消失或者变大。为了再次找到你的刺激阈限，你不得不前倾或后仰。因此，费克纳认为，阈限不是固定不变的。费克纳还推论说，存在这样两个点：在其中一点，任何刺激都可以感受到，而在另一点任何刺激都无法感受到。在这两点中间，所检测到的阈限应该是上下限的50%。费克纳称其为绝对阈限。

恰可察觉差

早期的精神物理学家不仅想知道引起感觉的最小刺激量，而且想知道能够感受到的刺激量之间的差别。比如，有2只猫，1只重0.9千克，另1只重1.8千克，在你蒙上眼的情况下，你可以轻松分辨出哪只比较重。但是如果一只猫重

0.96 千克，另一只重 1.02 千克，你就可能无法分辨出哪只比较重。欧内斯特·韦伯认为两个刺激量之间的恰可察觉差是一种比例而不是常量。在研究了相当一部分人后，韦伯认为重量的恰可察觉差是 1/53。这就是说一个通常能够举起 90 千克的人可能觉察不出增加了 0.9 千克的重量，但可以觉察出增加了 2.3 千克的重量，因为 2 千克超过了 0.9 千克的 1/53。一个能举 136 千克重物的人在增加了 2.7 千克或更重的重量时，才能感到重量的增加。这就是韦伯法则，它不仅仅适用于重量，而且适用于味觉、亮度、响度。不同的人或一个人在不同的时间对于不同刺激的承受水平是不同的。

现代的研究方法

在感觉与感知的研究中，重点不是测量绝对阈限和恰可察觉差。相反，现代科学家关注大脑是如何发现神经活动与感知之间的联系的。研究神经体系如何运作的称之为神经系统科学。这一研究领域建立在对人类行为、动物、精神病人以及神经学和解剖学的研究基础之上。

也许最重要的事实在于神经系统科学家拥有精密的仪器使得他们可以探测、勘查大脑活动，而这些手段在几十年前还无法应用。精神物理学家能够测量单个神经细胞的活动，并且通常能确认我们对刺激做出反应时所牵扯的特定的大脑区域。研究显示，在我们如何感知与我们如何在大脑中呈现外界事物两者之间存在着密切的联系。哈佛大学心理学家史蒂芬·考斯林和他的同事们进行一系列研究。他们向参与此项研究的人员展示了一幅图景。在这幅图景中，有一些清晰的、能够辨认的标记。在参与者仔细观察这幅图景后，图景被拿走。令人惊异的是，当研究人员要求受测试者设想图景中任意两点的距离时，受测者完成此项测试所花费的时间同任意两点的实际距离有直接的比例关系——两点之间的距离越远，受测者所花费的时间越长。

视觉

我们大脑所形成的图像不是平面的，而是三维的，有高度、宽度、深度。我们能够在精神上移动这些高度、宽度和深度，以便从不同的角度观测它们。根据考斯林的研究，如果问我们，青蛙是否有嘴唇和尾巴的话，我们会先从大脑图景的一端来观察青蛙，然后在大脑中将图景旋转再从另一端来观察它。如果青蛙的尾巴与嘴唇在同一端，我们回答上述问题所花的时间就比较少。不仅你的青蛙 3D

图像来自你的其他感官，而且有关青蛙的其他特征也来自你的其他感官。比如，你的青蛙图景可能还包括青蛙的皮肤肌理、青蛙的叫声、青蛙的腿部力量等。同样，你大脑中形成的玫瑰可能有你无法用语言描述的香味。也许，这朵玫瑰还带着尖锐的刺。尽管你大脑中的图景不是完全可见的，但可见的绝对是这些事物现实中最显著的特色。

人类的视觉

我们对于人类视觉与视觉体系所做的实验远多于对其他感知体系所做的实验。我们的眼睛是我们大脑的延伸，它沿着神经细胞突出在头部的前沿。这些神经束使我们的大脑和眼睛联系紧密。实际上，在参与将我们的神经网络与外界联系的细胞中，有40%的细胞来自眼睛。

色彩视觉

每只眼睛的视网膜包含了7000万个视锥细胞，视锥细胞的数量几乎是杆状细胞的20倍。那些感光细胞则被压缩在一块只有棉纱厚薄、邮票大小的区域里。杆状细胞与视锥细胞有着各自不同的功能。杆状细胞比视锥细胞对光更加敏感。实际上，两种细胞对光都很敏感，以致其在正常的光线条件下都无法很好地发挥作用，因此主要在黑暗中发挥作用。同时，视锥细胞也需要较好的光线才能发挥作用。它们使得我们可以看清细节和色彩。

尽管视锥细胞和杆状细胞有着不同的功能，但它们对光线的反应是相似的。当它们吸收光线时，两者所含的吸收光线的分子都发生变化。比如，杆状细胞含有微光感受器——视紫红质，这是一种非常敏感的化学物质，单个的光子都可以打散它的一个分子。当视紫红质被打散后，它就会引发一种神经信号。如果杆状细胞要继续对光线做出反应，视紫红质的各组成部分就要重新结合。正因为这种重新组合需要在黑暗中进行，所以杆状细胞才不能在白天很好地发挥作用。

视紫红质的微光感受器的再生很大程度上依靠维生素 A 和某些特定的蛋白质。橙色的食物比如胡萝卜和杏都富含维生素 A。所以说吃胡萝卜可以获得很好的夜视能力是对的。在那些缺少富含维生素 A 的食物的地区，夜盲症比较普遍。

如果我们把彩虹中的 7 种色彩混合在一起，那么结果是白光。如果我们仅选其中 3 种色彩——蓝、绿、红，结果仍旧是白光。如果我们仅选取上述 3 种色彩中的两种，我们就有可能得到我们所看得见的所有颜色。

最后一种情况是三色视觉理论的基本出发点。这个理论首先由生理学家托马斯·杨（1773~1829 年）提出并最终获得承认。生理学家赫尔曼·赫尔姆霍茨对三色视觉理论进行扩充。根据杨—赫尔姆霍茨理论，将红、绿、蓝这 3 种不同波长的颜色混合，我们可以得到所有的色彩。因此眼睛只需要 3 种感色细胞。一种主要对红色做出反应，另一种对绿色，还有一种对蓝色。这些感色细胞体系的不同活动水平可以使我们感知不同的色彩。对色盲人群的研究显示出杨和赫尔姆霍茨是对的，但这一过程用了 100 多年的时间。最后，科学证实人类的视网膜上含有 3 种类型的视锥细胞：一种主要对长波（红光）有反应，另一种主要对中波（绿光）有反应，第 3 种对短波（蓝光）有反应。

色盲

如果这 3 种类型视锥细胞的活动是帮助我们分辨颜色，那么一种或几种视锥细胞体系的缺陷所产生的结果是可以预料的。例如，视锥细胞体系不发挥作用的人群，他们眼中的世界就只有黑色、白色，一切都灰蒙蒙的。他们要么视力很差，要么白天什么也看不见。事实上的确存在这种情况，尽管比较稀少。仅有一种视锥细胞发挥作用的人群，在白天和夜晚都有正常的视力，但是他们无法区分颜色，因为他们仅能看见一种色彩密度。这种情况也比较少，但确实存在。有两种视锥细胞发挥功能的人能够看见很多色彩，但是会把某些特定的色彩弄混，而其他人则不会。实际上，有 10% 的人存在这种情况，他们当中 90% 是男人。经常被混淆的颜色是红色与绿色，最不常见的是蓝绿色盲。在许多情况下他们不是完全混淆，很明亮的色彩仍能被分辨出。这一方面是因为色彩明亮，另一方面是因为色彩是一个主观的反应，许多患有色盲的人都意识不到这一点。

三色视觉理论没有解释色彩视觉的所有方面。在赫尔姆霍茨进一步发展杨的理论 50 年后，神经学家尤恩·海瑞（1834～1918）指出，我们似乎没有从纯色彩方面考虑问题，这有可能也是这个理论的基础。相反，如果我们让人们说出纯色彩的名字，他们会说出 4 种主要颜色：红、绿、蓝、黄。这 4 种颜色代表着两对互补色或相反色：红色与绿色相对，蓝色与黄色相对。我们无法设想带绿的红色或者带蓝的黄色，这就像没有带黑的白色一样。因此，海瑞的对立过程学说能够更好地解释色彩视觉。这个体系包含 3 个独立的通道，对应着 3 对互补色：红—绿，蓝—黄和黑—白。

眼睛与大脑

眼睛对光波做出反应，并把它们翻译成神经信号传递给大脑。正是大脑解释信息，感知颜色、形状、质地和运动。把眼睛与大脑连接起来的是视觉神经。眼睛右半部分接收的信号传递给大脑左半球。眼睛左半部分接收的信号传递给大脑右半球。视觉信号的主要目的地是大脑的最后部——视觉皮质，也叫枕叶。视网膜上的影像是倒置的，并且比实际的物体小。视觉皮质将影像正过来并进行诠释，以便使其看起来像实际的物体。

为了检验大脑在视觉感知中的作用，调查人员在刚出生的小猩猩的眼睛上放了一个透明的护目镜。护目镜使光线可以通过，但是小猩猩无法看清物体的形状和样式。即使将护目镜摘掉或小猩猩能指引自己的空间运动以后，小猩猩也需要几个月的时间才能够辨清物体，而且大部分的小猩猩在护目镜摘除后，无法获得正常的视觉。同样，一出生就待在黑暗中或带有眼罩的小猫在打开灯光或摘除眼罩后也无法获得正常的视觉。在幼年时期失明或无法接触光线的人类也有类似的经历。这种对光线的剥夺使大脑与视觉建立联系的早期发展阶段受到损害。通过对动物的实验及某些人的个案研究，似乎可以证明早期的视觉刺激对于正常视觉感知的形成具有极其重要的作用。

特征检测

为什么出生后被剥夺了一段时间的正常视觉刺激后的动物和人类会有视觉问题呢？1981 年，因共同发现大脑在视觉中作用而获得诺贝尔奖的神经生物学家戴维·休伯尔和托斯登·威塞尔为我们提供了答案。他们记录了被剥夺视觉刺激的动物们的大脑活动水平，发现视觉皮质的很多细胞似乎不再发挥作用。而且，大脑视觉皮质的神经细胞之间的联系也更少。在一项研究中，研究者将猫的一只眼缝合，另一只眼保持睁开。当研究者拆除缝合以便使两只眼都发挥功用时，视觉皮质也只对没有缝合的眼睛做出反应。休伯尔和威塞尔在一些研究试验中记录了单个视觉皮质的活动，这使他们可以测量特定刺激对视网膜的效果。他们发现视觉皮质的某些细胞能够被一些明确的刺激激活。比如，一些细胞仅对特定的宽度做出反应，另一些细胞则只对特定的角度或轨迹清晰的运动有反应。一些细胞对垂直线做出反应，另一些则对水平线做出反应。如果那些做特征检测的细胞在生命早期未被激活的话，那么它们将永远不会发生作用了。我们的感知体系依赖特征检测来认识我们周围的一切，从有皮毛的猫到声音，以及人类的脸庞。

识别脸庞和物体

粗略估计一下，我们可以识别大约 3 万种不同的物体，其中一些物体有几十亿种不同形式。人脸就是一个很好的例子。作为个体，我们仅看到这个星球上的 60 亿副脸孔中很小的一部分。但是拿出 60 亿副脸孔做例子，我们都会毫无困难地辨认出来。不仅如此，我们还可以马上识别出我们所认识的几百副脸孔。可是，那些脸孔的差别有时非常微小，以至于我们无法用语言来形容它们的差别。如果从几十幅相似的照片中挑出一副脸，你会发现你很难用语言描述它，除非这副脸孔有明显的标记，比如最近摔坏的鼻子。

那么我们是怎样识别脸孔的呢？这不是一个简单的问题。脸孔识别是非常复杂的过程，甚至精密的计算机做这件事都有困难。编程人员发现很难制订出一定的规则以便计算机能够检测出重要的特点，分辨出相似的组合。我们的感知体系好像有某种特征侦测器，它可以为视觉感知分辨出几十种重要的特征，比听觉感知分辨出的声音更多。

格式塔法则

识别像脸孔一样的复杂形式，或更复杂的脸部表情似乎需要一定水平的抽象能力和决策能力——这不容易解释。根据格式塔心理学家马克斯·魏特海墨（1880～1943）、考夫卡（1886～1941）、苛勒（1887～1967）的理论，我们不是感知个别的特征，而是整体特征。

格式塔理论的基础是整体大于局部的简单相加，曲调比单个的音符更重要。是各个部分组成的结构而不是线条、角度和组成部分的简单相加决定了图形是梯形、三角形、正方形还是汽车。我们的大脑似乎会对感官接收的信息做出最好的诠释，而且这些诠释经常反映出其他格式塔原则，如封闭性、连续性、相近性、相似性。

感知运动

当一个物体穿过我们的视野时，会在我们的视网膜上产生一系列的图像。但是如果我们在把头从左转向右的同时睁着双眼，你只能得到一系列视网膜图像，却不会看见物体运动，这是因为你的大脑抵消你的运动。同样，如果一个物体通过你，你的头部也同时随着物体运动，这可能无法在你的视网膜上产生图像，但是你的大脑再次抵消你的运动却使你知道物体在运动。旅行病是由于大脑从眼睛和内耳接收到令人疑惑的信息引起的。

期望的感官刺激与大脑感知的刺激之间的冲突导致大脑向身体器官发出有冲突的信息。并不是所有运动都是真正发生的运动。比如，一系列静止的图片快速展示，就会出现运动的图像。有光的氛信号快速开关也会有相同的效果。还有很多假象，例如大脑对感知的解释所产生的图像。

听觉

在所有感官中，听觉对于口头表达和避免感情孤寂是最重要的。很多动物种类都是更多依靠听觉不是视觉来交流、定位和生存的。海豚在黑暗的水中不能依靠它们的视觉，而它们实际上也不需要，蝙蝠也同样不需要。这两种动物都能够发出声波，声波碰到物体后，以回声的形式返回来。神经信号从听觉器官传递到大脑，这样它们就可以依靠接收到的信息得到外部世界的图像。尽管我们不知道它们从回声中创造的心理表征是什么，但是它们对运动出色的控制力显示出它们有着同人类一样复杂的空间意识。对于所有意图与目标，它们都可以看见，并能意识到它们周围的世界。尽管人类的心理图像比蝙蝠或海豚的心理图像更形象，但对于有听觉的人来说，声音为大脑开启了另一扇窗户。

产生声音的刺激

声音是我们对由震动引发的波动效果的感知。声波通常是由分子（包括空气分子、水分子和固体分子）交替收缩和扩张引起的。实际上，叫它声波是错的，因为我们对波动的感知是声音，而不是波动本身。

声波的产生与扩散就类似于你向平静的池塘扔下一块鹅卵石。如果你仔细观察，你就会看见水波如何从鹅卵石入水的地方产生，如何一圈比一圈大地向外散开。水波的产生有一个固定比率，它们每秒钟通过一些固定的点，这就是它们的频率。当波浪扩散时，频率不会发生改变。声波就像水波一样。声波的频率用赫兹来衡量。一赫兹就是每秒一圈或者说一次颤动。假如声音达到 16～2 万赫兹，人类的耳朵就能听到。超过这个频率的就是超声波，低于这个频率的就是亚声波。频率越低，我们感知到的音调就越低。

海豚发出的一些信号高达 10 万赫兹，因此人耳无法听到。而另一些信号低于 2 万赫兹，我们就可以听到。

再来看一下池塘，你会注意到靠近鹅卵石入水的地方的水波比较远的水波有着更高的顶点（更大的振幅）。振幅是一个波形的高度，它随着距离的增加而减小，直到波形完全消散。在声波中，振幅或者说是响度以分贝来衡量。0 分贝是人们刚刚能听到的最弱音。很高强度的声音是危险的，尤其长期接触高强度的声音就更危险。接触 100 分贝的声音超过 8 个小时会对听觉造成永久性损害，超过 130 分贝的声音会立刻损害听觉，而摇滚乐有 120 分贝左右。

我们向池塘中扔入两个鹅卵石会怎么样呢？水波会从每个鹅卵石入水的地方向外扩散，并相互碰撞、交织、翻滚，形成网状的小波浪。这些波浪不能仅用频率和振幅来形容，因为它们太复杂了。复杂性是声波的第 3 个特点。我们周围的声波通常不是单纯来自一个源的声波，更多的情况是几个声波的结合。我们对声波复杂性的感知就是我们所说的音高。声音的这种特性使我们能够分辨出是父母的声音还是其他人的声音。

耳朵的结构

鲑鱼和其他鱼类在身体两侧有着对压力敏感的细胞线（称为侧线），这些细胞线能使鱼类侦测到水中的振动和化学物质，是它们在水下的嗅觉和听觉。同样，一些无耳蜥蜴和蛇通过骨头，特别是鄂上的骨头感觉振动。但人类不像这些动物，我们有耳朵。

耳朵的可见部分是耳朵外部的耳郭。这是一块软组织，它像问号一样盘旋在我们的头部两边。而短小、充满蜡状物的耳道可以把振动从耳郭传向耳鼓。耳郭与耳道构成了外耳部分。

中耳是一个狭窄的、充满空气的腔，由 3 块小骨构成：锥骨的一端直接与耳鼓连接，另一端与砧骨相连。砧骨与镫骨相连。镫骨上有一层小小的薄膜通向内耳。这里还有一个像欧氏管的通道，从中耳通向喉咙。

内耳包括一个充满流质的结构，形状像蜗牛壳，称为耳蜗。耳蜗向里伸展是基底膜，沿着基底膜是接收声音的毛细胞，它们构成了柯蒂氏器。

耳朵如何工作

外耳把空气分子搅动形成的声波通过耳道传向中耳的耳鼓，并引起耳鼓振动。尽管振动非常微小，但它能引起中耳内 3 块小骨头的振动，接着振动通过卵形窗传入内耳。卵形窗的运动促使耳蜗内液体的运动，从而引发基底膜的波形运动，再促使柯蒂氏器的毛细胞运动。当毛细胞弯曲旋转，就会激起底部的神经细胞。神经细胞的脉冲信号在通过听觉神经传给大脑的左右半球。

定位声音

我们的耳朵会在前后相差很短的时间里接收到许多声波。如果声音直接来自耳朵一边，0.8 毫秒后，我们另一边的耳朵才会听到。最先听到声音的耳朵直接收到振动、后听到声音的耳朵所收到的振动强度也比较弱，因为这些振动已经在大脑中转换了很多次。如果振动直接来自头顶、前方、后方，双耳听到声音的时间和强度是一样的。但是耳郭的形状会以不同的方式改变声波，这取决于声波的方向。我们用 3 种线索来判断声音的方向：时间差异、强度差异以及振动从不同角度冲击耳朵所发生的变形。

感知音调

在日常生活中，我们不仅仅想知道声音来自哪里，我们还想了解更多同声音有关的事物。我们想知道声音是谁的，是歌声、是鸟叫，还是动物发出的。我们希望能够检测、学习和分辨声音。为此，我们需要能分辨音高（就像音乐中的高音和低音）。频率理论表明声波引起大脑的活动，这些活动是对声波频率的直接反应。

换句话说，每秒 500 圈的波动（500 赫兹）将引发每秒 500 次的神经冲动。有证据表明，的确存在这种情况，但这仅对较低的频率而言，因为神经细胞通常无法每秒达到 1000 次的冲动。第二种解释叫作部位论，它告诉我们如何感知音调。高频和低频影响耳蜗的不同部分。如果耳蜗的底部很活跃，我们能听到较高的频率。如果耳蜗后部的上半部分比较活跃，我们能感知较低的频率。

听觉与语言

口语是对我们日常生活贡献最大的。语言帮助我们创造文化。语言可以在近距离也可以在远距离发挥作用，可以在白天也可以在黑夜发挥作用。语言在人类进化过程中意义无可估量，它对我们思考、解决问题的能力和适应能力的意义也是无法衡量的。在口语中，我们使用的声音是因为我们对它们的意义有广泛的共识。语言不仅包含听觉符号，而且也包含视觉信号，比如，你正在阅读此页的文字。口语依赖于我们的听觉，而听觉像其他感官一样，依赖于大脑的活动。来自两只耳朵的信息通过听觉神经传递给大脑的任意一边，我们的大脑听见并处理这些信息。处理声音可能就是分辨已经出现的声音或者分辨声音的意义。大脑如何把声音与意义联系起来仍需要仔细地思考，但是科学家确实知道这个活动发生在大脑的哪个部分。

触觉、味觉和嗅觉

我们的世界不仅仅只有声音、颜色和运动，它还有气味、味道和质地结构。周围的世界有时酷热，有时寒冷，有时充满痛苦。它可以垂直、倾斜、颠倒。我们有时也会处在倾斜和颠倒的位置。幸运的是，我们有其他一些感知体系和其他能发挥作用的感官，这使得我们的大脑可以了解有关我们周围世界的这些事情。

身体感觉

我们对视觉器官和听觉器官的了解比对其他器官的了解要多得多。特别是许多研究都集中在视觉研究上。这一方面归因于视觉与听觉在进化过程中明显更加重要，尤其是在交流和运动方面。另一方面在于研究其他感知体系比研究视觉、听觉更困难。但是这些感知体系对于我们身体功能也非常重要。举例来说，身体感觉（也称为体觉）对于到处走动、对于保持垂直或了解身体位置、对于避开那些可能伤害甚至杀死我们的事物来说都是必不可少的。

触摸：触觉体系

"触觉的"一词源于希腊语"能够抓住"，因此可以作为触觉的意思来使用。触觉感知体系也称为皮肤感觉，它们由各种接收器组成，这些接收器可以告诉我们身体接触的信息。一些接收器对压力非常敏感，另一些对冷热做出反应，还有一些让我们产生痛苦的感觉。这些感觉依赖于 1000 多万个神经细胞，它们拥有神经末梢或接近表皮（皮肤最外层）。位于脸部和手部皮肤的接收器比身体其他部位要多，因为脸部与手部是最敏感的区域。这些区域的敏感性可能是为确保物种的生存而慢慢进化来的。

压力

压力接收器在身体各部分的分布是不均衡的。两点阈限程序很容易证明这一点，让人在两点范围内轻触你身体的不同部分，同时逐渐改变两点之间的距离。压力接收器越集中的地方，你越能感受到这两点紧密靠在一起，而不是只有一点。在不太敏感的区域，这两点感觉起来就比你单独触摸起来要相距远些。对大多数人来说，手指尖的两点阈值大约是 0.2 毫米。前臂上的两点阈值是其 5 倍，再往后阈值更大。这些对触摸敏感性的测试只是近似值，它们也没有完全反应一个人对突如其来的刺激的正常敏感性。这是因为当我们预料到一次接触或振动时，我们会特别敏感。我们对毫无准备的刺激就比较迟钝，不那么确定。

温度

两种不同的感受器使得我们可以感受温度的变化。一种感受器对热敏感，一种感受器对冷敏感。冷敏感器的敏感度是热敏感器的 5 倍。同我们对压力的敏感度一样，我们对温度的敏感随着年龄的增大而降低。脸部是对温度最敏感的地方，手足最不敏感。当温度下降时，冷接收器兴奋度提高，当温度升高时，热感受器的兴奋度提高。如果我们想保持身体的温度在正常的范围内，冷热感受器提供给大脑的信息就必不可少。大脑通过发出使血管膨胀的信息调节我们的温度。当我们太热时，大脑增加排汗；当我们太冷时，大脑使血管收缩。如果这些措施还不够，我们的温度感受器继续发出我们太冷或太热的信息，我们的大脑会建议我们烤火或跳进充满冷水的湖中。

疼痛

压力接收器能够快速地适应刺激。当你从头上穿上毛线衫时，你能感受到它轻柔的压力，但几分钟后，你就不会感受到它。与此相反，疼痛感受器不会那么快适应刺激。这通常很有用，因为疼痛是某个地方出错的信号。疼痛的功能之一就是阻止我们去做对我们有害的事情，如在碎玻璃上行走或靠在发烫的炉子上。压力、热度、某些化学物质对神经末梢的刺激都会产生疼痛。身体的一些特定区域，像膝盖后面、臀部、颈部等，比鼻尖、拇指根或脚底等区域包含更多的疼痛感受器。而且，内部器官也有疼痛感受器。当他们受到刺激时，我们感到内脏疼痛即内部器官疼痛。在远离真正疼痛根源的其他身体部位我们也会感受到内脏疼痛。比如，心脏疼痛的人会在手臂、脖子或手部感到疼痛。

两种特征鲜明的神经纤维链把痛感传给大脑。一个速度快，一个速度慢。每种都导致不同的痛感。当你弄伤你的手或踩在荆棘上时，你所感受到的瞬间的剧痛由快速神经纤维链传导。强烈的、持续的疼感迅速传到大脑，因为它的功能是让你迅速离开引起疼痛的地方以避免更严重的伤害。它引起的反应是急速的、自发的。第二种类型的痛感通过较慢的神经纤维传导，它引起隐约的疼痛，即使你离开引起疼痛的地方，它还是存在。

马尔札克—瓦尔提出的闸门控制学说对大脑如何处理疼痛提出解释。他们认为，当连接疼痛感受器与大脑的神经细胞被激活时，我们就感到疼痛。那些称为刺激 C 纤维的神经细胞通过一系列"闸门"到达大脑。但是，那些"闸门"不是一直都完全敞开的，有时会彻底关闭。这是因为有另一种称为刺激 A 纤维的神经细胞能关闭一些"闸门"，阻止疼痛信号传给大脑。传递疼痛信号的刺激 A 细胞的传输速度快于阻止痛感的刺激 A 纤维。这就解释了为什么我们伤害自己时，我们会感到强烈的疼痛。"神经闸门"涉及中脑的一部分区域，此区域的神经细胞抑制了那些通常可以传递从疼痛传感器接收痛感的细胞。当神经细胞活跃时，"神经闸门"就关闭，反之，"神经闸门"就开放。"闸门控制"理论也可以解释为什么针刺疗法可以缓解疼痛。如果针刺疗法是有效的，那么针的插入与活动可以刺激 A 纤维阻止疼痛信号的传递，然后关闭"神经闸门"。这个理论有时也用来解释幻觉肢体疼痛。

化学知觉

味觉和嗅觉在生物学意义上特别重要。它们的功能之一就是防止我们自己毒死自己，另一功能就是诱使我们进食。这两个功能对于生存都是必不可少的。使我们能够闻的器官是嗅觉上皮细胞，它位于鼻腔的上部。嗅觉上皮细胞表面覆盖着一团类似头发结构的纤毛。这些纤毛可以对溶解在黏液（稠且黏的液体）中的分子做出反应。这些分子成线状排列在鼻腔中，可以把神经冲动直接传递给位于嗅觉上皮细胞上面的大脑前下侧一个小突起——嗅球。

包括人类在内的许多动物的鼻孔都是向下倾斜的。这样有两个明显的优点：首先热的物体发出的气味是向上的，开口向下的鼻子就比较捕捉到气味。第二，鼻孔向下，鼻子就不会被雨水或空中落下的物体阻塞。

我们有关气味的词汇是模糊的。我们不容易分辨相像的气味，但如果有强烈的类似的气味做比较，我们就比较容易区分。尽管有许多方法区分气味，可没有一种是大家公认的。不过，研究表明人类对气味有强大的回忆能力与联想能力。此外，尽管我们描述气味的词汇比较贫乏，可我们能够区分超过 1 万种不同的气味。人类的嗅觉远远没有动物的发达。人类大脑只有很小的一部分参与嗅觉，而狗的脑皮质有 1/3 参与嗅觉。一些科学家估计狗的嗅觉能力比人类强大 100 万倍。

味觉

我们已经知道嗅觉依赖于溶解在黏液中的空气分子引发与感受器细胞的联系。味觉则依赖于环绕在对味道敏感的细胞周围的液体中的化学物质。这些对味道敏感的细胞就是舌头上的小突起——味蕾。味蕾上有圆形的小孔，溶解的化学物质通过这些小孔能够到达味觉细胞。味觉细胞的生命周期为 4～10 天，之后细胞死去并再生。随着我们年龄的增长，味觉细胞的再生速度会变慢。人们有时会向食物中加入更多的盐和胡椒来弥补他们越来越少的味觉细胞。

我们有关味道的词汇和有关气味的词汇一样贫乏。当问及某物的味道像什么时，我们都会将其与其他类似的食物做比较。否则，我们就会简单地回答说它是甜的、酸的、咸的、苦的，或者这几种味道的结合。心理学家普遍认为酸、甜、苦、咸是最普遍的味道。而且，舌头的不同部位似乎对这 4 种不同的味道有不同敏感度。这不意味着我们对这 4 种味道有不同的感受器，而是感受器对 4 种味道的结合做出反应，尽管不清楚这种结合会留下何种味道印象。

我们对味道的感觉只有部分来自舌头。无嗅觉的人不能像大多数人那样品尝食物。实际上，在品尝食物的过程中，嗅觉比味蕾的反应更重要。当我们紧紧捏住鼻子，咬一口苹果和洋葱，我们就不能分辨出两者味道上的差别。温度和质地也会影响味道。冷的马铃薯泥与热的马铃薯泥味道不一样。味道的好坏也依靠经验。在特定的文化中，幼虫、甲虫、肠子、鱼眼、驯鹿的胃、动物的脑子被认为是美味佳肴。各种汉堡和炸土豆条等垃圾食品对于有些人来说就不太好吃。味道的偏好也会随着年龄的增长发生变化。

　　现在科学家可以运用先进的仪器检测人类大脑的活动并为其绘制图谱。技术的进步使得心理学家运用脑成像技术研究人类感知与大脑神经活动之间的联系。现在更多的是研究我们如何运用视觉，科学家们对于视觉和听觉的了解也相对较多。我们对感觉如何发挥作用的了解还不全面，而对于感知的复杂过程的研究正在开展。

情感与动机

　　古希腊的哲学家像后来的科学家一样一直都在探求情感的本质，但目前我们有关情感的观点都是建立在自然学家查尔斯·达尔文、心理学家威廉姆·詹姆斯和威廉·冯特等人的理论基础之上。20 世纪 50 年代，对情感的研究渐渐流行，如今已成为心理学和相关学科学的主要研究领域。

情感的本质

　　想象一下，你独自走在森林中，突然，你与一只大黑熊面对面，接下来会发生什么呢？尽管我们无法预料这次相遇的后果，但我们可以确信会有很多影响你的身体、精神和行为的事情发生，你会经历各种情感。你的第 1 个情感反应就是惊讶，接下来你的心跳加速，你会把全部注意力都放在你面前的这只熊上。你会马上止步，身体僵硬，有强烈的逃跑欲。如果事后有人问你当时的感觉，你会说很害怕。

　　很明显，当你面对黑熊时，你的情感是复杂的。你的反应包括心理的、行为的和主观的反应。可以说，任何情感都像你的这次经历一样包含着 3 个因素：

　　（1）心理变化，如心率加速、大脑中某个区域的活跃。

　　（2）行为反应，如逃跑的倾向或者继续与引起情感的事情接触。

　　（3）主观经历，比如对某人感到愤怒、高兴、悲伤或其他引起情感的事情。

　　因此，情感是对真实或想象的刺激做出一系列特殊的、自动的和有意识的反应。当人们害怕、愤怒或对某事自豪时，他会体验到情感。情感不同于情绪，情绪只是某种情感的暂时倾向。如果你感到满足、疲劳、烦躁、紧张、沮丧，你是经历某种情绪而不是情感。脾气是比情绪持久的情感倾向。"感染"一词是某些心理学家用来形容一个人的情绪状态的。

情感的功能

1872 年，查尔斯·达尔文出版了一部很有影响的书——《人类与动物的表情》。在这本书中，达尔文认为，情感是进化过程中一种有益的产物，因此许多物种都有情感。他还相信，物种在进化过程中保留自己的情感能力是因为情感在交流过程中扮演着重要角色——这可以提高物种的生存机会。

根据达尔文所说，每种对生存重要的情感都有特殊的表达方式。人类有两种表达方式很重要：面部表情（如微笑、皱眉）和趋向或避免某种事情的行为。回到前面那个遭遇熊的例子，如果有个女子在那种情况下看到你，即使她没有看到熊，仅仅通过你脸上的表情，她就知道你正在面对某种令人害怕的事。这个信息会促使她离开，以免熊注意到她。害怕表情的通讯作用因此会救了她的命，假如这名女子没有离开而是给你提供了帮助，也许还能救了你的命。

情感的表达使我们能够快速地交流，这对我们社交生活有帮助。实验性研究显示，只要瞥一下别人的脸，人就可以准确辨别其他人的情感状态。无法准确识别情感也有非常严重的后果。比如，热情的微笑通常表达了高兴，窘迫的微笑意味着不安。对于任何不能区分这些不同的人来说，这都是他在社交生活中很大的弱点。这一点甚至适用于所有的文化。但一些表情（如向陌生人保持固定的笑容作为谦恭的表示）在一些文化中可以，在别的文化中就行不通。

达尔文强调情感在物种进化与生存中的作用，在他之前的哲学家则认为情感是精神的混乱状态，它来自我们早期的祖先并与我们强大的理智交织在一起。因此，他们相信情感是精神疾病和行为问题的主要来源。在 20 世纪 40 年代，达尔文关于情感是进化所赋予物种的优势的观点的影响逐渐扩大。今天，心理学家们认为情感有着重要的适应性功能，它使我们能够适应新的环境。其中的一种途径就是通过提供动机推动力，也就是说一种情感促使个体做出反应。情感（如在森林中遇到熊所产生的恐惧）使得任意一种物种的个体在面对危险时都可以做出及时、可能的逃生反应（正好像恐惧感促使你避免与熊亲密接触）。因此，感情能为行为提供强有力的指导，因为它能提供清晰的、你要达到的目标（如躲避黑熊或接近攻击者）。除了告诉你在危险的环境下如何逃生外，情感还能调动能量供你实施逃生行为。情感经历包括自动神经系统的活动变化，大脑通过这种通信网络可以控制包括骨骼肌肉收缩的身体各个部分。在突然遇到熊的情景下，恐惧感会促使自动体系提高心率和血压。恐惧感还提供给肌肉氧气与葡萄糖，以便你迅速地远离危险的自发体系。

情感除了具备交流和动机功能外，还提供信息。情感会引导我们的注意力集中到重要的刺激之上，并提供信息流让我们决定是否维持如逃跑这样的行动目标。就像你吃冰激凌吃到恶心时，你就会停止。当某人的言论惹你恼火时，你会停止与其谈话。从实用的观点来看，情感为行动提供重要的指南：它们能快速、明晰地传达刺激，为行为提供目标与能量，并告知如何应付。因此，情感在进化中扮演某种角色，它们确保了物种的生存。

基本的情感是天生的吗

情感的实用性观点在认同达尔文进化论的科学家那里占据着主导地位。这种情感观点认为，所有的人类都有一套基本的情感，这对物种的生存很重要。有大量证据表明，基本的感情是天生的，而非习得的。心理学家卡罗尔·伊泽德和他的同事研究证实，天生失明的人仍旧会在脸部表情上显示出基本的感情，如高兴时微笑或恶心时皱皱鼻子，尽管他们从没有看到过这些表情。

除了面部表情外，还有更多的东西会显示基本的感情吗？当然，特定的基本感情会引发特定的行为，如逃跑、侵略性或关怀。这表明不同的基本情感可能会引发自动神经体系（如心率、呼吸、消化或其他体系）的特定反应模式，以使身体做出合适的行为。

1983年，保罗·艾克曼、罗伯特·莱文森、华莱士·弗里森发现不同的基本感情与自动神经体系的特定变化相连。他们要求参加测试的人调节面部肌肉来显示某种特定的基本感情，同时，他们评估与神经活动的激活相连的心理因素。艾克曼和他的同事得到的证据明显表明，不同情感的表达总是伴随着神经系统的不同调节。这些发现还表明，在基本情感的面部表达与身体如何准备行动以增加对基本情感的认识之间存在联系。

目前，还没有自动神经系统方面的研究证实面部反应与自动神经系统存在积极的联系。最经常得到证明的是愤怒的表达与经历总伴随着血压的升高。还有证据表明情感影响自动神经系统的活动，并有能力调动机体的能量。现在，还有可靠的证据证明有一套固定的人类基本情感与特定的心理和行为反应相联系。

1980年，心理学家罗伯特·普拉奇克对于情感提出了一个不同的观点——普拉奇克模式。它包含8种主要的天生感情——高兴、容忍、害怕、惊讶、悲伤、恶心、愤怒、期待。根据普拉奇克的理论，这8种情感在物种生存中发挥重要作用，因为它们与鲜明的行为程序相连，如愤怒时的破坏或高兴时的亲近。普拉奇克模式的一个重要方面是它还考虑到更复杂的情感，如罪恶感与爱。普拉奇克认为这些复杂的感情源自基本情感的结合，比如期待与恐惧相结合产生焦虑。

对于基本情感观点的一个批评来自日常观察。尽管艾克曼和其他人的发现是正确的，但是来自不同文化背景的人实际上并不会用同一种方式表达基本的情感。如果基本情感是天生的，是所有人类进化过程从祖先那里继承的话，那么美国人与日本人应该用同一种方式表达喜悦与悲伤。但许多西方人发现，日本人远不如美国人那样有表现力。艾克曼与弗里森试图通过引入情感表现规则来解决这个明显的矛盾。这个理论中，文化规则决定了个体在社会环境中表现情感的适当方式。文化也因此成为决定情感实际表达的一个因素。但人类基本的情感方式不会随着文化的不同而变化，这是因为情感表现规则不是在任何情况下都发挥作用的。当人在私密空间独处时（文化的影响最小），他们会有真正的天生情感表现，而不是公共表现。但是，还有其他证据对人类有一套固定的基本情感的观点提出质疑。

1995 年心理学家詹姆斯·娄维尔在一份研究报告中指出，当他与同事们向受测者展示滑稽的面部表情时，受测者并没有用标准的 6 个基本情感去描述这些面部表情，而是用了两个基本的范畴去描绘它们：高兴——不高兴和平静——觉醒。结果，娄维尔得出结论说，以前那些显示可以准确辨认基本感情的证据是因为研究方法上有缺陷。尽管娄维尔驳斥了其他心理学家提出的基本情感是文化假设的产物的观点，但他却同意不同的文化在描述情感方面有重合。

环形情绪模式

娄维尔的二元理论并不新鲜。100 多年前，哲学家、心理学家威廉姆·冯特就提出所有的情感都能分为两种范围：高兴和唤醒。这种模式称之为环形情绪模式，这是从基本情感角度对情感进行解释的另一种主要观点。

1988 年，彼得·兰出版了一大套图集——《国际情感图集系统》。所有的图片被分为两个级别——愉悦（可以是令人高兴的或不高兴的）和唤醒（在看图者眼中可能具有抚慰或唤醒情感作用）。比如有花的图片是令人愉悦的，但没有唤醒作用；色情图片是令人愉悦并能唤起性情感；残废的身体会令人不快并使人产生厌恶的情感。

彼得·兰在一个研究中使用了这套图片。在研究中，受测者情感反应的两个独立方面被记录：受测者对唤醒与愉悦的主观评定和对他们自动神经系统活动的客观衡量。唤醒级别可以通过测量皮肤传导力与上皮质活动（可以用实用的磁性共振成像或核磁共振成像来测量）的估算。通过测量脸部两侧肌肉、颧大肌、皱眉肌可以区分与大脑的亲近和避免系统相连的愉快与不愉快。图片越令人愉快，侦测到的颧大肌的电活性越多，肌肉被大脑激活后收紧脸颊，人便露出笑容。图片越令人不愉快，侦测到的皱眉肌的电活性越多，皱眉肌能够使眉头皱紧。兰把受测者对自己情感反应的评估与实际的心理测量相比较时，他发现两者有很多一致的地方。这种一致性证明这样一种观点：愉悦与唤醒是如何区别情感的重要方面，但这无法说明人类是否有一套相同的基本情感。

情感产生的原因

是什么导致了我们都熟知的那些情感经历呢？还是让我们回到遇到熊的那个例子。在这种情况下，你可能会认为你会由于恐惧而逃离那只熊。根据常识，恐惧会让你心跳加速，身体僵硬。但是，威廉姆·詹姆斯却使用森林中遇到熊这个例子——颠覆了上述理论。

根据詹姆斯的情感理论，你害怕熊是因为你出现了害怕动作——你有意识的恐惧是你身体对威胁做出反应的结果，而不是反过来。总之，詹姆斯提出这样一个观点：是情感行为产生情感。

尽管 100 多年前詹姆斯就提出了这个理论，但如今他的理论仍然产生着影响。詹姆斯提出特定的情感总会有特定的内脏变化和骨骼肌肉调整，而我们只有通过身体的变化才能体会到情感。那些受詹姆斯理论影响的研究者根据他的理论提出面部表情反馈假说。

心理学家吉姆·莱德尔对于此项假说进行了一些研究。研究显示，如果人们调整面部肌肉以适合他们情感表达时的表情，那他们就会实实在在地感到情感。这项发现证实了詹姆斯的理论，即仅通过显示有感情的行为就能产生情感感觉。根据莱德尔的研究，这种效果只有那些熟悉他们自己身体并注意到身体发出信息的人才会感受到。

詹姆斯革命性的理论不久就受到批评，其中最有影响的是沃尔特·坎农。他是一名生理学家，在 20 世纪 20 年代研究自动神经系统。根据他的研究，情感刺激引起的内脏变化晚于相伴生的感觉（我害怕）。坎农没有发现证据表明内脏变化的特殊模式与特定的情感有联系。因此他得出结论：詹姆斯对事件的排序是错误的，身体并没有特定情感唤醒模式。坎农认为产生压力情感的刺激首先在大脑中产生一个紧急状态的反应——一种总体的唤醒状态使身体为消极性的刺激（不管该刺激本质上何种刺激）做出对付或逃跑的准备，与此同时，"我害怕"这个有意识的情感会产生。坎农在一种有影响的理论中详细解释他的论断，这一理论阐述了信息如何通过大脑各个部分来产生有意识的情感经历和身体反应。

20世纪60年代早期，社会心理学家斯坦利·沙赫特提出了一种理论，该理论是詹姆斯与坎农两种相冲突观点的折中。根据沙赫特的"双因素"情感理论，环境的任何重大变化都会使自动神经系统产生总体唤醒状态。这种唤醒被假定为非特定的，这符合坎农的观点。沙赫特最大的贡献是解释了总体唤醒如何变为情感唤醒。根据沙赫特的理论，当人们经历唤醒时，他们的心跳会加速，并问自己为什么会这样。他们感受并表达的情感取决于他们对此的解释。唤醒的量级决定被感受的情感的强度，而不是它的特点。

为了说明沙赫特的理论，设想一下你的心跳在加速，这种心跳加速会使你爱上你刚刚遇到的一位有吸引力的人，而你会把心跳加速归结为他的出现。或者心跳加速会让你与别人发生争执，而你认为此人的言论让你恼火。关键的前提是你不知道心跳加速的真正原因，因此你也就无法描述。一旦你找到真正的根源并能描述，即使这种描述就是简单的"我移动得太快了"，都会使你产生满足感，你也就不会再有进一步的情感经历。沙赫特的理论足以证明情感反应有多大的暗示性。

认知与情感

当沙赫特关注身体的反应（如心跳加速）会先于情感经历时，另一些研究者则从另外的角度对情感进行了研究。他们中的一些理论主要关注是什么使刺激产生情感。对于这些研究者来说，认知（大脑的信息处理过程）比身体反应更重要。个性心理学家玛格达·阿诺德在20世纪60年代引入了评估概念。评估是从刺激到反应这一链条当中最重要的一环，阿诺德将它定义为"对潜在的有害或有利环境的主观评价"。根据认知学说，人们对环境的评价方式将最终决定他们的情感经历；是评估过程决定身体对所评估刺激的反应。但是，值得注意的是，阿诺德并不认为人们可以有意识的评估环境，评估可以在无意识的情况下自动做出，而评估过程有意识的结果就是情感感觉。

通常，人们对同一刺激的感觉和反应会有很大差异。根据评估理论，产生上述状况的原因是人们在环境评估方面的差异。阿诺德将把情感定义为对趋向知觉为有益的，离开知觉为有害的东西的一种体验倾向。评价可以是有意识的，也可以是无意识的，当人们意识到评价结果时，那么就会体验到情绪。除了引入评价概念外，阿诺德提出了行动倾向概念。行动倾向（如逃跑或战斗）是行为冲动，可以变成实际行动。它们也能决定对刺激或事件的情绪反应。

下面通过具体例子对这两个概念做一下说明。尽管很多人都同意野生黑熊很危险，当我们遭遇一只黑熊时，一些人会比另外一些人更害怕，还有一些人会感到愤怒而不是恐惧。根据评估理论，产生这种差异的原因在于一些人认为熊比他们强壮，而另一些人认为他们能够战胜熊。那些认为熊比他们强壮的人会有逃跑的冲动，而那些认为同熊一样强壮的人会有与熊搏斗一番的行为冲动或待在原地，他们可能会攻击熊或吓走它。在与熊的遭遇中，他们更能体验到愤怒，而不是恐惧。

在 20 世纪 70 年代末，社会心理学家伯纳德·韦纳提出了一个新的情感认知理论。情感是"冷认知"的结果，这是大脑处理信息的精神战略。这一学说主要关注复杂的情感如罪恶、自豪、害羞和同情等这些与自身和他人相连的情感。根据韦纳的学说，对一件事的情感反应取决于人对事件的定因而不是事件本身。

根据沙赫特的双因素理论，那些经历不确定唤醒的人（如心跳加快）会受到激发去寻找对感觉的解释。他们寻找的解释会赋予不确定性唤醒一种情感性。另一方面，韦纳的理论是试图不触及生理过程的情况下解释情感的唤醒。韦纳把他的理论用来解释学校、专业领域、运动场这些成绩取向环境下的情感。韦纳对引起特定情感的原因做了分类。例如，他的理论预测，如果人们相信缺乏个人能力是导致失败结果的原因，那么他们会在无法通过考试时感到羞愧。但如果人们认为是负责监考的老师不公平才导致自己无法通过考试，那么情感反应就是愤怒。

最近，该理论被用于研究反社会和亲社会行为（帮助别人对帮助者没有明显的好处）的效果研究。比如，一名男子在地铁中跌倒，如果你认为此人正身患疾病，那么你就会对他报以同情。但如果你认为他喝醉了，你则会很生气。你是作为旁观者还是帮助者的情感态度取决于你认为对方是否应该为他所处的困境负责。

情感和无意识

情感的认知方法为大家所熟知，但这些方法在 1980 年遭到一种关于情感和认知分离的、更有争议的理论的挑战。社会心理学家罗伯特·扎琼克认为"偏爱无须推论"——也就是说，我们的感情不需要预先的思考。因为意识信息的处理需要时间，并且我们的大脑在对情感刺激做出反应前，需要了解它们。扎琼克认为因刺激引起的情感反应比认知理论所能解释得更快、更自发。此外，我们常常能够在我们思考一个状态之前，叙述我们对这个状态的感受。

扎琼克的目的是为了反驳关于信息处理在情感反应之前的观点，他认为引起一个情感反应并不需要意识的评价过程。他的观点引发了激烈的争论，尤其是在扎琼克和理查德·拉扎鲁斯之间，后者是评价过程的一个主要拥护者。

根据扎琼克的观点，认知和情感会互相影响，但两者是截然不同且相互独立的过程。扎琼克报告了一些实验的结果，在这些实验中，他和同事研究了人们在对刺激做出反应之前受这个刺激的影响。实验表明，人们在受到刺激时会自发地形成关于这些事先不熟悉的不确定的刺激的态度——喜欢和厌恶这类基本的情感反应。例如，扎琼克给实验参与者呈现一系列他们不熟悉的中文文字，然后评价他们喜欢或厌恶的程度。他发现一个特定的表意文字越是频繁地呈现在实验参与者面前，他越是喜欢它。

纯粹的影响甚至会在刺激出现的几毫秒内出现，这时实验参与者不可能有意识地认知这个刺激。只有当表意文字在很长一段时间后被呈现时，实验参与者才能判断喜欢它们的程度。实验结果显示，不管他们是否记得这些文字，实验参与者感到之前已经看到过的表意文字更可爱。因此，人们能够形成基本的情感反应，诸如对待一个事物的态度，但并没有关于它的有意识的认识。

在后来的研究中，扎琼克和他的同事研究了潜意识的情感准备。在实验中，一个有着情感冲击的刺激（一幅画着皱眉或微笑的图画）呈现在实验参与者面前。这些初始的刺激作为随后出现的刺激的一个"准备"，被下意识地呈现——也就是说，它们被快速地展示，实验参与者不可能有意识地认知它们，它们看见的仅是在银幕上的一瞬间的闪现。在初始的刺激呈现后，一个不熟悉的刺激很快呈现在实验参与者面前。最后，第二个刺激被再次呈现，实验参与者被要求判断他们喜欢的程度。结果显示，一个人们不熟悉的文字出现在一个笑脸符号后，比它出现在一个皱眉符号后更能被人们喜欢。希拉·穆菲、詹妮弗·莫纳汉和罗伯特·扎琼克在进一步的研究中证明，潜意识中的情感准备会影响毫无任何准备下接触事物时的印象。这就意味着，人们会把潜意识当中毫不相干的各种好恶联系起来形成自己的态度。

意识

意识一词通常用于日常语言中，但依据使用的语境，它拥有许多不同的含义。一般认为，当我们醒着的时候我们是有意识的；当我们的头部被击打时，我们有时会丧失意识；当我们试图改变一个习惯或学习一项新的技艺时，我们可能会说我们正在进行有意识的努力；在一段时间内，我们可能会无意识地或不由自主地做一些事情等等。我们经常参加一些加强意识的活动，这些活动的目的是增强我们对药物、艾滋病、犯罪等的意识。面对这些不同的含义，我们很少会惊讶于对于这个词语的理解存在混淆。

但是，关于意识的谜比关于如何准确定义这个词语存在的不确定更深入。一旦心理学研究中的一个被忽略的领域——意识——变成最热的学术话题，心理学家、哲学家、认知科学家和其他人就会开始合作，希望得到关于"什么是意识"的最好的答案。与之不同的一个问题是大脑如何使意识运作。新技术的发展使得科学家能够观察活动中的大脑，并帮助他们确认涉及意识经验的区域。

在我们开始试图回答这些问题前，让我们先研究一些例子。当我们进行一次需要局部麻醉的手术时，麻醉药使我们丧失了对疼痛的意识体验。如果我们闭上双眼，我们不再具有睁眼时所具有的相同的视觉体验。但当我们做梦时，我们同样是有意识的——并不是对外部世界有意识，而是对我们梦中世界中的体验有意识。

将这些事物放在一起，意识的基本特征看上去是我们内在的、主观的体验。这一要素使得意识成为一个棘手的研究主题。科学的前提是客观性——科学家将他们的理论置于直接观察和实验测量之上。不过，科学家发现客观地研究意识十分困难。首先，它并不是一个物质的客体，例如，它不能用标尺来测量。如果通过他人的眼睛来研究意识，结果是基于个人的、主观的判断。正因如此，对意识的研究长期是哲学学者的兴趣所在。的确，经验的主观和客观记述之间的差异因为美国哲学家托马斯·纳戈尔（1937年～　）发表了《作为一只蝙蝠是怎么样的?》的著名论文而得到了强调。纳戈尔认为，无论我们怎么了解作为生物种类的蝙蝠（栖息时它们偏爱倒挂，它们日夜活动的模式以及它们利用回声定位来感知它们周围事物的卓越能力），我们仍不可能准确知道作为一只蝙蝠是怎么样的。例如，闭眼时我们能够想象倒挂将会怎样，但这是来自人的视角，而非蝙蝠的生活。同样，当我们通过感觉来获得环境的直接经验时，尽管事实上它们通过处理声波和电磁波来工作，但蝙蝠可能同样觉得它们是直接感知环境的。因为我们的感觉是很不同的，所以不论我们认识科学知识的客观程度如何，我们仍不可能知道作为一个主体的经验会是如何的。纳戈尔认为，这意味着我们需要从主观方面对意识经验进行科学的定义。

我们可以进一步将把意识分为客观和主观两个方面。澳大利亚哲学家大卫·查尔莫（1966年～　）提出了意识的主观经验如何与科学相关的"困难问题"。查尔莫描述了大脑过程如何产生意识经验的"简单问题"。当然事实上这个问题一点也不简单，但查尔莫的观点是，在开始时这个问题根本不成问题，不像"困难问题"那样。

另一个澳大利亚哲学家弗兰克·杰克逊利用一种思想实验来对那些用科学术语来形容意识的人提出挑战。他让我们想象一个未来的神经科学家玛丽，她是一个色彩视觉领域的世界级专家。她知道所有关于视网膜和视锥细胞的知识，了解与视觉有关的大脑不同区域，以及它们如何处理来自眼睛的神经脉冲，并将它们与意识感知相结合。但由于她古怪的生活方式，自出生时她就生活在一个完全由白色和黑色装饰的房间（附有一个实验室），并且没有任何带有彩色图片的书籍，她没有看到过色彩。一天玛丽走到屋外，看见一朵红玫瑰。杰克逊认为，这个经验给了她一种新的知识类型——关于色彩是什么的知识。这是玛丽不可能从科学研究中获得的知识。因此，杰克逊的实验暗示，即使我们知道所有关于大脑如何工作的知识，都不意味着我们知道关于意识的所有事。

二元论和唯物主义

关于意识的世界如何与物理的世界相关的问题，在几个世纪里一直困扰着哲学家们。他们中最有名和最有影响的是法国数学家笛卡尔，他认为心智和身体（连同物理世界的其余部分）是分离的，因为它们事实上是不同的物质。他放弃所有关于世界的假定知识，并思考所有确定的东西，以此形成了他的观点。在极端怀疑主义的最后，笛卡尔认为有一个观点是不能怀疑的——他自己的存在。甚至在怀疑一切时，笛卡尔仍意识到自己的思想。

二元论的理论认为，意识和心智存在于与大脑、身体和其他物质分离的领域。包括大卫·查尔莫在内的一些当代哲学家被主观经验表面看来分离的性质所说服，从而采取一种含糊的二元论立场。查尔莫坚持"性质二元论"。简言之，性质二元论允许物质世界具有两个不同的方面——即一般意义上的精神的方面和物理的方面。不同于笛卡尔所提出的二元论，查尔莫不认为心智和意识像一种完全不同的物质一样存在：它们不过是物质的比较独特的一个方面。查尔莫运用科学史上的一个类比来支持他的观点：19世纪，科学家最初试图用物理学的流行术语（如重力和电荷）来解释磁学的规律，希望进一步的研究能建立起所有这些概念之间的联系。但是后来，他们接受了磁学是完全独立的观点，因此现在磁学被视为宇宙中一种基本的力。

尽管有查尔莫、杰克逊和其他一些人的观点，但是大多数研究意识的人都不是二元论者。他们认为，不存在独立的意识领域，并且它必定是大脑的一个方面，或者是大脑的一个功能，再或者就是大脑本身。这个立场称为唯物主义。唯物主义者从科学史中获取不同的经验来支持他们的观点，因为很多科学现象最初出现时都是独立的，但后来都能用已经存在的理论来解释。一个例子就是温度。最初，温度被视为一种不同的性质。现在人们按照组成物质的分子的性质来解释它。温度仍然存在——正像意识和主观经验是完全真实的——但科学家能够按照分子的理论来解释温度。那么，是否有一天科学家能够用大脑中神经元的理论来解释意识呢？

唯物主义一个最有力的论据是，世界没有给除物理原因以外的其他原因留有空间。科学家现在了解了很多关于大脑运作的知识（尽管仍有很多还留待发现），似乎所有事都能根据物理的原因来解释。描绘一个由特殊的刺激而引起你的手突然移开的动作因果链是有可能的，但意识在这类动作中不扮演角色，因为直到动作开始后，对刺激的意识才出现。这似乎表明，我们可以合理地假设引发我们动作的机械过程可以被同样地描述。如果这种假设成立的话，也就是说与神经科学其他领域的观点一致时，我们就很难理解怎么会存在着一个独立的精神实体，因为它似乎对大脑以及大脑过程的结果没有影响。更准确地，如果这是事实，我们则无须意识——它可能已"消失"，却没有出现不同。如果没有意识所有事也能被解释，为什么我们还要解释像意识这样一个困难的概念？即便意识的概念被保存，我们也不容易明白在意识对我们大脑不产生影响的情况下，我们如何才能知道意识是否存在。

如果我们接受唯物主义者关于不存在"心智物质"而仅有大脑的观点，那么仍然存在一个来自主观经验的特殊性质的问题。从外部看，大脑是一个类似于其他物体的物理物体。如果大脑从一个状态（特定的神经细胞被激活，而其他则没有）改变到另一个状态，那必须用支配化学和同样的物理法则来解释，大脑因此受物理学科的逻辑的约束。但从内部看，我们自身的经验与此略有不同。我们自己的经验似乎有着自己的逻辑，这个逻辑与任何物理法则完全无关。例如，想象你正在为朋友筹划一顿饭：你要思考，你要烹饪，为多少人准备，你想要买什么等等。所有这些思考遵循了一个逻辑过程，但这个思考的逻辑顺序是否真的是作用于我们大脑细胞的物理法则的结果，或者我们是否真的拥有一个有着控制我们思考顺序的、逻辑的、有意识的心智呢？

面对这个问题，一个与唯物主义学派相同的理论是，意识经验是大脑活动的"自然发生的特性"。更确切地说，由于意识经验的复杂性质，它不能被孤立地观察或在显微镜下观看，它是作为整体的功能性大脑的一个特性而出现的。英国哲学家吉尔伯特·赖尔（1900～1976）是最早提出类似观点的人之一。赖尔攻击二元论为"机器里鬼魂的教条"，他认为心智（包括意识经验）与很多其他性质（这些性质是物质或过程的方面，但它们并不是独立的存在）没有不同。赖尔把一个体育团队作为例子，他设想了一个外来者，他观看比赛，并徒劳地设法将"团队精神"视为独立于队员的某种东西。对赖尔而言，心智之于大脑就像团队精神之于有着很多队员的比赛：某种东西是从他们的相互作用中出现的，而不是某种可分离的东西。通过这种方式，赖尔承认了意识经验的现实性，而这也意味着他在某种程度上否认了任何其他独立的领域。

当代哲学家扩展了赖尔的观点，他们认为大脑像一台电脑，而意识是在其中运行的软件。电脑软件遵循编程语言的逻辑——类似于我们精神领域的逻辑。软件运行的各个阶段取决于硬件和电子电路的运行方式——类似于大脑的神经元。这种观点被称为功能主义或信息处理方式，它在当代思想者中很流行。虽然功能主义是说明心智和大脑之间关系的一种有说服力的解释，但仍然存在一些问题（比如说明意识经验的特殊性质）需要解决。

大脑中的意识

当我们意识到某事时，我们的大脑中发生了什么？答案仍然是不确定的，但一些神经学的解释比较引人注目。这些解释中最突出的可能是由英国 DNA 先驱、生物学家弗朗西斯·克里克（1916 年～2004 年）和美国神经心理学家克里斯多弗·克奇（1956 年～　　）提出的视觉意识的理论。根据他们的理论，人们会对环境中的某些东西变得有意识，记录该事物的不同方面的神经细胞开始以每分钟

35～75 次的频率同时电冲。也就是说，在我们意识到柠檬是一个事物之前，我们的大脑可能已经记录了某个黄色的、柠檬形状的事物的存在，因此记录每个特征的独立的神经簇开始发射电冲了。这些相同事物的独立特征遵循如下的事实：它们的电冲频率都是一样的，并且，神经簇彼此间会及时发射电冲。对于一个不同的事物，不同的神经簇会以相同的频率发射电冲。在这个理论中，意识来自大脑中不同部分的神经细胞同时发射电冲，克里克称之为意识的"神经相关性"。

这个解释是理论性的，更重要的是，建立了意识经验的最重要的大脑区域的观点。当然，大脑的许多区域以某种方式参与意识经验。例如，我们在视觉上意识到某物，仅仅是一个复杂的处理路径的末端。从眼睛开始，在我们形成一个意识的感知之前，视觉信息经过视觉皮质中的几个无意识的部分传送。沿着这条路径是"联结区域"，视觉信息在那儿与其他来源的信息（包括记忆）结合，形成认知。在大脑额叶中，信息还要与先前存在的知识整合，因此最终的感知对每个人是有少许不同的。

就视觉而言，大脑皮质的特定区域（尤其是额叶）似乎在形成意识经验中具有重要的作用。人类的额叶涉及所谓"更高级"的意识过程，如基于语言的思考等。额叶的最前部分（称为前额叶）涉及计划和推理。这个区域在自我意识和现实测试中起一定的作用，在痴迷宗教的人中发现的"高峰经验"类型的特定方面，就与颞叶内改变的神经活动相联系。

与意识有关的最有影响的研究之一是 20 世纪 50 年代由美国心理学家、生物学家罗杰·斯佩里进行的。当时，斯佩里将癫痫症患者的连接两个半脑（胼胝体）的一束主要神经纤维切断，来研究这对认知能力的影响。在特定的实验室条件下，这些"大脑分离的"主体在某种意义上不是有一个意识而是两个——每个半脑有一个。后来的一些研究者扩展了这个观点，认为事实上大脑包括许多"微观意识"，它们通常被整合成一个单一的意识，在我们经验的中心感觉到一个自我。

意识和机器

如果我们的大脑如同功能主义者和认知科学家所认为的，是信息处理系统，那么可能其他的信息处理系统也能有意识。换言之，如果意识依赖一种特定类型的信息处理，那也可以认为电脑和其他机器也能有意识，即使现在没有，也可能在将来实现。这个问题在心理学家、电脑科学家和哲学家中有着很多的争论。一些理论家认为，当电脑变得更复杂时，它们将不可避免地拥有人类心智的某种方面——智力、思想，甚至可能是意识本身。其他一些人，如美国哲学家约翰·塞尔（1932 年～　）认为，电脑不可能具有意识，最多仅能模拟大脑的活动。同样，电脑对天气模式的模拟也不会导致真实的天气，因为模拟意识与真实的意识是非常不同的。

相反，英国数学家、电脑科学家艾伦·图灵（1912～1954）认为，机器在 20世纪末可能会自我思考（大多数人认为这不可能发生，事实上也并非如此）。图灵证明，所有的电脑在执行操作方面本质上都是一样的，它们都能被描述为理论上最简单的计算装置，即所谓的图灵机。图灵认为，大脑的运行也可以按照这样的机器来描述，因此它的运行应该能够被电脑复制。

无意识的心智

想让人们对周围的每件事都保持绝对的意识是十分困难的。如果你对每个单一的动作（例如走楼梯）都努力地保持意识，那么很快你的心智就会因为信息过多而超负荷。如果心智能够过滤环境提供的大量信息（如熟悉的景象和声音），它就会更好地工作。实验心理学家运用术语"焦点关注"来描绘我们所意识到的和所关注的，而用"边缘关注"来指代处理意识以外信息的能力。心智能够对很多发生的事情进行边缘关注，而对环境中不熟悉的问题、决定和事情进行焦点关注。

当无意识心智被奥地利精神分析奠基人弗洛伊德和他的追随者引入到心理学时，现代心理学家发现，无意识心智影响我们思想的新途径不仅涉及我们的情感，而且还影响我们的判断和推理，而过去人们一直认为意识在其中占支配地位。20 世纪 60 年代，认知心理学家的实验显示，言辞信息在某种程度上是在意识之外被处理的。对"暗示的"知识（我们不能陈述的，但它仍影响我们的行为）的研究表明，在复杂的任务中，无意识有时比意识更能做出更好的判断。

自我意识

相对于大脑的无意识活动，人们普遍同意（尤其在西方）自我意识是意识的最高形式。自我意识是我们对自己身心状态及对自己同客观世界的关系的认识。这项能力在人类发展中主要与语言能力联系，但它并不单独地依赖语言。研究显示，婴儿在会说话前就拥有某种程度的自我意识。例如，不满 1 岁的婴儿就能意识到自己在镜中的镜像与其他的镜像不同。人们还在黑猩猩身上进行相同的实验。当一只前额涂上标记的黑猩猩被放在一面镜子前，它最初会对镜像表现出敌意，并将镜像视为一个真实的入侵者。不久，黑猩猩平静下来，并最终认识自己的前额，并试图判断标记是什么。一些黑猩猩会学习使用镜子来引导自己的动作甚至会用镜子来检查它们自己的脸和牙齿。这种行为表明，它们能够意识到镜像是自己的一个映像。有一些哺乳动物（如猫和狗）不能识别它们在镜中的映像，甚至根本不将映像视为一个动物。能识别自己映像的动物显示出了某种程度的自我意识。

意识的变化状态

你是否有过这样的经验：当你在读一本书时，你没有听见某人对你说话，因为你专注于你所阅读的词句中。尽管你是清醒的，但有时你发现自己的意识游离，仅以细微不同的方式感知事物。这是意识变化状态的一个例子——你可以视之为你正常自我的一个改变。

每个人都有意识变化状态的经验。的确，我们耗费大约 1/3 的生命于一种变化状态——睡觉。催眠、冥想以及很多药物也能改变我们的意识。通过观察它们影响我们心智的方式，心理学家能够了解涉及意识的机理。

催眠

催眠是变化意识最有魅力也是最富争议的状态之一。尽管它可能已经被土著北美和亚洲文化实践了数百年，但大多数历史学家将西方的催眠术的起源日期定为 1784 年。那一年，路易十六（1754～1793）下令对德意志医生弗朗兹·梅斯梅尔（1734～1815）的学说进行研究。

梅斯梅尔认为，宇宙受到各种磁力的控制。梅斯梅尔发展了"动物磁性"的理论，它描述了人类相互之间的吸引力。他还认为，疾病是由于我们的磁场不平衡而造成的。梅斯梅尔认为他本人拥有丰富的磁性，可以转移一些给他的病人，他可以储藏他们的"磁性流"，调整他们的磁平衡度，并治愈他们的疾病。梅斯梅尔在一个昏暗的房间为病人治病。他让病人手拿铁棒坐在一个装满铁屑、水和玻璃粉的桶内。随着柔缓的音乐，梅斯梅尔在屋内漫步，并不时用自己的铁棒敲打病人的铁棒。有时，病人会进入恍惚的状态。

梅斯梅尔声称用他的技术治愈了一些小的疾病，但是路易十六的专家们并不认为这是动物磁性的缘故。他们认为病人是被激发的幻想所治愈的。因为在现代医疗中，病人的身体状况的改善仅仅是因为病人认为治疗会产生积极的结果，我们称之为安慰剂效果。由于法国专家委员会的这个发现，很多梅斯梅尔的拥趸对他的理论渐渐丧失了兴趣，不过仍有一些医生采用他的技术来减少手术过程中的痛苦。例如，1842 年，一个英国医生切除了一个进入催眠状态的病人的腿，并没有造成任何明显的不适。"催眠"一词是英国医生詹姆斯·布莱德（1795～1860）发明的。这个词来自希腊单词 hypnos，意思是"睡觉"。在 1845～1851 年间，另一个英国医生詹姆斯·依斯岱（1805～1859）在催眠术的帮助下完成了很多手术。他的病人反映在手术过程中没有感到不适，很多人甚至不能回忆起疼痛。

引发催眠状态

虽然存在很多的催眠方式，但专业的催眠师使用的最普通的方法是放松练习。催眠师首先可能要求病人将注意力集中于房间内的某一点，然后催眠师要求病人注意他们自己的呼吸声，并要求病人想象自己体内的所有的肌肉组一个接一个地放松，或者要求病人从 1 数到 10。当病人经历了更深的放松状态，催眠师建议病人感觉不断增强的松弛和昏睡。此时，病人变得更专注于催眠师的暗示而不再关注周围所发生的。结果，病人完全接受催眠师的暗示，被催眠程度的深浅依赖于主体的易感性。

一旦催眠过程完成（需要 10～15 分钟）催眠师可能给病人一系列的暗示来评估他们的催眠状态。在这段时间内，催眠师会运用事先安排好的信号（如肩膀上的一敲）来引发一个行为或将病人从一个特定的暗示中释放出来。

催眠的一个令人感兴趣的方面是，当病人回到正常的意识状态时，会有一些明显的变化。催眠师会像病人建议，当他回到正常的意识状态时或者察觉到事先约定好的信号时，要做出反应。例如，当病人感觉到催眠师触摸他的耳朵时就要站起来，这称为催眠后暗示。在催眠状态下，人们可能会对自己不寻常的行为感到惊讶，或者与催眠无关的合理解释可能会出现在他们身上，例如，他起身是因为他想离开。在后催眠状态中，人们会对暗示做出反应，当他们回到意识状态时，大多数人不能记起催眠过程中的任何部分。

谁易受催眠的影响

研究显示，约 15％的人非常容易受催眠暗示的影响，约 10％的人对此有很强的抵抗力。研究者不认为易感性与任何特定的人格类型有关，但他们认为这与几组人格特征有关。它们包括下面几个特定的特征：

（1）吸收：一个人吸收想象和感觉活动的倾向。

（2）预期：期望被催眠的人通常易受影响；如果他们不期望催眠对他们产生作用，那它就不会产生作用。

（3）幻想倾向：一个人想象的倾向和有生动的幻想的能力。

催眠的状态理论

有两种关于催眠的相互竞争的理论：状态或特殊过程理论和非状态理论。

状态理论认为，催眠是意识的一个变化的状态。最著名的状态理论家是美国心理学家欧内斯特·希尔加德（1904～2001）。他的新分离理论发表于他的著作《分离的意识》（1977年），希尔加德提出，催眠将意识分成活动的不同通道。其他状态理论家提出，这个分离使主体将注意力集中于催眠师，同时在潜意识里或未集中注意力的意识里感知其他事件。

根据希尔加德的理论，大脑包括通常容易相互间影响的亚系统。催眠暗示减少放松程度，一个亚系统（意识）能影响其他两个（记忆和痛感）。因此，受催眠的人会被说服忍受现实的痛苦，但是他们完全清醒时，却不会如此认为。一些例子可以支持希尔加德的理论。在这些例子中，病人在没有使用麻醉药的情况下进行手术，因为接受了催眠，所以他们没有遭受痛苦或只遭受很少的痛苦。

希尔加德理论的核心是隐蔽观察者的观点。我们意识中的一部分在催眠过程中一直保持清醒。隐蔽观察者能提供一个回到意识的出口，并能评论参与者催眠过程中的情绪。希尔加德在一次演讲中提供了标准催眠的示范来揭示这个效果。在催眠过程中，希尔加德暗示主体会在他数到3时变聋。当他数到3后，希尔加德在那个人的耳边撞击两块木块。那个人对声音毫无反应。希尔加德试图测试他的催眠性耳聋，他用柔和的声音让他抬起手指。手指按时抬起，但那个人对此却很惊讶，他解释说他不能听见任何指示。对希尔加德而言，这意味着人的意识的特定部分——隐蔽观察者，在催眠的影响下是独立的，正是意识的这一要素遵从催眠的暗示让催眠主体抬起手指。

冰水测试

为了进一步探究隐蔽观察者的影响，希尔加德运用了一个测试：他要求受催眠者将手臂放入寒冷的冰水之中，并尽可能持续更长的时间。如果你将自己的手臂放入一桶冰水中，最初你会感到寒冷。不过半分钟之后，感觉会变成疼痛。希尔加德发现，当高度敏感性的受催眠者被告知不会有任何疼痛时，他们的手臂可以在水中保持40秒。当希尔加德要求隐蔽观察者写下他们所体验的疼痛，这个疼痛则强于主体对疼痛的物理反应。希尔加德认为，催眠在体验疼痛的意识与对暗示的反应之间制造了一个遗忘的屏障。不过，隐蔽观察者对疼痛的真实情况留有意识。无论隐蔽观察者存在与否，这个发现都暗示了自我意识在某种程度上与人类体验的其他方面相分离。

催眠的非状态理论

与状态理论不同，非状态理论是根据简单的心理学原理来解释催眠的。它不将催眠视为意识的一个变化的状态，而是用社会心理学来解释问题。非状态理论家认为，处于催眠状态中的人仅执行由催眠师所定义的情境中的任务。也就是说，并不是催眠状态产生了观察到的结果，而是催眠师所选的社会情境。这个情境使人呈现出所谓的顺从特征——准备对施加于他们的命令做出反应。

非状态理论家认为，催眠效果与当人们被一本好的小说或一部好的电影吸引时所体验的效果相似——我们中止对我们所见的现实的自然怀疑，进入到幻想的王国。一些研究显示，那些对催眠敏感的人有着生动的、有趣的想象。另外，催眠效果还与角色期待有关，相信催眠的人更容易被催眠。

非状态理论家也指出缺乏证明催眠的大脑和非催眠的大脑之间存在不同的物理证据。的确，大脑活动的物理测量没有显示受催眠者和非催眠者之间的不同。一些研究者发现，在催眠状态中，脑电活动会有细微的变化，但是它们在控制实验中很难复制，对催眠的这些反应与处于深层放松和沉思状态的人的反应之间有多大的不同仍不是很清楚。

有足够的证据证明，受催眠的人与处于清醒状态的人的举止是不同的。因此，人们关注的焦点是，催眠是否是意识的一个变化的状态。

冥想

研究意识变化状态的心理学家也关注冥想及其对心智和身体的影响。冥想的目的是通过完全地关注思想过程来清除心智。最初，冥想出现在日本、中国和印度等地，它也是被称为瑜伽的印度教哲学体系的中心。瑜伽的目的是通过物理的和精神的联系，在完全清醒的状态中将自我与"神"相结合（瑜伽在梵文中的意思就是结合）。在 20 世纪 60 年代，冥想，尤其是借助超然冥想音乐进行的冥想在西方变得很流行。在依靠超然冥想音乐的冥想中，冥想主要是通过背诵咒语（一个词或不断重复的东西）来实现。

同催眠一样，冥想是放松的一种方式。一些心理学家认为，可能没有比冥想更神奇和神秘的了。最近由美国医生安德鲁·纽贝格进行的一项研究表明，当人们冥想时，大脑活动有明显的改变。纽贝格扫描了人冥想中的大脑，发现在冥想过程中，表达身体"边界"的部分大脑不活跃，这与冥想者感觉到与世界"成一体"是一致的。冥想似乎也影响精神处理过程。例如，冥想者比没有冥想的人更能出色地完成典型的右半脑的任务（如记忆音乐），但他们在完成与左半脑相关的任务（如解决问题）时却表现得比较差。

研究者特别感兴趣的是瑜伽大师。他们中的一些人能通过冥想来控制身体过程（这些过程通常是不自觉的，例如心跳），很多人还能够忍受痛苦的经历而没有任何不适的反应。1970年，一位叫作拉玛纳德的瑜伽大师利用瑜伽术在一个封闭的金属盒中呆了超过5个小时的时间。科学家认为，他在这个过程中仅使用了普通人所需氧气的一半来维持生命。由此可见，通过冥想，人可以极大地减缓身体的新陈代谢。

生物反馈

生物反馈可以像冥想一样被用于控制身体的功能（我们通常并没有意识到这些功能，或者这些功能是处于自主神经系统的控制之下）。对于构建意识控制无意识的过程，这是一项非常有用的技术。它的原理是通过电子设备来揭示诸如心跳、血压或脑活动等人们能够学习控制的心理过程。例如，可以通过电脑显示器上的速度下降来观察是否减缓心跳，因为试图放松的效果可以通过图像显示。在实践中，即使在没有生物反馈设备的情况下，一个人也可以学习复制相同的放松状态。高血压、偏头痛、恐慌发作和胃酸的过度分泌都可以通过生物反馈得以治疗。

由药物引发的变化状态

有很多药物可以改变我们的意识。阿司匹林就是其中之一，因为它改变我们对疼痛的感知。几个世纪以来，人们服用药物主要是因为它们所引发的精神状态的改变——为了放松或刺激、引发或阻止睡眠、强化感知或引起幻觉。不同的药物根据它们对心智的效果来分类，所谓的精神类药物有4个主要的种类。它们是镇静剂、兴奋剂、鸦片制剂和致幻剂。

镇静剂通过减缓精神过程和行为来起作用。酒精是使用最广的镇静剂。另外，巴比妥类药物的处方药和安定等安定药都是镇静剂。它们能够帮助人们改善睡眠或减少焦虑。大多数镇静剂通过跟踪大脑中称为GABA感受器的区域来起作用。

酒精能松弛自主神经系统，它对行为的刺激性效果，可能是由于它压制了大脑中通常涉及行为意识的那些部分。大量的酒精会减缓整个大脑的活动。

兴奋剂是增强警觉和物理活动的药物。使用最广泛和合法的兴奋剂是咖啡因（存在于咖啡、可乐和茶叶中）和尼古丁（存在于烟草中）。这两种物质对大脑和脊髓有温和的效果。和酒精一样，尼古丁具有产生刺激的效果。一些研究表明，尼古丁对女性是弛缓药，而对男性则是兴奋剂。非法的兴奋剂，如安非他明、可卡因和摇头丸等，对大脑和脊髓有更强的刺激效果。

安非他明最早出现在 20 世纪 20 年代，它是一种增强警觉和增加自信的人工药物。在第二次世界大战中，安非他明被用于减缓士兵的疲劳、增强对战斗的准备等。接着，它被制成片剂，用于抑制食欲。后来，安非他明的效果使它被用于娱乐场合，不再作为医疗用药。服用安非他明后，人们会活力猛增。他们可能会感到自己能够接受任何的挑战或完成任何的任务。不过，一旦药效消失，服用者就会从药物引发的"兴奋状态"中"跌落"，并感到精神沮丧，进而促使他们服用更多药物。用不多久，服药者就会用药成瘾。此外，安非他明还会激发攻击性，尽管这可能更多是由于成瘾所导致的人格变化而引起的，而非药物本身引起。安非他明对健康也有不良的影响，它会引起心悸、血压升高和焦虑。

可卡因是一种有着长期滥用历史的高度成瘾性的药物。这种药是从原产于南美的安第斯山脉的古柯树中提炼的。秘鲁的美洲土著在几个世纪前发现了这种植物的叶子，当他们在田地工作时，为了增加体力以及减缓饥饿和疲劳，他们习惯于咀嚼这些叶子。可卡因的精神效果类似于安非他明。这两种药都能刺激大脑的额叶，并增加去甲肾上腺素（去甲肾上腺素能增加心跳速度和血压）和多巴胺的水平（多巴胺能在大脑的细胞之间传递神经信号）。可卡因和安非他明能够通过对激发行为的脑边缘系统的深层影响，制造一种预期的快乐感觉。

摇头丸也能制造欣快的感觉，并能使这种感觉持续 10 个小时。它通过摧毁制造 5-羟色胺（大脑中的一种化学成分，能控制攻击性、情绪、睡眠、性行为和对疼痛的敏感性）的大脑细胞来起作用。在一些案例中，摇头丸导致极度脱水和极高热（身体的温度超过 41℃），而由此引发的痉挛可能是致命的。抑郁和恐慌发作也有可能是因为长期服用摇头丸造成的。

鸦片及其衍生物（鸦片剂）形成了另一类被使用了上百年的药物。鸦片剂会刺激涉及快乐情感的大脑系统。它们还会抑制涉及焦虑和自我监督的系统。鸦片和鸦片剂（如吗啡和海洛因）在医疗中用于减缓病痛。同可卡因一样，数百年来，鸦片剂也被用于娱乐，这是因为它能改变情绪，减缓焦虑，制造欣快的情绪。所有鸦片剂都是高度成瘾性的，戒除时会伴有强烈的身体不适。

致幻剂会对意识有深层的影响。致幻剂也称为迷幻药。迷幻药扭曲大脑解释通过感觉接收到的信息的方式，致使人们的看、听、闻、尝和感觉趋于不真实。尽管对迷幻药有一种极度令人恐惧的反应，但这些致幻剂在某种意义上却是令人快乐的。

大麻是一种温和的致幻剂。吸食大麻的干叶或压缩的树脂，通常会产生一种欣快的反应。时空的体验被扭曲了、记忆的功能也被干扰了。短时间内，使用者会丧失关于他们所做和所说的思想。从长远来看，他们的学习能力会遭到损害。

睡眠和做梦

睡眠是意识非常有趣的一个方面。尽管它是意识的一个变化的状态，通常不需要外在的媒介（如催眠或药物）介入，但睡眠并不是一个单独的状态。它包括大脑活动和意识变化层次的不同的阶段。

睡眠的一个不同寻常的方面是，在大部分睡眠时间里，大脑和我们醒着时一样活跃。人们在梦中能有很强的精神体验，因此大部分睡眠代表了意识的改变，而不是如很多人所认为的意识的丧失。

睡眠中大脑活动的模式可以通过脑电图来研究。脑电图会记录被试者睡眠时输入其脑中的电极。在一个典型的夜间睡眠中，脑电图记录显示了不同的模式，它反映了睡眠的不同阶段。

睡眠的阶段

睡眠的两个主要的类型是快速眼动期和非快速眼动期。非快速眼动期睡眠有4个阶段。这些阶段之间的是快速眼动期睡眠。在快速眼动期，闭合的眼睑下快速的眼动清晰可见。快速眼动睡眠占整个睡眠的20％。

非快速眼动期的第1个阶段是昏睡期，即当你感到自己正要入睡时，还可能模糊地意识到你周围所发生的。当你从第1阶段到第2阶段，你可能会突然跳起或不由自主地抽搐，并且惊醒，这称为"入睡前惊醒"。在这个处于清醒和睡眠之间状态的阶段，很多人会看到生动的精神图像。这称为入睡前影像，它与清醒时的想象和做梦是不同的。

睡眠从第2阶段经过更深层的第3阶段，然后到了第4阶段。第4阶段的脑电图显示更深和更长的脑电波，与第3阶段的小而快的电波形成对比。在这个阶段，呼吸和心跳变得平稳。把人从这个阶段叫醒是相当困难的，不过，即使在最深层次的睡眠中，心智仍能对紧急的声音（如火警或哭喊的孩子）进行处理和做出反应。

快速眼动期睡眠的大脑模式与非快速眼动期睡眠第 1 阶段的脑电图是相似的。不过，快速眼动期睡眠与睡眠的所有其他阶段是不同的。快速眼动期是高度活跃的状态：心跳加速、呼吸加快、身体消耗更多的氧气。所有这些迹象显示身体正在消耗更多的能量，肾功能、反射以及荷尔蒙释放模式也有变化。在这个睡眠阶段，大脑和身体有着大量的活动，但没有动作。这是因为在快速眼动期睡眠，脑干阻止通往肌肉的信息，这被称为睡眠性麻痹。

80％在快速眼动期被唤醒的人声称他们正在做梦，而从非快速眼动期被唤醒的人的做梦率只有 15％。快速眼动期睡眠有时被称为"异相睡眠"，因为它将整个身体的放松与被唤醒的状态和快速的眼动结合起来。通常情况下，在大约 15 分钟的快速眼动睡眠之后，大多数人回到一个更轻的睡眠（第 1 和第 2 阶段），然后进入更深的第 3 和第 4 阶段。在一个典型的 8 小时夜间睡眠中，人们会经历包括所有不同阶段的 4～5 个周期。

我们为什么要睡觉

我们为什么睡觉的理由并没有定论，但有两种主要的理论：恢复理论和进化理论。

睡眠的恢复理论最先由爱丁堡大学精神病学教授伊恩·奥斯瓦德在 1966 年提出。奥斯瓦德认为，快速眼动睡眠和非快速眼动睡眠都有恢复的功能。快速眼动睡眠恢复大脑过程，而非快速眼动睡眠补充身体过程。这可以用来解释为什么婴儿（他们发展中的大脑需要更多的时间来制造细胞和成长）需要那么长时间的睡眠。在他们生命第 1 年的最初阶段，婴儿每天要睡 18 个小时。在满 1 岁时，他们通常发展出两个睡眠阶段，一个在白天，而另一个在晚上。大约 5 岁时，他们一天睡 1 次，时间通常是 12 个小时。大多数成年人一天仅睡 8 个小时，其中仅有 1/4 的时间是快速眼动睡眠，而婴儿的快速眼动睡眠占整个睡眠时间的一半。

心理学界对奥斯瓦德的恢复理论有一些批评之词，其中之一认为，尽管大部分细胞修复是在晚上，但它 24 小时都会发生。另一种理论认为，快速眼动睡眠远不是平静的，它是高度活跃的内在状态，要消耗大量的能量。

1974 年，英国心理学家雷·梅第斯提出了进化理论，解释为什么不同的物种会在不同的时间睡眠。梅第斯认为，食肉动物（如狮子）容易获取食物、水和掩蔽处，它可以花费大量的时间睡觉。而那些有受到食肉动物袭击危险或为生存而努力的物种则睡得比较少。进化理论认为，动物在自然环境中越安全，它们可能就睡得越久。梅第斯还认为，正因为新生婴儿长时间的睡眠，母亲才不会疲惫。由此看来，睡眠还有一种保护功能。冬眠理论是进化理论的一个变种。它提出，睡眠的机理与冬眠的机理相连接，睡眠的机理可以保存能量，并保护动物免于危险。

梅第斯的睡眠进化理论遭到很多心理学家的批评，因为它没能解释为什么睡眠在大多数物种中如此普遍。动物在它们清醒的生活中进化出不同的物理特征和行为，所以尚不清楚为什么几乎所有的脊椎动物表现出相同的睡眠模式。

睡眠障碍

许多人存在着睡眠问题。失眠症是指入睡很难。这是最普遍的睡眠问题。失眠症患者发现很难入睡，或者当他们在夜晚醒来时就不能再入睡了。医生认为，有1/3的成人遭受失眠，一些人的情况比其他人更严重。失眠症通常是特定问题的结果，尤其是创伤性的生活事件，如搬家、考试、换工作或人际关系困难等。在这类案例中，随着时间的过去，睡眠模式在正确的帮助下会回到正常的状态中。不过，慢性失眠症会持续很多年。失眠症可能是作为对特定问题的反应而出现的，但它可能会变成无法入睡的一种稳定的模式。

嗜眠症是一种罕见的、使人虚弱的睡眠障碍，它会导致过度的白天睡眠和猝倒（突然的肌肉收缩性丧失，导致病人摔倒）。一些嗜眠症患者在瞌睡或清醒时也会出现幻觉。与正常的睡眠相比，嗜眠症独特的症状是，在积极地参与任何活动时，嗜眠症患者都会入睡。研究者发现，嗜眠症患者的睡眠模式与睡眠正常者的完全不同。嗜眠症患者的快速眼动睡眠出现在入睡后的几分钟之内，而不是通常的90分钟。这种快速发作的一个结果是患者可能会产生幻觉。

睡眠窒息患者在他们睡觉时会暂时地停止呼吸。在睡眠过程中，空气通道变窄（通常是变得太松弛而出现闭合）阻碍呼吸。幸运的是，睡眠并不能阻碍呼吸的强烈需求。当阻碍出现时，由于氧气供应减少，大脑的呼吸中心开始警觉，患者会很快清醒并重新开始呼吸。调查显示，仅有2%的人遭受睡眠窒息。

做梦

尽管心理学家建立了睡眠实验室来理解睡眠的机理和理论，但是还是很难对梦进行研究。我们已经注意到，尽管在非快速眼动睡眠中也会做一些较少引起幻觉的梦，但与做梦相联系的主要是快速眼动睡眠。当人们在快速眼动睡眠中被唤醒时，他们几乎总是能回忆起梦境生动的方面。一些心理学家认为，当做梦的人环顾梦境的视觉领域时，快速眼动睡眠过程中的眼动可能与梦的内容更加相关。

历史上的做梦者

在古代埃及第 12 王朝时期（约公元前 1991～前 1786），人们开始记录出现在他们梦中的象征，并试图解释它们的意义。困惑的人们有时会让祭司分析他们的梦。古代希伯来人通过做梦者清醒时的生活（家庭、朋友、职业和人格）来解释梦境。在《旧约》中，梦也常被提到。例如，埃及法老告诉雅各的儿子约瑟一个梦：7 头来自尼罗河的肥母牛后面跟着 7 头瘦母牛。雅各将梦解释为一个警告：7 年的丰收之后是 7 年的饥荒，因此必须储存食物以备荒年所用。

我们为什么做梦？

根据一些心理学家的观点，快速眼动睡眠和做梦有助于组织我们的思想。关于这个假说的著名版本是由弗朗西斯·克里克和格雷姆·米基森（剑桥大学的分子生物学家）提出的。克里克和米基森在《自然》（1983 年）上发表的一篇论文中认为，梦是消除多余信息的一种方式。他们认为，做梦是为了除去每天的非主要经验所遗留的所有记忆痕迹。人类经历负载梦的快速眼动期是为了消除"认知的残迹"。消除多余信息可以有效地减少大脑机理中的储存负荷，使获取有用信息更有效。针鼹和海豚没有快速眼动睡眠的事实支持了这个理论。这两种动物有着相对于整个大脑来说异常大的大脑皮质。不考虑有效性的话，接纳所有的记忆和经验需要特别大的大脑皮质。由于这些动物不经历快速眼动睡眠，它们不能消除多余的信息。

与这个理论相反，现在有证据表明做梦（特别是在非快速眼动睡眠中的梦）对消除最近的记忆很重要。梦可能与在下丘脑中编码的新近的事件如何传递到皮质中长期储存相关。

噩梦和夜惊

人们通常是在后半夜经历噩梦，这时的梦也最为强烈。儿童最容易做噩梦，尤其是在他们经历一个压力的时期（如当某人去世或父母离异时）。噩梦在成年人中并不常见，但对某些压力的环境做出反应时可能会做噩梦。如果你有一个创伤性经验（暴力攻击、飞机失事或火灾）时，忍受噩梦就尤其困难，因为它们能使你重新经历事件。这类噩梦是创伤后应激障碍的症状。创伤后应激障碍是一种影响了很多从越南战争（1964～1975）中回来的美国士兵的疾病。这类疾病的治疗程序是运用大量的技术来减少噩梦的强度和频率。药物治疗（治疗焦虑和抑郁）和放松技术也能够帮助患者。

弗洛伊德和梦

弗洛伊德是最早研究梦的西方心理学家，他的经典著作是《梦的解析》（1900 年）。弗洛伊德认为梦是"通向潜意识的捷径"，并为可能不被意识接受的思想和欲望提供了一条迂回之路。弗洛伊德将梦视为解决精神紧张及满足潜意识欲望的一种方式。弗洛伊德在梦的显义和隐义之间做了区分。他认为梦的显义（由做梦者叙述的梦）是梦的隐义（梦真实的含义）经过审查和象征的版本。弗洛伊德指出，我们最深层的欲望和希望在梦中被掩盖了，因为如果它们成为意识的一部分，会威胁到我们的心理健康。

与弗洛伊德的观点相反，很多现代心理学家认为，应将梦理解为处理出现在学校或工作中，以及人际关系中的日常生活问题的一种方式。他们不认为梦有象征的意义，而是直接代表了日常生活中的现实关注。尽管这看上去将梦过分简单化了，但是研究显示，在生活中经历困难的人比感觉满意的人停留在快速眼动睡眠的时间更长。同样地，在睡前负有复杂任务或处于复杂境地的人比一般人在快速眼动睡眠的时间更长，这说明做梦并不肩负着处理问题和焦虑的任务。

荣格关于梦的理论

瑞士心理学家卡尔·荣格（1875～1961）在他事业的第 1 阶段与弗洛伊德一起工作。1913 年，荣格离开了弗洛伊德，形成了"分析心理学"的理论。荣格不将梦视为愿望满足的表现，他将梦视为获得自知的一个重要方式。荣格认为，人们应该听从自己的梦，并由此引导自己的生活。他认为梦的功能是帮助人们通过发现人格中不和谐的因素来重获"心理平衡"。荣格认为，梦同时指向过去和将来。他不同意弗洛伊德认为梦有着固定象征意义的观点，他倾向于研究同一个人在长时间内做的一系列梦。

生物节律

除了睡眠周期之外，大脑的潜意识控制了其他身体功能，从而形成了日常生活物理的和生物的节律。例如，体温的变化和荷尔蒙的释放是周期性的，并且由大脑中复杂的网络控制。

我们并没有意识到这些身体的节律，但很多节律显然是与外在世界（如季节的循环和日夜的交替）相联系的。意识的心智记录这些环境的变化，并影响身体的变化。心理学家已经注意到，对于相同的事件，不同的物种都会做出反应。例如，许多动物会在每年相同的时间繁殖后代。当松鼠被饲养在 12 小时明暗交替的实验室中，它们仍能在每年相同的时间冬眠。冬眠是内在节律的一个例子。甚至当外在刺激（如减少白昼的时间和寒冷的天气）不再明显时，内在节律仍被保留。

生物节律有 3 个主要的类型：昼夜节律、超昼夜节律和次昼夜节律。昼夜节律是每 24 小时发生一次。词语昼夜来自拉丁文 circa（意为"在附近"）和 dies（意为"白天"）。人类的睡眠－清醒周期是昼夜节律的一个很好的例子。

超昼夜节律是多于 24 小时发生一次。例子包括女性的经期（每 28 天发生一次）和动物（如熊和松鼠）的冬眠。

次昼夜节律是每 24 小时发生多于一次。例子包括睡眠的不同阶段的转换、体温的变化、肾脏的分泌以及心率等等。

昼夜节律

除了正常的睡眠－清醒周期之外，人们在一天的清醒过程中经历不同的层次。心理学家发现，在任何任务中，完成的质量受到人们完成的时间的影响。大学生在下午较早的时间比任何其他的时间都能更好地从一个演讲中摘录出主题。人们在早晨能更好地完成短期记忆的任务，而在晚上能更好地完成长期记忆的任务。非正式的调查问卷表明，一些人是"早晨型"，另一些则是"夜晚型"。它们的不同是因为昼夜系统中的"相位提前"——早晨型在很多测量中（包括体温）比夜晚型早 2～3 个小时达到顶峰。

人体的生物钟

Zeitgebers（德语"给时者"）是用来形容参与控制生物节律的外部刺激的术语。很多研究探究了内在节律制造者（如荷尔蒙）和给时者之间的关系。人们在有特殊设计的实验室中，排除外部世界所有的正常时间提示，从日夜的 24 小时周期到钟表、收音机和电视分别进行研究。研究的结果表明，很多生物节律在没有给时者的时候仍被保留，它们受到几个不同的内在"生物钟"的调解。

心理学家认为，这些生物钟或内在的起搏点有一个基因的基础。甚至在子宫内，胎儿有着规律的活动和静止的周期，而不受外部世界的影响。但为了与外部世界完全协调，内在的生物钟需要与外在的给时者相协调。

在人类和其他哺乳动物中，这个过程更复杂。主要的生物钟位于大脑中被称为下丘脑视交叉上核的很小的一个区域。在这个区域中，神经细胞有内在的节律放电模式。这些神经细胞能通过相互连接的路径来控制降黑素（一种作用于脑干引发睡眠的荷尔蒙）的产生。另一个路径将眼睛的视网膜与下丘脑视交叉相连接。因此阳光的外在给时者在下丘脑视交叉中调整活动，然后下丘脑视交叉从松果体释放降黑素进入血液中。这确保了阳光的变化程度与降黑素产生之间的连接得以维持。尽管这些生物钟有自己固有的特性，但它们还是依赖外部明暗的日常节律。一些研究者还试图排除给时者的角色来观察整体的系统的变化。

时差反应、换班工作和季节性情绪紊乱症

时差反应和换班工作会破坏我们内在的生物钟，扰乱我们正常的生物节律。例如，如果你下午 4 点从洛杉矶或旧金山出发，向东飞到英国，这需要大约 10 个小时，你将在加利福尼亚时间凌晨 2 点抵达。但是，两个地区的时差意味着这时在英国是早上 10 点。此时，你内在的生物钟会释放降黑素，你极度渴望睡眠。在这种情况下，迅速克服时差反应的最佳方式是，当你抵达时不要睡觉。你最好遵循给时者的节律，坚持不睡觉直至合适的时间。这可能意味着你将处于清醒状态超过 24 个小时，但对于适应新的规律这是值得的。

降黑素有时被称为黑暗荷尔蒙，因为它主要是在晚上产生。1955 年，科学家找到了一种降黑素的合成形式。在美国，它作为克服失眠或时差反应的商品被销售。它也被用于帮助盲人通过时间的改变来重组生物钟。

换班工作者（如护士、医生和收银员）通常有失调问题。雇主经常将轮班分为每 8 小时一段——午夜到早上 8 点，早上 8 点到下午 4 点，下午 4 点到午夜。如果你改变时段，显然会打乱你的内在生物钟。很多雇员被要求这个星期工作一个时段，下个星期换另一个时段，在第 3 周再换一个时段。而对时差反应的研究表明，身体需要大约一周来重新调整节律，因此一些换班工作者的生物钟可能处于一种持久的破坏状态。打乱的睡眠周期会导致易怒、注意力缺失以及压力增大。

气候也会影响行为和情绪。季节性情绪紊乱症现在被视为是一种在秋天和冬天影响人的精神疾病。在冬天，天气寒冷，日照很少，季节性情绪紊乱症患者会变得情绪低落。当夏天来临，日照时间变长，抑郁就会消散。一些心理学家认为，季节性情绪紊乱症是一种内在的特征，它反映了一种进化的适应性，可以减少冬天的活动水平。很多季节性情绪紊乱症患者可以通过每天在明亮的光线下照射一个小时来进行治疗，这是因为光线可能会影响下丘脑视交叉、松果体和降黑素释放的活动。

第五章 社会心理学

人：社会性动物

我们与其他人一起工作、一起学习、一起生活，无论走到哪里都会与其他人相遇。当然，我们对一些人的了解比对另一些人更多一些。家庭成员、亲密朋友和同伴是我们最为了解的，与他们相处时，我们特别在意他们的不同个性。其他人，比如那些经常在单位或学校相遇的人，我们也熟悉，但是，我们与他们的关系更加正式：我们与这些人的互动更受社会期待的影响，而不是他们的不同个性。一般说来，每天与我们相遇的大多是陌生人，我们与他们之间的互动几乎完全由结构化的社会规则所决定——这些社会规则准确地告诉我们该如何行动。社会互动包括所有人与人之间的交流或相遇。一些社会互动简简单单、显而易见，比如，在车里与擦肩而过的朋友挥手示意，或者在公交车上买票。而另一些社会互动则相对复杂，比如为了完成一项计划，我们与学习伙伴或者工作伙伴进行亲密协作，或者为得到最新消息而给朋友打电话。还有一些社会互动（比如父母与儿女之间或者夫妻之间的交流）非常复杂，即使我们穷尽一辈子进行研究，也难以解开这些交流的所有层面，及其所隐含的意义。

什么是社会心理学？

诸如社会互动和社会行为之类，都是社会心理学家需要解释的。为了解释这些社会互动和社会行为，他们将研究个体如何及为什么思考和感知社会和他人，个体在一定的社会情境下如何及为何思考、感知和行动。然而，社会心理学家要考虑的不仅仅只是个体,因为文化和社会对个体也有很大的影响。因此,社会心理学家也考虑社会和社会情境如何影响个体。

社会心理学的历史

社会心理学通常被认为是心理学领域里的后来者,但是,它的渊源却可追溯到心理学创始人冯特那里。冯特以其第一本心理学教科书《物理心理学原理》的出版,以及位于德国莱比锡的第一个实验心理学实验室的创立而闻名。但是,很少有人知道,在 1900~1920 年间,他写了 10 本社会心理学著述,这些书被他称为"民俗心理学"。在这些著述中,冯特讨论了这样一些话题:语言与思维之间的关系、社会与文化形塑认知(信息处理)和精神生活的方式。

冯特认为心理学与个体和社会心理学之间相互补充。他认为,个体知识——即生理和认知过程——是重要的,但是理解社会影响和社会情境对人类经验的影响和形塑的方式也同样重要。冯特认为,有必要对这两个领域分别进行研究,因为他觉得对它们进行研究需要不同的知识形式和不同的研究方法。冯特的社会心理学著述在今天并非广为人知,但是,对于像美国哲学家 G. 米德和俄国心理学家 L. 维果茨基这样的社会研究者的研究工作,却具有极其重要的影响。

心理感染

对社会心理学发展具有影响的其他因素还有暗示和催眠。虽然人们经常认为这些因素只不过是卧室里的把戏,但是,它们与人们如何理解他人有着密切的联系——例如,为了催眠,一个人在一种特殊的环境中与催眠师进行互动。催眠和暗示在一定程度上首次引起人们兴趣,是从安东·麦斯麦 19 世纪六七十年代所做工作(这对弗洛伊德无意识理论的发展具有影响)中开始的。

自 18 世纪 60 年代起至 19 世纪,社会在工业化进程中快速变迁。随着农村人口大量迁往城市寻找工作,城市规模快速扩大,人口数量也逐渐增多,同时,社会骚乱似乎也在逐渐增加——人们由于工资低廉、缺衣少食和权利受限而发生暴乱。虽然在工业化时代来临之前社会抗争就已经出现过,但是随着人们不断涌往城市,抗争好像更加明显且不断扩展。一些社会理论家采用大众催眠和社会影响等概念,试图解释这个显而易见的非理性大众暴乱行为。1908 年,勒庞总结了一个观点,并把它建立在"心理感染"的概念之上。这个观念认为,社会骚乱可以像传染病一样扩散,其扩散和传染机制就是社会暗示和大众催眠。

两种研究方法

20 世纪伊始,社会心理学出现了两种主要研究方法。社会心理学家对这两种方法都很重视。

由内向外　社会心理学家们首先从个体立场出发来观察人们的社会行为（也就是从内向外）。威廉·麦独孤就是这个学派的主要倡导者之一，他在1908年发表了《社会心理学绪论》。麦独孤强调社会行为的本能原因，认为人们天生就有一种内在的倾向——对特殊刺激进行注意和做出反应，以达到目标。

由外向内　在那个时代，研究社会心理学的第二种方法就是关注建构个体发展的社会环境的作用，1908年，罗斯发表了《社会心理学》，进一步扩展了这一方法。在他的著作中，首次解释了社会学理论，并分析了人与社会之间的联系。

美国社会心理学

1924年，随着奥尔波特那具有影响力的《社会心理学》的发表，上述两种方法之间的平衡被打破了，奥尔波特在书中确切无疑地把社会心理学定义为有关个体的研究。

这个个体研究模式关注个体行为，它的许多方面直到今天仍然广为应用。研究人员经常利用实验室方法分析原因和其他影响因素，同时也通过观察人们的日常生活加以补充分析，从而探索不同类型社会行为的发生机制。他们试图通过理解社会力量是如何对个体发生作用的来找到理解社会生活的关键，因为社会生活毫无疑问是个体与他人进行互动的结果。

当时，社会心理学的一个关键概念就是态度。态度是人们对社会世界的各个方面（通常是以"日常感觉"，而不必以精确的心理学为基础）所做出的评价。很明显，不同的人对他人和社会事件所做出的评价方式有所差异，有时，这些差异在不同文化或不同族群之间并行不悖。

美国社会心理学家对引导仇外主义（不喜欢外国人）和种族主义潮流起到了尤为重要的作用。例如，戈达德使用带有文化偏见的IQ测试判断出大量美国移民种族低劣，并因此开始对那些具有"精神缺陷"的人施行大规模驱逐出境和强迫绝育。戈达德认为"弱智"不应该生育，但是，他的理论是建立在证据错误和不足的基础上的，甚至通过改变照片来说明"低能"特征。

到20世纪30年代，其他社会心理学家开始关注偏见，并蔚然成风。他们主要探索个体的态度尤其是他们共同持有的态度是怎样形成的。研究人员后来创造出几种测量这些态度的技术工具，其中包括里克特量表和语意差异法，这两个工具直到今天仍在使用。

抵制心理　虽然多数社会心理学家后来主要采取个体方法（也就是从内往外

的方法），但是，他们也并没有忽视社会情境对个体的影响（也就是从外往内的方法）。冯特在美国具有和在欧洲一样广泛的影响，其中深受冯特思想影响的一个最为重要的美国研究人员就是 G. 米德。虽然身为哲学家，米德却关注社会行动的根源，他在著作《心灵、自我与社会》（1934 年）中构建了社会心理学原理，并详细阐述了"社会性自我"这个概念。

格式塔心理学　20 世纪 30 年代起，由于德国纳粹开始猖獗并大肆迫害犹太人，一些欧洲格式塔心理学家迁往美国。格式塔心理学家把个体视为整体的部分，这个整体还包括社会环境。他们中的许多人对社会心理学感兴趣，他们从格式塔心理学的角度出发，试图解释人们在社会群体中或者与社会群体进行互动时，影响社会行为和社会效应的途径到底是什么。

勒温是最具影响力的心理学家之一，他提出了一种叫作场论的方法。他的理论突出地分析了社会情境中的关系网络是如何形塑社会群体和社会行为的。

勒温有许多追随者，在他的研究的影响下，后来的人们集中于研究从众以及群体和社会信仰的影响。其中，穆扎费、C. 谢利夫、利昂·费斯廷格、弗里茨·海德都深受勒温研究方法的影响。他们通过研究群体动力、群体信仰，以及研究人们如何理解周围事物，而对社会心理学产生了很大影响。

当代社会心理学

当代社会心理学结合了美国和欧洲两种传统社会心理学。社会心理学家探索产生社会行为的个体原因和机制（从里往外的方法），同时，他们也探索共同社会经验所具有的影响，比如文化和社会认同（从外往里的方法）。当然，现在仍然有一些社会心理学家坚持一种研究方法，但总体上说，大多数社会心理学家是把两种方法结合在一起，从而丰富了对社会心理学的理解。

社会性自我

社会心理学中所有方法的核心就是社会认同概念。社会认同是指一个人对他是谁进行的自我定义，包括个体特征（比如自我概念）和共同特征，比如社会性别、与他人的关系（例如兄弟、姐妹和母亲）、职业（例如学生、建筑工人和收税员）以及种族或宗教群体。个人自我概念是人们自我信仰的有机体，这些信仰部分扎根于个体与他人之间的关系。

自我概念的历史

自我概念最早出现于 17 世纪哲学家的著述中，他们确定了心理学本身的根基。每个哲学家都对人是什么进行深思熟虑。法国哲学家笛卡尔清楚地区分了人类心理和"低级"动物本性，我们现在把这个区别称为笛卡尔二元主义。英国哲学家洛克强调学习和经验的重要性。他认为，一个婴儿出生时只是一张白纸，因此，他的心理发展是由教育和文化中获得的经验造就的。

重要他者　1890 年，美国心理学创始人威廉·詹姆士清楚地讨论"自我"这个概念。他认为，人们具有客观地观察自我的能力，以及发展自我感知和自我态度的能力。詹姆士认为"自我"具有 3 个方面：物质我、精神我和社会我，"自我"包含着人们在与他人的联系中所获得的自我感知。人们不断地在自我和其他人之间进行比较，詹姆士称这些其他人为"重要他者"：那些在某些方面对一个人具有重要意义的人，包括亲人和朋友，甚或包括特别喜爱的老师。詹姆士认为，个体以这些参照对象建构他们喜欢的理念，发展出所谓的自我概念。

镜中我　在 20 世纪早期，许多心理学家沿袭了詹姆士的自我概念思想，并进行了进一步发展。1902 年，库利验明了从其他人那里获得的反馈过程，这其他人是社会比较中的重要因素。库利把自我概念描述为照镜子，反映了个体所获得的他们在他人眼中的形象：如果其他人认为我们富有魅力或非常智慧，那么我们更有可能从他人评价我们的那些方面来认识自己。

内化　美国社会心理学家米德详细探讨了库利的思想。米德全盘接受库利的理论，在 1934 年，他强调了在个人自我概念发展过程中内化的重要意义。米德不是简单地观察他人如何反作用于个体，以及他们如何据此行动，而是认为人们会把其他人的行为作为一种信息资源，并把它内化为原则和标准。然后，他们用这些内化了的标准评价自己。

虽然自我概念仍然来自社会经验，但是，对米德来说，社会经验比与他人的互动和对他人的判断要宽泛许多。它包括社会规范和文化模式，以及个人的价值观。

角色扮演　1959 年，戈夫曼把自我概念定义为个人在社会中所扮演的各种不同角色所形成的角色丛，或者说是任何个体所适应了的各种社会角色。人们扮演许多社会角色（兄弟、学生、上班族），每个角色都要求个人做出适合该角色的行动。这些要求包括普遍的社会期待，以及角色扮演中的个体的期待。例如，无论人们何时担当一个新角色，他们最初都会感受到他们在扮演一个陌生的角色。但是，当人们对新角色越来越熟悉时，角色和角色期待都得以内化，仅仅成为自我概念的某一部分。戈夫曼把自我概念当作各种社会角色的总和——有点像多面骰子，自我概念依据不同的环境和个体扮演的不同角色展露不同的面相。

普遍性自我概念和特殊角色自我概念　最近，研究人员发现人们既有普遍性自我概念，又有特殊角色自我概念。1994 年，美国心理学家罗伯兹和多纳休请一些妇女描述她们拥有的不同社会角色（比如妻子、朋友、母亲、姐妹、女儿）。他们发现，妇女们在描述一个角色中的自己与描述另一个角色中的自己时有所区别。由此，他们得出结论，人们拥有特殊角色自我概念，根据个体所在人际关系中的位置不同而有不同。此外，妇女们的特殊角色自我概念又非常相似，充分说明了她们还拥有一个普遍性自我概念。

自我表象和自尊

自我概念包括两部分：自我表象和自尊。自我表象是实在部分，由描述和直接信息组成，比如人们的研究主题或人们从事的工作、生活地点、头发颜色等等。自尊是指值得人们去进行自我判断的所有方面。它包括内化了的社会判断和理想，这些判断和理想关涉到从事某事的人们是如何优秀，或者他们的性格特征是积极还是消极。

自尊

自尊是自我概念的一个重要组成部分，它与积极的社会经验和精神健康紧密相连。人们与谁建立关系以及他们如何建立关系，都受到个人自尊的影响。例如，人们要是消极地评价自己（即他的自尊心比较差），那么，他就会经常在那些永远难以挥去的消极态度中行动：分辨出那些同样消极地对待他的伙伴、在那些引起消极反应的方式下行动，以及观察他人对自己的反应，这种观察到的反应比实际情况更消极。

社会比较

个人自尊跟他们在自己与他人之间作出的社会比较有关联。对那些自尊心较差者情况尤其如此。正如前面已经解释过那样，人们通过比较自己与他人来做出自我评价。因此，如果你感到一些人在某些方面比你优越，那么，这可能会降低你的自尊心。相反，如果你感到你自己在某些方面比他人更优越，那么，这可能会提高你的自尊心。但是，事情并不如此简单。社会比较对自尊的影响很大程度上取决于与你进行比较的对象是谁。我们设想你遇见了一个没有你聪明、迷人、机智的人（下行比较）。如果这是个陌生人，遇见他们使你对自我品质感觉更优越，因此，社会比较对你的自尊形成的效果可能是积极的。如果这个人是你最好的朋友或是你的母亲，那么，比较带来的效果很可能是消极的：你把你自己与一些相同的消极品质结合起来。

上行比较同样复杂。如果你正在看电视里的运动员，你可能认为"那个赛跑选手跑得比我快许多"。但是，由于那个人对你来说是完全陌生的，因此，对你的自尊并没有什么影响。然而，如果你恰好把自己与你接近的人进行比较，比如你的同学，那么，这会给你造成消极影响——你可能认为"我跑不过我的朋友，我在运动方面毫无长处"。这肯定会给你的自尊带来消极影响。但是，如果你与一些亲近的人进行上行比较，比如你的兄弟或你最要好的朋友，你可能会感到他们的技术使你更加优异，因此你的自尊会得到提升——这种效果可描述为"享受他人敬重"。

总之，社会比较（无论是下行还是上行）如果是带来积极情绪的，则提高自尊；如果是带来消极情绪的，则降低自尊。同时，无论比较带来消极还是积极情绪，都要依据你所比较的对象。

养育方式与自尊

库珀·史密斯发现自尊程度与人们经历的养育风格有关。那些具有高自尊的人的父母都非常严格，他们对自己的儿女作出明确的限定并且提出严格的标准，但同时也对他们非常关注、与他们讨论问题。我们注意到，那些自尊心差的孩子的父母对儿女少有兴趣，期望值也偏低。他们甚至不知道他们孩子的朋友叫什么名字。

1961 年，罗杰斯勾勒出自尊的形成过程，概述了人们在童年时期如何把社会准则或价值环境内化的方式。自尊的形成是父母期待和日常互动的结果。对大多数人而言，父母期待是现实主义的，他们拥有正常的自尊。但对另一些人，由于父母传达的价值条件并不是现实主义的，这就意味着儿女永远不可能实践这些价值。罗杰斯认为，大多数儿童的父母疼爱儿女，但并不关注他们做什么或怎么做，罗杰斯称这为无条件积极关注。但是，一些小孩的父母仅仅对他们出色的表现表示亲昵，罗杰斯称这为有条件积极关注。这些小孩长大后会认为只有出色的人才有人喜爱，这将导致他们形成持续的挫败感，使他们的自尊水平长期低下。

罗杰斯认为如果人们能够得到无条件关注，随着心理的成熟，他们的潜能在人们的鼓励下得到开发，那么，那种低下的自尊是可以恢复正常的。为此，罗杰斯在这些原则的基础上发展了一个成功的"来访者中心疗法"系统。

自我效能信念

人们对一些事情非常擅长，对此他们自己也非常清楚。但是，在生活中的其他领域里，他们的自尊感会很差，并为此苦恼不已。1997年，杰出的心理学家班杜拉认为，自我效能信念是影响人们看待自我的最重要的特征之一。它们是有关竞争能力，或者有关人们能够完成的那些事情的信念。这些信念，即使不是全部，也是部分地以人们过去所从事过的事业为基础。当人们决定应付挑战时，这些信念具有非常重要的作用。

班杜拉把影响自我效能信念的心理过程分成4个阶段。这些信念影响认知过程，因为它们影响到人们认为自己能做什么的判断。它们影响动机，因为人们在准备做某事时，估计需要花费的时间以及需要付出的努力程度，都直接依据他们是否相信自己有能力完成他们的目标。如果人们感到他们已经卷入他们难以应付的情景中时，自我效能信念可能产生压抑感或焦虑感。此外，它们影响行动选择过程和决定过程，因为人们通常从事他们感到能够实施的任务或活动。班杜拉认为，如果人们的自我效能信念比他们的成就稍微高一点可能是件好事情，因为，他们更有可能付出额外的努力来应对新的挑战。这就意味着他们的能力将得到进一步发挥。因此，在有些情况下，过度自信也是件好事。

社会群体

社会群体与聚会的朋友并不相同，虽然后者是前者的一个特例。根据社会心理学家的观点，社会群体是由两个或两个以上进行互动的人员所组成，他们有共同目标、有稳定关系，同时在某些方面又彼此独立——也就是说，一个人的行为将对其他人具有影响。最为重要的就是，社会群体的成员必须认为自己是群体的一部分。社会群体在这些要求上面所体现的程度有所不同。一些社会群体比另一些短暂得多（例如夏令营），但是，在所有案例中，最主要的特征就是群体成员认为自己属于那个群体。我们可以举出许多社会群体的例子，比如运动团队、剧组、同事、同学和周日学校。今天，社会群体甚至可以是虚拟的，不需要身体接触，比如网络新闻组。根据自己正在进行互动的社会群体不同，人们可能拥有多个社会认同。

1979年，亨瑞·塔吉菲尔与J.特纳以他们的社会认同理论，从不同的角度观察人们如何看待自己。他们认为，人们通过作为基本单位的社会群体来形成他们所处社会世界的意义，同时，也正是群体中一员的身份影响了他们如何看待自己。社会在很大程度上是由人们所属的各种不同群体组合而成，这些群体在它们的关系强度、地位和影响方面存在差异，同时在功能和关系领域也存在差异。

根据塔吉菲尔的观点，社会群体是形成人类思维的重要组成部分，因为，人们对他们的经验拥有很强的归类倾向。人们对自己进行归类，也对他人进行归类。因此，不仅社会群体影响个体与他人之间的关系，而且他们感觉自己所属的那个社会群体也是形成他们自我概念的一部分。

自我的文化概念

最近几年，一些社会心理学家对有关自我的本质观念提出挑战。传统的自我概念假设"自我"是个独立实体，与社会环境相分离。但是，现在有许多社会心理学家认为，那种独立自我的构想只是个神话，因为，人们是嵌入社会和社会群体中的，其程度远比研究人员所认识到得更为牢固。这是西方心理学家从世界各地汲取不同文化养分之后得出的共同结论。

人际关系

心理学家通常认为，人是社会动物，在与他人的互动中度过一生。然而，直到现在，心理学家才开始研究我们如何处理社会信息。这些研究人员研究隐含的认知过程，在这过程中，我们酝酿出我们的社会世界的意义——他们认为，认知过程就是介于任何社会信息输入及我们做出反应之间的介质。这些过程决定了我们对社会信息的选择、解释、组织、记忆和反应——这个研究领域就叫社会认知。

我们将详细讨论我们如何形成对他人的第一印象，我们如何解释他人的行为，以及我们如何影响他人的对我们的印象。随后，我们将从这些早期社会互动走进更为亲密的关系研究，这些亲密关系是在我们喜欢或爱恋那些特别的人的基础上形成的。同时还要研究这些关系的形成、维持和破裂如何成为我们所有生活的核心。

形成印象

当我们第一次与他人相遇，我们将立刻形成对他人的印象——这个倾向在人类进化史中起着非常重要的作用。形成这些印象对我们来说是十分快速而且轻而易举的，同时，我们的判断将导致和影响将来可能发展的任何关系。虽然我们可以从许多各种各样的渠道获取信息，但是，我们形成这些第一印象却往往基于非常少量的事实。有关人们的人格、喜好等，我们几乎不可能从他们那些显而易见的行为或外表中知晓；但是，我们仍然倾向于相信它有。例如，如果我们听说朱利娅在当地一个失狗待领处做志愿劳动，除了她的工作场所之外，这并没有直接告诉我们其他任何关于她的信息。但是，从这个信息片段，我们也许会推断出有关她的各种各样的其他事情，比如，她是位爱狗之人，或者她是位善良和乐于关心他人的人。如果我们不那么仁慈，也许会怀疑她用对动物的喜爱掩饰她与他人建立人际关系的恐惧。我们的假设也许并不总是那么准确，但是，这仍然是我们对朱利娅的印象。

对我们如何形成关于其他人的印象，我们很容易做出一般性解释，但是，心理学家在应用科学原理来处理丰富的人类社会互动的复杂性时，则会遇到更大的困难。这个领域的第一位开拓者就是阿希（1907～1996），他做了大量研究来确定人们是如何形成印象的。与许多研究人员不同，他把以往那些分裂的研究方法结合起来，比如实验和本质主义观察、本性与教育，以及行为主义与心理分析等。他认为人们既是复杂的又是可研究的，既是独立的又是处于社会中的。

阿希认为，当人们第一次与他人相遇时，并没保留关于新认识的人的那些分离的信息碎片，而是把历史资料作为整体来处理。阿希认为，人们在处理这一行为的过程中使用了内隐人格论，凭借他们已经拥有的信息做出解释和推论。内隐人格论是人们对不同特质间关联性的预期——哪些特质倾向于结合在一起，而另一些则不行。例如，人们会认为那些网球俱乐部的人身强力壮、活泼直爽，而那些慈善团体中的人则态度温和、和善友好。当然，这些推论也许并不正确——他们仅仅是按惯例贴标签，这样做使得将人们进行区分开来更加容易。它们对社会交流来说通常是很有必要的。

大多数人认识到这类假设远远超出了那些有用事实（许多体育俱乐部包含纯粹的社会成员，而一些慈善活动者也可能是贪婪和小气的）。但是，最近的研究已经显示，虽然人们完全能够记住这些条件，但他们通常需要某种动机来激发自己的关注。在日常事务中，凭经验的方法通常比严格的批判性思维更容易、更方便。

动机

其他研究人员认为，不管是阿希还是安德森在解释印象形成时都不是完全正确的。与此同时，他们提出了动机性策略家模型，它假设人们既依靠信息的隐含假设，又依靠信息的明确内容。人们依靠信息的隐含假设还是明确内容的程度取决于他们的动机如何，以及他们是否拥有可以利用的认知资源。你可能从自己的经历中已经发现，你一次可以做的事情是有限的。原因至少有一部分是：与其他任何人一样，你拥有非常有限的认知资源，即你能够处理的信息并且能对其起作用的意识能力或智力能力。你着手处理和应对的任务越是不同，对这些认知资源所要求的就越多，因此，你常常要依靠以前的知识，因为你没有多少认知资源可以分让出来。

当人们要对其他人形成特别准确的印象时，那么，他们会更加努力地利用对自己有用的实际信息，而不是依赖那些先入为主的人格概念。1984 年，R. 埃尔贝和苏珊·菲斯克的一项针对 102 位大学本科生所做的研究说明了这个原理。他们让学生以合作者的身份去从事不同任务，并把这些合作者分为"熟练者"或"非熟练者"两类，还对那些成功完成某些任务的参与者给予奖励。然后，他们把那些合作者的更多信息告诉这些学生，这些信息既有与他们先前被告知的相一致（显得恰到好处）的，也有不一致的。他们发现，当赢得奖励依靠团队协作时，学生更注意不一致信息，而且与没有任何危险时相比，他们会更加细心地处理这些信息。因此，赢得奖励的期望促使学生付出更多的认知资源，以便处理与他们最初印象不同的任何信息。

阿希与首因效应

与不根据现实推断人们的错误性格一样，上述模型仍然有一个潜在错误，它可能偏离我们的印象形成方式。例如，阿希发现，认识某人时的第一次信息比后来所获信息对形成印象具有更强的效应——这个倾向被称为首因效应。

阿希通过试验例证了首因效应，他把试验参与者分为两组，给第一组参与者提供一个写有性格的清单，清单以"智慧"开始，以"嫉妒"结束；给第二组参与者也提供清单，词语都相同，但顺序相反。他发现，那些接到以"智慧"开头的清单的参与者比那些接到以"嫉妒"开头的清单的参与者，对其所描述的那个人形成了更为积极的印象。他由此做出结论，最早获取的信息给人们后来所获取的资料涂上了色彩。因此，如果我们了解他人的第一件事情是积极的，我们更倾向于以积极的眼光看待随后的信息（或者相反），并形成协调一致的完整印象。

虽然这也许就是人们的典型做法，但是，怀疑者仍然认为人们事实上能够做出更好的判断。后来，心理学家安德森确认了这一点，他发现如果参与者被迫平等地留意所有给出的性格特征，那么，首因效应将会消失。

突出特征

突出特征也对我们形成完整的他人印象起着重要作用。一个突出特征或行为就是其所在环境之中能够引起注意的特征或行为，比如一个社会群体中的那些特殊的人进行的反社会行为。积极行为也可能是突出的，比如，当一个人看到其他人经过慈善捐助箱时并没有捐助，那么他也没把钱塞进箱子。身体特征有助于我们对个人年龄、种族、性别和身高形成影响，它在一些环境中也是突出的。

虽然人类对美的概念随时间的改变而发生着变化，且不同文化有所不同，但是，身体特征一直与大量积极特质相联系。研究显示，我们期望相貌好的人比相貌丑陋的人更加风趣、温和、出众及老练。甚至有证据显示，我们通常会认为漂亮的学生是好学生。1975年，心理学家玛格丽特·克里夫德把一些小孩的照片和成绩单给美国一所小学的一些老师，并让他们判断每个小孩可能的智力和学习潜力。她发现，与那些长得不讨人喜欢的小孩相比，长得可爱的小孩更容易被认为可能更具学习潜力和拥有较高的智力——即使她的研究证明，在漂亮和实际的学校表现之间并不存在这种真正的联系。

与长相漂亮具有相关性的期望也对职业有影响，该影响对男人有利，而对女人不利。在一次研究中，参与者被分为4组，要求根据照片评价一个虚构的公司决策人。研究人员给第1组一张相貌迷人的男人照片，给第2组一张相貌丑陋的男人照片，给第3组一张相貌迷人的女人照片，给第4组一张相貌丑陋的女人照片。他们发现，参与者评价结果认为相貌迷人的男性决策人比相貌丑陋的男性决策人更有能力。但是，对女性，情况则正好相反：那些拿到相貌迷人的女性决策者照片的参与者似乎相信，她可能是由于外表而非能力赢得成功。

美丽不是唯一能够激起有关人格的特别期望，其他表面特征的某种模式也可能具有这种效应。20世纪80年代中期，戴安·百丽和L.麦克阿瑟的研究发现，那些眉骨高、眼睛大而圆及下巴小，长有一张娃娃脸的成年男人一贯被认为具有积极人格。他们清楚地发现，美国和朝鲜来的参与者认为娃娃脸的男人与那些外表特征更加成熟的男人相比，更诚实、友善、开朗、谦恭和温和。

刻板印象

阿希和安德森都发现，固有的人格理论也许在一定程度上是社会共享的。也就是说，任何一个特定团体中的大多数成员，都会从关于一个人的已知事实中做出相似的推断。这种理论可以看作刻板印象的基础：对一个社会群体的人格特征所形成的共同信条（或社会地图）。

当群体成员显而易见（性别或种族划分）或与众不同（残疾或太高）时，我们经常根据刻板形成印象——如果要忽视或改变一向具有的刻板信息，除非我们受到足够的驱动或拥有可以这样做的认知资源，否则不可能。刻板会导致我们纯粹以某人是其所在群体的成员这一基础出发，而对其他人做出错误假设（比如，所有妇女都是拙劣的驾驶员，所有黑人男子都有暴力倾向，所有残疾人都是低能）。换句话说，刻板会使我们在形成印象的过程中产生偏见。

人际关系

与他人之间的互动是我们日常生活中的核心部分，同时，我们对人际关系的偏见是个永恒的现象。社会心理学家将个体与他人之间的关系分为两种类型：社会互动可以在那些先前很少或几乎没有接触过的人们之间发生，而关系则是在两个或更多个体之间发生的持久交往。长期关系是以人们之间重复互动为基础的，人们之间形成的关系类型要依据他们之间发生的互动类型来确定。

与其他人互动时，我们需要适当的社会技巧，这些社会技巧会随着环境的变化而变化，随着文化的不同而不同。例如，我们大多数人会根据谈话的对象来确定对相同语言使用不同表达形式——我们选择不同的"专用语言"来与我们的孩子交流，在这种情况下，我们是在采取一种长者的姿态来组织谈话。我们的行为也是易变的。在朋友生日聚会与参加葬礼时，我们的行动差异通常很大——但是，即使这些行为，也是要依据环境确定的。例如，在意大利天主教葬礼和巴厘岛的印度教葬礼中，人们的行为方式非常不同：天主教哀悼死者的辞世，而巴厘岛人则把葬礼当作灵魂超脱的一次庆祝。人们的社会群体成员资格也对他们的行为有重要影响，而这种影响同时也根据文化的不同而改变。

社会规范和能力

孩子能学习到什么样的社会行为是与他们自己的文化相适应的，这个过程被叫作社会化，心理学家称之为"社会规范"。然而，这些社会技巧在与其他文化中的人们进行交往时，也许并不适合，同时，这也是跨文化关系形成的一个严重障碍。因此社会化是个持续的过程，在成年后也将继续进行。同时，社会化也在变化和改进，这样人们才能应付新文化和外来文化。成年人也不得不学习新技术，接受新信息，以便能够认识和理解自己的社会规范与他们希望联系的那些人的社会规范之间的差异。

研究人员大都认为人们要与他人建立关系，就需要社会能力，也就是在一个社会环境中为达到预期效果而解释社会规范的能力。虽然一个人的预期效果也许对其他人来说不总是积极的，他应该理解适用于某类社会环境的社会规范，但是，人们通常利用他们的社会能力与他人积极联系，不管是维持既存关系还是发展新关系。

米歇尔·阿盖尔建议说，大多数人在社会环境中通过检查他们的行为如何被接受，以及通过在对方的反应中改变他们的行动，而不断地修改自己的行为。换句话说，社会互动是在互动者之间不断调整的一个过程。互动者根据他们的社会经验和社会理解的变化，而收集不同的信息。社会行动者将导致其他人在一定情境中以一定方式做出反应。同时，帮助人们对其他人的语言使用、脸部表情、注视、身体语言和语调等形成概念。人们使用的身体语言依靠他们与其他人之间的关系种类来定，它有时比任何语言所传递的信息都强。然而，就像我们已经看到的那样，尽管人们具有经验和知识，但是，他们仍然喜欢做出没有被证明是否正确的假设，这是因为，人们在感知和解释其他人的行为时通常存在偏见。这也是非常重要的，即他们在交流形式下理解所有的文化差异，从而降低被误解的风险。例如，当某种面部表情被普遍使用或理解时，非语言交流就开始了。

其他社会技术

社会能力也要求人们具备各种其他要素，比如自信、移情、社会智力、解决问题的能力和"回报"。回报是指一些人倾向报答另一些人，包括赞扬、帮助、保护或忠告他人，或者给予鼓励或表示同情。研究发现，那些做出回报行为的人更受人喜爱，更能成功地影响其他人，从而确保了报答者处在一定情境或关系之中。

自信的人能控制社会情境，而不用采取那些可能破坏社会关系的攻击性行为。移情者重视别人所要达到的目标并且关心别人的感受。那些表示移情的人通常会避免他们关系的破坏，而在与人合作中更能成功。具有社会智力的人善于理解社会情境。对社会情境的性质和规则有了了解后，他们更愿意通过有效的谈判来解决问题。米歇尔·阿盖尔把这种社会技术称为智力，因为这要求人们应用他们的社会知识。人们做这些事情是自动完成的，是常识的产物。就像那些技术娴熟的驾驶员不用思考车轮的每次转向一样，人们不用意识到他们所做的所有细小事情，也能够成功地与他人建立关系。

自然选择

进化心理学家认为，人们的主要倾向和行为是在遗传上安排好了的，因为它们在一定程度上有利于我们作为一个物种的生存。与他人建立关系也许对这些倾向是个最明显的好处：婴儿没有成人的照顾就没法生存，同样，有些人紧紧地依附一个照顾者，保持与他们之间的关系，直到他们能够自我生存为止，这样，他们更有可能存活下来，长大成年。人们因此拥有一个驱动力，去寻求教养和支持性的关系，就像为人所知的依靠，许多人认为，它起源于婴儿缺少母亲做依靠。

与异性之间的关系也可能在人的进化过程中给人类繁衍带来好处。即使是其他生物驱动力（比如食物和安全的需要）也对与他人建立关系具有贡献，因为，协作起来完成任务会更容易。因此，很有可能我们拥有一种内在的欲望，在我们的亲密关系中寻找安全与合作，以及组建家庭，如此，我们能让我们的小孩更安全。

亲密关系

研究动机的心理学家也把亲密关系（与他人建立关系）看作个人权利的一项重要需求，他们想知道人们在经历这种需要时是否存在程度上的差异。1987年，戴维·麦克利兰的研究表明，寻求亲密关系倾向性很强的人与那些这种特质表现不明显的人相比，更少以自我为中心，并且更加温和、仁慈和容易协作。

寻求亲密关系

就如何理解人们与其他人建立关系的方式，哥伦比亚大学斯坎特教授做出了非常重要的贡献。在他的著作《亲密关系社会心理学》（1959年）中，斯坎特提出了，当成年人发现自己在一个让他们感到焦虑或害怕的新环境中时，将更可能表现出依赖和寻求亲密关系。他发现那些知道他们将接受电击的志愿者们更愿意等待与其他人一起参与，而不是一个人独自坐在那儿。换句话说，志愿者寻找那些正在经受相同困难的人。如果这样的伙伴还没有找到，那么，他们更愿意选择独自等待。这意味着志愿者在寻求其他伙伴时，不纯粹是在转移他们的恐惧心理。更进一步说，由于没有哪个参与者曾经彼此认识，所以，他们显然没有在更亲密的关系的基础上选择他们的同伴。对这个行为的最可能的解释就是：当人们对一个情境不确定时，他们倾向于看到其他人面对相同的问题，从而引导他们自己的行为、观念，甚至情感。社会心理学家认为这个测量我们行为的过程，是依靠其他人帮助我们决定如何对社会比较做出的反应。

社会支持

斯坎特的发现意味着我们不仅仅是在寻求那些合作伙伴，让他们提供身体安全和保护（依靠）；我们还寻求手段和情感上的放心。手段支持可以从熟悉当下环境的人那里获得，它提供实践帮助，对如何应付提出建议。情感支持包括同情、聆听、理解、移情和鼓励。虽然斯坎特实验中的主体只是在寻求暂时的伙伴，但是，他们是在与那些共享他们经验的其他人之间做出社会比较（并因此理解他们的感受）。当他们彼此间了解到如何最好地应付当前可怕情境时，既得到了情感支持，又得到了手段性社会支持。

我们尤其倾向于在长期关系中评价社会支持。如果人们正在经历特别问题的考验，他们甚至可能结合成一个互助群体，彼此间相互提供手段支持和情感支持——比如匿名戒毒会的成员。这意味着我们与那些能够苦乐共享的人之间的亲密关系不仅给我们带来快乐，而且带来好处。对关系和心理健康感兴趣的心理学家证实，那些能够获得对他们有用的社会支持的人沮丧时更少，且处于压力下痛苦更轻。他们还重点说明了我们如何获得社会比较，如何分享彼此之间的经验、情感，以及关于世界的意义，关于我们与他们之间关系的意义。艾奥瓦大学人际沟通研究教授史蒂文·达克指出，处于一个关系中，就意味着人们把注意力集中于努力理解其他人如何思考生活事件和经验。

认同

对自我概念和认同进行研究的学者已经证实，我们的自尊与我们同其他人之间的亲密关系的程度和类型紧密相关。虽然我们需要朋友，我们也需要感受与其他人之间存在的差异。这意味着在与他人建立关系的过程中，我们不得不在满足我们的亲密关系需要（形成关系并成为群体的部分）与保持足够的差异以便拥有自我认同之间做出选择。行动方式被父母认为是反社会的那些青少年，经常只能尝试建立他们自己的认同。另一方面，人们经常加入某个社会群体，因为，归属感给他们提供了一个积极的社会认同。如果他们感到加入一个群体使他们被与他们有关系的人尊重和羡慕，那么，归属这个群体就会使他们自我感觉良好。

孤独与排斥

现在许多研究人员在测试人们对亲密关系的需求，即人们对亲密关系的渴望。麦克利兰最早提出的亲密关系的主要内容是指人们逃避被拒绝、批判、冲突和孤立的需要。绝大多数人需要并十分重视自我时间和空间，即使他们知道亲密关系对自己是有用的。这个平衡非常重要。孤独会导致沮丧；而任何种类的社会排斥，即使它仅仅在一个独立的情境下，也是非常不爽的经历。

1997 年，威廉斯和索默在澳大利亚新南威尔士大学进行了一次实验，阐明了社会排斥的效应。他们把参与者安排在一个休息室，与其他两组主试事先安排的合谋者在一起。参与者认为，其他学生是志愿参与这个实验的。在等待时，三组人在房间里面彼此传球。但是，几分钟后，两组合谋者不给参与者那组传球，把参与者排斥在游戏之外。这种情境被拍成了录像带，从录像带中可以明显发现，对不知情的参与者来说，社会排斥经历是非常不舒服的，尽管那只是与陌生人之间的一次传球游戏。他们明显地表现出窘迫和羞赧，并试图找些其他事情来做。甚至那些观看录像的人们在介绍时也感到非常不舒服，即使事情并没有对他们个人产生什么影响。因此，逃避孤独、寂寞或排斥可能是人们寻求亲密关系的一个主要原因。

英国拉夫堡大学克拉默博士对亲密关系研究进行过广泛的评论。他认为，那些拥有支持性关系的人比那些不拥有者相比，不仅心理压抑少，而且寿命更长。虽然克拉默承认，人们没有足够的长期研究（通过对相同参与者在一段时期内反复收集数据来进行研究）来证明这种因果联系是否确凿，但是，有证据表明，良好的关系有益于健康和长寿。一个可选择的解释就是那些身心健康的人比那些并不健康的人更可能建立起亲密关系。但是，并没有证据支持健康快乐与成功之间的关联。当然，很可能两种解释都可在某种更宽泛的意义上使用。

群体对行为的影响

亲密关系需求会影响人们在群体中的行为。斯坎特在他 1951 年的著名实验中指出，一致性的群体压力产生于任何群体规范的差异和用来惩罚那些违背群体命令的人的手段。他的研究还显示，刺激或诱惑屏蔽了群体压力——那些改变自我观念以迎合大多数人的持不同意见者，他们的错误方式也许会得到原谅。斯坎特还认为，人们对情境的解释深受他们当时所遇到的观点的影响。物理空间距离和情感距离同样也是决定人们与谁交往的重要因素，例如，大学一年级学生通常因为同时入校而住在一起，这样他们就更可能表达相同的观点，而与住在校园另一处的二年级学生则可能有不一致的看法。

自我成就需求

另一个影响人们对亲密关系的需求和他们在社会群体中的行为的因素，就是他们对自我成就的需求。对这个影响因素，麦克利兰和他的同事在哈佛大学研究了 20 多年，得出的结论是，自我成就需求是人们的一个很明显的行为动机，只不过有些人表现得很强烈，另外一些人则表现得更平缓。

成就动机能够在群体中被边缘化，同样也能够在群体中得到评估。麦克利兰通过一个实验对它的特征进行说明。实验参与者被要求投掷圆环并尽量套在木桩上，距离远近可以由他们自己确定。大多数参与者试图随机投掷，一会儿近，一会儿远，获得较好的成绩看来好像是他们小心翼翼地选择投掷距离的一个标准。他们选择最有可能获得最好成绩的地方投掷，这个地方既不能太近（过于轻而易举地完成任务），也不能太远（任务无法完成）。他们通常选择那些投掷有点困难却能够完成任务的地方。

麦克利兰认为，那些有竞争力的人，只要他们知道自己的行为能够影响结果，就会积极投入到活动中去。他们更喜欢解决问题，而不是等待机遇的到来。与此不同，那些缺乏竞争力的人对风险的态度更倾向于极端，他们要么喜欢疯狂地赌一把，要么使他们的失败最小化。

此外，有竞争力的人好像更关心胜利本身，而不是成功所带来的酬偿。在解决问题或赢得比赛过程中，他们的满足感更为强烈，而不是在竞争结果给他们带来的任何奖励上面，即使他们得到的奖励就是用来评价他们表现的一种方式，以及以他们的进步与别人做比较的一种手段。虽然奖励对许多人来说并不太重要，但是，有抱负的人倾向于为他们的良好表现寻求回报。他们对个人品质的评价并不感兴趣，比如善于合作、乐于助人什么的，他们只是想在较量中显示自己的能力，而不是需求满足。这类人通常在销售领域从事工作，或者自己经营公司。

麦克利兰发现，成就导向者大概在6～8岁，他们的父母就希望他们开始在一些方面独立自主，在没有别人的帮助下做出选择及处理事情，比如在家里自己照顾自己，能够找到去邻居家的路等。与此相反，另外一些父母要么过早地希望自己的孩子能够独立自主，要么扼杀了孩子的童年，限制了孩子们的个性发展，这是两个极端。第一个极端导致孩子感到自己在家里是个累赘，而离开它又感到无能为力，这似乎滋生了孩子的消极态度和挫折感。另一个极端是要么过分溺爱孩子，要么过分严格要求孩子，使得孩子越来越依赖父母，一旦离开父母或要独立决策时就感到不知所措。

赫兹伯格联系

麦克利兰的观点与弗雷德里克·赫兹伯格及其助手于1991年提出的动机—保健理论有关。他们都研究是什么使得人们在工作时高兴或不高兴，并且确认了两组使雇员满意的因素。第一组叫作内部因素或激励因素，包括放手工作，获得经理的信任，获准没有监视地工作，被赋予责任和获得提升。第二组因素叫作外在的或维持的因素，包括工作的地方、工资、管理和公司总的政策。赫兹伯格发现，虽然不足的外部因素（那些与工作环境相关的）确实导致了一些不快，但它并没有提供长期的激励机制和使工作满意的方法。研究发现，对管理人员来说，和他们的员工建立一个良好的工作关系至为重要。

发展关系

心理学家过去一直认为新生婴儿没有社会技巧，对他们而言，最初与社会的互动只是来自看护者单方面的努力而已。然而到了 20 世纪 70 年代，发展心理学家和社会心理学家开始研究母婴之间的交流录像。他们发现即使出生只有几天的婴儿也不可思议地具有良好的社会互动能力。如此看来，婴儿出生后不久，就会积极地和看护者建立起关系。

现在我们了解到了婴儿甚至在出生之前就已经开始建立他们的第一个关系了。早在妊娠阶段，胎儿就开始学习母亲的发音特点，与有着熟悉的、区别于其他任何女性声音的母亲建立亲密的关系——一个仅仅是在出生后几小时就表现出来的明显趋势。

婴儿也会和其他的照看者建立关系，包括父亲、祖父母和其他年长的兄弟姐妹，虽然照看者也许与孩子并没有亲属关系。大部分当代研究者认为，对一个婴儿的心理上的幸福来说，跟一个或更多的直接照看者（不管他们是谁）建立积极的、稳定的、安全的和紧密的关系是极其重要的。

不同种类的关系

在我们的人生过程中，我们会建立各种各样的关系，最先是和我们的父母、兄弟姐妹以及其他家庭成员或者照看自己的人建立关系，继而是和朋友及同学建立关系。以后我们又因工作和休闲的原因而认识了一些人，建立了亲密的朋友关系和亲密浪漫的性关系。米勒和多利斯指出，不同关系满足不同的需要，起着不同的作用，因此它们是不可替代的。可见并不是整个社会联系的数量，而是其质量和变化起着重要作用。如此一来，我们的整个社会需要就得到了满足。

所有的关系都要根植于人们一定程度上的相互吸引，亲密的关系主要建立在吸引、爱好和爱上。但是，这些感情是如何发展的？虽然团队间的成员关系会在一定程度上对人们选择朋友产生影响，然而重要的因素却是接近而不是吸引力或社会和谐。

接近效应

1950 年，利昂·费斯汀格和他的同事研究了大学宿舍里同学之间的友谊趋势。他们发现住在邻近宿舍的学生似乎更能成为朋友，由此他们得出结论：接近带来重复遇见的机会，进一步增加了亲密度和吸引力。社会心理学家谢里夫在20世纪60年代发展了这一理论，在一个一群10多岁的男孩参加的夏令营中，他进行了一个野外实验。实验结果表明，甚至连建立已久的朋友关系都会受到亲近和组员身份的影响。当先前已经建立友谊的男孩们被派往不同的小组时，他们往往用新的组员关系取代以前建立的朋友关系。到夏令营结束时，绝大多数友谊是建立在同组的孩子之间的。谢里夫的研究表明，属于一定的社会集团能对友谊的发展和维持产生极大的影响，而这并不取决于集团的基础重要与否。然而，他的结论并不是决定性的，因为所有的男孩都来自一个相同的社会背景：如果他们的价值观、兴趣爱好、态度和信仰各不相同，结果则极有可能完全不同。

马森在2001年的一项研究表明，甚至连人们建立友谊的数量也会受到接近的影响。他在英国伦敦大学一所校园的一年级学生中间开展了实地研究，通过研究他发现，住在大厅里的学生比住在小间里的学生更容易相互熟悉。到第一年的末尾，这些学生都建立了非常紧密的友谊。

维持关系

一旦吸引和联系建立，关系就会得到发展，这一切的发生，部分取决于关系各方的社会能力，就像我们所知道的，知恩图报的人往往更加受欢迎。朋友间相互报答的程度将影响他们友谊的发展程度。

研究同时也表明，维持关系以关注他人需要为特征——不仅仅只是个人获得的回报。不过，当人们觉得获得了自己应有的那一份时，他们会非常满意，牢记自己的贡献，这是一个叫作平衡理论的趋向。同样的理论表明，人们获得的比想象的要多时，还是不会满意。

1987年，加利福尼亚大学的鲁克证明了平等和互惠对友谊的重要性。她发现，如果老年妇女认为在她们的友谊中总是过分受益或者总是受益不足，她们就会感到孤独。然而在与她们的孩子的关系中，平等却不如她们的满意重要。这一点验证了早先得出的结论：不同类型的关系有不同的功能。

另一个在维持关系中有影响的因素似乎是人们尊重"关系规则"的程度。大部分这样的规则都是不成文的，有很多甚至是不明确的，但人们对所处的关系总有一些基本的期望。不同的规则适用于不同的关系，比如朋友、恋人、同事的关系中就存在着不同的规则。

社会体系

一些社会心理学家提供了一个替代的观点，这个观点是关于关系及其影响个人的方式。基于心理学家鲍文于 20 世纪 70 年代提出的观点，这些研究者强调说，心理学家不应该只局限于研究个体及其行为，也必须牢记每个个体都是某个社会体系的组成部分，例如家庭、工作群体或者体育队。他们认为在这样的社会体系中，成员资格决定着个人行为。

作为一个体系，家庭对其成员具有尤为重要的影响。一些研究人员断言，青少年的行为不可能被真正地解释，除非将其放在更广阔的背景下考虑，即整个家庭是如何起作用的。家庭成员和其他亲密团体里的成员都是相互紧密依赖和经常互相影响的。一个成员人生的变化将不可避免地给该体系其他成员带来变化。

冲突和关系破裂

大量的心理学调查显示，当某个系统里的一个或更多成员破坏不成文的规定时，关系往往就会破裂。在朋友关系里面，引起吵架的最重要的一些原因包括：和别人公开谈论那些应该保密的事情、不能容忍其他朋友和关系、不能在被需要时自愿伸出援助之手等。

在婚姻中，除了坚持特定的规则如彼此忠诚、表达爱意、感情上的支持以及性关系外，朋友关系的规则也需要获得尊重。1985 年，阿盖尔和亨德森曾经指出："在整个社会关系中，离婚是最尖锐的问题。"这一论断在今天看来依然适用。虽然离婚是最令人痛苦和受伤的人生大事之一，但是大部分人依然会选择结婚。而研究表明，相对其他任何社会关系而言，结婚令人们更加满意和健康。阿盖尔和亨德森同时还建议，如果人们能更好地意识到那些规则，意识到冲突和争论无论是在婚姻里还是在社会关系里都是再平常不过的事时，许多离婚往往是可以避免的。

社会影响

每个人都是社会的一部分，与他人或多或少都存在着联系，即使是回避交往的隐士或被别人排斥的人也是如此。大多数人都隶属某个社会团体，同时也影响着周围的人，他们可以是同事、旅伴、权威人士，甚至可以是街上的陌生人。

与他人保持一致

我们大多都比较喜欢被别人接纳，也常常乐意改变自己的行为来适应某个团体，哪怕只是一个暂时性的群体。我们通过了解群体的准则与规范来适应这个群体，从而避免被排斥。社会心理学家通过观察发现，被接纳的强烈需要会使我们与群体规则保持一致，特殊情况也不例外。在一项 1936 年发表的从众现象研究中，姆扎弗尔·谢里夫指出，人们可以在很短的时间内融入群体。在谢里夫的实验中，参与者坐在一个黑暗的房间里，并被要求说出一个光源移动的距离。事实上，光源根本没有运动，人们自以为看到的移动都是视错觉。实验的经过是：起初，参与者单独在房间里做估计，然后让他们坐到一个小组里，并且大声说出自己先前的估计。谢里夫发现，当参与者各自估计的时候，给出了各种各样的答案，但当他们必须大声说出自己的估计要让别人听见的时候，所估计的光源移动的距离变得比较一致。渐渐地，他们顺从了群体中其他人的说法，即使答案与他们自己先前给出的大相径庭。

然而，人们会在多大程度上遵从群体中其他成员建立起来的规范呢？如果他们知道这个规范是不对的或者是不道德的，还会遵从吗？在 20 世纪 50 年代，所罗门·阿希做了一些实验。在实验中，参与者被分成几个小组去看一系列卡片。卡片上有几条线。参与者要判断一张卡片上的线条与另一张卡片上的哪条线的长短相同。所有的团体成员中除了一个以外全是实验同伙，即实验故意安排了假的被试者，他们一致给出了错误答案。阿希发现，参与者给出同样的错误答案占总回答次数的 35％，而且几乎 75％的人至少有一次屈服于同伴的压力，即使团体中其他成员的错误很明显。

阿希的研究表明，社会情境可以强有力地影响我们的行为和抉择。其中一个原因是，我们似乎有去适应和被他人接受的内在愿望，进而与大多数人保持意见一致（即使这个意见与自己的相悖）并且修正自己的行为以避免在人群中很突出。

顺从

渴望被他人接受的另一个结果是，当被要求做某件事情时，我们通常会选择顺从。例如，当朋友求助时，拒绝尤为困难。甚至要拒绝一个完全陌生的人的请求，也要经过一番思想斗争。顺从是日常生活的一部分：雇主需要雇员的顺从，父母需要子女的顺从，而推销员需要顾客的顺从。那么，为何开口说"不"如此困难？正如我们所看到的，其中一个原因是我们有适应社会的内在愿望。我们大多都比较喜欢被认为是一个乐意合作而不挑刺的人。当然，还有另一个原因，即做出请求的人经常使用强有力的技巧来使我们很难拒绝他的请求。

1978 年，基于其他研究者的研究，社会心理学家罗伯特·切尔迪尼用 3 年的时间暗中去研究人们在工作情境中会使用什么样的顺从技巧。他参加各种学习推销产品的培训项目，从吸尘器到百科全书，从房地产到轿车，积极地摆出一副在广告、基金会以及公共关系方面都是专业人士的姿态，而且还与宗教信徒和政客们对话。经过所有这些调查之后，他得出了最后的结论（与其他研究者一致）：有 5 个因素影响着人们的顺从——喜好、互惠、一致、紧缺以及权威。

喜好

顺从我们喜欢的人所提出的请求，可能要易于顺从我们不喜欢的人所提出的请求。推销员认识到了这一点，他们利用一大堆的讨好技巧来促使顾客喜欢他们。他们穿着得体，看上去有吸引力，满面笑容以示友好，还找一些与顾客的共同点（比如，他们可能谈及在同一个城市长大），也试图通过奉承或赞美之词来培养好感。讨好确实有效，但它只在人们相信这个打鬼主意的人是真心的时候才发挥作用，因为几乎没有什么比虚伪的友善更令人厌恶的了。

互惠

切尔迪尼也发现我们更愿意答应曾帮助过我们的人的请求。我们经常感到一种强烈的互惠需要，即回报。基于这种现象的一般说服方式是门面技术：先提出一个很大的请求，而这个请求是希望被拒绝的，然后提出一个小得多的请求。比如，一个推销员可能请求顾客买一台 3000 元的电脑。如果顾客说这太贵了，推销员就会"与经理商量"降低价格，随后给出一个大幅降低的价格 1500 元。这样一来，顾客认为推销员做出了让步，削减了价格，并最终买下这台电脑，而这台电脑或许只值 1500 元甚至更少。

一个与之有联系的策略是"留一手"。比如，一个推销员可能描述了一个产品的所有特点而且告诉顾客这个产品的价格，但一直等到最后才提供一些实惠，比如"……如果你今天买下电脑，我免费赠送你一台打印机"。这让顾客再一次觉得推销员做了让步，并认为应该给予回报。

一致

人们希望自己所做出的决定保持一致，这也使得顺从很容易发生。登门槛技术就是如此：先提出一个小要求，然后紧接着提出一个大得多的要求。比如，市场调查人员可能说他们的问题只需要花费大约 10 分钟，可一旦进门，经常做起访问来就消磨掉一个小时而未遭反对。为什么呢？因为要求他们离开是与最初选择合作不一致的。

虚报低价技术是类似的操作。推销员可能在开始时先给顾客一个好价钱，在顾客同意买这个产品之后，他就提高价钱，说一些像"我忘了必需的送货费"之类的话。这个时候，顾客已经同意购买，而且即使价格抬高了，还会继续购买。

紧缺

还有一个顺从技术基于这样的原则：如果觉得提供的机会不会留太久，人们更愿意答应这个请求。例如：一个推销员想出售电脑，他可能会说类似"我不知道这台电脑会留多久……昨天一对夫妇说他们今天下午会来买"这样的话。在这个例子中，推销员使用的正是"期限将至"技术，这给顾客造成一个印象：如果他们不马上买下来，就可能错过机会。

如果认为提供给自己的是个少有的机会，也很可能顺从这个要求，因为不想错过。例如，推销员使顾客相信某产品在其他店里买不到，就可提高其出售的概率。这叫"来之不易"技术。

日常生活中的顺从

切尔迪尼通过研究商务专家建立了上面这几条原则，但这对大多数人都适用。作为社会人，我们不得不时刻提出要求，父母、孩子、妻子、丈夫、雇主、雇员以及教师都需要别人的顺从。例如，父母会使用门面技术来说服自己十几岁的孩子在该回家的时候回家。如果母亲想让儿子晚上10点回家并且肯定他会要求在午夜回家，她会告诉儿子要在8点前回来。儿子拒绝的时候，她就表现出妥协说："好吧，那你就确保在10点到家。"这样，她放宽了最初的限制而使儿子觉得她已做出了让步，就会觉得自己也必须同意，报以同样的让步。

类似的，她儿子也可能想办法来说服朋友骑车带他去两个商店。他可能先要求带他去一个离得不太远的商店，如果朋友同意了，他就要求再去另一个离第一家商店不太远的商店。就像多数人一样，他的朋友会感到一些压力，要做出一致的决定，结果便是同意第二个要求，因为这与第一个要求相一致。

权威人物

切尔迪尼把权威列为第6条原则。各种从众和顺从的研究都揭示出，当同一个权威人物要求服从时，我们试图使自己的想法和行为与其他人相似。

多数人乐意服从权威者的指示，譬如，警官、学校教师和政府官员。制服是这类权威的重要象征。

范德比尔特大学心理学教授雷奥那德·比克曼在1974年对其进行了阐述。在纽约市的街头人行道上，他的研究助手去接近行人，要求行人去拾一个掉在地上的小纸包。当这位助手穿着警服时，几乎每个人都服从了他的要求；但当他穿一身牛奶递送员的制服或一般的平民服装去要求别人时，服从的人要少得多。

在社会心理学中，最著名的研究项目是研究人们的服从。其中很多是针对第二次世界大战期间所发生的事情的研究。当时，数以千计的纳粹分子谋杀千百万的犹太人。他们疯了吗？抑或仅仅是普通人遵从高级权威的命令？

1961～1962 年，斯坦利·米尔格兰姆在耶鲁大学主持了一系列有争议的实验，想看看常人在多大程度上愿意服从权威人物。在一个实验场景中，他邀请一些男生参与一个研究学习与惩罚关系的实验，在实验过程中，他们扮演"老师"，在另一个房间里的一个男生是学员，每次学员回答问题错误的时候要给予其电击。整个研究过程中，老师坐在有一系列开关的电击控制台边，而这些开关假装是执行逐步增加电击痛苦的；装备是真的，但执行电击是假的，学员只是在那表演。

在实验期间，学员给出许多错误回答。每次他犯错，老师都会（研究中的真正被试者）实施电击。在几次电击后，学员开始拒绝实验："实验者，带我出去！我不要再进行实验了！我决不继续下去！"但他的每次抗议，实验者都视而不见，而且告诉"老师"继续。实验结果令人震惊：63％的老师把电压一直加到了最大值 450 伏。

这个结果使精神健康专家都感到惊讶。当米尔格兰姆在没有揭示结果前，向精神病学家描述这个实验，他们预计大多数参与者会在不到 450 伏电压之前停止电击。就连米尔格兰姆也很吃惊，他的志愿者愿意做任何要求他们做的事情。因此他继续尝试，想找出影响如此非同寻常的服从因素。在之后的研究中，他发现如果"老师"可以看见学生、听见他们的声音，会较早地停止实验。这可能是因为他们见到了学生的痛苦。他还发现，如果实验者通过电话指导"老师"，而非与其身处同一房间，他们会更早停止实验。显然，权威人物离得越近，人们越可能服从。

米尔格兰姆的实验中，最重要的启示之一是，常人在高级权威的影响下有时表现出与他们的判断相反的行为，就像阿希从众实验中的参与者。他们发现抵抗社会情境的压力很困难。虽然这诱使我们认为人们在遵从群体规范或服从权威时缺乏良心，但有一个更好的解释是，他们这样做是因为他们渴望社会的接纳，因而发觉抵触他人的影响很困难。

成功的领导需要某种权威，这种权威依赖于很多因素，其中包括人格。在 20

世纪 80 年代，心理学家罗伯特·豪斯等人研究了这种强有力的影响因素。这种影响使一种特殊类型的领导者（称为变革型领导者）可以支配他的追随者。他们引用了圣雄甘地和英国首相丘吉尔的例子，来描述他们如何影响大群忠诚随从，激励手下人努力工作并为一个目标自我牺牲。

变革型领导者通过设立清晰可见的目标来激励追随者，通过使目标看起来极为重要而富有深远意义的方式来解释其益处，并且为达到这些目标教导他们的追随者做一些特殊的事情。比如，甘地为印度的独立和统一而战。他让千百万人明确如何受益，从而激励追随者集会游行和抵制某些非印度产品。

变革型领导者也具有独特的人格特质。他们通常具有高超的沟通技巧，并能通过这些技巧来激励和教导他人。他们或者发表激动人心的演说，或者写出感人肺腑的信件，来鼓励追随者朝目标奋进。他们具有高度的自信，相信靠自己的能力可以取得成功，这种信心也鼓舞着其他人信任他。

然而，变革型领导者并非都鼓励他们的追随者干好事。希特勒通过呼吁国民的"爱国心"，通过阐述恢复国家经济必要性使千百万德国人相信他，支持他发动的法西斯战争。

一些领导者发觉，很难协调达到目标与关心追随者或下属之间的矛盾。因此，他们只能选择成为两种领导者中的一种：任务指向（主要关注于工作的完成），或者关系指向（更看重他们的追随者的感受，与其维持良好关系）。1967年，华盛顿大学的弗雷德·菲德勒最早提出了一个详细阐述两种领导类型在商业中相关效力的理论。

菲德勒指出，在领导者与所有的雇员关系良好并且有一个明确目标的公司里，任务指向的领导者工作最好。因为一切都很顺利，领导者可以集中精力于工作中。要是一切进展都不顺利，任务指向的领导者也表现良好。因为他们能够主持与统筹事务。然而，当事务进展处于不好不坏的情况时，他们的表现就不这么好了。如果这个公司有一个合理明确的目标，并只有一些人与领导相处融洽，那么关系指向的领导通过与其他雇员建立稳固的关系，可以把工作做得更好。

态度与说服

社会成员无法回避评价。这些评价会影响我们如何思考、如何感受以及如何行动。这些评价就叫作态度。我们的态度有不同的形成方式。一种形成态度的方式是通过经典条件反射建立的。如果一个刺激高频率地出现在另一个刺激之前，两者就能在我们的头脑中建立联系。例如，一个小男孩总是看见他的妈妈在遇到特定的人时，做出忧伤的反应或表现出消极行为，他就会把这个人与负面感受联系起来。最后，即使小男孩没有讨厌这个人的个人理由，这个人同样也会引起他的负面感受。同样地，积极的态度也是这样形成的：如果这个母亲总是对另外一个人有积极的反应，她儿子也会最终喜欢这个人。

形成态度的另一种方式是操作性条件反射。如果你表达某一态度并得到好的反馈，你就会继续表达这个态度。例如，有人看见你拿着一本《麦田守望者》对你说："真高兴见你在阅读塞林格的作品。"你就可能对这位作家的作品形成喜欢的态度。相反，如果有人说："你为什么读这本傻书？"你就可能对塞林格产生厌恶的态度。负面的评论似乎是批评你对阅读材料的选择，而你不可能爱做会遭批评的事情。

然而，有很多情况下，我们并不需要通过惩罚或奖励来形成态度。如果有人见其他人从聆听贝多芬和莫扎特的音乐中得到快乐，就会认为听经典音乐是有益的，并开始喜欢它。相反，如果见别人在喝酒后很痛苦，我们就会讨厌啤酒、葡萄酒等酒类。

在其他情况下，我们的态度在观察自己的行为中得以形成。当对某事态度不确定时，人们首先会关注自己的行为。康奈尔大学的达里尔·贝姆在1967年发表了一些论文做出了解释。比如，你可能不知道你是否喜欢某种类型的音乐，直到你对自己说："呃，我已经听了1个小时而没有关掉它。我想我一定是喜欢它的。"或者你看了一部电影，当时对它没什么感觉，但事后，如果其中的画面和对话片段长久萦绕于脑海，你就会判定这部电影影响着你，你一定是喜欢它的。

有利可图

许多不同的经历结合起来，就会影响我们对一些事情的态度。加强某一特定态度的经历越多，这一态度影响我们行为的程度就越大。态度总是预示行为吗？不一定。有时，我们的行为与态度并不一致。比如，我们可能觉得回收废纸是件好事，但事实上却很少那样做。

宾夕法尼亚大学的马丁·费斯宾和马萨诸塞大学的艾塞克·阿杰恩在1975年共同出版的《信念、态度、意图和行为》一书中，提出了一个态度以外的影响行为更重要的因素——意图。如果我们想了解人们是否回收废纸，我们应该问他是否有意愿这样做，或者他们是如何决定的。费斯宾和阿杰恩提出了影响意图的

3个因素：态度（个体是否认为回收是件好事）、赞同（有人回收废纸，个体是否赞同）和可行性（回收是否有实行的可能）。

认知失调

由于态度可以影响行为，因而心理学家也对如何改变人们的态度感兴趣。莱昂·费斯廷格（1919～1989）研究了在没有任何直接压力的情况下，人们改变态度的条件。他的假设（后来被称为认知失调理论）是基于这样一个观点：当我们意识到想法和行为不一致时，就会感到不舒服。比如，一个吸烟的人，认为关注身体健康很重要，就可能经历认知失调，因为吸烟与他的信念不一致。

认知失调是一个使人不安的体验，所以我们会试图通过改变行为来摆脱它。当行为改变有困难时（比如戒烟很难），我们会以改变态度来替代。认知失调的吸烟者会觉得关心身体健康变得不那么重要了，从而规避了戒烟问题。

另一个摆脱认知失调的方式是评估行为。这更可能发生在两件好东西二选一的时候。如果你只有够买一张CD的钱，但你真的两张都喜欢，你就面临挑其中一张来买的选择。你会感到认知失调，因为不论你选哪一张，你不买的那张CD的优良品质与你不买的事实不一致。选择一张CD之后，你会感到手里的这张要比没买的那张在所有方面都好，或者认为那张也并非你先前所认为的那样好。这样，通过评估我们所做的选择，能够帮助减少认知失调。

说服

改变态度来避免认知失调是我们自己做出的调整，但我们也会因为其他人的劝说而改变自己的态度。1986年，里查德·帕提和约翰·卡西伯欧提出了修订后的精细加工似然模型，并以此来解释如何让他人说服自己。根据这个模型，有两条路径可以用来说服：中枢路径和边缘路径。中枢路径说服要求有深思熟虑的想法：我们权衡所有呈现出来的事实并做出一个合逻辑的结论。假如你读了一本科学杂志，上面说大声的音乐与失聪有联系，你也许会相信大声的音乐有害健康。另一种情况是，如果你读了杂志上的文章而且发现作者很具有魅力，写作手法很高明，也许你会同样相信他所得出的结论。这就是边缘路径说服——受呈现事实的影响少而受其他无关因素的影响多。

有时，我们在中枢路径与边缘路径之间来回转换。不过，哪一个持续更久呢？研究表明，虽然边缘路径说服会与中枢路径一样改变人们的态度，但边缘路径说服的效果消失得更快。要是我们对事情做了仔细思考，而不是通过诸如人的身份地位或魅力等因素，态度可能更为持久。

偏见与歧视

虽然是社会性动物，但我们只想和数量有限的人交往。因此，我们倾向于仅选择隶属于几个感觉比较好的社会群体。不幸的是，即使我们对其他群体知之甚少，但有人感到，喜欢自己的群体而不讨厌那些非隶属群体很困难。形成对某一社会群体的敌对观念就称为偏见。偏见的一种形式是对他人的鄙视，这有助于我们获得优越感。当我们觉察到威胁的时候，要避免偏见尤其困难，因为它有助于维持自尊感。

心理学家史蒂文·费恩和史蒂文·斯班瑟在 1997 年通过一系列实验说明了这一倾向。在其中一个实验中，他们要求被试者做假的智力测验，然后给他们一个假的分数，告诉他们做得好或者做得不好。该研究在美国的一所大学里进行，在那里，学生们普遍对犹太女性怀有成见。在被试者得到测验结果之后，被要求评价一个犹太女性的人格或一个非犹太女性的人格。费恩和斯班瑟发现智力测验做得不好的人会对这个犹太女性做更多的负面评价，而那些通过测验的则给予其正面的评价。他们也发现，智力测验没做好的人在负面评价了这个犹太女性之后，一致体验到了自尊的提升。这个结果说明，人们通过贬低其他群体中的人来补偿他们自己的失败。

社会与文化

另一个让我们持有偏见的原因是，它有助于我们相信自己的文化比其他的好。通常我们重视自己的文化，因为我们得依靠它提供的认同感来获得生活的意义和目的。我们也可能感受到所在群体文化更优等，也可能通过贬低其他群体的文化进行重新确认自身文化的优越性。

偏见也可能源于社会群体间的摩擦。这些群体经常在社会中争权夺利，而且当一个群体的成员没有他们所认为的那样成功，他们会在另一个群体成员身上发泄他们的挫败感。1940 年，耶鲁大学的卡尔·豪弗兰德和罗伯特·塞尔斯发表了一项阐述这一倾向的研究。他们查阅了 1882 至 1930 年之间的美国南部黑人的经济条件和被处私刑的记录。在那个时期，美国南部的经济很大程度上依靠棉花的生产。一个较好的经济指标是每年棉花的价格。调查发现，在那些棉花价格低的年份里，黑人被处私刑的次数却变多。这说明白人农场主通过野蛮地报复黑人来发泄他们的挫败感。

怀有偏见很容易。我们可能不喜欢一个特定的宗教、种族、性别、年龄，甚至是那些穿着怪异的人。我们有时还会在认为自己没有偏见的时候歧视别人。虽然，这种偏见可能很微弱，但它仍可以在社会中产生巨大的分歧，影响人们日常的决定。这使得创建一个相互和平相处的社会变得很困难。尽管如此，社会心理学家仍然研究出了如何能够减少社会中的偏见的方法。

减少偏见

多年来，人们认为降低两个群体之间的偏见最有效的方式是让他们彼此交往。根据这个说法，如果人们在适当的条件下共存，他们会了解彼此更多，从而变得喜欢或至少包容对方。但相互之间仅仅是偏见的叠加就可能导致争斗。

大多数社会心理学家认为，为了使两个群体相处和睦，两者都必须认可彼此平等的观念。而如果一个群体认为它应该处在支配地位，那么这两个群体就不可能和平共处。社会心理学家还提出，如果鼓励两个群体为共同目标一起工作，会使他们因为要依靠彼此而培养相互间的信任感。心理学家也认为，如果少数群体成员有机会处于适当的情境中，反驳其他群体对他们的负面刻板印象，偏见就会减少。最后，心理学家还指出，有某些共同经历的群体（比如相似的背景）比没有共同经历的更容易彼此相处融洽。

1954 年，姆扎弗尔·谢里夫进行了如何让群体彼此和睦的研究，这是该方面最早的研究之一。他在俄克拉荷马州的罗伯斯·卡弗州立公园组织了一次男孩野营，这些男孩在此之前都互不认识。谢里夫以相似的背景和体貌特征来细致地挑选营员，把他们随机分成两队。他让两队人相互竞争，争夺奖品。结果不久后，他们开始对对方表现出攻击性。然后，谢里夫在营地制造了多种紧急情况，两个团体不得不一起来解决问题。最后，他发现两个团体间的偏见明显减少了。

沟通

沟通可以简单地定义为一方（发送方）通过某种媒介传递信息到另一方（接收方）的过程。当两个人通电话时，一方借助于电话线通过语言向另一方传递信息；而一个公司要在一家全国性的报纸上刊登广告的话，它则借助于书刊文字向成千上万的读者同时传送信息。

这样看来，沟通好像很简单。但是，如果考虑到人们交流时所采用的多种多样的交流方式，沟通就变成一个相当丰富、异常复杂的话题，远远超出了心理科学领域的范畴。人类学家对不同文化间的交流有着很多的见解，而音乐家则擅长于如何表达情感。教师会熟练、有效的解释复杂的概念，而广告文字撰写人则懂得如何劝诱。

心理学家之所以对沟通感兴趣，原因是多方面的。就认知心理学而言，语言显示了大脑是如何进行信息加工的，包括它是如何思考、推理和记忆的。对于社会心理学家来说，语言和非语言沟通显示了人类如何互相交流、不同文化间的共同之处，以及人类和动物是怎样运用沟通方式来互相识别的。另外，研究大众传媒会有利于心理学家和社会学家理解现代文化和现代社会的运作机制，这有利于他们研究说服和态度形成过程中的要素，并对社会问题（比如暴力电影是否使孩子变得更好斗）进行有效的回答。

沟通理论

人类沟通的理论和模型常常得益于电子学和计算科学理论的思想。其中一个著名的沟通学理论源自美国数学家克劳德·艾尔伍德·香侬的研究。作为一种信息理论，它解释了发信者是怎样通过限定动量的渠道（这是一种有限定信息容量的沟通渠道，就像水管以一定的宽度来限制水容量）把信息传递给受信人。香侬的信息理论在电信沟通设备的设计上被认为是很有影响的，在人类沟通上仍被证明是有用的。所以当广告文字撰写人谈到"沟通的渠道"时，他们可能仅仅是指广告牌上的文字，意象或是音乐（通过电视广告音乐来表达感情）。

香侬的理论似乎和本单元开头所提出的沟通没有很大的区别，但他的理论进一步引进了其他的观点。比如，被传递的信息通常被描述为信号，为了使沟通顺利，受信者必须能把这些信号从周围的杂声中区别开来。这种观点在打电话的情况中很好理解，但信号和杂音在其他的沟通方式中并非显而易见。在一幅大型广告牌上，信号就是撰写人所要努力表达的具有说服力的广告信息。杂音则是阻碍信息顺利传递的一切。这包括附近广告牌的竞争、高速公路上阻碍广告牌进入人们视线的树、撰写人写得有歧义的标题或是其他一些影响沟通效果的因素。

事实上，人际沟通比香侬所提出的简单模型要丰富、复杂得多。比如，当两人交谈时，他们不单是简单的交换文字，互相之间还通过说话的音量、面部表情、肢体语言或是其他的方式向对方传递着信息。所以人际沟通是多渠道的。一些沟通方式，比如孩子的哭声好像是先天就有的，但其他方式例如姿势、习俗等则明显的因文化而异。所以人际沟通不像电话中转中心那样是固定的。

在香侬的理论中，沟通只是简单的一种由发信人传递给受信人的信息总和，但是沟通中所包含的信息则无关紧要。在人际交往中，沟通的内容对信息的如何传递影响甚大。教师站在黑板前讲解传递着教育信息；具有说服力的消息则是通过电视广告或广告牌传递的；而情感则是由歌手在舞台上的表演来表达的。在日常生活中，沟通发生的情境是至关重要的。同一个问题，如当一位家庭主妇在问牛肉在哪里时，它的意思与一位总统候选人攻击他的对手或代言人在为汉堡做电视广告时说的是截然不同的。加拿大传媒理论家曼克卢汉（1911～1980）早已预言，媒介对人类消息的接受影响巨大，并指出"媒介即是讯息"。

尽管很复杂，沟通仍可以用简单的形式来解释。所有的沟通形式可以分为两种，即语言沟通（通过书面语或口头语言来传递信息）和非语言沟通（包括声音、姿势等）。人际沟通（两人间的双向沟通）也与大众沟通（一人与社会群体的单向沟通）有很大的区别。

语言沟通

人们通常认为书面语和口头语言是人际交往最重要的形式，而且它们在很多人类文化中发挥着中心的作用。设想用哑剧来表达完整的人类知识（比如《大英百科全书》）将是多么困难。但语言并不是不可缺少的。莎士比亚的情感剧《罗密欧与朱丽叶》，常用芭蕾舞形式来表演。其间没有一句话，然而音乐和舞者的动作淋漓尽致地诠释了故事的精髓。除了语言，日常生活中交流还可以通过表情、姿态、触觉和说话的语气，甚至用香水、衣服、伤疤和文身来表达。

心理科学家很早就开始了对语言和非语言沟通的研究，二者似乎是截然不同的两个课题。在 20 世纪 60 年代，美国语言学家、社会学家查尔斯·霍凯特（1916～2000）在其具有影响力的著作中明确地指出了辅助性语言（非语言沟通）与书面语、口头语的不同，但有些学者认为二者没有区别。美国社会学家亚当·肯顿声辩，作为交际工具，语言和姿态在交流中起着一样的作用。而美国语言学家 D. 博灵格（1907～1992）则认为"语言根植于姿态"，意思是姿态（包括说话的语气）基本上决定了说话的内容。美国研究者大卫·麦克内尔和苏珊·邓肯也反对这种说法，他们认为人类语言的内容有时只有同时考虑到非语言沟通因素时才能被很好地理解。

沟通手段

很多语言学家和心理学家都在思考思想与语言之间的关系。有的认为思想依赖于语言，有的则认为语言取决于思想，同时也有人认为它们是两个独立的活动。下面我们将着重说明语言作为交际工具是怎样起作用的。

如果语言只是思想的工具，那我们则大不必与别人交流，只要用自己的语言对自己说就行。然而语言的基本特点是适合与别人沟通，它比单纯的使用非语言沟通形式更能清楚地表达和交流复杂的想法。语言的规则和严谨的结构，使得别人能够懂得我们所说的。同时，语言具有很大的创造性：我们不可能把在生活中要说的话都存储在脑海中，因为我们不可能知道在未来我们需要说什么。相反，在必要时我们会想出新的东西来说。所以我们的大部分语言是为了沟通、分享信息、通过对话来建立和维持社会关系、表达感情而量身打造的。

语言可以为两人之间的隔阂架起桥梁，就像连接电话的线那样。国际合作和规章制度的复杂系统确保了任何固定电话都可以拨出或接收到世界任何地方的电话，但人不是电话。人们在不同的国家、不同的社会背景下成长，而且从事着不同的职业，所以比起电话线，语言需要更灵活的方法进行连接和有效的沟通。

语言与意义

英国心理语言学家菲力普·约翰逊·莱德尔在他 1983 年的著作《心理模型》一书中，描述了人们是怎样根据他们在脑海中建立的心理模型来思考和理解这个世界的。沟通就成为约翰逊·莱尔德所谓的"意识表现形式的象征性转换"，用于和其他人一起分享这些心理模型。所以交谈就成了一种交易活动，在这种活动中，心理模型以文字为主、非语言信号润色为表现形式在人们之间互相传递着。如果说话者想就世界某一方面的事说点什么的话，他们首先要建立一个便于理解的心理模型，然后用一些听者了解的语言来描述。而听话者则会分析这些语言，在讨论中建立有关这个话题的心理模型（或是调整已有的心理模型）。交谈时，双方不断地转换着角色，交换各自心理模型的思想，而且还相应地调整各自的模型。

有一件事情使得人们能够以这样一种方式比其他任何人更多地交流成为可能，那就是：语言不只是对单独的个体来说有意义，对于所有使用语言的人来说都是有意义的。换句话说就是，语言是一种有着共同意义的体系。印刷在这一页纸上的每一个词，对于任何一位读者来说，这些词意味着的意思或多或少。因此，如果有人写下了"大型豪华轿车"这个词，你可能会认为它指的是一种穿梭在摇滚明星和世界领袖间的大型轿车而不是牧牛场上的皮卡货车。

然而相同的文字对于不同的人来说也代表着不同的意思，这使得语言沟通变得复杂了。有时一个文字对于不同的人来说含义也不同，甚至不同的字典对同一个字的定义都会有细微的差别。每个词都会使人们想起基于他们独特经历的心理模型。如果你曾去过一个高中舞会的话，那"豪华轿车"会使你会想起和朋友们一起度过的愉快的夜晚。但是如果你曾看过有关 1963 年谋杀总统约翰·肯尼迪的电影，那"轿车"则有了一个完全不同且更负面的意义。但如果你家人中有一位是司机，那"轿车"则又引起另一个不同的情感。

意义论

意义是语言沟通的基础。但是意义到底是什么？最简单的解释就是，文字的意义来源于它们所指的世界上不同的东西。所以"豪华轿车"和"皮卡货车"不同，那是因为它们指的是两种不同的汽车。但"内容"并不是这么简单，因为有些抽象的文字像"真理""爱""公平"，并不是有形的物质，虽然它们有复杂的、逻辑清晰的意义。

一种意义论是将复杂的文字用一种更简单的形式来解释，在本质上是和字典的工作原理相同的。字典把"豪华轿车"定义为："大型豪华、有专职司机驾驶的车，通常有玻璃隔板使司机座与乘客隔离开来。"另一个意义论原理是用原型或最典型的例子来表示文字的含义。比如，让北美的孩子画房子，他们大部分会画成 4 个窗户，中间一扇门，一个有屋顶和烟囱的长方形的房子。所以"房子"这个词就是以这一系列主要的特征来定义的。换句话说，"褐砂石房屋""棚屋""公寓"和"小木屋"都可以是原型的例子，但他们并不使用于所有原型的特征。

意义的层次体系

不仅仅是语言中的词语表达了意义。句子由词语组成，并通过单个词所构成的综合意义来表达总体意义。同样的，段落则表达更为广泛的想法，而文章中段落的综合则可能表现出更为广泛的意义。在非语言沟通中，这种层次体系的等同性并不很明显。一位花心的人通过一系列的姿势、造型和神态向别人表达自己的意图，但这些非语言沟通的独立要素所形成的内容层次与字、句和段落三者间的方式是不同的。也许这就最好地说明了语言作为交际工具的魅力：从日常生活中的"你好"和"再见"，到马丁·路德·金的演讲和莎士比亚的戏剧语言，语言的魅力无处不在。

非语言沟通

人们不断地发送着非语言符号，但这些信号（运用沟通理论的语言）有多少被真正地接收到了呢？非语言行为（发送信号）与非语言沟通（被别人接收到并解码出来的信息）存在一个主要的差别。

在这方面，非语言沟通与语言沟通截然不同。总的来说，人们通过交谈来表达简明的信息。相比较而言，非语言交流比较不可靠。一方面，人们有时可能根本意识不到他们在进行着交流：无精打采地趴在书桌上的学生可能不会意识到他们正在告诉老师"好无聊"；互相接触或凝视着对方的朋友可能不会意识到他们正传递着"爱"的信号。这些非语言信号是发送者无意识中传递的，但这些细微的信号是否已被受信者接受，那就是另一回事了。老师可能并没有意识到课是如此乏味，同样，那对朋友可能从来没有意识到他们已经恋爱了。

早期研究

英国自然学家查尔斯·达尔文（1809～1882）是最早研究非语言沟通重要性的人之一。在《人和动物的情感表达》一书中，他概括了面部表情和其他不同物种的非语言沟通形式的重要性。达尔文强调人类大部分的沟通是由内部决定的，并且这种沟通为人类的利益起了重要的作用。

尽管达尔文的观点看起来是革命性的，但他的一些理念已经为其他文化预料到了。比如，中国人从千年文化里逐渐形成了以貌论人的习惯，即通过观察脸型来评价人的性格。后来，古希腊剧作家德奥弗拉斯特（约公元前372～前287）编写了一本被称为《30种人类性格特性的要素》的书，分别描述了这些人的特性，当然包括他们的肢体语言。印度文化也存在着类似的观点。现代表达同样观点的要算是1970年最畅销的、由英国动物学家D. 莫里斯写的关于人与人之间联系的书——《人类观》。

一些人认为他们会发现一些意思丰富的沟通渠道，而事实上这些渠道并不存在，他们往往把这些观点极端化了。比如，颅相学家认为，通过对一个人头盖骨的查看就能够洞察这个人的性格。1895年，意大利内科医生C. 龙勃罗梭（1836～1909）发表了著名的《犯罪心理学》。他相信可以通过人的身体和面部特征来判断他是否可能成为罪犯。他认为手指长的人更可能成为小偷，而谋杀者的下巴一般都很大。

在今天，这些观点看起来很荒谬，但我们也时常会错误地解读一些非语言符号后，匆忙得出一些荒谬的结论。例如，我们有很多人在脑海中形成了一个典型的鸡蛋头教授的形象：秃顶、瘦削的脸庞、一副薄薄的眼镜。有多少教授符合这一形象？有时对非语言符号匆忙地作出笼统解释会引起令人惊讶的结果。心理学家戴安·贝尼和 L. 麦克阿瑟指出陪审团成员对婴儿脸型（圆脸、大眼睛、高眉骨和小脸颊）的人做出罪名成立的可能性比其他脸型的人小。

先天还是后天

查尔斯·达尔文认为非语言交流是具有适应性的，这有助于物种的生存。原因很容易就可以说明。一只吠犬与一只不作声的狗相比，更不容易为它的领域而战，不愿打架的狗比好斗的狗更容易生存；当饥饿或疼痛时，一个哭闹的婴儿比从来不哭的婴儿更容易吃到奶。达尔文认为非语言沟通还有很多其他的实际用处，特别是在召唤同伴方面。很多心理学家也支持他的这种观点。

相比较而言，非语言沟通更是一种先天而非后天的产物，这一令人惊叹的论证出自美国心理学家保罗·埃克曼和他的合作者的作品中。在 1971 年开展的经典研究中，埃克曼和他的同事华莱士·傅利森让一偏远地区的新几内亚部落成员根据一系列基本情绪做出面部表情，比如：高兴时、当孩子夭折时、饥饿时，或因愤怒而反抗时。他们拍下了这一系列情况，并把照片散播给美国人，发现美国人能以极高的准确性辨明对应的情绪。反过来这一实验仍被证明有效——新几内亚部落成员也可以辨别美国人的面部表情。1987 年，埃克曼和他的同事们进行了更广泛的实验，在一个由 10 个国家的成员组成的混合体中，他们采用了 6 种不同的面部表情，结果这些来自不同文化的人都能成功地辨别出 6 种表情。

非语言沟通的种类

虽然人们通过许多不同的非语言渠道进行沟通，但有一点很重要的是，它们都在传达着更多的有效信息。人类的肢体语言通常比他们的发型、所用的香水传递着更多的消息；说话的语气有时可能会比他们说的话包含的意义更多。所以比起其他类型，心理学家对于非语言沟通的方式研究的更多。比如，身势语（肢体语言）、辅助性语言（说话人的语气或是影响语言理解的因素）、体距（人们相距的距离）。

自 1970 年朱利·费司特的同名书出版后，许多人知道了"肢体语言"。肢体语言同时也指运动。这里所说的运动包括了人类的基本动作，他们的姿势、面部表情、眼睛的活动、是否接触在他们身边的人或是使用了各种其他交流的渠道。一位参加工作面试的人会采用与在家中沙发上休息时完全不同的姿势；而比起工作伙伴，恋人则使用更开放、更有吸引力的肢体语言。

关于姿势，有一个关于朋友或恋人间交谈时类似动作的有趣发现。这有时被称为姿势的全等，它是两人通常是否相处得来的有力证据。对于站立姿势相似的两人，他们更容易相处以及分享相同的观点；而使用不同方式的人则更容易出现分歧。

比起其他肢体语言形式，面部表情被研究的更多。埃克曼和他的同事的研究表明，有 6 种基本表情是全世界大部分地方都能理解的，它们包括：高兴、悲伤、恐惧、惊讶、厌恶和愤怒。但是人们做鬼脸是为了交流还是简单的表达情感呢？1979 年，社会科学家 R. E. 克劳特和 R. E. 强森在研究中判定了不同社会场合中人们在什么时候可能会微笑。比如，在保龄球比赛中，当投球手成功的击中目标时，比起面对整个球馆，在面对朋友时他更容易微笑。所以在社交场合下，比起简单的表达感情，微笑更倾向于交流。当我们对别人微笑时，对方很可能也报以微笑。

想想我们在交谈时需要花多长时间注意着对方的脸，面部表情成为交流的重要形式也就不足为怪了，并且人的右脑专于面部表情这一事实证实了面部认知的重要性。人们的姿势尽管不明显但很重要。人类识别、理解面部表情看起来在我们脑海中是固定的，然而 D. 莫里斯和他的伙伴在 1979 年通过研究表明，姿态不仅仅是人类个人文化的产物。比如，在泰国将脚掌或鞋子朝向别人是很粗鲁的，而在其他国家可能并不在意这些动作。在美国伸出两手指朝上，无论手心朝向哪面都是一种胜利的标志；但在英国，同样的手势如果手心朝内则是具有冒犯性的。尽管很多身体语言因文化不同而不同，但有一些却是人们全都能看懂的，比如，向别人微笑表示友好。

体距或人们感觉自身与周围人群间所需的相隔距离是另一种非语言沟通，它因文化不同而不同。正如狗因对它领地的突然入侵而感到被威胁，人类则因空间的被侵犯而感到不舒服。狗叫以示反抗，人类则会后退直到他们感觉舒服为止。人类学家爱德华·霍尔在 19 世纪 60 年代的研究中表明，对于典型的北美人来说，有 4 个递增的亲密关系区。在 12 英尺（3.7 米）以外是最远的区域，几乎每个人都可以进入。4～12 英尺（1.2～3.7 米）之间，人们通常允许与他们有关系的陌生人，如在鸡尾酒会上的其他来宾的介入。而非正式的谈话一般在 4～18 英尺（0.5～1.2 米）这个更加个人的区域内进行。只有恋人、亲密的朋友、亲戚或小孩才可以进入最亲密的区域内，即小于 18 英寸（0.5 米）。这些距离因文化而异。

为何使用非语言交流

考虑到大多数人都具备语言交流的能力，那非语言交流还有什么用呢？答案也许很明显，我们在不知不觉中使用语言及非语言方式进行沟通。所以问语言与非语言之间是什么关系这个问题，则会更明了。

保罗·埃克曼认为语言与非语言沟通有 5 种可能关系。非语言沟通可以代替语言沟通。比如，取胜的保龄球手用微笑来代替说"Yeah"。非语言沟通可以与语言沟通达成一致，如在我们说"Yes"的同时还点着头。同样地，它们有时并不一致，如我们愧疚的肢体语言会揭露我们在撒谎。在公众演讲中，非语言沟通对语言沟通起到了补充与强调的作用。例如，一位政客表达一种口头警告的同时会摆动他的手。同时，在听者打断说话者的前提下，非语言沟通为他们提供了有效的方式。当交谈时，我们通常会点头以示注意力集中。

人际沟通

无论是在商店买东西、同朋友打电话还是在街上同别人交谈，我们所进行的大多数人际沟通都是双向的。这些沟通也许是语言性的，也可能是一个字都不说。有些交流是在脑海中有明确的目的才进行的。比如，在工作或入学面试中，面试官提问的大多数问题是在期待面试者就问题谈论更多；在看病时，交流的目的是帮助医生查明病人的病因。在街上与朋友偶遇的交谈，则是在一个更平等的基础上进行的，互相交换的信息可以帮助维持人际关系。

交谈原则

根据约定成俗的规则，每个交谈都包含着信息的交换。交流最重要的规则是无论何时总有一方是说话者，另一方是听众。两人一般不同时说话，当然，双方也不会同时倾听。另一原则是为了交流的持续，人们在说话者和听者两角色间自由流畅地交替转换。交谈的规则不是被写下来或传授下来的，而是人们在社会听说实践中习得的。

尽管交谈具有其一般规则，但它基本上是由社会背景来决定的。在看病时，对于医生提出的所有问题和近乎是唐突的行为（比如摸额头）病人都会接纳，因为这是为社会所接受的并且实际上必需的。但如果一位医生在鸡尾酒会上仍然以这种行为方式出现，那将被认为是粗鲁、傲慢的表现。当一位女士与小男孩交谈时，为了使小男孩战胜害羞，她会先提问一些问题，直到男孩张口说话为止。但如果一位男士以同样的方式与女士交谈，那会被视为无理与冒犯，他们的交谈也不会持续很久。

非语言交流

交谈大部分上是关于信息的交换，但非语言交流仍起着重要的作用。不论人们交谈速度有多快或是双方才刚刚认识，他们都可以在不中断谈话或打断对方说话的前提下，同时扮演着说话者和听者的角色。这其中的奥秘是他们相互间所传递的非语言信号。当说话者快说完的时候，他们可能会降低声音，做一些合适的手势或凝视对方一段时间。如果听者要开始说话时，他们可能会有力地点头，对于说话者主要的非语言沟通方式有语调、字或句之间的停顿、不同的姿势或眼神交流的运用。而说话者则主要依靠字眼的使用（如：嗯）、动作（点头）、眼神交流、面部表情或姿势来表达观点。

有一些交流可以完全使用非语言沟通，比如打招呼或道别这些小型的交谈。在不同文化中，人们会拥抱、亲吻、鞠躬或击掌，甚至有更烦琐的非语言交流。亲吻和爱抚也属于非语言交谈，它们由社会已定的原则而决定，虽然这与控制语言交谈的完全不同。

受限制的交谈

大多数交谈包含了语言与非语言沟通，虽然有时技术上的限制妨碍了可供人使用的沟通渠道。最明显的例子是，人们在打电话的时候，眼神交流、姿势、动作或面部表情这些非语言信号都无法被传递并被对方接受。但令人奇怪的是，很多人很容易就适应了用电话交谈，并认为这是一种更有效的沟通方式，因为非语言信号并没有影响信息的传递。一项研究表明，与面对面交谈相比，人们在电话中交流时谈得更长、停顿时间更短并且不易被打断。

电话所提供的有效交谈的代价是情感沟通的欠缺。许多人抱怨电话交流没有面对面交谈来得亲切，但是沟通渠道的欠缺并不削弱感情。一些使用网上聊天室的人经常在网上建立了亲密的朋友关系或形成了其他种类的网上关系，或许这正是因为可利用沟通渠道的欠缺。

交谈技巧

从交谈的内容中不难看出消息的传递并不是人们首要关心的。人们交谈（可以关于任何事）这一事实比他们在交谈什么更为重要。这与人们遵从礼貌交谈原则有很大的关系。善于交谈的人往往尽量显得友好并且避免正面冲突，遵守被认同的原则（比如，不打断说话者在必要的时候表示抱歉）。好的听众（注意对方说话，提出明智的问题并能引起共鸣的人）比光会听的听众更容易成为朋友。

在两台电脑调制解调器或两台传真机从最初连接成功到真正传递、发送信息前这段时间内，两台机器相互估计对方传递的速度以及其他能力，然后找到两者都可以使用的交流方式。在一次成功的交谈中，人们也以同样的方法来调节。比如，在与意思表达不完整的小孩、带有浓重口音的人交流或是在不同文化交流中，人们或多或少会使用非语言沟通。总而言之，人们会尽量与交谈者妥协。

虽然交谈可以拉近并保持人们之间的关系，但并不是所有的交谈都是成功的。这可能是由各种各样的原因造成的，通常是一方违背了一条或是更多的不成文规则。人们可能是因为说得太多或太少、在交谈中停顿太长、经常打断说话者、只顾自己而忽略倾听对方或犯各种其他的错误。遵守原则是交谈时最重要的社会技巧之一，那些没有掌握它的人在人际关系中将付出很大的代价。

大众传播

交谈是我们与朋友、家人的交流，但当我们要把相同的信息同时传送给很多不同的人时该怎样做呢？大众传播是指运用沟通技术与社会某一整体进行的交流，涵盖了从政客的电视演说到制造业者的大幅广告牌。的确，大部分现代日常生活依赖于大众传媒技术的运用：人造奶油制造商运用广告活动来告诉消费者他们的产品"就像奶油一样"；政客们则请教非语言沟通方面的专家来完善他们的肢体语言；而政府会使用公共传媒活动来告诉大家关于吸烟的危害性。但是与人际沟通不同的是，大众传播一般是单向的过程，而且是在完全不同的规则指导下进行的。

大众传播经常会使用与个人交谈技巧中相似的策略。比如，当政客在电视上演讲时，他们好像站在你家似的，做着动作、看准照相机、使用一定的姿势等等。但与普通的交谈不同，大众传播几乎是单向的，对于双方来说有利有弊。在电视上演讲的人、书写广告牌的广告人，或是在广播上做节目的人，对自己想要传递的信息和怎样达到最好的效果都付出了大量的心血，但是他们不能直接从受众那里得到反馈，并且他们通常不知道自己的信息是否已经被接收到了。听众有可能对大众传播的信息很关注，也可能完全置之不理。完全置之不理这种情况，在面对面的交谈中是无法想象的，也是社会所不能接受的。在大众传播中，受众无法像人际沟通那样进行互动，无法打断电视演说者，不能向广告牌提问，更不能参与电台节目的对话。

劝诱的艺术

一些大众传播形式仅是为了提供消息或娱乐而设计的，但有一些，例如广告却是有意图地设计出来以改变人们的想法。许多广告兼具娱乐性与创造性，但成功的广告商承认广告的主要目的还是销售。商店里的推销员训练有素，他们尽量与顾客拉话，劝诱他们购买产品。但是电视上的广告、电影、广告牌和报纸并不像能把人们说得团团转的推销员那样灵活热情。但它们是如何交流、如何劝诱的呢？

正如面对面的交谈有一个调和的阶段一样，广告活动一般也先开始市场调查，确立该活动的目标消费者。接着就考虑产品本身所提供的主要用处。通常这些优点被简述成一个关键想法，倘若该产品具有其他产品所无法企及的优点，那就最好不过了，这就是我们所说的独特卖点。接下来就是广告文字撰写人的任务了，运用有感染力的语句、具有创造性和让人难以忘却的方法把这些卖点信息传递给消费者，让他们确信自己需要这种产品。撰写人通过多种技巧来帮助他们，使消费者感到一种罪恶感（请您务必使用除臭剂 X，否则旁人会闻到你的味道），或是运用名人宣传，把他们的地位和名气感染给产品。从某种程度上来说，很多"隐性劝诱"手段相当于日常交谈中的非语言沟通。

大众传播的弊处之一是：我们不知道消息是否被传递成功了。在产品正式上市以前，受雇于广告代理商的心理学家会对那些典型消费者集中群进行商业广告测试。市场调查部门也会对街上的消费者（认真挑选的目标消费者）进行调查，以确定他们是否看到了这些宣传活动并且了解这些宣传是否有效。然而能够检验最终大众传播效果的还是，产品的销售额是否上涨了或是一位政客是否当选了。有了这些回馈，产品制造商和广告商就可以相应地调整他们未来的宣传活动。这段很长时间的宣传活动和反馈意见策略（如意见箱或市场调查），都相当于宣传者与他们的观众之间长期复杂的对话交流。

第六章　变态心理学

什么是变态

　　一名大一新生尽力适应第一次离开家之后的大学生活时，他会感到悲伤与孤单；当一名妇女驾车过桥时，她开始感觉恐惧；一个小男孩在学习说话时遇到困难；一位老太太因失去方向感而忘记了回家的路。这些人的经历是否有些反常呢？他们是否有心理障碍呢？对这些问题的回答不仅复杂，而且不同的人对此有不同的回答。这种情况出现的部分原因在于社会与文化的信仰对诸如"变态"和"心理障碍"之类的概念的界定所产生的影响。不仅处于不同文化氛围中的人对这些概念有不同的界定，而且这些概念的内涵也会随着时间的推移而发生变化。然而，这并不意味着一些心理障碍的产生不是出于身体上的原因。许多心理障碍的出现具有坚实的生物学基础，但是我们不能通过简单的医学程序（比如验血）对这些心理障碍进行诊断或鉴定。在许多情况下，我们并不能查明某些心理障碍（比如恐惧症）出现的生物学根据。即使存在着生物学根据，心理学家往往也很难决定某个人是否需要进行治疗以及需要什么样的治疗。在这些情况下，临床医生对变态和心理障碍的定义以及他的态度将产生重要的作用。

　　虽然对变态还没有一个明确的心理学上的定义，但还是有许多种定义已经被提了出来，并得到了人们的认可。在美国，心理障碍的官方定义得到了从事精神健康职业的专业人士的普遍接受（虽然这个定义仍然存在着争议）。我们可以在《精神疾病诊断和统计手册》中找到这个定义。这本手册是由美国精神病协会（APA）出版的，旨在帮助心理学家、精神病学家以及其他从事医学职业的人士对心理问题进行鉴定和诊断。

为什么要对变态进行定义?

对心理变态进行定义将对许多方面产生实质性的影响:

(1) 它有助于确定变态心理学的研究对象,从而决定哪些人类行为模式是这一科学研究的研究对象。

(2) 它对我们的犯罪审判体系产生影响。如果我们认为某些人精神失常,那么我们将减轻他们对其犯罪行为所应负的责任。

(3) 它将改变社会对那些行为怪异或者行为不被社会所接受的人的看法,并且影响社会对有些人所采取的措施。我们通常认为人们应该对他们能控制的行为负责,而不必对他们不能自我控制的行为负责。例如,如果某个人因精神失常而经常从商品偷东西,那么他将不对自己的行为负责。

(4) 它对公共政策产生影响。如果我们认为某些人精神失常,我们将把他们看作没有法律上的行为能力的人,从而使他们有资格接受特定的治疗。1990 年通过的《美国残疾人法》正是为了达到这个目的。对心理变态进行定义也便于政府和私人组织做出该对哪些心理问题的研究提供资助的决定。

(5) 它对精神健康服务的提供产生影响。如果人们心理上或者行为上的问题被正式确认为心理失常,那么保险公司和政府保健服务部门可能会支付治疗这些疾病的费用。

对标准进行规定

一般来说,对心理变态的大多数定义将遵循下列的某个或者多个标准:

(1) 与统计标准之间出现背离。

(2) 不适应,即在适应时遇到困难。

(3) 个人感到焦虑。

(4) 社会接受程度。

对规则的背离

"abnormal" (变态的) 这个词起源于拉丁文 "ab",意思是 "远离",而 "norm" (标准) 的意思是 "一般的,通常的"。因此从字面上看,变态的意思是 "与标准或者通常的情况相背离"。要界定什么是变态,首先要界定什么是标准的或者一般的情况,其次是界定某人对标准或者一般情况的背离程度。比如,我们发现妇女的平均身高是 163 厘米。假如这样的话，那么那些身高远远超过或者明显小于这个平均数的妇女将被认为是不正常的。

在某种程度上，我们可以将这个变态的定义运用于心理机能。心理学家首先确定什么样的心理才是正常的，然后再确定什么样的心理是不正常的。这种做法看起来非常直截了当，但是我们需要回答以下两个重要的问题：

首先，我们能为心理机能制定标准或平均水平吗？其次，当某人的思想、情绪或行为偏离平均水平达到什么程度时才能确定他们已经变态了？

社会上存在着形形色色的人和各种各样的行为，这使得我们在确定什么才是正常时遇到极大的困难。某些人喜欢跳伞运动，而其他人则非常害怕；有些人喜欢外出，并喜欢和其他人在一起，而有些人因害羞而喜欢独处；有些人似乎对芝麻绿豆之类的小事都很在意，而有些人则总是那么冷静，他们对发生在自己身上的任何事情都泰然处之。我们之中的大多数人往往处于这些极端之间。那么，我们怎么才能知道我们周围的人中谁是正常的、谁是不正常的呢？

即使我们可以通过某种测试（比如智商测试）来确定什么是正常的，但是我们仍然必须确定人们的思想、情绪和行为与通常情况的偏离程度才能发现其是否变态。

当我们把心理变态定义为对标准的背离时，还会遇到另外一个困难：某个人与标准之间的背离程度相当大，但是这种背离是有用而不是有害的，是人们所需要的而不是人们所不需要的。例如，那些智商明显高于平均水平的人比那些智商明显低于平均水平的人具有更大的优势。高智商的人可能是不正常的，但是这种异常不仅有益于他们自身，而且通常情况下也有益于社会。

表现为适应不良的变态

由于把变态行为定义为对标准的背离可能存在着问题，因此许多心理学家把注意力放在人们的行为对他们自己的身心健康以及对社会群体所造成的影响上。如果人们的行为对社会或者对他们适应社会的能力造成消极的影响，那么这种行为将被看作是适应不良的行为或者功能紊乱的行为。比如，因体重过轻而患有饮食障碍的妇女在行为上表现出了适应不良，原因在于她的行为对健康造成了损害；患有妄想症的人经常密谋杀死与自己无关的人，他通过伤害别人而不是伤害自己来表现出适应不良的行为。

一般来说，人们必须运用不同的方法去应对不同的情况。如果你的行为使你能够缓解压力、应对挑战或者完成你的任务，那么可以把你的行为称为适应性或者功能性的行为。然而，如果你的行为不能帮助你达到这些目的，或者它实际上会使问题变得更加糟糕，那么你的行为就是适应不良的或者功能紊乱的。

适应性反应

适应性行为也包括从失败中吸取教训从而提出解决问题的新途径的能力。比如，如果你在一次数学考试中失利，那么你应该决定是调整自己的学习方法，还是找一个家庭老师，或者是找辅导员聊天。这些都是适应性反应的例子。然而，无所作为、责备老师或者只是简单地"希望得到最好的"都是适应不良的表现。如果你因过于压抑而不清楚下一步应该怎么做，那么这也是适应不良的表现。总之，行为具有适应性意味着主体从经验中获得知识或在面对生活中的挑战和困难时表现得机动灵活。

文化上的需要

你的行为是否具有适应性取决于你要实现的目标以及你所处的文化是否认同这些目标。比如，如果某个人因为宗教的原因而绝食，那么在大多数文化看来，他的这种行为并不是一种适应不良的行为。另一方面，如果一个本身已经很瘦的人想变得更瘦并且拒绝进食，而他如此表现的原因仅仅是因为他认为自己的体重超标，那么他的这一行为就是适应不良的行为。我们甚至有对这种情况进行描述的术语：神经性食欲缺乏。同样地，许多文化能够接受或者容忍适度饮酒。然而，如果人们因为过度饮酒而不能正常工作，那么我们将把他们的行为看作是适应不良的行为或者功能紊乱的行为。

适应不良的程度

正常和变态的定义，在适应和不适应或者正功能和反功能之间并没有一成不变的界线：它们之间的区别是一个程度上的问题——有些人对某种环境的适应能力要强于其他人。大多数人有时会表现出适应不良的行为，但是问题的关键在于这些行为对他们的身心健康以及社会所造成的损害程度。

每种文化在对某种行为是适应性的还是适应不良而做出判断时，它总是以其对下列问题的看法为基础：人们应该怎么做才能使自己的生活过得有意义。这些判断与这种文化所持有的价值观（其对是非的辨别、好人或者好公民的内在含意以及幸福生活的具体内涵）之间往往具有紧密的联系。此外，当我们试图对行为背离社会规范和文化规范的程度进行判断时，我们会还遇到相当多的问题。

表现为精神紧张的变态

当心理学家对人们的心理状况进行评估时，人们精神紧张的程度可能是最能吸引他们注意力的因素之一。精神紧张具有多种形式，包括悲哀、焦虑、愤怒、食欲不振和容易发怒等。把精神紧张看作是对变态进行定义时的因素之一具有重要的意义，原因在于感觉到精神紧张或者焦虑是一种痛苦的、令人不愉快的经历。精神紧张的重要性还表现在它对我们在日常生活中能否顺利地开展活动产生重要影响，也就是说，它可能发挥着适应不良的功能。然而，精神紧张在许多情况下是一种正常的表现。

当我们把精神紧张看作是变态的表现形式之一时，我们还需要回答以下两道难题：

（1）在特定情境下，当精神紧张达到何种程度时，我们才认为它已经超过了限度？

（2）某人的精神紧张要持续多长时间才能把其定性为适应不良？

比如，当某人的配偶、孩子或者父母去世时，他心情悲痛到什么程度？他的这种心态要持续多长时间？如果某人不能开车的原因是他对交通状况非常担忧，那么我们应该把他的这种担忧看作是适应不良还是官能紊乱呢？在洛杉矶，驾驶自己的轿车出行是最有效的出行方式，然而在纽约，人们最好是乘坐公共交通工具而不是驾驶自家的轿车。那么，人们生活和工作的地点是否会对上述问题的回答产生影响呢？

对精神紧张进行定义时所遇到的另外一个问题是，并不是所有的变态行为或者精神障碍都伴随着精神紧张。虽然遭到成年人性虐待的儿童无疑会感觉到精神紧张，但是那些成年人几乎不会因为自己的行为而自责或者感觉精神紧张。具有反社会人格障碍的人经常不会因为说谎话、欺骗别人、偷盗或者利用别人来满足个人的快乐和利益而自责。

社会可接受性

许多行为被看作是正常的，原因在于它们符合社会对可以接受的或者好的行为所制定的标准。类似的，与社会可以接受的行为标准相背离的行为将被看作是反常的。某些行为被看作是正常的和具有适应性的，原因在于它们使人们的生活变得更加融洽，并且使人们的日常生活更加有序和更加具有预见性。比如良好的饭桌礼仪或者排队。

一方面，遵守规则是有用的，然而另一方面，过分遵守规则或者遵从错误的信仰和惯例可能导致适应不良。这种情况不仅适用于个人，也适用于整个社会。如果某个人总是担心自己的所作所为或者自己的表现是否符合别人的要求，那么他并不是一个心理健康的人，而且通常也不会被看作是一个正常的人。比如，如果某个人为了迎合社会对完美的要求而不断进行整容手术并因此背负了沉重的债务负担，那么在大多数人看来，这种人是不正常的。因此，对规则的轻微违背不仅有益于我们的身心健康，而且也有益于整个社会。

人们有时会违反社会规范，原因在于他们深信这些规范是错误的。正是由于这一原因，对社会信仰和社会惯例的某些违背行为被看作是具有勇气的。这些行为经常会引发人们已经期待已久的变化。1947 年，M. K. 甘地领导的针对英国殖民统治的非暴力不合作运动最终使印度成了一个独立的国家。1950 年，当罗莎一帕克斯在亚拉巴马州拒绝给白人让座时，她推动了民权运动在美国的展开。如果没有这些对当时的社会规则的违犯者，那么这个社会及其文化将继续保持下去，并可能继续保持司法上的不公正。同时，科学和艺术的发展也是那些不向现状屈服的、有魄力的人所推动的。伽利略认为太阳（而不是地球）是太阳系的中心，他的这一观点是对天主教会的公然反抗。塞尚和毕加索等画家因不接受关于美丽和人眼中的世界的传统观念而经常被他们那个时代的许多人所嘲笑。然而，如果没有那些不向世俗屈服的人以及他们的思想，我们这个世界在许多方面将和过去一样落后。

表现为精神障碍的变态

那些在我们看来心理变态的人是不是患有某种导致精神障碍的疾病才会行为异常？对这个问题的回答取决于我们对精神障碍的定义。我们完全可以用"精神障碍"这个术语来指称某种思维方式、感觉方式和一般被看作是适应不良的行为方式。换句话说，之所以把它看作是病态的，是因为它扰乱了这个人和其他人的生活秩序。比如，过分沮丧扰乱了陷入沮丧之中的人的生活。同时，它也扰乱了其他人（比如家庭、朋友和同事）的生活。正是基于这个原因，我们可以把沮丧看作是精神上或者心理上的障碍。

科学的还是社会的

一种文化最重要的特征之一是这种文化的多数成员对什么才是生命中重要的东西所持有的共同看法，以及这种共同看法对美好生活所具有的意义。1952 年出版的《精神疾病诊断和统计手册》只有 86 页，而 2000 年出版的修订本有 900 页，精神障碍的种类也从最初的 106 种增加到 297 种。随着这本手册的不断修订，精神障碍的界线得到了不断地拓展，许多日常生活中出现的问题开始被看作是病态的或者转变成了精神障碍，被诊断出患有精神障碍的人数也出现了持续增长。比如，许多常见的情境现在被看成是变态的小孩，比如容易发脾气、酗酒、过度吸烟、没有性欲望或者纵欲以及学习障碍等。在 2000 年出版的《精神疾病诊断和统计手册》中，受虐性格障碍、咖啡因依赖症、性强迫症、低强度兴奋、同胞竞争、自我挫败型性格、时差症、病态消费症、睡眠相关勃起障碍等都被看作是精神障碍。在世纪之交，精神健康工作者们开始在科学会议上讨论网瘾、公路愤怒、股票市场上的病态交易，这里面的一些行为可能在新版的《精神疾病诊断和统计手册》出现并成为新的精神障碍类型。

变态的模型

变态心理学家对各种不同的精神障碍模型进行了研究。不同的精神障碍模型对变态的潜在原因或者治疗措施都进行了介绍。这些模型包括医学模型、心理分析模型、行为模型以及认知模型等。不同的心理学家在日常工作中可能采用不同的模型，然而并不是只有一种模型是有效的。有些心理学家已经发展出了把精神障碍的所有可能原因都包括在内的模型。我们下面将对不同的模型进行简要地介绍。

医学模型

医学模型把心理变态看作是与疾病相类似的东西，也就是说，人体内的某些东西使他们面临问题和遭受痛苦。比如说，疟原虫是导致人们患上疟疾的原因。这个模型假定有心理问题的人患有某种具有一定症状的疾病，这种疾病的出现有特定的原因，而且可以通过采取特定的措施进行治疗。在对那些具有公认的、可以检查出原因的精神障碍（比如许多痴呆症）进行诊断时，这种模型非常适用。这些精神障碍表现为大脑机能的退化（这种退化有时由大脑的萎缩导致）和脑细胞的丧失进行测量。老年痴呆症表现为大脑中有典型的色斑和神经混乱，虽然我们并不知道它们是这些疾病的原因还是结果，但在医学模型的指引下，研究人员已经找到了与这些疾病有关的基因。

研究人员经常花费相当多的时间来寻找这些原因。他们不仅要学习基因学，而且还要考察大脑是如何工作的以及大脑中的化学物质（比如神经传递素）所发挥的作用。

心理模型

如果仅仅遵循这个医学模型，那么我们很难对许多心理问题进行诊断和治疗，原因在于我们可能无法根据这个模型得出人们是否患有心理疾病。以焦虑为例，我们每个人在不同时刻所感觉到的焦虑程度是不同的，这要取决于我们所面临的环境。当然这并不是说只有少数人时刻感觉到极端的焦虑，而其他人则根本感觉不到任何焦虑。这种情况几乎对任何心理问题都是适用的。

心理障碍的心理动力学模型试图通过把心理障碍在精神上的原因作为研究对象，从而达到对心理障碍进行矫正的目的。

弗洛伊德是一名资深的医生。他认为精神障碍在很大程度上归因于人格的不同层面之间的冲突，这些人格层面包括本我、自我和超我。他认为这些冲突自从每个人的儿童时期就没有得到解决。弗洛伊德创立了通过心理分析来治疗精神障碍的方法。这种精神障碍模型被称为"心理分析模型"，它是心理动力学模型的一种。

虽然弗洛伊德的大多数理论都没有得到人们的赞同，但是心理分析模型至今仍然有许多追随者。然而，这种模型也受到了批评，原因在于它缺乏实验的支持和科学上的精确性，以及它对生命的简单化的看法（在其最抽象的形式中，这种模型认为人们在动物本能的驱使下开展行动）。

精神障碍的其他心理学理论包括行为模型和认知模型。这种模型的理论依据是以 B. F. 斯金纳为代表的行为主义者的研究，它主要关注的是人们行为本身所带来的问题而不是可能导致这些问题的原因（这些原因正好是心理动力学模型所关注的）。精神障碍的认知模型主要关注的是伴随精神障碍而出现的想法、过程和情绪。

社会建构模型

精神障碍的一个尤其具有挑战性的模型是由社会建构主义者提出的。社会建构并不是真实的东西，而只是社会成员在过去的无数次互动过程中所形成的思想。我们把持有这种思想的人称为社会建构主义者。这些社会建构主义者认为，我们通过自己的态度、信仰和情绪来建构我们所面对的现实，而这些态度、信仰和情绪都处于不断变化之中。比如，正如我们对正常和反常的看法一样，我们关于美和正义的观念在过去的 100 多年中已经发生了很大的变化。此外，不同文化对美和正义具有不同的理解，而且特定文化不会给这些术语下一个一劳永逸的定义。也就是说，这些定义将会随着时间的推移而发生变化，而且这种变化有时会在相对较短的时间内发生。

处于某种文化背景中的人们通过与其他人进行交谈来为正常和变态下定义，

也就是说，他们在交流思想或者参加正式和非正式的辩论过程中，形成关于正常和变态的一致性看法。这种交谈或交流采取了多种不同的形式，比如朋友之间非正式的交谈、专业人士针对科学出版物所进行的正式辩论、报纸上发表的文章甚至于电视节目和电影等。我们所有人都参与了这些交谈，因此我们都对诸如"美""正义"和"变化"的定义产生影响。此外，我们也受到了这些定义的影响，原因在于特定文化对这些术语进行定义的方式对人们彼此之间的看法和行为方式都产生影响。由于正常和变态也是通过类似的途径进行定义的，因此它们应该被看作是社会建构的而不是科学事实。

文化上的考虑

《精神疾病诊断和统计手册》所收录的精神障碍类型是北美洲的精神病学家根据西方文化中关于失常、正常和变化的概念而界定的。然而，这些定义在其他文化中并非全部适用。某些精神障碍只有在特定的文化背景下才会存在，因此它们被称为"文化范围内的精神障碍"。文化范围内的精神障碍（比如神经性食欲缺乏）的存在表明，心理因素、社会因素和其他非生理因素是导致精神障碍的非常重要的原因。

精神障碍

玛拉从来没有离开过房间。她整天坐在房间里，窗帘被拉了起来，从她的收音机里传出来的刺耳音乐足以掩盖其他声响。她的丈夫有时周末会来她这儿，但是他多数时候都不在这里，因为他要在外面工作。玛拉整天用哭泣和睡觉来打发时间。她什么东西都不吃，因为她对任何东西都已经没有胃口了。白天的时候没有人来她家，除了给她的孩子拿点东西之外她根本就不用起床。她总是感觉到焦虑和沮丧。玛拉患有精神上的疾病吗？她所承受的痛苦来自极端的焦虑还是来自沮丧？这些行为是不是医生们所说的"精神障碍"呢？

当我们考虑到玛拉当时所面临的社会环境时，她的行为将变成一种合理反映。玛拉生活在一个因战争而处于分裂状态的国家，子弹就在她的窗外呼啸而过。她最后一次离开这个房间时，左腿被狙击手打伤了。玛拉的邻居一个星期之前被一群男人粗暴地强奸了，从那以后，这个邻居再也不是以前的样子了，这个事件使她和玛拉都处于极度的恐惧之中。玛拉在 8 个星期之前生了孩子，当时她的丈夫并不在她身边，因为他要在外面打仗。

　　玛拉的行为和情绪看起来有些反常，但是这是否意味着她患有精神障碍呢？当我们更深入地了解她所处的社会环境以及她所生活的年代和地点时，我们将会改变我们的看法。我们甚至会认为她的反应事实上对她所处的社会环境而言是正常反应。但如果玛拉并不是处于那样的社会环境中，她将被诊断为患有某种精神障碍。

历史的观点

　　人类历史上曾经出现过许多对精神障碍进行分类和治疗的方法。古希腊、古罗马的哲学家和医生就对许多精神障碍进行了描述。这些精神障碍主要包括：精神抑郁症（悲伤）、癫狂症（狂热的行为）、错觉（错误的信仰）、歇斯底里症（无缘无故地表现出不安，在妇女当中较常出现）、幻觉（想象中的景象和声音）。

　　在公元前 5 世纪之前，古希腊人通常认为疾病和精神障碍的起因是上帝、灵魂或者魔鬼，然而希波克拉底（大约公元前 460～前 357，被称为医学之父）当时提出了不同的解释。他第一次提出了疾病（包括现在被看作是精神障碍的疾病）的根源在于身体或者自然的原因，而不是上帝的干涉或者魔鬼在作怪。希波克拉底认为精神障碍起源于体内 4 种流体的失衡，这 4 种流体包括黄胆汁、黑胆汁、血和黏液。例如，他认为黑胆汁过多将导致精神抑郁症。为了减轻或者治疗精神抑郁症，他推荐人们参加锻炼、吃素食并且不喝酒。

中世纪的疯狂

　　在欧洲中世纪时期，也就是罗马帝国瓦解之后（通常被认为是在公元 476 年），宗教信仰的重点，尤其是关于世界是上帝与魔鬼之间的战场的观点自然而然地导致了精神障碍存在着超自然基础的观点的产生。这种观点认为，人们之所以出现行为反常，是因为他们的心智已经被魔鬼或者邪恶的灵魂所控制。比如，如果要治愈癫狂症，那么必须驱除那些控制患者心智的魔鬼。主持这种治疗的牧师会吟诵经文并进行祈祷，以便把那些控制患者心智的邪恶灵魂驱除出去。他们有时开出所谓的圣水药方，甚至会下令毁灭患者的身体以便拯救他们的灵魂。采取这种做法的部分原因在于，那些被我们看作是患精神障碍的人在当时被认为与超自然的力量之间存在着某种关联，并且这种超自然的力量把一些特殊的禀赋或见解赋予了他们。

然而在中世纪末期，也就是从 15 世纪到 17 世纪，另外的观点占据了重要地位——在这个时期，精神障碍被看作是类似于身体患有疾病之列，而不再被看作是魔鬼在作怪。一些城镇的市政当局成立了专门的机构来救护那些患有身体疾病和精神疾病的人，而且这种救护行动是在接受过医学训练的权威人士的监督下进行的。然而在多数欧洲国家，治疗手段仍然非常原始和野蛮，只有为数不多的医疗机构为患者提供了充分的救护。虽然成立这些专门机构的意图是好的，但是那些已经建立起来的精神病院常常成为无所不包的机构：这些机构经常会转变成医院或者修道院，而且这些机构变得越来越拥挤以至于人满为患。另外，这些机构的卫生条件也非常差。根据现在的标准，这些机构的条件和它所提供的救护都是不人道的。

道德治疗

18 世纪期间，一些国家在精神疾病的治疗方面取得了显著的进步。在欧洲，有两位重要人物发起了对精神病院管理的大规模改革，他们是法国的菲利普·皮内尔（1745～1826）和英格兰的威廉·图克（1732～1822）。他们认为精神病院应该成为一个安静的地方，并能够为许多人提供舒适的居住环境。游客们来去自由，而病人们也可以接受精心的治疗和照顾，也就是说，这里既可以为病人提供休息、交谈、祈祷的场所，也可以为他们提供简单的治疗。在美国，本杰明·拉什（1745～1813）是一位对拓展这种类型的治疗起到重要作用的人物，他有时被称为"美国精神病学之父"。拉什是美国宾夕法尼亚医院的领军人物，他把所有的精力都致力于对精神障碍的研究以及与患者们进行的合作上。他开创了一种人道的治疗方法，并鼓励医院雇佣那些具有同情心、聪明能干和善于思考的职员。护理人员应该为病人朗读诗文、与他们进行交谈并带他们去散步。拉什甚至建议医生们给他们的病人送礼物。

19 世纪期间，精神障碍的治疗在欧洲和北美都成为日益突出的问题，其部分原因在于工业化的迅速发展使越来越多的人进入互相疏离的城市环境。那些收容精神障碍患者的大型精神病院成为令人生畏的地方，而且这些地方远离人口聚居区。

焦虑症

焦虑症包括下列几种：对狭窄空间的恐惧（幽闭恐怖症）、身体极端清醒和恐惧（恐惧症）、对某种物体的恐惧（特定对象恐惧症）或者对社会环境的恐惧（社交恐惧症）、被延长的焦虑经历（一般化的焦虑症）、在事故或者创伤之后再次体验恐惧（创伤后压抑症）以及因对污染物的恐惧而努力地保持清洁（强迫症）。

每个人在不同的时段都会经历焦虑，因此它是一种非常普遍的情感。它包括因着急或者恐惧而产生的情绪，这种情绪对我们的身体健康、行为和思想都会产生影响。焦虑是在具有挑战性的环境下经常出现的一种正常的反应，它可以发挥促进作用或者保护作用。它可以促进人们为了一次测验或考试而努力学习，也可以提醒人们注意可能存在的危险（比如对半夜里发出的巨大响声做出反应）。在特定环境下，焦虑可以发挥促进作用，也可以发挥阻碍作用。因测验而产生的焦虑有时可以使人们在测验中取得好成绩，然而过多的焦虑则会减少人们取得好成绩的机会，即便人们知道测验的结果也是如此。

心理学家们经常对两种焦虑类型进行区分，这两种类型是状态焦虑和特质焦虑。他们认为状态焦虑会随着人们所处的环境的变化而变化。它指的是人们在特定时段所经历的焦虑。与状态焦虑相比，特质焦虑具有相对的稳定性，因此它是某个人产生焦虑的一般性倾向。当焦虑开始导致明显的痛苦，从而影响人们进行社会化、工作甚至是离开自己家的能力时，他们将被诊断患有焦虑症。

恐惧症

恐惧症是焦虑的一种形式。当某个人由于恐惧而经历突然的、重复性的身体不适时，他将被诊断患有恐惧症。恐惧症的症状包括呼吸困难、头昏眼花、恶心以及担心失去控制或者担心发疯等。患有恐惧症的患者只在较短的时间内出现上述的强烈症状，这些症状通常只维持几分钟。这些症状的发作经常会导致预期性焦虑的出现，这种焦虑是对未来将要出现的更为严重的症状的恐惧。

广场恐惧症可能会随着恐惧症的出现而出现，它的特征有两个：一是害怕独处；二是在不能回避的环境中显得非常无助。虽然这两种情况也会单独出现，但是它们更经常同时出现。

恐惧症往往在成年期的早期出现，它对女性的影响是其对男性影响的 3 倍。据估计，有 3％的美国人患有恐惧症，有 1％～6％的美国人患有广场恐惧症。

目前，人们主要是通过行为治疗和认知治疗来治疗恐惧症，而心理疗法也是一种治疗手段。精神病医师也会为焦虑症患者开药方以帮助他们进行治疗，但是药物治疗并不能治愈焦虑。

特定对象恐惧症

当某种物体被看作是危险的来源，并且这种物体可能导致的伤害被夸大时，对这种物体的恐惧就发展成为特定对象恐惧症。特定对象恐惧症包括对某种动物的过度恐惧，对诸如狭窄空间、开放空间或者高地之类的环境的恐惧，以及对窒息或者呕吐的恐惧。

当恐惧症患者遭遇到令他感到恐惧的物体或者环境时，他身体上的焦虑反应将不断增加，他所要做的事情是尽力避开这个物体或者环境。例如，当蜘蛛恐惧症患者看到类似于蜘蛛的物体靠近他们时，他们将经历心跳加速、恶心和极端恐惧的过程。他们所要做的事情是尽力逃离这样的环境。当这种恐惧症的患者接触到这种物体或者环境的图像时，他们也会做出类似的反应。

据估计，每100个美国人中就有10个人受到特定对象恐惧症的影响。这种恐惧症是女性精神障碍中最为常见的一种，而它在男性精神障碍中位居第二位（位居第一位的是物质障碍）。某个人患上特定对象恐惧症的年龄取决于这种恐惧症的类型。人们患上恐惧症往往与他们儿童时期所处的自然环境有关。诸如飞行恐惧症、恐高症和狭窄空间恐惧症之类的条件性恐惧症往往在某个人处于20岁这个年龄段时形成。

社交恐惧症

人们在社会环境中经常会经历某种程度的焦虑，而这种恐惧有时会相当严重并发展成为社交恐惧症。这种恐惧症包括由于公开拒绝或者窘迫而感到的恐惧。患有这种恐惧症的人经常避免在自己成为注意力中心的环境（比如公开演讲）中出现。当站在其他人面前或者被其他人注视时，这种恐惧症的患者将会面红耳赤；当他们在公开场所吃东西时，他们对食物感到恶心。他们经常担心自己在这样的场合中被别人批评或者羞辱。

此外，相关研究显示，与男性相比，女性更易受社交恐惧症的影响。虽然这种精神障碍可能在5～35岁之间出现，但是它通常在人们接近20岁时出现。在美国人口中，每100个人中大约有3个人受到社交恐惧症的影响。

广泛性焦虑症

广泛性焦虑症指的是由于过度的、长期的忧虑而引起的焦虑症。广泛性焦虑症形成的原因有以下几种：一是担心不能应付面临的问题；二是害怕失败；三是担心被拒绝；四是对死亡的恐惧。患有广泛性焦虑的人身体上也会出现一定的症状，包括肌肉紧张加剧、敏感性增强、呼吸频率加快以及觉醒程度增加（比如心跳加快）。

广泛性焦虑症是一种常见的精神障碍，它对女性的影响是其对男性影响的 2 倍。虽然人们受广泛性焦虑症影响的年龄会因人而异，但是人们往往在 20 多岁时才开始寻求治疗这种焦虑症的办法。在美国，一般有 3％～8％的人受到广泛性焦虑症的影响。心理学家估计，那些患有广泛性焦虑症的人中有超过 50％的人患有其他的精神障碍，比如沮丧或者另外一种不同类型的焦虑症。

精神分裂症

与其他精神障碍相比，人们对精神分裂症的误解程度更深，也就是说，人们既不能确切地知道精神分裂症究竟是什么，也不知道其最佳治疗手段是什么。精神分裂是一个经常被用来指情境侮辱的术语，它是辱骂别人的方式，或者是说别人已经发疯的代名词。电影、书籍和广播新闻媒体经常把那些被诊断出患有精神分裂症的人描绘成具有"分裂性人格"的危险人物。这种危险人物的特征是一会儿正常，一会儿发疯。罗伯特·路易斯·斯蒂文森在他 1886 年发表的小说《哲基尔博士和海德先生的荒诞故事》中对这种危险人物的主要性格特征进行了描述。在现实生活中，精神分裂症与通常所描绘的情形具有非常大的差异。

正如我们现在所知道的一样，人们在过去 100 年左右的时间内才逐渐认识了精神分裂症。人们过去把精神分裂症称为早发性痴呆症，其字面上的意思就是"未老先衰"。"早发性痴呆症"这个术语是由埃米尔·克雷佩林首先提出来的。他对许多患有精神病的病人进行了长期的观察，并于 1898 年提出了他的第一个研究发现。正如他所描述的一样，这种精神障碍的特征是错觉、幻觉、疑神疑鬼、注意力不集中、行为刻板和情感官能障碍等。克雷佩林的研究所存在的问题是，他只注重于对这些症状进行定义。即使在他所编写的教材的第 8 个版本中，他也只是把早发性痴呆症的各种症状分为 36 个类别而已。他的这种做法具有一定的优点，不足之处在于既没有对这些症状进行解释，也没有指出这些症状出现的原因和治疗措施。

瑞士精神病学家尤金·布鲁勒（1857～1939）试图揭示出早发性痴呆症的本质特征，而不是仅对其进行描述性的分类。布鲁勒在两个重要观点上与克雷佩林存在分歧。第一，他认为这种精神障碍并不是只有在青春期才出现，对一些人来说，它出现的时间要更晚一些。第二，他发现克雷佩林所描述的症状并不会自动地导致痴呆症的出现。这也是布鲁勒把这种精神障碍更名为精神分裂症的原因

（在希腊文中，精神分裂症包含的意思是"分裂的心智"或者"分裂的自我"）。

不断变化的精神障碍

你如何判断你所碰到的人是否患有精神分裂症呢？一般来说，精神分裂症患者的行为会表现出巨大的差异，因此，精神分裂症经常被描绘为"具有多个面相的精神障碍"。

在理解和诊断精神分裂症的过程中，早期的临床医生根据精神分裂症所表现出来的症状把这种精神障碍分为三大类型，即阳性症状、阴性症状和精神运动症状。研究显示，与女性相比，男性可能表现出更为强烈的消极性症状，但是两种性别所表现出来的积极性症状在数量上是相同的。

精神分裂症的症状

在精神分裂症的积极性症状中有许多与正常行为存在差异的怪异行为。这些行为包括：错觉、思维和语言混乱以及幻觉。

错觉指的是某些人非常相信某种想法，但是在现实当中并没有出现其所想的东西。一些被诊断出患有精神分裂症的人只有一种能够支配他们生活的错觉，而另外的人则拥有一系列不同的错觉。当他们感觉到整个世界都在寻找自己时，被迫害的错觉就油然而生。如克莱尔就表现出许多这样的征兆：她认为丈夫的妹妹和大街上的其他人都在说她的坏话。因此，错觉经常会把某种意义附加到其他人的行为之上。与克莱尔一样，那些被诊断出患有精神分裂症的人认为电视里所说的人就是自己。例如，当那些毫无名气的人认为自己是类似于基督耶稣或者亚伯拉罕·林肯之类的名人、认为自己可以做出类似于控制天气之类的事情时，认为自己是伟大人物的错觉就会出现。当人们认为自己的所有行为都被类似于无线电信号或者想象中的外部力量（比如来自外层空间的外星人）所控制时，控制的错觉也将会出现。

当某个人毫无逻辑地转换话题时，思维和语言混乱的情况将会出现。这个人可能会把毫无关联的事情联系起来，这使得他感到非常迷惑，最终导致其无法与其他人进行交谈。有些被诊断出患有精神分裂症的人会使用一些由自己独创的词语，或者以一些毫无道理的方式来使用一些词语。他们可能也会患有持续言语症，即不断地重复某些词语或者短语。

被诊断出患有精神分裂症的人经常被诊断说具有高超的感知能力。有些人会被他们周围的景象和声音所征服，因此他们无法通过大脑把这些景象和声音组织起来，以便把注意力集中在某个事件或者思想之上。幻觉指的是想象一些在现实当中并不存在的物体、人物或者事件。例如，当没有任何东西被烧焦时，你却闻到了烧焦的味道，你可能会看到某个并不存在的东西，或者说当你的嘴里并没有任何东西时，你却品尝到了酸味。从总体上说，人类的 5 种感官都会出现幻觉。

精神分裂症的阴性症状指的是那些缺乏充分行为的现象，其主要表现就是少言寡语。精神运动症状包括对动作缺乏控制以及经常重复性地或者似乎有目的地扮鬼脸或者做出怪异的行为。

精神分裂症的类型

精神分裂症非常复杂和变化无常，因此我们几乎不能把它当作一个单纯的、具有统一标准的事物进行介绍。为了克服这个困难，精神病学家们尽力把这个精神障碍分为不同的类型。《精神疾病诊断和统计手册》第 4 版和国际疾病、伤害和死亡原因分类标准把精神分裂症分为 4 种不同的类型：青春期痴呆症、紧张性精神分裂症、妄想症和非典型精神分裂症。

青春期痴呆症被广泛认为是所有类型的精神分裂症中最为严重的一种类型。青春期痴呆通常是出现在儿童时期或者青春期的初期。青春期痴呆症会伴随患者的一生，并且会随着时间的推移而变得越来越严重。这种病症的特征是语言缺乏连贯性、表现为性或者宗教的栩栩如生的幻觉、混乱的错觉以及竭力躲避社会。

紧张性精神分裂症的主要特征是缺乏运动。那些患有紧张性精神分裂症的人能够长时间地保持某种姿势。他们看起来像雕塑一样。他们的肢体由于缺乏运动而逐渐变得僵硬，并且可能会肿胀起来。这种疾病的另外一些患者会非常激动，他们经常以疯狂的、不能控制的和兴奋的方式开展行动。而有些患者变得沉默寡言，虽然这些人可能会意识到他们周围的事物是什么，但是他们却不能做出反应。

妄想症的最主要特征是具有高度组织性和经过慎重考虑的错觉信念系统的存在。在以前的例子中，克莱尔就是妄想症的一个病例。她坚信电视里的人物在模仿她的思想。被诊断出患有妄想症的人看起来是正常的。他们可以照顾自己、参与社会交往以及使自己融入这个世界，但是他们实际上仍然处于迷惑状态之中。那些没有错觉的人可能会鄙视这些妄想症患者，或者对这些患者的行为感到愤怒。妄想症可能是精神分裂症中最具有相似性的一种类型。如果两个人都被诊断出患有妄想症，那么他们所表现出来的相同症状要多于患有其他相同精神分裂症的两个人。

非典型精神分裂症指的是不属于上述 3 种类型的其他精神分裂症。

精神分裂症还有另外两种类型：

·精神分裂形式的精神病与精神分裂症具有类似的症状，但是这些症状至多维持 6 个月。

·精神分裂性障碍常被用来描述与精神分裂症具有类似特征的不正常的行为、思想和情感，但是这种精神障碍没有其他反常的特征。

分裂情感障碍是精神分裂性障碍的一种次要类型。它具有明显的精神分裂特征和情感特征，但是这种精神障碍既不能证明患者患有精神分裂症，也不能证明患者患有情感障碍。

精神分裂症的演化过程

精神分裂症通常在 10～30 岁之间的某段时间出现。虽然不同精神分裂症患者之间的病症演化过程不尽相同，但是这种病症通常会经历 3 个不同的阶段。

在精神分裂症的前驱症状阶段中，患者的病情开始出现恶化的趋势，他们已经不能像往常那样完成日常事务。这些患者甚至会形成奇怪的个人习惯，比如从垃圾桶里捡垃圾或者不洗澡。

精神分裂症的症状在活跃阶段中表现得更加明显。这个活跃阶段有时会由某件事所引起，比如病人的狗被赶到外面去睡觉时，该病人的病就开始发作。

最后，在剩余阶段中，患者的各项机能看似有回归到前驱症状阶段的趋势。在这个阶段中，患者的症状出现轻微的减轻，但是患者在情感上仍然处于身不由己的状态，他们仍然无法承担日常生活中的基本责任。

精神分裂症的每个阶段可能会持续数天，也可能会持续数年。据说有 1/4 的精神分裂症患者可以完全康复，但是其他患者在他们的一生中会随时受到某种损伤、丧失某种机能或者遭受持久性的情感伤害。

抑郁症

多数人在人生的某个时点上都会经历一定程度的情绪低落或者忧郁。这种情况通常表现为悲伤，它是对令人痛苦的境遇（比如经济损失、关系的破裂或者失去工作）所做出的正常反应。然而，这种忧郁的情绪有时会持续数周或者数月，在这个发展阶段，精神病学家会把这种情况诊断为抑郁障碍。

抑郁症是一个被用来描述心境状态的术语，这种心境状态的主要特征包括长期感觉到悲伤或者空虚，以及对先前喜欢的活动失去兴趣。这导致处于忧郁状态下的人非常悲痛，因为他们失去了全面投入到自己的生活之中的动力。处于忧郁状态下的人在与其他人交往的过程中经常会遇到困难，他们可能会与朋友和家人失去联系，而这将使他们失去必要的社会支持。更为严重的是，他们可能会因为糟糕的工作表现或者出勤率低而失去工作。

医疗条件或者其他心理障碍也会导致抑郁症。例如，患有肾上腺和甲状腺疾病的人经常会表现出忧郁的症状，原因在于他们的体重严重超标或者严重不足。类似地，广场恐惧症患者也会由于对公共场所的恐惧而变得忧郁，使得他们在参与社会活动的过程中遇到困难，这种情况阻碍了患者与其他人进行必要的、健康的交流。

抑郁症的典型症状

在忧郁状态下通常会出现的情绪包括悲伤、内疚和失望。处于忧郁状态下的人也会经常有过度兴奋、激动和焦虑的情绪。遭受抑郁症之苦的人会感觉到缺乏参加各种活动的动力或者失去自己对先前所喜欢的东西的兴趣。当抑郁症变得更加严重时，这些患者可能会不想吃饭或者做饭、不去工作或者不在意自己的表现。抑郁症有时会使人们不想再生活下去，他们将陷入沉思，甚至会自杀。

抑郁症对人思想的影响包括犹豫不决、注意力不集中和思考速度减慢。正处于忧郁之中的人经常会有消极的想法，包括自我批评（即认为自己是失败者）、认为其他人并不理解他们或者正在惩罚他们（比如朋友们在应该给他们打电话的时候没有打），而且对未来不抱任何期望。

抑郁症也会导致患者的精神活动发生变化。这些变化既包括运动不足（比如运动迟缓或者缺乏运动），也包括运动过量（比如来回踱步）。

抑郁症会使生理机能发生一系列的变化，比如减少或者增加食欲、疲劳（由压力引起的）或者过度疲倦（由劳作引起的）以及失去性欲。睡眠混乱在抑郁症患者中也是非常普遍的现象，估计有90％处于忧郁状态的人会受到睡眠混乱的困扰。抑郁症患者通常都会说自己很早就醒了，而这正是睡眠混乱的主要类型。忧郁也会导致睡眠时间的缩短或者中断性的睡眠不断增加。

如果某个人的忧郁情绪所持续的时间超过了2个星期，并且感到非常沮丧，那么我们就要考虑严重抑郁症发作的可能性。《精神疾病诊断和统计手册》第4版简要地阐述了严重抑郁症的标准，并对一次性发作的抑郁症和重复发作的抑郁症进行了阐述。对于重复发作的严重抑郁症来说，每次发作的时间间隔必须是2个月。

抑郁症的普遍性

在美国，抑郁症是一种非常普遍的精神障碍。有10％～25％的女性和5％～

12％的男性在自己一生的某个时段会陷入严重忧郁之中。在任何一个历史时段中，估计有 5％～10％的女性和 2％～4％的男性正在经受抑郁症的折磨。这就意味着女性受到严重抑郁症影响的概率是男性的 2 倍。大约有 50％的抑郁症患者在20～50 岁之间会经历严重抑郁症，因此出现抑郁症的平均年龄是 40 岁。越来越多的证据表明，抑郁症患者的年龄越来越年轻，研究人员认为，这可能是酒精饮料和毒品的使用量不断增加以及药物滥用所导致的结果。

抑郁症出现的原因

对抑郁症的出现产生影响的人际关系因素和社会因素包括社会隔离（朋友很少或者几乎没有社会支持）以及与情侣分开或者与配偶离婚。一些证据也表明，抑郁症在农村地区的发病率通常会高于城市地区。虽然这似乎并不意味着不同的文化群体具有不同的抑郁症发病率，但是研究人员已经指出，在非西方文化中，当人们由于出现抑郁症的症状而向医务人员求助时，他们往往得不到全面性的诊断或者被草率地诊断为患有抑郁症。

对抑郁症的出现产生影响的生物因素包括大脑中神经传递素水平的变化。神经传递素不仅促进了化学信息在神经细胞之间的传递，而且也对人们的情绪和行为产生影响。每一种神经传递素都履行特定的职能。当化学信息到达另一个神经细胞时，它可能停留在这个细胞中或者转变成其他化学信息，然后继续在大脑中传送。

部分研究表明，神经传递素水平对抑郁症患者产生的影响通常会涉及下列 3 种神经传递素：含于血液中的复合胺、多巴胺和降肾上腺素。这些神经传递素帮助人们调节情绪（包括压力、睡眠官能和食欲）。科学研究发现，这 3 种神经传递素在抑郁症患者中的水平经常会低于正常人。

对忧郁状态下神经传递素水平的变化所进行的许多研究已经对抑郁症的药物治疗给予关注，这些药物帮助患者调节大脑中的神经传递素。例如，氟西汀（商品名称为普罗采克）是一种选择性 5－羟色胺再摄取抑制剂。这就意味着这种药物可以改变在大脑中传递的色拉托宁的水平。临床试验表明，这种药物的使用可以减轻抑郁症的症状。

然而，我们仍然不知道药物在抑郁症治疗中到底发挥了怎样的作用。虽然个体行为和情绪在数周之内的变化经常是不明显的，但是这些药物改变神经传递素水平的能力通常是间接的。此外，我们仍然不知道神经传递素水平的变化是抑郁症出现的原因，还是抑郁症所导致的结果。

饮食障碍

饮食障碍有时是身体受到损害的症状，但是它们可能也是精神障碍的外在表现。在神经性食欲缺乏症和易饿病中，这种精神障碍的社会原因、人们与社会之间的相互交换、文化对我们的世界观所产生的影响可能是被阐述得最为清晰的方面。

大量的报纸和杂志对富有魅力的名人进行了宣传，这些名人设计了一种特别的食谱，并希望自己能够成为崭新的、健康的和更加自信的人。许多心理学理论家和社会学理论家认为，媒体上充斥的苗条女性的图片以及它们对青年人的引导是饮食障碍患者不断激增的主要原因。

虽然存在着几种不同的饮食障碍类型，但是精神病学家和心理学家通常把它们分为两种大的类型：神经性食欲缺乏症和易饿病。事实上，我们很难将这两种类型进行区分，原因在于这两种类型在行为特征和心理过程上存在着许多重叠之处。许多理论家认为，人们的饮食习惯和他们对自己体型的感知是一个连续统一体，也就是说，二者之间的关系存在着两个极端：一端是被极度扭曲的饮食习惯和对自己体型的不切实际的感知，另一端是没有任何心理上或者行为上的扭曲。我们每个人都处于这两个极端之间的某个位置上。你可能会认识这样一些人，这些人认为自己很胖从而使自己时常处于挨饿的状态，或者说这些人的饮食习惯十分规律。这并不必然意味着他们患有精神障碍，但是它确实表明神经性食欲缺乏症和易饿病是通常出现的两种极端。下面我们对神经性食欲缺乏症进行简要的介绍。

神经性食欲缺乏症

神经性食欲缺乏症的字面意思是"由于神经紧张而失去食欲"。神经性食欲缺乏症患者可能并未失去他们的食欲，而是经常感到饥饿从而过分进食。他们很想吃东西，但是他们似乎故意使自己挨饿。厌食症患者甚至乐于为其他人做饭，他们会阅读烹饪书籍、为进餐做准备、购买食物，他们甚至会在饭店里工作，但是他们总是尽量避免吃一些热量高的食物。他们通常在头脑中扭曲自己的体形，并且他们认为自己很胖，然而事实上，他们正在日渐消瘦。许多厌食症患者试图通过穿着尺寸大的衣服掩藏他们变形的身体。

对神经性食欲缺乏症的诊断

如果人们的体重和身高小于他们所在年龄段平均水平的 85％，那么他们将被诊断为厌食症患者。由于体重的明显不达标，他们看起来非常消瘦和虚弱，同时他们也经常有其他健康方面的问题，包括低血压、便秘、脱水和体温低下。

神经性食欲缺乏症的流行程度

神经性食欲缺乏症主要是在女性中发生。如果有一位男性患有神经性食欲缺乏症，那么这就意味着将有 15 位女性也患有这种精神障碍。然而研究表明，男性饮食障碍患者的人数正在迅速增长。虽然来自英国伦敦奥尔蒙德大街儿童医院的两位研究人员已经报告说有 8 岁的厌食症患者的病例，但是这种精神障碍通常在 14～16 岁之间出现。与此同时，在美国进行的研究估计，每 250 位女性中就有 1 位患有这种精神障碍。在英国，这个数字会更高。据估计，每 100 个英国人中就有 1～4 个厌食症患者。有 5％～15％ 的厌食症患者会死于这种精神障碍或者与之相关的其他精神障碍。

痴呆

当我们逐渐变老时，我们的身体开始发生某些变化：我们的运动速度会比以前慢，我们需要更长的时间才能康复，我们的脸上出现皱纹或者头发变得花白。同时，我们的智力或认识能力也会发生变化。认识能力包括一般性的智力和记忆力。从 60 岁开始，信息在大脑中的传送速度将开始出现下降。这种速度的下降有时会非常迅速，从而给患者及其家人带来了严重的问题。这种快速的退化可能是痴呆所导致的结果。

痴呆通常指的是无法学习新的信息或者忘记过去所发生的事。它经常会导致推理能力或者判断能力的丧失以及理解能力的普遍退化。受到痴呆症影响的人最终无法扮演正常的社会角色和职业角色。比如，他们会忘记家庭成员或者朋友的名字；当他们开始类似于做饭之类的行动时，他们会忘记已经把水烧开或者把煤气打开。也就是说，他们会忘记工作中的细节。

由于痴呆出现的原因各不相同，因此它具有多种类型，然而，所有的痴呆类型往往具有几个相同的特征。丧失记忆是最为普遍的症状。这种症状通常会以轻微的方式出现，比如忘记把车钥匙放在什么地方了。然而，随着时间的推移，这种症状会变得越来越严重。在稍后阶段中，痴呆会导致人们忘记与他们自己、他们的位置或者时间和日期等一切相关的信息。

痴呆症的形成

受到痴呆症影响的人往往注意力不集中。比如，他们在阅读或者写作、看电视或者把注意力集中于某个谈话时往往会遇到困难。伴随痴呆症而出现的语言障碍通常包括失语症，即在理解和表达上遇到困难。随着这种疾病的发展，患者将无法意识到他们所受到的损伤，他们在患上痴呆症之初所具有的领悟能力（比如能够意识到他们在什么时候把某些事情给忘记了）开始消失。患者变得无法觉察他们具有记忆力方面的问题或者他们为何需要别人的照顾。

痴呆症患者在性格上也会发生变化，也就是说，他们可能会变得内向、充满敌意或者不关心其他人。有些受到痴呆症影响的人也会受到错觉的影响，而这些错觉的形式往往是妄想症。

痴呆症的流行程度

对痴呆症的流行程度所做的估计之间差异非常大，但是通常认为年龄在 65 岁以上的人中，有 5% 的人患有痴呆症或者将逐渐患上严重的痴呆症。当人们的年龄超过 80 岁时，这个数字将增长到 20%。痴呆症通常在 50～60 岁之间出现。痴呆症出现的时间以及认知能力退化的程度和速度因痴呆症类型的不同而不同。需要着重指出的是，有些痴呆症是可以治愈的。也就是说，如果能够确定痴呆症的原因，并对其进行有效地治疗，那么认知能力衰退的趋势将会被遏制，认知功能也将得到恢复。

阿尔茨海默病（老年痴呆症）

1907 年，德国医生阿洛伊斯·阿尔茨海默（1864～1915 年）首先对阿尔茨海默型痴呆症进行描述。只有当阿尔茨海默病患者死亡之后才能诊断出他们患有这种病，因为只有对大脑中神经细胞的损失情况和衰退情况（脑组织的减少情况或者萎缩情况）进行检查之后才能对这种病做出诊断。我们可以在阿尔茨海默型痴呆症患者的大脑中发现衰老的色斑（神经细胞丧失或者蜡状的沉淀物，学名为淀粉状蛋白）。它们通常位于靠近大脑中被认为是控制记忆和更高的认知过程（比如自我感知、解决问题和推理能力）的区域。

在所有受到痴呆症影响的人中，有相近 50% 的人患有阿尔茨海默病。当痴呆症患者的年龄超过 85 岁时，这个百分比将增长到 70%。阿尔茨海默病是渐进性的、衰退性的和不能治愈的，其结果必然会导致死亡。虽然这种病在任何年龄都能出现，但是它通常在 65～70 岁之间出现。当人们被诊断出可能患有阿尔茨海默病时，他们通常还能活 5～10 年，然而新的研究显示这种病的存活率正在不断下降。目前，当被诊断出患有阿尔茨海默病之后，这些患者估计还能存活大约

3.3 年。

阿尔茨海默病的病因

阿尔茨海默病（老年痴呆症）的病因至今仍然不得而知，但是科学家们已经提出了许多理论。双胞胎研究和家庭研究发现了一些证据，这些证据表明痴呆症可能会在家庭内传播。有些研究人员认为可以把阿尔茨海默病分为两种类型：第一种类型是家庭型阿尔茨海默病。科学家们认为这种类型的阿尔茨海默病相对比较罕见，每 10 个阿尔茨海默病患者里只有一个人患有这种类型的疾病。第二种类型是散发型阿尔茨海默病。科学家们认为，有 $60\%\sim95\%$ 的阿尔茨海默病患者属于这种类型。家庭型阿尔茨海默病被认为具有基因基础，因此它能够通过家庭进行传递。这种疾病在那些不到 60 岁就患有痴呆症的人当中更为普遍。科学研究已经发现在这些人当中具有非常紧密的基因联系。散发型阿尔茨海默病的出现时间要晚一些，而且它并没有强烈的基因基础。

研究表明，在痴呆症发作期间，大脑中的某些神经传递素要高于或者低于正常水平。例如，乙酰胆碱（对人们的运动能力、注意力、清醒程度和记忆能力产生影响）在患有老年痴呆症的人当中表现得并不活跃。科学家已经指出，那些阻碍乙酰胆碱传递的药物所导致的症状非常类似于在老年痴呆症患者中所发现的症状。因此，他们认为这种疾病的形成过程或者延续过程将包含这些化学信息传递物质的变化。

科学家们所进行的研究还把环境中的有毒物质与阿尔茨海默病的形成联系起来。这些有毒物质包括铝、烟尘和有机溶剂。在对动物所进行的研究中科学家们发现，铝会导致动物大脑中出现与阿尔茨海默病患者相同的衰老色斑。对一些阿尔茨海默病患者所进行的尸体解剖也表明他们的大脑里的铝含量相当高。其他研究已经发现，那些曾经遭遇过大脑损伤的人患有阿尔茨海默病的可能性会更大。

治疗措施

我们至今仍然没有找到治疗阿尔茨海默病的有效措施。科学家们已经对神经传递素乙酰胆碱的增长所产生的影响进行了研究。有些研究已经发现乙酰胆碱对短期记忆具有积极意义，但是它对长期记忆的影响仍然不得而知。对阿尔茨海默病所采取的社会心理治疗和心理学治疗的主要目的，在于对各种症状进行治疗以及为病人和他们的家人提供情感支持。研究表明，对这些症状和这种疾病的过程所进行的教育可以减轻这种病对病人及其护理人员的情感所产生的影响。

精神错乱

精神错乱是一种能够导致意识分裂和认知功能退化（比如注意力衰退和记忆力出现缺陷）的精神障碍。"精神错乱"这个词来自拉丁文字"delirare"，意思是"脱离轨道"。这种精神障碍同样不是一种疾病，而是由一组症状组成的综合征。精神错乱的人在情绪、行为和世界观上会发生变化。他们会发怒并试图猛烈地攻击其他人或者摔东西，原因在于他们认为他们正在受到其他人或者物品的伤害。

精神错乱是一种非常普遍的精神障碍，它可能是由一系列需要治疗的疾病和药物治疗所导致的。那些正处于手术恢复期的人常常会出现精神错乱的现象，尤其是那些刚刚经历过髋关节手术的人。精神错乱是一种能够治愈的病症，也就是说，一旦导致这种精神障碍的原因被查明，那么它通常是可以治愈的。

精神错乱可能会在数小时或者数天内突然出现，而且它的症状在一天之中也会发生变化。它们在一天之中的某些时刻会变得更加严重，而在这一天的其他时刻会完全消失。临床医生已经指出，精神错乱的症状在夜间常常会变得更加严重。这是因为当灯光被打开时，光线会投射出影子，这使患者视觉受到干扰并出现视觉混乱。

精神错乱的症状

受到精神错乱影响的人将失去方向感，也就是说，他们将不能想起他们在什么地方或者当前的时间和日期。他们的短期记忆也将受到影响，而且他们无法正确地做出简单的判断（比如什么时候穿过马路）。他们的语言功能也会受到影响，因此他们将无法理解指令的内容或者无法与别人进行清晰的交流。当他们写字时，他们也常常遇到非常大的困难。

精神错乱患者可能会变得过分活跃，即他们的警觉程度将会增加。同时，他们也会抱怨说恶心、心跳加快和出汗过多。他们会变得焦躁不安、非常健谈以及容易受到内部刺激（比如类似于幻觉的视觉混乱）或者外部刺激（比如医院守卫发出的声音）的干扰。

另一方面，精神错乱会使有些人的警觉程度减弱或者运动不足。运动不足的表现使他们看起来非常抑郁：他们往往缺乏动力，而且看起来非常疲惫，他们自己也感觉到头昏，经常无法继续进行交谈。

精神错乱也会使情绪出现周期性的变化。例如，患者在某个时刻会感到愤怒或者沮丧，在其他时刻则会感到极端的恐惧或者疑惑。精神错乱的人可能也会出现类似于妄想症的症状，比如说，当护士试图为他们提供治疗时，他们会认为这些护士试图要伤害自己。同时，这些患者也会经历幻觉（即看到或者听到不真实的东西）。据估计，大约有50％的精神错乱患者会出现幻觉，而且往往是在夜间光线变化的时候出现，而这常常使患者感到恐惧或者变得焦躁不安。

精神错乱患者会在白天睡觉，而在夜间变得异常活跃。"日落综合征"用来指当精神错乱患者准备睡觉时，他的精神错乱症状出现了明显的增加的状况。这可能是由于大自然的光线在夜幕降临之后出现了变化。

精神错乱的原因

精神错乱可以由单个原因所致，但是人们通常认为它是众多因素综合作用的结果。这些主要因素包括：

大脑损伤　精神错乱可能会在遭受到脑震荡（对大脑的重击）或者更为严重的头部伤害之后出现。

抗胆碱的毒性　科学家认为神经传递素乙酰胆碱（大脑中的一种化学信息传递物质）对精神错乱的出现或者延续产生影响，原因在于他们发现这种神经传递素的活动程度在精神错乱患者大脑中比较低。

服用药物　服用一定数量的酒精、毒药、毒品和一些用于治疗精神病的药物可能会导致精神错乱。锂（一种经常被用来治疗躁抑症的药物）同样也会导致精神错乱。如果老年人所服用的某些药物超过安全的、医生建议的剂量时，他们将会遭受到精神错乱的折磨。

药物戒断　当停止饮用酒精或者停止服用某些药物尤其是那些帮助睡眠的药物时，精神错乱将会出现。其特征常常表现为由运动神经引起的颤抖，比如手不停地颤抖。酒狂是药物戒断之后所出现的严重症状，它将在停止饮酒之后出现。如果没有对这种精神障碍出现的原因进行确认从而对其进行治疗，那么它将是一种非常危险的、常常导致丧命的精神错乱，估计有20％的精神错乱患者死于这种精神障碍。

感染　尿道感染、细菌性脑膜炎、流行感冒和免疫力缺乏综合征（即艾滋病）通常会增加精神错乱出现的危险。

身体的疾病　肝脏、肾、肺或者心脏等的疾病可能会导致精神错乱。类似于充血性心脏衰竭和肺炎等医学问题通常也是危险因素。

其他原因　食物过敏、中暑、营养不良也会导致精神错乱的发作。

精神错乱的流行程度

美国总人口中有0.4％～1.1％的人受到精神错乱的影响，而那些年龄超过55

岁的人所受到的威胁会更大。医院中的精神错乱发病率会更高。据估计，有10%～40%的住院病人在他们住院期间和手术之后会遭受精神错乱的折磨，而且他们的综合病症的发病率也将会增大。这种情况出现的原因是手术造成的压力、手术后的疼痛、手术后所服用的药物以及感染的不断恶化等。在遭受过严重烧伤的人中，大约有20%的人在住院恢复期间的某些时候都会受到精神错乱的折磨。

治疗措施

如果精神错乱得不到及时的治疗，那么它将导致非常严重的问题。由于病人的意识力低下以及在做出稳妥的决定方面遇到困难，因此事故的发生率或者他们受到伤害的可能性将会增加。

预防是治疗精神错乱的理想选择。医院的医护人员必须清楚地知道病人应该服用哪些药物以及他们对什么东西过敏。同时，医护人员也应该意识到任何可能存在的感染以及医疗过程所导致的后果。此外，医护人员也有必要发现患者是否对酒精或者止痛药物存在着依赖。

精神错乱患者在医院之外的恢复期内也会出现精神错乱。这些患者的家人或者护理人员需要认识到这些征兆和症状，以便使他们没有因为忽略征兆和症状而对患者精神错乱的某个阶段做出错误的解释。改变精神错乱患者的居住环境常常会减少这些症状出现的可能性。医院里非常吵闹，因此应该把病人安置在安静的房间，为他们提供定位的物品，比如时钟、日历和关于患者位置的信息（比如病房的号码和医院的名称），并且在夜间为他们提供充足的灯光以减少幻觉出现的可能性。家人和朋友的熟悉面孔也为患者提供了连贯性并使他们感到放心。身体上的支撑对确保患者的安全感来说也是必要的，比如在床边加围栏以防止他们从床上摔下来。

药物治疗

一旦医生查明某个人患上精神错乱的原因，那么他很快就可以对这些症状进行治疗。医生将给予患者建议，以便对患者所患有的精神障碍进行治疗或者帮助他们从对酒精或者药物的依赖中解脱出来。此外，如果精神错乱是由于所开出的药使患者达到了中毒的程度，那么应该减少甚至完全停止服用这种药。患者在这些症状第一次出现之后的一个星期到四个星期之内将完全康复，而老年人的恢复期会长一些。

如果患者正在承受酒狂所带来的痛苦，那么医生开出的药方通常是苯二氮。苯二氮发挥着与酒精相同的作用。这种药物的服用量应慢慢减少，以便减少精神错乱症状出现的可能性。

发育过程中的变态

一些精神障碍通常会在婴儿期、儿童期或者青春期时第一次出现。它们常常被称为发育过程中的变态，而且它们也可以进一步分为学习困难或者情感障碍和行为障碍。学习困难包括类似于阅读障碍和孤独症这样的精神障碍。这些精神障碍包含了在认知（与思考有关的心智过程）、语言和表达能力以及学术能力和运动能力等方面所出现的混乱。在情感障碍和行为障碍中，比如注意力缺陷障碍，认知能力和学术能力并未受到影响。然而，这里经常存在着重叠：学习障碍将包含相关的情感问题（比如抑郁或者挫折），而情感问题和行为问题经常也会对学习起到妨碍作用。

学习困难

总是有一些孩子会在学习上遇到困难，这些孩子在历史上被诊断为白痴，人们认为他们是无可救药的。直到 20 世纪，学习困难才成为一个专业的研究领域。1963 年，一些家长和儿童教育家在芝加哥召开了一个关于学习困难的会议。当时并没有一个通用的术语来对这些孩子的情况进行描述，这次会议决定使用"学习障碍"这个术语，而学习障碍协会也在这次会议上成立了。目前，"学习困难"经常被用来指那些并不真正存在智力障碍的人，以避免因被称为"无能"而被贴上耻辱的标签。学习上有困难的孩子具有学习更多知识的潜力，但是某些心理问题阻碍了这些潜力的发挥，而智力上存在障碍的孩子一生之中都缺乏学习的潜力。

由于人与人之间存在着巨大的差异，因此对学习困难并没有一个普遍认同的定义。事实上，美国学习障碍联合委员会 1994 年提出的学习困难的定义也体现了人们的学习困难具有不同特征这样一个事实。它同时指出：

（1）学习困难包括低下的语言表达能力、阅读能力、书写能力和计算能力，同时也包括低下的认知能力。

（2）这种困难出现的原因在于个人而不在于外部环境。

（3）它通常具有生物学的基础。

（4）学习困难经常与其他精神障碍（比如社会障碍或者情感障碍）一起

出现。

我们有必要在学习困难与智力水平的差异之间进行区分（智力水平的差异在每个教室里都能看到）。为了对学习困难进行鉴定，心理学家对孩子的潜能和真实成就之间的差异进行了测量。潜能是通过智商（IQ）或者智力测试和其他能力测验方式进行测量的。如果某个孩子的潜能和真实成就之间存在着明显的差距，那么我们可以把他诊断为学习困难患者。

"学习困难"这个词所涵盖的范围非常广泛，因此它把许多情况纳入自己的视野也就不足为奇了。在这些问题中，有些问题（比如孤独症、阅读障碍和注意力缺陷多动障碍）是通过它们所具有的特征或者症状来识别的。精神健康从业人员运用类似于《精神疾病诊断和统计手册》这样的职业手册来识别这些问题。《精神疾病诊断和统计手册》把学习困难放在发育障碍一类中，并提供了对其进行界定的特征。

发育障碍可以分为特定技能发育障碍和广泛性发育障碍。"特定技能发育障碍"指的是在某个技能领域中的发展受到影响。阅读障碍是一种特定技能发育障碍，因为它只对某个技能领域产生影响，即阅读和读写。"广泛性发育障碍"指的是两个或者两个以上的技能领域的发展受到了影响。孤独症是一种广泛性发育障碍，原因在于它对许多技能的发展都产生了影响。

令人感到困惑的是，学习困难在不同的国家具有不同的意思。在有些国家（比如英国），学习困难指的是以低智商为特征的智力障碍，它包括了类似于唐氏综合征这样的精神障碍。有些情况（包括孤独症、阅读障碍等）被看作是发育障碍，而不是学习困难。而在美国，患有学习困难的孩子被认为能够取得与他们处于同龄的孩子一样的成就。

学习困难的原因

我们对导致学习困难的原因至今仍然不很清楚。虽然心理学家通常认为学习困难经常具有生物学上的原因，但是他们在具体原因上并未达成一致。例如，对于某种情况，有的研究人员可能会认为这种情况出现的原因是基因因素（或者遗传因素），他们作出这种判断的依据在于大脑结构、大脑的化学物质、食物，甚至是更多原因的综合。正是由于这一点，人们所采取的治疗措施通常与这些精神障碍出现的原因之间没有直接的联系。对学习困难所采取的最常见的治疗措施是教育疗法和行为疗法，这两种疗法通常都需要与一位教育心理学家一起工作。对注意力缺陷多动障碍所采取的治疗措施是一个例外——对它也会采取药物治疗。

教育

学习困难的一个重要关注点，是存在这一障碍的孩子应该在哪里接受教育或治疗。我们需要考虑到几个因素才能作出决定，而且这个决定还要取决于这种学习困难的严重程度。患有严重学习困难的孩子通常需要一位专门的老师进行更为强化的、一对一的教育，他们不太可能在正规学校里接受教育。患有轻微学习困难的孩子更可能从在正规教室里进行的学习中受益，而且他们只需要一点额外的帮助。

人们已经发展出几种对患有学习障碍的孩子进行教育的方法，而具体采取哪种方法取决于这个孩子的具体情况。与学习困难有关的行为障碍在决定这个孩子的受教育地点上也发挥了部分的作用。那些引起混乱的或者好斗的孩子更容易在正规教室之外接受教育。家庭处理这个问题的方式也是一个因素，尤其是当涉及必须决定是否把孩子放在居民区设施中时更是如此。

学习环境越是具有限制性，患有学习困难的孩子接受正常教育的机会就越有限。我们要做的应该是在条件允许时，使这个孩子进入限制性更少的环境中，并可以在限制性最小的环境中接受教育。人们总的目标是使孩子的学习困难和行为得到一定程度的改进，从而使他们能够进入一般性的教育班级。例如，当在居住区设施中对孩子进行教育时，教学目标应该是使这个孩子最终进入居民区之外的学校中接受教育。这种做法被称为"回归主流"。

孤独症

1943 年，奥地利出生的儿童精神病学家利奥·肯纳在巴尔的摩的约翰·霍普金森大学对 11 名儿童进行了研究。有趣的是，所有的孩子在行为上都具有类似的特征。他所描述的特征包括孤独感、沉默寡言或者不说话、不喜欢喧嚣、着迷于长时间地玩耍某个物体以及对周围环境的改变感到厌恶。在 20 世纪初期，孤独症被用来描述精神分裂症的一种类型，但是肯纳却运用这个词来描述我们今天称之为孤独症的情况。孤独症这个词汇来源于希腊文"autos"，意思是"自我"，它反映了某个人从社会环境中退缩的状态。孤独症被分在广泛性发育障碍中，因为它对人们的许多生活领域都产生影响。由于孤独症包含了许多症状，因此它经常被看作是一组精神障碍而不是单独的精神障碍。《精神疾病诊断和统计手册》把孤独症的症状分为三个领域：社会互动领域、交流领域和行为领域。

社会互动

有些孤独症患者根本不说话。其他患者具有语言表达的基本能力，他们能够说出物体和动作的名称，但是却无法对情感进行描述或者提出问题。因此，孤独症患者在与其他人进行正常的交流时经常会遇到困难。他们经常被自己的世界所吸引，似乎并没有意识到其他人的存在。这种对物体而不是对人感兴趣的现象在年龄还很小的时候就可以发现。有些患有孤独症的儿童并不在意其他人试图与他们进行交流的愿望，这会令那些人感到非常悲伤。孤独症患者经常无法领会手势、音调或者面部表情所表达的意思。

孤独症患者发现自己很难与别人进行交流，因此他们的表现非常怪异，会尽量避免与别人进行眼光交流。他们可能根本不说话、沉默寡言，也可能不停地说，他们根本就不听别人在说什么——他们没有意识到人们在进行交谈时要按顺序说话。同时，这些患者也可能作出不适当的评论。例如，他们没有意识到最应该把注意力放在什么地方。心理学家认为，这种情况出现的原因在于孤独症患者缺乏运用多数交流所遵循的正常社会规则的能力。孤独症患者的语言表达所具有的一种共同特征是语言模仿症，表现为不断重复别人说过的话。这可能是在对一个问题进行回答之前对其进行重复，也可能是毫无必要地重复使用患者自己所喜爱的词语和短语。

包括亨利·威尔曼、因格·布列瑟顿和玛佐里·毕格利在内的心理学家认为，我们是通过被称为心智理论的东西来理解我们所面临的世界。它不仅是一种意识到自己和其他人都是世界上的实体的能力，而且也是一种意识到我们的周围正在发生什么的能力，其中包括意识到其他人的情感。有人认为孤独症患者不仅无法分析自己的思想，也无法意识到其他人具有不同的思想。心智理论不仅有助于解释孤独症患者在识别语言的意义及其所包含的情感时所遇到的困难，而且也有助于解释他们在社会互动过程中存在的其他缺陷。

强迫行为

孤独症患者经常具有强迫行为，比如过度地重复各种各样的动作，持续性地专注于某个物体、某种思想或者某种感觉。这些患者有时会出现强迫性运动，比如摇摆身体、拍打手掌或者眨眼。孤独症患者常常对某种物体表现出强迫性的兴趣，比如一名患有孤独症的儿童连续几个小时都在玩耍某个玩具、观看彩灯、不停地扭动水龙头、一次又一次地观看同一部电影或者听同一首歌曲。

患有孤独症的儿童可能会受到一些食物的困扰，他们只吃一种或者几种食物，这将导致健康问题。例如，如果他们只吃谷类食物，那么他们将会出现营养不良的症状。另外一种强迫行为是养成不良习惯。例如，在 1988 年拍摄的电影

《雨人》中，主要角色雷蒙德就是一个孤独症患者，他总是在星期一的时候吃意大利细面，而且不允许别人移动椅子等。患有孤独症的儿童甚至会对到达学校路线的变化表现出极端的悲伤。我们日常生活中的事物总是处于不断的变化之中，因此对正常人来说，这种因循守旧的做法是成问题的。

其他行为问题

孤独症与其他行为问题之间也具有联系，但是《精神疾病诊断和统计手册》并未把这些行为问题列出来。孤独症患者的饮食和睡眠模式都会陷入混乱。孤独症患者有时（比如当他们的习惯被改变或者有人想跟他们交流时）会发脾气或者对别人和自己做出具有挑衅性的行为。这常常是因为他们对这些情况充满了恐惧，也可能是因为他们并不了解社会对破坏性行为所制定的规则。患有孤独症的儿童常常缺乏自理能力（比如没有养成使用厕所的习惯），同时，孤独症患者也会表现出焦虑、喜怒无常或者失落的情绪。

调查显示，孤独症通常在 5 岁之前出现。在美国总人口中，每 1 万个人中大约有 5 个人患有孤独症。男孩子患孤独症的比例是女孩子的 3 倍。有一种理论认为，这种情况出现的原因在于不同性别之间的基因差异，而这种基因差异增加了男性患孤独症的可能性。同时，孤独症也与认知缺陷或者智力低下相关，因为80％的患者在智商测验中的得分都低于 70 分（健康人平均分在 85～115 分）。事实上，孤独症患者常常拥有非常好的记忆力。在智商测验对视觉空间能力（制图、绘画和资料分类）、算术和记忆力进行测量的部分中，孤独症患者所取得的成绩是最好的。而在智商测验对语言、抽象思维和逻辑进行测量的部分中，孤独症患者的成绩往往比较差。

孤独症的形成原因

肯纳认为孤独症是由父母对孩子的养育不足所引起的，但是研究显示事实并非如此。如今，许多心理学家认为孤独症是由生物学上的原因导致的，但是对孤独症确切的形成原因他们尚未形成一致意见。

基因因素 双胞胎研究已经表明基因因素可能会对孤独症的形成产生影响。研究人员已经发现，如果某对双胞胎中有一个人患有孤独症，尤其是当这对双胞胎是同卵双生而不是异卵双生的双胞胎时，那么另一个人也患有孤独症的概率将会更大。同时，他们也认为孤独症患者的兄弟姐妹也患有孤独症的概率是其他人的 50 倍。其他基因研究人员认为孤独症的出现与"脆性 X 染色体综合征"相关，也就是说，这种精神障碍的出现与 X 染色体中的变异相关。染色体携带着我们的

全部基因，而每个人体细胞的细胞核内都有一组完整的染色体（人体中一共有 46
组）。脆性 X 染色体综合征的症状与孤独症的症状非常相似。对于孤独症来说，
它对男性的影响要大于其对女性的影响。这是因为男性只有一个复制的 X 染色
体，因此如果这条染色体的某个部分存在缺陷，那么与这条染色体相对应的另外
一条染色体中的复制将无法进行。然而，部分科学家仍然不同意这一观点。据估
计，在所有孤独症患者中，患有脆性 X 染色体综合征的人只占 5％～25％。

出生并发症 已经有证据表明怀孕与出生并发症和孤独症之间存在着关联。
例如，1977 年，苏珊·弗尔斯坦和迈克·拉特发现，如果一对双胞胎中有一人患
有孤独症，那么这个人最有可能遭遇到在怀孕期间或者出生时所出现的多数问
题。研究人员把药物、风疹，或者怀孕期间的病毒感染和艰苦的劳动看作是孤独
症出现的原因，然而这些关联仍然没有得到令所有人信服的证明。虽然出生并发
症与孤独症之间看来似乎存在着一些关联，但是这些并发症所产生的确切影响至
今仍不明了。

神经病学 许多科学研究已经对大脑变异与孤独症之间的联系进行了探索。
然而，研究大脑所采用的各种技术却提供了互相矛盾的证据。比如，有些研究者
运用脑电图对大脑的活动进行了测量。这些研究发现有 20％的病例大脑出现异常
活动，而其他研究得出的数字却是 80％。一些科学家认为，这些研究发现，孤独
症与大脑中被称为"网状激活系统"的部分之间具有联系（网状激活系统是大脑
中控制觉醒和注意力的部分）。

对死后人体大脑所进行的一些检查还显示了小脑中的变异与孤独症之间的关
联。小脑的作用是对肌肉进行协调（即控制运动、平衡和姿势）以及保持身体的
平衡。与一些磁共振成像研究一样，对计算机断层扫描（简称 CT）所进行的一
些研究也证实了孤独症患者的小脑具有不同寻常的特征。然而，CT 和磁共振的
数据同时也表明孤独症患者大脑的其他部分也出现异常，因此小脑病变并不是具
有决定性意义的证据。

由于孤独症患者大脑出现异常情况并不普遍，而且也存在着差异，因此我们
很难对与孤独症有关的大脑特征进行检验，而且导致这种精神障碍出现的神经学
原因仍然处于不确定的状态。也就是说，大脑的变异能够与这种精神障碍同时存
在，但是未必是它出现的原因。

饮食的影响 自从 20 世纪 90 年代以来，挪威和英国的研究人员已经收集到
的证据表明，某些食物会引发孤独症或者使孤独症的症状更为严重。他们认为对

面筋蛋白和酪蛋白过敏是导致这种情况出现的原因。面筋主要存在于小麦、黑麦、燕麦和大麦中，酪蛋白主要存在于牛奶和其他奶制品中。

这个理论所蕴含的意思是，孤独症患者不能完全分解这些食物。这导致过多的化学物质（如缩氨酸）在中枢神经系统中积压，从而对行为、情绪和认知能力产生影响。一些患有孤独症的孩子的家长报告说，把含有面筋的食物从孩子的食谱中拿掉可以减轻孤独症的症状，但是至今仍然没有大规模的研究能够为这个结论提供支持。由于饮食的变化也会对孩子的身体健康产生其他影响，因此在改变孩子的食谱之前先进行医学咨询通常是十分必要的。

孤独症的治疗措施

孤独症是一种不能治愈的、伴随患者终生的疾病。然而，这并不意味着不能对孤独症进行治疗。对孤独症出现的原因所进行的研究支持了这样一种想法，即孤独症的出现具有生物学的根源。针对这一想法出现了大量的理论，但是孤独症出现的确切原因至今仍然处于模糊状态，孤独症出现的原因甚至不止一个。当前对孤独症所采取的主要治疗措施是教育疗法和行为疗法。在不考虑这种精神障碍出现原因的情况下，这两种治疗方法是最有效的。

应用行为分析

应用行为分析是以 B. F. 斯金纳从 20 世纪 30 年代开始进行的实验研究为基础的，斯金纳的研究导致了行为学习理论的产生。这种分析关注的是特定环境中的行为与事件之间的相互关系。这些事件可以发生在某个行为之前，也可以发生在某个行为之后。在行为之前发生的事件被称为行为引发的事件，它通常是一些能够促使行为发生的东西，比如一个意料之外的事件引起愤怒或者父母提出的坐下的要求导致孩子坐下。后果事件发生在行为之后，这些事件通常被看作是强化刺激或者惩罚机制。强化刺激能够增加行为发生的可能性，而惩罚机制则减少行为发生的可能性。通常看到的强化刺激的例子包括食物、玩具或者表扬。

与把孤独症当作一种疾病来治疗不同，行为分析学家关注的是行为过度和行为不足。行为过度指的是某个人过多地进行某种行为，孤独症中的例子是经常发怒或者经常做出导致自我伤害的行为。行为不足指的是某个人的行为过分缺乏，比如社会交往或者说话。应用行为分析的目标是通过改变行为使这些过度和不足得以减少甚至完全消除。临床医生通常会和孩子一对一，因为应用行为分析的目标是根据个人需要而量身定做的。这种治疗方法被看作是一种干预。

应用行为分析方法的第一个步骤是对需要改变的行为进行识别，这个行为被称为"目标行为"。我们必须对这个行为进行精确的定义，并对其进行测量和记录，这是十分必要的。

第二个步骤是对"基线"进行测量。它包括对干预开始之前的行为进行测量。这样做可以描绘出干预发生之前的图像和干预发生之后的图像，从而使我们可以看出这个干预是否取得了成功。对这个行为所采取的测量方式取决于这个行为的内容。比如，语言可以根据每个小时说出的词汇数量进行测量；眼光交流可以根据每个小时中用眼光进行交流的时间长度进行测量；而学习技能则可以根据回答问题的正确率来测量。

第三个步骤是考察目标行为与在这个环境中发生的事件之间的关系，接下来通过改变环境来改变行为。例如，我们经常发现发怒的行为是通过社会的注意力来强化的。要改变能够减少发怒的环境就要避免在患者发怒期间给予关注。这种消除强化作用被称为减弱条件反射。当然，当没有发怒行为发生时，我们有必要给予孩子注意，因为这样做可以教育他要冷静地表现自己。

塑造

把新技能传授给患有孤独症的儿童的常用方法被称为塑造。它通过一系列的小步骤来传授一项新技能。例如，在对一名从来没有开口说话的儿童进行语言教学时，临床医生开始的时候首先要强化每一个声音的训练。当这名儿童能够正常发音时，临床医生才能开始强化音节（或者词语的组成部分）的训练。当这名儿童已经完全掌握这些技能时，临床医生开始强化完整单词的训练。临床医生根据强化训练的要求，逐步增加语言表达的难度，以便逐步增强这名儿童学习使用语言的能力。

临床医生在传授技能时也会使用行为引发事件。这种做法的一个例子是教一名儿童说出颜色名称。当临床医生介绍一个红色的物体时，他会说："这个颜色是红色，说红色。"行为引发事件是这个红色的物体和临床医生的指导。如果这名儿童做出了正确的反应，那么这个行为将得到强化。

运用这些方法进行研究的最著名的心理学家要属伊瓦尔·洛瓦斯。20 世纪 60 年代，洛瓦斯开始在洛杉矶的加利福尼亚大学运用行为分析对孤独症进行研究。20 世纪 90 年代，在对 19 名患有孤独症的儿童进行实验之后，洛瓦斯和他的同事报告了这个实验的结果。他们在报告里指出，在运用行为疗法进行每周 40

个小时、为期两年的训练之后，47％的儿童可以正常生活。同时，他们也发现这种做法的效果是永久性的，因为在 6 年之后，除了一名儿童之外，其他人的情况都没有改变。

应用行为分析在改变孤独症患者的行为和传授新技能方面常常具有很好的效果。研究人员已经发现，对患有孤独症的儿童开始进行治疗的时间越早，那么取得成功的可能性就越大。同时，这种治疗也要求孤独症患者与临床医生一起进行长期的一对一的交流。正因为这个原因，自从 20 世纪 90 年代末以来，一些旨在把孤独症儿童的父母训练成为他们的临床医生的项目已经建立起来。通过这种方法，孤独症儿童可以获得尽可能多的治疗。

TEACCH

TEACCH 是孤独症及相关沟通障碍之治疗与教育计划的简称。1972 年，埃里克·修普勒在北卡罗来纳州创立了这个计划。这个计划的主要目的是把沟通和理解社会意义的技能传授给孤独症患者。一项 TEACCH 计划的关键因素包括教室的结构和组织。

教室的结构与日程表

教室的组织方式是非常重要的，因为它将为患有孤独症的学生提供帮助。某种设置应该一直保持，因为孤独症患者不喜欢变化。那些导致分心的事物应该被减少到最低限度，比如把窗帘拉起来就可以达到这个目的。不同的任务应分派到这个教室的不同区域，而与完成这些任务相关的物品要放在容易拿到的临近区域。比如，教室的一端被用来做美术之用，美术用具就应放在这个区域，而教室的另一端是阅读的区域，许多书籍放在这个区域。这将帮助患有孤独症的儿童理解在什么地方应该完成哪些任务。

日程表使教学日更加具有可预见性，从而减少不可预见性事件所带来的压力。整个班级通常都有一个日程表，而且这种课程表要把每个教学日分成几个部分。每个儿童都有自己的课程表，这个课程表告诉他们在教学日的每一部分里应该做些什么。如果学生无法进行阅读，那么教师可以使用这些活动的图片，并连同学生需要收集的物体图片一起使用（比如说，一张颜料盒的图片是美术部分的标志）。同时，这个课程表也包括休息时间。在每个活动结束的时候，老师在开始下一个活动之前会提供一个强化刺激，比如金钱、表扬、点心或者孩子喜爱的活动——这可以促使孩子在这个环节中做出正确的行为。需要指出的是，不同的学生需要不同的强化刺激数量和类型。

提示物

教师可以利用许多提示物来帮助学生们开展某项任务。口头指导和指示可以帮助学生们理解。用身体提示（比如引导学生的手）来帮助学生学习某种技能也是非常有效的。

促进交流

TEACCH 计划采用多种方式来促进患有孤独症的学生与其他人进行交流。设立一些学生喜爱的、能够为他们学习各种技能提供机会的共同活动，可以促进他们与其他人进行交流。另外一个方法是在学生的习惯性行为中制造一个破例。孤独症患者喜欢惯例化的生活，因此这个破例可以促使他们进行交流，从而使他们希望对自己的惯例化生活进行重建。

注意力缺陷障碍

并不是所有在注意力和冲动上出现问题的孩子都是过度活跃的。注意力缺陷障碍常被用来描述那些并未出现过度活跃现象的情况。过度活跃是这种精神障碍最为显著的症状之一。在没有表现过度活跃的情况下，患有注意力缺陷障碍的儿童经常被贴上"梦游者"或者"懒惰"的标签。

虽然完全患有注意力缺陷障碍的儿童经常被错误地贴上"坏孩子"的标签，但是我们更易于对他们的病情作出正确的诊断，因为过度活跃是他们所表现出来的主要症状。

注意力缺陷障碍的形成原因

许多理论对注意力缺陷障碍出现的原因进行了探讨，而注意力缺陷障碍的出现可能也存在多种原因。多数研究人员认为导致注意力缺陷障碍出现的主要因素是生物学因素。

神经学因素　磁共振成像研究已经发现了患有注意力缺陷障碍的儿童的大脑中有几个部分存在着异常。有些患有注意力缺陷障碍的儿童大脑中的胼胝体（大脑中连接左脑半球和右脑半球的部分）要小于正常儿童。这种情况可以为注意力缺陷障碍的出现提供部分的解释，因为胼胝体是左脑半球和右脑半球之间进行信息交流的通路。科学家所研究的另一个区域是尾状核（尾状核是边缘系统——位于前脑，控制记忆和情感——的一部分，它所发挥的作用包括自我控制和注意力）。他们发现患有注意力缺陷障碍的儿童的尾状核要小于正常儿童。

同时研究人员认为，与注意力缺陷障碍的出现有关的是大脑的活动而不是大脑的结构。这项研究运用的是正电子发射断层扫描（PET）和计算机断层扫描（CT）。他们通过检查血流和神经细胞所消耗的葡萄糖的数量来测量大脑的活动。研究结果表明，患有注意力缺陷障碍的儿童的大脑与正常儿童的大脑之间存在着轻微的差异。注意力缺陷障碍患者大脑前面区域的活动看起来要少于正常水平，而这些区域主要控制着行动、注意力和情感。

另外一个可能产生影响的神经学因素是化学活动。有证据表明，注意力缺陷障碍患者的部分神经传递素（大脑中传递信息的化学物质）水平要低下正常人。缺乏能够促进自我控制和注意力的神经传递素可以为解释注意力缺陷障碍症状提供帮助。人们认为有 3 种神经传递素会对患者产生影响，它们是羟色胺、多巴胺和去甲肾上腺素。事实上，有些研究已经发现，在注意力缺陷障碍患者的尿里，去甲肾上腺素的排泄物要少于其他正常人。

基因因素　基因对注意力缺陷障碍产生影响的证据来自双胞胎研究。研究发现，注意力缺陷障碍对美国总人口中近 4％～6％的人产生影响。然而，如果一对双胞胎中有一个人患有注意力缺陷障碍，那么另外一个人也患有这种精神障碍的可能性大约是 30％。对于同卵双生的双胞胎来说，这种可能性将增加到 75％以上。20 世纪 90 年代末以来，研究人员试图通过研究来发现与注意力缺陷障碍有关的基因。研究发现，有一种基因可能与注意力缺陷障碍有联系，这种基因被称为"多巴胺 D4 受体基因"，它与寻求新鲜的行为也有关联。这就为患有注意力缺陷障碍的儿童的焦躁不安和缺乏注意力提供了解释。研究人员所研究的其他基因，是那些与多巴胺系统有关的基因，而多巴胺系统为大脑提供重要的神经传递素。

对注意力缺陷障碍的治疗

注意力缺陷障碍是可以治疗的，并且存在着许多治疗方法，这些治疗方法经常一起使用。

药物治疗　20 世纪 30 年代，科学家无意中发现含有安非他明的药物可以减少活动过度和敌对行为，从而提高专心程度和注意力。这导致精神病学家开始使用兴奋剂药物来治疗注意力缺陷障碍。最常用的药物是"哌甲酯"。在美国，医生给大约 400 万儿童开这种药。哌甲酯是一种药片，它的使用量受到严格地控制和监督。哌甲酯的药效在服用半个小时之后开始显现，而且可以持续 3～5 个小时。这种药物通过增加大脑中的多巴胺数量来减轻注意力缺陷障碍的症状。

然而，人们对使用药物治疗注意力缺陷障碍存在着争议。由于很难对这种精神障碍进行定义，因此许多人认为，当孩子们仅仅需要不同类型的帮助时，服用药物却使他们像吸食毒品一样上瘾。虽然医生们认为正确地使用哌甲酯是安全的，而且也不会导致上瘾，但是一些副作用仍然可能存在：睡眠模式出现混乱和食欲减少、有些孩子变得紧张或者抽搐。

虽然药物治疗在减轻注意力缺陷障碍的症状上通常会起作用，但是它经常与其他治疗方法一起使用。这是因为即便注意力缺陷障碍的症状得以减轻，但是患有这种精神障碍的儿童在学习成绩和社会适应能力上仍然落后于其他同龄人。这些儿童需要得到其他形式的帮助以便使他们赶上其他同龄人，他们甚至必须"学习如何去学习"。有时，在没有药物治疗的情况下，这些方法可以单独起作用。

教育方法　有许多教育方法可以为患有注意力缺陷障碍的儿童的学习提供帮助。我们应该对教学进行建构，但是所采取的教育方法应该具有充分的灵活性以便适应不同学生的需要。

心理疗法　有许多心理疗法可以用来治疗注意力缺陷障碍。行为疗法被用来治疗患者的行为，而心理疗法则关注患者的情绪。

正如在对孤独症进行描述时所指出的一样，行为疗法对治疗注意力缺陷障碍非常有效。行为疗法经常在教室里使用，但是父母也可以使用这种方法。积极的行为应该引起注意或得到奖励。我们也应该意识到，人们偶尔也会注意破坏性行为或者存在争议的行为，然而最好是经常忽略这种行为。这样做的结果是消除了这种行为已经取得的后果。

惩罚在处理注意力缺陷障碍行为时通常并不起作用，但是"休息"却是非常有效的。休息包括使做出破坏性行为的孩子离开引发其破坏性行为的环境，并要求他们在不能引发这种破坏性行为的环境中待一段时间。比如，要求他们在教室外面站 5 分钟。

患有注意力缺陷障碍的儿童经常会感觉到焦虑、不适、失败和绝望。如果诸如药物治疗或者行为疗法之类的治疗方法可以改进这些孩子的行为，那么这将有助于增强他们的自信心。心理疗法是一种辅助性的治疗方法，它被用来处理注意力缺陷障碍对情感方面所产生的影响。这种治疗方法包括让患有注意力缺陷障碍的儿童和一位受过专门训练的临床医生一样谈论他的行为和情感。注意力缺陷障碍患者对自己的深刻了解，不仅能帮助他们形成更为积极的观点，而且也可以帮助他们解决自己的问题。

物理疗法

从 20 世纪末期以来，美国和欧洲国家的连续几届政府都采取了关闭精神病医院和引进精神病医院之外的"社区护理"服务的措施。尽管如此，许多精神病人仍然在诸如医院门诊部和特殊病房之类的医疗机构里接受治疗。在医疗服务机构里从事精神健康服务的多数人，都是那些受过正规医学训练的医生和护士，而没有接受过正规医学训练的心理学家只占少数。

为什么人们接受的是物理疗法的治疗而不是精神疗法的治疗呢？这种情况出现的原因常常在于：对于某种精神障碍来说，物理疗法可能是唯一有效的治疗方法。然而，对这个问题的回答是非常复杂的，它包括精神健康服务的发展状况、不同职业群体的力量和影响、对精神障碍进行治疗的经济资助和政治支持等。对物理疗法和非物理疗法的选择并不仅仅局限于西方社会，我们在其他文化中也能发现这种情况。许多非西方社会通过宗教或者灵魂来解释精神障碍，对有精神健康问题的人的护理，经常被看作是家庭义务或者由宗教领袖所给予的救济。与此相比，其他地方在过去就采用原始的物理治疗方法对这些精神障碍进行治疗，包括进行手术——在头骨上凿一个洞以便把魔鬼或者邪恶的灵魂释放出来。

物理的方法

把精神健康问题当作疾病进行治疗，并为这种治疗提供医院护理和药物的治疗方法产生于西方。即使在西方国家，只有到最近这些年才开始对有精神健康问题的人进行药物治疗和精神病疗法方面的治疗。

17 世纪和 18 世纪期间，精神病人收容所采取一些物理方法（比如管制和限制）来镇压那些精神错乱和焦虑的程度最为严重的病人。其他不人道的治疗方法，比如坐旋转的椅子或者戴障眼物，也被用来帮助病人脱离疯狂的状态。

法国的一些精神病人收容所在 18 世纪时采用了更具有心理学味道的治疗方法，比如催眠。然而，许多精神病人收容所纯粹是对它们的居民进行监护，而不是对他们进行治疗。

精神疗法的诞生

在 19 世纪开始之前，有些医生（比如法国的菲利普·皮内尔）和社会改革家（比如英国的威廉·图克和他的兄弟萨缪尔）对精神病人收容所采取的不人道的治疗方法提出了质疑。这被认为是精神病学这一医学学科的开端：医生们认为精神障碍和其他医学问题没有什么不同之处，它们都起源于大脑和神经系统方面的疾病。人们普遍认为精神与身体之间具有紧密的联系，心理功能与头骨的形状之间可能也存在关联。即使到了现在，颅相学者对头部的描述仍然得到心理学界的普遍认同，这种描述把我们所具有的能力与在头骨上的各个区域联系起来。

药物与精神健康

在第一次世界大战和第二次世界大战之后，战斗中遭遇到的炮弹休克和大脑损伤使许多人患上了心理疾病。这种情况给落后的精神病人收容所带来了更大的压力。这些精神病人收容所是由具有医学资质的职员所经营的，这些职员包括护士和对居住在收容所里的居民提供护理的人。

由于更多的药物在 20 世纪 50 年代被研制了出来，因此科学家希望许多严重的精神障碍可以通过药物进行治疗或者通过药物来减轻它们的症状。这导致了许多古老的大型精神病人收容所的关闭。同时，由于科学家们发现了大脑和神经传递素更多的秘密，因此有些科学家希望某些精神障碍在将来的某个时候得到根治。

可靠性问题

心理学家经常对医学模型和精神病学诊断提出批评。许多精神病学诊断在过去遇到了一些困难，原因在于不同的精神病学家在对同一种精神障碍的诊断上很难取得一致。这种情况被称为"可靠性问题"，原因在于并不是所有的精神病学家都通过同样的途径来获得他们的诊断结论。许多不同的精神障碍采用相似的药物或者其他形式的治疗方法进行治疗。比如，抗抑郁药经常被用来对患有抑郁症、强迫症、饮食障碍、焦虑症或者创伤后应激反应障碍的患者进行治疗。

精神病学家强调精神障碍的出现可能有几种原因，同时他们非常怀疑仅仅用身体疾病的、以医学为基础的模型能否解释这些身体疾病的起源。在所谓的精神障碍中，几乎没有哪种精神障碍具有一种明确的、能从单个的患者身上得到确认的并且得到精神病学家认可的生物学原因或者病理学原因。目前，医生和精神病学家通常接受那些把身体因素、心理因素和文化因素都纳入考虑范围的对精神障碍的解释。相应地，对某种严重的精神障碍的有效治疗也将包括物理治疗、心理干预和良好的社会照顾。

抗焦虑药

每个人都会感觉到焦虑。当焦虑比较严重或者持续的时间比正常情况更长时，或者当焦虑的产生导致陷入焦虑的人出现一些缺陷时，医生就把这种焦虑看作是一种障碍。在实际中，当人们无法再忍受焦虑所带来的痛苦时，他们就会向医生或者心理学家寻求帮助，但是医生和心理学家对焦虑的严重程度所做出的估计会有所不同。

焦虑症主要分为 3 种类型：广泛性焦虑障碍、惊恐障碍和病态性恐惧焦虑障碍。其他类型的恐惧症包括非常具有普遍性的特定对象恐惧症（比如对蜘蛛和蛇的恐惧）和社交恐惧症（即在社交场合中表现得极度焦虑不安）。

通常用来治疗焦虑症的药物被称为抗焦虑药。"抗焦虑"的字面意思是消除焦虑。这些药物也被称为镇静剂。抗焦虑药被广泛应用于对最为严重的焦虑症进行的治疗，包括与抑郁有关的焦虑症。除了某些情况（比如飞行恐惧症）之外，特定对象恐惧症在正常情况下并不是通过药物进行治疗。另外，抗焦虑药也被广泛应用于治疗睡眠障碍，但是医生只建议用抗焦虑药对睡眠障碍进行短期的治疗。

苯并二氮

最为常见的抗焦虑药被称为苯并二氮（俗称巴比妥），其中最有名的药物是安定类药物。苯并二氮对大脑中特定区域的受体发生作用，以便提高伽马氨基丁酸的活动。科学家认为，一些伽马氨基丁酸受体可能是某些焦虑障碍出现的基础。

在 20 世纪 60 年代之前，医生通过巴比妥酸盐对焦虑症进行治疗，但是这种药物会导致上瘾。苯并二氮被当作巴比妥酸盐的不会导致上瘾的替代品，这种药物很快就变得非常流行，已经有几百万人开始使用。然而，医生在那个时候并不知道苯并二氮同样也会导致上瘾。虽然这些药物在减轻焦虑症的症状方面非常有效，但是当人们在长期使用这些药物之后试图要停止使用时，有些人出现了比原先的焦虑症更为严重的戒断症状。

戒断症状包括许多与焦虑症发作时非常相似的症状，比如恐慌情绪、睡眠障碍、易怒、颤抖和激动。这些症状在数周或者数月之后会逐渐消失，但是在罕见的病例中，它们会变得更加严重，并且会出现精神错乱甚至是癫痫性痉挛。

由于第一次使用这些药物时所引起的戒断症状与焦虑症的症状非常相似，因此医生们花了将近 20 年的时间才意识到苯并二氮会导致上瘾。有些医生觉得这个问题被夸大了，因为绝大多数病人在长期使用苯并二氮之后并没有出现上瘾的症状。

苯并二氮目前仍然被广泛使用，但是医生现在在开药方时会更加谨慎，他们只开出短期的药方，并建议病人以更少的剂量用药，以便减少上瘾的风险。

其他治疗方法

多数针对焦虑症的现代治疗方法都强调在进行药物治疗之前应该先尝试使用心理学的治疗方法。大量研究结果表明，有些非常简单的心理学疗法对治疗常见的焦虑症非常有效。

正如镇静剂可以消除焦虑症状一样，兴奋剂也可以减轻焦虑症状。被广泛使用的一种兴奋剂是咖啡因，它蕴含于茶、咖啡和可乐饮料中。容易出现焦虑症状的人应该减少或者避免使用兴奋剂。酒精可以是一种兴奋剂，也可以是一种镇静剂。虽然它可以迅速减轻焦虑的症状，但是长期饮用酒精将导致对其的依赖和比焦虑情绪更为严重的戒断症状。

抗抑郁药

当医生觉得有必要使用药物对焦虑症进行治疗时，他们通常建议使用抗抑郁药。这看起来似乎很荒谬：抗抑郁药被用来治疗焦虑。这是这些药物的最初用途，但是现在的大量证据表明，抗抑郁药尤其是选择性 5－羟色胺再摄入抑制剂之类的药物在治疗广泛性焦虑障碍、社交恐惧症、广场恐惧症和惊恐障碍时非常有效。

使用抗抑郁药的好处在于这些药物不会导致上瘾，但是它们有很大的副作用。许多精神健康专业人员也认为，当人们应该学会用新的心理学疗法对他们的症状进行治疗时，他们却对药物产生了依赖。焦虑症状经常会伴随患者很长的时间，而人们应该尽量避免进行长期的药物治疗。即便药物治疗被认为是非常必要时，它们也应该与心理治疗同时进行，对焦虑症的治疗不应仅仅依赖于药物。

被归入焦虑症类别之中的其他精神障碍包括强迫症和创伤后应激障碍。人们通常使用认知－行为疗法对强迫症进行治疗，如果这种治疗方法并不起作用，那么选择性 5－羟色胺再摄入抑制剂之类的抗抑郁药就成为对其进行治疗的第二种选择。由于药物治疗存在着不足之处，因此心理学疗法是对创伤后应激障碍进行治疗的首选，但是抗抑郁药对治疗也会有所帮助。

抑郁与焦虑一样都是正常的人类情感，只有当抑郁变得非常严重而且具有某些特征时，它才被看作是临床的症状。被称为严重抑郁的抑郁症类型所具有的特征是持续性的抑郁情绪，以及对任何事情都失去兴趣，而且也会伴随着其他体征和症状，比如体重减轻、睡眠混乱、乏力、内疚感和自杀的念头等。

更为常见的是严重程度较小的抑郁形式，比如在某种关系破裂之后出现的抑郁情绪。这种抑郁情绪并没有严重抑郁症的所有特征，它通常被称为抑郁情绪的调整障碍。药物通常被用来对严重抑郁症进行治疗，而不是用来治疗调整障碍。

三环素和单胺氧化酶抑制剂

正如抗抑郁药这个名称所指的一样，它被用来对患有严重抑郁症的病人进行治疗。20世纪50年代，人们发明了两种抗抑郁药，它们是三环素抗抑郁药和单胺氧化酶抑制剂。

三环素抗抑郁药是从它们的化学结构得名的。这种药物的第一种类型是丙咪嗪。精神病医师用这种药来对精神分裂症患者进行治疗，因为它对这种精神障碍的治疗会有所帮助。瑞士精神病学家罗兰·库恩是一名在病房里开展研究的医生，他意识到虽然这种药物并不能治疗精神分裂症，但是它可以改善那些患有抑郁症的人的情绪。目前，已经有超过20种类型的三环素抗抑郁药被研制了出来。

单胺氧化酶抑制剂得名于它们能够对单胺氧化酶发生作用。异烟酰异丙肼是一种单胺氧化酶抑制剂药物，它过去被用来治疗肺结核。然而，在20世纪50年代中期，人们再次发现，当用这种药物对患者进行治疗时，他们的抑郁情绪会有所改善。由于单胺氧化酶抑制剂存在着副作用，因此这类药物目前已经不被广泛使用。这种副作用包括血压的急剧升高。当所食用的某些食物（比如奶酪）含有自然生成的胺，并且这种食物与单胺氧化酶抑制剂药物一起食用时，它所引起的血压升高将导致脑出血。单胺氧化酶抑制剂类药物与治疗感冒的药物一起服用也存在危险。

情绪与神经传递素

神经传递素包含于神经末梢的疱囊（细小血管）中。当一个神经冲动在一个神经细胞中行进时，神经传递素被释放到突触缝（突触缝指的是两个神经细胞之间的缝隙）中。神经传递素激活了另外一个细胞中的某些受体，并导致另外一个神经冲动的产生。过量的神经传递素被送回到第一个神经细胞。

某些神经传递素尤其是去甲肾上腺素和血清素在控制情绪中发挥了非常重要

的作用。当三环素和单胺氧化酶抑制剂被发明出来之后，科学家们意识到这些药物是通过对神经传递素的影响而发生作用的。科学家研发出了许多新的药物，而且这些药物只对某种神经传递素尤其是血清素（人们认为血清素与抑郁症的联系最为密切）发生作用。

研究导致了新的药物群的出现，这个药物群被称为选择性5－羟色胺再摄入抑制剂（SSRI）。三环素和选择性5－羟色胺再摄入抑制剂类抗抑郁药都是通过阻止神经传递素的再次摄取发生作用。这种阻止作用把更多的神经传递素长期保留在神经键（即两个神经细胞之间的连接物）里，从而延长了这些药物产生影响的时间。三环素抗抑郁药对肾上腺素和血清素都发挥阻碍作用，而选择性5－羟色胺再摄入抑制剂类药物对血清素的控制作用，要大于其对去甲肾上腺素的作用。单胺氧化酶抑制剂通过阻碍单胺氧化酶发生作用，而单胺氧化酶可以分解神经细胞中的神经传递素。这就意味着更多的神经传递素可以被释放出来。因此，这两种类型的抗抑郁药都是通过提高神经传递素的作用而发生作用。

普罗采克

最有名而且最为常用的选择性5－羟色胺再摄入抑制剂是氟西汀，而氟西汀最为常用的一类就是普罗采克。这种药物的药效比其他抗抑郁药更为显著，而它的副作用在通常情况下会更小。由于普罗采克和其他选择性5－羟色胺再摄入抑制剂类药物对心脏和其他器官的有害影响较小，因此即使当这些药物的使用量过度时，它们也比其他更早出现的三环素抗抑郁药更加安全。由于患有严重抑郁症的人可能会通过服用过量的药物结束他们的生命，因此这个安全因素发挥着非常重要的作用。尽管如此，选择性5－羟色胺再摄入抑制剂类药物仍然存在着一些不足之处。少数人在服用这些药物之后会出现恶心甚至呕吐的症状。一些报告指出，许多人在服用普罗采克之后更容易出现敌对行为和自杀的冲动，但是人们对这些报告仍然存在着争议。三环素抗抑郁药具有其他副作用，包括口干舌燥、体重增加，同时还会对血压和心跳频率造成影响。

某种抗抑郁药要完全发挥作用一般需要2～3周的时间。即便如此，大约只有2/3的患者可以看到明显的效果。有趣的是，如果大约1/3的人服用安慰剂（一种由白垩或者一些惰性物质制成的药片），那么他们的病情将会有所好转。在有些病例中，为了使病情得以好转，治疗的时间可能要长达4～6周。如果在长期使用第一种抗抑郁药之后仍然没有任何作用，那么医生在通常情况下会尝试使用另外一种抗抑郁药。一旦患者对这种药物有所反应，那么在单独发作的急性抑郁症之后，这种治疗通常会持续将近 6 个月的时间，这种情况被称为巩固治疗。即便只有 15％的患者需要进行巩固治疗，但如果没有这种被延长的治疗，那么有将近 50％的患者的抑郁症将会复发。有些人可能会患有慢性抑郁症或者复发性抑郁症，这些人所需要的抗抑郁药治疗时间则需要更长的时间。

把抗抑郁药当作治疗抑郁症的唯一方法是不可取的。许多患有轻微抑郁症的人只要通过简单的解释、支持和保证就可以治愈，他们根本不需要进行药物治疗。即使是一些更为严重的抑郁症形式，也可以通过被称为认知疗法的心理疗法进行治疗。同时，许多抑郁情绪是由诸如失去工作或者某种关系破裂之类的不幸事件所引起的。如果人们对自己的损失做出妥协或者他们生活中发生的其他事件（比如他们可能找到新的工作、遇到新的伴侣或者在关系破裂之后与他们原来的伴侣复合）弥补了原先的不幸事件所带来的损失，那么许多人完全可以从这种不幸事件中走出来。因此，我们既要让患者服用抗抑郁药以减轻他们的抑郁症状，也有必要与他们就这个问题进行讨论。在对从中等程度到严重程度的抑郁症进行治疗时，抗抑郁药物治疗与适当的心理疗法一起使用经常是首选的治疗方法。

抗精神病药物

抗精神病药物或者精神抑制药被用来对诸如精神分裂症或者分裂情感障碍之类的精神失调障碍进行治疗。精神分裂症是一个诊断用语，它可能涵盖了许多被精神病学家描述为精神错乱的精神障碍。这种精神障碍的特征是思维和感觉出现严重的混乱，同时伴随着导致社会交往困难的情感混乱。

对于许多心理学家来说，精神分裂症是否是一个有用的诊断概念仍然是一个存在争议的话题。即使它被看作是对这种精神错乱进行思考的有用类型，那也意味着存在几种不同类型的精神分裂症，而这些精神分裂症具有不同的原因和后果。没有哪一种治疗方法能够对所有的精神分裂症类型进行成功地治疗，因此我们必须根据精神障碍的确切类型及其原因在不同的治疗类型中进行选择。

典型抗精神病药物

用来治疗精神分裂症的抗精神病药物在 20 世纪 50 年代时被研制了出来。这些药物现在被称为典型抗精神病药物。这种药物的第一种类型被称为氯丙嗪，另外一种常见的此类药物是氟哌啶醇，其商品名称是好度得。这些药物通常采取的是药片的形式，由于那些有精神错乱症状的人在行为上可能会非常混乱，而且他们可能不喜欢服用药片，因此我们也可以采取注射的形式。如果所给予的治疗是在违背患者意愿的情况下进行的，那么我们应该根据适当的国家法律先把他们禁闭在医院里，然后再对他们进行治疗。然而，在绝大多数病例中，患者自愿地接受治疗。对于那些需要进行长期治疗但是不愿意采取正规的口服药物治疗方法的人来说，药效可以持续一个月的注射类型对他们尤其适用。这种注射类型被称为被存储的抗精神病药物。

多巴胺因素

经典抗精神病药物被认为是通过阻碍大脑中的多巴胺 D2 受体来发生作用。科学家过去认为精神分裂症是由大脑中的多巴胺系统过分活跃所引起的。他们之所以这样认为，是因为抗精神病药物对多巴胺受体起到了阻碍作用。而诸如安非他明之类的药物能够刺激多巴胺的活动，这些药物所导致的症状与精神分裂症的症状非常相似。同时，当这些科学家对死亡之后的精神分裂症患者的大脑组织进行研究时，他们发现这些患者的大脑组织中存在着过多的多巴胺受体。然而现在看来，这些增加的多巴胺受体数量主要是由药物所导致的。如果你阻碍了多巴胺受体，那么你的身体将通过生成更多的多巴胺受体来做出回应。

使用大脑成像技术对仍然活着的患者大脑所进行的现代研究表明，那些没有服用药物的精神分裂症患者的大脑多巴胺功能变化非常细微，然而对安非他明的反应却明显增长。这就是为什么使用安非他明和类似于大麻之类的其他药物，会伤害那些容易受到精神分裂困扰的人的精神健康。

非典型抗精神病药物

新出现的抗精神病药物被称为非典型抗精神病药物。这些药物对多巴胺受体的影响会更小，而且它们也会对包括血清素在内的其他受体产生影响。通常使用的非典型抗精神病药物包括瑞司哌酮和奥氧平。许多医生认为非典型抗精神病药物是更为有效的治疗方法，而且它们所产生的副作用也更小。尽管如此，对这些药物的使用仍然存在着争议，原因在于这些药物相对比较昂贵，而且并不是所有人都认为它们更为有效。

抗精神病药物的使用

抗精神病药物可以通过三种方式进行使用。

首先，大剂量的抗精神病药物有时被用来对非常混乱的行为进行控制。那些反对使用抗精神病药物对精神病障碍进行治疗的人已经把这种用法称为化学指挥棒或者化学紧身衣。然而，在这些药物出现之前，人们主要是通过更加具有身体性的方式（比如紧身衣和墙四周设置软垫的病房）对患者的行为进行控制，这使得药物的使用更加可取。

紧身衣把患者的手臂绑在他们身体的周围，以防止他们的手臂急速甩动或者对他们自己构成伤害。目前，对身体的束缚形式（比如把有些人关在房间里或者专门的隔离房里）已经很少使用，如果必须使用也要受到严格的控制和监督。

治疗的下一个阶段将持续一个月左右。在这个阶段中，患者将定期服用抗精神病药物以减缓包括错觉和幻觉在内的阳性症状的进一步发展。这是一种对急性阶段的精神分裂症进行治疗的主要方法。在急性阶段的精神分裂症中，患者的阳性症状非常活跃。在通常情况下，患者在医院里接受治疗。如果这是他们的精神分裂症第一次发作或者第一次出现精神崩溃的状况，那么他们尤其需要进行住院治疗。这是因为当他们在医院时，他们会被安置在一个非常安全的地方，医院的医护人员可以对他们的病情进行观察。而且在得到患者认可的情况下，医护人员也可以对药物治疗和药物剂量的选择进行探究。然而，在比较轻微的精神错乱或者精神分裂症中，患者在不住院的情况下也可以接受药物治疗。值得强调的是，在这个治疗阶段中，患者的症状通常是阳性症状，而类似于缺乏动力和情绪反应减少的阴性症状变得更加具有阻碍作用，并可能会导致患者不能完全康复。不幸的是，对阴性症状进行药物治疗的难度会更大。

第三个阶段是长期的药物治疗，其目的是减少风险。这种治疗形式被称为预防。在没有出现异常的情况下，这个阶段是一个非常重要的阶段。即使在许多症状已经消失的情况下仍然服用抗精神病药，这样做的目的是防止精神错乱或者精神分裂症在将来的某个时候复发。这非常类似于到热带去旅游的人必须继续坚持服用抗疟药以防止自己患上疟疾。长期服用抗精神病药也是同样的目的——防止精神错乱的症状进一步发作。然而不幸的是，这种做法与我们通常对药物和为什么服用药丸所持有的看法并不一致。在正常情况下，如果我们感觉到头痛，那么我们将会服用阿司匹林或者扑热息痛药片以减轻头痛的症状。我们将坚持服用几剂药，直到这些症状有所好转。当这些症状消失时，我们通常会停止服用这些药物。多数患有精神错乱的人往往采取"阿司匹林模式"来治疗自己的疾病，这完全是可以理解的。当精神错乱的症状有所好转时，他们希望停止使用这些药物。之所以这样做，常常是因为他们希望减少这些药物所引起的副作用，而且多数人不希望在自己的一生中频繁地使用药物。不幸的是，停止服用药物通常会导致这种精神障碍在几个月之后复发。

并不是所有人都能从抗精神病药中获益，而且也不是所有人在停止使用药物之后都必然会导致复发。尽管如此，精神病患者看待他们使用药物的方式，以及他们如何想象这种药物的功效和副作用仍发挥着非常重要的作用，这种情况被称为药物顺从。

抗精神病药物的副作用

抗精神病药物有许多副作用。典型抗精神病药物的主要副作用是肌肉僵硬和类似于帕金森综合征的颤抖。长期使用抗精神药物可能会导致一种名为"迟发性运动障碍"的精神障碍。这种精神障碍主要是对嘴巴和脸造成影响，比如不由自主地扮鬼脸或者面部歪扭。同时，它也可以对身体的其他部位造成影响。

有些精神分裂症患者在没有使用任何药物的情况下也会出现这些情况，但是长期接受药物治疗的患者更可能受到影响。由于存在着这些副作用，精神病医师更倾向于使用新的、非典型的药物。虽然这些药物引起副作用的可能性更小，然而，这些新药自身也会引起副作用，比如体重增加等。

在通常情况下，除了氯氮平之外，新的、非典型的抗精神病药并不比旧的、典型的抗精神病药更加有效。实践已经证明，氯氮平是最有效的抗精神病药。然而不幸的是，它可能会导致患者血液中的白细胞数量减少，从而使患者容易受到感染。在罕见的病例中，这种情况将是致命的。正是由于这个原因，在使用氯氮平对患者进行治疗时，医生必须定期地对患者进行血液检查，以便对他们进行非常仔细地监控，而且一般是在其他药物都不起作用的情况下，医生才使用氯氮平。

抗精神病药物的局限性

即便是药物得到最为有效的使用，许多精神分裂症患者也会出现由持续性的症状，尤其是所谓的阴性症状所引起的长期残疾。事实上，自从抗精神病的药物被引进以来，就这一残留的缺陷来说，精神分裂症的长期后果在本质上一直没有发生什么改变。然而，使用药物进行治疗的优势在于，这些药物使得患者在不住院的情况下也可以接受治疗，原因在于这些药物可以消除由更为明显的症状所导致的行为混乱。

尽管抗精神病药物可以对患者进行治疗，许多患者仍然会出现急性精神病症状的复发，而这些症状可能导致患者最终要接受住院治疗。抗精神病药物是没有疗效的：这些药物的作用主要是抑制精神病的症状和推迟精神病复发的时间。大约有1/3的患者并未对标准的抗精神病药物做出充分地反应，他们所患的精神分裂症被称为"难治疗性精神分裂"。这些病人通常使用氯氮平进行治疗，然而需要再次指出的是，并不是所有人都能对氯氮平做出充分的反应。

抗精神病药物与治疗

对于所有的精神健康问题来说，我们有必要意识到药物治疗并不是为精神分裂症患者或者他们的家人和护理人员提供帮助的唯一办法。比如，心理学家意识到家庭成员之间相互交往的方式对精神分裂症的复发将会产生实质性的影响。尤其需要指出的是，那些存在许多情感问题的家庭更有可能导致精神分裂症的复发，不管这种情感是积极性的（过度保护性的）还是消极性的（批评性的）。心理学家提出的社会心理疗法可以帮助家庭成员更加有效地应对家庭中患有精神分裂症的亲人。

同时，心理学家也运用其他形式的社会心理疗法来帮助患者消除他们的阴性症状，比如缺乏社会技能以及缺乏热情和动力。这些治疗方法通常被称为精神病复原或者社会心理复原。这些治疗方法把注意力放在帮助患者提高在社会团体中生存的技能（比如购物和烹饪）以及有助于就业的技能。

最近，心理学家已经尝试通过包括认知疗法在内的心理治疗对诸如错觉和幻觉之类的阳性症状进行治疗。虽然这些治疗方法只是实验性的，而且仍然处于早期阶段，但是受到谨慎控制的治疗试验，尤其是那些在英国和欧洲开展的治疗试验似乎表明，这些治疗方法可以帮助一些患者对他们的症状（这些症状在过去是难以通过药物进行控制的）进行控制。

情绪稳定药

医生会开出情绪稳定药来帮助定期出现情绪波动的患者，这种情绪波动既可能是向上波动（比如狂躁），也可能是向下波动（比如抑郁）。尤其需要指出的是，这些类型的情绪波动可能会持续数周或者数月，并且其间也会出现正常的状态。这些严重的情绪波动非常具有破坏性，它们使患者无法开展正常的生活。当患者处于抑郁状态时，他们的性格非常孤僻而且缺乏感情，这使得他们无法与其他人甚至是他们的家人和朋友进行交流。这些患者在这个时候具有实质性的自杀风险。当这些患者处于狂躁状态时，他们会表现得非常兴高采烈和过度活跃，这使得他们经常长时间不睡觉。高度兴奋对有些人来说是非常快乐的时刻，但是那些患有狂躁症的人经常会以具有分裂性和破坏性的方式开展行动，这不仅会对他们自己造成伤害，而且也会危及他们的家人。

锂

过去最为常见的治疗由双相障碍引起的情绪波动的药物是锂，它是奥地利精神病学家约翰·盖德在 1949 年首次使用的。锂这种药物通常表现为碳酸锂盐或者枸橼铁。有证据表明，长期使用锂进行治疗可以减少情绪波动，尤其是由双相障碍所引起的情绪波动的出现频率。科学家并不知道锂是如何发生作用的，原因在于锂的作用过程非常复杂，但是他们认为锂可能对神经传递的生化机制产生影响。

然而，锂确实也具有副作用：如果血液中的锂含量过高，那么诸如颤抖和腹泻之类的症状将会变得更为普遍，而过高的锂含量所引起的毒性可能会导致痉挛甚至是死亡。正是由于这个原因，我们必须对血液中的锂含量进行定期的测量。如果这种预防措施使用得当，那么锂的使用将是非常安全的。使用锂所导致的轻微风险完全可以利用下面的事实进行抵消：如果患有这种情感障碍的人不能得到正确的治疗，有 1/4 的患者将最终选择自杀。

目前，锂仍然被广泛使用，但是精神病学家现在发现了其他更加有效的治疗方法。对于复发性的抑郁症来说，多数患者现在更愿意长期服用抗抑郁药而不是使用锂。对于患有双相障碍的患者来说，医生倾向于使用抗痉挛药物，而抗痉挛药物通常被用来治疗癫痫病。在美国，最为常用的抗痉挛药物是磷酸氢二钠和 2 —丙戊酸钠，即丙戊酸钠，但是实践证明其他抗痉挛药物也同样有效。

身体干涉

在镇静剂的使用变得更加普遍之前，胰岛素休克疗法被广泛用于对精神分裂症的治疗。1933 年，波兰精神病学家曼弗雷德·撒克尔（1900～1957）发现，当第一次使精神分裂症患者进入昏迷状态时，精神分裂症的某些症状将会得到减轻。

随着患者的胰岛素使用量不断增加，血液中的糖含量随之下降，从而使他们进入昏迷状态。在大约一个小时的时间里，患者一直处于昏迷的状态中。在此之后，医生用导管或者葡萄糖注射液把生理盐水直接送到患者的胃里，以便使他们苏醒过来。这种治疗方法对那些患精神分裂症少于 2 年的患者最为有效，然而，在患精神分裂症的头两年中，精神分裂症的症状可能会自然而然地好转或者消失。

1935 年，匈牙利精神病学家拉迪斯劳斯·冯·梅杜纳（1896～1964）提出了另外一种治疗精神病症状的方法。梅杜纳发现，在癫痫病发作之后，那些既有精神病症状又受到癫痫病困扰的患者的精神病症状有减轻的迹象。因此，为了对癫痫状态进行模仿，他让患者服用一种大脑痉挛药——卡地阿唑，而他这样做的根据是某种精神障碍将导致另外一种精神障碍的出现。这样做存在的问题是：在治疗期间，也就是当患者还有意识的时候，他们感觉到自己好像要死了。

电休克疗法

1938年，意大利的两位精神病学家乌格·塞尔莱蒂（1877～1963）和卢西奥·比尼（1908～1964）提出了与梅杜纳的休克疗法不同的治疗方法。在对一个屠宰场进行访问之后，塞尔莱蒂和比尼得到了如下的启发：用电流电击患者的太阳穴可以使他们进入痉挛状态。这种治疗方法现在被称为电休克疗法（ECT）。

在20世纪40年代第一次使用电休克疗法时，整个治疗过程是在没有使用麻醉剂的情况下进行的。对患者来说，这是一件非常令人恐惧的事情，而且这种做法有时会导致患者出现骨折和受到其他伤害。现代使用的电休克疗法比以前精细得多。在治疗过程中，医生把麻醉剂注射进患者的静脉中使他们失去知觉，然后再注射另外一针麻醉剂使肌肉保持放松。由于上述原因，患者的身体并没有出来痉挛的症状，即便是大脑在受到电击之后出现的癫痫迹象也得到了控制。在整个治疗过程中常常需要进行6～8次的电击，而且频率为每周2～3次。

电休克疗法可能是现代精神病学中虽被广泛应用但却备受争议的治疗方法之一。不同的精神病医师在电休克疗法的使用程度上会有所区别，而且有些患者群体认为这种治疗方法非常野蛮，因此他们反对使用这项技术。一般而言，随着更为有效的药物和心理学疗法不断被研制出来，电休克疗法的使用已经出现减少。有些精神病医师现在已经完全停止使用电休克疗法。

尽管受到了质疑，但有证据表明电休克疗法可以对严重抑郁症患者产生非常好的疗效。在最为严重的抑郁症类型中，患者的生命将会受到威胁，这种威胁不仅来自自杀，而且也来自他们陷入昏迷以及无法进行正常饮食。为了防止抑郁症达到如此严重的程度，应该在抑郁症发作的早期阶段采用更为有效的治疗方法对其进行治疗。

当诸如药物治疗之类的其他治疗方法没有发挥作用时，有些精神病医师也使用电休克疗法对严重程度较小的抑郁症进行治疗。然而，电休克疗法通常只能带来短期的疗效。因此，患者仍然有必要接受长期的药物治疗以防止抑郁症的复发。

同时，我们仍然不清楚电休克疗法是如何起作用的。在假的电休克疗法中，患者在没有接受电击的情况下就被注射麻醉剂。与这种假的电休克疗法所进行的比较研究已经表明，电休克疗法的许多功效在假的电休克疗法中也会出现，而在

3 个月之后，真的电休克疗法和假的电休克疗法的结果之间并没有任何区别。

同时，人们对电休克疗法潜在的长期有害影响也存在着争议。患者在接受电休克疗法之后有时可能会立即出现短期的记忆力降低和精神错乱。有些患者声称他们的记忆力和其他智力功能已经受到了持久性的损害。然而，当研究人员对此进行研究时，他们发现过去接受过电休克的患者与那些患有同样的精神障碍但是没有接受过电休克疗法的患者之间并没有任何区别。现在的证据表明，电休克疗法并没有任何持久的破坏性作用。然而，对许多患者来说，电休克疗法仍然是一种令人感到极为痛苦的治疗方法，因此他们经常对这种治疗方法的使用提出强烈的抗议。

精神外科学

医生有时通过对大脑进行手术来缓解精神病障碍的症状。这种过程被称为"精神外科学"，它是由葡萄牙神经学家安东尼奥·穆尼兹（1874～1955）在 20 世纪 30 年代发明的。穆尼兹受到了对黑猩猩的前额叶所进行的研究的启发，说服一名年轻的神经外科医生阿尔梅达·利马研究一种手术——对存在于大脑前额中皮层下的白质进行深度切割。这种做法的指导思想是：在大脑前额叶进行的"思维"之间的联系与产生于大脑低级层面的"情感"被切断，将大幅减少不理智的挑衅性行为。这个过程被称为"前额脑白质切除术"或者"前额叶白质切除术"。沃尔特·弗里曼（1895～1972）和神经外科医生詹姆斯·沃特斯后来把这种治疗方法改造成为所谓的"标准前额脑白质切除术"。在这种治疗方法中，在前额打开的切口会更小。虽然弗里曼是一名外科医生，但是他发明了另外一种前脑叶白质切除术，即经眼眶额叶切除术。在这种治疗方法中，针状的器械穿透眼眶，然后在前额叶旋转从而切开一个弧形切口。

现代形式的前脑叶白质切除术被称为"囊切手术"。两个放射性电极被插入大脑前额的细孔中，而大脑组织受到了 β 射线的破坏。在热电囊切手术中，温度高达 68℃而且受到电脑控制的电极被用来对视丘下部和边缘系统之间的视神经通路进行干扰。在扣带束切开术中，医生将切开连接前额叶皮层和边缘系统的扣带状神经纤维。

精神外科学的局限性

虽然医生们已经对精神外科学进行了使用，但是它通常会有不利影响，这包括智力损伤、对情绪失去控制、小便失禁和癫痫症，而且这些影响是不能逆转的。科学家在很久以前就研制出了包括药物治疗在内的其他治疗方法，因此精神外科学的使用率已经出现了迅速的下降。与这种治疗方法相比，现代的手术治疗对大脑所造成的损害要小得多，而且这些手术通常是在非常精确的部位进行，而医生们认为这些部位与精神病症状的出现有关。

精神外科学这些古老的治疗方法过去通常被用来对精神分裂症进行治疗。令我们感到吃惊的是，医生们似乎试图通过对患者大脑构成损害的方式来开展治疗，在当时已经没有其他治疗精神分裂症的方法了，而且患者过去通常会在精神病院里度过他们的一生。因此，尽管存在着副作用，但任何一种能够取得成功的治疗方法都被医生们看作是有积极意义的。现在，只有在其他治疗方法都失败时，医生们才考虑使用这种治疗方法对严重的慢性强迫症和抑郁症进行治疗。这意味着精神外科学目前已经很少使用，而且多数精神病医师将决不求助于这类治疗方法对患者进行治疗。

生活中的心理学

宽容比惩罚更有力量

南风与北风打赌，看谁能够脱去一位农夫的衣服。

北风自以为力气大，让人脱件衣服不是难事，于是先来。它使劲地向农夫吹着寒冷的风，直吹得农夫浑身瑟瑟发抖，直打哆嗦。可农夫不但不脱衣服，反而裹紧外衣，躲到背风的地方去了。北风只好无功而返。

紧接着南风上马。它向农夫轻抚慢拂，给农夫送去温暖的和风。农夫本来就在田野里劳动，身上出了热汗，经南风这么一吹拂，更是倍感燥热，于是他放下手里的活计，到田边脱去衣服，才又继续劳作。南风获得了胜利。

南风之所以能达到目的，就是因为它顺应了人的内在需要，使人的行为变为了自觉。这种以启发自我反省、满足自我需要为特征的方式所带来的心理反应，被称为南风效应，有时也被称作温暖法则。这个故事告诉我们，用温和的方法处理问题往往比用强制的手段更有效果。用泰戈尔的话来说就是："神的巨大权威是在柔和的微风里，而不在狂风暴雨之中。"

南风效应运用于教育，特别是用于对待那些在成长的道路上偶尔犯错的孩子，更有着神奇的力量。

苏霍姆林斯基是苏联著名的教育家，他创办的巴甫雷什中学现已闻名世界。他刚参加工作的时候，班上一个名叫斯捷帕的男孩由于过分活泼、顽皮，一次课间与同学玩耍时无意中把教室里放着的一盆全班十分珍爱的玫瑰花给碰断了。对此，苏霍姆林斯基大声斥责了这个学生，并竭力使这个闯祸的孩子认识到自己的错误，吸取教训。事后，班上的孩子们又拿来了 3 盆这样的花。苏霍姆林斯基让孩子们用心轮流看护，唯独没有让斯捷帕参加这项集体活动。不久这个学生变得话少了，也不那么淘气了。年轻的苏霍姆林斯基当时想，这倒也好，说明自己的训斥对这个学生起了作用。

可是在他训斥了这个学生不久之后，发生了一件不愉快的事情。这天放学后，苏霍姆林斯基因为事情没有做完，还留在教室里，斯捷帕也在这里，他准备把作业做完再回家。当发现教室里只有老师和他两个人时，斯捷帕便觉得很窘，急忙准备回家。苏霍姆林斯基没有注意到这种情况，无意中叫斯捷帕跟自己一起到草地上去采花。这时斯捷帕的表情发生了迅速的变化，他先苦笑了一下，接着眼泪便滚了下来，随后从苏霍姆林斯基面前跑着回家了……

这件事对苏霍姆林斯基触动很大。此时他才明白，由于自己不当的责罚，给学生造成了极大的影响。他开始意识到自己以前的做法是不自觉地对孩子的一种疏远，使孩子感到了委屈。因为孩子弄断花枝是无意的，而且对自己的行为也感到后悔，打算做些好事来补偿自己的过失，而自己却粗暴地拒绝了他这种意愿，并且拒绝他参加集体活动。对这种真诚的、儿童般的懊悔，报之于发泄怒气的教育影响，这无疑是对孩子的当头一棒。

此后，苏霍姆林斯基吸取了这一教训，在以后的工作中很少使用责罚。通常，他对由于无知而做出不良行为后果的儿童采取宽恕态度。他认识到，宽容能触及学生自尊心最敏感的角落，宽容比责罚更有力量。

教育学生时，如果老是采用强硬的手段，往往达不到教育的效果，而采取温和的方法反而会使学生心悦诚服。因此教师在教育学生的过程中要把"尊重""信任"学生放在第一位，和学生建立起一种平等互利的人际关系，把学生看作是发展中的人，以创造优良的教学环境，增强教育的效果。

南风效应运用于教育，不仅有利于教育教学工作的开展，而且能使学生健康快乐地成长。有一则经典的小寓言：一把坚实的大锁挂在门上，一根铁杆费了九牛二虎之力，还是无法将它撬开。钥匙来了，它瘦小的身子钻进锁孔，只轻轻一转，大锁就"啪"的一声打开了。铁杆奇怪地问："为什么我费了那么大力气也打不开，而你却轻而易举地就把它打开了呢？"钥匙说："因为我最了解它的心。"其实每个人的心，都像被锁上的大锁，任你再粗的铁杆也撬不开。唯有关怀，才如同一枚细腻的钥匙，使你能够进入别人的心中，了解别人。

学生年少无知，又容易冲动，犯错误是不可避免的，于是教师批评教育学生也就成为日常工作必不可少的一部分。为了"脱掉"学生身上那无知无识的土气、道德缺失的流气、独生子女的娇气，教师们每天都在认真地工作着，但其使用的方法却是多种多样的。有的教育工作者对犯了错误的孩子，总是怀着"恨铁不成钢"的心理，动不动就声色俱厉地训斥，命令孩子写检查，甚至对孩子采用罚站、打骂等简单粗暴的方式，好像不如此就不足以显示师长的"威严"，就没有尽到教育的"责任"。殊不知，这"呼呼北风"只能引起孩子的对立情绪和逆反心理，既不利于他改正错误，也不利于他的心身健康。为什么不试一试使用"南风"呢？它看起来平淡无奇，却触及了孩子的心灵；它听起来缺乏力度，却起到了"润物细无声"的效果。

古语有云："教者也，长善而救其失也。""数其一过，不如奖其一长。"因此，面对犯错误的孩子，我们应对他们多一分宽容和尊重，让其自发自省。

苏霍姆林斯基曾说过："教育的成功在于尊重学生。"教师在工作中如果能多一点人情味，面对学生的错误能心平气和、通情达理地去解释分析，就会产生"南风效应"，达到预期的目的。正如魏书生先生说的那样，当学生犯错误时，应先避开问题的实质，把学生从犯错误的阴影中带出来，让他们走到温暖的"阳光"下，给他们一个愉快的心境，用和风习习吹掉他们自我保护的"盔甲"，然后再耐心地进行说服教育。如此，何愁学生不向你敞开心扉呢？

每个孩子都可能是天才

古希腊塞浦路斯有一位年轻的王子，名叫皮格马利翁，他很喜欢雕塑。有一次，他用一块洁白无瑕的象牙雕刻了一个美丽的少女。王子的雕刻非常成功，他的作品实在太美丽了：身材婀娜多姿，眼睛充满希望之光。王子爱不释手，每天都以怜爱的目光深切地注视着象牙雕像，热切地希望"她"有血有肉会说话，能够跟他谈心。王子每天都在深切地体验着痛苦的煎熬——他是那样爱"她"，可是"她"却只是块象牙。这使王子每天茶不思饭不想，一直坐在"她"面前呼唤着"她"，梦想着她能够成为真正的少女。最后，王子的爱情感动了天神，天神使这位象牙少女拥有了真正的生命，成为了真正的少女。

这里讲的仅仅是个神话，但是却说明了一个现象：我们的热切期望，会使被我们期望的人达到我们的要求。这种现象，人们把它叫作皮格马利翁效应。在心理学中，皮格马利翁效应又被称为罗森塔尔效应。心理学研究发现，在教育实践中，罗森塔尔效应对孩子的成长有巨大的影响。

1968年的某一天，美国著名心理学家罗森塔尔和雅各布来到一所小学，说是要进行一个实验。他们从一至六年级中各选3个班，在这18个班的学生中进行了一次煞有介事的"未来发展趋势测验"。测验结束之后，他们给每个班级的教师发了一份学生名单，并且告诉教师，根据测验的结果，名单上列出的学生是班上最有发展空间的学生。出乎很多教师意料的是，名单中的孩子有些确实很优秀，但也有些平时表现平平，甚至水平较差。对此，罗森塔尔解释说："请注意，我讲的是他们的发展空间，而非现在的情况。"鉴于罗森塔尔是这方面的专家，教师们从内心接受了这份名单。尔后，罗森塔尔又反复叮嘱教师不要把名单外传，只准他们自己知道，声称不这样的话就会影响实验结果的可靠性。8个月后，罗森塔尔和雅各布又来到这所学校，并对那18个班的学生进行了复试。奇迹出现了：他们提供的名单上的学生的成绩都有了显著进步，而且情感、性格更为开朗，求知欲望强烈，敢于发表意见，与教师关系也特别融洽，而且更乐于与别人打交道。

这就是罗森塔尔和雅各布进行的一次期望心理实验。其实他们提供的名单是随意挑选的，罗森塔尔根本不了解那些学生，而且也没有考虑学生的知识水平和智力水平——罗森塔尔撒了一个"权威性的谎言"。

但是这个谎言却成真了，为什么呢？这是因为罗森塔尔是著名的心理学家，在人们的心目中有很高的权威，人们对他的话深信不疑，所以教师们确信名单上的学生很有发展的潜能，并因此寄予了他们更大的期望。虽然教师们始终保守着这张名单的秘密，但在上课时，他们还是忍不住给予这些学生充分的关注，通过眼神、笑貌、音调等各种途径向他们传达"你很优秀"的信息。这些学生也感受到了这种期望，所以他们潜移默化地受着影响，变得更加自信、自爱、自尊、自强，变得更加幸福和快乐。奋发向上的激流在他们的血管中汹涌，结果他们真的取得了很好的成绩，最终成了优秀的学生。由于积极期望在此过程中发挥了积极的作用，因而人们又将罗森塔尔效应称为期望效应。期望是人类一种普遍的心理现象，在教育过程中，期望效应常常可以发挥强大而神奇的威力。

罗森塔尔的实验告诉我们，教师对孩子的热切期望对孩子会产生巨大的影响。为什么这种期待心理可以产生如此之大的作用呢？因为信任在人的精神生活中是必不可少的，它代表一种对人格的积极肯定与评价。而每个人都有被别人信任的需要，当这种需要得到满足的时候，人们就会感到鼓舞和振奋，当然也会有最好的表现。

人们通常这样来形象地说明罗森塔尔效应："说你行，你就行；说你不行，你就不行。"因此，要想使一个人发展得更好，就应该给他传递积极的期望。积极的期望促使人们向好的方向发展，消极的期望则使人向坏的方向发展。

积极期望的罗森塔尔效应，最典型的要数爱迪生的成才故事。

爱迪生小时候仅仅上了 3 个月小学就被开除了，因为学校认为他"智力低下"。但爱迪生的母亲对自己的孩子很有信心，她对爱迪生说："你肯定比别人聪明，这一点我是坚信不疑的，所以你要坚持自己读书。"

爱迪生得到了母亲的鼓励，并在母亲的亲自教导下学到了比一般孩子在学校里多得多的知识。经过不懈努力，他终于成为了伟大的发明家。我们今天所享受的电灯、电影、录音机等都受惠于爱迪生的发明，归功于爱迪生母亲所创造的罗森塔尔效应。

有人曾对少年犯罪儿童做了专门的研究，研究发现，许多孩子成为少年犯的原因之一在于不良期望的影响。许多孩子因为在小时候偶尔犯过错误而被贴上了"不良少年"的标签。这种消极的期望引导着孩子们，使他们越来越相信自己就是"不良少年"，从而最终走向了犯罪的深渊。由此可见，教师和家长对孩子的教育中，积极的心理期待对孩子的自我肯定和未来的成长是极其重要的。

有些家长因孩子的学习状况不尽如人意，费了一番工夫也不见效果，就对孩子的学习产生了失望情绪，随之而来的是训斥、埋怨甚至讽刺打骂。由于不能满足自己的期望而对孩子施以心灵或身体的虐待是很不理智的，这不但改变不了孩子的现状，弄不好还会产生更消极的影响。正确的做法是，不论孩子学习出现什么样的挫折、反复，家长都永远要对孩子说："只要你认为自己确实尽力了，我们就接受任何结果。"同时，家长还要对孩子说："我们相信，你能行，你还有潜力，还能取得更好的成绩！"在家庭教育过程中，让孩子经常从父母的教育态度中感受到积极的心理预期，得到尊重，孩子就会保持一种向上的力量。反之，如果过低地估计了孩子的能力，放弃了对孩子的期望，断定自己的孩子这也不行、那也不好，将来不会有出息，那可真要耽误孩子的终生了。

其实，这对任何人都是一样的。积极的期望会使人向好的方向发展，而消极的期望则会使人向坏的方向发展。早在半个世纪前，人民教育家陶行知就曾提醒教师："在你的教鞭下有瓦特，在你的冷眼里有牛顿，在你的讥笑中有爱迪生。"

所以，不妨让我们换一种眼光、换一个角度来看待学生，更加积极地期望学生。相信在积极的期望之下，你的学生或孩子一定会朝着你所期望的方向发展。其实，每一位教师或者家长都能创造出"奇迹"，真实的谎言每天都可以上演！

事实上，每个孩子都可能成为非凡的天才，但这种可能的实现取决于父母和老师能不能像对待天才那样去爱护、期望、珍惜这些孩子。孩子的成长方向取决于父母和老师的期望，简单地说，你期望孩子成为一个什么样的人，孩子就可能成为一个什么样的人。

配套效应的妙用

18 世纪时，法国有个哲学家叫丹尼斯·狄德罗。有一天，朋友送他一件质地精良、做工考究的睡袍，狄德罗非常喜欢。可他穿着华贵的睡袍在书房走来走去时，总觉得身边的一切都是那么不协调：家具不是破旧不堪，就是风格不对，地毯的针脚也粗得吓人。为了与睡袍配套，他把旧的东西先后更新，使书房终于跟上了睡袍的档次。可后来他心里却不舒服了，因为他发现"自己居然被一件睡袍胁迫了"。他把这种感觉写到一篇文章里——《与旧睡袍别离之后的烦恼》。

200 年后，美国哈佛大学经济学家朱丽叶·施罗尔在《过度消费的美国人》一书中，提出了一个新概念——"狄德罗效应"，也叫"配套效应"。就是说，人们在拥有了一件新的物品后，总倾向于不断配置与其相适应的物品，以达到心理上的平衡。

生活中的"配套效应"是随处可见的。例如，有人送了一只高档的手表，如果要戴上，就要配以相应的衬衫、西裤、外套、皮带、皮鞋、领带，皮夹子要换成真皮的，还要用香水，发型也要打理，吃饭也必须出入更高级的餐馆，开销越来越大。还有，人们说"女人的衣橱里永远少那么一件衣服"，"那一件"就是配套效应中用来和不同的场合、不同的鞋子、不同的首饰、不同的手包相搭配的衣服。

现实生活中，配套效应可以带来好的结果，也会带来不好的结果，这取决于所参照的"睡袍"的价值。有价值的"睡袍"可以促使我们为了与之配套而产生一系列好的或者对我们成长有利的行为表现，反之，劣质的"睡袍"却可以使我们走向倒退。同理，在教学过程中，要想引起学生的变化，首先应该根据学生的特点合理地设置目标，适时地抛给学生一件有意义的"睡袍"，激发学生自我转化的内在动机，使其主动实现良好的与之配套的行为。

　　汪阳是一个调皮捣蛋、不遵守班级纪律的后进生。一天，他与班上品行、学习均较好的优秀生李涛发生了争吵。被教师发现后，按照自己以前的"经验"，汪阳认为自己必先挨批，必先受老师呵斥，老师必"袒护"李涛。但是教师却一反其常规，采取"冷处理"，经过询问搞清原委后又进行了公正处理。结果汪阳大为感动，他一反常态，主动向老师道歉认错。教师则因势利导，告诉汪阳："其实你有很多优点，比如见义勇为、热爱劳动、具有很强的组织能力，像上次由你发起的篮球比赛，就得到了同学们的一致好评。这些老师都是看在眼里的，老师正在考虑让你来当咱们班的纪律班长呢！你回去想一想，看采用什么方法能把班级的纪律管理得更好，想出一个方案给我，好吗？"汪阳回到班级后，为了像个班长的样，他一改原来的恶习，不仅遵守纪律、关心同学，把班级管理得很好，而且课堂上也变得很活跃，主动举手回答问题，不会的问题主动提问，结果成绩很快提高了。

　　在上面的例子中，教师首先为学生旧的配套的"常规"认识注入与之冲突的不协调的因素，动摇其原有的认识体系，然后顺势抛给他一件优质的"睡袍"——当纪律班长。学生为了与这件优质的"睡袍"相配套，就会以新的行为体系替换原有的行为体系，从而达到教师预期的教育目的。

　　有一位自然课老师在临下课的时候布置了一个课外作业：用扦插法繁殖一株植物，要求2周后交上。第4周自然课上，学生都带来了自己的作业——一盆扦插的植物。绝大部分同学扦插的植物都长出了新芽，只有个别同学扦插的植物不见动静。老师看了一下，发现那些都属于扦插不易成活的植物。但一个小女孩扦插的柳树竟然没有发芽，着实让老师感到奇怪，因为杨柳是扦插最容易成活的植物，只要温度适宜、水分适当，就一定能发芽，而这两点看起来她做得都不错，为什么没有插活？老师走到跟前仔细端详，透过她精心包扎的塑料薄膜发现，她扦插的枝条上面粗、下面细，明显是插倒了。老师便问："你先看看插得有问题吗？"她怯怯地说："我想要一枝垂柳，所以就把柳枝倒过来插了。"她又补充道："这是我在故事书上看到的，说将柳条倒过来插就会长成垂柳。"老师笑了，首先在全体同学面前表扬了她勇于创新、善于想象、敢于尝试的精神，然后又从水分、养分的运送方法方面讲解了枝条的作用和功能。她告诉大家，人类可以改造自然，但不能随意改变自然规律。这节课，小女孩似乎特别兴奋，因为她独树一帜的创新受到了表扬，引起了全班同学的关注。从这节课后，她变得开朗了，上课也敢于发言了，老师还发现她喜欢上了植物学。

在上面这个例子中，老师没有因为小女孩的错误而指责她，而是在全班同学面前表扬了她敢于创新的精神，小女孩因此而喜欢上了科学和植物。这位老师的做法是值得我们借鉴的，教师或家长应该多给孩子们一些有价值的"睡袍"，因为一旦给了他那件"睡袍"，他就会朝着那个方向发展。但是在为学生提供"睡袍"时要注意把握好时机，及时处理学生内心产生的不愉快或者不信任的紧张体验，千万不要让学生觉得你让他当纪律班长只是为了让他收敛不良行为，而不是出于真正的信任。

从学生的成长过程看，无论是好的行为还是不良的习惯，都可以找到引起这一行为的一件"睡袍"。教师应为学生准备几件有价值的"睡袍"。如果我们给孩子的是劣质的"睡袍"，那么，就别想孩子的行为有多高尚。如果我们给孩子的是有价值的"睡袍"，那么，孩子也会努力配之以好的习惯。因为人一旦被贴上某种标签，就会按照标签所标定地去塑造自己。

学会赞美你的孩子

在大院的后面，停放着一部破旧的汽车，院子里的孩子们吃完晚饭便会跑出来，攀上车厢蹦蹦跳跳，乐此不疲地玩耍，吵嚷声震耳欲聋。大人越管，众孩童跳的声音越大，大人们见此情景，只有无奈地摇头。这天，院子里新搬来一位王老师，他对孩子们说："孩子们，你们今天比赛，看谁蹦得最响，奖玩具手枪一支。"众童欢呼雀跃，争相蹦跳，优者果然得到了玩具手枪。次日，王老师又来到车前，说："今天继续比赛，奖品为一块巧克力。"众童见奖品直线下跌，纷纷不悦，所以无人卖力蹦跳，声音稀疏而微弱。第3天，王老师又对孩子们说："今天奖品为花生米2粒。"众童闻言，纷纷跳下汽车，都说："不蹦了，真没意思，回家看电视得了。"

王老师就是抓住了有趣的儿童心理，在正面无法突破的情况下，采用奖励递减法，收到了奇妙的效果。王老师的做法极契合社会心理学中的"阿伦森效应"。

心理学家曾做过这样一个心理实验：让4组人对某人进行不同的评价，从而找出最佳效果的褒贬顺序。第1组始终对这个人赞扬有加，第2组始终对这个人贬损否定，第3组先褒后贬，第4组先贬后褒。对数10人做过此实验后，心理学家发现绝大部分人对第4组最有好感，而对第3组最为反感。这就是阿伦森效应：

大多数人喜欢褒奖不断增加，批评不断减少。

王老师取胜的原因在于：处于成长期的孩子有着强烈的表现欲，他们总是想尽办法引起成人对自己的注意。至于采用什么方法，造成什么影响，不是他们考虑的范围。这个时期的孩子还有逆反心理，如果对他们采用强制的办法，只会强化他们的表现欲，引起他们的行为对抗，导致事与愿违。而王老师的安排，意在排除孩子逆反的根源，避免心理诱导过程中出现新的干扰。

大人都喜欢听好话，更何况孩子。因此，在教育中，面对孩子天真幼稚的行为，不能用成人的标准来判定，应发自内心地赞美孩子的创造力："你真行！我小时候可不如你。"随着孩子年岁的增长，对他的鼓励更应多于批评，这样孩子的进步才会越来越快，也会把家长当作自己成长道路上的良师益友。如果为人父母，只知道一味地责备，甚至恶狠狠地训斥，那么必定会使孩子的自尊心渐渐丧失殆尽，同时毁掉的还有你与孩子的关系。

奖励要讲究策略

心理学家爱德华·德西于 1971 年做了一个实验。在实验中，他让大学生在实验室里解有趣的智力难题。实验分 3 个阶段：第 1 阶段，所有的被试者都无奖励；第 2 阶段，将被试分为 2 组，实验组的被试者每完成 1 个难题可得到 1 美元的报酬，而控制组的被试者跟第 1 阶段相同，也无报酬；第 3 阶段为休息时间，被试者可以在原地自由活动，并把他们是否继续去解题当作喜爱这项活动的程度指标。

结果德西发现一种明显的趋势：实验组（奖励组）被试在第 2 阶段确实十分努力，而在第 3 阶段其继续解题的人数很少，表明其兴趣与努力的程度在减弱；而控制组（无奖励组）被试有更多人在休息时间继续解题，表明其兴趣与努力的程度在增强。这个结果表明，进行一项愉快的活动（即内感报酬），如果提供外部的物质奖励（即外加报酬），反而会减少这项活动对参与者的吸引力。这种现象在日常生活中也经常发生。有个孩子对画画感兴趣，自己在家很自觉很认真地画画，画得很投入、很开心。这时父亲走进来，为了表示对孩子的关心，说："孩子你好好画，爸爸奖励你 10 元钱。"结果这孩子变得只为钱而画画，没有钱就不想再画画了。学校里，学生认真学习本来是天经地义的事，教师为了激发学生的积极性经常发奖品，结果会发现没有奖品时，学生的学习积极性便大打折扣。

这说明，当一个人进行一项愉快的活动时，给他提供奖励，结果反而会减少这项活动对他的内在吸引力。在某些时候，外加报酬和内感报酬兼得，不但不会使个体工作的动机力量倍增、积极性更高，反而会使其效果降低，变成二者之差，这就是著名的"德西效应"。

"德西效应"给我们的启示是：在生活中，培养个人积极主动、持之以恒的兴趣和坚忍不拔的意志，仅靠物质刺激远远不够。虽然"重赏之下，必有勇夫"，但由物质刺激所激发的兴趣，在一定程度上是淡薄的，也是短暂的。正确的做法应该是：把物质奖励和精神奖励结合，以后者为主，前者为辅。即使采用物质奖励，也不可过多过滥，而应恰到好处，因为"物无尽善，过则为灾"。

著名教育家苏霍姆林斯基说过："如果你只指望靠表面看得见的刺激来激发学生的兴趣，那就永远也培养不出学生对脑力劳动的真正热爱。要力求使学生亲自去发现兴趣的源泉，使他们在这种发现中感到自己付出劳动并取得了进步。这本身就是一个最重要的兴趣来源。"因此，在学校中，要处理好内感报酬与外加报酬的关系，要处理好精神鼓励与物质鼓励的关系，以避免产生德西效应。

心理学的研究表明：对未知本身的内在兴趣是求知的最佳动机，此时最好的奖励办法是引导，使之拥有进一步探究和尝试的机会。

德西实验的结论对改进教育方式很有启迪。作为教育者，首先应该引导孩子树立远大的理想，增进其对学习的情感和兴趣，帮助孩子获得成功和乐趣；其次，不能以自己的人生观、价值观来判断成长中的下一代。家长的奖励对孩子的学习可以是有利的，诸如买书、体育器械，但如果奖励一些诸如现金、手机的东西，有些孩子则会以此在同学间炫耀，在学生间引起攀比，从而给教育带来不良影响。

"德西效应"告诉教育者们：如果未知本身已经使人感到很有兴趣，此时再给奖励不仅显得多此一举，还有可能适得其反。一味奖励会使人把奖励看成是研究的目的，导致目的转移，从而使其只专注于当前的奖赏物。因此，在教育中要特别注意使用正确的奖励方法而不滥用奖励，努力避免"德西效应"。

一位青年女教师正在上公开课。这位老师非常懂得赞美在教学中的作用，每当学生答对了问题，她都会毫不吝啬地说："啊，真聪明！""非常了不起！""棒极了！"

下课后，老师们来到会议室开始评课。听课老师普遍认为这位老师的课上得很成功，对她通过表扬来调动学生积极性的行为更是大为赞赏。

这时，一位专家不紧不慢地说："我发现这位老师在表扬学生的语言策略上还有需要改进的地方。""是吗？"所有在场的人都露出了疑惑的神情。

专家说："心理学家赫洛克曾做过一个试验。他以 106 名四、五年级学生为被试对象，要他们用 5 天的时间练习难度相等的加法，每天练 15 分钟。他把这些被试者分为 4 个组，每天做完加法作业后分别对各个组的同学施以表扬、训斥、忽视等不同的刺激，结果发现受表扬组的成绩最好。可见，赞扬确实是沟通的'法宝'，只要给予鼓励，就能加强他们的良好行为，这一点是不容置疑的。可是别忘了，任何事情都有两面性，奖励也是一样，虽然奖励在总体上能够达到激励的效果，但如果不注意讲究策略，不但效果不佳，还可能对人造成心理伤害。"

的确，奖励如果不讲究策略，不但不会达到预期的效果，而且还会适得其反。美国的一个学校采用发"代币券"的形式褒奖学生的做法就很可取。如果老师要褒奖学生的某种良好行为，就会给这个学生发一张价值若干元的代币券。这张代币券可以在学校的小卖部换取同样价值的小商品。如果学生不马上兑换代币券，或将自己的良好行为保持一段时间，抑或又有新的良好行为，他就可以到教师那里换取一张面值更大的代币券。如果学生仍不兑换，并持续保持良好行为，教师的褒奖方法则仍根据以上原则类推。

这种做法使学生的良好行为得到了持久强化。这是因为该校的做法契合了心理学中"期望与效价"理论，即人做某事的积极性等于成功概率和价值判断的乘积。也就是说，奖励的同时要给予学生一定的期望，这样才会收到比当下良好行为更好的效果。

西方还有一个有趣的"老祖母的原则"，即延迟奖励。意为：先乖乖吃完晚餐，然后才可以吃甜点。这个原则实际是想说：一旦驱使你去做某件事的诱因消失，即使有再好的意向也难以实现。因为，谁都知道天下没有白吃的午餐，太早得到的葡萄一定不够甜。

作为教师，一定要处理好内感报酬和外加报酬的关系，即要处理好精神奖励和物质奖励的关系，避免产生德西效应，使学生的学习积极性得到最大限度的激发。

拯救孩子的习得性无助

"习得性无助"理论是心理学家塞利格曼和梅尔从条件反射实验中得出的理论。在他们所设计的实验中：首先将一条狗放入一个笼子里，笼子底是用金属制作的。他们将笼子用隔板一分为二，并在狗所站的一侧通上了电流。狗在受到电击后，只要跳到无电的另一侧，就可不受电击。一次次重复后，狗就学会了在遭到电击时跳过隔板。后来实验者将狗约束住，放到通有电流的一侧，一次次给予电击，狗虽然想挣脱却无能为力。再到后来，实验者将狗的约束解除，放入笼内，再给予电击，结果发现狗不再试图跳过隔板，而只是在笼子里来回跑动，或不停地呻吟、哀鸣，无所作为，一直等到电击消失为止。

上述实验的第1步使狗学会了跳过隔板躲避电击，也就是说，它可以通过自己的行为对所处的环境施加影响（控制）；在第2步中，由于实验对狗有约束，它不能躲避电击，从而知道自己对惩罚性的环境无能为力，此时它体验的就是习得性无助感；第3步，尽管对狗的约束已经解除，但它已经放弃了改变环境或自身处境的尝试。

在这个实验中，狗在多次受到挫折以后，表现出来的绝望和放弃的态度有几个明显的形成过程：频繁体验挫折—产生消极认识—产生无助感—动机、认知和情绪上的损害。实验中的那条狗就是在这样的连锁过程中，逐渐失去了与命运、挫折抗争的心理能量。

心理学研究表明，"习得性无助感"不但会发生在动物身上，在人身上也同样会发生。心理学家塞利格曼在实验中发现大学生在经历了某次无法控制的噪音情形后，第2次经历有可能逃避的噪音时比没有经历过噪音的人更难学会逃离。

在现实生活中，"习得性无助"现象相当普遍。从生到死，人们在漫长的岁月中会遭遇各种不同的失败与挫折，甚至不幸，如先天性疾病、学习成绩差、升学考试失败、失恋、夫妻感情破裂、工作失误或下岗失业、不良人际关系，甚至身患不治之症，等等。我们常常听到有人说"我就破罐子破摔了""我没有希望了""我听天由命吧"……这些常常就是人处在无能为力的情形下表现出来的"习得性无助"状态。

自从进入这所市重点高中以后，王浩就开始讨厌学习。其实，王浩在小学和中学时学习很好，经常在班上名列前茅，可自从进入市重点高中以后，王浩发现班上的同学个个都很强，开学不久的一次考试就将王浩推进了深渊。那次考试，他竟然有两门不及格，就连他最拿手的数学也只考了70分，这无疑是给了他当头一棒。那次考试之后，他曾暗下决心，要努力学习，迎头赶上。但期中考试之后，他彻底绝望了，因为他又有两科不及格，总成绩也不高。班主任为此还专门找他谈了话，将他批评了一顿，认为是他没有用功学习。其实，他已经很努力了，只是不知为什么成绩总上不去。之后，他索性破罐子破摔，经常不写作业，上课也不好好听讲……他看不到自己的未来，也不知道自己以后能干什么……

其实，王浩此时体验到的就是"习得性无助感"，学业上频频失利使他产生了消极的认识，他曾经的"辉煌"都被现在的失利吞噬了。他否定了自己的能力，看不到自己的未来。

从上面的叙述我们知道，"习得性无助"不是与生俱来的，而是后天形成的。那么哪些因素可能会导致孩子的"习得性无助"呢？

首先，教师和家长对孩子过高的期望会导致孩子的"习得性无助"。许多家长都望子成龙，望女成凤，而教师则希望"青出于蓝而胜于蓝"，对孩子提出了过高的要求。实际上，孩子已经非常努力了，而且做得也很不错，只不过离家长或教师的期望值还有一定的距离。而这时家长、教师非但没有肯定，反而把"过失"归于孩子还不够用功，孩子的努力换来的不是奖励而是指责。这样，久而久之就会给孩子造成一种错觉：我永远都不会成功，我又何必努力呢？于是孩子就会失去信心，变得茫然，进而会觉得自己是一个废物。

其次，对孩子经常性的指责会导致孩子的"习得性无助"。有些家长动不动就因为孩子的小小过错对孩子横加指责，甚至是打骂。也有的教师习惯于用食指和孩子说话，他们完全没有把孩子当作一个独立的主体，没有考虑孩子的个性感受，他们认为孩子只有在逆境中才会成才。其实不然，孩子常常会在你的指责中沉沦、绝望，最后毫无斗志。

再次，部分家长或教师对孩子有心理偏见。虽然现在提倡男女平等，但是仍有不少人认为女孩不如男孩，"重男轻女"的思想根深蒂固。也有不少人因为孩子以前没做好，所以认定孩子以后也一定不会做好，进而凭一种主观的定式认为孩子永无出头之日，对孩子不抱什么希望，对孩子做的事熟视无睹，既不批评，也不肯定。长此以往，孩子的行为没有了标准，他就会变得麻木，对世上的一切都没有了兴趣，成了行尸走肉。原本神奇、光彩夺目的世界，在这些孩子眼里变得暗淡无光了。

此外，有时候家长无意中的话语也会造成孩子的习得性无助。在生活中，你是否说过这样的话："你看看楼上的明明，这次代表学校参加市里的数学竞赛拿了二等奖，你什么时候才能拿这样的好成绩给我看看啊？""你考试怎么总徘徊在20名左右呢，什么时候你能给老妈争口气，考进前10名呢？"或许你的本意是想激发孩子的斗志，但是，这种盲目的攀比却容易挫伤孩子的自尊心。可能有时候和孩子聊天时，孩子会说："爸爸，我已经很努力了，为什么还是比不上人家呢?"其实，这就是你攀比教育的结果。它告诉孩子：即使你再努力也比不上楼上的明明了！这时，孩子的"习得性无助"就已经形成了。

孩子是祖国的未来，作为担负着教育责任的家长和老师，不能让他们在"习得性无助"的摧残下无情地凋谢。我们应把孩子们从"习得性无助"中拯救出来，让每一朵花都开得更灿烂。

那么我们怎样才能有效地帮助孩子尽快走出"习得性无助"的阴影呢?

1. 对孩子的评价内容要积极

积极的评价会使孩子对自己充满信心，自我效能感因此提高；负面的评价会打击孩子的自尊心和自信心，孩子可能因此而破罐破摔。心理学研究认为，这种"说你行，你就行，不行也行；说你不行，你就不行，行也不行"的现象，其原因就是孩子长期受到这些话语的影响，在心理上形成了正面或负面的自我表象，久而久之，就会固化成他们的行为特点。

2. 数其一过，不如奖其一功

经常受批评的孩子往往会丧失自信心，因为害怕再犯错，所以对力所能及的事也会产生畏缩退避行为。较少受表扬的孩子会认为不管事情处理得如何，结果都无关紧要，相反做错了还会受到批评，因而会慢慢失去主动性，从而产生一种漠不关心的态度。一次两次挫折可能不会产生严重的后果，但是反复体验这类情境就会导致孩子习得这种对生活的无助感，从而丧失对生活的热情。其实这些孩子已经知道自己有无数的"过失"，为何我们还要在他的伤口上撒盐呢?为何不找出孩子的闪光点给予鼓励，给予表扬呢?正如一句名言所说："用一吨重的批评去攻击他，不如用一两的表扬去肯定他。"

3. 夸奖鼓励要及时

对孩子鼓励多，孩子的进步就快。鼓励是自信的酵母，夸奖是自信的前提，自信是信心的基础，没有自信就没有信心。培养孩子自信心的有效方法就是及时夸奖鼓励。夸奖不仅仅表明了父母对孩子的信心，同时也坚定了孩子对自己的信心，只有孩子对自己充满了信心，他才会为成功找办法，不为失败寻借口。这对于"习得性无助"者克服困难、鼓起勇气、振奋精神、减少自卑、奋起直追尤为重要。

4. 善待所有的孩子

不管孩子的性别、美丑、过去如何，都要给孩子注入一种爱，这种爱的方式是博爱。我们要用爱的力量温暖孩子冰冷的心，让由于缺乏爱而形成"习得性无助"的孩子那冰封的世界从此艳阳高照。在他们失落的时候、孤立无助的时候，至少让他们幸福地感到父母、老师是爱他们、关心他们的，从而让孩子在情感上获得新生。

"习得性无助"会给孩子带来很大的影响，作为父母或者老师，我们一定要采用各种办法，尽量避免孩子的"习得性无助"，让他们在成长的道路上走得更好。

第二章　人际关系心理学

距离产生美

两只困倦的刺猬，由于寒冷而拥在一起，可因为各自身上都长着刺，刺得对方怎么也睡不舒服。于是，它们离开了一段距离。但由于又冷得受不了，于是又凑到一起。几经折腾，两只刺猬终于找到了一个合适的距离，既能互相获得对方的体温又不至于被扎。

后来，人们把这则故事作为人际交往的准则，即刺猬定律。

根据刺猬定律，人与人之间的交往应该保持一定的距离，即"身体距离"和"心理距离"。"身体距离"即"私人空间"，"心理距离"即"孤独感"。

所谓"私人空间"，是指环绕在人体四周的一个抽象范围，用眼睛无法看清它的界限，但它确确实实存在，而且不容他人侵犯。无论在车厢或者电梯内，你都会在意他人与自己的距离，当别人过于接近你时，你可以通过调整自己的位置来逃避这种近距离的不快感。但是当狭小的空间中挤满了人时你就很难改变，于是就只能以对其他乘客漠不关心的态度来忍受心中的不快，故而看上去神态木然。

有关资料介绍，私人空间的形状与大小可用所谓接近（或被接近）实验的方法来确定。专家们在广场中心位置安排一个人站着，然后让受试者一步步地接近目标人物，这时就会发现这个"过分接近对方而引起不快"的位置。这一位置就是"私人空间"的界线。实验表明：当受试者与目标人物认识时，"私人空间"比互不认识要小，异性之间的空间比同性之间要大。尤其是女性受试者去接近男性目标人物时，私人空间扩张到最大。

国外电台曾做过一个马路电话亭最多可挤多少个人的游戏节目，最多时曾进10人，因为大家知道这是一个游戏，所以并不在意自己的"私人空间"。可当人们在自己家里时，整个房屋就变成了自己完全的"私人空间"，不容许别人擅自闯入，人们也只有在家里才感到安全和放松。这就是"私人空间"保护作用的心理。

在车站、公园供人休息的长椅上，通常坐两端的人多，一旦两端位置都有人占据，就很少有人会主动坐在中间位置。一排长椅最多能坐4个人，先来的人坐在椅子的正中，后来的人会坐在长椅的一边，正中的人则会挪到长凳的另一端。于是，原本可以坐4个人的长椅，2个人就"客满"了，难怪现代都市的公众场合都已改为长排单只座位。

"私人空间"的原理告诉我们，当两人彼此过分接近时，会令人产生不快及焦躁感。"私人空间"变得狭小不足时，会产生压迫感，而使人不能冷静、客观地做判断，甚至会对侵犯者采取攻击的态度。

而"心理距离"便是"孤独感"的源泉。人类是宇宙中唯一（迄今而言）的智慧生物。地球的独居性必然赋予人类孤独的心理状态，在没有找到第二个"地球"、发现第二个"人类"之前，人类是无法消除"心理距离"的。我们居住的这个星球，已经密密麻麻地"挤"着60多亿个智慧生物。60多亿人毕竟不是"全同性分子"，毕竟找不到两个完全相同的人，如同找不到"两片相同的树叶"一样。从这方面讲，每个人都可能会感觉到距离。爱因斯坦这样说过："我实在是一个孤独的旅客，我未曾全心全意地属于我的国家、我的家庭、我的朋友，甚至我最亲近的人。在所有关系面前，我总是感到一种距离，并且需要保持孤独——而这种感受与日俱增。"这种距离便是产生孤独的源泉，这种"心理距离"也的确存在，其具体表现形式便是——孤独。

当你离群索居、漂泊异乡，会因为对陌生环境的把握不定和自身的失落而产生孤独感；当你与家人或同事产生了隔阂，也会感到孤独。但这些具有明显的机缘性，只要改变、克服来自自身的或外界的种种诱因，这种孤独感便会消失。但当对社会、对人生具有独到的见解、抱负和使命感时，这种孤独感便会缠绕着你，哪怕是身处人群之中，或在儿女情长的包围之中，心理上的孤独也"在劫难逃"。

由"心理距离"而导致的孤独并不可怕，善于孤独恰恰能在心灵上筑起一座"世外桃源"。孤独有利于自我塑造。埃里克·斯隆说得很深刻："孤独是生活中的一个危机，也是自我深思、自我完善的一个良机。"

"私人空间"是人与人的双边关系，"心理距离"则是个体的内心需求。无论是"身体距离"，还是"心理距离"都只能说明：人作为高智商生物，彼此之间的关系是很微妙的，距离是必不可少的。

那么，每个人的个人空间到底有多大呢？大多数心理学家认为，人们空间范围圈的大小，除了取决于不同民族和文化因素之外，同时也和许多其他因素有关。

美国人类学家爱德华·霍尔制订了一个人际心理距离和空间距离相对应的尺度。为了便于了解，我们在这里将其绘制成一个简表，见下表。

空间范围圈表

密切区域	熟人区域	社交区域	公共区域
15～16cm	46～120cm	120～360cm	360cm 以上

我们都知道，在人际交往中应该热情些。但是，人和人不一样，情境和情境不一样，根据刺猬定律，有时"冷"一些，与他人保持一定的距离反倒比较好。

人不可貌相

俗话说：人不可貌相，海水不可斗量。但是在现实生活中，我们仍然免不了会以貌取人，尤其是初次见面时。

研究发现，以貌取人更容易发生在认识的初期，也就是人们初识但不太熟悉的时候。

有心理学家做过一个实验：将一群陌生人一连 4 天聚在一起，每次聚 1 个小时。

第 1 天，接受实验者对于他人的评判有 32% 来自外貌，20% 来自对内在的了解。

第 2 天，情况改变了，评判中的 26% 来自客观的印象，而 33% 来自评价者的主观意识。

第 3 天，这一比率为 24/34。

第 4 天，也就是最后 1 天，这一比率则是 23/48。

这个实验说明，人们对他人容貌的重视，会随着彼此的熟悉而减弱。这就是为什么我们对熟悉、喜欢的人，会觉得越来越顺眼。

调查发现，相貌会对人的心理产生巨大的影响。因为漂亮的人总能给人一种赏心悦目的感觉。就连父母对待自己的孩子，也是更喜欢漂亮的孩子，而相貌丑陋的孩子则不容易讨父母的欢心，甚至会被嫌弃。

成人世界里更是如此。相貌漂亮的人，尤其是年轻的女子，会在人际交往等事情上更容易博得他人的青睐，激起他人的热心，获得帮助，在生活的各方面也更加顺利一些。

国外有过一项针对这个问题的研究。根据统计，相关人员得出这样的结论：长相好看的人比相貌平平的人挣钱更多，拥有的工作更让人羡慕，而相貌平平的人比相貌丑陋的人又会好一些。

如果我们理性一些，就会认识到，以貌取人的确有很大的局限性。因为人的长相和心灵是两回事。其实，气质美要比容貌美更高一筹。内在的美才更耐看，也更能成为判断一个人的依据。

在人际交往中，我们不能仅仅靠外貌来评价别人，毕竟"人不可貌相"：也许有人长得美若天仙，但却心如蛇蝎；有人长得丑陋，但是心地善良；有人有闭月羞花、沉鱼落雁之貌，却一无所长；有人奇丑无比，却是旷世奇才。因此，我们要用心去观察别人，给他们一个客观、公正的评价。

战胜交往中的"约拿情结"

每个人都有能力进行有效的社会交往，从而取得更大的成功。不幸的是，人们在此过程中常会遇到一种自身的心理障碍，这就是所谓的"约拿情结"。"约拿"是《圣经》中的人物，他本是一个虔诚的基督徒，并一直渴望得到神的差遣。神终于给了他一个光荣的任务——去宣布赦免一座原本要被罪行毁灭的城市，可是约拿却抗拒这个任务逃跑了。这是怀疑甚至害怕被证实自己的智力所能达到的光辉水平、心理软弱到甘愿回避成功的典型。"约拿情结"是我们成功人际交往的敌人。

常见的约拿情结，主要有个性障碍、情感障碍、意识障碍和意志障碍等类型。

1. 个性障碍

个性障碍是指人们在社会交往中常常出现的气质障碍和性格障碍，如抑郁质的人，易表现孤僻乖戾、不善交际的弱点；黏液质的人，易表现优柔寡断、缺少魄力的弱点；多血质的人缺乏毅力；胆汁质的人办事武断、鲁莽。

2. 情感障碍

情感障碍是指人们在能力的自我开发中，对客观事物所持态度方面的不正确的内心体验，主要表现为麻木情感，这是人们情感发生的阈限超过常态的一种变态情感。所谓情感阈限，就是引起感情的客观外界事物的最小刺激量。麻木情感的产生主要是由于长期遇到各种困难，受到各种打击，自己又不能正确地对待并加以克服，以致其对客观事物的内心体验阈限增高，形成了一种内向封闭性的心理定式。它会使人们丧失对外界交往的生活热情和对理想及事业的追求。

3. 意识障碍

意识障碍是指由于人脑歪曲或错误地反映了外部现实世界，从而减弱了人脑自身的辨认能力和反应能力，阻碍了人们对客观事物的正确认识，影响了人们社会交往的成功。其主要表现有：

（1）"厌倦型"心理障碍：是一种厌恶一切自己不感兴趣和对其无能为力的事物的心理状态。存在厌倦心理的人，常常抱怨自己"怀才不遇""明珠暗投"，并对自我开发失去兴趣。

（2）"自卑型"心理障碍：因生理缺陷、心理缺陷即自认为智力水平低，或家庭、社会条件不如他人，而产生的一种缺乏自信、轻视自己、不能进行自我能力开发的一种悲观心理。

（3）"习惯型"心理障碍：它是由于重复或练习巩固下来并变成需要的行为方式，它的形成一是由于自身养成，二是由于传统影响。具有这种心理障碍的人通常认为不进行自我能力开发也照样过日子，满足于现状是前一种，而求稳怕乱则是后一种。

（4）"闭锁型"心理障碍：把自我体验封闭在内心，不愿向他人表现，因而缺乏自我开发的积极性。

（5）"价值观念异变型"心理障碍：是指对作用于人的客观事物的价值量进行了错误的心理评估，形成了一种畸形的价值意识，如把工作分为三六九等、高贵与低贱，最突出的表现为贬低自己目前所从事的职业，因而不能结合工作开发自己能力的心理障碍。

（6）"志向模糊型"心理障碍：是指对将来干什么、成为何类人才的理想不明确，从而没有定向进取的内驱力，不能进行自我能力开发的一种心理障碍。

4. 意志障碍

意志障碍是指人们在自我能力开发中，在确定方向、执行决定、实现目标的过程中起阻碍作用的各种非专注性、非持恒性、非自制性等不正常的意志心理状态。主要表现有：

（1）"怯懦型"心理障碍：怯懦是一种懦弱胆小、畏缩不前的心理状态。怯懦的人过于谨慎，小心翼翼，常多虑、犹豫不决，稍有挫折就退缩，因而会影响其自我开发目标的完成。

（2）"意志暗示型"心理障碍：是指在制订和执行目标时，易受外界社会舆论和他人意向的直接或间接影响而产生一种动摇不定的意志的心理状态。表现为确定目标时"朝秦暮楚"，执行决定时"三天打鱼，两天晒网"。

（3）"意志脆弱型"心理障碍：具有这种心理障碍的人没有勇气去征服实现目标道路上的困难，他们不主动去征服困难，而是被动地改变或放弃自己长期进取的既定目标。

5. 其他障碍

除了意识障碍、意志障碍、情感障碍和个性障碍外，还有其他几种影响智力开发的心理障碍，包括感觉加工中的心理错觉（如受时间影响的心理错觉、受需求满足程度引起的心理错觉、情绪状态产生的心理错觉，以及颜色和视觉方面的错觉）、知觉中的错觉和偏见（如知觉中的异常性、知觉的暂留性、期望中的偏见、时间的局限性，以及依靠一些不正确的感知经验来支持或反对另一些经验的循环错误）、思维定式的障碍（如思考问题时的思维惯性、科学研究中的思维定式）等，这些障碍主要基于认识上的主观片面性、表面性，以及思想僵化、凝固等原因。这些和回避成功、害怕成功的心理障碍是性质不同的心理障碍，但同样对人的社会交往乃至事业成功有着巨大影响，特别是当这些心理障碍互相影响时，更会形成一种强大的负效应，导致一个人事业失败。

很明显，有些人成就不大并不在于智力不够，而在于没有克服自己心理上的弱点和谬见——这些弱点和谬见会影响正常的人际交往，而缺乏社会交往的人是无法取得成功的。我们只有不断向自己挑战，认真对待以上几种约拿情结，才能进行有效的人际交往，也才能取得更大的成功。

那么，在人际交往中，我们如何才能战胜"约拿情结"呢？

1. 要自我鼓励，培养自信。要相信自己的能力，相信自己的努力会取得成功。在面临困难和新的挑战时，不妨在心里对自己说："我能行！""我一定会成功的!"用这样的心理暗示为自己打气，鼓足勇气去迎接挑战。

2. 调整自己的目标，不怕失败，在实现目标的过程中逐步走向成功。过低或过高的目标都不利于个人的成长，因此要善于分析自己的优势和劣势，定出适合自己的理想目标，全力以赴地去实现自己的理想。失败时要分析原因，吸取教训，在挫折中培养自己的心理耐受力。当你坚持下去，在经验与教训的累积下前行的你，一定会尝到自信与成功的滋味。

3. 要学会宽容，用正确的态度去看待他人的成功。别人成功自有他的原因，我们可以自觉地去学习，奋起直追。我们要学会设身处地地替别人着想：别人成功时，替他感到快乐；别人痛苦不幸时，我们也应该体会他的心情。只有这样，才能克服嫉妒的心理。

4. 心情焦虑时，听听音乐或者到外面散散心。心情紧张的人，才会考虑成功来临之前种种失败的可能性，不妨把考虑这些问题的时间拿来放松自己的心情，在美妙的乐曲声中，在大自然美丽的景致中，将种种顾虑抛开，轻装上阵，迎接挑战。相信，你一定能品尝到成功的喜悦！

将心比心出奇效

A市交通警察支队不久前搞过一次"交警扮的哥"活动。那一天，数十名交警穿上便装，"秘密行动"开起了出租车。一天中，他们受过乘客的气，也有的违了章，实实在在地体验了一把"的哥"们谋生的艰难与不易。另外，通过换位，他们也看到了自己执法过程中的确还存在着许多问题。

再来看看另外一件事：在繁华的大街上，几名城管把一位瓜农的西瓜砸了个稀巴烂，卖瓜的女主人在大街上抱着烂瓜痛哭。这几个城管一定是没种过瓜的，如果他们也能像交警那样换一下位，如果他们能到田间地头感受、体会一下，想一想农民从育苗到瓜成熟这几个月中的艰辛，他们就不会再忍心这么做了，而是一定会对瓜农体贴许多。

换位办事，换位思考，就是我们所说的将心比心。

所谓换位思考，就是要把自己设想成别人，站在别人的角度考虑问题。很多时候甚至需要暂时抛开自己的切身利益，去满足别人的利益。其实，利益在很多时候是互相关联的，你能考虑别人的利益，别人也会考虑你的利益。在人际交往中，我们要学会"将心比心"。

　　一个人只有具备习惯于换位思考的素质，具有过人的理解力，才能去理解平时所无法理解的东西，而对方也才会感觉到自己被尊重了。这样，人家才愿意与你交流、沟通。

　　在人际交往时，人们不仅习惯于从自己的特定角色出发来看待自己和他人的态度与行为，而且还习惯于自我中心式的思维方式，从而引发一连串的角色冲突和矛盾。如果大家都能从对方的角度去思考一下，都能将心比心地换位感受一番，那么，许多冲突、矛盾就可以迎刃而解，这就是换位思考的积极作用。

　　法国启蒙思想家伏尔泰有一句名言："也许我不同意你的观点，但我一定举双手维护你说话的权利。"

　　换位思考到底是什么呢？其实就是"移情"，去"理解"别人的想法、感受，从对方的立场来看事情，以别人的心境来思考问题。当然，这并不是很容易就能做到的。

　　有时我们以为别人遇到了痛苦的事，我们就该安慰他（她），这样会抚平别人的创伤，而实际情况却不一定那么简单。

　　小宁的老公突发心脏病去世了。料理完丧事，她疲倦且悲伤地回到家后，就开始面对亲友日复一日地关心询问："他是怎么死的？""你怎么没有及时呼救？""之前你们夫妻吵过架吗？""天哪，怎么会发生这样的事？"

　　这些人的出发点当然是关心，但对处于情绪低潮期的小宁，这却造成了莫大的伤害，以致后来她一看到有人来就害怕。"我最需要的，是沉默的体谅，但却没有人给我。"她说。

　　在生活中，我们有时很想帮助别人，但是只有好心是不够的，我们还需要一定的生活阅历和体谅别人的能力。即使安慰也是需要技巧的。有时我们太急着给别人我们的观念、判断和看法，却忘了输送真正的温暖；我们太急于知道自己想知道的，却忘了别人的伤口还没愈合。

　　换位思考不但需要转换思维模式，还需要一点好奇心来探求他人的内心世界。

　　真正的换位思考必然是一个"移情"的过程，要从内心深处站到他人的立场上去，要像感受自己一样去感受他人。但不幸的是，许多人的换位思考却缺少了"移情"这一根本要素。他们或是站在自己的位置上去"猜想"别人的想法及感受，或是站在"一般人"的立场上去想别人"应该"有什么想法和感受，或是想当然地假设一种别人所谓的感受。这样的换位思考，其实仍局限于自己设定的小圈圈之中，绝对无法使人体验他人真正的感受和思想。只有真正地"移情"，设身处地为他人着想，换位思考才能起到积极的作用。

适当的"自我暴露"有助于加深亲密程度

生活中有一些人是相当封闭的，当对方向他们说出心事时，他们却总是对自己的事情闭口不谈。但这种人不一定都是内向的人，有的人话虽然不少，但是从不触及自己的私生活，不谈自己内心的感受。

总体来说，一个人对他人的开放性体现在两个方面：一是由初次见面时待人接物的习惯所决定的，这称为社交性。社交能力强的人善于闲谈，但谈话中未必会涉及根本问题。第二个方面是由一个人是否愿意将自己的本意、内心展现给他人所决定的，这称为自我展示性。

这两种类型的开放性通常是完全独立的。有些人社交能力很强，他们可以饶有兴趣地与你谈论国际时事、体育新闻、家长里短，可是从来不会表明自己的态度。而一旦你将话题引向略带私密性的问题时，他就会插科打诨，转移话题。可见，一个健谈的人，也可能对自身的敏感问题有相当强的抵触心理。相反，有一些人虽不善言辞，却总希望能向对方袒露心声，所以反而能很快和别人拉近距离。

人之相识，贵在相知；人之相知，贵在知心。要想与别人成为知心朋友，就必须表露自己的真实感情和真实想法，向别人讲心里话，坦率地表白自己、陈述自己、推销自己，这就是自我暴露。

当自己处于明处，对方处于暗处，你一定不会感到舒服。自己表露情感，对方却讳莫如深，不和你交心，你一定不会对他产生亲切感和信赖感。当一个人向你表白内心深处的感受，你可以感到对方首先信任你，其次想和你达到情感的沟通，这就会一下子拉近你们的距离。

在生活中，我们会发现有的人知心朋友比较多，虽然他外表看起来不是很擅长社交。如果你仔细观察，就会发现这样的人一般都有一个特点，就是为人真诚，渴望情感沟通。他们说的话也许不多，但都是真诚的。所以他们有困难的时候，总能有人来帮助他们，而且很慷慨。

而有的人虽然很擅长社交，甚至在交际场中如鱼得水，但是他们却少有知心朋友。因为他们习惯于说场面话，做表面功夫，交朋友又多又快，感情却都不是很深。还有就是他们虽然说很多话，却很少暴露自己的真实感情，而人人都能直觉地感到对方对自己是出于需要，还是出于情感而来往。

每个人内心深处都有对情感的需要，这就好像对食物的需要，是与生俱来的。情感纽带下结成的关系，要比暂时的利益关系更加牢固。

实际上，人和人在情感上总会有相通之处。如果你愿意向对方适度袒露，总会发现相互的共同之处，从而和对方建立某种感情的联系。向可以信任的人吐露秘密，有时会一下子赢得对方的心，赢得一生的友谊。

心理学家认为，一个人应该至少让一个重要的他人知道和了解真实的自我。这样的人在心理上是健康的，这也是实现自我价值所必需的。

事实证明，太少的自我暴露和太多的自我暴露都会引起环境适应方面的一系列问题。一个从不自我暴露的人不可能与他人建立起密切的关系；但是，总是向别人喋喋不休地谈论自己的人，会被他人看作是适应不良的自我中心主义者。

心理学家认为，理想的自我暴露是对少数亲密的朋友做较多的自我暴露，而对一般朋友和其他人做中等程度的暴露。

而且，你也不一定要说你的秘密。在不太了解的人面前，你可以交流一些生活中的并不私密的情感，从而既给人亲近之感，又不让自己处于不安全的境地。

自我暴露要适当。像鲁迅小说中的祥林嫂那样总是喋喋不休地谈论自己的事情的人，刚开始可能会得到别人的认可，但时间长了就会遭到人们的厌烦。因此，过多的自我暴露不但不会赢得友谊，反而可能会适得其反；同样，自我暴露过少也不会赢得友谊。

当人们与自我暴露水平较高的个体交往时，最有可能进行较多的自我暴露，因为人们常常会回报或模仿他人所欣赏的自我暴露。如与朋友聊天时，朋友讲出心底秘密的同时，我们也愿意作出同等的回报，讲出自己的秘密。

自我暴露与喜欢紧密相连。人们喜欢那些与自己有相同自我暴露水平的人。如果某人的自我暴露比我们暴露自己时更为亲密详细，我们会因害怕过早地进入亲密领域而产生焦虑。

自我暴露与对方的赞同程度紧密相连。获得对方的赞同时，我们的自我暴露就多，反之则少。

人与人之间的跷跷板

在第一次世界大战中，有一种德国特种兵的任务是深入敌后去抓俘虏回来审讯。

当时打的是堑壕战，大队人马要想穿过两军对垒前沿的无人区是十分困难的。但是一个士兵悄悄爬过去，溜进敌人的战壕，相对来说就比较容易了。参战双方都有这方面的特种兵，他们经常被派出去执行任务。

有一个德军特种兵以前曾多次成功地完成这样的任务，这次他又出发了。他很熟练地穿过两军之间的地域，出乎意料地出现在敌军战壕中。

一个落单的士兵正在吃东西，毫无戒备之下一下子就被这个特种兵缴了械，他手中还举着刚才正在吃的面包。这时，他本能地把一些面包递给了对面突然而降的敌人。这也许是他一生中做得最正确的一件事了。

面前的德国兵忽然被这个举动打动了，并产生了奇特的行为——他没有抓这个敌军士兵回去，而是自己回去了，虽然他知道回去后上司会大发雷霆。

这个德国兵为什么这么容易就会被一块面包打动呢？人的心理其实是很微妙的。人一般有一种心理，就是得到别人的好处或好意后，就想要回报对方。虽然德国兵从对手那里得到的只是一块面包，或者他根本没有要那个面包，但是他感受到了对方对他的一种善意，即使这善意中包含着一种恳求，但这毕竟是一种善意，是很自然地表达出来的，因此在一瞬间打动了他。他在心里觉得，无论如何都不能把一个对自己好的人当俘虏抓回去，甚至要他的命。

其实这个德国兵不知不觉地受到了心理学上"互惠原理"的左右。这种得到对方的恩惠就一定要报答的心理，就是"互惠原理"，这是人类社会中根深蒂固的一个行为准则。

互惠原理是人类社会永恒的法则，它是各种交易和交往得以存在的基础。

互惠原理认为，我们应该尽量以相同的方式回报他人为我们所做的一切。

如果一个人帮了我们一次忙，我们也应该帮他一次；如果一个人送了我们一件生日礼物，我们也应该记住他的生日，届时也给他买一件礼品；如果一对夫妇邀请我们参加了一个聚会，我们也一定要记得邀请他们到我们的一个聚会上来。

由于互惠原理的影响力，我们感到自己有义务在将来回报我们收到的恩惠、礼物、邀请等。人与人之间的互动就如坐跷跷板一样，不能永远固定某一端高，另一端低，而是要高低交替。一个永远不肯吃亏、不肯让步、不与别人互惠的人，即使赢了，讨到了不少好处，从长远来看他也一定是输家，因为没有人愿意和他玩下去了。互惠原理是我们在与同事、朋友、恋人、夫妻等相处时不可缺少的一门艺术。

第三章　职场心理学

初涉职场的心理准备和角色转换

人的一生会处在不同的社会地位，从事不同的职业（或中心任务），这都需要人有相应的个人行为模式，即扮演不同的社会角色。社会角色就是个人在社会关系体系中处于特定的社会地位，并符合社会要求的一套个人行为模式。

心理学上的角色转换理论认为，在新旧角色的转换过程中，无论是由上级到下级、由领导到子女、由学生到老师、由主人到客人还是由学生到职员，都必然伴随着新旧角色的冲突和强烈的心理不适。

陈昊今年 24 岁，是北京某高校应届毕业生，毕业前找了一家外贸公司做销售。在学校时，他很少参加社会活动。上班第 1 天，在去往公司的公交车上，他坐在靠窗的一张椅子上。一会儿，已无空座的车里上来了母女二人，母亲 30 岁左右，小孩大约 6 岁。陈昊礼貌地让了座。那位母亲非常感激，连忙道谢："谢谢您了！"又对小孩说道："敏，快谢谢叔叔！"小孩望着陈昊说道："谢谢叔叔！"陈昊不由得发窘：自己才刚刚毕业，年纪轻轻的，怎么就成了"叔叔"了？以前人家都叫哥哥的。

下班后，老板请大家吃饭。在餐桌上，大家都热情地相互应酬，陈昊却有些发愣，他感觉自己的心理年龄真的有些小。

陈昊目前就面临一个尴尬的问题：无法适应强烈的角色冲突，对自己由学生变为职员有些发蒙。这就需要调节了。其实，角色冲突是普遍存在的，但可以通过角色协调使得角色冲突尽可能地降至最低限度。协调新旧角色冲突的有效方法是角色学习，即通过观念培养和技能训练提高角色扮演能力，使角色得以成功转换。对于即将步入社会的广大大学生来说，实习就是一个很有效的手段。它不同于"勤工俭学"，它的直接目的不是获得报酬，而是大中专院校教学的一个重要环节，是学生步入职场的一个必要的过渡阶段。

实习可以为同学们提供了解和熟悉工作的机会。只有在实际工作中，他们才能知道工作到底是怎么一回事、自己更适合做什么、哪些知识是有用的、应该对自己的知识结构做哪些补充和调整、如何处理工作中的人际关系等，这将有助于他们更全面地认识自己和了解职业，并据此科学地设计自己的职业生涯。

实习是学生从课堂走向社会的第一步。借助实习，学生可以初步完成从理想到现实的心理转换和从学生到职员的角色转换。顺利的心理转换可以减轻学生初入职场将要经历的现实冲击，完整的角色转换能为他们将来尽快适应新的工作岗位打下良好的基础。

当然，实习只是一个手段，对广大的应届毕业生来说，更重要的是进行心理调整，在工作中尽快完成自己的角色转换。

初入职场走好第一步

对应届毕业生来说，从单纯的校园迈入复杂的职场，从象牙塔中的学子蜕变为一个职业人，许多人会因面临角色转换而彷徨不安、不知所措，尤其是不知道该如何面对新的职场生涯。心理学家认为，这是人由一个熟悉的环境进入一个陌生的环境时产生的正常心态，并非什么心理疾病，只要注意适度调节，这种不良的心理状态很快就会被改善的。另外，根据心理学上的理论，初入职场者在职业生涯开始的时候要注意以下 3 个方面：

首先是初入职场，要给人留下良好的第一印象。第一印象所产生的作用称之为首因效应，它主要包括对对方的长相、表情、姿态、身材、年龄、服装等方面的印象。这种印象虽然是初步的相互了解，但在对人的认知中却起着明显作用。如果上班伊始就给人留下不良的第一印象，就会很容易在别人心目中形成一种比较固定的看法，也是一种概括而笼统的看法，即所谓的"社会刻板印象"，从而影响自己以后的发展。

吴静是一家外贸公司的职员。在第一天上班的时候，她早上 6 点就起床了，挑选了衣柜里最贵、最正式的一套职业装，精神抖擞地出了门。

　　但是意外很快出现了，人力资源部经理把她领到她所在的外联部后，就没再搭理过她，部门里也没有一个人抬头看她一眼。

　　最后，还是部门经理注意到了她，对她说："饮水机的水要换了，你给送水公司打个电话吧！还有，麻烦你去帮大家交一下手机话费，最近大家都很忙，没工夫去交。你回来时再顺便在楼下的肯德基帮大家买一下午饭吧。"从办公室出来，她很失落，觉得自己像个可有可无的人。

　　吴静对于自己没有给同事留下好印象而产生自卑感，是不利于个人以后发展的。她应积极调整心态，表现得快乐活泼，努力给别人留下良好的印象。

　　有关专家指出，初入职场，只要做到下面 4 点，就能给同事留下良好的第一印象：一是主动交流，在同事心目中树立起容易沟通的印象；二是勤学好问，但不要太过频繁；三是衣着得体，拿不准该穿什么时，就和其他人保持一致；四是少说多听，对工作有充分了解后再发表看法。

　　其次是初入职场，要保持积极主动的心态，学会自己解决工作中的问题。心理学认为，工作积极主动会给人一种积极向上的印象，并且可以感染身边的人，从而获得大多数人的认同。

　　李洋是某广告公司设计部职员。刚开始上班时，他就感觉到了对工作积极主动的重要性，所以经常向同事问一些问题，如："文件在哪里？""我们部门有多少人？"但是他发现，有些同事对他的态度特别冷淡，领导也总是说："你自己琢磨琢磨……"后来他干脆少说话，多办事，领导让他做什么他就做什么，可这样似乎也没有得到领导的关爱。

　　专家指出，初入职场的人，做事缺乏主动肯定不会被领导青睐，但是过于好问也会惹人烦。企业和学校有很大的不同：在学校，老师的工作就是传道授业解惑，所以学生可以"缠住"老师不放；但是在公司，很多问题都需要在工作中边做边学。职场中，人们总讲究一个悟性，就是说，很多事都需要自己观察、自己体会，因为别人都有自己的工作，不可能总是充当你的老师。

　　再次是要尽快摒弃"恋旧"心理，保持平常心。

　　张鸿硕士研究生毕业后，成功地应聘了一家公司的经理助理职位。他很珍惜这个机会，对工作很有激情。但时间不长他就发现，他稍稍做出点成绩，大家就会用异样的态度对待他，甚至在背后对他指指戳戳。他现在很灰心，经常怀念在学校的时光，那时大家不会钩心斗角，也没有形形色色的眼神。

　　职场不同于学校，它是一个复杂的场所，在这里有着各种利害关系的冲突。

你不行，易受气甚至被淘汰；你行，有可能遭嫉恨和排斥。这种现象很正常，关键是自己要保持一颗平常心，不为他人的喜怒而刻意改变自己。在困难面前，更不要产生各种类型的"恋旧"心理，使自己消沉。其实，要想在职场中自立，靠的不仅仅是知识能力，更要有良好的职场心理素质。在面对各种烦恼时，要能理智地分析作为一个新人应正视的问题。

大学生与上班恐惧症

吴洁是一名金融专业的应届毕业生，前一段时间按照父母的意愿进了一家银行工作，待遇还不错。但由于是新人，她一开始只被安排到柜台点钱。"工作日复一日，太枯燥了！"作为一名时尚女孩，吴洁心底更向往光鲜亮丽的职业。于是，在银行工作还不到半个月，吴洁就辞去了这个比较稳定的"金饭碗"，跳槽到一家公关公司。

但是进了公关公司，吴洁依然只能从基层做起，她被安排去处理一些繁杂的琐事，如打字复印、接待、端茶倒水等。新工作的"美丽光环"渐渐从吴洁的心中褪去了，随之而来的是像第1份工作那样的焦虑和烦躁。终于，吴洁又无法坚持上班了，不到两个星期，她再次放弃了工作。

在辞去了第二份工作之后，吴洁对自己是否能正常工作产生了怀疑。"无论什么工作都那么枯燥乏味，都提不起我半点兴趣。"现在，吴洁一提到"上班"就充满恐惧，也没信心继续找下一份工作了。

据了解，在刚毕业的大学生中，这种恐惧上班、害怕工作的并非个别现象，从全国各高校的 BBS 上每天都可以浏览到大量关于"工作恐惧症"的帖子。

一位发帖者说："上班时就想到什么时候辞职；还没做就打算做完试用期就辞职；一上班就想还是在家舒服，何必要死要活找工作？"这个帖子有 100 多条回帖，有的回复："一上班就神经衰弱，连晚上睡觉都会梦到工作中的点滴小事，每天都如同煎熬一般，惶惶不可终日。"

每年 5～9 月份，几乎每天都有应届大学毕业生因为害怕工作而导致心理问题，到心理咨询中心就诊。

对于毕业生的"上班恐惧症"现象，有关专家分析认为，这类同学往往过于重视自己的兴趣爱好，他们总是想到"我想做什么"和"我喜欢做什么"，却很少考虑"公司需要我做什么"和"这份工作本身要求我做什么"。正是这种认知上的差异，才使这些毕业生在工作中常感到无法实现自我价值，进而开始怀疑工作本身的价值，所以就恐惧上班或频繁跳槽。

小舟是去年工科毕业的大学生，被分到工厂工作。他的专业知识比较过硬，自认为可以搞好工厂的管理，同时能胜任新产品的研制开发。然而，工厂的主管根据整个大环境和形势不让他冒险，加上很多客观原因，小舟的理想一直无法实现。于是，他和工厂主管的矛盾越来越深，最后不得不离开工厂。

还有一个男生也是去年毕业，然而就在这1年之间，他却不断跳槽，换了十几个单位。问他为什么，他说："我怎么看他们都觉得不顺眼，他们是错的，又不听我的。"

广东省精神卫生研究所的医师认为，出现"上班恐惧症"的学生，多是性格比较内向、平时与社会接触较少、心理素质存在缺陷、在人际交往上存在一定问题的人。同时，他们又比较聪明，考虑问题比较周到，毕业后思想的松弛让他们胡思乱想，从而影响到了心理健康。如不及时疏导、治疗，必将对工作后的各种表现产生影响，有的甚至可能会丧失很多好的工作机会。对于工作1年的大学生，最常见的问题是适应不良。像小舟最后变得十分偏执，这已经是一种比较严重的心理障碍了。而频繁换单位的那个同学，则属于思维逻辑出现了问题。

据了解，90%以上的同学对自己期望值过高，往往因为达不到目标而变得十分失落，要么就是极度缺乏自信，担心自己无法胜任目前的工作。这些人到了单位往往不适应现代社会的团队合作工作机制。

那么，如何克服"上班恐惧症"，早日走上正常的工作轨道呢？

1. 调整认知。每个人都不可能老是停留在学生时代，最终都要工作。每天忧心忡忡，无法改变任何事情。与其消极痛苦，不如积极适应。

2. 学习与人交往，体会交往的乐趣。交往并不可怕，而且是可以学习的。同时不要把注意力都放在对上班的担忧上，想象一下上班后可能获得的成功和喜悦，帮助自己克服恐惧。

3. 求助。通常来说，凡是无法克服恐惧的，人总是试图回避。所以不要放弃自己的最后一个权利——求助于专业人士，比如职业指导专家、心理咨询师等，他们会从职业的角度出发给你科学的指导，而且你不用担心，他们绝对会理解和尊重你。

办公室心理换位的应用

许多在办公室工作过的人都知道，办公室的主角是工作人员。对工作人员来讲，办公室最大的特点是相对的空间固定、人员固定。无论与你为伍的人性别如何、性格怎样、素质高低，都令你无法选择和逃避。

说办公室里简单，是因为它不过是一种大家都能接受的表面化、公式化的办公模式。说它复杂，它也确实不那么容易：首先你要保证工作不出错或少出差错，为了能取得更大的成就，平日里还要付出很多努力；其次，你还要搞好与同事的关系等等。而拥有一个和谐愉快的办公环境，是办公室一族为之向往的，更是需要大家共同努力才能实现的。要想在工作上做出成绩，达到自己理想的目标，办公室的人际关系就可谓是不容忽视的大问题。

从理解和认识人的角度讲，人都是社会的人，每个人除了办公室的同事，还有其他的交往范围。同事之间虽属同样的工作性质，但每个人对工作的理解、把握和重视程度各不相同，加上受教育程度的不同，所以接触他人时，应该对其复杂性有足够的心理准备，这种预期的心理准备可以让我们在与同事交往时，为自己营造出一种能伸展自如的心理空间。与同事交往时不仅应该在工作中相互帮助，平常还应该遵循平等、互利的原则。只有在平等、互利的基础上，相互之间才会少一些矛盾。减少不必要的矛盾，可使人际交往获得双赢的效果。

谁都需要良好的办公环境。当你由于不慎，无意中伤害了他人，破坏了环境的时候，首先，你无须过分自责，而要将心态放平和，然后再努力用真诚、真心去调整。当你别人体会到你的诚意时，你也就达到了补偿的目的。同样，你也应当用此心态去理解和宽容别人，这就是所谓的"心理换位"、将心比心。其实，平时大家都可以用"心理换位"来维护办公室的人际关系。如果你的同事中确有个别大家公认的"问题人"，首先应该避免与他个人私下发生冲突；其次，在必要的时候，应该对他的一些长处适当地进行赞美。一般来讲，人际交往问题多的人，大部分是心理及情感上存在某些障碍的人，这样做也是为了缩短与他们的心理及情感上的距离，使其得到心理平衡和精神安慰，更重要的是有助于他们建立对别人的信任。赞美本身不仅能给人带来精神愉悦，还有利于协调人际关系。

随着现代办公环境的改善和人员素质的不断提高，办公室的文明氛围也在进一步增强。但办公环境的现代化并不代表人际关系的理想化，某些社交规则、人员素质还需要不断补充和完善，直到大家都成为真正的现代、文明的办公族。

当心办公室心理污染

今天，人们面临的压力越来越大，办公室人的心理卫生也成了一个不可忽视的问题。当你每天走进办公室时，不知你是否发现有很多因素在影响着每一个人的情绪，进而影响到工作的质量。我们将影响一个人情绪的诸多因素称为"心理污染"。在办公室有不少的现象，诸如：

1. 如果人们走进办公区时的情绪是积极的、稳定的，就会很快进入工作角色，不仅工作效率高，而且质量好；反之，如果情绪低落，则工作效率低，质量差。在办公区内，如果工作人员善于调节与控制自己的情绪，就会生机盎然、充满活力，工作也会卓有成效。

2. 在日常工作中，人际关系是否融洽非常重要。互相之间以微笑的表情体现友好、热情、温暖，以健康的思维方式考虑问题，就能和谐相处。工作人员在言谈举止、衣着打扮、表情动作中，均可体现出健康的心理素质。

3. 在办公室里接听电话，也能表现出工作人员的心理素质与水平。微笑着平心静气地接打电话，会令对方感到温暖亲切，尤其是使用敬语、谦语收到的效果更往往是意想不到的。不要认为对方看不到自己的表情，其实，从打电话的语调中已经传递出你是否友好、礼貌、尊重他人等信息了。

4. 办公室的干净整洁、物品井井有条也会直接影响到员工的情绪。

总之，办公室内如果存在"心理污染"，某种意义上比大气、水质、噪声等污染更为严重，它会涣散人们工作的积极性，乃至影响工作效率和工作质量。

病毒的传染有药可治，并不可怕。但是，情绪的传染打击的则不仅是躯体，还有精神。它会使人丧失自信，失去前进的动力。在生活中，人们总会遇到令人烦恼、悲伤甚至愤恨的事情，因此很容易产生不良情绪，最终导致心身疾病的发生。此时应该学会控制和调节自己的情绪，保持心身健康。下面的方法你不妨一试。

意识调节人的意识能够控制情绪的发生和强度。一般来说，思想修养水平较高的人，能更有效地调节自己的情绪，因为他们在遇到问题时善于明理和宽容。

语言调节语言是影响人情绪体验与表现的强有力工具，通过语言可以引起或抑制情绪反应。林则徐在墙上挂着写有"制怒"二字的条幅，就是用语言来控制和调节情绪的例证。

注意力转移把注意力从自己的消极情绪转移到其他方面。俄国文豪屠格涅夫劝告那些刚愎自用、喜欢争吵的人：在发言之前，应把舌头在嘴里转 10 个圈。这个劝导对于缓和情绪非常有益。

行动转移：这种方法是把愤怒的情绪转化为行动的力量，以从事科学、文化、体育等工作来缓解不良情绪的影响。

释放法愤怒者把有自己意见的、感觉不公平和义愤的事情坦率地说出来，或者对着沙包、橡皮人猛击几拳，可以达到松弛神经的目的。

自我控制即按照一套特定的程序，以机体的一些随意反应来改善机体的另一些非随意反应，用心理过程来影响心理过程，从而达到松弛入静的效果，以解除紧张和焦虑等不良情绪。

谨防成功后的抑郁症

事业有成是令人羡慕的事情，但是越来越多的成功人士却被成功所累，患上了抑郁症，痛苦得不能自拔。

方辉 1987 年南下深圳打工，他从一个打工仔做起，后来自己单干，慢慢地成立了自己的公司。到 2000 年，他有了自己的企业集团，固定资产超过亿元。然而，这时病魔正渐渐向他靠近。

事业做大了，他却好像变成了一台高速运转的机器，一刻也不能停息。公司每天都有大量的决策需要他拍板定夺，他每天都要面对关系到公司切身利益的传真、汇报，每天都要平衡公司人事方面的关系。但最累的还是一个商业决策形成之前的绞尽脑汁和形成之后观察其运行实际效果的焦虑。这一切使他像在走钢丝的杂技演员，战战兢兢，如履薄冰。这些事情带来的最直接的结果就是让他严重失眠，每天心情总是不好。而且他发现，现在事业成功对他来说已没有任何意义了，他无法从中体验到满足感，他现在有的只是心身俱疲。

每天，方辉都要在下属面前一如既往地表现出坚定不移的硬汉形象，让他们感到老板的威严；在生意场上，他永远要左右逢源而不露破绽，让对手感到自己的威力、睿智和不可怠慢；在家人面前则永远要表现出体贴……他必须将内心的烦躁和痛苦都深埋在心里，不让任何人知道，否则他担心人们会将他看破。但他越是这样反而越加重了内心的孤独和无助，失眠和倦怠像赶不走的瘟神袭扰着他，他开始变得焦躁不安，经常对下属们无端发脾气。一次酒会上下属的一句话惹得方辉很不高兴，他一下将酒桌掀翻……

最近方辉的脾气越来越大，工作上稍有不如意他就大发脾气，将秘书小姐骂哭了好几次。下属们在他面前战战兢兢，而他在下属面前更是战战兢兢——他害怕他们背后议论他、嘲笑他、指责他，所以不过是用发脾气来掩盖罢了。严重的自我封闭使他不断怀疑所有的部下，到后来，他对一切都持怀疑态度。由于长期处于紧张状态，他经常感到心慌、头痛，他开始怀疑自己得了心脏病。深夜之中，他多次叫醒妻子，叫妻子陪他到医院看病。检查后，医生说他的心脏没有任何问题。可是回到家里后，他还是不放心，对妻子说："医生一定是在骗我，我肯定有心脏病了。"于是他们又到另一家医院再次检查，但仍然没有问题。

不久，方辉从报上看到某富翁被绑架的报道，这使他整日更加忧心忡忡。他想到在自己的企业里，说不定哪一天就会出现一个吃里爬外的"汉奸"将他出卖，在他某日下电梯或如厕之时将他绑架，然后向他的家人勒索巨款，否则撕票……特别是当他听说深圳某富翁的侄子被几个陌生人杀害，后来证实匪徒原想暗杀这个富翁，结果错杀了他的侄子时，他更是惶惶不可终日。他这种每日如履薄冰的情绪已经严重影响到了企业的正常经营，他害怕亏本而不敢进行新的投资；整日担心被人谋害，担心疾病、车祸等灾难发生在他身上；他不敢一个人走路，不敢到人多的场所，不敢走夜路……方辉的精神已近崩溃，痛苦中他甚至想到要了结这一切……

从方辉成功后的表现来看，他极有可能患上了抑郁症。当今社会，抑郁症就像流行感冒一样到处传播，一不留神，你就有可能"中毒"。

抑郁症是一类以情绪（心境）低落为主要表现的心理障碍。抑郁症病人的主要表现就是情绪（心境）低落，具体表现是感到压抑、闷闷不乐、沮丧或忧伤，也可能会表现为易激惹性增高，即易发脾气，尤其是儿童和青少年。患者大多有兴趣和乐趣减退或丧失以及精力减退和疲乏、食欲和体重改变（多为食欲减退和体重减轻，少数为食欲增强和体重增加）、睡眠障碍（大多为失眠，尤其是早醒，少数为多眠），以及注意力不集中、思维能力和作决定的能力降低等症状，感到自责或有罪，感到无能、无助和无望，甚至想到死。此外，还可能出现各种躯体不适，如胸闷、心慌、心悸、胃肠不适、腹泻、便秘和身体各部位疼痛等。

有很多抑郁症患者大多事业有成，属于旁人眼中的成功人士，但他们却有着别人无法理解的苦闷，并且会时常感觉不快乐。不少人表示：这是个"向上爬"的社会，成功带给你的不仅仅是社会和经济地位的变化，也有更大的责任和压力。有时候，成功往往能激起人的悲伤感，因为任何目标的实现都包含着终结。

对此，有关专家指出，成功人士往往是在成功后才得了"抑郁症"，之前因为有奋斗目标，不实现不行，但是达到目标后，他们由于不会自我调节就会发现，成功也并不能带来更多的幸福，于是他们就陷入了抑郁之中。

专家认为，一个人的精神信仰对于快乐成功有着举足轻重的作用。有专家给出了实现快乐成功的五大步骤：

1. 作一个决定，将你的想法浓缩具体化（有意义的目标）；
2. 将要完成的期望写下来；
3. 培养发自内心的强烈欲望；
4. 培养至高无上的信心（誓言/替代法）；
5. 培养坚持到底的坚持力与毅力。

第四章　消费心理学

物以稀为贵

常言道："物以稀为贵。"就是说，越是稀少的东西（不管其使用价值多么小），人们越重视它。为什么会发生"物以稀为贵"这种现象呢？斯坦福大学著名的心理学教授希奥迪尼道出了其中的奥妙："一种本来没有引起我们太大兴趣的东西，仅仅因为正在迅速变得越来越难得到，马上就引起了我们的兴趣。"

在消费心理学中，人们把"物以稀为贵"而引起购买行为提高的现象，称为"稀缺效应"。

在销售商品时，商家常使用"赔本大甩卖""清仓处理"的广告来引诱顾客，使顾客提高购买效率，因为这次不买下次再也没有这样难得的机会了。这种消费的稀缺效应在其他领域中也常常发生，如人们对要摇号的东西总特别喜欢，非要占有不可，因为它罕见，从而显得特别"香"，人们以拥有它为荣耀。又如，画家的原作只有一幅就显得十分宝贵，价格就比印刷得十分精美的高档复制品要高得多，购买人也多得多。再如，人们总是爱听秘闻，对偷听到的信息总是如获至宝。所有这些，都是稀缺效应的反映。

为什么会产生稀缺效应呢？其主要原因如下：

1. 与相对稀缺度有关

某一东西很多人喜欢它并希望占为己有，但只有少数人或某一人能获得它，这时这一东西的稀缺度就相对较高，如许多著名书画家的作品，就是因为相对的稀缺度高，从而显得珍贵。也正是因此，许多书画家才惜墨如宝，不滥画滥卖，否则，画就会贬值，不会产生稀缺效应。

2. 与绝对稀缺度有关

有的东西只有某人拥有或极少几个人拥有，这东西就显得珍贵了，从而促使人们产生"占为己有"的心理与行为。如特级教师、功勋教师、劳模等数量都极为有限，于是人们都力图争取，即使争取不到，对争取成功者也会刮目相看，十分敬佩，并在行为上努力效仿，这也是评定先进、树立榜样的理论依据之一。同理，独家专访之所以能使收视率大大提高，就是因为信息源是独一无二的。

田宇听朋友说 Google 的博客做得不错，想申请一个，可是他连续几天都没有申请到，而是每次均被告知："由于申请人数太多，请留下电邮，等候通知。"在人们的印象中，美国的东西除了签证其余的都是不需要排队的，没想到申请美国公司的服务也要排队，田宇很郁闷……

但静下心来细细一想，才发现这里是有阴谋的。为什么呢？Google 号称在全世界部署了超过 25 万台超级性能的服务器，在我们用过的 Gmail、Google earth 等需要巨大吞吐能力的服务中，我们均享受到了非常好的用户体验。与每个用户 2GB 存储空间的 Gmail 相比，目前推出的 Gpage 服务每个用户只需要 200MB 的存储空间，所以处理起来完全是小菜一碟，也就是说申请需要排队现象是不应该发生的……

现在看来，Google 的市场人员一定是看过希奥迪尼先生的书的，要不然，申请一个 Gpage 是不会这么困难的。

正是因为 Google 的市场人员掌握了"物以稀为贵"的原理，他们才利用这一原理吸引更多的人来申请他们的服务。

在消费中，消费者要警惕销售中的稀缺效应，特别是一些商家打出"一次性大甩卖""清仓甩卖"等口号时。有些商家就是利用了稀缺效应的原理，以引起消费者的兴趣，促使消费者购买。因此我们在消费中要特别注意，以免掉入商家的"消费陷阱"。

越贵越好卖

在某著名的旅游胜地，有一家玉器店。一天，店老板让营业员把两副相同的玉镯标上不同的价格出售，其中一副标价 200 元，另一副标价 500 元。年轻的营业员觉得奇怪，就问老板："同样的东西，谁会多花 300 元钱去买？500 元的那副能卖出去吗?"老板笑而不答。

不一会儿,一群外地游客走了进来,五六个妇女开始挑选自己喜欢的商品。一位妇女拿起那两副手镯,比较来比较去。营业员也不知说什么好,干脆不予介绍。看了一会儿,那位妇女说:"这副 500 元的手镯我买了,给我包起来。"

她的另一个同伴说:"这副看起来和那副 200 元的没啥区别。"

买镯子的顾客看了同伴一眼,自信地说:"有区别,质地不一样。"

顾客走后,老板对营业员说:"怎么样?"

营业员说:"她为啥要买 500 元一副的?这不是明摆着当冤大头吗?"

老板说:"我也不知道为啥,反正我知道愿意当冤大头的人还真不少!"

前不久,报纸上登了一则消息:杭州西湖附近举行了一场别开生面的拍卖会,拍卖品是 2 两龙井。当时参会者众多,连鼎鼎大名的业界大佬吴裕泰茶庄也未能免俗,派人参加竞拍。最后,这 2 两龙井以 14.56 万元的天价卖出,购买者是杭州一家食品公司的老板胡某。吴裕泰茶庄则因价格超出心理承受能力而落败。

这 2 两茶叶到底有什么特别之处?其价格竟然远胜黄金,贵比钻石?一打听才知道,原来这 2 两茶叶是有来头的:西湖龙井山上生长着 18 棵茶树,是宋朝茶王胡刚亲手植下的,历代帝王都指定从这 18 棵茶树上摘下来的茶为皇贡茶。后来,乾隆皇帝钦定这 18 棵茶树所产之茶为"御茶"。拍卖会上的这 2 两茶就来自这 18 棵茶树。

原来如此!但反过来想一想,即便其为御茶,不也就是点茶叶吗?与其他龙井茶能有多大分别?喝了还能长生不老吗?但就是有冤大头愿掏 14.56 万元买,不服不行。

通过观察我们发现,愿意当冤大头的人还不止这 2 位:

差不多的皮鞋,普通鞋店只卖 100 多元,而在大商场的柜台里却标出 800 多元的价格,可花 800 多元买鞋的比进小鞋店的人还多。

差不多的手表,标价 6.8 万元比标价 680 元好卖。

……

为什么标价越高,购买的人越多?这一现象引起了美国著名经济学家凡勃伦的注意,他在其著作《有闲阶级论》中探讨研究了这个问题,因此这一现象——价格越高越好卖——被称为凡勃伦效应。

在书中,凡勃伦把商品分为两类:一类是非炫耀性商品,一类是炫耀性商品。非炫耀性商品仅仅发挥了其物质效用,满足了人们的物质需求。而炫耀性商品不仅具有物质效用,而且能给消费者带来虚荣效用,使消费者能够通过拥有该商品而获得受人尊敬、让人羡慕的满足感。鉴于此,消费者都会不遗余力、毫不犹豫地购买那些能够引起别人尊敬和羡慕的昂贵的商品。

就是这个原因,造就了炫耀性消费——价格越贵,人们越疯狂购买;价格便宜,反倒销售不出去。在服装店里,标价太低或许会挂很久,但若在价签上的数字后面加个零,或许眨眼就能卖掉。

所谓"炫耀"是就人际关系而言的,也就是对别人的炫耀,生怕人家不知道。当然,人和人的炫耀并不一样,有人炫耀权势,有人炫耀地位,有人炫耀才学,有人炫耀金钱。在现在的中国,炫耀财富的现象特别突出。西方国家笑言:"中国人正在买走全世界最贵的地皮。"虽然只是一句戏言,但无论是在法国的香榭丽舍大街,还是在美国纽约最豪华的购物中心,都能听到商家们对前来购物的中国人的啧啧惊叹声:中国人,真阔!

同样的情形表现在国内:广东增城盛产荔枝,其中极品出自名曰"西园桂绿"的百年古树,此树每年仅结果数 10 颗,甚为珍贵。在为这些"珍果"举行的专场拍卖会上,10 颗荔枝换得 131.5 万元,其中 1 号"珍果"拍得 55.5 万的高价。

而在北京车展上初次亮相的宾利超豪华特长轿车售价高达 888 万元,居然求购者众多,展车在展会上就已被贴上"已售出"的标签。上海紫园别墅售价之高同样令人咋舌,最低售价在 2000 万元以上,其中号称"别墅之王"的一幢更是亮出 1.15 亿元的天价。

从心理学上讲,炫耀的人无非是想得到人家的赞扬、歌颂、羡慕,以求得心理自我满足,而其深层次则是一种乡巴佬结婚或者是暴发户排场的心理状态。

凡勃伦效应表明,商品价格定得越高,就越能受到消费者的青睐。这是一种很正常的经济现象,因为随着社会经济的发展,人们的消费会随着收入的增加而逐步由追求数量和质量过渡到追求品位和格调。既然如此,经营者完全可以瞄准这个消费心态,不遗余力地推动高档消费品和奢侈品市场的发展,以使自己从中牟利,比如凭借媒体的宣传,将自己的形象转化为商品或服务上的声誉,使商品附带上一种高层次的形象,给人以"名贵"和"超凡脱俗"的印象,从而增加消费者对商品的好感;再如在本文篇首,玉器店老板只是那么动了一点脑筋,就把一副价值 200 元的玉镯以 500 元的高价卖出……实际上,在东南沿海的一些发达地区，感性消费已经逐渐成为一种时尚，而只要消费者有能力进行这种感性购买，"凡勃伦效应"就可以被有效地转化为提高市场份额的营销策略。

作为经营者，在经营过程中也要把握一定的原则，比如：好的质量无法保证你获胜，符合消费者口味更重要；购买行为中感情因素比理性因素更具决定性；要懂得迎合顾客的品位和格调，同时加以引导；不要把自己的感觉凌驾于顾客的感觉之上等。否则，只会费尽心机却事与愿违。

总而言之，只要消费者从数量、质量购买阶段过渡到感性购买阶段，凡勃伦效应就可能发挥效用。

价格的心理效应

现代社会，商品成千上万，种类繁多。各种商品的质量、用途、款式不同，价格也就千差万别。即使同一商品，价格也不是一成不变的，而是经常会上下浮动。同一种商品，标上不同的价格，会导致消费者完全不同的心理反应。

在生活中，最常见的两种价格心理效应是贝勃效应和尾数效应。

有人做过一个实验：让一个人右手举着 300 克重的砝码，这时在其左手放上 305 克的砝码，他并不会觉得左右手上的砝码有多少差别，直到左手砝码的重量被加至 306 克时他才会觉得有些重。如果让其右手举着 600 克，这时其左手上的重量要达到 612 克他才能感觉到重了。同理，以后也必须加到更大的量才能感觉到差别。这种现象被称为"贝勃效应"。

"贝勃效应"在生活中到处可见。比如 5 毛钱 1 份的晚报突然涨到 5 块钱，那么你会觉得不可思议，无法接受。但是，如果原本 100 万的房产也涨了 5 块，甚至 500 块、1000 块，你便会觉得价钱根本没有变化。这就说明，人们一开始受到的刺激越大，对以后的刺激就越迟钝。

有一个关于价格的心理学实验证明了这个效应。

如果你去商场购物，正打算购买一个标价 200 元的商品。这时，你听说另外一个商场这个商品的价格是 100 元，你会如何？恐怕你会赶紧跑到另一个商场去买，不被这里宰割，是吧！

那么，如果你在这个商场购买的商品标价是 20000 元，而此时你听说另外一个地方的同样商品价格是 19900 元，比这里便宜 100 元，你是否会到另外一个地方去买？恐怕不会吧！

这个实验说明，同样是 100 元，由于人们前后受到的刺激不同，因而态度也就不同。仔细想想，在你的生活中，也许已经上演了实验中的事实。

有些商家在制定商品价格时，牢牢把握了消费者的心理，并利用消费者的心理错觉，运用了"尾数定价法"，即保留价格的尾数，采用零头标价，如将一件商品定价为 9.98 元，而非 10 元。实践证明，消费者更乐于接受尾数价格。大多数消费者认为，整数是一个概略价格，不十分准确，而尾数价格会给人以精确感和信任感。此外，尾数可使消费者感到价格保留在较低一级的档次，从而减轻心理抵抗感。这就是价格的尾数效应。

我们在超市买东西的时候就会发现，超市里很多商品价格的尾数都是×.8、×.98、×.99，而很少有整数的标价。在大商场，我们经常会看到标价尾数为×68、×98、×998 等的商品，整数标价的商品也很少见。这是因为超市和商场在标价时都运用了价格的尾数效应。

为什么尾数定价法被运用得如此广泛呢？这是因为尾数定价法会对消费者产生特殊的心理效应：

1. 可以使消费者产生便宜的心理错觉，如 198 元 1 双的鞋要比 200 元 1 双的鞋好销。

2. 可使消费者相信企业在科学、认真地定价，制定的价格是合理的、有根据的。

3. 给消费者一种数字寓意吉祥的感觉，使消费者在心理上得到一定的满足。如"8"的粤语中念"发"，含发财致富之意，所以以"8"为尾数的价格会让人产生美好的联想。

了解了价格的这两种心理效应之后，但愿你在日后的消费中多一分小心与谨慎，以免上了价格的当。

神奇的进门槛技术

一天，小雅和几个好朋友在街上闲逛，看到有一家超市新开张了，有许多店员在门口发宣传单，并热情地邀请人们进去他们的店里看看。看到小雅她们，一个店员一边递给她们宣传单，一边热情地说："几位小姐，我们的超市今天刚开张，有好多东西在打折，欢迎光临选购。"小雅说："对不起，我们不打算买什么东西。"但是那个店员仍然热情地说："没关系，进去看看不买也无妨。"在店员如此盛情邀请之下，小雅她们忍不住进去了。进到超市之后，小雅发现里面的工作人员也很热情，不断地向她们推荐商品。最后小雅她们离开时，每个人手里都多了一包东西——她们没能经受住超市工作人员的热情招呼，最后她们每个人都乖乖地买了东西。

　　瞧，这是一种多么奇怪的现象啊！为什么小雅她们最终会买东西呢？这是因为这个超市的店员紧紧地掌握了一种控制顾客心理的方法，那就是"进门槛技术"。他们首先说服了小雅她们进入超市，达到这一目的之后，他们紧接着又热情地向小雅她们推荐东西，提出让她们购买，这时也许就不会遭到拒绝了。

　　曾有社会心理学家做过一个经典而又有趣的实验，他们派了两位大学生去访问加州郊区的家庭主妇。

　　实验过程是这样的：首先，其中一个大学生先登门拜访了一些家庭主妇，请求她们帮一个小忙——在一个呼吁安全驾驶的请愿书上签名。这是一个社会公益事件，因为每年死在车轮底下的人不知道有多少。不就是签个字吗？太容易了，于是绝大部分家庭主妇都很合作地在请愿书上签了名，只有少数人以"我很忙"为借口拒绝了这个要求。接着，在 2 周之后，另一个大学生再次挨家挨户地去访问那些家庭主妇。不过，这次他除了拜访第 1 个大学生拜访过的家庭主妇之外，另外还拜访了一些第 1 个大学生没有拜访过的。与上一次的任务不同，这个大学生访问时还背着一个呼吁安全驾驶的大招牌，请求家庭主妇们在 2 周内把它竖立在她们各自的院子的草坪上。可是，这是个又大又笨的招牌，与周围的环境很不协调。按照一般的经验，这个有点过分的要求很可能被这些家庭主妇拒绝。毕竟，这个大学生与她们素昧平生，要求她们帮这么大的忙，真的有些难为她们。

　　但实验结果是：在那些第 1 次拒绝签名的家庭主妇中，只有 17％的人接受了该项要求，但是，在那些第 1 次拜访中答应帮忙的主妇中，则有 55％的人接受了这项要求，远远超过前面的 17％。

　　对此，心理学家的解释是，人们都希望给别人留下前后一致的好印象。为了保证这种形象的一致性，人们有时会做一些理智上难以解释的事情。在上面的实验中，答应了第 1 个请求的家庭主妇表现出了乐于合作的特点。当她们面对第 2 个更大的请求时，为了保持自己在他人眼中乐于助人这种形象，她们只能同意在自家院子里竖一块粗笨难看的招牌。

　　这个实验告诉我们，一个人一旦接受了他人的一个小要求之后，如果他人在此基础上再提出一个更高一点的要求，那么，这个人就倾向于接受更高的要求。

这样依次逐步提高要求，就可以有效地达到预期的目的。心理学家把这种对别人提出一个大要求之前先提出一个别人很容易接受的小要求，从而使别人对进一步的较大的要求更容易接受的现象称为"进门槛效应"。

为什么这样讲呢？

当你对别人提出一个貌似"微不足道"的要求时，对方往往很难拒绝，否则，似乎显得"不近人情"，也就是说人们在心理上完全能承受这种微不足道的要求。而一旦接受了这个要求，他就仿佛跨进了一道心理上的门槛，就很难有抽身后退的可能。因为当你再次向他们提出一个更高的要求时，这个要求就和前一个要求有了继承关系，让这些人容易顺理成章地接受。在这种情况下，你的要求会比乍一上来就提出比较高的要求更容易被人接受。

日常生活中有许多利用"进门槛效应"的例子。比如一个推销员，当他敲开门跟顾客进行交谈时，其实，他已经取得了一个小小的成功。在这种情况下，如果他能够说服顾客买一件小东西的话，那么，他再提出进一步的要求，就很可能被满足。为什么呢？因为那位顾客之前答应了一个要求，为了保持前后一致，他的确会有较大可能性接受进一步的要求。男士在追求自己心仪的女孩时，也并不是"一步到位"提出要与对方共度一生，而是逐渐通过看电影、吃饭、游玩等小要求来逐步达到目的的。

有的孩子向妈妈要求：可不可以吃颗糖果？当妈妈答应他的时候，他可能会提出进一步的要求：那可不可以喝一小杯果汁呢？一般来说，这位妈妈经常是会答应的。

这个心理效应给我们的启示是，当我们要提出一个比较大的要求时，可以不直接提出，因为这个时候很容易被拒绝。你可以先提出一个较小的要求，一旦对方答应，再提出那个较大的要求，这样你就会有更大的被接受的可能。

包装设计的心理技巧

消费者对商品感觉的好坏受许多因素的影响，其中，商品包装对其有直接的影响。因为从消费者心理来看，他们去商场购物，第一印象就是商品的包装，包装好的、档次高的商品会大大引起他们的购买欲。虽然内在质量绝不能忽视，但外形的包装完全可以促进和改变市场的销售情况。所以，任何一件商品的包装都应以它鲜明的个性和独特性达到宣传商品的艺术效果。一件好的包装，既要有审美价值，又要有实用价值；既是一种包装，又是一件可供人欣赏的艺术品。当今世界商品经济发展神速，包装设计也愈来愈显示出其重要地位。

随着市场竞争的发展，商品包装逐渐发展成为集保护、销售和广告宣传于一身，肩负起"无声推销员"的现代使命。商品包装对消费者的消费心理有着重要的影响，在现代商品经济中，包装已融为产品的一部分，它直接刺激了人们的购买欲望，具有强大的促销力。

当人们进入超市或大商场时，一下子映入眼帘的便是琳琅满目的商品，其中包装漂亮的商品会借助艳丽的外衣、精美的装潢而讨得人们的欢心，使人们自觉不自觉地接近它、赏识它，最后购买它。系统地研究人类对商品包装情感反应的先驱者是美国人路易斯·切斯金，他认为大多数消费者在购买商品过程中，情感会出现转移，即从包装转移到商品，也就是说，人们会因为喜欢包装而喜欢上商品。他通过试验惊奇地发现，即使顾客使用的是两种完全相同的商品，他们也仍然认为那种圆形包装的商品质量好。他还发现整个包装的外形对顾客心理有巨大的影响，甚至会影响饼干的味道或者香皂的使用效果，他将这种现象归之于"情感转移"。即使在今天，尽管各类顾客的购物心理十分复杂、互不相同，但是切斯金的基本研究成果依然在发挥着作用。

有一项关于某种啤酒的封闭性试验：反复让顾客品尝该啤酒，他们会认为其味道和质量始终一样；但是当啤酒改用瓶装后再让同一批顾客品尝，此时他们却认为味道大不一样。最有意思的是关于一种腋下防臭剂的试验，这种防臭剂分别采用3种颜色、不同图案的包装，让同一批顾客试用，结果显示：3种包装对消费者心理的影响出现了巨大的差异，甚至有些顾客在使用了包装质量差的产品后出现了皮疹，而不得不去请教皮肤科专家。然而这3种包装的产品实际上是完全一样的。由此可见，商品包装对消费者的心理有极大的影响。

包装的改进和美化可以提高商品的形象和档次，并加深顾客的印象，使之产生好感，从而引起和增强其对商品的兴趣。

消费者心理的多维性和差异性决定了商品包装必须有多维的情感诉求才能吸引特定的消费群体产生预期的购买行为，因此，商品包装在设计时要考虑以下心理技巧：

1. 求便心理

购物者都求方便，例如透明或者开窗式包装的食品可以方便挑选，组合式包装的礼品盒可以方便使用，软包装饮料可以方便携带等。包装的方便、易用增添了商品的吸引力。国外流行的"无障碍"包装，如接触式判断识别包装中用锯齿状标识区分洗涤剂类型，在罐装食品中设置"盖中部凹陷状证明未过保质期"的自动识别标志等，本来是为老人和残疾人而开发的，结果却深受消费者的广泛喜爱，可见求方便是普遍的消费心理。

2. 求实心理

当消费者以追求商品的"实用"和"实惠"等实际使用价值为主要目的时，其选购商品会注重商品会的量和效用，讲求经济实惠、经久耐用、价廉物美、货真价实，他们的消费行为较为稳定，不易受外界因素影响。这时相应的商品包装设计要明确表示出商品的商标、成分计量、价格、使用说明，使消费者一目了然。"形式大于内容"的过度包装产品，即使能够吸引到消费者偶然的购买，也难以赢得其忠诚。

3. 求新心理

这是指消费者以追求商品包装新颖、时髦为主要目的的一种心理。有此类心理的消费者多为经济条件较好的青年人，他们富有朝气，爱赶潮流，易受外界因素影响，选购商品时注重商品的包装、色彩、款式，不太注意商品是否实用和价格高低，而是往往因被商品包装的时髦和新奇所吸引而产生购买动机。譬如，饮料包装一般采用绿和蓝色调，而美国可口可乐包装则一反常规，采用大红色调。这种色调具有引起人兴奋的色彩心理特征，因而强烈地吸引了消费者的注意力。

4. 求美心理

商品的包装设计是艺术的结晶。精美的包装能激起消费者高层次的社会性需求，深具艺术魅力的包装对购买者而言是一种美的享受。古代那个买椟还珠的故事，足以证明包装的美学价值。精美的包装是促使潜在消费者变为显的消费者，进而变为长久型、习惯型消费者的驱动力量。大凡世界名酒，其包装都十分考究，这就是一种最优雅且最成功的包装促销。

5. 求趣心理

人们在紧张的生活中尤其需要轻松和幽默。美国的一家公司在所生产的饼干的罐盖上印上各种有趣的谜语，但只有吃完饼干才能在罐底找到谜底，这个小技巧使得该产品很受欢迎。我国的儿童食品包装中也有许多都附有小卡片、小玩具，结果迷住了大批的小顾客，好奇心驱使他们反复购买。

因而，要想吸引消费者的注意力，促使他们消费，商品也要讲究包装。只有这样，才能增加销售量，提高利润。

情感广告的心理作用

情感广告作为一种广告类别，由于重视人类需求，已被广告界使用得越来越多。每一个成功的品牌中都包含着人类的某种情感，在与消费者的沟通中，情感广告产生的共鸣和认同是品牌成长的原动力。"天若有情天亦老"，情感是人类永恒的话题，也是维系人与人之间关系的基础。在广告中赋予产品以情感和个性，是广告传播的一个有力武器。

对于情感广告在消费中的作用，美国的广告大师罗宾斯基曾说过："我坚信，一流的情感才能组成一流的广告。所以我每次都在广告作品中注入强烈的感情，让消费者看后忘不了，丢不开。"情感是人对客观事物是否符合自己需要而产生的态度体验。"人非草木，孰能无情。"在今天物质产品极为丰富、竞争白热化、情感愈发淡薄的社会里，情感因素明显成为消费市场营销中的一个非常重要而独特的因素。

在商品广告中，如能恰当地利用情感信息，捕捉人们真正的内心需求，表达人们的心灵感受和情感以及作为人所特有的生存状态，就会使人们倍感亲切，在一种颇有同感的气氛中理解并接受新的商品信息。与此同时，在心理上也减弱了推销产生的隔阂。

例如，台湾维他奶广告就是很好地把亲情融入现代广告的成功典范。广告的故事情节十分感人，充溢着醇厚的乡土气息：一位少年暑假回乡探望从未见过面的祖父，很有些"近乡情更怯"的神色。等他终于见到祖父时，心里有些不安。但随着时间的推移，他与祖父建立了深厚的感情。当他不慎摔伤了膝盖，年迈慈祥的祖父给他小心地敷药、按摩……淳厚真挚的亲情似流淌的温泉，缩短了祖孙之间的距离。暑假很快过去了，祖父送孙子到火车站。开车前，祖父迈着蹒跚的脚步越过车轨，爬上对面的月台，在小吃店买回一盒维他奶给孙子途中解渴。火车开动了，祖父的音容渐渐地远去了，而祖父脸上淡淡的愁容和艰难地越过车轨的背影却永远刻进了孙子的心田。此时，画面水到渠成地显现了字幕："始终的维他奶"。

这则广告没有投入过多的理念，但却十分成功，它着力挖掘出民族传统情愫的一种深厚积淀——舐犊之情。据说广告播出后，许多人眼里含着泪光，而维他奶也迅速地挤进了台湾饮料市场。

维他奶广告中爷爷的"背影"使人想到著名散文家朱自清的名篇《背影》，两者都是用闲淡的基调营造出浓厚的情感意境，唤起了受众内心深处的亲情的。

在这类广告中，除了以亲情为诉求的广告外，以美好爱情、友情、乡情为题材来表达广告主题，也是当今广告设计中被广泛运用且行之有效的一种表现手法，如"百年润发"回眸一笑的周润发演绎的动人爱情故事；麦氏咖啡广告："朋友情谊，贵于至诚相处，互相支持帮助，互相激励。啊，滴滴香浓，意犹未尽！麦氏咖啡，情浓味更浓！"

这些广告一个共同的特点就是都利用富有情感色彩的心理渗透，首先调动起观众的感情，使其沉醉于广告形象所给予的愉悦和认同中，从而使观众在潜移默化中接受那暗含于广告中的商品信息，并且促成最后的购买行动。

"娃哈哈"进入纯净水市场时，它的广告轰炸引起了全国性的水市大战。"娃哈哈"的广告针对消费者的特点，了解当代人的情感需要，采用感性表现手法，通过男女主角青春、靓丽的形象和简单、自然的表现，巧妙地借用《我的眼里只有你》这首流行歌曲，把年轻人一见钟情的纯真情感挥洒得淋漓尽致，使得"娃哈哈"纯净水当年一举成为饮用水市场占有率第一的品牌。后来"娃哈哈"继续沿用以往的广告策略，依然走感性路线，请来了著名歌星毛宁和陈明，共同演绎为广告量身打造的歌曲《心中只有你》。到了第3年，"娃哈哈"广告策略仍然初衷不改，钟情情感诉求，请来了更为年轻的香港歌星王力宏，广告表现单纯、简单，一曲《爱你等于爱自己》又一次将人类的爱情主题移情于纯净水，使得"娃哈哈"纯净水完成了从"眼里"到"心中"，再到"爱它等于爱自己"的感情升华。"娃哈哈"钟情于情感的广告路线，其"音乐和爱情"的广告主题让消费者从中找到了自己的影子，激起了产品与消费者之间的共鸣，从而不仅让广告拥有了生命力，而且建立起了一个品牌最重要的价值——顾客的忠诚度。

情感广告能淡化商业气氛，利于与消费者沟通。由于任何广告宣传都是以实现一定的功利为目的的，都希望通过广告传播使产品扩大销量、增加利润，因此，人们对广告有戒备心理。而广告中的"情感"就是要把其功利目的不露痕迹地融于消费者的情感需求之中。堪称国内情感广告典范之一的"雕牌"洗衣粉广告就是采取了这样的广告设计策略：年轻的妈妈下岗了，为找工作四处奔波。懂事的小女儿心疼妈妈，帮妈妈洗衣服，并用天真可爱的童音说出："'雕牌'洗衣粉，只要一点点就能洗好多衣服，可省钱了！"这时门帘轻动，妈妈无果而归，正想亲吻熟睡中的女儿，却看到女儿的留言："妈妈，我能帮你干活了！"年轻妈妈的眼泪不禁随之滚落……这份母女相依为命的亲情，由此产生的感人至深的产品故事，萦绕心头的声声童音，没有一句产品的介绍，却使"雕牌"形象深入人心，让人没法不产生强烈的购买欲望。

第五章 投资心理学

了解自己的风险承受能力

投资是一个充满了风险和挑战的领域，也正是因为如此，它才吸引了众多的人参与其中。但是，投资者很少有人能够对自己的心理承受力有正确的判断，那些自认为坚强的人可能会在遇到大麻烦时很快崩溃，而一向并不怎么坚强的人却可能平静地接受结果，甚至等来新的转机。

投资充满了风险，同时也充满了机遇。从某种程度上讲，风险与不确定性也是投资的魅力之一，它迎合了人性中的一些特点，使全世界无数人即使多次损兵折将，也依然乐此不疲。就像我们所看到的那样，交易所里总是一派人头攒动的热闹景象，许多专业投资家、职业经纪人沉迷其中自不待言，就连那些退休的老先生、老太太、家庭主妇、上班族，甚至是一些未成年的小孩子也跃跃欲试，想在投资游戏中试试自己的运气与智力。

如果我们仔细观察，就会发现，在股市低迷时，一个经历过市场风浪的职业投资家的表现可能还没有股价上扬时家庭主妇的表现那么淡定和勇敢。每当股价下挫时，那些证券代理商与经纪人都会迅速变化手中的投资组合，将筹码锁定在那些保守的股票上，不敢轻易将手上的现金换成股票，即使在面对一些内在价值被严重低估的好企业时，他们也犹豫不决，因为此时他们的心理较为脆弱，风险承受力较低，这种状况也势必影响到他们的交易决策。而股价上扬、市场高奏凯歌之时，人们个个大胆地追加资金，仿佛只要投入就注定有回报，此时，市场的风险被人们遗忘了，或者是他们虽然意识到了风险的存在，但他们高估了自己的心理承受力，一旦美梦破灭，只有后悔不已。尤其是那些被行情冲昏头脑、将自己的全部家当都赔进去的人，将会为他们的盲目与无知付出惨重的代价。

许多研究投资心理学的学者发现，要准确描述人们对风险的承受力几乎是不可能的。那些现代心理学中常用的研究方法，如访谈及问卷并不能考察投资者的风险承受力，因为人们对风险的承受能力是建立在情感之上的，而且随着情况的变化，人们自我感知的风险承受力也会有很大的变化。当股价下跌时，即使那些平常显得最大胆、最冒进的投资者也会变得畏首畏尾起来；而在股价上扬的时候，别说那些本来就激进的投资者，就连那些保守的投资者也常常满仓持有，难以轻易割舍。

在投资领域，人们普遍认为买卖股票是一种勇敢者的游戏。而在我们的社会里，勇敢者总是受到人们更多的尊敬，这使得大多数人在心中都认为自己也是一个能够承受风险的人。但是实际上他们并不是这样的，尤其在面对金钱的时候，自认为的风险承受力与实际的风险承受力并不是一回事。实际上，你可能只有在股价上扬时才是一个勇敢者，而当股价下跌时，你却往往吓坏了，只能跟着一群胆小鬼，唯恐逃之不及。

心理学家从统计学的角度出发，对人们的风险承受能力进行了研究，结果发现了一些有趣的现象。研究结果表明，人们的风险承受力与年龄和性别有很大的关系。从总体来看，老年人比年轻人更趋向于保守，女性比男性更加小心谨慎。而风险承受力与贫富之间的关系则没有定论，虽然我们通常可能认为有钱人比穷人更愿意承担风险，但实际上这只不过是一种直觉，心理学家尚未从统计心理学上找到支持这种看法的依据。

在股市中，你往往对自己的风险承受能力不甚了解。当市场行情一片大好时，你觉得自己无论买哪一只股票都会大赚一笔，这时你恨不得一下子将未来几年的薪水都预支去炒股。你觉得自己是一个可以面对一切的勇敢者，你随时准备承担可能降临的厄运。但是，事实上你的心里丝毫没有为可能出现的变故留下余地，你的勇敢只不过是轻度妄想症的白日梦罢了。一旦股价下跌，你就会变得异常胆小，担心你今天买入，明天它还会接着跌，那时你的钱会变少，而这是让人无法接受的，于是你就持币观望，不敢行动。

对任何一个投资者来说，客观地认识自己的风险承受力都是十分必要的。在股市中，千万不要对自己的风险承受能力妄下断语，天真地认为自己无懈可击，因为你的风险承受能力会随股价而波动。因此，你必须客观地认识自己，你越是客观，你就会越冷静，也就越容易作出正确的抉择。

摆脱情绪的困扰

许多投资者在投资过程中会出现后悔的心理状态。比如有很多投资者在事后谈到自己的某些投资行为时，都不无后悔地说："我如果不那么早卖就好了。""我如果不那么着急抛售就好了，也不会亏那么多。""真不应该听某某的意见，上了大当。"……但这个世界没有后悔药，一旦作出了某个决定，你就无法再重新来过。

金钱游戏对于失败者而言是非常无情的，许多人都有过痛心疾首的经历。不过，虽然很多投资者在有过失败的经历后也会进行反思，并试图找到自己的缺点所在，但是这种反思并没有让他们变得更聪明，相反，在下一次遇到同样的情形时，他们仍会重复同样的错误。难怪有人说，自股票市场诞生 100 多年来，投资者的行为并没有太多的改变，他们仍然感情用事，不时被恐惧和贪婪所支配，所以愚蠢与错误都是不可避免的。

在投资者买卖股票的行为中，到底有多少行为是经过理智的分析之后作出的决定呢？又有多少行为是在一时的情绪支配下的反应呢？

对此，我们恐怕很难得到一个准确的答案，不过唯一可以肯定的是，后者所占的比重一定远远大于前者。

有人指出，情绪使投资者付出的代价比无知更大。对时常改变自己行为的人们来说，这一点毋庸置疑。因为我们的大脑与计算机不同，它不是一次就设计好的机械部件，它虽然经过了漫长的进化过程，但依旧存在各种各样的缺陷。而且，外在环境的变化极易影响到它的运转，这就使得我们不能正确地意识到成败的机会与可能性，也无法抵挡所有诱惑。我们早就接受了某些心理定式，这种群体的信念影响着我们所作的大部分决定。这种群体信念的力量通常非常强大，有时它甚至在我们还没有察觉的时候就已经发挥出了它的巨大威力。如果投资者想在这个领域取得成功，就必须克服这一缺点。我们一方面必须冷静而细心地观察事实，另一方面又必须控制自己的盲从情绪，以期在充满诱惑的市场中保持清醒的头脑与判断力。

在股市上，本来是很聪明的人，眼见人家纷纷入货，深恐落后，于是连忙跟进，匆匆买入自己并不熟悉的股票；见他人抛出某种股票，自己也不问原因就跟着出货，随意脱手，结果往往上当，损失很大。

人们的心理就是这样奇怪，面对不理智的惊慌，我们明知是错误的，却还是无法抵制别人的影响。在投资市场上，同样的道理也在发挥着同样的作用。所以，当市场出现某种热点时，总会有许多人一拥而上，而这时，那些原本并不准备这样做的人也如坐针毡，因为他们觉得，如果自己不这样做，就是被人群抛弃了。人类的幸福感在很大程度上来源于群体的认可，而且这种情感会随着社会化程度的增加而不断地增强。我们不愿意与大多数人的看法相左，而且我们的潜意识里存在"越多人认可的东西便越正确"的思想。

在投资市场里，人们的情绪总是息息相关的。股价连续下挫之时，似乎每个投资者都陷入了悲观绝望的情绪之中。那些股票经纪人的悲观往往较他人更甚，因为他们受影响的程度最大，甚至连生计也会受到影响。那些依照账面资金计算本来比较富有的人，这时眼看自己的财富缩水，当然也感到心痛。而那些股价在高位时没有舍得卖出的投资者，眼看着本应该到手的财富转眼间化为泡影，更是后悔不已。这样一来，人人都感到不安，对市场顿时失去信心，于是股价开始狂跌。美国历史上有名的几次大崩盘，并不是经济运行情况的真实反映，而都是由于投资者集体丧失信心所致。

大多数投资者看好某只股票时，常常就此征询别人的意见，如果被你问及的这个人恰巧也看中了这只股票，那么即使他并没有提出什么更令人信服的理由，你也仍然感到自己的信心明显地增强了。相反，如果你得到的是相反的答案，你就会对自己的看法产生怀疑，变得犹豫不决，以至于错过最佳的买入时机。投资大师巴菲特指出，投资者在任何时候都应当秉持独立判断的能力，不能让他人的看法影响自己。如果你的选择建立在对企业认真细致的考察之上，你便大可不必理会他人那些十分主观的看法。事实上，你的看法越独到，你购买该股票的风险就越小。当你与朋友们交换看法时，他们越是表现得不屑一顾，你就应当越受鼓舞。可是，要真正做到这一点是十分不易的。实际上，大多数人往往会受到他人的影响，把自己原有的想法束之高阁，而努力和他人保持一致。

聪明智慧的古希腊人留下了一句著名的谚语："在痛苦中学习。"意思就是说，一个人若非天生具有控制自己情绪的天赋，那么他就得和大多数人一样，只有通过不断的学习才能达到这种境界。不过，学习控制情绪一事注定不是轻松的过程，因为你要让自己的习惯与人类的本性作斗争。学习控制情绪的方法只有一个，那就是犯错误，然后再去分析这种错误。但大多数人都做不到这一点，因为一个人长期形成的性格是很难改变的，正所谓"江山易改，本性难移"。

但是，在投资领域有这样一个奇怪的现象：人们不但不会从自己过去的错误中吸取教训，反而常常"信心十足"地犯下同样的错误，原因在于他们认为自己已经从原先的错误中得到了教训。这样一来，虽然你交了昂贵的学费，可你还是什么也没有学到。

在投资领域，学会控制情绪的目的是为了不犯相同的错误，但它的难度可能超出了我们的想象。许多成功的投资者发现，记录投资笔记是控制情绪的好方法。你要认真记下你所选择的每一只股票，包括你当初选择它们的原因以及后来为什么要卖掉。你要经常性地回顾整个交易的过程，并且客观地审视情绪给你造成的困扰。经过一个漫长的学习过程之后，相信你能够摆脱情绪的困扰。

投资中的"阿Q精神"

投资中人们存在着很强的"阿Q精神"，即人们的信念会因行动的成功与否而改变。如果投资行动失败，人们将向下修正自己的信念，人为地降低由于后悔带来的损失；如果投资行动成功，人们则向上修正自己的信念，以期显示自己决策的英明。

其实，一个决策的成功与失败还有很多其他方面的原因，比如下属贯彻领导意图得力与否等。人在考虑一个决策问题的时候，经常会将问题分解成一些相对习惯和简单的科目，并在头脑中相对独立地保持并跟踪这些科目的损益情况，而其感受的效果则分别来自于这些科目的得失带来的感觉，这种考虑问题的方式就是心理账户。在心理账户中，金钱常常被归于不同的账户类别，不同类的账户不能互相替代。比如一对夫妻外出旅游钓到了好几条大马哈鱼，这些鱼在空运中被丢失，航空公司赔了他们300美元。这对平时勤俭持家的夫妻大喜之下，到豪华饭店吃了一顿，将这笔钱花了个精光。在这对夫妻年收入只有150美元的时代，这顿饭实在太奢华了。这笔钱显然被划入了"横财"与"食品"的账户，所以这对夫妻的决策行为才一反常态。

有时当某笔开支属于不同的心理账户时，人们宁可出高额利息去贷款，也不愿挪用存款；而当某笔钱被划入临时账户时，它将不受终生收入的影响。对心理账户的研究还发现，人们普遍认为两笔盈利应分开，两笔损失应整合。这条规则给我们的启示是：在你给人送两件以上的生日礼物时，不要把所有礼物都放在1

个盒子里，而应该分开包装；若你是老板，给人一次性发 5000 元，不如先发 3000 元，再发 2000 元；开会收取会务费时，务必一次收齐并留有余地，否则若有额外开支再一次次增收，虽然数量不多，会员仍然会牢骚满腹。

投资中的错位效应

在投资中存在这样一种现象：有些投资者在股价上涨时马上果断地抛出自己手中的股票，以求稳妥，而在股价下跌甚至被套牢时仍迟迟不肯抛售自己手中的股票以减少损失。有研究者将这种现象称为"错位效应"。

错位效应是投资者中普遍存在的一种行为障碍。对这一行为障碍的理论解释之一是前景理论。该理论由诺贝尔经济学奖获得者卡内曼和他的同事托维斯基提出。他们认为产生错位效应的原因在于投资者是损失厌恶型。损失与收益具有不同的价值函数：损失的价值函数是凸的，并且相对陡峭；而收益的价值函数是凹的，并且相对平缓。这说明个体对一定损失的感觉要比一定收益的感觉要强烈。这也就难怪投资者获得微薄利润时会按捺不住获利了结，而跌得很惨时又迟迟不肯抛售。投资者迟迟不肯止损的现象也得到了所谓"禀赋效应"的验证。

投资者往往会高估自己手中持有的股票的真实价值。人们往往会根据参考点来评价他们选择的结果的好坏。对投资者而言，购买价或者心理价位也许是比较通常的参考点。但是，有时候参考点并不一定就是购买价或心理价位。股民通常会将现在的结果与假如当初不这样做会有的结果进行比较。因此，对错位效应的另一种理论解释就是后悔理论。根据后悔理论的观点，涨了怕再跌，跌了怕再涨，这就是投资者为什么获微利时立即了结，而套牢时却迟迟不肯解套的原因。对于投资者来说，克服错位效应最有效的办法就是制定止损点和结利点。因为即使再高的命中率，也并不一定会导致高的利润，也许你一次的损失量已远远超过了多次盈利的总和。因此，结利点一定要定得比止损点高一些，这样才能使你避免损失。有研究者指出，目标利润最好是准备承担风险峰的 3 倍。

众所周知，"止损"可分为两种完全不同应用机制的止损，即保护性止损和跟进性止损。由于止损多发生在十分不利的情况下，总令人联想到不愉快的事，因此，人们往往不愿意谈论这一话题。但是，在实际操作过程中，任何人都不可能保证不出任何差错。如何将损失限定在较小的范围内，或尽可能使既得利益最大化，很现实地摆在每一个投资者面前。特别是入市不久的中小投资者，更需要合理地运用止损。下面简要谈一下止损点设置的有关问题。

（1）在任何情况下，用百分比而不是价位来表示止损距离，5％～10％是通常可以接受的合理幅度。尽管不同承受能力或不同操作风格的人会采用不同的比例，但是，对于不同价位和不同敏感度的个股，仍需设置不同的止损距离。一般而言，股价较低或股性较为活跃的个股，止损幅度应适当放宽，反之则应较小。需要注意的是，不能将止损空间定得太狭窄，否则交易就会过于频繁。

（2）在买入的情况下，止损价位一般设在上一个局部小底部以下，而且以收盘价为准，以避免被盘中震荡过早地清理出局。

（3）在股价已朝有利方向运动的情况下，采用跟进性止损，建议使用5日均线（较趋势线发出信号早一些）或前一日收盘价下方3％来设置。

（4）当出现异常的成交量而未形成突破时，取消原来的保护性止损，将之置于该日收盘价下约2％的地方。

最后，建议投资者一旦进入市场，就首先设置好自己的止损水平，准备付出一点讨厌但数量较小的损失，从而避免一场较为严重的灾难。尤其需要注意的是，永远不要抱有侥幸心理，保护性止损价位永远不能向下移动，这应作为基本原则来牢记。

"赌场的钱"效应

我们先来看一个利用投掷硬币进行赌博的游戏：如果是正面，你可以赢20美元；如果是反面，你要输20美元。你会参加这个赌博游戏吗？许多人在一种情况下即试赌赢钱时会参与赌博游戏，而在另外一种情况下即试赌输钱时则不会。

有专家研究发现，人们在盈利之后就愿意冒更大的风险，有研究者将这种现象称为"'赌场的钱'效应"。这是因为盈利者认为这好像是在玩别人的钱。在赚了一大把钱之后，业余赌博者并不会认为新赚来的钱是他们自己的。你更愿意用自己的钱冒风险还是用对手的钱冒风险呢？因为赌博者并不将赢来的钱与自己的钱混为一谈，所以他们就好像在用赌场的钱进行赌博。

假设你赚了15美元，现在你有机会对一枚硬币正反面下注4.5美元，你会下注吗？研究者发现，在这种情况下，先前盈利的被试者有77％的人选择下注——在刚刚获得意外之财之后，大多数人更愿意冒险；但是，那些先前没有盈利的被试者在被问到是否会参与下注时，只有41％的被试者选择了下注。这就是说，人们在获得意外之财之后更愿意冒险，尽管在通常情况下他们并不愿意冒此风险。

"'赌场的钱'效应"说明投资者在赚钱之后更愿意买入风险大的股票，换句话说，在卖出股票锁定利润之后，投资者更愿意买较高风险的股票。

风险厌恶效应

同样是赌博游戏，在经历了亏损之后，人们则更不愿意冒风险。研究者将这种现象称为"风险厌恶效应"，也叫"蛇咬效应"。研究者发现，人们在输钱之后通常会拒绝赌博，因为赔钱之后，被试者往往感觉被蛇咬了。

蛇通常并不咬人，但是人们一旦被蛇咬过，就会非常谨慎。同样，当人们不够幸运而输了钱之后，通常会认为自己接下来的运气也不会好，因此，他们会回避风险。

蛇咬效应会影响到投资者。新进入市场的投资者或者保守的投资者可能会试探性地进入市场。对一个长线投资者来说，在投资组合中加入一些股票可以更加分散化，从而提高预期收益率。然而，如果这些股票迅速下跌的话，第1次买股票的投资者可能会感觉像被蛇咬一样。假设一个年轻的投资者以30美元一股买入一家生物科技公司的股票，3天后，该股票下跌到28美元，他会非常恐慌并将这只股票卖掉，而且即便这只股票后来涨到了75美元，他也仍然会"害怕再次进入市场"。

在投资领域，有些投资者在经历了一次失败之后，就会对投资畏首畏尾，有些人甚至会拒绝再次投资。

尽量返本效应

在投资领域，失败者并不总是回避风险，人们通常会抓住机会弥补损失。通过实验研究发现，在赔钱之后，绝大多数的被试者采取了要么翻倍下注要么不赌的策略。被试者尽管知道赢的概率可能会低于50％，但是他们仍然愿意冒风险。此时，希望返本的愿望似乎比蛇咬效应更强烈一些。这种现象就叫作"尽量返本效应"。

尽量返本效应的例子可以在赛马中看到。经过一天的赌马而赔钱之后，赌博者更愿意参与赔率高的下注。15：1的赔率意味着2美元的赌注可能会赢30美元，当然，赔率为15比1的马赢的可能性很小。赛马快结束的时候人们在赔率高的马上下注的赌资比例要比刚开始的时候高，表明人们更不愿意在一天的早些时候冒此风险。另外，那些已经赚了钱（"赌场的钱"效应）或者是赔了钱（返本效应）的赌博者会更愿意冒这种风险——赚钱的人愿意冒此风险是因为他们感觉他们在玩赌场的钱；赔钱的人愿意冒此风险是因为他们想抓住一个可能返本的机会，因为此时赛马快结束了，赔也不会赔得太多。而那些赔得不多赚得也不多的人则宁愿不冒此风险。

我们来看一下在芝加哥期货交易所专职进行国债期货交易的专业交易员的例子。这些交易员在一天的交易中靠持有头寸及提供市场服务来获取利润，而这些头寸通常都要在一天结束时平仓。他们每天都会计算盈利，如果上午赔了钱的话，他们下午会怎么做呢？约斯华·卡佛和泰勒·沙姆威研究了426名这样的交易员在1998年的交易数据，他们发现这些交易员在上午赔钱之后，下午可能提高风险水平以期弥补上午的损失，而且，他们更愿意选择与对手交易员（而不是市场的一般投资者）进行交易，平均而言，这些交易最终都是赔钱的交易。这一现象显示了一个投资者在经历损失之后行为可能发生的变化。

这就验证了本文提到的研究发现：大多数人在赔钱之后采取了要么不赌要么翻倍下注的策略。那些选择翻倍下注的人是想抓住机会弥补损失，尽可能地将自己的损失减到最小。

第六章　恋爱心理学

恋爱中的审美错觉

"情人眼里出西施"的心理现象可以说是爱情的必需组成部分，尽管这是一种心理学上所称的"审美错觉"。错觉是对客观事物的本质联系的一种错误知觉，有审美错觉和认识错觉之分。认识错觉和审美错觉是有区别的：认识错觉反映的是不真实的客观情况；审美错觉是对审美对象深入体验之后，审美主体所产生的真实的美的感觉。这种审美感觉在客观上好像是失真的，但在主观上却是真实的心理体验。

热恋中的男女对异性美的审视，既针对其外在体貌特征美，也针对其内在心灵美。心灵美可以弥补外表美的不足，正如托尔斯泰所说的："人不是因为美丽才可爱，而是因为可爱才美丽。"有这样一个动人的故事可以证明这一点：

伊丽莎白·巴莱特是 19 世纪英国著名的女诗人，坎坷的命运使她与五彩缤纷的生活擦肩而过。多年的病痛折磨使她卧床不起，年近 40 仍是孤身一人。但她写得一手好诗，所以拥有众多的诗迷。她与白朗宁的结识是从一封白朗宁致女诗人的信开始的，在几个月的密切通信后，巴莱特收到了白朗宁的求爱信。鉴于自己的身体状况，巴莱特拒绝了，但白朗宁坚持不懈，终于打动了巴莱特尘封已久的心。两人见面的时候，白朗宁拉着巴莱特的手说："你真漂亮！"白朗宁的意外闯入，使巴莱特原本灰暗的生活出现了灿烂的阳光。更不可思议的是，多年来纠缠她的疾病也有了转机。

在别人眼里，巴莱特相貌并不出众，而且身体还不健康，何美之有？可白朗宁却在她的诗里发现了她的内在美，由内向外扩散，巴莱特成了他眼里最美丽可爱的女人。

这种审美错觉其实是很有意义的：它能使情人发掘出恋爱对象身上更深层的美以补偿某种不足，可以推动爱情的发生与发展，而不至于使那些外表并不美的人终身孤单。但如果审美者本身没有健全的审美意识，或者这种错觉发展到过分的程度，那审美错觉就会产生消极的作用。正如霭理士所言："在热恋中的男女竟会把对方很丑的特点认为极美，而加以誉扬颂赞。"

人的价值观、人生观是产生审美错觉的内在原因。正常人总是向往美好的事物，并且往往把善良、真诚与美联系在一起。美丽的外貌容易引起人们对真、善的联想，从而产生好感，这是一种自然的心理反应；真、善的内在本质也容易引起人们对美的思考，从而产生美感，这是正常的心理效应。但无论对真、善的理解还是对美的欣赏，都离不开正确的价值观、人生观的引导。人如果没有正确的价值观、人生观，就不会让真、善、美在内心得以统一，就无法架起连通内在美与外在美的桥梁，甚至内心连对美好事物的追求和向往都没有。如果爱情没有在正确的价值观、人生观引导下的审美，就容易暗藏危机，导致日后婚姻和家庭悲剧的发生。如果审美错觉有悖于正确的价值观、人生观，一旦爱的激情日趋平息，光环效应随着消失，个体就会后悔也为时晚矣。

恋爱中的男女，容易被对方容貌的美丽光环迷住双眼，而忽视了其美丽外表掩盖下的丑陋灵魂。巴尔扎克曾对这种情况作了透辟的描述："在虔诚的气氛中长大的少女，天真、纯洁，一朝踏入了迷人的爱情世界，便觉得一切都是爱情了。她们徜徉于天国的光明中，而这光明是她们的心灵放射的，光辉所及，又照耀到她们的爱人。她们用心中如火如荼的热情点燃爱人，把自己崇高的思想当作他们的。"

特别是一些青少年，由于心理的发育还不够成熟，常常不能冷静、客观地审视对方，以至只见其优点而不见其缺点，甚至把缺点也看成了优点。例如有位女子爱上了一个颇为英俊潇洒的男子，她认为他的英俊潇洒盖过了其他一切。当他有些粗鲁时，她却认为是豪爽；他挥霍浪费，她却认为是慷慨大方；他有些方面不老实，她却认为这是聪明机智；甚至他和别的女人勾勾搭搭，她还认为这是由于他的魅力所致……直到最后吃了大亏，她才后悔莫及。

热恋中的男女，要正确看待审美错觉。出现错觉无可厚非，但要通过正确的价值观、人生观来指导和修正这种审美心理。

恋爱中的心理差异

由于生理特征、认知方式等诸方面的差异，恋爱中的男女是存在心理差异的，了解这些差异，有助于我们建立更加稳固的恋情。恋爱中男女的心理差异具体表现在以下方面：

1. 男性比女性更容易一见钟情

人们之间的了解，总是从相识开始。爱情萌生于好感，而人们之间的好感也离不开最初的一见。有的初见没有什么，但会日久生情；而有的只要见上一面，就会顿生情愫。通常情况下，男性更注重女性的外貌长相，而女性更注重男性的内心世界，所以选择对象一般比较慎重。因而男性比女性更易一见钟情。

2. 男性在恋爱中的自尊心没有女性强

在恋爱中，男性一般并不过分计较求爱时遭到对方拒绝所带来的尴尬。如果求爱受挫，他们会用精神胜利法来安慰自己以求得自身心理上的平衡。而女性则不然，她们在恋爱中极其敏感，自尊心强，并想方设法来满足这种需要。

3. 男性求爱时积极主动，女性则偏爱"爱情马拉松"

在恋爱的过程中，男性往往比较主动，敢于率先表白自己的爱情，喜欢速战速决，与对方接触不久就展开大胆的追求，希望在短期内就能够取得成功。而女性则不然，她们喜欢采取迂回、间接的方式，含蓄地表达自己的感情，喜欢将爱情的种子埋藏在心灵深处。

4. 女性的情感比男性细腻

在恋爱中，男性往往有些粗心，不能体察女方细微的心理变化。他顾及大的方面，而不注意小的细节，发现对方情绪变化时，经常百思不得其解，不知所措。

女性的情感很细腻，善于体察对方的心理。她们追求爱情的亲密，要求男子的言谈举止都要称心。马马虎虎、粗心大意的男友不经意的一句话、一件事，也会使她们伤感不已或大发脾气。

5. 男性的戒备心理没有女性强

一般来说，男性在恋爱中的戒备心理比女性少一些。不少男性在与女性开始接触后，几乎没有什么怀疑对方的心理。女性则不然，她们在恋爱初期显得十分冷静，常常以审视的态度来观察对方是否出自真心实意，考察对方的各方面细节，唯恐上当受骗。所以在恋爱的初期，女性往往显得十分小心谨慎。

6. 在情感表现方面，女性较男性含蓄

男女在恋爱中的情感表现大不相同，即使到了感情白热化的热恋阶段。男性一般反应迅速强烈、意志坚强、勇敢大胆、激情洋溢，但情绪不稳定。这种个性特点使他们对爱的感受容易溢于言表、喜形于色，言行多不深思后果，易冲动，受到刺激时不善控制自己，如急于用亲吻、拥抱等亲昵行为表达爱。

女性一般沉稳持重、灵活好动、情绪多变、感情充沛而脆弱。体现在恋爱过程中则是她们感情羞涩而少外露，善于掩饰自己，表达爱慕常感到羞涩，喜欢用婉转含蓄、暗示的方法而不喜欢过早用动作、行为的亲昵来表达。

7. 失恋后，女性的承受能力较强

失恋对于男女双方来说都是痛苦的事情，但面对失恋，男性的承受力却低于女性，常常表现得消沉、哀伤，乃至绝望。这是因为男子恋爱中的感情浪漫色彩较重，对失恋缺少理智的分析和考虑。另外，男子的忍受力较差，在失恋这种重大挫折面前易于消沉、哀伤。女性失恋后自然也非常痛苦、伤感，但她们忍受力比较强，又喜欢憋在心里，所以看起来就不怎么痛苦。

上述是在恋爱过程中男女之间的心理差异。看来，女性较男性的情感更丰富细腻，心理活动更复杂多变，尤其是处在恋爱中的女性，其心理更是让人捉摸不透。恋爱中的女性还存在以下几种特殊心理：

1. 假心假意的"转移"

在恋爱时，女性常常希望自己的男朋友说"亲爱的""没有你和我在一起，我很寂寞""我永远离不开你"等甜言蜜语。然而男性很少了解这一点。正因如此，女性会有意识地在男朋友面前与其他男性友好、亲热，企图激起男友的醋意，以考验男友的真诚程度，但现实中往往适得其反。因为，大多数男性对于女性的这种"移情"会信以为真，进而主动退出恋爱，从而导致双方结束美好的恋情。

2. 莫名其妙的嫉妒

女性对周围的人或事甚为敏感，尤其在恋爱中，她会不断地将自己和他人做一比较，脑海里总担心自己的价值得不到对方的承认，因此便产生嫉妒，有时会使自己无法得以解脱。嫉妒心理是有害的，它不仅有损他人，也影响自己的心身健康。

3. 真真假假的否定

女性在恋爱过程中表达自己欲望的方法一般比较含蓄、委婉，有时还会是反向的。她说"不"的时候，内心往往是"愿意"，如约女友去看电影时，男友要去买票，女友说不用，男友就真的转而等女友去买，那么这场电影肯定看不成。

4. 扑朔迷离的"施虐"

恋爱中的女性具有一种施虐的意识，如与恋人约会时，会故意姗姗来迟，或有意不赴约，让久等的恋人焦急、烦躁、疑惑、担心，甚至痛苦、备受煎熬，以得到男友为她付出的快乐。恋爱中，这种轻微的、偶尔的"施虐"也是不可缺少的"作料"，但经常、过分的施虐却是一种变态的心理，是万万不可取的。

女性的这些奇特心理，实际上是一种自我保护的计策。当然，有时也是女性真正内心的表示。男性在恋爱中掌握女性的这种异常心理，仔细斟酌，真正领悟，有助于恋爱成功。

恋爱中的自惑心理

在追求爱情的道路上，一帆风顺者固然不少，但也有几多漂泊，终未能到达彼岸的。因为年轻人在选择恋爱对象时，常习惯于挑挑选选、比比看看。婚姻是人生大事，不可草率，认真选择是正确的。但是，有的人不仅仅是选择，而是通过多次谈恋爱来加以比较鉴别。殊不知，多次的谈，多次的等待，往往会使谈恋爱者产生自惑心理，即心理上总是等待更好的对象出现，也就是心理上的自我困惑、自我干扰。

婚姻心理学研究发现，随着时间的推移，人们对以往恋人的回忆具有扬善隐恶的现象，即越是为自己和以往某个恋人分手感到惋惜，对方在你记忆中的好感越是增多，结果是越比较越后悔，也越对眼前的对象感到不如意，最终只好告吹。

恋爱中的"自惑"心理是一种消极的心理反应，也是多次恋爱后普遍出现的一种择偶障碍，它是在攀比心理的基础上形成的。因此，要克服恋爱"自惑"心理。

自惑心理是爱情道路上的障碍，如果要在爱情路上顺利通过，就要克服自惑心理。

首先，要根据自身条件客观而恰当地制订择偶标准，标准过高或过低，都会使恋爱陷入"自惑"，不能自拔。

其次，谈过恋爱的人，最好不要在新旧恋人间进行比较。人与人之间是有差别的，各有所长，各有所短，尤其在恋爱方面，不可能有两个完全相同的人，错过的人就让他永远地过去吧，现在的人才是你真实的选择。当时对旧恋人不满意的地方太多，但是新恋人与旧恋人相比，有很多方面还不如旧恋人。一个比一个，越比越不足，没有一个是令人满意的，这就是对比产生的消极作用。因此，你无须比较过去，而应看重现实，着眼于未来。这样，你不仅能获得美好的爱情，还会拥有美满幸福的生活。

恋爱中的嫉妒心理

嫉妒是恋爱的一大敌人。说起嫉妒，不得不先说一下吃醋，因为两者是分不开的。吃醋是一定程度上的嫉妒心理，吃醋到了一定程度就成了嫉妒，而嫉妒是一种不健康的心理。因此，在恋爱中，首先要掌握好吃醋的尺度。

从某种程度上说，吃醋对爱情可以起到一定的积极作用。

首先，吃醋在某种程度上是爱的体现。没有爱也就没有嫉妒，没有醋意的爱情等于没有灵魂的躯壳。假如自己对恋人所做的一切都无所谓，看到自己的恋人与别的异性去春游、跳舞等，一点反应也没有，这实在不能说你是爱他（她）的。

其次，吃醋能促进爱情的发展。例如，一个男孩对一个女孩可能开始并没有很强烈的好感，但若发现某一天另外一个男孩正在苦苦追求这个女孩，那么他就会开始吃醋，并立刻加入到追求的行列中来。

再次，吃醋还可使女孩显得更加妩媚可爱。爱情具有排他性和独占性，正所谓"卧榻之侧，岂容他人酣睡"。女性的情感难以捉摸，一会儿怡然自得，一会儿愁云密布。当女孩发觉她的恋人对她的爱减弱时，她会采用疏远的行为、以退为进的方法，或声东击西，用故意对别的男孩表示好感的方法来刺激恋人的爱，以锁住恋人的心。这种逆向刺激反应能使对方神魂颠倒，从而强化对爱的专注。因此，女孩子在恋爱中的撒娇、赌气、猜忌、泪水既是爱的伎俩，也是女性情爱中一道美丽的风景线。

要注意的是，醋意要有限度，如果太离谱，就变成了嫉妒。

恋爱中的嫉妒心理即性嫉妒，是恋爱中的人独占爱情的一种心理反应，即当恋爱的人感到自己的爱情受到第三者的威胁时所产生的一种痛苦情感。当同性别的人出现，而自己的性爱对象有被占有或被夺取的危险时，人便会产生各种复杂的情感体验和行为，先是注视、疑虑、担心或跟踪，继而转为憎恨、敌视，甚至采取不寻常的行为。这些情感反应和行为是性嫉妒的外在表现或延伸。

嫉妒情感是人之常情，是因可能失掉亲爱的人而感到的潜在的忧虑，这种嫉妒是爱情的一个组成部分，是每对恋人都有的嫉妒之心。如果你想考验你的恋人是否爱你，最古老而最简单的办法是激起他（她）的嫉妒心，这是一个立竿见影的方法。你与其他异性单独来往时，如果他（她）爱你，就会在行为上流露出嫉妒之情。如果一个人表现出对对方毫无嫉妒心，那么很难说他（她）是爱对方的，但是合理的嫉妒可以理解，而"变态的嫉妒""无理的嫉妒"则是要坚决反对的。

其实，人类的嫉妒心理在公有制的原始社会并不存在。同样的道理，爱情中的嫉妒心理在群婚制的时代也不存在。它产生于一夫一妻制。在群婚制的时代，一个男人可以和一群女人"结婚"，其中任何一个同某个男人或女人发生性关系的异性，都不会去嫉妒别的异性。在人类婚姻史上，一夫一妻制占据主导地位，两性关系在法律和伦理意义上得到框定之后，爱情就不仅仅是异性间的吸引，而是具有了更重要的特征。这时，爱情中的嫉妒心理就蓬勃发展了起来。

与人在其他行为中的嫉妒心理不同，爱情中的嫉妒心理，每个爱情中人都难以彻底摆脱。另外，自然的性嫉妒实际上可以促进爱情的发展与稳固。正如哲学家所说的："爱情的快乐同人类的所有快乐一样，需要一定的刺激——愉快感的对立面。这种快乐绝不会长期'晴空万里'。如果没有不快乐做陪衬，则快乐也会显得平淡。感受总是一幅色彩比较鲜艳的情感镶嵌图画。'晴空万里'的幸福爱情一般都会很快消失。爱情的幸福是不能离开陪衬的感受而单独存在的。正因为如此，爱情需要薄薄的一层忧伤，需要一点点嫉妒、疑虑、戏剧性的游戏。"

但嫉妒的危害也是很大的。心理学家弗洛伊德曾经说过："一切不利影响中，最能使人短命夭亡的，就是不好的情绪和恶劣的心境，如忧虑和嫉妒。"嫉妒心理犹如心灵的肿瘤，会危害人们的心身健康。美国科学家通过调查研究发现，嫉妒心理弱的人在25年中仅有2%～3%的人患有心脏病，死亡率只占2.2%；嫉妒心强的人，同一期内竟有9%以上的人患有心脏病，死亡率高达13.4%。原来，嫉妒心理能使人体大脑皮层及下丘脑垂体促肾上腺皮质激素分泌增加，造成大脑功能紊乱、免疫机能失调，从而使自身免疫性疾病以及心血管、周期性偏头痛的发病率增加。嫉妒心强的人还常会出现一些不良现象，如食欲不振、胃痛、恶心、头痛、背痛、心悸郁闷、神经性呕吐、过敏性结肠炎、痛经、早衰等。强烈的爱情嫉妒心理还会给爱情生活带来裂痕，如果处理不当就会发生矛盾，甚至会导致爱情的枯萎。

那么应该如何克服恋爱中的嫉妒心理呢？

1. 要认识自我

分析自己是否过于敏感、缺乏自信。自卑的人容易产生嫉妒心理。

2. 分析嫉妒根源

嫉妒心的产生往往是由于误解所引起的，首先要搞清楚是不是误解了自己的恋人。

3. 积极消灭嫉妒心

要主动进取、充实生活、转移注意力，比如将更多的精力放在工作和学习上。就像培根说的："一个埋头沉入自己事业的人，是没有工夫去嫉妒别人的。"

4. 要学会控制情绪，尊重对方的感情

尤其是恋爱时，要允许对方有自己的人际交往空间。

驶出单相思的心理孤港

恋爱是两个人之间的感情交流，如果只是一方投入感情，而对方毫无感觉或不想与之交流，就形成了单相思。单相思只是单方面的倾慕，所以不是恋爱。但由于这种倾慕者大部分是默默地表现着，又迫切希望自己能够被接受，所以这种情感往往十分强烈，也容易受到伤害，产生心理疾病。

单相思的形成大多由于以下两种原因：

1. "爱情错觉"

即把男女间正常的交往，同志、朋友式的关怀和友谊误解为爱情，想入非非，陶醉于遐想的"爱情"中造成单相思。

2. "理想模式"

每个青年男女的心中都有自己的"白雪公主"或"白马王子"，一旦在生活中遇到一位在容貌、才华、气质、风度上都与自己心中的理想模式吻合的人，人就会产生难以抑制的爱情之火，这种爱在没有引起对方的感情共鸣时就形成了单相思。单相思的对象有的是同窗好友，有的是邂逅新朋，有的只是一面之交，也有的是影视明星或小说中的男女主人公。

单相思的滋味很多人都品尝过，并且有心理学家调查发现，单相思在14～18

岁的年龄最容易发生。

单相思是人渴望爱情的一种心理反应，只是这种感情不是建立在双方相恋的基础上，而是从当事人主观愿望出发的"自作多情"。有些单相思者往往把自己的想法和情感倾注到对方身上，但又不知道对方是否有意，因此陷入痛苦、彷徨、忧虑的状态。也有一些单相思者由于对倾慕对象一往情深，想得到对方爱情的心太切，所以常常会把对方的言行举止纳入自己的主观需要来理解，从而造成对他人认知的偏差。

对于单相思者来说，自己像是热情的火焰，而对方却淡漠如水。这种"不平衡"很容易让单相思者陷入痛苦。另外，有些单相思者还承受着来自自己心灵的道德的谴责。比如，自己爱上了一个有男朋友的女孩，可能就会觉得"我怎么会有这样不道德的想法？"同时也可能觉得"她为什么爱上他而不是我，是我不如他吗？"这些错误的想法都会将单相思的人带入痛苦的深渊。

单相思是一种心病，能反映出一个人的心理状态。单相思的人很自卑，这些人虽然总是进行爱的自我陶醉，但当真正面对对方时，却总会表现出极度的紧张和不安，并且试图掩盖自己的真情，有时甚至出现语无伦次、动作僵硬等笨拙的举动，使对方感到莫名其妙。而这些，往往引起当事者事后的懊悔。他们对相思的人怀有高不可攀的畏惧心理，尽管对现实的恋爱十分向往，但却不敢轻易地向对方表白，生怕对方说出"不"字。在单相思的状态下，人们通常会心情烦躁，情绪低落，敏感多疑，注意力下降，学习、工作效率低，失眠，厌食。严重者还会患上忧郁症，影响心身健康，影响正常的生活。

那么，单相思的人该如何正视这份渺茫的感情，从虚幻的遐想中解脱出来呢？方法有三：

1. 移情

将自己的注意力转移和集中到学习和工作中。当人处于极度的繁忙之中时，就会无暇顾及情感问题。

2. 倾诉

既可以把自己的心事告诉密友，让对方分享你的痛楚，也可以直接向意中人明白地表达爱慕之情。如果他接受你的爱当然是最好的，如果他找出种种缘由劝慰你放弃对他的爱，你就知道你们情缘已了，但交个普通朋友他是不会拒绝的。这样，你单相思的苦恼也可解除不少。如果他拒绝了你，你可以大哭一场，这对你来说也是人生必经的一次磨炼和情感体验。美梦惊醒的那一瞬虽然痛苦，但你很快就会发现这也并非世界末日，吸引你的事情还会不断地出现。如果他漠视了你，不理睬你，你应该对自己说："他根本不懂得爱，一个完美的人怎么可能对别人的爱慕无动于衷呢？"尝试用批评的眼光去扫视你的崇拜对象，你会发现这也是一种非常有趣而且有用的体验。

3. 运用心理学上的贬值法

某些东西，由于人们对它的态度不同，其价值也就不同。这时候可以将其"贬值"，降低其在心中的地位，进一步摆脱对它的依恋。你可以多想想对方的缺点，然后你会发现，自己心仪的对象原来也不是那么令人着迷，这样你就可以逐步消除对对方的迷恋。世上没有一样东西是万能的，最有价值的东西，比如自己爱得死去活来的对象，一旦给自己带来的是忧愁，就应该让它贬值，降低客观存在在你心中的地位，摆脱对它的依恋。这样，忧愁消除了，你就能心情轻松，快乐地投入生活，享受人生的美妙。

失恋后的心理调节

失恋，就是恋爱的一方否认或中断恋爱关系，使对方因失去爱情而受到痛苦的心理挫折。这通常发生在那些曾经获得过某种程度、某种性质的"爱"，并为此作出过真心承诺或有较大的物质和精神投入的男女身上。他们在意想不到的情况下突然或不情愿地与恋人分手，从而体验到一种内心的失落感、伤心感甚至痛不欲生之感。

失恋的人常有如下心态：

1. 羞愧难当，陷入自卑与迷惘，"从此无心受良宵，任他明月下西楼"，心灰意冷，走向怯懦封闭甚至绝望、轻生，成为爱情殉葬品。

2. 对抛弃自己的人仍一往情深，对逝去的爱情充满美好的回忆与幻想，自欺欺人，否认失恋存在而陷入单相思的泥潭，也有人会出现一种既爱又恨的特殊感情矛盾。

3. 因失恋而绝望暴怒，失去理智，产生报复心理——或攻击对方；或自残；或从此愤世嫉俗怀疑一切异性，看什么都不顺眼；或从此玩世不恭，得过且过，寻求刺激，发泄心中的不满。

既然失恋已经不可避免，陷入痛苦的泥淖痛不欲生依旧于事无补，不如调节好自己的心态，正视失恋，使自己从失恋的阴影中走出来。

1. 正视现实，不要纠缠与责难

如果他或她已经真的不爱你了，到了必须分手的时候，就不要纠缠着不放，纠缠也许会令对方一时难以逃脱，但却更坚定了离开你的信念。不要再一味地责难，责难也许会让你感觉一时痛快，但却可能粉碎曾经的美好回忆。更不要怪罪自己天生缺乏魅力，活在怨恨里会令你的生活更沉重。既然你已得不到所希望的那份真情，又何必再为她或他伤心劳神、浪费感情与青春呢？放弃一段已经死亡的情感，你也许仍会痛苦，但却有了新的爱情空间，有了重新选择的机会。

2. 自我安慰

有时，也可以适当运用挫折合理化心理作感情转移。一种是"葡萄酸"心理，即缩小或否定个人求而不达的目标的好处，而强调其各种缺点，比如失恋了，就说对方不好，就好像狐狸吃不到葡萄而说葡萄是酸的一样。另一种是"甜柠檬"心理，即不是把目标的好处缩小，而是把目前的境况扩大，比如失恋了，可以说这更有利于集中精力学习、工作。这两种方法都可以暂时延缓你对不愉快的事情真相的接受，直至有了心理准备，能够正视现实为止。当然，自我安慰只是一种消极的方法，如果失恋后听任这两种心理支配而不能接受现实，那就无法从根本上解决问题。

3. 移情

及时适当地把情感转移到失恋对象以外的其他人或事上。可以把注意力分散到自己感兴趣的活动中去，因为活动本身就是在冲淡心中的郁闷。失恋后，可与朋友发展更为密切的关系，可积极参加各种娱乐活动，释放苦闷，陶冶性情；可投身大自然，把自己融入大自然的博大胸怀。

4. 要懂得爱惜自己

要忘掉一段曾经真心付出的感情绝非一蹴而就的事情。不要太苛求自己，要给自己留出空间与时间。要知道，你的生命不光属于你一个人，还属于你的亲人、你的朋友和你的工作岗位。你必须珍惜自己，你没有权力自暴自弃。失恋了，就不必再挂念那个人了，正好可以多疼惜一下自己。

5. 做出不在乎的样子

失恋了，一点感觉也没有是不可能的，但表面上装作不在乎有利于控制自己的情绪，积极的自我暗示在这时候是非常重要的。你可以这样去暗示自己："对付负心人最好的办法就是让自己好好地活下去！"或者"是不是都要看我难过痛苦？没门！"又或者"他都不在乎了，我为什么要在乎？一定要镇静，当什么也没有发生过，只是梦醒了而已。"

6. 学会宣泄

失恋后，心中的空虚、寂寞会油然而生。此时，最好的办法是找你最好的朋友或师长，向他们诉说你的悲伤和烦恼。他们在倾听了你的诉说后，会很好地安慰你。如果你不善言谈，那么你可以奋笔疾书，让情感在笔端发泄，以释放自己的心理负荷，求得心理解脱。你也可关门大哭一场，因为痛哭是一种纯真感情的爆发，是一种自我保护性反应。另外，你还可以以运动等方式解除失恋带来的心理压力。

第七章　婚姻心理学

新婚心理调适

当恋人们带着美妙多姿的想象和天真烂漫的愿望步入婚姻的殿堂时，却发现在白色婚纱的炫目光影背后不再有罗曼蒂克的情调，而是平凡、单调的"锅碗瓢盆交响曲"。由天马行空到脚踏实地，理想与现实的极大落差很容易让新婚的人们陷入迷茫和困惑之中。因此，新婚夫妻需要正视婚后的心理变化与冲突，并及时调适。

1. 心理失落感调适

热恋与婚姻是有很大差别的，一下子从无忧无虑的浪漫跌进了琐碎、操劳的现实生活，许多新婚夫妻，尤其是妻子，会产生心理失落感。许多新娘子抱怨：恋爱时，男朋友总是主动请求约会，送到家门口；会牢牢记住自己的生日和情人节，并送上精心挑选的红玫瑰，为自己唱歌跳舞，大献殷勤；闹矛盾的时候，不管谁对谁错，总是小心翼翼地赔不是……可结婚后，他像变了个人似的，不像以前那么好了，原来他一直都在骗人。其实，并不是男方不好了，更不是什么欺骗，只不过他认为，成了家就该养家立业，只卿卿我我怎么行呢？于是他就将很大的精力投入到了工作与事业中，自然不像以往那么殷勤了。另外，恋爱时双方都注意给双方以良好的印象，较少显露出弱点和不足。婚后，随着生活的深入和时间的推移，双方各自的弱点逐渐暴露出来，也容易出现感情的摩擦，从而引起心理失落。解决这个问题，最关键的是双方要互相理解和体贴，不要强迫别人按照自己的意愿行事；要正确理解并接纳恋爱和婚姻的正常差别，努力保持激情与琐碎生活的平衡。

2. 性格与生活习惯的磨合

新婚之后的一段时间是两个人的"磨合期"。性格需要磨合，生活习惯也需要磨合。生活是由许许多多具体的生活琐事组成的。两个人的家庭出身、文化背景、性格特征、兴趣爱好都不尽相同，生活在一起难免发生矛盾，比如，一方喜欢整洁而另一方喜欢乱放东西；一方不修边幅而另一方有"洁癖"；一方节俭而另一方却大手大脚；等等。所以，许多新婚夫妇经常为鸡毛蒜皮的小事争吵，伤害了夫妻感情，破坏了家庭和谐，甚至会闹离婚。婚后"磨合期"一般至少要半年至1年。这段时间内，夫妻双方要正确认识"磨合期"内矛盾的必然性，尽量站在对方的角度去看问题，欣赏对方优点的同时也要接纳对方的缺点。不要太固执，要学会容忍、变通，就像富兰克林说的："结婚以前睁大你的双眼，结婚以后闭上你的一只眼睛。"说的就是在婚后要包容对方。

3. 化解自由与责任的冲突

步入婚姻后，双方必须负起应有的责任和义务。恋爱时虽然也需要负起一定的责任，但毕竟比较自由。比如，你把女朋友送回家后，还可以和其他好朋友一起去酒吧喝酒，去 KTV 唱歌。结婚以后就不行了，如果丈夫经常要和朋友一起喝酒、打牌，把妻子抛在脑后，妻子当然不能接受。结婚前，女孩除了享受男朋友的殷勤，回到家还能享受爸爸妈妈的照顾，吃喝不愁；结婚以后，妻子通常在下班后还要做饭，如果下班后就躺在床上吃零食、看电视，全然想不到丈夫下班后的饥肠辘辘，矛盾就难免了。还有，如果你的爱人在家是最小的孩子或是独生子女，在家时一般都是别人想着他（她），那他（她）的责任心多数要差一些，结婚后就不怎么懂得为别人着想，矛盾也可能要爆发出来。矛盾是在所难免的，关键是双方要相互体谅，化解责任与自由的冲突。总之，结婚以后，双方都不能再"为所欲为"，要增强责任心，做一个像样的妻子或丈夫，这样婚姻才能持久。

4. 调解性生活中的矛盾

性生活是婚姻生活的重要组成部分。新婚夫妻都没有太多的经验，难免会配合得不和谐。女性容易对疼痛感到紧张、惧怕，但也对性生活充满期望；男性则容易对自身的能力、对方的满意度感到紧张、有压力等等，这些都会影响性生活的欢愉。新婚性生活的美满与否，会对以后的夫妻性生活心理和质量产生很大的影响。因此，要注意努力化解性生活中的问题。

对于婚姻阶段女性方面的种种问题，夫妻双方应一起克服。

新婚夫妇如果初次性交顺利、和谐、欢愉，就会品味到新婚的幸福和甜蜜。如果不顺利或没有快感，就可能产生失望感。反复多次之后，就会影响美满婚姻的情感基础。其实，新婚性生活不顺利是很正常的，新婚夫妇一般要经过 3～4 周之后才能有满意的性交。因此一时不顺利，不能抱怨妻子不行或丈夫无能，更不能因此灰心失望。

婚姻不是爱情的坟墓，也不是浪漫的爱情童话，它是实实在在的生活。生活中不能没有锅碗瓢盆、油盐酱醋，婚姻中的不和谐、矛盾也要由夫妻双方共同化解。幸福美满的婚姻需要夫妻共同创造。

当心婚后"爱情沉默症"

处于热恋中的青年男女，总有说不完的情话、诉不尽的蜜语。虽说现代的恋人已经不像从前那样勤写情书，但是"煲电话粥"所花费的时间与金钱却是非常可观的。古今中外用于描写爱情的字句，用于热恋的每一对青年男女总是非常贴切的。而婚后的夫妻，却似乎在热恋时已把情话说完，日常生活中的话语变得非常简单，如："喂，饭做好了没有？""快点去买包盐回来！""你怎么那么讨厌啊。"研究发现，许多人认为，一旦成为夫妻，就是自家人了，他爱我，我爱她，天经地义，何必再不厌其烦地说出来呢？作为夫妻，他应该做他的事，挣钱养家；她也应该尽她的本分，相夫教子，两人没有必要假惺惺地客套什么的……这是目前一些夫妻对待感情交流所持的态度。在这种观念支配下，中国的已婚男女一反热恋的亲密与热烈，对婚后夫妻情感的表达往往显得忸忸怩怩，甚至到了近乎无话可讲的地步。这样的夫妻，其实是患上了"爱情沉默症"。

陈昊和沈宛相恋 3 年，终于在去年 10 月登记结婚。两人在恋爱时亲密无比，经常看电影、逛公园、说情话、发短消息，恩爱无比。在去年夏天，陈昊凭着鲜花和钻戒，彻底征服了沈宛，于是两人开始张罗着结婚，并于"十一"踏入了婚姻的殿堂。

初入婚姻之门，两人很是激动，蜜月期情意绵绵，颇有"只羡鸳鸯不羡仙"之感。但是，当婚假休完，二人正常上班以后，情形就变了。陈昊工作挺忙的，公司离家又远，每天回来都感觉很累，谈恋爱时的那种生龙活虎的精力似乎不复存在了。所以他往往吃过晚饭，洗漱过后，上床看会儿电视就睡着了。有时兴致来了，也会上上网，打打游戏。沈宛感到老公对自己的爱不像以前那么多了。有时问他几句，他只会回答是与不是，仿佛没有什么精神，也不太愿意回答。有一次，沈宛问陈昊："我们周末回我妈家好不好？"陈昊答道："是!"沈宛有些火了，说："我问你好不好，你怎么回答'是'，是什么意思啊？你是不是烦我了？我看我们谈恋爱的时间这么短，我这么快被你追到手，你就不知珍惜了。"

陈昊听了，也不相让，说："你不知道我工作很累吗？一点也不知道体谅我。这些小事，你安排一下不就行了。"沈宛听了更加生气了，于是两人就吵了起来，之后一段时间他们便陷入了"冷战"。虽然一段时间之后又恢复了正常，但彼此心中都留下了"心结"，经常会为一些生活琐事发生口角，常常"冷战"。沈宛知道他们彼此还爱着对方，但婚姻却一直在这种危机中继续着。

"爱情沉默症"的表现主要有：

（1）很少对爱人说一些十分甜蜜的话；

（2）从不向爱人认错；

（3）两人从不共同讨论性生活问题；

（4）很少去想爱人需要些什么物品；

（5）常常觉得与爱人聊天是浪费时间；

（6）喜欢一个人做事，不愿意与配偶商量；

（7）认为故意取悦对方是庸俗的；

（8）搞不清爱人对自己的感情如何；

（9）爱人做了件自以为得意的事，你却不以为然，觉得没有什么了不起，不值得庆贺；

（10）遇到矛盾或问题，夫妻俩经常生闷气；

（11）认为"在爱人面前认错很丢人"；

（12）有些事心里很不满，可又怕说出来伤了夫妻的感情；

（13）不知道爱人对自己哪方面不满意；

（14）婚后很少坐下来交流感情；

（15）爱人生气时，常常置之不理；

（16）有许多话不愿意与爱人说；

（17）在爱人面前谈论想法时，对方常常显得心不在焉；

（18）两人在一起时，常觉得无聊；

（19）很少去探究爱人为什么总是情绪不好。

对于"爱情沉默症"，专家认为这种现象很正常，也很普遍。有人曾经说过：

"男人把追求异性当成自己的事业，一旦追到手，就会转移目标去追求另一份事业。"其实男女双方都一样。结婚之前，双方都会把爱情当成自己的事业，苦心追求、经营，而结婚以后，各自又会去追求自己的事业，比如说男人可能把心思放到工作、升职、加薪上，而女人可能把更多心思放到孩子身上，抑或其他方面。其实人在婚后不再投入与恋爱时同等的精力是感情发展的自然过程，并不是变心或是其他什么，因为恋爱时过多的精力投入本身就是一种非健康的状态，不可能永久，人总要恢复正常状态。所以多数人在婚后会陷入沉默，或者有些矛盾也属正常。而此时如何经营自己的婚姻就显得尤为重要了。有不少夫妻在婚后一直相濡以沫、相亲相爱，这说明他们双方都比较懂得经营，遇到生活上一些乏味小事或一些小摩擦，都会处理得比较好。但是多数夫妻还是不懂得经营，只能任由彼此陷入沉默，平淡地生活。

除此之外，还有许多原因可能会导致"爱情沉默症"。当然，如果夫妻之间已不再相爱，或一方有了外遇，则"爱情沉默症"只是"伴随症状"而已。那么，"爱情沉默症"如何治疗呢？

1. 打破错误观念

婚后，生活确实变得现实多了，但只有不断发展类似婚前的那种恋情，平凡的生活才会产生乐趣，人才能从生活的烦琐中体味到人间的幸福。否则，每日埋头于生活琐事，会渐渐让人产生厌倦情绪，进而使"婚姻是爱情的坟墓"得到印证。

2. 不要总想自己的尊严

夫妻间不应当笑话谁主动了、谁得面子了等。因为主动和热情本身就是对爱人的一种尊重与依赖，对方若以此取笑，岂不是不知好人心？

3. 学会共同创造新生活

多在生活中安排一些娱乐项目与交流感情的机会，因为这不仅仅是巩固和发展夫妻关系的需要，同时也是对繁忙、紧张工作的调剂。它能使人们能从紧张的工作中解脱出来，以旺盛的精力和充沛的体力继续工作与学习。

4. 正确认识"男子汉"

真正的男子汉，应该是既懂大义又明细理，既有七情六欲又会适当地进行表达的人。那种缺乏温情的、冷酷的男人，实际上是心理不健康的男人。

5. 增加性生活的和谐

和谐的性生活是强化夫妻感情的一种黏合剂。夫妻间如果在性生活中有了障碍，一定要去寻求专门的科学指导。否则，一生中几十年都会在痛苦中度过。

婚姻的"头号杀手"——婚外恋

婚外恋，就是婚姻关系中的一方同与配偶以外的异性发生情爱与性关系的行为。在现实的社会生活中，这种现象屡见不鲜，而且还有日益增长之势。婚外恋问题不仅直接关系着家庭中婚姻关系的稳定，也直接影响着社会整体的文化道德观念。

对于婚外性行为的评价，人们较为一致地把它当作一种不道德行为而予以谴责。从理论上讲，真正的爱情只能发生在一对异性之间，而不可能同时存在于一个人与两个异性之间。如果夫妻间一方与婚外的异性发生爱情关系，其结果必然是降低对配偶的情爱与性爱，或干脆排斥配偶对自己的爱情。因此，无论是婚外性行为还是精神恋，无论是暂时的还是长期的，对配偶的伤害和对家庭稳定的破坏作用都是一样的。

性格内向的汪燕是个贤妻良母，有个祥和幸福的家庭。她一直以为自己和性格互补的老公能携手走完一生的路，因此她心甘情愿做了他身后的女人。然而，她没有想到，她的贤惠和付出并未能守住老公的心，他还是和一个年轻的未婚女孩走到了一起。当知道真相的汪燕跟老公讨说法的时候，他却左右为难。汪燕不禁喟叹——老公，你的责任心究竟要给谁？

后来，那个女孩怀孕了，老公提出和她离婚，汪燕拒绝了，她舍不得离婚。后来那个女孩把孩子做了，但之后，老公却依然跟那个女孩在一起，并且很少回家了。

一个完整的家庭就这样支离破碎了。

婚外恋作为一种社会现象，当然存在着产生这种社会现象的生理与心理基础。婚外恋一般包括两种情况：一种是婚外性行为；另一种是没有性行为关系，只存在着一种"柏拉图"式的精神恋爱。如果从时间上分，婚外恋既有短暂的，也有长期的。

婚姻的感情基础不牢是产生婚外恋的首要原因。随着社会的发展、生活水平的提高和人们对生活需求观念的更新以及价值观的改变，意识中的那种对婚姻生活的不满足感越来越强烈地表现出来。于是，原先维系男女之间爱情的链条断裂并导致了情感逐步淡化。这时，如果对夫妻双方的关系不能进行有效的调适，不能重建并更新夫妻间的爱情，双方或一方就可能产生移情别恋的动机。在这种情况下，一旦遇到合适的异性，就很自然地会导致婚外恋。

心理学研究表明，人的需要满足与否直接影响着人际关系的形成和发展。需要得到满足，对人际关系就起着增强的作用；反之，就会削弱人际关系；需要若长期得不到完全满足，就会使人际关系疏远或中止。夫妻间爱情的发展同样遵循这一规律，夫妻中任何一方心理上或生理上的需要长期得不到满足，都有可能导致夫妻间心理上的隔阂，甚至使感情发生转移。

婚外恋问题作为人类两性间的关系问题，当然有其生理的依据，但更主要的是一种性心理行为。从社会的角度来讲，婚外恋对婚姻体制构成了严重的威胁，具有明显的反道德性质。

心理学家发现，孤独感常是促成外遇产生的主要原因。一个人要是没有人与他分享生活中的大大小小的事件，孤独感便会油然而生。如果夫妻间缺乏亲切友好的感情交流，一方或双方便会感到孤独，以致产生婚外恋。

夫妻间性生活不只是一种宣泄和生理需要的满足，主要还是维持夫妻感情的纽带。它不应仅仅是肉体的交合，还应伴随有情感的交流。如果在性生活中缺乏感情的分享，有一方就会感到孤独和寂寞。人的感情就像一座火山一样，不会永远沉寂，总会有爆发的一天。而一旦爆发，就会产生一种巨大的破坏力量。很多有婚外恋和外遇的人坦然地承认，与他们发生性关系的人要比他们的配偶有更大的吸引力。

由于单调造成的厌倦是造成情变的主要祸因。结婚几年后，生活的热情开始冷却。如果夫妻双方不能探索、寻找出新的、更令人满意的生活方式的话，则在这平淡无奇的背后就会孕育着人的好奇心的总爆发，不甘寂寞的人便会寻找能够重新弹奏起交响乐的另一根琴弦。

夫妻间的争吵固然难免，但如果争吵太多，即所谓的"大吵三六九，小吵天天有"的话，就会使配偶的感情遭到过多的伤害而产生隔阂和更大的心理矛盾冲突。当一方因饱受伤害而达到忍无可忍的程度时，其对夫妻生活就会产生厌倦，进而丧失与配偶一起生活的信心。

一些社会心理学家认为，婚外恋之所以呈增长的趋势，根本的原因还在于缺乏真正的离婚自由。当今社会对离婚的观念还是相当陈旧和落后的，一些已经"死亡"或应该"死亡"的婚姻，由于受到来自社会各个方面包括工作单位、家人、司法机关、亲朋等的干预，以及当事人子女、经济等原因的影响，当事人会因离婚代价太大而却步。这样，婚外恋就悄悄地产生了。

如何面对婚外恋

现代社会，婚外恋已成了一种普遍现象，每年都有许多家庭经受这样的折磨。

要拯救濒临破裂的婚姻自然比摧毁它艰难很多。不过只要双方都有重建感情的愿望或基础，及早发现外遇的先兆就极为重要了。对此婚姻问题专家提供了下列建议：

1. 弄清对方外遇的原因

你要帮助另一半找出他外遇的真正原因和动机，帮助他分析、权衡利弊得失，并且从头到尾地检查你们的婚姻究竟出了什么问题。当找出属于自己的原因时，你要诚恳地向另一半认错，并决心在以后的日子里用实际行动改正自己的错误。

2. 控制丑闻蔓延

从心理学的角度来说，夫妻是一个封闭的小群体，这个小群体是两人的小天地，外人是不得进入的。有了婚外恋，最好在两人之间解决，吵也好，骂也好，暂且不要诉诸外人，不要轻易使矛盾激化。否则只会使对方在人前抬不起头来，而这有可能迫使对方横下心来，破罐子破摔，与第三者同病相怜、相依为命了。所以，要尽量控制丑闻的蔓延。一旦别人问起你，你可以若无其事地告诉他们根本没这回事，此时你要保持镇静的态度，这样才能使别人相信你所说的话。

3. 不要在孩子面前暴露事实

不管夫妻感情如何，一般人都很爱孩子，都非常注意在孩子面前保持作为家长的尊严。当你忍不住要在家中大吵大闹时，若孩子也在家中，你要尽量支使孩子出去，否则你就只能暂时忍耐一下或约对方去别的地方。或许你会关起你们卧室的门，然后大吵大闹，你以为你的孩子根本听不到，但你错了。孩子是非常敏感的，你们哪怕只是小声地争吵，他也能感受到。也许你会想到让你的孩子去说服另一半，所以会把真实情况全告诉孩子，但同时你要知道孩子知道真相后可能会受到伤害，而且你的另一半也会因为你告知孩子而讨厌甚至仇恨你。

4. 追忆美好时光

把家庭影集拿出来，夫妻俩和孩子共同欣赏。在欣赏中，回忆你们的蜜月、度假，以及孩子出生时的激动时刻。你们一家三口还可以到你们二人恋爱时曾经旅游过的地方旧地重游，一同回味昔日的美好时光。

5. 重建亲密感

重新唤起两人的亲密感，关键是要承认每个人的差异。不同意对方的观点也实在不是什么大不了的事，应该允许对方有自己的想法，要给对方表达意见与体验情感的机会。夫妻间要认真倾听，学会通过对方的言谈举止来体会对方的感受——肢体语言也很重要，千万别忽略。而且愤怒的妻子绝对不要提出分房或分床睡，分房或分床会使你俩更加疏离，反之，继续同房或同床则能让你们觉得你们彼此是夫妻，是一种极其亲密的关系。

6. 将心比心

对于已经发生的一切，无论你怎样后悔与懊恼，你都已经没办法抹去早已发生的事实，此时的你肯定特别希望对方能够理解你、原谅你。那么，就请互换角色尝试理解一下对方的心情，换一个角度看问题吧！这时，你们会发现什么情绪都在情理之中，什么问题都可以解决，只要你们放开心胸、彼此接受就可以了。

7. 宽容与谅解

你的配偶此时正像一个做错事的孩子般不知所措，你若能温和地对他、安慰他，他内心定会很感激你，日后自会加倍地回报你。所以，你要学会宽容。

8. 积极解决问题

配偶一旦坠入婚外恋，明智的办法是和风细雨地交流思想，进而解决问题。回忆当初，每对夫妻都有一段令人陶醉与向往的日子，只是时间的长与短而已；检讨当前，分析矛盾与冲突的根由，各作自我批评；展望未来，探讨夫妻重新契合的途径。这样做的目的在于用加倍温暖的心去弥合对方心田的创伤，去唤回对方的离散之心。"拉"字当头，不计前嫌，允许"离"心，也允许"回"心。一般来说，将心比心、以心换心、精诚所至、金石为开，婚外恋者尽管婚外恋时感情炽热，但他们的内心始终为罪恶感和羞耻感所扰，只要阶梯搭牢，他们是会下台阶的。如果对方一意孤行，视"内销"为软弱，视宽容为无能，到时再诉诸法律也不迟。

9. 重视性生活

性爱在婚外恋中往往是第一要件，而在婚姻中却常常是敬陪末座。被工作和家务缠了一天，等你们上床时，早已是筋疲力尽，即使强打精神，也只能是敷衍了事，这当然和与第三者幽会时的感受无法相比。因此，要重建你们的婚姻，就得不惜拿出"黄金时间"，趁双方精力充沛、"性"致勃勃时好好地恩爱缠绵；也可以在周末或节假日，使自己和爱人都暂时从烦琐的事务中解放出来，养精蓄锐，以便到晚上好好缠绵一番。

面对婚外恋，有人丧失了理智，气恼、愤怒接踵而至，竭力报复，或扑向配偶，或扑向第三者，非置对方于死地不可，似乎不如此就便宜了配偶，便宜了第三者。殊不知，这样一闹，无异于把配偶逼进死胡同，让其里外不是人，欲回无门，只得横下心来割断最后一缕情丝，投向第三者的怀抱。

对付婚外恋的对策，日本的一位婚姻心理学家不同意草率离婚，他说：

"不管怎么说，由于对方的用情不专而断然离婚的做法毕竟是太草率了一点。因为虽说对方有了外遇，但是也不能绝对地说他（她）对配偶的爱情之火已经熄灭了。"

专家们之所以不赞成把不忠与离婚画上等号，主张"破镜重圆"，并不意味着对婚外恋者的姑息，亦不意味着不同情受害者，而是因为构成人的感情的因素是极其复杂的。一个人犯任何过错，改了都好，为什么唯独感情上的过错改了还不好？滂沱的大雨会使泥土粘得更结实；一碎为二的钢板，焊接后强度胜过原先；破碎的爱情，只要修补得当，浪子回头也将是金不换的。

真挚的感情、善意的规劝、回忆甜蜜的过去、叙述幸福的现在、展望美好的未来，都可能使误入歧途的配偶重返正道，使家庭的小舟平安渡过"婚外恋"这股逆浪，在生活的海洋中继续驶向幸福的彼岸。

离婚后的不良心理调适

离婚，不管是何种原因所致，对大多数人来说都非幸事。离婚后，痛苦的往事回忆、新增的苦恼烦忧交织在一起，万千思绪缠绕，当事人在很长一段时间里都很痛苦。但是，既然已经离婚了，就要接受现实。那么，离婚后该如何进行心理调节呢？

1. 作好自我调节，努力去适应周围的环境和社会

绝大多数人离婚后，心情总是很沮丧，情绪低落、伤感。他们会表现出愤恨、不满、自卑、看破红尘等各种各样的消极心理。

同时，面对周围人的非议和白眼，他们会感到孤独、无奈和愤愤不平。一位离了婚的女人深有感触地对想要离婚的女伴说："你知道吗？有个名义上的丈夫，别人就不敢欺负你，可是你一离婚，在所有人的眼里，你就成了一个危险的女人。正派的人远离你，别有用心的人上门纠缠你。你知道离婚对女人意味着什么吗？意味着再不能像过去那样做一个正常人，随心所欲地活着，而是必须夹着尾巴，必须穿朴素的衣服，只要你不想成为舆论的中心，只要你不想被人看作无可救药的堕落女人……"

有一些离婚女人，她们对前途、对人生充满了绝望。她们认为，世上没有一个好男人，到处充满了欺骗，充满了虚伪……因此，离婚者作好心理调节是必需的。

短时间内可以将主要精力用到工作和学习中去，暂时遗忘眼前的不愉快，使心情趋于好转。离婚后，不妨这样想：终于解脱了，再也不必忍受同床异梦的折磨了，终于可以选择自己的生活了。另外，周围的同事和朋友的关心、理解与支持，也可以帮助离婚者振作精神，走出离婚的心理阴影。而对那些难以自我调节心理状态、难以从痛苦和偏见中自拔出来的离婚者，则可以建议其看看心理医生，接受心理咨询，以获得心理医生的帮助。

2. 注意维护孩子的身心健康

离异者，无论是在离婚过程中还是离婚之后，都要注意维护孩子的心身健康。双方必须要继续承担起抚养、教育子女的责任和义务，为他们提供更多的关怀和保护，继续培养其对父母双方的感情，训练孩子的自我照顾能力。双方要用爱心去抚慰孩子受伤的心灵。一旦发现孩子出现了不良心理反应，就要及时请专业人士对其进行诊治。

3. 要坦然面对现实，积极转移注意力

离婚后，不要再怨天尤人，要坦然接受现实，积极转移自己的注意力，减轻离婚的痛苦。要将更多的精力放在事业进步和对长幼的爱上，冲淡离婚的心理阴影。要鼓足勇气、投身到集体中去，获得集体的关怀和温暖，不可整天自我封闭、长吁短叹、难以自拔。还可以投身到大自然中，借美丽的自然风光欢愉心身、豁达心胸。

4. 离婚不离德

很多夫妻由于合不来，长期打打闹闹，最后不得不分道扬镳；有的家庭虽然风平浪静，不打不闹，但夫妻彼此没有感情，同床异梦，以致最后不得不离婚；有的家庭则经不起金钱、权势和美色的诱惑，一方或双方充当了第三者或引进了第三者；等等。

不管由于哪种原因离的婚，夫妻一方总是心理不平衡，非搞得另一方身败名裂才解心头之恨，这都是不足取的。不管是对自己，还是对对方，这样做都没有好处，而且这种行为也是极不文明的，有的甚至是违法的。既然夫妻没有感情可言，那就友好地分手，道一声再见，做到好聚好散，切勿在经济、心理和身体上报复对方。

5. 通过心理、环境和社会适应后，积极准备再婚

选择再婚时，要吸取以前的教训，多重对方的人品。要正视现实，不要还生活在幻想中。同时，要把较多的精力投入到工作中。再婚不能急于求成，更要理智，以免酿成更大的一杯苦酒。要知道第 2 次离婚将会比第 1 次离婚面临更多、更大的非议和社会压力。

有这样一个中年女子，她不满足家庭平淡的生活和老实的丈夫，常外出跳舞。在一次舞会上，她结识了一个留着浓密络腮胡子的中年男子。他体格健壮，身材魁梧，精力充沛，浑身上下充满了一种青春的活力。从此，她像着了魔一样，再也不想离开他，经常背着丈夫与他私下幽会。与丈夫离婚后，她很快就与这个男人结了婚。但好景不长，新丈夫很快对她失去了兴趣。有一天，她回家取东西，打开房门时，她不禁呆若木鸡——丈夫正与另一个女人躺在床上。她感到屈辱和愤怒，转身跑出家门，向一辆疾驶而来的汽车冲去……

这个例子说明，不管是离婚还是再婚，都要慎重，不能只图一时的开心和快乐。婚姻是以感情为基础的。如果仅仅把感官刺激的乐趣当成感情，那就会导致婚恋的失败和悔恨。只有通过慎重选择，再婚后，生活才会幸福。

有些人离婚后伤透了心，尤其是有些女性，她们对异性普遍感到怀疑，不相信会再有真正的爱情和幸福。这种心理对再婚是很不利的。这样的一些女性，除了再婚择偶要慎重外，再恋爱时也应放下包袱，多从现实出发，注重对方的人品，而不是将钱财和地位作为考虑的首要条件。同时，要信任和尊重对方。当然，有些夫妻离婚是碍于面子，互不相让，斗嘴吵架，一时气极，说离就离了。但通过离婚后一段时间的思索和反省，他们彼此还时时想起对方，藕断丝连，这

说明他们双方还是很有感情的，再加上他们都喜欢共有的孩子，因此这样的离婚夫妻进行复婚、破镜重圆是可行的。通过一段时间的曲折和磨难，他们会更理解对方、宽容对方，生活也会比以前更幸福。

再婚后的心理调适

再婚夫妻的心理状况与初婚夫妇相比是有所不同的，前者具有后者一般所不具有的某些心理敏感，比如对比、怀旧、猜疑、嫉妒、自私、报复等多种不良心理。

方华心烦意乱地躺在床上难以入睡，听着身边的丈夫鼾声如雷，她越听心里越烦，不禁想起了前夫。前夫很有情调，对自己很好，即使做爱也是温情款款，哪像现在的丈夫这种强奸式的性生活，没有前戏，也没有激情后的抚慰。前夫虽不爱说话，却一贯小心翼翼，连睡觉时都安安静静的，哪像现在的丈夫这样每天吵得自己无法入睡。方华心烦地翻了个身，又想起现在的丈夫确实能干，公司开得红红火火的，可跟自己说话时总爱发火，在公司却总与异性客户或女性职员打得火热。而前夫则永远那样文质彬彬的，常常陪自己聊天，从不在自己面前提别的女人。

这个案例中，方华存在 3 种不良心理：对比、怀旧和嫉妒。这也许是许多再婚者常见的心理状态，无论是男性还是女性。

民政部门的有关统计资料显示，再婚夫妻的离婚率高于初婚夫妻。原因是多方面的，但最根本的原因在于再婚者受离婚的心灵创伤、固有的生活习惯和传统道德观念的影响而存在种种不良心理，致使夫妻感情产生隔阂，最终再度离婚。

再婚的人必须克服以下可能存在的几种不良心理，才能使再婚生活幸福美满。

1. 对比心理

由于其中一方或双方已经有过一次婚姻，再婚夫妻在进行外部对比的同时，还有内部对比。不能说这种比较不正常，关键是怎么比较。如果是用原配偶的优点与现配偶的缺点相比较，那就进入了一个误区。特别是当双方闹矛盾时，这种不公平的比较心理就会越发膨胀。而这种心理会使人表现得处处挑剔与不满，还会使其情绪恶化、扩大同现配偶间业已存在的矛盾，不利于再婚美满。

尺有所短，寸有所长。应当积极地、全面地评价对方、了解对方、认识对方的优点，帮助其克服缺点，使对方成为自己理想中的配偶。有矛盾时最好就事论事，不要进行有损感情的比较，更不要说伤害对方的话。因为你在伤害对方的同时，也会使自己对重建的家庭失望，而这很容易导致婚姻的再度破裂。

2. 嫉妒心理

上面的案例中方华对当前的婚姻有成见，还有个不可忽略的原因，那就是嫉妒心理，看到成功的丈夫与别的女性交往心中感到别扭。其实，这也不是个别现象。许多再婚者常爱嫉妒或计较对方以前的婚姻生活，不时地揭其隐私，捅其伤疤，甚至亵渎对方的人格，挫伤对方的自尊心，如此天长日久必将影响双方的感情。因此，再婚夫妻必须防范嫉妒心理，特别是性爱型嫉妒，要重视对方的心理贞操，珍惜双方间的感情，抚慰对方饱受创伤的心灵，这样才能使两颗心紧紧地结合在一起。

3. 猜疑心理

目前社会上有相当多的人认为离过婚的人定然是有严重问题的人。这种观点缺乏依据，与事实不符。其实，生活中有相当一些离婚情况不涉及道德问题，只是因为夫妻双方性格不合、感情破裂而已。但是这种不正确的观念却左右着相当一部分再婚者，比如双方发生矛盾时，猜疑心理就会显露：如果他（她）是一个好相处的人，为什么同他（她）原来的爱人合不来，而要闹离婚呢？这种猜疑心理的存在，对于夫妻间的真诚相处非常有害。另外，再婚夫妻一方或双方鉴于前次婚姻破裂的经验教训，在财务问题上也往往不信任对方，于是实行经济封锁、留后手、闹独立等，以至现实家庭名存实亡，毫无温馨可言。

要避免这种情况的发生，主要在于消除对离婚者的偏见。这种偏见常使离婚者不敢向新的恋人如实祖露自己离婚的原因，而往往把责任完全推到原先的爱人一方。其实，把自己的弱点、缺点乃至错误毫不隐瞒地告诉对方，会加深相互之间的信任与了解，有利于感情的稳固。既然重建了家庭，就应该毫无保留地共同使用一切财物，这样才能密切夫妻感情。

4. 报复心理

当然也有不少被动离婚者对前配偶心怀怨恨，在重新选择对象时只要求某些方面超过前任，以达到报复的目的。这种选择常带有盲目性，不讲感情基础，非但不能使自己的心理得到平衡，反而会使再婚后的家庭基础不稳固。为此，婚姻心理学家认为：再婚后很重要的是对自己不断反思，重新评价一下自己在过去家庭中的表现，找出前婚的误区，并不断地完善充实自己，这才有助于在新组合的家庭中和另一半建立良好的关系，从而提高现在婚姻的质量。

5. 自私心理

自私心理是再婚者夫妻关系紧张的重要原因，主要表现是在经济和财产方面想控制对方。当双方均有孩子时，则也有可能时不时地冷落对方的孩子、偏向自己的孩子。这种想控制钱财和对待孩子的不公正态度，很容易使夫妻双方产生敌对情绪，使婚姻不稳定。

再婚夫妻容易在自私心理的作用下各自偏袒自己的亲生子女，由此导致家庭战火常燃。如何正确处理和亲生子女及继子女之间的关系，是关系到再婚生活是否幸福的关键问题。

（1）不要让孩子支配自己的生活。俗话说"满堂子女不如半路夫妻"，离异者再婚时适当考虑儿女的感受是必要的，但不要因为孩子而冷淡了夫妻感情。孩子毕竟会长大成人，总会建立自己的家庭，而夫妻则是终身的伴侣。摆正孩子在自己生活中的位置，可以减轻因再婚而产生的对孩子的负疚心理。只要再婚配偶和自己的子女能够和睦相处，并且自己的子女没有因你再婚而出现明显的身心异常，那么就不必对子女感到深深的愧疚，而应该在夫妻生活上多下点功夫。

（2）对待继子女和亲生子女应一视同仁，不要偏袒。在生活、教育、关心爱护等各方面都应该一视同仁，并注意培养孩子们之间的亲密感情。这样家庭才会和睦。即使继子女一时误解你的一片苦心，也不必苦恼，随着年龄的增大，他们终会明白你的良苦用心。

（3）别逼着继子女喊自己爸爸或妈妈。这样只会使孩子产生逆反心理，不利于感情的培养。孩子们喊爸妈自然要高兴地答应，喊叔叔或阿姨也不要介意，随其自然就好了。

（4）要尊重继子女的生活习惯。很多孩子认为改变原有的生活习惯是对亲生父母感情上的背叛。所以如果逼着继子女去完全适应自己，就会引起他们的反抗和仇视。这时要学会容忍。当然，对于不良生活习惯，要在容忍的基础上，循序渐进地帮助他们改正。

（5）不要期望继子女对自己像对亲生父母一样感情深厚。无论如何，在孩子的本性中，继父母都无法与亲生父母平起平坐。你也不要期望成为一位出色的继父或继母。因为你做得再好，孩子也不一定领情，你可能只会使自己陷于失望与痛苦之中。

（6）要理解和支持孩子看望他们的亲生父亲或母亲。或许在这种时候你并不开心，但也不要显露出不满的情绪。理解和支持继子女会赢得他们的尊重与感激，孩子的亲生父亲或母亲也会感激你。这样有利于再婚生活的和睦与幸福。

面对第二次婚姻，当事人应该学会直面再婚，克服不良心理。对对方要抱一种欣赏和包容的态度，对对方的孩子则不要有歧视心理。在共同创造家庭的过程中，对于共同创造的财产不要有太强的戒备心理，这样才有利于婚姻的正常发展。

下篇
心理障碍与心理治疗

第一章 认识心理治疗

心理治疗的原则

不论进行何种形式的心理治疗，都必须遵循以下原则：

接受性原则

医生对所有求治的病人，不论心理疾患的轻重、年龄的大小、地位的高低、初诊再诊都应诚心接待，耐心倾听，热心疏导，全心诊治。在完成患者的病史收集、必要的体格检查和心理测定，并明确论断后，即可对其进行心理治疗。施治者应持理解、关心态度，认真听取病人的叙述，以了解病情经过，听取病人的意见、想法和自我心理感受。如果施治者不认真倾听，表现得不耐烦，武断地打断病人的谈话，轻率地解释或持怀疑态度，就会造成求治者的不信任，这样必然导致治疗失败。

另一方面，施治者并非机械地、无任何反应地被动听取来治者的叙述，必须深入了解他们的内心世界，注意其言谈和态度所表达的心理症结是什么。因而该原则又可称为"倾诉"或"顺听"原则，认真倾听来治者的叙述，其本身就具有治疗作用。某些求治者在对施治者产生信任感后会全部倾诉出自己压抑已久的内心感受，甚至会痛哭流涕地发泄自己的悲痛心情，结果会使其情绪安定舒畅，心理障碍也会明显改进，故接受性原则具有"宣泄疗法"的治疗效果。

信任原则

这是心理治疗的一个重要条件。患者对医生要有信任感。在此基础上，患者才能不断接受医生提供的各种信息，逐步建立治疗动机，并能无保留地吐露个人的心理问题的细节，为医生的准确诊断及设计和修正治疗方案提供可靠的依据，同时医生向患者提出的各种治疗要求也能得到遵守和认真执行。另一方面，也要求医生从始至终对患者保持尊重、同情、关心、支持的态度，与病人保持密切的联系，积极主动地与其建立相互信赖的人际关系。在心理治疗过程中，建立良好的医患关系，其主要责任在医生方面，这是检验一个心理治疗医生是否称职的重要条件。

保密原则

心理治疗往往涉及病人的各种隐私，为保证材料的真实，保证病人得到正确及时的指导，同时也为了维护心理治疗本身的声誉及权威性，必须在心理治疗工作中坚持保密的原则。医生不得将病人的具体材料公布于众。即使在学术交流中不得不详细介绍病人的材料时，也应隐去其真实姓名。

计划原则

实施某种心理治疗之前，应根据收集到的有关病人的详细、具体的资料，事先设计治疗程序，包括手段、时间、作业、疗程、目标等，并预测治疗中可能出现的变化及准备采取的对策。在治疗过程中，应详细记录各种变化，形成完整的病案资料。

针对性原则

虽然许多心理治疗的方法适用范围不像某些药物和手术疗法那么严格，但各种心理疗法仍各有一定的适应证，特别是行为疗法。因此在决定是否采用心理治疗及采用何种方法时，应根据患者存在的具体问题以及医生本人的熟练程度、设备条件等，有针对性地选择一种或几种方法。针对性是取得疗效的必要保证。

综合原则

人类疾病是诸种生物、心理与社会因素相互作用的结果，因而在决定对某一疾病采用某一治疗方法的同时，不能不综合考虑利用其他各种可利用的方法和手段。例如，对高血压、癌症等疾病进行心理或行为治疗，应不排除一定的药物或理疗。此外，各种心理治疗方法的折中（综合）使用，也有利于取得良好的疗效。

支持性原则

在充分了解求治者心理疾患的来龙去脉和对其心理病因进行科学分析之后，施治者通过言语与非言语的信息交流，予以求治者精神上的支持和鼓励，使其建立起治愈的信心。一般在掌握了求治者的第一手资料之后，即可进行心理治疗了。对求治者所患的心理疾病或心理障碍，从医学科学的角度给予解释，说明和指出正确的解决方式，在心理上给求治者鼓励和支持。要反复强调求治者所患疾病的可逆性（功能性质）和可治性（一定会治愈）。这对悲观消极、久治未愈的病人尤为重要。反复地支持和鼓励，可防止求治者发生消极言行，大大调动求治者的心理防卫机能和主观能动性。对强烈焦虑不安者，可使其情绪变得平稳安定，以加速病患的康复。在使用支持治疗时应注意：支持必须有科学依据，不能信口胡言。支持时的语调要坚定慎重、亲切可信、充满信心，充分发挥语言的情感交流和情绪感染作用，使求治者感受到一种强大的心理支持。

保证性原则

通过有的放矢、对症下"药"，精心医治，以解释求治者的心理症结及痛苦，促进其人格健康发展并日臻成熟。在心理治疗的全过程中，应逐步对求治者的心理缺陷的病理机制加以说明、解释和保证，同时辅以药物等其他身心综合防治措施，促使疾病向良性转化。在实施保证性原则的过程中，仍应经常听取病人的意见、感受和治疗后的反应，充分运用心理治疗的人际沟通和心理相容原理，在心理上予以保证，逐步解决求治者的具体心理问题，正确引导和处理其心理矛盾，以进一步提高治疗效果。

灵活原则

从某种现象上说，心理现象较之生物现象更具复杂性。病人的心理活动受多种内、外因素的影响，不但不同病人之间心理活动存在很大的差异，同一病人在不同阶段的心理变化规律也往往难以预测。故在心理治疗过程中，医生应密切注意病人的心身变化过程，不放过任何一点新的线索，随时准备根据新的需要变更治疗程序。此外，也要注意各种社会文化和自然环境因素对治疗过程的影响，包括文化传统、风俗习惯、道德观念、文化程度、经济地位等。

"中立"原则

心理治疗的目的是帮助病人自我成长，心理治疗师不是"救世主"，因此在心理治疗过程中，不能替病人作任何选择，而应保持某种程度的"中立"。特别是在遇到来访者来询问："我该与谁结婚？""我应该离婚吗？"类似的问题，要让来访者自己做出决定。

回避原则

心理治疗中往往要涉及个人的隐私，交谈是十分深入的。因此不易在熟人之间做此项工作。亲人与熟人均应在治疗中回避。

行为疗法

行为疗法是在行为主义心理学的理论基础上发展起来的一个心理治疗派别，是当代心理疗法中影响较大的派别之一。与心理分析等其他疗法不同，它不是由一位研究者有系统地创立的一个体系，而是由许多人依据一种共同的心理学理论分别开发出的若干种治疗方法集合而成的。

行为疗法又称行为治疗，是基于现代行为科学的一种非常通用的新型心理治疗方法，是根据学习心理学的理论和心理学实验方法确立的原则，对个体反复训练，达到矫正适应不良行为的一类心理治疗。

行为疗法是根据学习理论或条件反射理论、技术等，来矫正和消除患者建立的异常的条件反射行为，或通过对个体进行反复的训练，建立新的条件反射行为，以改变、矫正不良行为的一类心理治疗方法。行为疗法是行为主义在心理治疗领域的具体体现。行为理论认为"没有病人，只有症状"，治疗的目标就是改变人的行为，即消灭我们认为是症状的不良行为，塑造良好的、健康的行为。同时认为症状性行为是学习得来的，是习得的不良习惯，通过学习也能把它们消灭掉。

行为疗法的代表人物沃尔普将其定义为：使用通过实验而确立的有关学习的原理和方法，克服不适应的行为习惯的过程。

行为治疗家认为适应不良性行为是通过学习或条件反射形成的不良习惯，因此可按相反的过程进行治疗。

所谓适应不良性行为是不健康的、异常的行为，有些是神经系统病理变化或生理代谢紊乱而引起的症状，有些则是由于错误的学习所形成。

行为疗法是运用心理学派根据实验得出的学习原理，是一种治疗心理疾患和障碍的技术，行为疗法把治疗的着眼点放在可观察的外在行为或可以具体描述的心理状态上。

行为疗法有以下特点：

（1）治疗只能针对当前来访者有关的问题而进行。

（2）治疗以特殊的行为为目标，这种行为可以是外显的，也可以是内在的。

（3）治疗的技术通常都是以实验为基础的。

（4）对于每个患者，心理医生根据其问题和本人的有关情况，采用适当的行为治疗技术。

行为疗法实施步骤

行为疗法虽名目繁多，但在治疗时一般包括几个阶段：

（1）了解患者异常行为产生的原因，确定治疗的目标。

（2）向患者说明行为治疗的目的、方法和意义，帮助患者树立治愈的信心，从而使其主动地配合治疗。

（3）采取专门的治疗技术，并辅之药物或器械治疗。

（4）根据患者行为改变的情况，分别给予阳性强化（如表扬、鼓励和物质奖赏）和阴性强化（如批评、疼痛刺激和撤销奖赏）。

（5）根据病情的转变情况，调整治疗方法，巩固疗效。

行为疗法主要适用于那些异常行为表现比较局限，又可能加以测量的对象，如恐怖症、强迫症、性功能障碍、社交困难、口吃、局限性痉挛、儿童行为障碍等。

常用的行为疗法

系统脱敏疗法

这是一种利用对抗性条件反射原理，循序渐进地消除异常行为的一种方法。通过渐进性暴露于恐惧刺激的方式，使已经建立起的条件反射消失，以治疗心理障碍或行为障碍称为系统脱敏疗法。如众所周知的儿童对带毛、白色动物的恐怖症，从产生到经过系统脱敏消除症状，就是一个实例。

这一疗法是 1958 年由南非心理精神病学家沃尔夫综合前人经验发展起来的。他认为相反的行为或情绪能相互抑制而不能同时存在，他用一只猫做了如下实验：

将一只饿猫放入笼中，每当食物出现猫有取食反应时突然强烈电击（非条件刺激），反复多次后，猫产生了强烈的恐惧，拒绝进食，实验室环境、猫笼、进食条件多次与电击相结合而强化成为条件性刺激，猫见到实验室环境、猫笼、进食条件便产生恐惧，即产生了实验室神经症。后他将猫放在没有实验室环境、没有猫笼的地方进食，同时不给电击，多次训练后猫的恐怖症消失，从而产生正常的食物性条件反射。这时再把猫放回到原来的实验环境，进入猫笼中，但不给电击，猫仍能正常进食，恐怖反应消失。

临床上我们可以教会病人用自我松弛的方法，如深呼吸、全身肌肉主动放松、转移注意力、闭目静坐等以抑制引起焦虑和恐怖反应的刺激，即用松弛活动的中枢兴奋来抑制焦虑或恐怖反应的中枢兴奋。经过这种多次脱敏训练，最终可把焦虑和恐怖反应完全消除。

系统脱敏法主要用于治疗焦虑症和恐惧症。精神病学家沃帕提出了以下的治疗程序：

（1）了解引起焦虑和恐惧的具体刺激情景。

（2）将各种焦虑和恐惧的反应症状由弱到强排成"焦虑等级"。

（3）帮助患者学习一种与焦虑和恐惧反应相对立的松弛反应。

（4）把松弛反应逐步地、有系统地伴随着由弱到强的焦虑刺激，使两种互不相容的反应发生对抗，从而抑制焦虑反应。

厌恶疗法

厌恶疗法是在经典条件反射原理基础上提出来的，也就是对其行为反应给予负性强化使之逐渐减弱，直至消除其不良行为。也可以认为厌恶疗法是用惩罚性强烈刺激，去消除已经建立的不良的条件反射的方法。

厌恶疗法采用一套技术，这些技术中包括工具或武器，以引起患者生理、心理痛苦或厌恶的刺激，如电击、致吐药物、难闻的气味等。其方法是当出现不良反应时，立即给予这些厌恶性刺激，直到症状消失。

因此说厌恶疗法是经典性条件反射（用作厌恶性反射）和操作性条件反射（痛苦及厌恶刺激即惩罚）的直接运用。

由于作为负性刺激的物品或方法的不同，因而可将厌恶疗法分为如下几种：

（1）化学性厌恶疗法。应用化学药物，如能引起恶心、呕吐的药物阿扑吗啡、戒酒硫等或有强烈恶臭的氨水等。

（2）电击厌恶疗法。以一定强度的感应电作为疼痛刺激，或以轻度电休克作为负性刺激。

（3）橡皮圈厌恶疗法。拉弹预先套在手腕上的橡皮圈，并引起疼痛作为负性刺激。

（4）羞耻厌恶疗法。即命令患者在大庭广众，众目睽睽之下，表现变态性行为，从而使患者自己感到羞耻，用此作为负性刺激促使患者改正变态行为。

化学性和电击厌恶疗法，都较痛苦，故施用几次后，应该训练患者自己应用"想象厌恶法"，一旦遇到烟、酒或性兴奋对象时，立刻想象到痛苦的惩罚感受，从而产生厌恶反应。想象厌恶法也可一开始即应用于某些性变态者，如异装癖、露阴癖等，即使患者想象自己在做异常性行为时被人发现，当场抓获，受到严厉处罚等，从而用想象中的负性刺激来克制异常性行为。这种方法有人也称之为"隐闭性敏感法"。

厌恶疗法操作简便，适应性广，主要用于强迫症和种种行为障碍的患者，如日常生活中想戒烟、戒酒、控制饮食等也可采用此方法。但因为厌恶疗法实施时会给患者带来极不愉快的体验，因此，一般要征得患者的同意后才使用此法。

病例：

患者张某，男性，34 岁，从 20 多岁起就是一个酒瘾者。

为了消除患者嗜酒如命的恶癖，采用厌恶疗法。医生在治疗中，找来 10 个杯子。在其中 6 个杯子里装入烈性酒，另外 4 个杯子里装入自来水。10 个杯子随机摆放。医生让患者任意拿起一个杯子闻一闻。当他闻到杯子里装有酒时，医生便给他一次电击（电击仅能使人感到有疼痛，不可太强）。经过几次治疗后，医生改用间断性惩罚程序，即患者每闻 5 个装有酒的杯子，其中就有三次电击。在上述治疗的同时，医生让患者看一些卡片，每张卡片上都有字，有的是某种酒的名称，有的是其他无关的字，把卡片字朝下放在桌上，让患者随机翻起卡片。如果翻起的卡片上面写的是酒的名称，患者就被电击一下。如此反复进行。这样，每次连做三遍，一般连续三个星期就会将酒戒掉。

满灌疗法

满灌疗法与系统脱敏疗法相反，不需要叫病人经过任何放松训练，一开始就让病人进入使他恐惧的情境中，一般是采用想象的方式，医生鼓励病人想象最使他恐惧的场面，或者治疗医生在旁反复地，甚至不厌其烦地讲述他最害怕的情景中的细节，或放映现代影视画面最使病人恐惧的镜头，以加深病人的焦虑程度。同时不允许病人做出闭眼、堵耳朵、哭喊等逃避措施。即使病人由于过分紧张害怕，甚至出现昏厥的征兆，仍要鼓励病人继续想象或聆听治疗医生的描述。同时要告诉病人，这里备有一切急救设备和手段，生命安全是有保障的，因此病人可以大胆想象，病人在反复的恐惧刺激下，可能因焦虑和紧张而出现心跳加快，呼吸困难，面色苍白，四肢冰冷等自主神经系统反应。但病人最担心的可怕的灾难并没有发生，焦虑反应也就相应地减退了。

实行满灌疗法需要慎重，应该视患者的病症程度、心理状态而定。虽然满灌疗法比系统脱敏法所花费的时间要少得多，但是一旦刺激程度超出了患者的心理承受能力，就极易引发精神分裂症。

行为塑造疗法

行为塑造是要形成和建立一个新的行为习惯。在确定这个大目标后，把其分成几个小目标，制定治疗计划，然后由低向高逐步实现，达到一步立即给予奖励强化，直到最后实现最高目标。即"大目标，小步子"，用不断强化的原则来建立新的行为习惯。

行为塑造疗法适应证有：精神病人的行为学习、哑童说话、残疾人的肢体功能训练、低能儿教育、大小便失禁控制训练等。对于正常人来说，行为塑造也是学习建立新行为习惯和完成事业目标的有效方法。

奖励与惩罚相结合的行为疗法

此法是目前在美国流行的一种行为疗法。其实是一种综合疗法，它是建立在操作式条件反射的理论基础上的。行为学家肯塔基大学医学院安麦克介绍为以下5个步骤：

（1）增强健康信念，增强改变不良行为的动机，写出改变不良行为和不良个性的理由，告诉病人使其理解为什么要改变和不改变的后果；告诉与病人有关的人，只要坚持一定会成功；写出具体的改变不良行为的日期、时间，以增强成功信念。

（2）保持记录，记录不良行为程度，目前如何改变，现在心境、环境如何，每周都要记录。

（3）明确具体目标，心理治疗医生应监督病人，令其主动地改变不良行为，采取行动时要注意，主动回避一些与不良行为有关的环境；寻找新的行为或建立新的条件反射与旧的不良行为斗争；打断旧行为环节中的一个环节；改变不良行为要奖励，发生不良行为时要惩罚；将改变的大目标分成数个小目标一步步完成；调动主观能动性，取得别人的帮助。

（4）采取行动，即监督患者或令其主动地改变不良行为。为此，要回避引起不良行为的扳机点，寻找新行为或建立新的条件反射与不良行为斗争，并有个计划，通过主观努力，以及他人的帮助，来改变不良行为。

（5）维持新的行为，新行为建立后，要设法使其巩固下去。

认知疗法

认知疗法是 20 世纪 70 年代所发展起来的一种心理治疗技术。它是根据认知过程影响情绪和行为的理论假设，通过认知和行为技术来改变病人不良认知的一类心理治疗方法的总称。

认知疗法的理论基础是心理学家贝克提出的情绪障碍认知理论。他认为：心理问题不一定都是由神秘的、不可抗拒的力量所产生，相反，它可以从平常的事件中产生。

认知疗法的基本观点是：

认知过程是行为和情感的中介，适应不良性行为及情感与适应不良性认知有关。医生的任务是找出这些不良的认知，并提出"学习"或训练方法以矫正这些认知，并进行有效的调节，在重建合理认知的基础上，不良情绪和不适应行为就能得到调整和改善，从而使心理障碍得到克服。

认知疗法是新近发展起来的一种心理治疗方法，它的主要着眼点，放在患者非功能性的认知问题上，意图通过改变患者对己、对人或对事的看法与态度来改变并改善所呈现的心理问题。

认知疗法不同于传统的行为疗法，因为它不仅重视适应不良性行为的矫正，而且更重视改变病人的认知方式和认知、情感、行为三者的和谐。同时，认知疗法也不同于传统的内省疗法或精神分析，因为它重视目前病人的认知对其身心的影响，即重视意识中的事件而不是无意识。内省疗法则重视既往经历特别是童年经历对目前问题的影响，重视无意识而忽略意识中的事件。

认知疗法是以合理的认知方式和观念取代不合理的认知方式和观念的过程，这是个看似简单，实则复杂的过程。首先治疗者会帮助患者反省目前生活中造成他情绪困扰的是哪些不合理认知，并帮助他辨别什么是合理认知，什么是不合理认知。然后帮助患者明确目前的情绪问题是由现在持有的不合理认知导致的，自己应对自己的情绪和行为负责。通过一些必要、合适的认知调节技术（如与不合理认知进行辩论等），治疗者会帮助患者认清不合理认知的不合理性或荒谬性，进而使他逐步放弃这些信念。这是认知调节过程中最重要的一步。最后帮助患者学习合理认知方式和观念，并使之内化，以避免成为不合理认知的牺牲品。

认知疗法可以有效地治疗焦虑障碍、社交恐怖、偏头痛、慢性疼痛等许多心理疾病。其中疗效最好的是用于治疗抑郁症、厌食症、性功能障碍和酒精中毒等。它也用于正常人以建立更合理的思维方式，提高情绪合理度，开发人的潜能和促进个人的心灵发展等。

认知疗法的过程

认知疗法一般分为 4 个治疗过程：

1. 建立求助的动机

于此过程中，要认识适应不良的认知—情感—行为类型。病人和心理医生对其问题达成认知解释上意见的统一。对不良表现给予解释并且估计矫正所能达到的预期结果。比如，可让病人自我监测思维、情感和行为，治疗医师给予指导、说明和认知、示范等。

2. 适应不良性认知的矫正

此过程中，要使病人发展新的认知和行为来替代适应不良的认知和行为。比如，治疗医师指导病人广泛应用新的认知和行为。

3. 在处理日常生活问题的过程中培养观念的竞争

用新的认知对抗原有的认知。于此过程中，要让病人练习将新的认知模式用到社会情境之中，取代原有的认知模式。比如，可使病人先用想象方式来练习处理问题或模拟一定的情境或在一定条件下让病人以实际经历进行训练。

4. 改变有关自我的认知

此过程中，作为新认知和训练的结果，要求病人重新评价自我效能以及自我在处理认识和情境中的作用。比如，在练习过程中，让病人自我监察行为和认知。

常见的认知疗法

虽然认知疗法的发展历史较短，但发展速度很快，目前常见的认知疗法包括以下几种：

理性情绪疗法

理性情绪疗法是（RET）认知疗法中的一个分支，是由艾利斯于 20 世纪 70 年代提出的。由于病理性构念或歪曲的认知，造成了不良的情绪反应，艾利斯把经常造成人们痛苦的非逻辑思维总结为以下 10 点：

（1）一个人要有价值就必须有能力，并且在可能的条件下有成就。

（2）某某人绝对是很坏的，所以必须受到严厉惩罚。

（3）逃避生活中的困难和推卸自己的责任，可能要比正视它们容易。

（4）任何事情的发展都应当和自己的期待一样，任何问题都应得到合理解决。

（5）人的不幸绝对是外界造成的，人无法控制自己的悲伤、忧虑和不安。

（6）一个人过去的历史对现在的行为起决定的作用，一件事情过去曾影响自己，所以现在也必然影响自己的行为。

（7）自己是无能的，必须找一个比自己强的靠山才能生活。自己是不能掌握感情的，必须有别人安慰自己。

（8）其他人的不安和动荡也必然引起自己的不安。

（9）和自己接触的人都必须喜欢和赞成自己。

（10）生活中大量的事件对自己不利，必须终日花大量时间考虑对策。

如果一个人以这样的信条与标准认识事情，他怎么能不惶惶不可终日呢？

艾利斯根据 RET 提出 ABC 人格理论及治疗程序如下：A 指周围存在的某种现实，作用于个体的外界刺激事件，称激活事件；C 是个体在 A 的作用下产生的行为表现或情绪反应，称为结果 C。然而 C 并不是 A 的直接结果，其中有中介因素 B，即个体的认知信念过程。不同的 B（信念）导致不同的 C（情绪反应）。这样也就改变了 B。这里的 B 可分为两种，即合理信念和不合理信念。合理信念指真实反映了客观情景及事件的信念及认知，它导致个体产生比较自然但不是过分的情绪反应，同时能帮助个体正常体验 A 引起的情绪反应，进而采取合理化的行为，达到目标。而不合理的认知直接引导产生消极的、灾难性的、病态的情绪体验，并且阻碍病人采取积极有效的行动去实现自己的目的和满足自己的需要。

RET 治疗中还要注意通过治疗者的权威性反问和质疑，使人达到领悟，消灭不合理信念，这就是本疗法的第四步质疑 D。

在由不合理的信念向合理化的信念转换过程中，应有相应的行为和情绪改变的支持，即让病人在合理信念基础之上，进行新的情绪体验，同时进行合理的行为，以促使 B 的改变。信念、情绪和行为的改变中无先后之分，三者是一个互动的系统，任何一方改变都会影响其他两方面和整个系统。经过 D 步后，病人达到E，即见效阶段，也就是纠正了不合理认知，产生了合理性的认知、情绪和行为，并且在将来遇到类似事件的刺激时，也有了免疫力而不会再产生自我损害情绪和行为。

RET 疗法在实施中要注意以下步骤：

（1）使病人了解自己有哪些不合理信念，通过认知逐步放弃。

（2）让病人自己认识到，自己对自己的情绪、行为负有责任，为此要积极参与心理治疗中来。

（3）要帮助病人改变一些顽固性的非理性观念。

自我指导训练

这是 20 世纪 70 年代由迈肯包姆提出的。方法是教授病人进行自我说服或现场示范指导，主要用于儿童多动症、冲动儿童和精神分裂症病人等。

应对技巧训练

这是戈弗雷特在 20 世纪 70 年代提出的，主要是让病人通过在想象过程中不断递增恐怖事件，以学会调节焦虑和处置焦虑。其中保持心身的放松基本同系统脱敏类似。但不同之处是它有积极应对想象的成分。主要用于焦虑障碍的病人治疗。

隐匿示范

这是由考铁拉在 20 世纪 70 年代提出的，基本原理是想象演练靶行为，让病人预先了解事件和结果，训练其情感反应，以产生对应激情境的适应能力。对恐怖症患者有效。

解决问题技术

这是由德苏内拉等人倡导的。基本设想是有情绪异常的人往往缺乏解决问题的能力，较难选择对情境的行为反应。因此，他们常常适应不良，不能准确地预测自己行为的后果。基本方法是学习如何确定问题，然后将一个生活问题分解为若干能够处理的小问题，思考可能的解决答案，并选出最佳的解决办法。主要用于治疗情绪障碍儿童、有破坏行为的儿童及精神病人。

贝克认知转变法

这是在 20 世纪 70 年代创立的，主要是用来改变病人的态度和信念，从而改变适应不良认知的方法。

精神分析疗法

精神分析疗法又称心理分析，是奥地利著名心理学家西格蒙德·弗洛伊德所创造的一种心理治疗技术。由于当时科学心理学刚诞生不久，因此精神分析疗法可以说是开现代心理治疗之先河，它对此后发展起来的许多心理治疗的方法都有一定的影响。弗洛伊德对心理学的主要贡献为潜意识、释梦、本能、防御反应机制、人格层次等理论的确立。精神分析疗法也是弗洛伊德的学术理论在临床上的主要贡献。

精神分析理论认为，很多疾病，特别是神经症、心身疾病都与患者经历中的矛盾冲突、情感、挫折在潜意识里的反映有关，或由其转化而来。病人的症状是无意识层次传递出来的信息，精神分析法是要把压抑在潜意识里的矛盾症结，用内省的方法挖掘出来，带回到意识领域来，用现实主义原则予以彻底解决，并帮助病人对症状和被压抑的冲突之间的关系产生领悟，故称"顿悟疗法"。

在治疗过程中，医生的工作就是要向患者阐释他所叙述的心理问题的潜意识含义。帮助患者克服抗拒，使被压抑的心理问题不断暴露出来。阐释应该逐步深入，根据每次会谈的内容，以既往资料为依据，用患者能理解的言语告诉其心理症结的所在。通过阐释帮助患者重新认识自己，认识自己与他人的关系，从而达到解除患者心理障碍的目的。

精神分析治疗不是单一的治疗方法，而是一组治疗方法的统称。其中包括：催眠疗法、精神发泄疗法、自由联想疗法、释梦疗法、日常生活分析疗法等，都属于精神分析治疗范畴。这一组疗法体系的共同性是，每一具体疗法都把治疗目标对准调整人的潜意识、性欲、动机和人格等心理动力方面，也就是注重心理动机的调整，重建自己的人格，达到治疗目的。

精神分析学说的心理治疗方法主要有以下几个方面：

自由联想

自由联想是精神分析疗法的主体。在治疗中放弃了对病人进行定向引导的做法，对病人不限定回忆范围，告诉病人畅所欲言，自由表达，想到什么就说什么，完全是病人意识的自然流动和涌出。

具体做法是：在了解病人基本情况后，让病人躺在舒服的沙发上，医生坐在病人后边，对病人保持中立状态，不发表自己的意见，不去教导病人，启发病人无拘无束尽情倾诉想说的话。如遇停顿，医生可鼓励病人，目的是让其逐渐泄露压抑在内心深处的隐私和情绪。病人在放松的回忆表达中，潜意识的大门开始松动并逐渐打开。有时病人说到带有情绪色彩的事件时，可能停止不语或转移话题，设法避开对这个问题的联想，在这种"阻抗"出现时，正表明病人的症结所在。医生此时要抓住关键所在，引导病人进入潜意识的"结"中，耐心解释，使其释放其中的情绪负荷，达到一定的领悟。医生的解释要合情，能使病人本人心悦诚服，产生茅塞顿开之感。至于别人如何评价这种解释或这种解释究竟是否是那么回事，则是无关紧要的。

释梦

释梦即对梦中的情境做出具有象征意义的解释，它是精神分析疗法中挖掘患者心理症结的重要手段。弗洛伊德在《梦的解析》一书中写道："梦乃是做梦者潜意识冲突或欲望的象征；做梦的人为了避免被人觉察，所以用象征性的方式以避免焦虑的产生。""分析者对患者梦的内容加以分析，以期发现追求象征的真谛。"精神分析学说认为，梦并非无目的、无意义的行为，而是潜意识中冲突或欲望的象征。实际上是代表个人的愿望及所追求愿望的不满足，这种欲望在觉醒状态下受到人们自我的压抑。通过对梦的分析可以有助于捕捉到压抑情绪的症结。通常在患者叙述梦的内容后，要鼓励患者就梦的情境加以自由联想，医生根据梦的内容所产生的联想进行分析，直到弄清这场梦的欲望和冲突的真意。由于梦境仅是潜意识冲突与自我监察力量对抗的一种妥协形式，并不直接反映现实情况，这就需要根据经验对梦境做出解释，以便发掘梦的真正含义。

移情

移情是一种根据经验或以往类似情境知觉和理解当前情境的现象。精神分析理论认为，患者在早期家庭生活中有些和父母之间的情感事件，可能在早期出现过"恋母情结""恋父情结"。移情作用是指患者把他童年期与父母的情绪依恋转移到治疗者身上，治疗者在患者心目中成为其父母的代替者。现在因为分析者与患者接触时间较久，所以患者对医生渐渐产生一定的情感反应，有的还把以往对别人的感情转移到分析者身上，此种现象称为转移作用或移情作用。移情分正移情和负移情。在正移情中，患者将友爱、亲热、依恋、温存等转移到治疗医生身上，希望从他身上得到爱和情感满足；在负移情中，患者把讨厌、仇恨、愤怒和排斥转移到治疗者身上，并对着治疗医生控诉他自己早期所遭受到不公正待遇。在精神分析实践中，让患者重新体验早年时期与父母等人的情绪关系，可以消除过去留下的心理矛盾冲突，通过移情解释，可以使患者认识到他与治疗者的关系实际上是他先前早年的情绪障碍的反应，从而达到治疗目的。

由于潜意识的影响无所不在，治疗者也可能对患者产生情感依赖、依恋甚至朦胧的情爱和性爱的念头，治疗者自己往往意识不到这些反应，因它们很可能通过合理化等防御机制的伪装后而被治疗者的意识所接受。

用移情法进行心理治疗时有一个具体的技术手段，就是治疗者如何移入和移出的问题。移入过程是利用患者的某种情愫难以抒发的契机，把这份感情拉向治疗者自身的过程。而移出则是把自己身上的患者的这份感情重新推开的过程。治疗医生要正确对待自己，如果只能"移入"而不能移出，不仅会给自己造成许多麻烦，也会使患者多蒙上一层感情的阴影。

精神分析疗法的方法多种多样，是需要经过专门训练的心理医生来实施的。我国钟友彬先生在精神分析的基础上创设的领悟性心理治疗方法，对治疗各种神经症及性变态等心理障碍取得了许多经验。

阻抗

阻抗是指求诊者有意识或无意识地回避某些敏感话题，有意无意地使治疗重心偏移，阻止那些使自我过分痛苦或引起焦虑的愿望、情绪和记忆进入意识的力量。治疗者需经过长期的努力，通过对阻抗产生原因的分析，帮助求诊者真正认清和承认阻抗，这样治疗便向前迈了一大步。

解释

解释的目的是让患者正视他所回避的东西或尚未意识到的东西，使无意识中的内容变成意识的。解释要在患者有接受的思想准备时进行。对患者的自由联想和梦所暴露出来的心理症结加以分析之后，要用患者所说的话为依据，使用患者能理解的语言给予解释。解释的程度应随医患间会谈的进展和对患者心理的不断了解逐步加深。使患者通过治疗，在意识中逐渐培养起为人处世的正确态度和成熟的心理反映。

森田疗法

森田疗法是日本学者森田正马根据对神经症的研究，创立的一种具有独特见解的心理治疗方法。

森田认为，神经症的特征是内向性、强烈的自我意识、过度地追求完美。具有这种特征的人，当他遇到生活环境的改变，甚至很轻微的精神创伤时，也会倾向于使自己产生自卑感而产生疑病素质。而疑病素质的人竭力追求尽善尽美，而越是追求，越感到焦虑、敏感，最终形成精神交互作用，产生神经症。森田疗法正是根据神经症产生的规律来引导患者正确认识自我，要求患者对症状有一个正确的认识。首先承认现实，不必强求改变，做到顺其自然。心理学规律表明，注意越集中，情感越加强，听其自然，不予理睬，反而逐渐消退。当然在进行森田疗法治疗时，必须使患者认识情感活动的规律，在"顺其自然"的同时，还要让患者忍受一定痛苦，即面对现实，只有通过自己的内力，努力去做应该做的事，才能真正从痛苦中解脱出来。

森田认为，治疗神经症的要点在于陶冶疑病素质和破坏精神交互作用。主张"听其自然""不以为意"。所谓听其自然，就是患者老老实实地接受症状的存在及与之相伴随的苦恼和焦虑，并认识到对它抵制、反抗或用任何手段回避、压制都是徒劳的。患者要靠原来就存在的求生愿望进行建设性的活动，即一面接受症状的现状不予抵抗，一面进行正常工作和学习活动。总的说来，是要患者不把症状当作自己身心内的异物，对它不加排斥和压制，这样就解决了主客观矛盾，破坏了精神交互作用和过强的精神对抗，症状也因而减轻以致消失。

森田学说认为对神经症发病具有决定性作用的是疑病倾向，而对症状发展具有决定性作用的是精神交互作用。所谓精神交互作用就是对于某种感觉，如果集中注意它，这种感觉就变得敏感，如此更加使注意固定在这种感觉上，感觉与注意进一步交互作用，如滚雪球似的使这种感觉越来越过敏。由于精神交互作用形成症状之后，患者经常被封闭在主观感觉之中，愈觉苦恼。再由于自我暗示，就会导致注意的进一步集中。因此，精神交互作用是神经症迁延难愈的主要原因之一。这正是森田疗法的着眼点，恰恰在这一点上，森田采取了与众不同的治疗方法。

森田疗法适用的神经症

森田指出：对神经症的治疗，只能顺其自然。也就是说，治疗就是要把当前固着于自己身心的精神能量，改变方向使之朝向外部。事实证明，森田疗法治疗神经症确实可取得较好的疗效。森田疗法适用于下列三种类型的神经症：

（1）普通神经症。这是疑病倾向强的神经症，是心理矛盾不太深的类型。

（2）发作性神经症。表现有焦虑的同时，有心悸、气急、目眩等躯体症状的神经症，相当于焦虑症。

（3）强迫观念症。多数情况属于恐惧症的类型，以及表现为强迫观念和强迫行为的强迫性神经症。

森田疗法的实施过程

根据实施方式的不同，可以将森田疗法分为住院治疗和门诊治疗。无论是住院或门诊治疗，都应注意选择那些除表现为神经质症状之外，还有某种程度的反省心、自身也在积极做着努力的症状，有从症状中解脱出来的强烈愿望的病人，如仅有某些症状，没有强烈的求治动机，是不宜施行森田疗法的。

住院治疗

在确定诊断适应证以后，要向病人讲明病的性质，并将有关神经质心理学说介绍给他们，告诉他们没有严重疾病，以消除他们不必要的担心和顾虑。

住院治疗过程分为四个时期：

Ⅰ期：绝对卧床期。一般为 4～7 天。病人独居一室，除了吃饭、如厕外，其余时间不得下床活动、禁止会客、谈话、吸烟、读书、写字等。在此期间病人必然产生各种想法，尤其是对病的各种烦恼和苦闷，因而可能使病痛暂时加剧和难以忍受，对治疗表示怀疑，少数病人甚至要求中止治疗而出院。当病人把所有烦恼的事情都想过之后，就没有什么可以再想的了，就会感到无聊。所以，第一期又称无聊期。此后，病人自然要求下床做些什么，便进入了第二期。

Ⅱ期：轻工作期。这一期为 4～7 天。仍然禁止患者读书、交际，每天卧床时间要保持 7～8 小时，白天可以到户外活动，可以采取患者自我选择及施治者指导相结合的方法，从事一些轻度的劳动，如在室外可以做些诸如扫院子、擦玻璃等简单劳动，在室内可进行书法、绘画、糊纸袋等活动。一般从第 3 天开始，可以逐渐放宽对患者工作量的限制，并要求患者开始写日记，但不许写关于病的问题，只写一天干了些什么，有什么体会，施治者每天检查日记并加评语，引导病人避开对病的注意，关心外界活动。

Ⅲ期：重工作期。一般为 4～7 天。继续禁止患者会客、娱乐，开始参加较重的体力劳动，如除草、帮厨、清理环境卫生、做农活、木工活、工艺劳动等。在这一阶段，病人可以读书，主要是关于神经症学说的书，还可以读历史、传记、科普读物等，每晚要求患者记治疗日记。患者在医院里和其他病人一起劳动，但不能互相交谈自己的病。此阶段的目的在于通过努力工作，使患者体验完成工作后的喜悦心情，培养忍耐力。在这之中要学会对症状置之不理，进一步将精神活动能量转向外部世界。

Ⅳ期：生活锻炼期。又称回归社会准备期，此期一般为 1～2 周。此期，为患者出院做准备，要指导患者回归原社会环境，恢复原社会角色。此期根据患者的具体情况，允许他白天回归到原来的社会单位，或在医院参与某些管理工作等较复杂的社会活动。无论参加何种活动，都要求每晚仍回病房，并坚持记日记。其目的是使患者在工作、人际交往及社会实践中进一步体验顺应自然的原则，为回归社会做好准备。

以上各期的情况，是对一般治疗情况的描述，对每个具体患者而言，还要根据其情况来决定治疗的进程。治疗周期因此而长短不一，时间短者可约 3 周即可，长在则可能需要 60～70 天，平均周期一般为 40～50 天。

病例：

患者钱某，女，纺织厂工人，因疑病症而来就诊。

患者在日记中自述："我从小性格内向，胆小怕事，三年前，我的一位最要好的朋友告诉我，她生病了，牙龈常出血，不久便患血癌去世了。从此我特别注意我的牙，慢慢对牙出血产生了恐惧心理。一次我刷牙不小心碰破了牙龈，我对此十分恐惧，因此，我每天刷牙前都恐慌不安，越想越怕，越怕越容易碰破出血，我担心自己也患了血癌，精神上处于极度紧张与恐惧状态，真是痛苦不堪。"

绝对卧床期："……我对健康太注重了。每天醒来第一件事就是看看牙出血了没有，越注意，越感到牙易出血，也越担心有病，这就是心身交互作用，还有自我暗示：我今天千万别把牙刷出血……所以我的病来自自身。医生告诉我这个毛病可以克服，我就按照医生讲的去做，不去理会病，不去注意牙，结果反而精神不那么紧张了。"

轻工作期及重工作期："我今天做的书法作业大家都说好，我太高兴了，我居然也能写出一手漂亮的字。我只想着写字，对牙出血抱着无所谓的态度，反倒觉得牙既不疼也不出血了……我干活很累，根本没顾得上注意牙的问题。"

患者经过一个月的住院治疗，康复出院后经过追踪访查，其疑病症未复发。

门诊治疗

门诊治疗仍需遵循森田疗法的基本原则。门诊治疗主要是通过医生与患者一对一的交谈方式进行，一般一周一次或两次。在门诊治疗中，医生要注意与患者建立良好的治疗关系，掌握患者的生活史，尽可能理解患者的现实情况，与患者不以症状作为讨论的主要内容，鼓励患者面对现实生活，并承担自己生活中应承担的责任。但医生不要过多地采用说服方式，而要多用提问的方式启发患者对问题的理解，帮助患者理解顺其自然的道理，最终使患者对精神的自然流动及其演变有真正的体会，从而达到消除病症的目的。

森田疗法自创立以来深受广大心理学和医学工作者的欢迎。它主要适用于强迫症、恐怖症、神经症、疑病症等病人。治疗进程可根据患者的具体情况来决定，一般病症约需三到五周左右，重症者可长一些为 60～70 天，平均周期一般为 40～50 天。森田疗法虽然对神经症等有很好的疗效，但在治疗时也应注意：无论是住院或门诊治疗，都应选择那些既有体表神经质症状，又有某种程度的反省心，自身也有强烈的求治愿望的患者，否则，不宜采用森田疗法。

催眠疗法

有人误认为催眠就是通过语言暗示，使人睡着了。实际上，催眠疗法是用催眠的技术，使患者处于一种意识范围变得极度狭窄的状态，然后借助语言暗示或精神分析，以消除患者心理障碍和躯体疾病的心理治疗方法。

催眠术有着久远的历史，但究竟始于何时则无法考证。现代催眠术来自奥地利的麦斯麦的实践，他以"动物磁气"的理论创立了"麦斯麦术"，即在光线幽暗的房间里设置一个金属桶，让病人围坐在金属桶的周围，麦斯麦用言语暗示桶内的"磁气"会流入患者身体，这样患者便进入催眠状态，恢复后患者普遍感到心身舒畅，一些疼痛或症状往往霍然而愈。在 18 世纪末，这种被称为"麦斯麦术"的疗法在欧洲轰动一时，迷信此法的信徒众多。后有学者进行实验研究，证实麦斯麦术的"磁气"是子虚乌有，病人进入催眠状态并不是"磁气"的作用，这样麦斯麦术逐渐沉寂下来。但此后催眠术的机理却一直为学者们所感兴趣，未曾间断探究。

19世纪中期，英国外科医生布莱德通过实验指出，催眠术并没有任何神秘或超自然的力量，施术者也没有赋予被催眠者任何物质的东西。催眠实际是暗示作用下的一种心理状态。这种对催眠现象较为科学的解释得到其他学者的认可，也逐渐使催眠术作为一种疗法被广泛应用于临床。我国自20世纪90年代以来对催眠疗法也有较多的研究与应用。

催眠疗法的适用范围

催眠疗法可治疗各种神经症、心身疾病，如焦虑症、恐惧症、神经性厌食、失眠、支气管哮喘、原发性高血压等；消除各种躯体疾病或症状引起的疼痛；减轻或消除心理应激，改善情绪及睡眠，提高社会适应能力和身体的免疫功能；培植学习兴趣；增强记忆力、注意力，提高学习效率；矫正各种不良习惯，如戒除烟酒及控制儿童多动、厌食、偏食等行为；治疗性功能障碍及痛经、盆底肌松弛、经前期紧张症及更年期综合征等。

催眠是一种类似睡眠的恍惚的状态。当患者进入催眠状态以后，精神恍惚，处于一种极高的暗示状态。这时，患者极易接受催眠师的话，特别服从他的命令。因此，在催眠师的诱导下，你可以回忆起似乎早已忘却的遥远的往事，可以干清醒状态下十分惧怕的事，诉说本不愿说的内心隐痛。而催眠师正是利用这些，对患者运用心理分析、解释、疏导、模拟、想象、年龄倒退、临摹等方法进行心理治疗。

催眠疗法可分为集体催眠、个别催眠和自我催眠三种形式。在实践中可根据具体情况选择催眠方式。对于催眠的深度，人与人之间是有差别的，儿童和妇女的暗示性高，易被催眠，老年人的暗示性低，催眠就困难一些。生活中，大约有90％的人能进入不同程度的催眠状态，只有10％的人能进入深度催眠状态。

运用催眠疗法治疗的步骤

1. 要做好治疗前的准备

要测定患者暗示性的高低，暗示性高者，催眠效果好。因为人群中大约有10％的人才能进入深催眠，40％的人可以进入中度催眠，有的人只能进入浅催眠，还有一部分人不能催眠。所以，施术前要先做暗示性检查，在取得患者信任的同时，应激起患者对治疗的期待心情。治疗要在安静舒适、光线暗淡的场所进行。测试可暗示性的方法很多，如让患者直立，双脚并拢，背向医生，头部后仰。医生用手托其枕部，然后告诉患者："手拿开后，你就会向后跌。"如果患者真的向后倾倒，即表示具有一定的暗示性；让患者直立或平坐，两臂伸平，然后告诉他："你左臂沉重，会不自主的下垂。"如果患者真的左手臂下垂，说明具有一定的可暗示性；用两根试管，装满等量的水，然后告诉患者："其中一个是水，另一个是酒精，你仔细地闻一闻，辨别一下哪一根试管是酒精？"如果患者真的在一试管中闻到了酒精气味，就表示他具有一定的暗示性。

2. 导入催眠状态，让患者放松、安静、消除杂念

传统的他人催眠方法，是以语言暗示配合不同的感官刺激。让患者躺着或坐在靠背椅子上，调整呼吸，全身放松，让他注视某物，或施术者抚摸患者某个部位，或让患者注意听某一单调而有节奏的声音，施术者以重复单调的语言诱导其进入睡眠而又不同于睡眠的状态。例如，"你的手臂放松了……你的腿也放松了……你要睡了……睡了"。此时患者渐渐感到困倦、思睡，最后进入催眠状态。如果一次不成，可以再重复进行暗示。进入催眠状态的患者，可以按照施术者的暗示对周围的感觉减低，但对施术者的言语暗示却非常敏感，而且遵照执行。

进入催眠的时间因人而异，最快数分钟，最慢也不应超过半小时，否则应停止催眠。

3. 进行治疗，催眠状态下进行心理治疗大致有三种形式

当患者确已进入催眠状态，就可将为治疗疾病而编好的暗示性语句，以坚定的口吻告诉患者，或是治病，或是减轻疼痛，或是进行手术。

直接暗示法。施术者通过语句直接暗示患者的某些症状即刻消失。如对胃痛的患者可以这样暗示：现在你已经感觉不到胃痛了，你已经恢复健康了，是这样吗？如果患者接受暗示，醒后胃痛即可消失。

催眠后暗示法。是用语句暗示患者，如醒来后你的某某症状一定可以消失。这种方法适用于非持续性病状的治疗。

治疗完毕，可数数引导患者解除催眠。告诉患者，你会随我数的数越大，你的头脑越清醒，如数到9，会完全醒来，解除催眠。

病例:

患者王某,男,大三学生,因学习考试焦虑引起失眠约三年,前来就诊。

首先采用凝视法让患者进入催眠状态。

医生:"请你凝视眼前的这一圆球,盯住看,不要转移视线。(数分钟后)

"好,你的眼睛开始疲倦了,眼皮发沉,眼球不想转……你已经睁不开眼了。闭上眼了……你的手、脚、胳膊也开始放松了。

"全身都已放松了,眼皮已合上,头脑开始模糊了……你要睡了……睡吧……

"请你闭目放松,注意倾听我敲击桌子的声音。(数分钟后)(伴随敲击声)一股舒服的暖流流遍你的全身,好舒服,好清爽,流啊,流啊……你的头脑模糊了……你越来越困倦……睡着了……进入梦境……"当患者四肢松弛,随意动作消失,眼睑垂下,呼吸变深时,说明患者已进入催眠状态,此时医生可根据患者的不同症状,给予不同内容的语言暗示治疗。

"现在,请你回忆在什么情况下睡不着觉,什么事情使你激动、兴奋、痛苦或忧伤。"

患者:"高中临近高考时出现了失眠,每当我看书时就紧张,学习越紧张,越睡不着觉。后来高考结束,症状好像也消失了,上了大学后,不知从什么时候起又开始失眠了。到每学期期末失眠就加重,放假回家就消失了。我感到最痛苦的是每天晚上眼望窗户不能入眠,而最高兴的是放假。"

(经过诱导,患者还回忆了许多详情细节)

医生:"你的失眠是因学习紧张,考试焦虑所引起的。我用催眠技术可以为你治愈失眠。

"请你认真与我配合,你的失眠症状很快就会消失。

"你已进入中度催眠状态,你很容易接受催眠,说明你大脑功能良好。我正在给你治疗,你的症状正开始消失,催眠已使你轻松、愉快,学习、考试焦虑状态已经消失,失眠已经治好。你以后不会失眠了,今晚你就会睡得香甜,以后你每天晚上 10 点就会入睡……直到第二天早上的六点才能醒来,醒后你感到精力充沛,学习时注意力集中,考试不感到紧张,你希望不放假,在校多学习,多参加集体活动……你一到晚上 10 点就感到困倦,一觉醒来就是早晨……你的病完全好了。

"好了,治疗结束了,你可以痛痛快快地睡一觉,睡醒后你一定感到头脑清醒,精力旺盛。"

经过三次催眠治疗，患者失眠症状有明显的好转，后又对患者的作息时间、生活安排、学习计划作了一些调整，又经过三次催眠治疗，到期末时，王某的失眠症状已彻底消除。

催眠治疗过程中，只要将患者诱导进入催眠状态，就可根据患者的实际情况进行语言暗示和精神分析，以达到治疗目的。

第二章　常见的心理问题及应对策略

贪婪心理

贪婪是一种常见的心理问题。"贪"的本义指爱财，"婪"的本义指爱食，"贪婪"指贪得无厌，意即对与自己的力量不相称的某一目标过分的欲求。与正常的欲望相比，贪婪没有满足的时候，反而是愈满足，胃口就越大。古人用"贪冒""贪鄙""贪墨"来形容那些贪图钱财、欲望过分的行为，认为是"不洁""不干净""不知足"的。贪婪并非遗传所致，是个人在后天社会环境中受病态文化的影响，形成自私、攫取、不满足的价值观而出现的不正常的行为表现。这一点，在那些沦为腐败分子的官员身上体现得较为典型。一般而言，贪婪心理的形成主要有以下几个方面：

1. 错误的价值观念

认为社会是为自己而存在，天下之物应皆为自己拥有。这种人存在极端的个人主义思想，是永远不会满足的。他们会得陇望蜀，有了票子，想房子；有了房子，想车子，永不休止。

2. 行为的强化作用

有贪婪之心的人，初次伸出黑手时，多有惧怕心理，一怕引起公愤，二怕被捉。一旦得手，便喜上心头，屡屡尝到甜头后，胆子就越来越大。每一次侥幸过关都是一种条件刺激，会不断强化他的贪婪心理。

3. 攀比心理

有些人原本也是清白之人，但是看到原来与自己境况差不多的同事、同学、战友、邻居、朋友、亲戚、下属、小辈，甚至原来那些比自己条件差得远的人都发了财，心理就不平衡了，觉得自己活得太冤枉，由此也学着伸出了贪婪的双手。

4. 补偿心理

有些人原来家境贫寒，或者生活中有一段坎坷的经历，便觉得社会对自己不公平。一旦其地位、身份上升，就会利用手中的权力索取不义之财，以补偿以往的损失。

5. 功利心理

一些人把市场经济看成金钱社会，拜金成为他们的信条；一些人有失落感，认为"今天这个样，明天变个样，不知将来怎么样"；一些人滋长了占有欲，把市场等价交换原则引入现实生活中，"有权不用，过期作废"，从而引发以权谋私、权钱交易等。

6. 虚荣心理

一些教工、官员曾经表现较好，可一旦地位变了，权力大了，讨好的人多了，就开始飘飘然起来。他们失足犯罪，往往不是为金钱所惑，而是被胜利冲昏头脑，自我膨胀，被见风使舵的人利用，混淆是非，放弃原则，经受不住权力和地位的考验。

7. 侥幸心理

有不少贪官明知贪污受贿国法不容，但又认为自己作案并非明火执仗，吃得下，擦得干净，即使被发现也不容易被抓到把柄。贪污能"天衣无缝"，受贿只有"你知，我知"，只要满足行贿人的要求，他不举报就不会出事，就是出了事也未必抓住直接证据，未必定得了罪。这种心态导致犯罪分子自我欺骗，我行我素，随着作案次数的增多，胆子越来越大，因而越陷越深。

8. 盲从心理

现在"吃回扣"、不给好处不办事的现象很普遍，有些人认为，"大家都在捞，你捞我也捞"，"大家都这样"，"老实人才吃亏"，"捞"了也没事，查到的也不过那么几个。

贪婪之心并非生来就有的，是后天形成的，因此它是可以矫治的。异化的环境与文化可以改变一个人的心理，那么正常的环境与文化同样可以矫治一个人的心理。矫治贪婪，可以用以下几种方法：

1. 二十问法

这是一种自我反思的方法，即自己在纸上写出 20 个"我喜欢……"。全部写下后，再逐一分析哪些是合理的欲望，哪些是超出能力的过分的欲望，这样就可明确贪婪的对象与范围。最后对造成贪婪心理的原因与危害作较深层的分析。

2. 警戒法

古往今来，仁人贤士对贪婪之人是非常鄙视的，他们撰文作诗，鞭挞或讽刺那些索取不义之财的行为。想消除贪婪心理的人，应牢记那些诗文和名言格言，朝夕自警。经常想一想那些因为贪婪而遭杀头之罪的贪官污吏，以此为戒，改正贪婪心理。

3. 知足常乐法

在生活中不能对自己的期望过高，自己的需求和欲望要和自己的能力及社会条件相适应，不要贪图虚荣、讲攀比，内心要想到知足常乐。生活中你应该明白：即使你拥有整个世界，但你一天也只能吃三餐。这是人生思悟后的一种清醒，谁懂得了它的含义，谁就能活得轻松，过得自在。

虚荣心理

莫泊桑小说《项链》中的玛蒂尔德，在虚荣中耗尽自己的青春岁月。关于虚荣心，《辞海》有云：表面上的荣耀、虚假的荣誉。此最早见于柳宗元诗："为农信可乐，居宠真虚荣。"心理学上认为，虚荣心是自尊心过分的表现，是为了取得荣誉和引起普遍注意而表现出来的一种不正常的社会情感。虚荣心是一种常见的心态，因为虚荣与自尊有关。人人都有自尊心，当自尊心受到损害或威胁时，或过分自尊时，就可能产生虚荣心，如珠光宝气招摇过市、哗众取宠，等等。

虚荣心与赶时髦有关系。时髦是一种社会风尚，是短时间内到处可见的社会生活方式，制造者多为社会名流。虚荣心强的人为了追赶偶像、显示自己，也模仿名流的生活方式。

虚荣的心理与戏剧化人格倾向有关。爱虚荣的人多半为外向型、冲动型，反复善变、做作，具有浓厚、强烈的情感反应，装腔作势、缺乏真实的情感，待人处世突出自我、浮躁不安。虚荣心的背后掩盖着的是自卑与心虚等深层心理缺陷。具有虚荣心理的人，多存在自卑与心虚等深层心理的缺陷，为了一种补偿，竭力追慕浮华以掩饰心理上的缺陷。

几十年前，林语堂先生在《吾国吾民》中认为，统治中国的三女神是"面子、命运和恩典"。"讲面子"是中国社会普遍存在的一种民族心理，面子观念的驱动，反映了中国人尊重与自尊的情感和需要，丢面子就意味着否定自己的才能，这是万万不能接受的，于是有些人为了不丢面子，通过"打肿脸充胖子"的方式来显示自我。

林语堂先生的"打肿脸充胖子"与培根的哲学有很大的相似之处，培根说："虚荣的人被智者所轻视，愚者所倾服，阿谀者所崇拜，而为自己的虚荣所奴役。"德国哲学家叔本华说："虚荣心使人多嘴多舌；自尊心使人沉默。"虚荣心强的人，在思想上会不自觉地渗入自私、虚伪、欺诈等因素，这与谦虚谨慎、光明磊落、不图虚名等美德是格格不入的。虚荣的人为了表扬才去做好事，对表扬和成功沾沾自喜，甚至不惜弄虚作假。他们对自己的不足想方设法遮掩，不喜欢也不善于取长补短。虚荣的人外强中干，不敢袒露自己的心扉，给自己带来沉重的心理负担。虚荣在现实中只能满足一时，长期的虚荣会导致非健康情感因素的滋生。

虚荣心理的表现是多方面的：对自己的能力、水平过高估计；处处炫耀自己的特长和成绩，喜欢听表扬，对批评恨之入骨；常在外人面前夸耀自己有点权势的亲友；对上级竭尽拍马奉承；不懂装懂，打肿脸充胖子，喜欢班门弄斧；家境贫寒却大手大脚，摆阔气赶时髦；处处争强好胜，觉得处处比人强，自命不凡；把生活中的失误归咎于他人，从不找自身的原因；有了缺点，也寻找各种借口极力掩饰；对别人的才能妒火中烧，说长道短，搬弄是非，等等。

虚荣心男女都有，但总的说来，女性的虚荣心比男性强。因此，虚荣心带给女性的痛苦比男性大得多。这一类型的人表面上表现为强烈的虚荣，其深层心理就是心虚。表面上追求面子，打肿脸充胖子，内心却很空虚。表面的虚荣与内心深处的心虚总是不断地在斗争着：一方面在没有达到目的之前，为自己不尽如人意的现状所折磨；另一方面即使达到目的之后，也唯恐自己的真相败露而恐惧。要克服虚荣心理，需做到以下几点：

1. 树立正确的荣辱观

即对荣誉、地位、得失、面子要持一种正确的认识和态度。人生在世界上要有一定的荣誉与地位，这是心理的需要，每个人都应十分珍惜和爱护自己及他人的荣誉与地位，但是这种追求必须与个人的社会角色及才能一致。面子"不可没有，也不能强求"，如果"打肿脸充胖子"，过分地追求荣誉，显示自己，就会使自己的人格受到歪曲。同时也应该正确看待失败与挫折，"失败乃成功之母"，必须从失败中总结经验，从挫折中悟出真谛，才能建立自信、自爱、自立、自强，从而消除虚荣心。

2. 在社会生活中把握好比较的尺度

社会比较是人们常有的社会心理，但在社会生活中要把握好攀比的尺度、方向、范围与程度。从方向上讲，要多立足于社会价值而不是个人价值的比较，如比一比个人在学校和班上的地位、作用与贡献，而不是只看到个人工资收入、待遇的高低。从范围上讲，要立足于健康的而不是病态的比较，如比实绩、比干劲、比投入，而不是贪图虚名，嫉妒他人表现自己。从程度上讲，要从个人的实力上把握好比较的分寸，能力一般的就不能与能力强的相比。

3. 学习良好的社会榜样

从名人传记、名人名言中，从现实生活中，以那些脚踏实地、不图虚名、努力进取的革命领袖、英雄人物、社会名流、学术专家为榜样，努力完善人格，做一个"实事求是、不自以为是"的人。

如果你已经出现了自夸、说谎、嫉妒等行为，可以采用心理训练的方法进行自我纠偏。即当病态行为即将或已出现时，个体给自己施以一定的自我惩罚，如用套在手腕上的皮筋反弹自己，以求警示与干预作用。久而久之，虚荣行为就会逐渐消退，但这种方法需要本人超人的毅力与坚定的信念才能收效。

要想从根本上解决虚荣心理，关键不在于如何消除它，而在于如何改善它，诱导它走向有用的方面去。虚荣只有用到有利于人类的事业上去，它才有利而无害。

嫉妒心理

嫉妒是痛苦的制造者，在各种心理问题中对人的伤害最严重，可称得上是心灵上的恶性肿瘤。弗朗西斯·培根说过："犹如毁掉麦子一样，嫉妒这恶魔总是暗地里，悄悄地毁掉人间美好的东西！"

何谓嫉妒呢？心理学家认为，嫉妒是由于别人胜过自己而引起的一种情绪的负性体验，是心胸狭窄的共同心理。嫉妒不是天生的，而是后天获得的，嫉妒有三个心理活动阶段：嫉羡——嫉优——嫉恨。这三个阶段都有嫉妒的成分，而且是从少到多，嫉羡中羡慕为主，嫉妒为辅。嫉优中嫉妒的成分增多，已经到了怕别人威胁自己的地步了。嫉恨则把嫉妒之火已熊熊燃烧到了难以消除的地步。这把嫉恨之火，没有燃向别人，而是炙烤着自己的心，使自己没有片刻宁静，于是便绞尽脑汁想方设法去诋毁别人嫉妒实质上是用别人的成绩进行自我折磨，别人并不因此有何逊色，自己却因此痛苦不堪，有的甚至采用极端行为走向犯罪深渊。

一般说来，嫉妒心理有以下几个基本特点：

1. 嫉妒的产生是基于相对主体的差别

这个相对主体即嫉妒主体指向的对象，既可以是具体人，也可以是人和某一现象，亦可以是某一集体或群体，例如单位与单位、家庭与家庭之间的嫉妒。那种相对主体的差别既可以是现实的客观差距，比如财富和相貌的差距；也可以是非物质性的差距，比如才能、地位的差别；亦可以是不真实的幻想出来的差距，例如总感觉室友之间特别亲热；还可以是对将来可能会遇到的威胁和伤害的假设，例如上级对于下级才能的妒忌。

2. 嫉妒具有明显的对抗性，由此可能引发巨大的消极性

嫉妒心理是一种憎恨心理，具有明显的与人对抗的特征。嫉妒心理的对抗性来源于比较过程中的不满和愤怒情绪。而且，这种对抗性常常带来对社会的巨大危害性。1991年原北京大学物理系高才生卢刚在美国大学枪杀四名导师和一名同学后自杀身亡，其原因即在于此。

3. 嫉妒心理具有普遍性

嫉妒是一种完全自然产生的情感，古今中外，没有哪个社会和国家的居民完全没有嫉妒心。在社会现实生活中，一旦看到别人比自己幸运，心里就"别有一番滋味"。这"滋味"是什么呢？就是嫉妒心理的情绪体验。我们每个人都会这种经历。

4. 嫉妒心理具有不断发展的发泄性，且无法轻易摆脱

发泄性是指嫉妒者向被嫉妒者发泄内心的抱怨、憎恨。一般来说，除了轻微的嫉妒仅表现为内心的怨恨而不付诸行为外，绝大多数的嫉妒心理都伴随着发泄行为，并且这种发泄的欲望具有无法轻易摆脱的顽固性。培根曾经幽默地引用古人的话说："嫉妒心是不知休息的。"嫉妒是与私心相伴而生，相伴而亡的，只要私心存在一天，嫉妒心理也就要存在一天。

此外，嫉妒心理另外几点值得注意之处是：嫉妒是从比较中产生的，必涉及第三者的态度；地位相等、年龄相仿、程度相同的人之间最可能发生嫉妒；是否出现嫉妒心理还与思想品质、道德情操修养有关，等等。

虽然嫉妒是人普遍存在的也可以说是天生的缺点，但我们绝不能忽视它的危

害性。有关嫉妒的危害，我国的传统医学早就有过论述。《黄帝内经·素问》明确指出："妒火中烧，可令人神不守舍，精力耗损，神气涣失，肾气闭塞，瘀滞凝结，外邪入侵，精血不足，肾衰阳失，疾病滋生。"心理学家弗洛伊德曾经说过："一切不利影响中，最能使人短命夭亡的，是不好的情绪和恶劣的心境，如忧虑和嫉妒。"嫉妒心理可以危害人们的身心健康。美国有些专家通过调查研究发现，嫉妒程度低的人在 25 年中仅有 2％～3％的人患有心脏病，死亡率只占 2.2％。而嫉妒心强的人，同一时期内竟有 9％以上的人患有心脏病，死亡率也高达 13.4％。由于嫉妒情绪能使人体大脑皮质及下丘脑垂体促肾上腺皮质激素分泌增加，造成大脑功能紊乱，免疫机能失调，从而使自身免疫性疾病以及心血管、周期性偏头痛的发病率增加。医学家们还观察到，嫉妒心强的人常会出现一些诸如食欲不振、胃痛恶心、头痛背痛、心悸郁闷、神经性呕吐、过敏性结肠炎、痛经、早衰等现象。

嫉妒破坏友谊、损害团结，给他人带来损失和痛苦，既贻害自己的心灵，又殃及自己的身体健康。因此，必须坚决、彻底地与嫉妒心理告别。

上面的情况在我们的身边不止一次地发生，然而我们却常常只当故事来听、来看。其实，嫉妒的杀伤力远远超过我们的想象，每当心中怀着一股嫉妒之火时，伤害最大的就是自己。

要想使自己的生活充满阳光，我们必须走出嫉妒的泥淖，学会超越自我，克服嫉妒心理。

1. 开阔胸怀，宽厚待人

19 世纪初，肖邦从波兰流亡到巴黎。当时匈牙利钢琴家李斯特已蜚声乐坛，而肖邦还是一个默默无闻的小人物。然而李斯特对肖邦的才华却深为赞赏。怎样才能使肖邦在观众面前赢得声誉呢？李斯特想了个妙法：那时候在演奏钢琴时，往往要把剧场的灯熄灭，一片黑暗，以便使观众能够聚精会神地听演奏。李斯特坐在钢琴面前，当灯一灭，就悄悄地让肖邦过来代替自己演奏。观众被美妙的钢琴演奏征服了。演奏完毕，灯亮了。人们既为出现了这位钢琴演奏的新星而高兴，又对李斯特推荐新秀的胸怀深表钦佩。

2. 自我认知，客观地评价自己和他人

当嫉妒心理萌发时，或是有一定表现时，应该积极主动地调整自己的意识和行动，从而控制自己的动机和感情。这就需要冷静地分析自己的想法和行为，同时客观地评价一下自己，从而找出一定的差距和问题。当认清了自己后，再评价别人，自然也就能够有所觉悟了。

3. 自我宣泄

嫉妒心理也是一种痛苦的心理，当还没有发展到严重的程度时，用各种感情的宣泄来舒缓一下是相当必要的。

在这种发泄还仅仅是处于出气解恨阶段时，最好能找一个较知心的朋友或亲友，痛痛快快地说个够，暂求心理的平衡，然后由亲友适时地进行一番开导。虽不能从根本上克服嫉妒心理，但却能中断这种发泄性朝着更深的程度发展。如有一定的爱好，则可借助各种业余爱好来宣泄和疏导，如唱歌、跳舞、书画、下棋、旅游，等等。

4. 快乐可以治疗嫉妒

快乐之药可以治疗嫉妒，是说要善于从生活中寻找快乐，正像嫉妒者随时随处为自己寻找痛苦一样。如果一个人总是想比起别人可能得到的欢乐来，我的那一点快乐算得了什么呢？那么他就会永远陷于痛苦之中，陷于嫉妒之中。快乐是一种情绪心理，嫉妒也是一种情绪心理。何种情绪心理占据主导地位，主要靠人来调整。

5. 少一份虚荣就少一份嫉妒

虚荣心是一种扭曲了的自尊心。自尊心追求的是真实的荣誉，而虚荣心追求的是虚假的荣誉。对于嫉妒心理来说，它更要面子，不愿意别人超过自己，以贬低别人来抬高自己，正是一种虚荣，是一种空虚心理的需要。单纯的虚荣心与嫉妒心理相比，还是比较好克服的。而两者又紧密相连，相依为命。所以，克服一份虚荣心就少一份嫉妒。

猜疑心理

猜疑心理是一种狭隘的、片面的、缺乏根据的盲目想象。猜疑是基于一种对他人不信任的、不符合事实的主观想象，是人际交往过程中的拦路虎。具有猜疑心理的人与别人交往时，往往抓住一些不能反映本质的现象，发挥自己的主观想象进行猜疑，而产生对别人的误解；或者在交往之前对某人有某种印象，在交往之中就处处用这种成见效应与对方接触，对方一有举动，就对原有成见加以印证。虽然猜疑心理有种种表现，但我们可以发现其共同的特征，即没有事实根据，单凭自己主观的想象；抓住"毛皮"，忽略本质，片面推测；不怀疑自己的判断，只是相信自己，怀疑他人，挑剔他人。具有猜疑心理的人把自己置于一种苦恼的心态中，对别人采取不信任的态度，严重的甚至对自己的感觉也产生怀疑。

猜疑心理往往导致心理偏执。这种人常常敏感固执、谨小慎微，事事要求十全十美。这样不仅危害自己，也危害他人。

在平时的生活工作当中，有时遇到一些自己不了解的事情，一般人都会进行一些猜测与怀疑，这是人之常情，没什么大不了的。但是，如果对任何事都持怀疑态度，并常常无端怀疑，不去辨别真假，只相信自己的想法、自己的猜测，这是成了多疑。这种现象在我们生活的周围并不少见。

一般的猜疑，大多是在判断错误的基础上产生，一旦搞清真相后，也能自己纠正，这些都是正常的状态。但也有的人的猜疑是一种心理偏异。易于产生猜疑的人大致有以下几种：

1. 性格敏感多疑的人

他们总是疑神疑鬼，见别人在说悄悄话，或别人无意朝他多看了几眼，就以为他们在讲自己的坏话；看到别人的脸色冷漠，就疑心他人对自己有什么不满；领导安排工作，自己不在其中，就会认定是领导对自己有成见……这种人整天耿耿于怀、胡思乱想，使自己的人际关系十分紧张，使周围的人们对他敬而远之。

2. 在特殊境遇下的人

这类人"一朝被蛇咬，十年怕井绳"。如有的人被骗上当以后会变得疑虑多端，会因怕再上当受骗而不相信任何人；有的人因自身的人生道路比较坎坷，看到过多的社会黑暗面而形成多疑的心态，错误地认为人间没有真情在。这种人在与人交往中，通常表现为比较冷漠、孤僻、怪异，如不及时改变自己的心态，会形成心理偏差和障碍。

3. 思想修养和道德水平不高的人

他们有的是私心较重者。有人说，"猜疑心与人的私欲成正比例，私欲越大，猜疑心就越强"。如权欲重的人，总怀疑有人要赶他下台、抢班夺权；金钱欲大的人，总怀疑别人要抢他生意、分他的钱财。他们十分警惕，非常敏感，"疑人者，人未必皆诈，己则先诈矣"。他们有的是心术不正者。他们总是以恶意去判断他人的行为，即使是他人一个善意的行动，也被认为是出于卑劣的动机，正是"以小人之心，度君子之腹"。不加强自我意识修养的人，为人处世一切以个人为中心，遇事斤斤计较、患得患失，与人交往心胸狭窄、固执己见，经常会疑心生暗鬼。

4. 不善与人交往的人

不善与人交往的人，很少与别人交流思想、沟通感情，往往不愿把自己心里的疑惑说出来，而是藏在内心，冥思苦想，越想越疑，越疑越想，有如"作茧自缚"，在猜疑的泥沼里愈陷愈深，无法解脱心中的疑团而自我烦恼。

5. 遇事不愿做调查与了解的人

英国哲学家培根说："猜疑的根源产生于对事物的缺乏认识，所以多了解情况是解除疑心病的有效办法。"容易猜疑的人常常是固执己见的人，他们根据自己的一点印象就下结论，并常常会感情用事，不去作调查了解，也不是理智地作判断，只是相信自己的猜想与判断。

6. 轻信与道听途说的人

《三国演义》中的长坂坡一战，刘备所部被曹军打得七零八落。正在慌乱之中，糜芳又报告说："赵子龙反投曹操去了！"张飞一听，便猜疑赵云背信弃义，立即大怒，要立即过去杀掉赵云。尽管刘备告诫他："休错疑人……子龙此去，必有事故。吾料子龙必不弃我也。"张飞仍是不信，径自带领二十铁骑，到长坂坡寻杀赵云。其实，赵云是为了救甘糜二夫人和刘备的儿子阿斗，才匹马单枪，杀回乱军之中。幸亏简雍亲眼目睹，并报信给张飞，这才避免了一场误会。

猜疑的人通常过于敏感。敏感并不一定是缺点，对事物敏感的人往往很有灵气，有创造力。但如果过于敏感，特别是与人交往时过于敏感，就需要想办法加以控制了。具体可采用以下几种方法：

1. 培养自信心

每个人都应当看到自己的长处，培养起自信心，相信自己会与周围人处理好人际关系，会给别人留下良好的印象。这样，当我们充满信心地进行工作和生活时，就不用担心自己的行为，也不会随便怀疑别人是否会挑剔、为难自己了。

2. 学会自我安慰

一个人在生活中，遭到别人的非议和流言，与他人产生误会，没有什么值得大惊小怪的。在一些生活细节上不必斤斤计较，可以糊涂些，这样就可以避免自己烦恼。如果觉得别人怀疑自己，应当安慰自己不必为别人的闲言碎语所纠缠，不要在意别人的议论，这样不仅解脱了自己，而且还取得了一次小小的精神胜利，产生的怀疑自然就烟消云散了。

3. 用理智力量克制冲动情绪的发生

当发现自己开始怀疑别人时，应当立即寻找产生怀疑的原因，在没有形成思维之前，引进正反两个方面的信息。现实生活中许多猜疑，戳穿了是很可笑的，但在戳穿之前，由于猜疑者的头脑被封闭性思路所主宰，却会觉得他的猜疑顺理成章。此时，冷静思考显然是十分必要的。

4. 及时沟通，解除疑惑

世界上不被误会的人是没有的，关键是我们要有消除误会的能力与办法。如果误会得不到尽快地解除，就会发展为猜疑；猜疑不能及时解除，就可能导致不幸。所以如果可能的话，最好同你"怀疑"的对象开诚布公地谈一谈，以便弄清真相，解除误会。猜疑者生疑之后，冷静地思索是很重要的，但冷静思索后如果疑惑依然存在，那就该通过适当方式，同被疑者进行推心置腹的交谈。若是误会，可以及时消除；若是看法不同，通过谈心，了解对方的想法，也很有好处；若真的证实了猜疑并非无端，那么，心平气和地讨论，也有可能使事情解决在冲突之前。

自私心理

自私同样是一种较为普遍的病态心理现象。"自"是指自我，"私"是指利己，"自私"指的是只顾自己的利益，不顾他人、集体、国家和社会的利益。自私有程度上的不同，轻微一点是计较个人得失、有私心杂念、不讲公德；严重的则表现为了达到个人目的，侵吞公款、诬陷他人、铤而走险。贪婪、嫉妒、报复、吝啬、虚荣等病态社会心理从根本上讲，都是自私的表现。

自私心理的表现主要有：

（1）不讲社会公德，损人利己，极端自私。

（2）嫉妒成性，以自我为中心，目中无人，容不得他人。

（3）垄断技术，剽窃成果，把集体、国家利益和成果攫为己有。

（4）以权谋私，以钱谋私，做权钱交易。

自私心理形成的原因是多方面的，在这里仅从主客观两方面来分析。

从客观方面看，地球上各种资源的数量、种类、方式在占有和配置方面都存在许多不平衡、不合理之处。于是，缺乏资源的一方不得不用非正当的方式去交换。由此，一方面以权谋私，另一方面以钱谋私，搞权钱交易、权色交易。另外，病态文化的沉积和社会监督不严，也为自私心理的滋长创造了条件。

从主观方面看，个人的需求若是脱离社会规范的不合理的需求，人就可能会倾向于自私。人的私欲是无限的，正因如此，人的不合理的私欲必须要受到社会公理、道义、法律的制约。

自私心理有如下的特点：

1. 深层次性

自私是一种近似本能的欲望，处于一个人的心灵深处。不顾社会历史条件的要求，一味想满足自己的各种私欲的人就是具有自私心理的人。

2. 下意识性

正因为自私心理潜藏较深，它的存在与表现便常常不为个人所意识到，有自私行为的人并非已经意识到他在于一种自私的事，相反他在侵占别人利益时往往心安理得，也因为如此，我们才将自私称为病态社会心理。

3. 隐蔽性

自私是一种羞于见人的病态行为，自私之人常常会以各种手段掩饰自己，因而自私具有隐秘性。

自私作为一种异常心理，是可以演变的。作为自我来说，最有效的方法就是心理调适。具体来说有如下方法：

1. 内省法

这是构造心理学派主张的方法，是指通过内省，即用自我观察的陈述方法来研究自身的心理现象。自私常常是一种下意识的心理倾向，要克服自私心理就要经常对自己的心态与行为进行自我观察。观察时要有一定的客观标准，这些标准有社会公德与社会规范和榜样等。加强学习，更新观念，强化社会价值取向，对照榜样与规范找差距。并从自己自私行为的不良后果中看危害找问题，总结改正错误的方式方法。

2. 多做利他行为

一个想要改正自私心态的人，不妨多做些利他行为。例如关心和帮助他人，给希望工程捐款，为他人排忧解难等。私心很重的人，可以从让座、借东西给他人这些小事情做起，多做好事，可在行为中纠正过去那些不正常的心态，从他人的赞许中得到利他的乐趣，使自己的灵魂得到净化。

3. 厌恶疗法

这是心理学上以操作性反射原理为基础，以负强化作为手段的一种治疗方式。具体做法是：在自己手腕上系一根橡皮筋，一旦头脑中有自私的念头或行为时，就用橡皮筋弹击自己，从痛觉中意识到自私是不好的，然后使自己逐渐纠正。

自闭心理

凯思·柯林斯说："把自己封闭起来，风雨是躲过去了，但阳光也照不进来。"自我封闭的人将自己与外界隔绝开来，很少或根本没有社交活动，除了必要的工作、学习、购物以外，大部分时间将自己关在家里，不与他人来往。自我封闭者都很孤独，没有朋友，甚至害怕社交活动。自我封闭的心理现象在各个年龄层次都可能产生，儿童有电视幽闭症，青少年有因羞涩引起的恐人症、社交恐惧心理，中年人有社交厌倦心理，老年人有因"空巢"（指子女成家）和配偶去世而引起的自我封闭心理。

有封闭心理的人不愿与人沟通，很少与人讲话，不是无话可说，而是害怕或讨厌与人交谈，前者属于被动型，后者属于主动型。他们只愿意与自己交谈，如写日记、撰文咏诗，以表志向。自我封闭行为与生活挫折有关，有些人在生活、事业上遭到挫折与打击后，精神上受到压抑，对周围环境逐渐变得敏感，变得不可接受，于是出现回避社交的行为。自我封闭心理实质上是一种心理防御机制。

自我封闭心理与人格发展的某些偏差有因果关系。从儿童来讲，如果父母管教太严，儿童便不能建立自信心，宁愿在家看电视，也不愿外出活动。从青少年来讲，同一性危机是产生自我封闭心理的重要原因。该危机是青年企图重新认识自己在社会中的地位和作用而产生的自我意识的混乱，即指青年人向各种社会角色学习技能与为人处世策略，如果他没有掌握这些技能与策略，就意味着他没有获得生活自信心以进入某种社会角色，他不认识自己是谁，该做些什么，如何与他人相处。于是，他就没有发展出与别人共同劳动和与他人亲近的能力，而退回到自己的小天地里，不与别人有密切的往来，这样就出现了孤单与孤立。从中年人来讲，如果一个人不能关心和爱护下一代，为下一代提供物质与精神财富（还应包括整个家庭成员），那他就是一个"自我关注"的人。这种人只关心自己，不与他人来往，或者自我评价低而懒于与人交往。从老年人来讲，丧偶丧子的打击，很易使人心灰意懒，精神恍惚，对生活失去信心，不能容纳自己，常常表现为十分恋家。

自我封闭的心理具有一定的普遍性，各个历史时期、不同年龄层次的人都可能出现，其症状特点有：不愿意与人沟通，害怕和人交流，讨厌与人交谈，逃避社会，远离生活，精神压抑，对周围环境敏感。由于他们的自我封闭，所以常常忍受着难以名状的孤独寂寞。众所周知，人类的内心世界是由感情凝结而成的，所以我们才能在邻居或朋友之间建立起诚挚的友谊，才能在夫妻间建立起美满的婚姻和家庭，社会也才能通过感情的纽带协调转动。

如果一个人总是将自己封闭在一个狭窄的圈子内，对自己、对社会都没有好处，所以自闭的人都应走出自我封闭的圈子，注意倾听自己心灵的声音，并大胆表现它的美好和幸福。

走出自我封闭的圈子，你就要多交些朋友，多开展些社交活动。自闭的人应保持身心的活跃状态，以积极的生活态度待人处世，树立确定可行的生活目标，既对明天充满希望，又珍惜每一个今天；正确对待挫折与失败，以"失败为成功之母"的格言来激励自己，信念不动摇、行动不退缩；乐于与人交往，加强信心与情感的交流，增进相互间的友谊与理解，得到勇气和力量；增加适应能力，培养广泛的兴趣爱好，保持思维的活跃。

为了使自己生活得更快乐、更有意义，请走出自我封闭的圈子，重视自己的内心世界。为此，我们要做到以下几个方面：

1. 顺其自然地去生活

不要为一件事没按计划进行而烦恼，不要为某一次待人接物时礼貌不够周全而自怨自艾。如果你对每件事都精心策划以求万无一失的话，你就会不知不觉地把自己的感情紧紧封闭起来。

我们应该重视生活中偶然的灵感和乐趣，快乐是人生的一个重要价值标准，有时能让自己高兴一下就行，不要整日为解决某一项难题而奔忙。

2. 不要掩饰自己的真实感情

如果你和挚友分离在即，你不必为了避免让他人看到自己流泪而躲到洗手间去。为了怕人说长道短而把自己身上最有价值的一部分掩饰起来，这种做法没有任何道理。生活中许许多多的事都是这样，需要遵从你的心，听取你心灵的声音。

3. 信任他人

如果你对新结识的人表现冷淡，这往往意味着你对他人的信任感已被自我封闭的重压毁灭了。那么，你就不会从你周围的人群中获得乐趣。

这时，你应该放松自己紧张的生活节奏，不妨和初次见面的人打打招呼；或者在你常去买东西的小店里和售货员聊聊；或者和刚结识的新朋友一道参加郊游。努力寻找童年时交友的感觉，信任他人和你自己，而不要每时每刻都疑窦丛生。

4. 学会对自己说"没关系"

孩子们常常发出无缘无故的笑声，他们的烦恼从不闷在心里。而我们成人却常常会被生活中各种各样伤脑筋的事压得喘不过气来。生活中真有那么多的烦恼吗？其实，许多事并没有什么大不了的，只是我们把它放大了而已。我们要学会对自己说"没关系"，这样我们的生活里就会常常充满开怀的笑声。

第三章　儿童期的主要心理问题及调适

儿童孤独症

儿童孤独症，是发生在婴幼儿期的广泛发育障碍，是一种比较严重的儿童精神障碍，这种病涉及感知、语言、情感、智能等多种功能的损害。

孤独症的病因至今未明，可能与家庭环境、遗传、脑部疾病、母亲孕期生病吃药的影响有关。西方学者早期报告，孤独症患儿的父母多数是知识水平较高的专业技术人员，成天忙于工作、科研，很少照顾孩子，亲子关系较冷淡。但这一观点缺乏支持性的证据。

儿童孤独症又被人们称为儿童自闭症，是一类以严重孤独，缺乏情感反应，语言发育障碍，刻板重复动作和对环境奇特的反应为特征的精神疾病。通常发生于3岁之前，一般在3岁以前就会表现出来，从婴儿期开始出现，一直延续到终身，是一种严重情绪错乱的疾病。

孤独症无种族、社会、宗教之分，与家庭收入、生活方式、教育程度无关。约每一万名儿童中有2～4例，孤独症多见于男孩，男女比例为4.5∶1。目前，在我国孤独症患儿约有50万左右。儿童孤独症无论在成因、发展方式还是治疗手段上，和成年人的孤独症都有很大区别，它是一种严重的婴幼儿发育障碍。

据介绍，自闭不是孤独症儿童的唯一表现。孤独症是一位美国医生于1943年首次提出的，在东南亚等一些地区，孤独症被译为自闭症。这种翻译方法往往给人一种误导，使人误以为儿童的自我封闭才导致这一病症，一旦儿童不自闭，这一病症就不存在了。其实事实并非如此，孤独症是一种广泛性发育障碍。

儿童孤独症的表现

1. 社会交往障碍

孤独症患儿在婴儿期就可能表现出避免与他人的对视，缺乏面部表情；对人态度冷淡，对别人的呼唤不理不睬；要走到某一目标时不顾及路中可能遇到的障碍；当自己想要某一物品或食品则会拉着父母的手前往放物品的地方，一旦拿到后则不再理人；孩子害怕时，也不会寻求保护。

2. 语言发育障碍

一部分孤独症患儿从来不说话，终生默默不语；一部分患儿开始讲话比别人晚，而且所讲内容比别人少，说话如鹦鹉学舌，不能主动与人交谈，不会使用手势、点头、摇头、面部表情等肢体语言来表达自己的需要和喜怒哀乐。

3. 兴趣范围狭窄，行为刻板

患儿要求环境固定不变、拒绝变化；坚持每次都以同一方式去做某件事情，要一种类型的玩具，看固定时间的电视节目。

4. 独特的兴趣对象

患儿对一般儿童所喜欢的玩具、游戏、衣物不感兴趣，而对一般儿童不喜欢的玩具或物品非常感兴趣。一些孤独症患儿还会表现出刻板、古怪的行为，或是对物体的某些特性感兴趣，反复触摸某些"光滑"物体的表面，如光亮的家具、雪白的墙壁、光滑的书刊封面、质地滑软的衣料、柔软的皮毛制品等，有时喜欢闻某一物体，如一位患儿总是喜欢闻他父母的手提包，每当父母回到家后，这位患儿的第一件事便是接过父母的包反复闻。

儿童孤独症的起因尚不太清楚，病因尚无定论。最近调查认为，孤独症与脑部生理结构或神经病学有关，是几种"原因"的结果。与遗传因素、器质性因素以及环境因素有关。

儿童孤独症的治疗

对儿童孤独症的治疗目前尚无特效药，但如果及早发现并进行特殊教育、行为矫正、药物治疗，是可以取得良好效果的。多数专家主张解铃还须系铃人，用心理调适治疗心理障碍孤独症通常十分有效。比如，带孩子回访老家，或看望以前的小朋友；多让他参加集体活动，同时带他去逛逛公园、看看小动物，游览祖国的大好河山。这样就会使他渐渐从孤独症中解脱出来。国外也有专家发现，温柔而有趣的动物对治疗孤独症非常有效。例如，墨西哥已开设的高智能动物海豚治疗儿童孤独症的康复中心等。

儿童恐惧症

儿童恐惧症是指儿童对日常生活一般客观事物和情境产生过分的恐惧、焦虑，达到异常程度。

恐惧是正常儿童心理发展过程中普遍存在的一种情绪体验，是儿童对周围客观事物一种正常的心理反应，也是儿童期最常见的一种心理现象。曾有人对一组儿童进行纵向追踪调查到 14 岁，发现 90％的儿童在其发育的某一阶段都发生过恐惧的反应。儿童期的恐惧是十分短暂的，有研究表明，儿童恐惧在一周内消失的占 6％，在 3 个月内消失的达 54％，在一年内可全部消失。当然也有消失的时间要长一些的。许多恐惧不经任何处理，随着年龄增长均会自行消失。另外，惧怕的内容反映了儿童所处的环境特点及年龄发展阶段的特点。如 9 个月前的婴儿怕大声和陌生人；1～3 岁的儿童怕动物、昆虫、陌生的环境和生人、黑暗、孤独等；4～5 岁的儿童怕妖怪、鬼神，怕某些动物或昆虫，怕闪电雷击等；小学生则怕身体损伤（如摔伤、动手术等），怕离开父母、亲人死亡，怕考试、犯错误和受批评等；青年期则产生对社会环境、社会交往的恐惧。一般来说，惧怕与儿童的身体大小和应付能力有关，也反映了儿童的智力发展水平。惧怕的内容常常具有不稳定性，而恐怖障碍则不然，恐怖障碍患儿恐怖的内容各不相同，且较稳定，不会泛化，如怕猫的不会变为怕狗，怕闪电打雷的不会泛化为怕黑。恐惧症患儿由于对某一事物现象的恐惧，进而产生回避或退缩行为，如由于怕考试成绩不好被老师父母批评，发展到怕上学、见老师和同学，产生学校恐怖症。恐怖障碍持续的时间较长，不易随环境年龄的变化而消失，而且任何劝慰、说服、解释也无济于事，严重影响着儿童的正常生活和学习。

儿童恐惧症产生的原因

儿童恐惧症产生的原因主要是因环境、教育造成的，而其中又以父母的行为方式、教育方法的不当为主：父母对孩子溺爱，过于保护，限制儿童的许多行动；父母用吓唬威胁的方法对待孩子的不听话、不顺从；有的父母当着孩子的面毫无顾忌绘声绘色地讲述自己所见所闻或经历过的一些可怕的事情；有的父母对某一事物或现象存在恐惧，在孩子面前毫不掩饰地表现出来，使孩子也深受其害；有的父母对孩子过严过高的要求；家庭成员关系不和睦或对孩子缺乏一致性、一贯性的教育等。

儿童恐惧症的表现及治疗

儿童恐惧症的表现形式是多种多样的，按其内容可分为以下几种：

（1）动物恐惧。如怕猫、狗、蛇等，有的甚至害怕到精神失常的程度。

（2）社交恐惧。怕与父母分离、怕生人、怕当众讲话、怕拥挤、怕上幼儿园和学校、怕考试。目前发现怕考试、怕见老师、怕上学的儿童有增多趋势。

（3）自身损伤恐惧。怕出血、怕鬼怪、怕流氓、怕传染病、怕生病、怕死等。

（4）对自然事物和现象的恐惧。怕黑、怕闪电雷击、怕独自关闭室内、怕登高等。

对儿童恐惧症的治疗，应主要采用"心理分析疗法"等心理治疗和教育治疗，以及系统脱敏疗法等疗法，并且要从学校和家庭两方面着手。

上学恐惧症产生的原因及治疗

下面重点谈一下上学恐惧症：每到开学，就有家长领着刚上学的孩子尤其是低年级的孩子到医院，反映孩子情绪不稳定，心烦，无缘无故发脾气，对学习无兴趣，甚至上了学就肚子疼。经心理医生诊断，孩子患了"上学恐惧症"。

其实所谓的"上学恐惧症"并非专业的医学术语，只是对儿童和青少年某些心理问题的描述。它的主要症状表现为：情绪低落、心慌意乱、注意力降低、疲劳、失眠，有时伴随头痛、胃痛、肚子痛等身体上的不适。这种"上学恐惧症"不仅常发生在学习成绩跟不上的孩子身上，有很多聪明的孩子也有"恐惧"情绪。

一般来说，"上学恐惧症"是不分年龄段的，但性格内向、心理承受能力差的孩子更易产生这种心理障碍。据北京中小学生心理教育咨询中心的刘翔平老师说，通常由如下原因引起了"上学恐惧症"：

1. 母子分离焦虑

这类儿童从小过分依赖母亲，在陌生环境下感觉不适应。他希望以"得病"等方式满足和母亲在一起的需要。而不懂孩子心理的母亲往往请假陪伴孩子，正好强化了孩子的这种需要，使之变本加厉获得新的机会。这样的"上学恐惧症"

通常发生在年龄较小的儿童身上，尤其是刚入园不久的幼儿和入学不久的小学生。

2. 孩子不适应老师

通常是因为惧怕，这类儿童对老师有过高的期望，通常他们会在学习上努力，行为上克制、忍让，老师一般很少批评他们，在他们心中，老师是爱的使者和保护神。但当老师偶尔因某件事严厉批评他们时，这类儿童会一下陷入焦虑和无助的境地，这类儿童往往缺少伙伴，没有可以诉说或解脱的对象、场所，所以不愿意上学。

3. 存在学习障碍

更多的孩子对上学产生恐惧是因为学习成绩不好，经常受到老师家长的批评，存在一定学习障碍的孩子，特别是经过一个假期的放松，更不愿重返有各种约束的校园了。

北京儿童医院主任医师、神经内科主任邹丽萍教授在接受记者采访时说，目前因为学习困难来就诊的有 $50\%\sim60\%$，其中在神经内科就诊的大约占了 $1/4\sim1/3$。很多家长都忽视了这样问题的存在，可实际上因此而患上"上学恐惧症"的不在少数。避免孩子患这类心理疾病的前提是，在日常生活中父母不要只一味关注孩子的衣食住行，也要有意识地给他们补充心理营养。

对于已经患上这类心理疾病的孩子，要对症下"药"，采取有效手段进行治疗。首先，父母要与校方沟通，采取正确积极的教育方式，尽量维护孩子的自尊心，因为有这类心理疾病的孩子内心是非常抑郁和脆弱的，如果用不良的方式疏导孩子的心理，就会适得其反，对孩子的心灵造成更大的伤害。其次，父母要学会让孩子"收心"，培养孩子的学习兴趣，不要给孩子太大的压力。再次，可请专业心理医生进行心理治疗，如心理疏导、暗示疗法，急性发作时，可配合使用小剂量的抗焦虑药物。只要相关各方密切配合，就会减轻孩子的紧张心理，就会有效地预防和治疗恐学症。

儿童多动症

多动症是一种儿童行为障碍疾病，又称"脑功能轻微失调"，主要表现为注意力难以集中，在学习或游戏中缺乏一定的精神努力和持续力，容易受外界刺激的干扰，有多动或冲动行为；严重的有健忘、攻击、破坏等行为障碍，是一种儿童常见病、多发病，且此病的发病率呈现逐年上升的趋势。儿童多动症的患病率，占学龄儿童的 5%左右，发病年龄多在 5 岁左右，男孩较多，一般 8 岁时症状显著，10 岁后渐有好转。儿童多动症的病因很复杂，涉及生物、心理、家庭和社会多方面，但家庭环境所起的作用较大，如有的母亲对孩子过于溺爱，而父亲又过于严肃和粗暴，有的家长性情急躁，教育方法生硬或过分苛求，稍不听话就拳脚相加，致使孩子心情过度紧张，造成疾病。此外，该病与孩子功课负担过重和缺少文体活动等，也有一定关系。那么，是不是孩子一出现多动、顽皮、不服管教就是儿童多动症呢？当然不是，孩子的天性就是顽皮，并非所有顽皮的孩子都患有多动症。

作为家长，要掌握孩子顽皮和多动症的区别，以便及时识别，正确对待。

（1）多动症儿童很难控制注意力，或不受干扰地专心于做某一件事情，即使是他最感兴趣的事也不行，但顽皮儿童却可以对其感兴趣的事情专心致志。

（2）顽皮儿童在新环境中能够暂时约束自己，多动症儿童却做不到。

（3）顽皮儿童好动，有一定的原因和目的；但多动症儿童的好动却缺乏明确目的，与当时环境不协调。

（4）顽皮儿童作双手快速翻转轮换动作时，表现得灵活自如，而多动症儿童却多显得笨拙。

（5）顽皮儿童服用中枢神经兴奋药后，越发兴奋，多动症的儿童却能较快地表现出安静，多动减少，注意力能相对集中，但当多动症儿童服用镇静剂后，反而表现出兴奋、多动现象。

儿童多动症的临床表现

1. 注意力不集中

患有多动症的儿童无论干什么注意力都难以集中，干什么都丢三落四，做事情总是半途而废，常常是一件事还没有干完又急于去干另一件事。外界环境中任何视听刺激都可分散他们的注意。告诉他们的事马上就会忘记，似乎从来都没有用心听。上学后，他们在课堂上症状表现更加明显，坐在教室里总是东张西望，心不在焉。做作业时只能安坐片刻，经常玩弄文具或站起来到处走动。

2. 活动过度

多动症儿童最主要的特征就是活动过多或过分。在婴儿期他们就表现为好动、不安宁、喂食困难、爱哭、难以入睡、易醒、早醒等，而有的则是睡得过熟，很难唤醒。随着出生后身体机能的发展更显得不安分。学会了走路就不喜欢坐，学会了爬楼梯后就上下不停地爬，老爱翻弄东西，毁坏玩具。

进了幼儿园后，他们也不能按正常要求的时间坐在小凳子上。上学后大部分儿童因受学校纪律制约而增加了对自身活动的限制，而多动症患儿的多动行为反而更加突出。上课时他们小动作不断，无法专注于某一项活动，甚至会站起来在教室里擅自走动，一下课便像箭一般冲出教室。他们的这种行为与正常儿童的好动不一样。

多动症儿童的活动往往是杂乱无章，缺乏组织性和目的性，最明显的特点是无法控制自己的活动。另外，多动症儿童中的部分人会出现动作不协调，不能做穿针线、系鞋带等精细动作，还有一些有感知觉障碍，如经常穿反鞋子等。

3. 学习困难

虽然多动症儿童智力大多正常，但学习成绩普遍很差。因为上课、做作业时无法集中注意力，活动过多、情绪不稳定等缺陷严重地影响了他们的学习效果。在感知觉方面，多动症儿童中的部分个体还因出现诸如空间知觉、视听转换等心理障碍而影响他们书写、阅读、计算、技能操作、绘画等学习活动。

4. 情绪不稳、冲动任性

患有多动症的儿童性格倔强、固执，情绪很不稳定，易于受外界事物的刺激而变化，他们自我控制能力弱，极易冲动，高兴时情绪激昂亢奋，一旦受到挫折或不如意时则脾气暴躁、耍赖、哭闹、乱扔东西，经常在学校干扰其他儿童的活动，与他人争吵、打架，行为冲动时还会不计后果地伤人毁物，甚至导致一些严重的灾难性行为结果。因此他们与其他同伴难以和睦相处，在集体中常常是被孤立、排斥、厌恶甚至敌视的对象。

多动症的矫治须多管齐下方能奏效，家长和教师对多动症儿童应给予更多的关爱，要多发掘他们身上的长处，如愿意为老师做事等。宜采用热情鼓励为主、有效的批评惩戒为辅的教育策略，坚持对他们进行耐心、细致地教育引导。

儿童多动症的治疗

在治疗方面可采用心理和药物治疗。其中，首选方法是心理治疗，主要有支持性心理治疗、行为治疗（如代币券疗法、松弛疗法、自控训练等）。药物治疗虽然是当前治疗多动症立竿见影的有效治疗方法，但在选择时必须谨慎，以免造成对儿童，尤其是学龄前儿童大脑神经细胞、组织不可逆的损害。当前临床上常用的药物是中枢神经兴奋剂，如利他林（哌甲酯）、匹莫林（苯异妥因）等。患儿应在有丰富临床经验的精神科医师的科学指导下合理服用。

千万不要把好动的孩子都视为"多动症"患者。有的孩子学习成绩不好，也调皮，也闯祸。如上课老是开小差，问的问题更是千奇百怪，常常弄得老师下不了台，有的喜欢拆家里的电器或钟表。这些行为其实是儿童好动和好奇心理的表现，不能简单地视之为"多动症"。最好的办法是请专门的医生诊断一下，这样才能对症下药。

遗尿症

遗尿症是指儿童 5 岁以后仍不能控制排尿的现象。根据国际上统一诊断的标准：5～6 岁儿童每月至少尿床两次，再大些的儿童每月至少尿床一次者就可诊断为遗尿症。

遗尿症可以分为夜间遗尿（尿床）、昼遗尿（尿裤）和昼夜遗尿 3 种，其中以夜间遗尿多见。根据拉普斯等人对美国和英国儿童的抽样调查，患有遗尿症的儿童占童年期人口的 14％～17％。5～10 岁的儿童遗尿现象较多，随年龄增长，发病率逐渐降低，10 岁以上则很少见，到 14 岁时，发病率降至 3％。本病多见于男孩，男孩与女孩的比例约为 2：1。

遗尿症引发原因

引起遗尿的原因，有些是由于泌尿生殖器官的局部刺激，如包茎、包皮过长、外阴炎、先天性尿道畸形、尿路感染等引起，其次与脊柱裂、癫痫、糖尿病、尿崩症等全身疾病有关。但是绝大多数儿童遗尿的出现与疾病无关，是出于心理因素或其他各种因素造成的。

1. 遗传因素

本病的家族发病率甚高。国外报道 74％的男孩和 58％的女孩，其父母双方或单方有遗尿症的历史。单卵双胎同时发生遗尿者较双卵双胎者为多。提示遗传与本病有一定关系。

2. 功能性膀胱容量减少

1970 年有人曾经用膀胱内压测量方法研究 63 名遗尿儿童，发现膀胱容量比预计少 30％。1992 年国内对 44 例遗尿儿童作膀胱 B 型超声检查，除 1 例正常外，膀胱容量均不同程度小于正常，平均小于正常 50％。

3. 睡眠过深

根据不少家长反应，这类患儿夜间睡眠很深，不易唤醒，唤醒之后，往往还是迷迷糊糊、半醒不醒，因此夜间唤醒排尿，在较长的一段时间内相对比较困难。其原因在于睡眠过深，不能接受来自膀胱的尿意而觉醒发生反射性排尿，遂成遗尿。

4. 心理因素

亲人的突然死伤、父母吵闹离异、母子长期隔离、黑夜恐惧受惊，均可导致孩子遗尿。还有有些孩子自幼没有养成控制小便的习惯和能力，一出现尿床，便受到家长的责备、打骂，长期处于过度紧张状态中，每天晚上睡前总要提心吊胆，生怕再次尿床，继而产生自卑心理，使遗尿经久不愈。

心理因素不但可促使以往已有控制小便能力的儿童重新发生遗尿，而且还可使少数患儿在发生遗尿后，逐渐形成习惯，有些甚至至成人仍无法改变。

5. 排尿习惯训练不良

有些患儿使用尿布时间过长，以致自幼就没有养成自己控制排尿的习惯，有的母亲训练幼儿的方法不对，夜间把幼儿唤醒后，让他坐在便盆上边玩边排尿，最后也没有看看是否已经排尿，就把孩子抱上床。这样幼儿不可能把排尿与坐便盆联系在一起，构成条件反射。因为孩子有时排了尿，有时是坐在便盆上玩，并未排尿，这样反会造成孩子排尿紊乱，不可能形成规律。还有的母亲常在晚上把孩子弄醒强迫排尿，不管孩子如何挣扎、哭闹，反正不排尿就不让孩子离开便盆，这样会使幼儿对排尿产生恐惧、紧张心理，同样不利于培养有规律的排尿习惯。

遗尿症的治疗

当您的孩子患有遗尿症以后，应带孩子到医院进行全面的身体检查，诊断导致孩子遗尿的原因，以确定病因，然后才能有针对性地治疗。其治疗方法一般有一般治疗、心理治疗、药物治疗。

1. 一般治疗

首先，家长要仔细观察、掌握患儿遗尿的时间规律，定时唤醒（完全弄醒）患儿排尿（或使用闹钟唤醒），使之逐渐形成条件反射，到膀胱充盈时能自行醒来。其次，要建立良好的作息制度和卫生习惯，定期洗澡，勤换内衣，白天活动玩耍不能过度疲劳。最后，合理调整饮食结构，可让患儿早、中两餐多吃含水多的食物、瓜果等，晚餐吃含水少的食物，控制晚餐后任何形式液体的摄入量。

2. 心理治疗

了解孩子可能存在的心理矛盾及可能导致遗尿的精神因素，指导患儿正确对待，解除其心理上的压力。当患儿偶然自行排尿时，家长要及时给予恰当的表扬和奖励，从心理上强化其正常功能，使其逐渐形成自主控制排尿的良好习惯。当患儿尿床时，不要责骂或惩罚，更不能在外人面前声张，要为孩子保守秘密，否则会引起孩子精神紧张、害羞，反而会加重遗尿，且影响其心理发育。

3. 药物治疗

在上述治疗无效的情况下，对 6 岁以上患儿遵医嘱进行药物治疗，常用的药物有三环类抗抑郁剂、抗胆碱能药物及中药、针灸等。

功能性遗尿症患儿的预后一般较好，遗尿症好转的过程表现为遗尿的次数逐渐减少，直到最后完全消失，极少有突然痊愈者。

厌食

厌食也称神经性厌食，是一种由心理因素引起的饮食障碍。表现为儿童长期厌食对食物不感兴趣，缺乏食欲，食量小，经常回避或拒绝进食，如果强迫，则立刻引起呕吐。它是一种由病人自己有意造成体重明显下降至正常生理标准体重之下，并极力维持这种状态的心理生理障碍。

儿童厌食症是指儿童（主要是 3～6 岁）较长期食欲减退或食欲缺乏为主的症状。它是一种症状，并非一种独立的疾病。某些慢性病，如消化性溃疡、慢性肝炎、结核病、消化不良及长期便秘等都可能是厌食症的原因（仅占 9％）。但是，大多数儿童厌食症不是由于疾病引起（占 86％），而是由于不良的饮食习惯、不合理的饮食制度、不佳的进食环境及家长和孩子的心理因素造成的。

儿童厌食症产生原因

（1）饮食无规律，无固定进食时间，进食时间延长或缩短，正常的胃肠消化规律被打乱。

（2）片面追求高营养，肉蛋奶无节制地填喂，损伤胃肠，引起消化不良。

（3）零食不断，嘴不停，胃不闲，导致胃肠道蠕动和胃液分泌紊乱。

（4）饮料、雪糕、巧克力等高热量的食品，使血糖总是处于较高水平而不觉饥饿。

（5）进食环境差，有些儿童边吃边玩，或进食时家长逗弄、训斥，使大脑皮质的食物中枢不能形成优势的兴奋灶。

（6）家长过分关注孩子进食，使孩子产生逆反心理，进而以拒食作为提条件的筹码。

（7）运动不足，新陈代谢减少，胃肠道消化功能得不到强化。

（8）服药太多或滥用保健补品，增加胃肠消化吸收的负担，使胃肠不堪重负而引起厌食。

（9）其他：生活不规律、睡眠不足、过度疲劳、便秘、身体不适等，也是厌食不可忽视的原因。

专家曾对 1～7 岁患小儿厌食症的儿童做过一次调查，发现仅有 17％ 的儿童是因为疾病造成的，而 83％ 的患儿都是因为食物结构不合理、饮食习惯不良所致。

儿童厌食症的纠正

专家认为，纠正这些非疾病因素引起的厌食症应从下列几方面着手：

1. 固定进餐时间，适当控制零食

儿童的进食时间要固定，小儿正餐包括早餐、中餐、午后点心和晚餐，三餐一点形成规律，消化系统才能有劳有逸地"工作"，到正餐的时候，就会渴望进食。绝对不让孩子吃零食是不现实的，关键是零食不能吃得过多，不能排挤正餐，更不能替代正餐。零食不能想吃就吃，应该安排在两餐之间，或餐后进行，否则会影响孩子的食欲。

2. 节制冷饮和甜食

冷饮和甜食因为口感好，味道香，孩子都爱吃，但这两类食品均影响食欲。中医认为冷饮损伤脾胃，西医认为会降低消化道功能，影响消化液的分泌。吃得太多甜食会伤胃。且这两类食品饱腹作用强，影响吃正餐，所以要有节制。最好安排在两餐之间或餐后 1 小时内。

3. 合理搭配饮食

儿童生长发育所需的营养物质要靠从食物中摄取，但对这些营养素的需要并不是等量的，有的营养素需要得多，有的需要得少，所以家长应了解这方面的知识，注意各营养素间的比例，以求均衡饮食。每天不仅吃肉、乳、蛋、豆，还要吃五谷杂粮、蔬菜、水果。每餐要求荤素、粗细、干稀搭配，如果搭配不当，会影响小儿的食欲。如肉、乳、蛋、豆类吃多了，因它们富含脂肪和蛋白质，胃排空的时间就会延长，到吃饭时间却没有食欲；粗粮、蔬菜、水果吃得少，消化道内纤维素少，容易引起便秘。此外，有些水果过量会产生副作用。橘子吃多了"上火"，梨吃多了损伤脾胃，柿子吃多了便秘，这些因素都会直接或间接地影响食欲。

4. 讲究烹调方法

烹调食物，一定要适合孩子的年龄特点。断奶后，孩子的消化能力还比较弱，所以就要求饭菜做得细、软、烂；随着年龄的增长，咀嚼能力增强了，饭菜加工逐渐趋向于粗、整；4～5 岁时，孩子即可吃成人饭菜。为了促进食欲，烹饪时要注意食物的色、香、味、形，这样才能提高孩子的就餐兴趣。

5. 保证充足睡眠，适量活动，定时排便

睡眠时间充足，孩子精力旺盛，食欲就强；睡眠不足，无精打采，孩子就不会有食欲，日久还会消瘦。适当的活动可促进新陈代谢，加速能量消耗，促进食欲。总之，合理的生活习惯能诱发、调动、保护和促进食欲。

6. 改善进餐环境

儿童和成人不同，注意力容易转移。如进餐时，大人过多地说笑，听广播，看电视，儿童的注意力很容易被分散，进餐的兴趣随之消失，进餐的动作也就被停止了。所以应该排除各种干扰，让孩子专心吃饭。

儿童进食，家长不能过多干涉，更不能强迫孩子进食。否则，孩子感到有压力，就会抑制进食要求，应注意保证儿童有愉快的进餐情绪。有些家庭在进餐时，夫妻之间、婆媳之间发生争吵，在这种紧张气氛中，孩子不可能有好的食欲，所以不要在餐桌上发生矛盾，力求为孩子创造一个安详、和睦的家庭气氛。另外，尽量让孩子与大人共餐，这样可以提高儿童进餐的积极性。

偏食

偏食又称挑食，是指对自己喜爱的食物毫无节制，而对自己不喜欢的食物一概拒绝的现象。儿童偏食主要表现为只喜欢吃肉和蛋奶制品而不喜欢吃蔬菜，有的孩子甚至一餐没有肉就不吃饭了。这种行为对儿童的生理发育和心理发展将会产生很不好的影响。

儿童偏食是一种普遍性的问题行为。根据调查，城市孩子中有偏食习惯的约占 25％～50％。农村孩子稍好一些，但也有约 10％。一般说来，儿童在 1 岁前没有偏食现象，因为这时他们还不会选择食品，见到什么都往嘴里塞。3 岁以上的孩子容易偏食，主要是由于这个时期人的味觉开始分化，对经常吃的一些食品有特殊偏好，而对较少食用或为了身体发育添加的食品缺少经验，因而产生拒绝接受的心理所致。

儿童偏食习惯的形成，许多都是受家长不良影响的结果。有些家长经常在饭桌上议论这个好吃那个不好吃，孩子也就跟着爱吃这个不爱吃那个。还有家长由于自己不喜欢吃某种食品，所以平时就很少或不买这种食品，甚至看到别人吃还流露出厌恶的表情或言语。这一切都可能会引起孩子的偏食。

有些家长一心期望孩子长得结实强壮，总是尽可能地为孩子买某种营养丰富的食物吃，而且几乎顿顿饭都有，久而久之，孩子一顿没有这种食物就拒绝吃饭。

偏食的孩子往往由于营养摄取不全面而影响身体发育。另外，偏食也容易使孩子形成其他的不良行为，经常哭闹不止或拒绝进食，以示反抗或威胁他人。有的孩子已经出现了对某些食物的偏爱倾向，但是父母由于对孩子的迁就娇宠，明知这种偏好是不好的，但生怕孩子饿着，于是迁就、迎合孩子的这种择食倾向。现在大部分家长购买食品时首先想到和询问的就是孩子喜欢吃什么，只要孩子喜欢吃就尽量地给他买，结果强化了孩子的偏食倾向。

儿童的偏食行为不是一朝一夕形成的，一定要分析原因，有针对性地预防和治疗。

（1）父母要以身作则。父母以身作则是矫正儿童偏食的关键。根据临床资料分析，92.5％的偏食儿童其父母也有偏食问题。特别是在儿童 1～2 岁尚需喂食的情况下，父母无形中将其饮食习惯强加给了孩子。所以偏食儿童的父母首先应从自身找原因，改变对某些食品的过分偏爱或厌恶，以保证孩子营养全面；同时，父母要带着孩子吃，吃饭时总表现出很香、很满意。

（2）要改善烹饪习惯。改善烹调习惯，提高以往不喜欢吃的食品之色、香、味；改变食物的形态，不愿吃煮的，可采用煎炸法，或掺在孩子喜欢吃的食物中一起食用。

（3）改善进餐氛围。在孩子吃饭时，家长对其偏食的情况不必紧张或喋喋不休地哄着吃、骗着吃，这样反而易使孩子产生逆反心理。如果在吃饭时对他的偏食或挑食问题不予理会，也不过分强调孩子什么，只将食物放在碗内让他吃，加上大人津津有味地吃的引导，孩子无意中也就吃下去了。

（4）运用饥饿疗法。俗话说"饥不择食"，饥饿能使孩子增强对食物的需要，孩子只要真正饥饿了，平常连看都不看的食品也能吃下去。因此，用饥饿疗法治疗儿童的偏食习惯效果较好。一般可采用这样两种方法：一是当儿童因没有特别喜欢吃的食品而不肯吃饭时，大人就"狠狠心"随他去，同时大人自己要在孩子面前吃得津津有味，吃完后将饭菜收拾好，好像什么事情也没发生过似的，直到孩子喊肚子饿了，再将原来的饭菜端出让他吃；二是通过游戏、户外体育活动、旅游等加大孩子的活动量，使其感到饥饿。

（5）提高认识。对于有偏食习惯的孩子，父母和老师应向他讲述偏食对人生长发育的害处，因为人体需要多种营养，倘若偏食，不吃某种食品，便得不到该食品中的营养，并描绘一些因偏食而导致的后果，让孩子认识到偏食的危害，从而克服和改正偏食的习惯。

睡眠障碍

无论何种原因引起的睡眠数量减少、质量下降，或时序的紊乱等问题，都称为睡眠障碍。儿童期可能发生多种形式的睡眠障碍，最常见的有入睡困难和睡眠不安、夜惊、梦魇、梦游等。

引起儿童睡眠障碍的原因

1. 生理因素

睡眠障碍与儿童大脑中枢神经系统发育不完整及功能的失调、抑制和兴奋的调节不平衡有关。患儿家族中也常有类似发作史的亲属。

2. 心理因素

过度惊吓、过度兴奋，都能引起儿童精神高度紧张、焦虑、恐惧而产生睡眠障碍。

3. 躯体因素

身体有病、疼痛或不舒服等都会影响儿童的睡眠。

4. 教育方式不当

有的家长或老师在儿童做了错事之后采用恐吓、威胁等不良的教育方式责罚儿童，使儿童产生了恐惧和焦虑，容易发生睡眠障碍。

5. 睡眠习惯不好

如睡眠时间无规律，睡姿不正确，俯卧、手臂压住胸口，睡前喜欢进行过度兴奋的活动等都会导致睡眠障碍。

6. 睡眠环境不好

如居住周围环境不好，住在闹市区、火车站、工厂等地方，人来人往，机器轰鸣，过于吵闹，或者居室内条件不好，空气污浊，闷热等都会影响儿童的睡眠。

儿童睡眠障碍的表现

1. 入睡困难和睡眠不安

此现象在儿童各年龄阶段都可产生，以婴幼儿期较多见。入睡困难的儿童表现为临睡时不愿上床，上床后又不能很快入睡。有的在床上要玩 2～3 小时；有的要缠着大人不停地讲故事，以致大人都昏昏欲睡了，他还没睡意；有的要父母抱着走动或摇动哄睡，且浅睡易惊醒。睡眠不安的儿童表现为睡眠时经常翻动，手脚或全身跳动，睡中哭喊，讲梦话，磨牙或摇头等。由于患儿夜间睡眠不足，因此早上不肯起床，易发脾气，白天无精打采，食欲不振或烦躁不安。

2. 夜惊

据调查，1～14 岁的儿童中大约有 3％ 的儿童发生过夜惊，以 2～5 岁的儿童较多见，男孩多于女孩。儿童夜惊多发生在刚入睡不久，大约是 15～30 分钟内，此时处于非动眼睡眠阶段，即不是做梦阶段。其表现为：睡眠中突然无故惊醒、瞪目坐起、喘气、叫喊、哭闹、惊慌失措。发作时心跳加快，呼吸急促，手足乱动，大汗淋漓，有的患儿眼睛瞳孔放大、直视，有的则紧闭双眼，面部显得焦虑痛苦，有时会起床在室内行走、奔跑，抓住人或物喊叫求助，摆出防御姿态，怎么哄也不能安静下来，偶尔有些重复的动作。夜惊一般持续 10 分钟左右，发作过后仍能平静入睡，醒后对发作经过基本不能回忆，如有片段记忆也很模糊。发作时不识周围的人、物，误把亲人认为是梦中人物，因此对大人的问话、劝慰没有反应。夜惊可连续几夜发生，但极少在一夜中重复出现。

3. 梦魇

梦魇多见于 8～10 岁的儿童。它发生于快速动眼阶段，即做梦阶段，实际上是由于极度焦虑、恐怖、压得透不过气来或得不到帮助而发生的一种令人惊恐的梦，通常梦见一些可怕的人、动物或景象。儿童梦魇时表情恐怖，面色苍白，出汗，心跳加快，呼吸急促，有防御性身体运动、大声哭叫。梦魇醒后能回忆起一连串可怕的梦境，能表达他恐惧、焦虑的体验，能认识周围的人或物，无幻觉，但由于过度惊恐，醒后往往难以入睡。梦魇持续时间不长，一般为 2～3 分钟。梦魇儿童不会有行走之类的动作，一般不会带来严重后果，大多会自行消失，或在消除引起它的原因后即消失，无须特殊治疗。

4. 梦游

儿童期发生率较高，一般到青春期就消失了。其发病率男孩多于女孩，与夜惊可能同时发生。因其发生在非动眼睡眠阶段，因此梦游并非做梦。儿童梦游大部分发生在入睡后 1～3 个小时内，其表现为：睡眠中突然眼睛凝视坐起，但"不看东西"，然后下床在意识蒙眬的情况下进行某些活动。梦游时不会回答别人的话，但可能服从别人的命令回到床上。发作时，儿童虽不完全清醒，但动作似乎有目的性，一般不会出现危险情况，但有时也可能做出危害自身或他人的行为。发作时间为几分钟至半小时不等，发作后又自动上床入睡，有时也会被绊倒在物体旁而立即入睡，醒后对发作经过完全遗忘。

睡眠障碍对儿童的身心影响很大，因此当发现儿童有此症状时，应及早进行治疗，一般在医生的指导下采取必要的心理治疗与药物治疗相结合的方法，进行治疗，会取得较好的疗效。

第四章 青少年期的主要心理问题及调适

恋爱心理

青少年时期由于各器官组织的发育日趋成熟，由性生理成熟引发的性意识也逐渐觉醒，因而会产生恋爱行为，这是任何人也无法阻止的。而当恋爱行为受到家庭、社会、道德以及个体自身因素的制约而适应不良时，就会产生恋爱心理问题。

单恋

单恋是指一方对另一方的以一厢情愿的倾慕与热爱为特点的爱情。单恋在很多时候是一场情感误会，是青少年"爱情错觉"的产物。"爱情错觉"是指因受对方言谈举止的迷惑，或自身的各种主观体验的影响而错误地主动涉入爱河，或因自以为某个异性对自己有意而产生的爱意绵绵的主观感受。

单恋有两种情况：一种是毫无理由的，对方毫无表示，甚至对方还不认识自己，而自己执着地爱对方，追求对方，这种恋爱，是纯粹的单恋。另一种是自认为有"理由"的单恋，错认为对方对自己有情。

青少年心理尚未完全成熟，所以单恋现象比较常见，而且较多地出现在性格内向、敏感、富于幻想、自卑感强的人身上。首先是自己爱上了对方，于是也希望得到对方的爱，在这种具有弥散作用的心理支配下，就会把对方的亲切和蔼、热情大方当作是爱的表示，并坚信不已，从而陷入单恋的深渊不能自拔。

解决单恋的痛苦关键是要防患于未然。首先是要避免"恋爱错觉"，能够准确地观察和分析对方表情，用心明辨；要视其反复性，某种信息的反复出现可能意义很深，而仅仅一两次就不足为凭了；最后就是要把被认为是重要的信息与其他所有相关的信息结合起来分析，用联系的观点看待问题。

陷入单恋的人，需要拿出十足的勇气，克服羞怯心理和自我安慰心理的折磨，勇敢地用心灵去撞击。如果对方有意，心灵闪现出共同撞击的火花，爱的快乐就会取代爱的痛苦。如果是"落花有意，流水无情"，则应该面对现实，勇敢地抛弃幻想，用理智主宰感情进行转移，通过思想感情的转换和升华来获取心理平衡。

失恋

爱情是美妙的，但当一场爱情走到了尽头，曾经相爱的双方如何化解矛盾、和平分手，失恋后如何调节自己的心态，周围的人如何帮助恋爱双方摆脱困境，这些既是感情上的问题，又是知识性、技术性的问题。

失恋后的心理与行为特征

失恋者由于失去了对方的爱情，其他感情又不能替代，会产生极度的绝望感、孤独感和虚无感。在此危险时刻，失恋者往往有以下不良的心理和行为特征：

（1）自杀。失恋者的自卑、悲观、厌世、空虚、羞辱、悔恨等各种负性情绪极端强烈，想摆脱心理负荷，就会导致自杀。

（2）报复。这是一种较常见的发泄手段，是极度的占有欲受到挫折而唤起的报复心理。

（3）抑郁。其主要表现为焦虑、冷漠、痛苦、颓废等，严重者导致精神分裂症。

失恋后的心理调适

失恋的痛苦深沉而剧烈，为了使自己尽快从失恋的痛苦中挣脱出来，恢复心理平衡，保持心理健康，失恋后应注意以下几点：

（1）克服"爱情至上"的观点。爱情是重要的，但它不是生命的全部，人生还有事业、亲情和友情。

（2）进行环境的转移。失恋后即刻换个环境，暂时与能触动恋爱痛苦回忆的情景、物、人隔离，不失为聪明之举。

（3）进行情感转移。站在对方的角度想一想：如果我遇到这样的情人，犯了这样的过错，我能不能容忍？从自责、自恨到发誓改正缺点，以崭新的姿态去寻求新的爱情。

如对方因见异思迁、喜新厌旧、水性杨花或其他消极情绪与你决裂，你不妨这样想一想：既然恋爱时就对我这样，结婚后更不知会是什么样了。抱着"天涯何处无芳草"的信念，以诚心寻觅你真正的爱人。

（4）多为对方着想。既然对方觉得这样更幸福，就让他或她离开你吧。不然，两个人的生活，有一个人觉得不幸福，这样的生活既不幸福，也不稳定。

早恋

恋爱是人正常的心理反应和行为，在少年男女之间出现过早恋情的现象，就是所谓早恋。在青春期阶段，早恋是最令家长和老师感到困扰和担忧的问题。而且，更令家庭和老师感到困扰和担忧的是，近年来学生早恋现象开始出现低龄化的趋势，不仅高中生早恋的比率居高不下，初中生早恋的比率也大幅度增加，甚至有些小学生也开始谈"恋爱"了。

恋爱本身是无害的，但是在心理不成熟，缺乏教育和引导的情况下过早地"恋爱"是有害的，至少对青少年的成长会弊大于利。尽管陷入早恋状态的中学生会认为自己对爱情是认真的、严肃的，不是"闹着玩儿的"，但是他们对什么叫真正的爱情以及爱情所包含的社会责任和义务却一无所知或知之甚少。加之青春期的少年道德观念还不完善，不大懂得在异性交往中如何自制及尊重对方，不大清楚自己的异性交往活动会导致什么严重后果，以致情感一冲动就忘乎所以，造成许许多多的社会问题。而且，由于早恋具有朦胧性、冲动性和不稳定性的特点，一旦失恋，会导致严重的失落感和不正常心态，对早恋者的心理产生旷日持久的消极影响，甚至会给早恋者成年后的爱情生活造成某种驱不散、抹不去的阴影。

对于被"爱情"冲昏头脑的少男少女来说，要懂得"没有看到问题，并不等于问题不存在"。对待与异性伙伴之间的情感一定要理智、冷静。有了苦恼和困惑，不要拒绝向家长、老师请教。更重要的是，不要让冲动的感情支配冲动的行为，要明白对任何人而言，只有真正的尊重、爱护对方，才能收获美好的"爱情"。

对于青少年的早恋，家长和老师可以从以下方面着手进行干预：

1. 晓之以理

在遇到孩子早恋的事情时，无论情况多么糟糕，也不要大喊大叫，训斥打骂，而应该克制自己，保持沉着、冷静，以机智诚恳的态度向孩子讲明学业的重要性、早恋的后果及危害、改进的方法等。只要父母、老师坚持摆事实讲道理，以理服人，孩子是能够接受教育和劝告的。但是中学生的意志较为薄弱，自觉性和自我控制能力还较差，只讲清道理是不够的，还必须约之以规，对孩子采取行动上的约束，使孩子感到父母、老师对早恋坚定、明朗的不支持态度，对其心理上起到警示和威慑作用，以致最后中断早恋双方的联系、来往。

2. 转移注意力

青少年活泼好动，精力充沛，如果没有丰富多彩的课余生活，他们旺盛的精力难以发泄，无聊之余，难免想入非非，让各种低级庸俗的东西乘虚而入，陷入早恋。因此，父母、老师要鼓励孩子多参加班上的文体活动、科技活动，发展广泛的兴趣爱好，把剩余的精力和时间放在追求高尚的精神生活，丰富文化知识，发展智力，强壮体魄上来。这样能够转移孩子对恋情的注意力，帮助孩子克服精神上的空虚，减少青春期的生理变化给孩子带来的较大波动和冲动。

此外，还应鼓励孩子与德高望重的成年人结成"忘年交"，介绍他认识品学兼优的同龄伙伴，既可以减少两人单独相处的机会，分散对"恋人"的注意力，又可扩大孩子的交际圈子，让孩子在交往中，不知不觉地拓宽眼界和胸襟，激发上进心，让孩子感到局限于个人小圈子、卿卿我我真是相形见绌。

总之，对孩子的早恋行为，切忌态度粗暴，处理方式简单化。父母、老师既要表明自己坚决反对的态度，又要和风细雨，尊重孩子的人格和自尊，寻找早恋发生的主客观原因，对症下药，耐心疏导。

逆反心理

近几年来，常见报端出现以中小学生为主角的家庭悲剧：有中小学生砍杀父母、爷爷奶奶的；也有中小学生自杀、自残的；也有与学校老师发生矛盾的……一宗宗骇人听闻的报道，让读者触目惊心，让家长、教师、教育者大感寒心。青少年学生可是祖国未来的希望啊，他们究竟怎么了？

青少年学生出现上述不可理喻的行为，源于青少年学生的逆反心理得不到及时合理的调适，进而发展成与家长、教师、教育者之间的矛盾，当矛盾得不到化解时，它会逐步上升，最终酿成悲剧。

逆反心理是指人们彼此之间为了维护自尊，面对对方的要求采取相反的态度和言行的一种心理状态。逆反心理在人的成长过程的不同阶段都可能发生，且有多种表现。如对正面宣传作不认同、不信任的反向思考；对先进人物、榜样无端怀疑，甚至根本否定；对不良倾向持认同情感，大喝其彩；对思想教育及守则消极抑制、蔑视对抗，等等。

由于青少年学生正处在身心发育成长的不稳定时期，大脑发育成熟并趋于健全，脑机能越来越发达，思维的判断、分析作用越来越明显，思维范围越来越广泛和丰富。特别是思维方式、思维视角已超出童年期简单和单一化的正向思维，向着逆向思维、多向思维和发散思维等方面发展。尤其是在接触社会文化和教育过程中青少年渐渐学会并掌握了逆向思维等方法。正是青少年思维的发展和逆向思维的形成、掌握，为逆反心理的产生提供了心理基础和可能。因此，逆反心理在成年前呈上升状态。

青少年学生正处在接受家庭、学校教育阶段，由于阅历和经验的不足，在认知事物和看问题时常出现认识上的片面和较大偏差，因而易与家长、教师、教育者的意向不同。当人们的意向不一致时，彼此之间为了维护自尊，就会对对方的要求采取相反的态度和言行。

青少年逆反心理产生的原因

1. 好奇心的驱使

青少年学生的好奇心强，由于阅历和经验的不足，他们不迷信、不盲从，具有较强的求知欲、探索精神和实践意识。但家长或教师在教育孩子时，为了让孩子不走弯路，常用自己的所得经验阻止孩子的好奇心。孩子受好奇心的驱使，听不进大人们忠告，对于越是得不到的东西，越想得到；越是不能接触的东西，越想接触。这样，孩子不听劝告的逆反行为就形成了。

2. 独自意识的增强

孩子的逆反心理从小学进入中学是一个飞跃。他们有较强的行为能力和自理能力，认为自己已经长大了，不是小孩，独立活动的愿望变得越来越强烈，他们想摆脱父母，自立自强。但俗话说："在父母面前，你永远都是孩子。"父母却无法相信孩子已经长大，仍然要主宰孩子的大部分行动。因而孩子会渐渐地疏远父母、教师，对师长的要求会置之不理，我行我素。

3. 教育方法不当

在当今，各行各业竞争激烈，家长为了让孩子打好基础，教师为让学生出成绩，多方加压，恨铁不成钢，教育方法失当。这样青少年学生的成长压力很大，成长历程被压变了形，失去了自由、失去了欢乐、失去了童趣。当压力超过青少年学生的承受能力时，矛盾必然产生，就会产生出逆反行为，甚至敌视父母、教师。

4. 自尊心受损

当青少年学生的自尊心受到伤害时，往往会对对方加以反驳，以维护自己的尊严。如老师在教室里或当着全班同学的面批评某个学生；家长在朋友家或在孩子的朋友面前数落孩子的缺点，这些不当的教育方法也是引发孩子逆反心理的主要原因。

如何克服和防治逆反心理

逆反心理作为一种反常心理，虽然不同于变态心理，但已具备了变态心理的某些特征，其后果是严重的，它会导致青少年形成对人对事多疑、偏执、冷漠、不合群的病态性格，致使信念动摇、理想泯灭、意志衰退、工作消极、学习被动、生活萎靡等。

逆反心理的深一步发展还可能向犯罪心理或病态心理转化，所以必须采取有效的对策来克服和防治其发生。

1. 要重视复杂的社会因素对青少年心理的影响

青少年的心理活动，会受到社会经济制度变革，文化、道德、法律等意识形态发展，善恶、美丑、是非、荣辱等观念更新等方面影响。所以要克服逆反心理，不能把青年仅局限在学校这个小天地里，而要让他们置身社会，把对他们的思想情操等各方面的培养同社会政治生活、经济文化活动以及社会道德风尚联系起来，以提高他们心理上的适应能力，使他们更好地适应社会，不致迷失方向。

2. 青少年要学会正确认识自己，努力升华自我

这里须提倡自我教育，就是要求青年要学会把自己作为教育对象，经常思考自己、主动设计自己，并自觉能动地以实际行为努力完善或造就自己。

3. 要改善教育机制

教育工作者要懂得心理学和教育学，要掌握好青少年心理发展不平衡性这个规律；不失时机地帮助青少年克服消极心理，使其心理健康发展。教育工作者要努力与青少年建立充分信任的关系，要与他们交朋友，以诚相待、以身作则。要

爱护和尊重青少年的自尊心，选择合适的教育方式和场合，注意正面教育和引导，杜绝以简单、压制和粗暴的形式对待青少年。

4. 作为学生、子女应理解父母

（1）作为学生、子女要学着从积极的意义上去理解大人，父母的啰唆、老师的批评都是善意的，老师、父母也是人，也有正常人的喜怒哀乐，也会犯错误，也会误解人，我们只要抱着宽容的态度去理解他们，也就不会逆反了。

（2）要经常提醒自己虚心接受老师父母的教育，遇事要尽力克制自己，要知道，退一步海阔天空。另外，还要主动与他们接触，向他们请教，这样，多了一份沟通，也就多了一份理解。

（3）青少年要提高心理上的适应能力，如多参加课外活动，在活动中发展兴趣，展现自我价值，这样，逆反心理也就克服了。

青春期焦虑症

焦虑症是一种常见的神经症，患者以焦虑情绪反应为主要症状，同时伴有明显的植物性神经系统功能的紊乱。

焦虑在正常人身上也会发生，这是人们对于可能造成心理冲突或挫折的某种特殊事物或情境进行反应时的一种状态，同时带有某种不愉快的情绪体验。这些事物或情境包括一些即将来临的可能造成危险或灾难、或需付出特殊努力加以应付的东西。如果对此无法预计其结果，不能采取有效措施加以防止或予以解决，这时心理的紧张和期待就会促发焦虑反应。过度而经常的焦虑就成了神经症性的焦虑症。

青春期是焦虑症的易发期，这个时期个体的发育加快，身心变化处于一个转折点。随着第二性征的出现，个体对自己在体态、生理和心理等方面的变化，会产生一种神秘感，甚至不知所措。诸如，女孩由于乳房发育而不敢挺胸、月经初潮而紧张不安；男孩出现性冲动、遗精、手淫后的追悔自责等。这些都将对青少年的心理、情绪及行为带来很大影响。往往由于好奇和不理解会出现恐惧、紧张、羞涩、孤独、自卑和烦恼，还可能伴发头晕头痛、失眠多梦、眩晕乏力、口干厌食、心慌气促、神经过敏、情绪不稳、体重下降和焦虑不安等症状。患者经常因此而长期辗转于内科、神经科求诊，经反复检查又没有发现器质性病变，这类病症在心理门诊会被诊断为青春期焦虑症。

产生焦虑的原因

（1）青少年怕黑暗，怕陌生人，怕孤独而引起焦虑。

（2）有些青少年有产生焦虑的心理素质，如胆小怕事、自卑、自信不足等。

（3）家庭因素，如父母感情危机带来的家庭破裂、教育方法不当，也容易使孩子产生焦虑。另外有些疾病，如肥胖症、神经衰弱等也常伴有焦虑。

焦虑症的分类

（1）精神性焦虑，其表现有心神不宁、坐立不安、恐慌、精神紧张。

（2）躯体性焦虑，其表现有查不出原因的各种身体不适感、心慌、手抖、多汗、口干、胸闷、尿频等多种自主神经失调的症状。

青春期焦虑症的心理调适

青春期焦虑症危害青少年的身心健康。长期处于焦虑状态，还会诱发神经衰弱症。因此必须及时予以合理治疗。

一般是以心理治疗为主，配合药物治疗。

对焦虑症患者的治疗主要采用"森田疗法"或"心理分析法"的心理疗法，要有耐心，先设法避免和消除各种刺激因素，还要取得患者的充分信任，培养他们坚强的意志，自始至终地给他们以支持，并教给他们一定的卫生知识，鼓励他们战胜焦虑。对有严重焦虑表现的患者可服些镇静剂。

自信是治愈青春期焦虑症的必要前提。焦虑症患者应暗示自己树立自信，正确认识自己，相信自己有处理突发事件和完成各种工作的能力，坚信通过治疗可以完全消除焦虑疾患。通过暗示，患者每多一点自信，焦虑程度就会降低一些，同时又反过来使自己变得更自信，这个良性循环将帮助你摆脱焦虑症的纠缠。

如果患者能够学会自我深度松弛，就会出现与焦虑中所见相反的反应，这时其身体是放松的而不是为某些朦胧意识所控制。自我深度松弛对焦虑症有显著疗效。患者在深度松弛的情况下去想象紧张情境，首先出现最弱的情境，重复进行，患者慢慢便会在想象出的任何紧张情境或整个事件过程中，都不再体验到焦虑。

有些焦虑是由于患者将经历过的情绪体验和欲望压抑到潜意识中去的结果。因为这些被压抑的情绪体验并未在头脑中消失，仍潜伏在无意识中导致病症。患者成天忧心忡忡，惶惶犹如大难将至，痛苦焦虑，不知其所以然。此时，患者应分析产生焦虑的原因，或通过心理医生的协助，把深藏于潜意识中的"病根"挖掘出来，必要时可进行发泄，这样，症状一般可消失。

焦虑症患者发病时脑中总是胡思乱想，坐立不安，痛苦不堪，此时患者可采用自我刺激，转移注意力。如在胡思乱想时，找一本有趣的能吸引人的书读，或从事自己喜爱的娱乐活动，或进行紧张的体力劳动和体育运动，以忘却其苦。

大多数患者有睡眠障碍，难以入睡或梦中惊醒，此时病人可进行自我催眠。如闭上双眼，进行催眠："我现在躺在床上，非常舒服……我似乎很难入睡……不过没有问题……我现在开始做腹式呼吸……呼吸很轻松……我的杂念开始消失了……我的心情平静了……眼皮已不能睁开了……手臂也很重，不想抬起来了……我要睡觉了……"在一系列的心理暗示下，患者不久就能入睡了。

神经衰弱症

著名作家孙犁在 1986 年 6 月发表的《红十字医院》短文的一开头写道："1956 年秋天，我的病显得很重，就像一个突然撒了气的皮球一样，人一点精神也没有了，天地的颜色，在我的眼里也变暗了，感到自己就要死亡，悲观得很。其实这是长期失眠、神经衰弱到了极点的表现。"这一段描述可以说是神经衰弱者的"自白""主诉"，它寥寥几笔，使得神经衰弱病人的一部分思想跃然纸上。

"神经衰弱"作为一种心理疾病的名称，首先是由美国的比尔德在 1868 年提出来的。他认为神经衰弱主要由于心身过度疲劳，引起了中枢神经系统刺激性衰弱，表现为十分敏感，容易疲乏。

通常讲来，下列 4 种人容易患神经衰弱：

（1）缺乏自信性格的人。这类人干什么事情都没有信心，依赖性大。曾经有位大学二年级的女学生，她穿什么衣服，吃什么东西，都要"请示"她的妈妈。她胸无主见，缺乏独立意识和自主行动。她神经衰弱，经常失眠睡不好觉。

（2）强迫性性格的人。这类人过分求全，总觉得事情不是十全十美。曾有一位中年医生，他学习刻苦，医术很好，在病人当中享有威信。可是他有一个总是改不了的"毛病"，那就是他没完没了地要用肥皂洗手，唯恐手上不干净，有传染病菌。他也是神经衰弱，经常失眠。

（3）忧郁性格的人。这类人总是动不动就会闷闷不乐。

（4）歇斯底里（俗称"癔症"）性格的人。这类人以自我为中心，追求虚荣，不能克制自己的欲望。

神经衰弱是由于大脑长期过度紧张而造成大脑的兴奋与抑制机能的失调。负性情绪，如恐惧、悲伤、抑郁等，是本症常见的原因。

不少青少年由于对工作与学习负担过重、亲人死亡、生活挫折、人事矛盾等不能正确对待、认识，长期的心理冲突、压抑得不到解决，从而导致神经系统功能失调，引起神经衰弱。

神经衰弱是一种常见的心理疾病，多发生在青少年求学与就业时期，特别是青少年学生和青年知识分子发病率远比其他人群高。患者常常情绪不稳、失眠、乏力、郁郁寡欢，有时发现知觉错乱现象，对极重要的事物会茫然无所知觉，对声音极度敏感，即使轻微的声音也会使其惊恐地心跳、冒汗。这类患者往往忧虑过多，学业、职业、前途、名誉、地位、婚恋等问题总盘旋于他们的脑际。尤其容易背上"病"的包袱，总爱陈述自己的病痛之苦。当医生劝其摆脱精神压力时，他觉得别人不理解他，不同情他，内心很委屈，进而责怪医生不负责任，医术太差。患者极易疲劳，因此感到一天到晚精力疲乏，学习与工作效率很低，注意力难以集中，头昏脑涨，记忆力下降，容易激怒，常为一些微不足道的小事而发生强烈情绪反应。

神经衰弱的症状表现

1. 衰弱症状

这是神经衰弱症常有的基本症状。患者经常感到精力不足、萎靡不振，不能用脑，或脑力迟钝，肢体无力，困倦思睡，特别是工作稍久，即感注意力不能集中，思考困难，工作效率显著减退，即使充分休息也不足以消除其疲劳感。很多患者自述做事丢三落四，说话常常说错，记不起刚经历过的事。

2. 情绪症状

主要表现为容易烦恼和容易激动。烦恼的内容往往涉及现实生活中的各种矛盾，感到困难重重，无法解决。另一方面则自制力减弱，遇事容易激动或烦躁易怒，对家里的人发脾气，事后又感到后悔，或易于伤感、落泪。约 1/4 的患者存在焦虑情绪，对所患疾病产生疑虑、担心和紧张不安。例如，患者可因心悸、脉快而怀疑自己患了心脏病，或因腹胀、厌食而担心患了胃癌，或因治疗效果不佳而认为自己患的是不治之症。这种疑病心理，可加重患者焦虑和紧张情结，形成恶性循环。另有约 40％的患者在病程中出现短暂的、轻度忧郁心境，可有自责，但一般都没有自杀意念或企图。

3. 兴奋症状

患者在阅读书报或收看电视等活动时精神容易兴奋，不由自主的回忆和联想增多；患者对指向性思维感到吃力，而缺乏指向的思维却很活跃，控制不住。这种现象在入睡前尤其明显，使患者深感苦恼。有的患者还对声光敏感。

4. 紧张性疼痛

紧张性疼痛常由紧张情绪引起，以紧张性头痛最常见。患者感到头晕、头胀、头部紧压感，或颈项僵硬，有的则诉述腰酸背痛或四肢肌肉疼痛。

5. 睡眠障碍

睡眠障碍最常见的是入睡困难、辗转难眠，以致心情烦躁，更难入睡。其次是多梦、易惊醒，或感到睡眠很浅，似乎整夜都未曾入睡。还有一些患者感到睡醒后疲乏不解，仍然困倦；或感到白天思睡，上床睡觉又觉脑子兴奋，难以成眠，表现为睡眠节律的紊乱。这类患者为失眠而担心、苦恼，往往超过了睡眠障碍本身带来的痛苦，反映了患者的焦虑心境。

6. 其他心理生理障碍

较常见的症状有头昏、眼花、耳鸣、心悸、心慌、气短、胸闷、消化不良、尿频、多汗、阳痿、早泄或月经紊乱等。这类症状虽缺乏特异性，也常见于焦虑症、忧郁症或躯体化障碍，但可成为本病患者求治的主诉，使神经衰弱的基本症状掩盖起来。

神经衰弱的治疗

对神经衰弱的治疗，除了使用必要的药物外，主要是进行心理治疗。常用的有放松疗法和催眠暗示法。

1. 药物治疗

主要是使用抗焦虑剂和协调兴奋与抑制之间平衡的药物。

2. 心理治疗

常用的心理治疗法有放松训练和催眠暗示法。

（1）深度呼吸练习。患者常感到疲乏、头痛、头晕，实际上是由于紧张而导致的。有意识地进行深度呼吸练习可有效地解除上述症状，令人神清气爽、精神焕发。练习的方法很多，最简单的操作程序是尽可能深吸一口气，气沉腹底，然后屏气，感到有点憋闷时再缓缓呼出，呼气要尽可能彻底些。如此循环 20 次左右，一般就可起到平缓紧张情绪的作用。

（2）肌肉放松训练。情绪状态与肌肉活动之间，通过神经系统的作用存在着互为因果的关系，情绪紧张的同时伴随着肌肉的绷紧，而绷紧的肌肉会通过神经作用导致情绪的紧张。如能主动地放松肌肉，便会使紧张情绪得到缓解。此训练要求患者在安静状态下想象一幅记忆清晰的令人松弛和愉快的自然风景，同时自我暗示，依次放松全身每一块肌肉。训练要领是先收紧某一部位的肌肉（如紧握拳头），并体会紧张的感觉。持续 10 秒钟左右，然后放松，并体会放松时的感觉。如果做了一遍还达不到平静情绪的效果，可再做一遍。经过一段时间的练习，便能够在很短的时间内进入全身放松状态，达到自我调节的目的。

（3）催眠暗示疗法。此法须在心理医生指导下进行。它是利用催眠术使患者处于类似睡眠的状态，然后进行言语暗示或精神分析，以达到了解病因和消除症状的治疗目的。进行催眠暗示治疗时，医生首先让患者集中注意力，凝视一物体，同时用简单的语言，使患者进入类似睡眠的状态，然后针对患者的病状，用坚定有说服力的言语暗示，改变患者的紧张、焦虑情绪，最终治愈疾病。

自杀心理

当前，自杀已经成为了青少年的主要死因之一。自杀是当一个人的烦恼和苦闷发展到极端，对失败产生恐惧，对生活失去信心，对现实感到绝望而采取的唯一的、最后的"保护"手段。

自杀一般始于心理挫折，发生在摆脱抑郁的心理冲突的过程中。按其心理类型，可分为心理满足型和心理解脱型两大类。前者如宗教中的绝食坐化，为坚持某一信念的示威性、赌气性自杀；后者如由于挫折、自卑、厌世、绝望等，为排解心理抑郁而自杀。

研究表明，青少年自杀行为是缺乏精神力量的结果。一些青少年的传统道德价值观念日趋淡薄，而新的社会主义的激励人心的道德价值观念又非常缺乏。当然这并不是责怪他们，社会、学校、家庭对此都负有责任。可结果是由于他们缺乏精神力量，一旦身处痛苦境地时，就无法从痛苦中解救自己，也无法在失望中看到生命具有的积极意义，于是更强烈地因自己的痛苦而陷入绝望，这种循环加剧的绝望最终不可避免地导致自杀行为。

青少年在采取自杀行为时，总是以为这是唯一的选择，除此以外就别无他法了。通常，他们的内心感到自己为解决问题已经竭尽全力了，深信只有走向死亡，才能摆脱痛苦。当然，他们有可能预计到，别人对自己的自杀可能不理解，会有种种看法，但是在此时此地，他们确信自己选择自杀是合理的。俗语说，当局者迷，旁观者清，虽然周围的人觉得自杀的青少年十分愚蠢，责怪自杀的想法太糊涂了，但是，采取自杀的青少年本人往往自以为这是最好的选择。"不识庐山真面目，只缘身在此山中"，严重的痛苦使他们产生了片面的、极端的认识。

导致青少年自杀的因素

1. 家庭关系不和睦

家中父母管教过严，又由于青少年逆反心理较强，一旦与父母发生激烈的冲突，便心生悲凉，或离家出走。若能得到亲友及师长的及时安抚劝慰，可迷途知返；若无人抚慰，孤立无援，就会加重其失望心理，以致走上自杀的绝路。此种情况往往见于离异或父母不睦的家庭。这些孩子自小感受到"世态炎凉"，无论在性格、气质上，都感到自卑、压抑。自幼感受不到父母的亲情，加之受挫，自杀的可能性极大。

2. 挫折和失败

这是青少年自杀因素之一，如高考落榜升学无望、考试失利等。这种人自尊心较强，家庭父母期望值较高，因此自我估计不实，一旦遇挫，便感觉失却了存在的价值，加之受挫后父母不理解、外人讥嘲等，自尊心受到创伤后，往往走上绝路。

3. 失恋和失身

据《日本警察白皮书》报告，自杀的青少年16.2%直接原因是失恋，英国52%的青少年自杀与失恋有关。其中失身导致自杀仅见于女性。一些青少年对爱情缺乏深度了解，失去恋人后极易产生自卑心理，失身后所遭受的身心摧残，以及别人的另眼相待，也会使他们走上绝路。

4. 精神疾患

精神疾患如躁狂抑郁症、慢性烟酒中毒、精神分裂症、药瘾等。据有关调查资料显示，因精神疾患而自杀的青少年占13.2%，因此也不应忽视。一些不明原因的自杀或"意外死亡"，在排除他杀后，应首先考虑自杀者的精神疾患因素。因精神疾患而产生自杀的行为中，抑郁症表现最密切，其一般表现为：患者情绪低落、学习工作效率低、不明原因的食欲减退、不时产生轻生意念等。严重抑郁症患者，自杀率约为 10％～15％。因此，在青少年中如发现抑郁症倾向，及时疏导，可减少或预防自杀行为。但由于此症状较隐蔽，轻度患者一般生活正常，所以应引起人们的高度重视。

5. 从众心理

一些平日称兄道弟，讲"江湖义气"的青少年团伙，一旦为首者产生邪念，其他成员易言听计从，盲目从众而自杀。

当然，有意自杀的人通常是充满心理矛盾的：既想自杀又想生活下去。大多数考虑自杀的人在表现中难免流露出蛛丝马迹来。如有的会在自杀前的某个时候谈到自杀，或者在日常生活中一反常态，表现出厌世，饮食和睡眠毫无规律，反叛行为特别明显，情绪喜怒无常等。因此，只要做有心人，自杀的预防是完全可能的。

青少年自杀的预防和干预方法

1. 预防措施

自杀与个性特征、环境状况有关。当个人能力感丧失或受到威胁时，就可能采取自杀行为。个人能力感包括：自我评价、人际关系、智能及躯体状况的认知。使个人能力感受到威胁的因素有：疾病、身心健康问题、学习成绩不良、考试失败、焦虑不安、亲友亡故、矛盾冲突、受批评或惩罚、双亲不和或离婚等。凡个人能力感有上述问题的青少年，自杀的危险性增加，对他们要密切观察。一旦发现有自杀倾向，就要及时采取干预措施。对有自杀倾向的青少年，要请精神科医生、临床心理学家或心理咨询专家进行心理咨询和治疗，努力消除或减轻危险因子。在家庭、学校和亲友的配合下，帮助他（她）们消除自杀心理，增强其能力感，恢复自信心和生存价值感，使其自杀倾向消除在萌芽状态中。

2. 危机干预

当某个人的自杀意念发展到自杀预演，甚至产生自杀行为时，社会或他人要伸出援助之手，从社会、心理和医学上进行危机干预（亦称危机介入），以便帮助当事者从困境和苦恼中解脱出来，重新建立新的适应机制，维持健康的精神状态，或从绝望中醒悟过来，树立起强烈求生的愿望。可采用电话、信件、家访等进行咨询和服务。如发现有自杀倾向者，则可劝其到医院门诊或保健部门进行心理咨询，或向电台、书刊、报纸求助，也可直接向心理学家、社会医学家和少儿卫生保健专家咨询，以减轻心理上的压抑，打消自杀念头，避免发生自杀。

3. 事后援助

对于自杀未遂者，家庭、学校及亲友要给予精神上的安慰和物质上的支持。要引导他（她）们定期接受精神科医生或临床心理学家的咨询与指导，及时处理新发现的心理社会问题，并密切进行追踪观察，以防止再度发生自杀。

4. 进行人生意义教育

精神卫生专家们指出：要从根本上减少青少年自杀的发生，进行人生意义与价值观的教育实属必要。对于人生观的教育，应从医学、心理学、人类学、社会学、哲学、宗教学及法学等诸方面来进行，使青少年树立正确的人生观，正确地对待人生与社会。在认识到人生的意义之后，有自杀企图的青少年有可能会重新审视自己与社会，从而打消自杀的念头。

第五章　中年期的主要心理问题及调适

心理疲劳

一般来说，疲劳有两种：一种是生理疲劳，另一种是心理疲劳。心理疲劳的大部分症状是通过生理疲劳表现出来的，因而往往被人忽视。中年人正处于社会、家庭、工作、生活的多重压力之下，因此，心理疲劳在中年人身上表现得尤为突出。心理疲劳的一般表现是：当你长时间连续不断地从事力不从心的脑力劳动后，你感到精力不支，而且劳动效率显著下降。

下列9项症状说明一个人的心理已经是很疲劳了。这9项症状是心理疾病的先兆，而这些心理疾病的先兆，都是由于心理疲劳引起的。

（1）早晨起床后，感到全身发懒，四肢沉重，心情不好。

（2）工作不起劲，什么都懒得去做，甚至不愿意和别人交谈。

（3）工作中差错多，工作效率低。

（4）容易神经过敏，芝麻大一点不顺心的事，也会大动肝火。

（5）因为眩晕、头痛、头晕、背酸、恶心等，感到很不舒服。

（6）眼睛容易疲劳，视力下降。

（7）犯困，可是躺到床上又睡不着。

（8）便秘或者腹泻。

（9）没食欲、挑食、口味变化快。

心理疲劳对人产生的影响是巨大的。心理疲劳往往通过一些身体疲劳的症状表现出来，当心理疲劳持续发展时，将导致心血管和呼吸系统功能紊乱、消化不良、失眠、内分泌失调等，最终会导致心身疾患。

心理疲劳是指人体虽然肌肉工作强度不大，但因神经系统紧张程度过高或长时间从事单调、厌烦的工作而引起的疲劳。心理疲劳是在工作、生活过程中过度使用心理能力，使其功能降低的现象，或长期单调重复作业而产生的单调厌倦感。通俗地说，心理疲劳指长时期的思考、焦虑、恐惧或者在和别人激烈争吵之后，使心理陷入"衰竭"的一种状态。

生理疲劳指人由于长期持续活动使得人体生理功能失调而引起的疲劳。从工作方面来说，生理疲劳是为工作所倦，不能再干；而心理疲劳则是倦于工作，不想再干。心理疲劳也会减弱生理活动，如厌烦、忧虑等都会损害身体的健康，使器官的活动效率降低。

心理疲劳产生的原因

人们心理疲劳的产生，不仅与当时所处的环境因素有关，而且与自身的情绪状态密切相关，它受到诸多因素的影响：

1. 工作负荷过高或过低

过高的工作负荷造成高度的心理应激，使人体的紧张程度过高，心理能力使用过度，从而造成心理疲劳。心理负荷过低的单调工作也会引起心理疲劳。单调、乏味、长时间从事一件事情会引起操作者极度厌烦，引起和加速操作者心理疲劳的产生。单调的工作往往与不变的情绪联系在一起。在单调情绪中，人们容易产生不愉快，缺乏兴趣，以及觉得工作永无止境等消极情绪，从而产生心理疲劳。

2. 缺乏工作热情

工作热情高、有积极工作动机的人可以忽视外界负荷的影响而持续工作，他身体上可能感到疲劳，但情绪很好。工作热情低、毫无持续工作动机的人对外界负荷极为敏感，往往夸大不利的效应，虽然工作并不紧张，消耗的能量也不多，但仍觉得"累"。美国心理学家迈尔提出的疲劳动机理论认为，一个人在从事某项活动中体验到疲劳的程度，依赖于个体对完成这次任务的需要和动机的水平。

3. 希望渺茫

在期望即将实现时，人们的精神状态是最好的，如果一个人老看不到希望，心理就易出现疲劳感。许多研究者探索了 8 小时工作效率的变化规律，结果发现：随着工作时间的延续，工作效率逐渐下降；休息后继续工作，则工作效率有一定的回升。更为令人感兴趣的现象是，每当工作日快结束时，人们的工作效率又会出现较明显的回升。毫无疑问，在这里，意识到结束时间快到，结束工作的期望很快就要实现，使人们的劳动积极性大大提高。这里可看出，由于期望的即将实现，虽然生理上可能很疲劳，但心理的疲劳或者说是疲劳体验却减轻了。

4. 消极的情绪

心理疲劳易受情绪因素的影响。消极的情绪使人们体验到更多的疲劳效应，积极的情绪往往让人们将工作中积累的疲劳感冲得一干二净。当一场重大比赛结束之后，胜利的一方往往由于取得了胜利而兴奋、喜悦，比赛中的疲劳已忘了，而失败的一方由于失败而悲伤、消沉，比赛之后就愈感劳累。

5. 精神压力过大

精神压力过重也是心理疲劳的一个重要原因，尤其是中年人。中年人处于社会、家庭、工作、生活的多重压力之中，长期背负着各种压力，在工作、事业开创、人际关系处理、家庭角色的扮演，以及对家庭和事业的不断权衡方面，总是处于一种思考、焦虑、烦闷、恐惧、抑郁的压力之中，心理很容易陷入"衰竭"的状态。

除了上述因素之外，心理疲劳还受人的身体素质、性格特征、工作环境条件、睡眠状况及心理暗示等的影响。

远离心理疲劳

心理疲劳表现突出的中年人，似乎总在忍受一种精神痛苦的折磨，心中积压着许多痛苦、悲伤、委屈、苦闷、烦恼、不平等，总感到自己生活得很累，期盼着能够解脱一点。要解决这些问题，应从以下方面着手：

（1）要了解和认识中年人将面临哪些变化，这些变化会引起什么心理反应，对人体会产生什么影响，以便心中有数，早做准备。

（2）平静地接受生理的变化，关注自己的身体健康，增加体育锻炼的时间，有意识地调整身体状况，改善饮食，培养良好的生活方式。

（3）缓解工作压力。中年人一般工作压力都比较大，常常超时间工作，天长日久难免会透支体力，难以应对。工作中应尽量抽出一定的时间伸个懒腰，活动活动筋骨，如果目标明确，还可以分阶段工作，起码自己的精神上有一定的轻松感，尽量想办法缓解压力。

（4）处理好家庭关系。要想消除心理疲劳，最重要的是要处理好婚姻关系，珍惜夫妻间的感情，与妻子或丈夫互相体谅与沟通，尽量满足彼此的需要，分担彼此的重担，多花时间相互交谈与相互陪伴，享受人生乐趣，增进婚姻的满足感。成功的婚姻永远是事业成功和生活幸福的基本保障。

（5）培养业余爱好。人到中年以后，应该有意识地培养一到两个业余爱好，做自己喜欢做的事情。中年以后，事业、家庭趋于稳定，生活变得平淡，有时会产生倦怠感，缺乏新意，多一些时间反省自己，调整生活，拿得起，放得下，做自己喜欢做的事情，大胆进行新的尝试，心态上永远保持年轻。

这里还有一些立竿见影的消除心理疲劳的方法：开怀大笑，以发泄自己的负性情绪；沉着冷静地处理各种复杂问题，有助于舒缓压力；做错了事，要想到谁都有可能犯错误，不要耿耿于怀；不要害怕承认自己的能力有限，学会在适当的时候说"不"；夜深人静时，悄悄地讲一些只给自己听的话，然后酣然入梦；遇到困难时，坚信"车到山前必有路"。

此外，可通过按压劳宫穴来解除心理疲劳。劳宫穴在手掌正中的凹陷处，感到疲劳时，可用对侧的拇指按压劳宫穴。

更年期神经症

更年期的疾病，多有明显的精神因素，如长期精神紧张或精神创伤。临床表现除失眠、头昏、头痛、注意力不集中、记忆力下降等神经衰弱症状外，还突出表现在情绪不稳、易怒、烦躁、焦虑，同时伴有心悸、潮热、多汗等自主神经症状。有些症候的中年人时时处处总表现出紧迫感，对个人和家人的安危、健康格外关切，注意自己身体的微小变化，担心会得什么严重疾病，常因身体不适而四处求医。尽管如此，这些症状对日常生活或工作并无明显影响，即使持续多年自知力仍然良好。

病例：

吴某，女，50岁，农民，近两个月来自觉头昏，失眠，记忆力衰退，总是担心外出打工的子女身体状况不好，怕他们人生地不熟会遇到什么麻烦，要求念高中的小女儿隔三岔五地给他们写信，小女儿对此感到很烦，她就勃然大怒，骂小女儿不孝。一次她和邻居家吵了一架，就害怕其报复家人，对丈夫和小女儿总是千叮咛万嘱咐，甚至半夜三更突然从床上跳起来，要丈夫赶快躲藏起来，说邻居的儿子拿着刀要来杀他。一天早晨，她起床发现自己的脸色不好，又觉得喉咙很不舒服，以为自己得了什么可怕的病，因而十分担心，立刻去医院检查，医生告诉她只是上火引起扁桃体发炎，给她开了点药让她在家休息。但两天以后，炎症仍没消失，她就怀疑医生没有告诉她实情，还跑到医院将医生大骂了一顿。家里人都觉得她不可思议，她自己也怀疑自己可能得了什么神经病。

吴某显然患有更年期神经症。对吴某最好采取疏导法、认知领悟疗法，并教其掌握放松技巧。首先要让她了解该年龄阶段的生理、心理特点，尤其是更年期可能遇到的各种心理疾病。有了一定的心理准备，才有较好的状态去迎接生活的新挑战。其次是培养豁达开朗的性格，对什么事都要往好的方面想，而不是总想其阴暗、狭窄的一面，毕竟世上美好的人事比丑的人事要多得多。再就是让她协调好人际关系，争取朋友、同事、邻居的帮助和支持，最重要的是依靠亲友情感系统的支持。

吴某在心理医生的帮助下，对更年期的生理、心理特点都有了较深入的认识和了解，而不再害怕自己是得了什么可怕的神经病。同时，通过心理治疗，她有了乐观、开朗的性格，能保持平静的心绪，对待事情也能一分为二。半年以后，其精神面貌和第一次见面时，简直判若两人，她已经走出了更年期神经症的阴影。

女性更年期的调适

1. 增加更年期保健知识

更年期不是病，只是每个女人生命中必经的一个时期。正确认识更年期的到来，因为它是人类老化过程中的必然阶段，可以找医生咨询，不必焦虑紧张，树立信心，以顺利通过更年期。

2. 增加体育锻炼及社会交往，充实生活内容

女性患更年期综合征，主要是由于下岗、退休或子女成家后赋闲在家无事可做，又缺少感情交流造成的。自己应找些事做，别总待在家里。当你陷入深深的苦闷和焦虑之中不能自拔的时候，要按时到空气清新的室外从事一些合适的体育活动或体力劳动，它会唤起你的满意感和愉快感。

有趣的工作也会"中和"不良情绪产生的恶果，并会大大提高乐观情绪的储备量。当遇到不顺心的事或陷于痛苦时，"储备量"会发生作用，不致使你过度郁闷。

还可以到大自然中去陶冶。在生活最艰难的时刻，投身到大自然可从中找到

慰藉。大自然中花草散发的浓郁芬芳、树叶沙沙微响、鸟儿婉转啼鸣、溪流潺潺声和海浪拍击声都会对身体产生良好的作用。遇烦闷时与家人或密友去郊外森林散步是很有益的。

3. 进行自我心理调适

易怒、发脾气是更年期到来的前兆，它们一冒出来，就该提醒自己要注意。若有什么怨气，应该提醒自己这是更年期的表现，不要随着自己的性子，乱发脾气。

4. 倾诉和发泄

要彻底倾诉心里的郁结。倾诉是治愈忧郁悲伤的良方。当你遇到烦恼和不顺心的事后，切不可忧郁压抑，把心事深埋心底，而应将这些烦恼向你信赖、头脑冷静的人倾诉。如没有合适的对象，还可以自言自语地进行自我倾诉。

英国心理学家柯切利尔极力推崇一种自我倾诉内心苦闷和忧郁的方法——大声地自我倾诉。他指出，这种心理上的应激反应是防治内科各种疾病，尤其是心血管病和癌症的良药。他认为积存的烦闷忧郁就像是一种势能，若不释放出来，就会像感情上的定时炸弹，埋伏心间，一旦触发即可酿成大难。但若能及时地用倾诉或自我倾诉的办法，取得内心感情和外界刺激的平衡，则可祛灾免病。

有眼泪要让它流出来。生活中遇到痛苦和折磨，流泪也可以解除苦闷。因为情绪激动时，人体血液会产生某种化学变化，眼泪的流出将使这种物质得以排泄。

5. 家人和朋友要给予理解和支持

家人的不理解会加重她们的症状。所以，如果家有处在更年期的女性，千万要多关心她们。眼下，"更年期"变成了打趣甚至嘲弄人的词。男人碰上看不顺眼的事，如果当事人是中年女性，就不由分说朝她们贴个"更年期"的标签，年轻人也会用怪眼光看年纪大的人。作为家人，不要动不动就说"你是不是更年期到了"之类的话。她们生气时，要采取冷静、宽容的办法。

6. 适当补充雌激素

更年期症状明显时，可以在妇科医生的指导下，补充体内的雌激素水平，但切忌盲目用药。怕相关药品有副作用，就尽量多吃能增加雌激素的食物，如乌鸡、花粉、蜂蜜、维生素 E 等。

7. 中医药治疗

根据中医理论，更年之期，肾气渐衰，天癸渐竭，导致五脏功能失调、阴阳失衡而为病。因肾虚不能涵养肝木，则肝气郁结，可见情绪低落、胸闷胁胀、不思饮食；肾虚不能滋养心神，可见精神恍惚、无故悲哭；肾虚无以温养脾土，可见头晕耳鸣、腹胀腹泻、疲乏无力等。因此治疗在补肾的基础上，佐以疏肝理气、滋养心神、健脾化痰，可缓解病情且患者易于接受。

8. 合理的性生活

合理的性生活可以防止因生理和心理、社会等复杂因素而引起性淡漠和性衰老。千万不要认为年纪大了，就没有过性生活的必要了。

婚姻适应不良

人们进入中年之后，似乎身上的担子更重了，各种各样的压力纷至沓来。除去工作、人际交往方面的压力，中年人在家庭、婚姻中也面临着矛盾和压力。中年人在家庭生活中既要扮演丈夫或妻子的角色，又要扮演父亲或母亲的角色。有的人由于对婚姻的准备不够充分，对婚后生活感到不够理想，甚至感到失望，以致矛盾迭出。即使婚前双方对家庭生活各方面都有所了解，并有充分的计划，但现实生活中往往会有未能预料的事情发生，使原定计划不能如愿进行。这都极需适应能力和面对现实的勇气。

我国中年夫妇的离婚率虽很低，但确有 16% 的夫妇婚姻不睦。有的夫妇事无巨细见面就争吵；有的恰好相反，无论什么事都不争吵，彼此客客气气，实际上貌合神离，同床异梦；有的夫妇婚姻关系只存有一纸结婚证，分居两处，互不往来，十分冷淡。这些不协调的夫妻关系的共同特点就是，缺乏真正的爱情和相同的志趣，思想格格不入，互不交流情感，认识上也存在差距，很少有灵肉交融的性生活，有的则干脆分居，至少有 50% 的夫妻离婚是从分居开始的。

中年人婚姻适应不良，有的要追溯到年轻时双方或一方的恋爱动机。源于功利主义者必然导致夫妻关系冷漠，以性魅力或肉欲为目标的婚姻在早年就植入了中年夫妻失和的祸根，当然也有由于性生活不和谐以致相互吸引力降低，长此以往也会导致危及婚姻关系的夫妻不睦。

中年夫妻婚姻适应不良的危害性是显著的，首先，夫妻之间由于长期对立、纷争，会给身心健康造成像 X 光一样肉眼看不见却长期持续的损害。更严重的是，家庭内部无休止的争吵与冲突会使孩子幼小的心灵受到伤害。对孩子的性情及整个精神生活都是一种灾难。

离婚是夫妻婚姻适应不良的不幸结局，但离婚后的现实生活也不一定都是自由和欢乐的。因离婚而蒙受精神创伤的人，可能出现反应性抑郁，不少人借酒浇愁，醉生梦死，因此而自杀者也不乏其人。

39 岁的周女士在某出版社工作。她就诊时自述道：

"我与丈夫结婚已经 12 年，有个 7 岁的儿子。丈夫是个无可非议的好丈夫，除了努力工作，还很体贴、关怀和爱护我，家务事几乎全由他料理，我只管孩子。按说，这样的丈夫真是非常难得了，可我觉得我对他并没有像对我父亲和儿子那样有强烈的感情。一有空闲，我就陪父亲或儿子逛公园，说说笑笑，可我却没兴趣陪他去遛遛弯，逛逛商店。有时我自己也不明白：我是不是真爱我丈夫？"

根据周女士所述情况，可基本认定属于婚姻适应不良。医生采用认知领悟疗法治疗她的婚姻适应不良问题。在一个月里，心理医生与周女士作了 4 次交谈，着重向她作了如下分析、开导：

在人的情感生活中，往往有些令人难测或非意识所能理会到的情况，说出去别人不理解，自己也闹不明白，这就只能从你的潜意识里去探索了。现在在你面前的男性，有你的父亲、你的丈夫、你的儿子。女性第一个接触的异性毫无疑问是自己的父亲。他伴随着女儿整个童年和少年，在女儿的人格形成和人际交往模式上占有非常重要的地位。可以说人成年后的行为都要受早年行为模式的影响。根据你的介绍，看来你存在着"恋父"情结。这种爱的潜能本该随着年龄增长而自然过渡到异性身上，但你过渡得不太理想，保留了一些原始感情因素，这使你情不自禁地在心理上回到童年情境里，去享受父女之爱。你应当清楚，"丈夫"不是"父亲"的缩影或"拷贝"。从意识上来说，你爱父亲、爱儿子是出于天伦和母性，因为天伦在维护你的恋父情结上最有说服力，最合理。而母性更不用赘言。其实，对像你这样的女性来说，儿子往往是丈夫的化身，因此，就把对丈夫的爱转移到儿子身上。此时的丈夫虽能感到妻子不如以前那样爱他了，但孩子毕竟是自己的，所以尚能心安理得地接受这一变化。还得补充说一句，似乎有这样一种规律：有"恋父"情结的女性多恋子，因为与父与子不存在那种性的情感。但对丈夫则不然，从某种意义上说，丈夫是性伴侣，夫妇关系是建立在性基础上的关系。假如把对父亲的感情直接转移到丈夫身上，把他当作父亲，岂不乱伦？因此，在无形中会产生一种爱的压抑感。这也许就是你对丈夫爱不起来的原因吧。

心理医生在周女士对自己的心理问题有一定认识之后，进一步开导她："恋父"情结并未统治你的全部心理过程，所以你对丈夫仍能履行做妻子的义务，只是与父、与子的关系相较显得逊色一些而已。虽然让你一下子改变这种心理模式较难，但你应该意识到这种心理的存在，你必须有意识地去改造这种爱的偏向。起初也许觉得是"违心"的，但对心理规律和自己的深层心理有了进一步认识后，你会渐渐扭转过来的。

周女士经过心理医生的启发和开导，意识到她的心理是不正常的。在心理医生与家人的帮助下，她注意培养自己对丈夫的性爱感情，使自己处理好与家庭成员的不同关系。最后，她逐渐正常地担当起女儿、妻子、母亲这三重角色。

中年人如何进行婚姻维护？通过调查发现，目前我国大多数中年人的婚姻顺利，所组成的家庭也是美满的，且绝大多数人在二三十岁时就已完成了这一使命。中年的婚姻关系经历了新婚燕尔的狂热期，情感生活的持续调适期，养儿育女的移情期，终于进入夫妻相互眷恋而亲昵的深沉期。大多数夫妇的婚姻关系和睦而稳定，这对中年夫妇的健康和长寿起到了积极的作用。

那么，怎样才能维持美满的婚姻和理想的家庭呢？

（1）必须认真对待婚姻中的爱情问题。婚姻中最重要的是爱情，爱情是不能附加任何条件的，尊重和友谊是爱情的基础，只有这样才能"相敬如宾"。

（2）要保持婚姻生活的新鲜与活力。保持婚姻生活的新鲜和活力，才能防止产生"爱情厌倦"心理。要树立配偶第一的原则。处理日常生活中的任何事情，都应优先考虑配偶的正当感情要求，只有重视夫妻情感，生活中的各方面关系才会平衡。尽量使家庭生活丰富多彩。可经常举办一些诸如结婚纪念、生日纪念之类的活动，可通过家宴、野餐、外出旅游等形式，回忆往事，加深了解，及时进行爱的滋润，这会燃起夫妻对爱情、对生活的新的追求。

（3）要将赞美挂在嘴边。不要认为配偶的长处是应该具有的，而缺点是不可容忍的。而应使对方感到在生活中占有重要地位，双方都是对方的精神支柱，都是对方获得幸福的源泉，因此又何必吝啬你的赞美呢。

提高各自的修养。努力提高各自在各方面的修养是保持吸引力的重要手段。夫妻既是一个共同生活的整体，又是两个独立的个体，只有双方共同提高，才能使婚姻稳固和谐。

此外，培养子女健康成长也是使家庭幸福、婚姻美满的条件。孩子的健康成长往往是父母双方共同努力的结果，会让父母对孩子、对家庭、对自己都产生成就感，从而维系美满的婚姻。

职业适应问题

在市场经济化的今天，只有从事一定的职业才能获得酬劳，从而维持个人或家庭的生存，同时，从事工作也可以使人感到自我价值的实现，满足人的精神需要。现代社会，想取得某些事业的成功是件很艰难的事，而失败却随时等候在每一个人的身边。固然事业的成功会给人们带来喜悦，促进人们的心理健康，但失败却容易使人失望沮丧，因此有不少人"干一行怨一行"。

心理学家经过研究发现，有三大因素有助于人的敬业乐业精神：

（1）客观的工作环境（包括社会环境和物质环境），包括领导者的才能、同事间的合作、对工作成绩赏罚标准的公平合理等社会环境，工作场所的舒适、必要的设备工具、个人生活条件的方便等。如果个人满意自己的工作环境，则能产生对工作的安全感，提高工作效率。

（2）主观的自我实现。工作有深度，对个人能力是一种挑战，个人可全力以赴，施展才能，达到自我实现而获得成就感。

（3）职业的未来展望。由工作中获得的经验、成就随工作表现而提高，责任随成就而加重，所得物质报酬及社会地位也随之升迁。这样才能使人觉得有希望、有前途，才能兢兢业业地工作。

虽然大部分中年人都拥有就业机会，但是完全适合自己的职业是不容易找到的。办公自动化的出现使人的体力负担有所减轻，但是工作变得呆板，个人不过是整体工作过程中的一个环节。由于工作缺乏艺术性，使得从业者缺乏兴趣与成就感，这是物质文明进步所产生的负面影响，它使人们对工作的内在动力有所减弱。"大锅饭"阻碍了个人奋勇进取的事业心，职业选择也难以做到学以致用、扬长避短，以及无法完全考虑到个人的性格、气质、志趣、能力和体质的差别，因此，中年人会出现对职业、职位的心理上的不适应。工作中经常碰到的复杂的人际关系，如上下级的隔阂、同事的摩擦，以及来自工作上的压力，均可使中年人的心理稳定性受损。

中年人在工作场所感受到的压力和挫折，有些源于自身的性格弱点，有些源于年青一代的对立与威胁，有些源于客观工作环境或组织功能的压力，这常使中年人表现出沮丧与焦虑。成年累月的疲劳，中年人常常出现身体生理状态的失调，易产生焦虑、抑郁和早期衰老等疾病。

病例：

雷女士，37岁，在公交公司当售票员。两年前离婚，半年前与另一离异男士结合后，丈夫觉得她每天早出晚归很辛苦，就请人帮忙将她调到一家企业管理后勤，工作近3个月，仍感到不适应，老是觉得还是原来的工作好。她常抱怨："现在就收收信，发发报纸，实在无聊，回家后吃饭也不香，觉也睡不好！"几次向丈夫提出要求调回原单位，丈夫认为她精神出了毛病，放着轻松的差事不干，却专拣重活累活干。因雷女士始终闹着要回原单位，其丈夫与她发生了多次争吵。

一位略懂心理医学的同事建议雷女士到心理诊所来咨询，于是其丈夫陪同她一起去了心理诊所，想让心理医生帮助她，开导她，让她继续留在那家企业。

雷女士属于职业适应不良，是一种心理问题。可采用疏导疗法，使患者矫正心理偏差。心理医生与雷女士作了四次交谈，着重向她作了如下分析、开导：

一个人从出生到老，会遇到许多适应问题，例如，胎儿刚离开温暖的母体，光、冷的刺激，他不适应就啼哭了；刚进幼儿园孩子不适应又要哭；直到老年，从工作岗位上退下来，也有许多人适应不良。所以适应不良，比比皆是，不足为怪，仅凭这点，不能说是精神病，只可谓心理问题。

一个人能否适应新的环境，有的因客观困难，有的因主观问题，更多的是主客观方面都有原因。而其能否适应，多与家庭教育、社会环境有关。

你在公交集团工作多年，已适应了售票员这一职业，而且对这一职业有了很深的感情，当你离开原来的工作岗位，突然到一个没什么事可干的工作岗位，你当然感到不能适应。

在雷女士对自己的心理问题有了一定认识之后，心理医生进一步启发她：不同的工作岗位都需要人，并不仅限你原先所在的单位。你走了，也为其他一些工人提供了就业的机会。另一方面，现单位有了你做好后勤工作，单位上的人也可全心全意干好分内的事，对大家都有益处。

雷女士经过为期三周、每周两次的开导，慢慢地适应了现在的工作环境。

存有职业适应困难的中年人，一般经过疏导疗法，提高其认识之后，患者能够很快在短期内适应工作。

失业综合征

对于成年人来说，拥有一份满意的工作，是一件很幸福的事情，因为，工作不仅仅意味着挣钱，养家糊口，还意味着自我价值的实现。即使是一份不甚满意的工作，也能给人带来精神上的满足。但是，如果失去了工作，面临的不仅是经济危机，更重要的是心理上的失衡，个人价值观的丧失，自尊心的损伤。这些都会使人产生比经济危机还重的精神压力。因此，工作与人们的心理健康密切相关。

失业在我国是市场经济改革以来产生的新现象。计划经济时期盛行大锅饭、铁饭碗，虽然有些人会对国家分配的工作不满意，但是那时的工作毕竟是稳定安全的。对于部分中年人来说，他们已经适应了没有竞争压力的环境，一旦失业后不容易很快适应这一现实。同时由于中年人家庭负担比较重，有赡养老人、抚育孩子的任务，失业会使得中年人的经济状况恶化，生活质量急剧下降，容易使中年人处于沮丧、焦虑、紧张、抑郁的心理状态。这时，如果没有得到社会和家庭的积极引导，很容易产生失业综合征。

失业综合征的表现

（1）失业以后，心理上出现了挥之不去的对家庭的内疚感和负罪感。

（2）把自己失业的原因都归结于社会和企业，对所有的人都产生了不满的情绪。

（3）认为自己失业的原因是自己无能，因此整天陷入了抑郁和苦闷之中不能自拔。

（4）产生了强烈的自卑心理，认为自己处处不如人，以至于不愿与人交往。

（5）失业以后，借打牌、吸烟、喝酒等不良嗜好打发时间。

（6）脾气日益暴躁，焦躁不安。

（7）不愿面对未来，对以后的生活失去了信心。

（8）失业以后，一蹶不振，不愿再去寻找新的工作。

（9）生活失去规律，食欲不振，经常出现失眠多梦、心悸、心慌等身体不适症状。

不同的失业者因为年龄、性格、职业、人际关系、经济状况、文化程度的不同出现不同的心理问题，对中年失业者而言，最容易产生的是失落、自卑、内疚和焦虑心理。

失业者离开了原来的工作岗位、社会群体，离开了奋斗多年的事业，失去了奋斗的目标以后，整天闷在家里无所事事，就会产生失落感与被遗弃之感，内心深感苦闷。即使再就业以后，如果不能重新树立奋斗目标，或者不能适应新的环境，也会存在一种寄人篱下的失落感。由失落感还会产生怀旧感，怀念过去的时光，从而更增加对现状的不满，引起更严重的心理失衡。

不少中年失业者，尤其是性格内向的人，会因为失业而产生强烈的自卑感，觉得自己无能，是个失败者。还有人感到自己被社会淘汰了。有些人甚至不愿被人知道自己失业的现实，害怕被人耻笑，自觉在亲朋好友面前抬不起头。有自卑心理的失业者往往把自己关在家里，不愿与人交往。这样，长期处于失败的体验之中，势必会影响身心健康。

失业意味着经济收入锐减，使家庭经济紧张，甚至陷入经济困境。作为需要供养家庭的中年人来说，会因为失业而深感内疚不安，觉得愧对家人，从而陷入深深的自责之中，这更加重了自卑心理。而青年人暂时失业往往没有这种心理问题，他们没有什么家庭负担，甚至可以坦然地接受父母的临时资助，所以不容易产生内疚心理。

焦虑是对危险或威胁的预料所引起的无方向的唤醒状态。中年失业者，在感到怨恨、苦闷之余，更多的是感到焦虑不安，为家庭的生活担心，为自己和家人的前途担心，久而久之，变得脾气暴躁，容易发火。

病例：

徐某，男，35岁，原来是一家外贸公司的销售部经理。由于徐某外语流利，业务熟练，深得上司和客户的好评。他的这份工作舒适高雅，又有丰厚的薪水，使他如鱼得水，轻松而惬意。

但是随着该外贸公司因经营失利而破产，徐某也随之失业。失业后徐某表现出悲伤、愤懑，最初几天整日发脾气，看什么也不顺眼，甚至乱摔家里的东西，并且郁郁寡欢，把一切都看成是灰暗的，对什么也不感兴趣。徐某感到生活非常寂寞、孤独和无趣。虽然妻子的收入足够两人的开销，但是工作权利的失去，社会地位的丧失，脱离集体的孤独感及在家无所事事、精神无所寄托的空虚感，使他精神非常压抑。最让他难以忍受的是他一个堂堂大男人竟要依靠妻子来养活。

妻子劝他去找份工作散散心，他就对妻子大声喊叫："我能干什么，我会干什么！"他觉得自己很无能，很没有用。无论妻子怎么劝她，他都听不进去，终日沉浸在失业的痛苦中不能自拔。他觉得妻子劝他去工作是嫌弃他不能挣钱，只能靠妻子养活他，徐某因此与妻子闹起了矛盾。

失业综合征患者经常感到胸闷头晕、食欲不振、全身乏力，继而引发入睡困难，即使睡着也会噩梦不断，夜半惊醒。患者曾经采用中西医治疗了近两个月仍无好转。在朋友的建议下，患者接受了心理治疗。通过治疗，患者的症状很快有了缓解，重新恢复了开朗的个性，又找到了一份满意的工作。

失业综合征的心理调节

性格决定人的命运，一个人能力再强，但是性格有缺陷，就会影响他能力的发挥。同样，只要一个人具备坚韧的性格和不被困难所压倒的精神，那么任何打击，任何磨难都不会使他放弃自己的信念和追求。

在一般情况下，人在失业后会产生没面子、抱怨命运不济、消极、刚愎自用、自暴自弃、异想天开等消极心理，表现为沮丧、抑郁、不能面对现实、怨天尤人。但是如果不从行动上来改变自己，就会陷于巨大的心理落差之中不能自拔。成功者善于调整自己的心理状态，不回避或歪曲现实。只有抛弃怨天尤人或自暴自弃的心理，乐观生活，积极调整自己的不良情绪，才是缓解失业综合征的关键。在现代社会，失业和就业一样，都可以看作是暂时的状态，失业者首先要战胜自卑，充满自信，相信自己的智力、才能和判断。因为如果事情没开始就先打退堂鼓，如果自己都不相信自己，又怎么能奢望别人重视自己？只有战胜自卑，才能实现超越。拥有了自信，便拥有了成功的开端。

失业会给人带来很大的打击，但是失业后不能一味地怨天尤人，抱怨命运，应积极地调整自己的心态，战胜自卑，冷静地分析自己失业的原因，对症下药，只有这样，才能尽快地找到另一份工作。

第六章　老年期的主要心理问题及调适

老年焦虑症

中国已经开始逐步进入老龄化社会，老年人的心理问题也开始得到社会的关注。由于特殊的社会伦理和社会心理，老年焦虑症已经成为困扰老年人的重要心理疾病之一。在国人的印象中，西方社会的老年人大多安详沉稳，心境开阔，喜好旅游，还有非常丰富的兴趣爱好和业余活动。而在国内，尤其是城市中，经常看到有些老年人心烦意乱，坐卧不安，有的为一点小事而提心吊胆，紧张恐惧。这种现象在心理学上叫作焦虑，严重者称为焦虑症。

焦虑是个体由于达不到目标或不能克服障碍的威胁，致使自尊心或自信心受挫，或使失败感、内疚感增加，所形成的一种紧张不安带有恐惧性的情绪状态。一般而言，焦虑可分为三大类：

1. 现实性或客观性焦虑。如爷爷渴望心爱的孙子考上重点大学，孙子目前正在加紧复习功课，在考试前爷爷显得非常焦急和烦躁。

2. 神经过敏性焦虑。即不仅对特殊的事物或情境发生焦虑性反应，而且对任何情况都可能发生焦虑反应。它是由心理、社会因素诱发的忧心忡忡、挫折感、失败感和自尊心的严重损伤而引起的。

3. 道德性焦虑。即由于违背社会道德标准，在社会要求和自我表现发生冲突时，引起的内疚感所产生的情绪反应。有的老年人因为自己的行为不符合自我理想的标准而受到良心的谴责。如自己本来是一位受人尊敬的老人，但在大街上看到歹徒行凶时因为自己年老体衰，势单力薄，害怕受到伤害而没有上前制止，回来后，感到自己做了不光彩的事，对此深感内疚，继而不断自责。

焦虑心理如果达到较严重的程度，就成了焦虑症，又称焦虑性神经官能症。焦虑症是以焦虑为中心症状，呈急性发作形式或慢性持续状态，并伴有自主神经功能紊乱为特征的一种神经官能症。

老年焦虑症的类型

老年焦虑症有一般焦虑症所没有的特点，而且人们往往忽略这种心理疾病，而把原因归结到一些器质性疾病中去。

一般来讲，老年焦虑症可分为急性焦虑和慢性焦虑两大类：

急性焦虑主要表现为急性惊恐发作。患者常突然感到内心焦灼、紧张、惊恐、激动或有一种不舒适感觉，由此而产生牵连观念、妄想和幻觉，有时有轻度意识迷惘。急性焦虑发作一般可以持续几分钟或几小时。病程一般不长，经过一段时间后会逐渐趋于缓解。

慢性焦虑症的焦虑情绪可以持续较长时间，其焦虑程度也时有波动。老年慢性焦虑症一般表现为平时比较敏感、易激怒，生活中稍有不如意的事就心烦意乱，注意力不集中，有时会生闷气、发脾气等。

老年焦虑症的防治

1. 要有一个良好的心态

首先要乐天知命，知足常乐。古人云："事能知足心常惬。"老年人对自己的一生所走过的道路要有满足感，对退休后的生活要有适应感，不要老是追悔过去，埋怨自己当初这也不该，那也不该。理智的老年人是不会注意过去留下的脚印，而注重开拓现实的道路。

其次是要保持心理稳定，不可大喜大悲。"笑一笑，十年少；愁一愁，白了头"，要心宽，凡事想得开，要使自己的主观思想不断适应客观发展的现实。不要企图让客观事物纳入自己的主观思维轨道，那不但是不可能的，而且极易诱发焦虑、抑郁、怨恨、悲伤、愤怒等消极情绪。

第三是要学会"制怒"，不要轻易发脾气。

2. 自我放松

当你感到焦虑不安时，可以运用自我意识放松的方法来进行调节，具体来说，就是有意识地在行为上表现得快活、轻松和自信。比如说，可以端坐不动，闭上双眼，然后开始向自己下达指令："头部放松，颈部放松……"直至四肢、手指、脚趾放松。运用意识的力量使自己全身放松，处在一个松和静的状态中，随着周身的放松，焦虑心理可以慢慢得到平缓。另外还可以运用视觉放松法来消除焦虑，如闭上双眼，在脑海中创造一个优美恬静的环境，想象在大海岸边，波涛阵阵，鱼儿不断跃出水面，海鸥在天空飞翔，你光着脚丫，走在凉丝丝的海滩上，海风轻轻地拂着你的面颊……

3. 自我疏导

轻微焦虑的消除，主要是依靠个人，当出现焦虑时，首先要意识到这是焦虑心理，要正视它，不要用自认为合理的其他理由来掩饰它的存在。其次要树立起消除焦虑心理的信心，充分调动主观能动性，运用注意力转移的方法，及时消除焦虑。当你的注意力转移到新的事物上去时，心理上产生的新的体验有可能驱逐和取代焦虑心理，这是人们常用的一种方法。

4. 药物治疗

如果焦虑过于严重时，还可以遵照医嘱，选服一些抗焦虑的药物，如利眠宁、多虑平等，但最主要的还是要靠心理调节。也可以通过心理咨询来寻求他人的开导，以尽快恢复。如果患了比较严重的焦虑症，则应向心理学专家或有关医生进行咨询，弄清病因、病理机制，然后通过心理治疗，逐渐消除引起焦虑的内心矛盾和可能有关的因素，解除对焦虑发作所产生的恐惧心理和精神负担。

离退休综合征

颜老是某重点中学校长，在自己的岗位上工作了几十年，既紧张忙碌，又有一定的生活规律，并形成了固定的生活模式和心理定式。退休后，周围的生活环境发生了变化，原有的生活节律被打乱，一时又无事可做，对于这些变化难以适应，于是就出现了情绪上的消沉和偏离常态的行为，甚至因此而引发其他疾病，严重影响到自身健康。我们把这种现象称作老年人"离退休综合征"。

所谓离退休综合征是指老年人由于离退休后不能适应新的社会角色、生活环境和生活方式的变化而出现的焦虑、抑郁、悲哀、恐惧等消极情绪，或因此产生偏离常态的行为的一种适应性的心理障碍，这种心理障碍往往还会引发其他生理疾病，影响身体健康。

据统计，1/4 的离退休人员会出现不同程度的离退休综合征。老年人的离退休综合征是一种复杂的心理异常反应，主要表现在情绪和行为方面。患者一般会出现以下症状：性情变化明显，要么闷闷不乐、郁郁寡欢、不言不语，要么急躁易怒、坐立不安、唠唠叨叨；行为反复，或无所适从；注意力不能集中，做事经常出错；对现实不满，容易怀旧，并产生偏见。总之，其行为举止明显不同于以往，给人的印象是离退休前后判若两人。这种性情和行为方面的改变往往可以引起一些疾病的发生，原来身体健康的人会萌生某些疾病，原来有慢性病的则会加重病情。有心理学者曾对某市 20 位同一年从处级岗位上退下来的干部进行追踪调查，结果发现，这些退休时身体并无大碍的老年人，两年内竟有五位去世，还有六位重病缠身。可见，离退休真是一道"事故多发"的坎。

离退休综合征的原因

导致离退休综合征的原因是多方面的：

（1）退休后，生活模式的改变引起心理上的不适应。离退休以后由于职业生活和个人兴趣发生了很大变化，从长期紧张而规律的职业生活，突然转到无规律、懒怠的离退休生活，难以适应而产生焦虑、无所适从，有一种失落感，有的认为自己精力充沛、壮志未酬，完全能胜任原工作，现在让退下来就会产生失落感，还可有轻度抑郁，认为自己被遗弃，无精打采，悲观，失眠。特别是沉湎于辉煌的过去，为消逝的美好时光而遗憾，即产生抑郁。

（2）缺乏思想准备，不能妥善地安排空闲时间，或体力下降、疾病缠身、行动不便等加重障碍。

（3）退休后体力和脑力活动减少，社交活动减少，生活单调，易产生心理老化的感受，这加速了生理衰老进程，容易使人产生忧郁、焦虑、死亡来临的惊恐、疑病心理等。

（4）由于离退休以后原来的生活节奏被打乱，活动减少，可出现失眠、头痛、头晕、疲乏、无力及心慌等神经症综合征。

离退休综合征的表现

患有离退休综合征者，主要表现为坐卧不安、行为重复、犹豫不决，不知干什么好，甚至出现强迫性定向行为；注意力不能集中，做事经常出错；性情变化明显，易急躁和发脾气，对任何事情都不满意，总是怀旧；易猜疑和产生偏见；情绪忧郁、失眠、多梦、心悸、阵发性全身燥热等。

一般说来，事业心强、好胜而善争辩、严谨而偏激、固执己见的人发病率较高；无心理准备而突然退下来的人发病率高且症状偏重；平时活动范围大而爱好广泛的人很少患病。女性较男性适应快，较少出现离退休综合征。

离退休综合征的防治

离退休是人生的一个重要转折，是老年期开始的一个标志。从前面的分析我们可以看出，离退休障碍是一种心理方面的适应障碍，它表现为老年人生活习惯的不适应、人际关系的不适应、认知和情感的不适应等，这些适应障碍究其实质，就在于离退休导致了老年人社会角色的转变，他们从职业角色过渡为闲暇角色，从主体角色退化为配角，从交往范围广、活动频率高的动态型角色转变为交往圈子狭窄、活动趋于减少的相对静态型角色，对于部分曾是领导干部的老年人来说，还从权威型的社会角色变成了"无足轻重"的小人物，如果老年人不能很好地适应这些角色的转变，也就是说新旧角色间出现了矛盾和冲突，那么，老年人的离退休综合征就由此产生。

因此，要预防和治疗离退休综合征，老年人就应该努力适应离退休所带来的各种变化，即实现离退休社会角色的转换。通常有以下几种方法：

（1）心理上要及早做好退休前的准备工作，计划好退休后的生活安排，充实退休内容等。一般在退休前一至两年就要着手进行准备。

（2）有条件者尽量继续发挥余热，参加一些适合自己体力和专业的社会活动，要做到"退而不休"，感到自己仍能做出社会贡献。

（3）培养一至两种兴趣爱好，使生活丰富多彩，富有生气和活力。

（4）克服心理老化感和不爱活动习惯，"一身动才能一身轻"。

（5）有明显心理病症，应及时接受必要的心理咨询与药物治疗。

（6）老年人在可能条件下也应为儿孙分忧解愁，使双方关系更亲密、融洽。

当然，社会对离退休老年人应给予更多的关注，家庭要关心和尊重离退休的老年人的生活权益，切不可把老人当成保姆或雇工使唤，更不能在生活上虐待老人。要让他们感到精神愉快，心情舒畅。

记忆障碍

生活中我们常常看到这样的现象：一位老人将他的老花镜摘下来放在书柜边

去上厕所，等他从厕所回来，他却四处找眼镜。他已经忘记了刚才把眼镜放在哪里了。这在老年人中是常见的。老年记忆障碍通常是自然衰老的现象。老人对陈年往事能记忆犹新，而对新近接触的事物或学习的知识却忘得快，尤其人名、地名、数字等没有特殊含义或难以引起联想的东西。生活中，老年人记忆障碍往往带来诸多不便，如烧开水后忘了关火；刚介绍过的客人的名字转眼就叫不出；把门关上才想起没带钥匙；老花镜架在额头上还到处找等。这些总令老人感到苦恼不安。

据统计，70 岁健康老人的脑细胞数量要比 20 岁健康年轻人减少 15%，脑的重量也减轻 8%～9%；周围神经传导速度减慢 10%，视力下降，视力超过 0.6 的只有 51.4%。这些都会在一定程度上影响记忆力。这些自然衰退，使老年人一方面要为回忆某人、某事、某日期比过去耗费更多的注意力和时间，另一方面使他们要记住重要事情的能力大大下降，所以老年人总是表现得那么"健忘"。

老年人记忆的特点

1. 从记忆过程来看

瞬时记忆（即保持 1～2 秒的记忆）随年老而减退，短时记忆变化较小，老年人的记忆衰退主要是长时记忆研究发现，老人对年轻时发生的事往往记忆犹新，对中年之事的回忆能力也较好，而仅对进入老年后发生的事遗忘较快，经常记忆事实混乱，情节支离破碎，甚至张冠李戴。

2. 从记忆内容来看

老年人的意义识记（即在理解基础上的记忆）保持较好，而机械识记（即靠死记硬背的记忆）减退较快。例如，老人对于地名、人名、数字等属于机械识记的内容的记忆效果就不佳。

3. 从再认活动来看

老年人的再认活动（即当所记对象再次出现时能够认出来的记忆）保持较好，而再现活动（即让所记对象在头脑中呈现出来的记忆）则明显减退。

由此可见，老年人的记忆衰退并不是全面的，而是部分衰退，主要是长时记忆、机械记忆和再现记忆衰退得较快。

以美国前总统里根为例，他在晚年时患有严重的老年痴呆症，记忆力急剧下降。当他的养子去探望他时，里根常想不起养子的名字，只有当他知道养子是谁时，才紧紧地拥抱养子。里根对他的护士说，他觉得前来探望他的前国务卿舒尔茨好像是一个大名鼎鼎的人物，但又记不起他叫什么名字。里根的这一系列表现说明，老年人记忆力的减退主要是信息提取过程和再现能力的减弱，而识记的信息事实上仍然可以很好地保持或储存在大脑中。根据以上生理规律，如果能够经常提醒老人回忆往事，是有助于减缓记忆力的衰退速度的。

老年人记忆的改善

为改善记忆力，老年人一方面要多用脑，勤用脑，使大脑处于一种积极功能状态。此外，不少科学家大量研究证明，通过食物疗法可增强记忆。

1. 补充卵磷脂

卵磷脂是大脑中的重要组成部分，被誉为"智慧之花"。吸收后可释放胆碱，胆碱在血液中转换成乙酰胆碱，能增强人的感觉和记忆功能；它还能控制脑细胞死亡和促使大脑"返老还童"及降低血脂。卵磷脂多含在蛋黄、豆制品、动物肝脏中，但由于胆固醇含量也多，故不宜进食过多。鸡蛋、鱼、肉等可以提供乙酰胆碱的食物也较好，老人每天吃1～2个鸡蛋，可改善记忆力。

2. 多吃碱性食物

豆腐等豆类食品及芹菜、莲藕、茄子、黄瓜、牛奶等能使血液呈弱碱性，菠菜、白菜、卷心菜、萝卜类、香蕉、葡萄、苹果等也能使血液呈碱性。多吃这些食品，使身体经常自律地调节成弱碱性，对大脑的发育和智力的开发都是有益的。

3. 多吃含镁的食物

核糖核酸是维护大脑记忆的重要角色，而镁这种微量元素能使核糖核酸注入脑内。含镁丰富的食物有麦芽、全麦制品、荞麦、豆类及坚果等。

此外，蛋白质对健康也很重要，多吃鸡、黄豆、沙丁鱼等有好处。

睡眠障碍

老年人睡眠的质和量均较年轻时有了很大下降。他们睡眠减少，睡眠浅，易惊醒，有的还入睡困难、早醒；睡眠模式不稳定，极易受外界环境变化的影响，如某些心理因素（亲人亡故带来的悲伤等），环境噪声的干扰；也易受体内环境的影响，某些躯体疾病如感冒、气管炎、关节炎、慢性疼痛、肾功能不全所致的夜尿增多，或精神障碍如抑郁症，生物钟紊乱，对催眠药物的依赖等。

有学者研究发现，老人在睡眠过程中的自然醒转情况要比年轻人多，且男性超过女性。许多老人常感到睡后不解乏，精神不振，整日昏昏欲睡。老人还有睡眠过多或睡眠倒错现象，晚上不能入睡，到处乱走或做些无目的的事，甚至吵闹不安，但白天则嗜睡，精神萎靡。这些都是脑功能自然衰退的标志。

病例：

洪先生，68岁，大学退休副教授。性格内向，沉默寡言。1957年，正读大学的洪先生被划为右派，长期下放农村，直到"文革"结束后才平反，重新返回教学岗位，很快就从讲师晋升为副教授。但后来因为某种变故，他的工作热情下降，在科研上也搞不出什么新的有水平的成果，几次申报教授职称，都未获通过。后来退休后本以为可以好好地修身养性，哪想与比自己年龄小25岁的年轻妻子因感情破裂离婚。烦恼和痛苦使洪先生在晚上总是无法入眠，通常一两点钟仍毫无睡意，早上四点钟就醒了，每晚入眠时间不会超过三个小时，到了白天便头昏脑涨，心悸气短，变得烦躁、易怒、健忘、全身乏力。

案例中的洪先生很明显是出现了睡眠障碍。他的一生非常曲折，经历了政治运动，前途也因此受到影响，教授职称屡次评不上，退休后又遭受了婚姻失败，在工作和生活中都有不如意之处。这些挫折使他的睡眠出现了问题，晚上睡不着，早上又早醒，睡眠时间严重不足，而且还引发了心理方面的消极变化。洪先生所患的是"老年睡眠障碍"。

老年睡眠障碍的类型

老年人的睡眠障碍主要包括三种类型。

第一种为非病态睡眠障碍，例如，个体进入老年期后，睡眠随年龄增长而逐渐减少；或者旅行时由于时差而使睡眠时间减少；或者因更换睡眠环境而产生的境遇性睡眠障碍等，这些仅引起较少和短暂的主观不适。

第二种是病态假性睡眠障碍，指个体持续一周以上有睡眠时间明显减少的主观体验，而实际睡眠时间并无减少，因而又称为缺乏睡眠障碍。

第三种为病态真性睡眠障碍，包括入睡困难、易醒和早醒等表现。入睡困难指入睡所需的时间比平时多一个小时以上，易醒是指在睡眠过程中比平时觉醒次数多，且不能很快再入睡，早醒指比平时提前醒来一个小时以上。个案中的洪先生就属于第三种情形，这种睡眠障碍对老年人的身心影响最大。

老年睡眠障碍的病因

生理、心理因素及环境的变化等都会引起睡眠障碍。

1. 生理因素

老年人因患某些慢性病而出现疼痛、搔痒、咳嗽、气喘、尿频、吐泻等症状会引致睡眠障碍；服用兴奋剂，或长时间服用安眠药停药后也会影响睡眠质量。

2. 心理因素

老年人由于心理承受能力越来越弱，遇事不能调整好心态就会产生消极情绪，像前面介绍的老年抑郁症、疑病症等精神疾病都伴有不同程度的睡眠障碍。

3. 生活或客观环境的变化

例如，睡前吸饮过多烟酒、喝过浓的茶或咖啡，睡前过饱、饥饿或口渴，外出旅游、时差反应、噪音、气温变化等，加上老年人生理功能日衰，对外界适应能力趋弱，因而容易出现睡眠障碍。

老年睡眠障碍的防治

（1）养成良好的生活习惯。老年人晚上睡觉前可以用温热水洗澡或洗脚，促进血液循环，消除疲劳，改善睡眠；晚餐不宜过饱，也不宜空腹；睡前不宜饮用浓茶、咖啡和酒等刺激性饮品。生活要有规律，早睡早起，养成午睡习惯。

（2）创设适宜的睡眠环境。尽量做到室温适宜、室内无光、空气流畅、无异常气味，环境寂静，被褥干净、舒适，总之，睡眠环境应该安静、整洁、舒适和安全。同时，保持良好的睡姿，宜右侧卧，不应仰卧或俯卧，不要蒙头掩面或张口而睡。

（3）睡前保持良好的情绪状态。睡前精神放松，情绪安宁，避免过于兴奋、激动或过于悲伤、抑郁。正如《睡诀》中所说："觉侧而屈，觉正而伸，早晚以时，先睡心，后睡眼。"保持宁静的心境是轻松入睡的诀窍。老年人一旦出现睡眠障碍，应该平静、客观地面对现实，正确认识睡眠状态，积极配合治疗，否则会容易形成恶性循环，变成顽固性睡眠障碍。

（4）适当用药物辅助治疗。患者可以服用安眠药辅助睡眠，原则是剂量宜小不宜大，时间宜短不宜长，宜多种药物交替使用。

老年痴呆症

老年痴呆症又称老年性精神症，大多在老年后期发病，是由脑的器质性病变所引起的一种心理障碍。

首先，表现在人格的改变上：患者变得主动性差、孤僻、活动减少、自私自利、以自我为中心，对周围环境兴趣减少，对人缺乏热情，难以完成原已习惯的工作，不能适应新环境；对亲人亦漠不关心，情绪不稳，易激怒、争吵，无故打骂人；病情严重者，甚至不修边幅，不讲卫生，常收藏杂物，缺乏道德感和羞耻感，当众裸体，性欲亢进，更有甚者做出有逆道德和违法的行为。

其次，还表现为痴呆综合征的症状，出现记忆力障碍，对近事记忆表现为"健忘"，病情加重后对远记忆也发生障碍，从而出现虚构及抽象思维障碍，思考问题易偏激，不分主次，固执己见，判断力出现障碍，多疑、妄想。

再次，睡眠障碍也是这种病的一个常见的症状。一旦病情恶化严重，病人会变得呆滞，会完全丧失与人交往的能力，连洗澡、洗衣服、大小便等日常生活都不能自理。

老年痴呆症的发病原因

老年期发生痴呆的病理相当复杂。

首先，随着年龄增长，脑本身出现退行性变化，如脑细胞和组织萎缩等，使脑功能出现失调。

其次，与脑血管相关的一些脑部疾病可导致老年痴呆症，如帕金森病、脑外伤后遗症等。酒精中毒、营养失调等其他因素，也可能导致老年人发生痴呆。

此外，本病有一定的家族倾向，提示可能有一定的遗传因素，而且一般女性比男性的发病率高。

老年痴呆常常发生在 50 岁以后，起病隐潜，发展缓慢，呈进行性，最早期往往以逐渐加重的健忘开始，同时还可能伴有比较明显的情绪和人格的改变以及整个机体的衰老。与年龄相关的智能损害多在 65 岁以后加速。

老年痴呆症的预防

（1）保持良好的心态。在老年痴呆症的预防方面，老年人保持一个良好、积极的心理状态尤其重要。老年人须注意调整心态，要乐观自信，豁然开朗，心胸开阔，保持活跃的思维状态，养成多看书、勤思考的好习惯，同时要保持广泛的社会联系，坚持社交活动，使脑细胞处于活跃状态，防止脑功能的退化，延缓智力的衰退。案例中的李某性格内向，不善交际，没有兴趣和爱好，无所事事，长期处于寂寞和孤独之中，这与他的发病关系密切。

（2）合理安排作息时间，适当锻炼身体。生命在于运动，适当的锻炼可延缓衰老。老年人空闲时间较多，一定要合理安排时间，生活作息要有规律，这对维护身体健康很重要。前面介绍过，老年人的智力衰退并不是全面衰退，主要是与生理因素相关的智力衰退，所以，老年人应该经常参加体育锻炼，不仅能增强体质，还能加速血液循环，增强脑的活动，延缓痴呆的发生。手、脚等部位的运动对大脑特别有益，如转动手腕、抛球接球、左右旋转脚腕、脚尖绷直回收等，经常性的咀嚼活动也可以预防痴呆。

（3）合理饮食，养成良好的饮食习惯。老年人在饮食方面应提倡清淡，多吃新鲜的水果、蔬菜以及富含维生素、蛋白质和胡萝卜素的食品，以满足大脑营养的需要，对防止脑细胞的衰老和老年痴呆症有特殊的作用。老年人应少吃油腻、辛辣、过咸的事物，戒除烟酒，忌暴饮暴食。

（4）家庭成员应给予老人关心、照顾。随着年龄的增长，老年人体力下降，疾病增加，需要家庭和亲人的关心和照顾，儿女要理解老年人的心理变化及需要，从物质和精神生活上给予保障，帮助老年人做好心理保健工作。同时，也要尊重老人，切莫冷落或轻视老人。

老年痴呆症的治疗

关于老年痴呆症的治疗，目前在医学领域尚无特效的疗法，因此，早发现、早治疗就显得更为重要，在老年人出现先兆性症状如记忆力明显下降时就应及时治疗，阻止病情进一步发展。药物治疗对于老年痴呆症是不可缺少的，可以常用一些 B 族维生素、脑复新等来提高大脑功能，减缓智能衰退，或适当选用一些精神药物来控制精神症状，改善患者的智力状况。

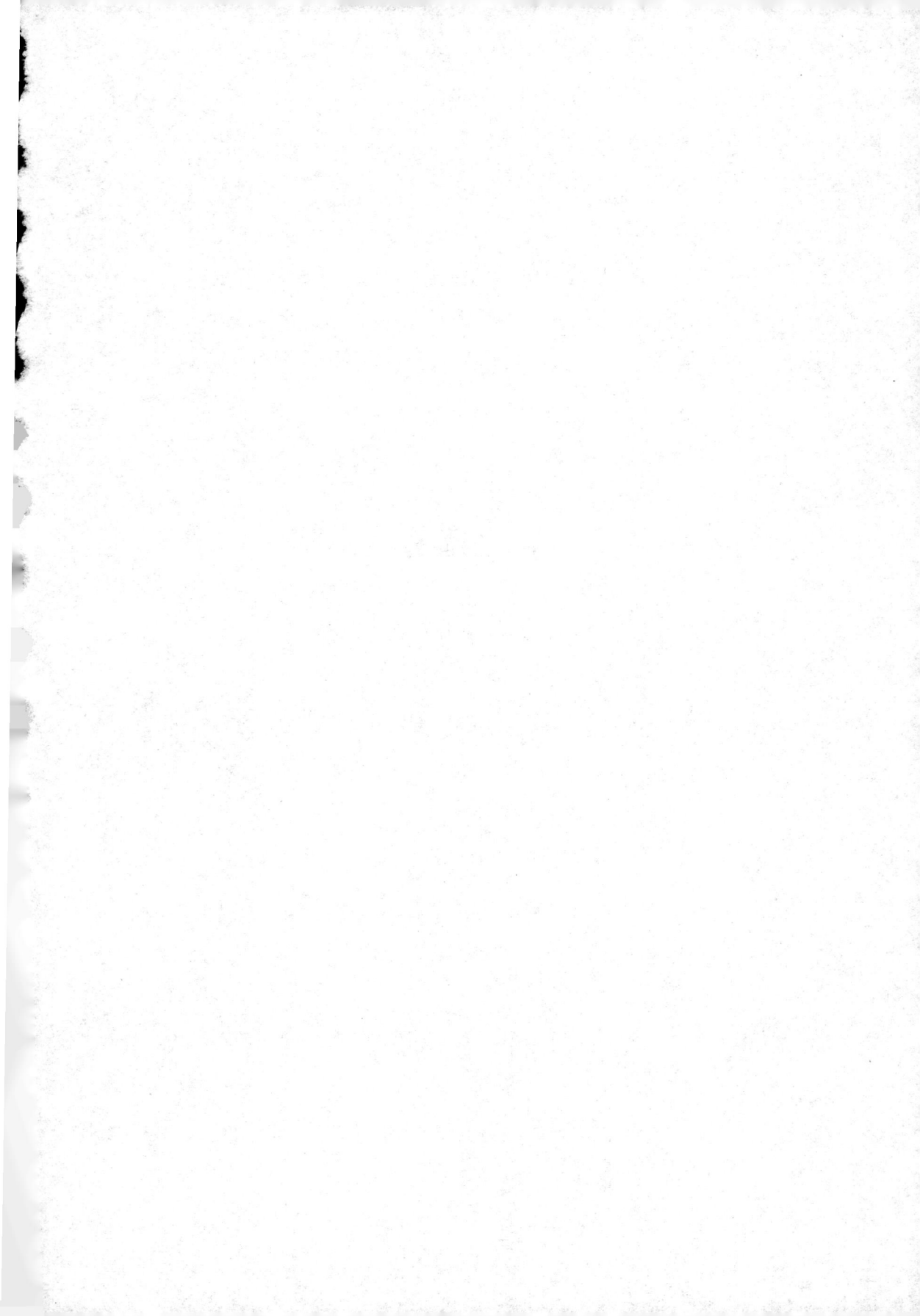